句容市工会志

《句容市工会志》编纂委员会 编

江苏大学出版社
JIANGSU UNIVERSITY PRESS
镇 江

图书在版编目(CIP)数据

句容市工会志 /《句容市工会志》编纂委员会编
. -- 镇江 : 江苏大学出版社, 2022.11
ISBN 978-7-5684-1868-3

Ⅰ. ①句… Ⅱ. ①句… Ⅲ. ①工会工作-概况-句容
Ⅳ. ①D412.853.4

中国版本图书馆 CIP 数据核字(2022)第 186992 号

句容市工会志

Jurongshi Gonghui Zhi

编　　者/《句容市工会志》编纂委员会
责任编辑/任建波
出版发行/江苏大学出版社
地　　址/江苏省镇江市京口区学府路 301 号(邮编: 212013)
电　　话/0511-84446464(传真)
网　　址/http://press.ujs.edu.cn
排　　版/镇江文苑制版印刷有限责任公司
印　　刷/镇江文苑制版印刷有限责任公司
开　　本/889 mm×1 194 mm　1/16
印　　张/22.5　　　插页 28 面
字　　数/732 千字
版　　次/2022 年 11 月第 1 版
印　　次/2022 年 11 月第 1 次印刷
书　　号/ISBN 978-7-5684-1868-3
定　　价/168.00 元

《句容市工会志》编审机构及采编审人员名单

编纂委员会

主　　任　徐胜宝
副 主 任　陈一江　张　健　方海军　张元慧
委　　员　王　超　王先锋　叶　强　刘　勇　刘向荣
张金虎　范文明　陶惜春　彭良杰　雷先荣

编纂委员会办公室

主　　任　张　健
副 主 任　张金虎　范文明　刘　勇
成　　员　陈忠义　严　露　殷爱文　赵　蒙

编纂人员

主　　编　张　健
执行主编　夏道富
编　　辑　王　瑞　严　露　赵　蒙

审稿单位、审稿人员

审稿单位　句容市史志办公室
审稿人员　张　俊　倪定胜　朱延生

序

盛世修志，垂鉴未来；志载盛世，泽惠千秋。《句容市工会志》即将付梓，实在可喜可贺！该书是句容市首部记述句容工人阶级、工人运动、工会组织和工会活动的专志，是句容市加强地情研究、涵养文化自信的又一重大成果，必将为推进中国式现代化句容新实践提供丰厚的精神滋养。

中华人民共和国成立前，在中国共产党的领导下，句容职工与其他劳动者一起，在反对帝国主义、封建主义、官僚资本主义的新民主主义革命中做出了不可磨灭的贡献。中华人民共和国成立后，句容广大职工依法建立自己的工会组织，特别是中共十八大以来，句容工会组织和广大职工坚持以习近平新时代中国特色社会主义思想为指导，全面深入学习贯彻习近平总书记关于工人阶级和工会工作的重要论述，聚焦中心、服务大局，为全市经济社会发展做出了积极贡献。

70 多年来，虽然有过一些零星的回忆录或记述句容工人阶级参加革命斗争、生产实践和工运事业发展的文章，但尚未有一部全面系统地记述句容工人阶级及工会组织参加社会主义革命建设和改革历程的专著。1996 年，《句容县工会志》虽已定稿，惜未付梓。后来，决定在其基础之上续修《句容市工会志》，历时数载，几易其稿。如今，《句容市工会志》即将付梓，无疑填补了空白，弥补了遗憾。本书篇幅宏大、脉络明晰，客观翔实地记述了句容工人运动的历史和工会工作实践，具有非常重要的研究价值和实用价值。

习近平总书记深刻指出，修志是一项很有意义的工作，其意义说通俗一点，就是使我们做一个明白人。只有加深对历史的掌握和理解，才能以古为鉴、鉴古知今。《句容市工会志》的正式出版，不是修志的最终目的，更重要的是按照习近平总书记的要求，坚持修志为用，把出版的志书有组织、有计划地用起来，实现志书的资政、教化、存史功能。当前，世界百年未有之大变局和新冠疫情交织，新时代工会工作面临着前所未有的机遇和挑战。希望本志书能对全市工运事业发展起到积极的推动作用，把广大职工群众紧紧团结在党委、政府的周围，紧紧团结在谱写中国式现代化句容新篇章的新征程中，共同推动句容发展，使句容的明天更加美好、更加辉煌。

是为序。

句容市人大常委会副主任
句容市总工会主席 徐胜宝
2022 年 10 月

领导关怀

2019 年 11 月 25 日，江苏省省长吴政隆（右二）在镇江市委书记惠建林（右一）等陪同下到白兔镇致富果业专业合作社调研指导

1985 年 3 月，中共江苏省委原第一书记江渭清 (右二) 视察城镇针织厂时题词

2018 年 10 月 16 日，江苏省人大常委会副主任、江苏省总工会主席魏国强等领导到句容开展农村扶贫开发条例执法检查工作

2016 年 6 月 1 日，江苏省总工会主席邢春宁（中）等领导调研句容工业企业供给侧结构性改革和职工服务中心建设工作

2022 年 5 月 11 日，镇江市政协副主席、市总工会主席高国成（左一），镇江市总工会副主席吕毓蕾（左二）到句容市总工会调研指导工作，句容市市长周必松（右三），市委常委、组织部部长汪丹宁（右二），市人大常委会副主任、市总工会主席徐胜宝（右四），副市长吴亚芹（右一）陪同调研

2022 年 5 月 11 日，镇江市政协副主席、市总工会主席高国成（右）为全国劳动模范沈春雷“省示范性劳模创新工作室”授牌

2013 年 12 月，句容市总工会第十二届委员会领导班子成员：主席陈明春（左三），副主席张金虎（左二）、糜艺（兼，右三）、管春平（右二）、张健（左一）、陈志清（右一）

2021 年 12 月，句容市总工会第十三届委员会领导班子成员：主席徐胜宝（左三），副主席张健（右四）、方海军（左二）、张元慧（右三）、胡继发（左一）、薛文（右二）、沈春雷（右一），左四为市委常委、组织部部长汪丹宁

重要会议

2020 年 4 月 28 日，句容市总工会十二届九次全委会议召开

2021 年 12 月 2—3 日，句容市工会第十三次代表大会召开

2021 年 4 月 30 日，句容市庆祝“五一”暨劳动模范表彰大会召开

2021 年 9 月 1 日，句容市委第一巡察组巡察“回头看”市总工会党组情况反馈会议召开

2017 年 5 月 10 日，句容市行政事业单位工会经费使用管理工作会议召开

2018 年 3 月 31 日，句容市工会宣传工作会议召开

2020 年 6 月 24 日，句容市产业工人队伍建设改革暨试点工作部署推进会召开

2018 年 8 月 5 日，句容市总工会劳动法律监督工作座谈会召开

2020 年 11 月 20 日，江苏省劳动保护示范工会评审会议在句容市召开

2020 年 12 月 10 日，句容市工会工作研讨会召开

活动选载

2021 年 4 月 25 日，句容市总工会组织职工到赵亚夫事迹馆等红色教育基地参观学习

2021 年 7 月 3 日，江苏省句容经济开发区（黄梅街道）开展“不忘初心　牢记使命”主题教育活动暨“学习强国”知识竞赛

2021 年 7 月 20 日，句容市总工会党组中心组党史学习教育专题读书班封闭学习

2020 年 1 月，江苏广兴集团有限公司被江苏省总工会授予“模范职工之家”称号

2021 年 1 月 21 日，“全国工会品牌职工书屋示范点”“江苏省书香企业建设示范点”授牌仪式在国网江苏省电力有限公司句容市供电分公司职工书屋举行

2021 年 10 月 18 日，句容市总工会与陕西省蒲城县总工会举行全面合作签约仪式

2020 年 12 月，句容市总工会被句容市委、市政府表彰为“创建全国文明城市先进集体”

1996 年 6 月，句容市工会职校九三级财会电大班毕业生合影

2018 年 11 月 19—23 日，句容市工会主席专业化能力提升培训班在重庆大学举办

2016 年 10 月 21 日，句容市基层工会主席业务能力提升培训

2020 年 4 月 11 日，句容市农民劳模高效农业传帮带培训

2020 年 11 月 27 日，句容市产业工人队伍建设改革工作培训

2017 年 12 月 5 日，江苏省总工会副主席张海涛（左一）慰问困难进城务工人员、省劳动模范

2020 年 3 月 26 日，镇江市草莓协会赠送锦旗感谢句容市总工会在新冠肺炎疫情期间助力草莓销售

2017 年 7 月 6 日，句容市总工会走访调研小微创业低收入户

2020 年 3 月 23 日，句容市总工会慰问新冠肺炎疫情防控一线公安干警

钢筋工

砌筑工

2019 年 11 月 13 日，句容市开展职工职业技能大赛

职工生活

2016年12月31日，句容市职工诗歌创作征文大赛作品颁奖会

2017年5月1日，句容市总工会举办“中国梦·劳动美·句容情”文艺汇演活动

2018年5月13日，句容市总工会举办“奋斗者之歌”文艺汇演活动

2020年8月，句容市总工会举办工会女工干部文明礼仪培训

2019 年 3 月 11 日，句容市总工会举办职工文化普惠瑜伽培训班

2018 年 8 月 6 日，句容市总工会举办职工乒乓球比赛

2017 年 5 月 1 日，句容市总工会举办五一“劳动杯”职工象棋赛

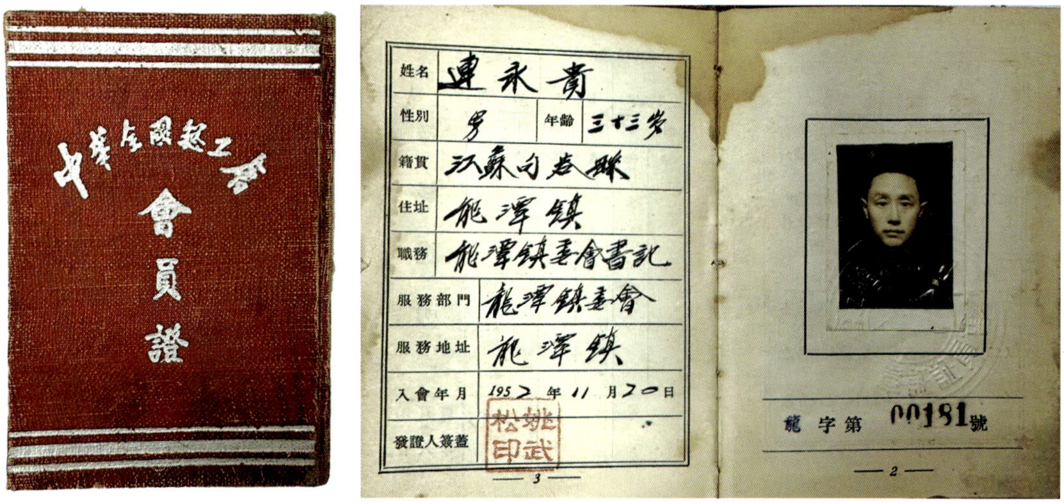

中华全国总工会会员证封面和内页

劳模风采

2022年10月，中共二十大代表镇江市委书记马明龙（左），句容天王镇戴庄有机农业专业合作社研究员赵亚夫（中），江苏广兴集团有限公司首席技师、总工程师沈春雷（右）合影

2022年10月24日，句容市委副书记、市长周必松（右）慰问中共二十大代表江苏广兴集团有限公司首席技师、总工程师沈春雷（左）

2022年10月27日，句容市委副书记、市长周必松（左）慰问中共二十大代表句容天王镇戴庄有机农业专业合作社研究员赵亚夫（右）

2021 年 7 月，刘树安到北京参加庆祝中国共产党成立 100 周年大会

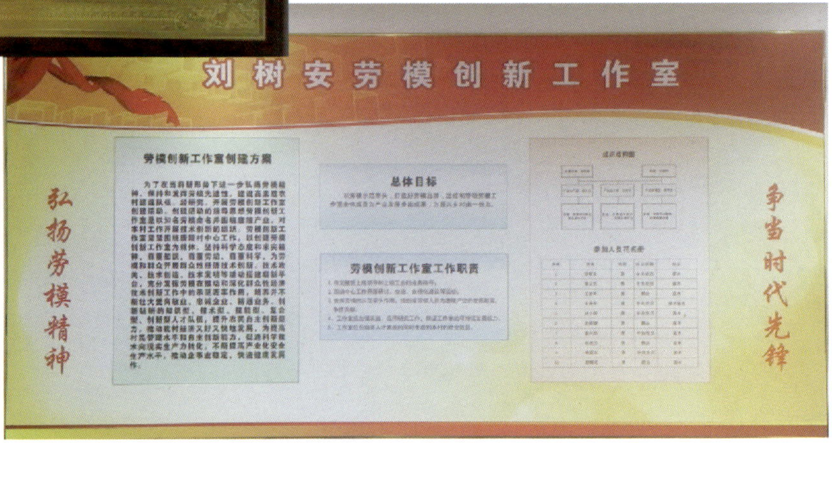

2018 年，天王镇唐陵村党委书记、全国优秀党务工作者刘树安劳模创新工作室成立

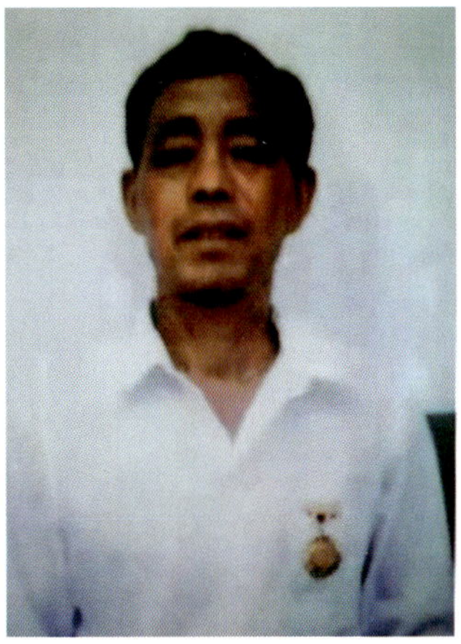

1995年，袁巷乡农民余锁根被评为“全国劳动模范”

2000年，春城乡农民方继生被评为“全国劳动模范”

2005年，大卓乡农民杨修林被评为“全国劳动模范”

2015年，白兔镇农民纪荣喜被评为“全国劳动模范”

2020年，江苏广兴集团有限公司总工程师、“江苏大工匠”沈春雷被评为“全国劳动模范”

1995年，句容市公安局民警张网春被评为“全国公安系统二级英雄模范”，享受全国劳模待遇

2021 年 7 月，10 名各级劳动模范参加句容市庆祝中国共产党成立 100 周年文艺汇演

基础设施

1957 年 5 月，句容县工人俱乐部建成

1998 年 8 月拆除的句容市总工会办公楼广场溜冰场雪景

20 世纪 60 年代的句容县体育馆

2001 年前的句容市总工会办公楼

2002 年后的句容市总工会办公楼

2021 年 12 月 1 日，句容市城管局义台街爱心服务驿站获评中华全国总工会 2021 年“最美工会户外劳动者服务站点”

凡 例

一、本志以马克思列宁主义、毛泽东思想、邓小平理论、“三个代表”重要思想、科学发展观和习近平新时代中国特色社会主义思想为指导，运用辩证唯物主义和历史唯物主义的观点，实事求是地记述句容工会组织、工会工作的历史和现状。

二、本志断限：上自句容职工队伍的产生，下至2021年12月。

三、本志记述地域范围为下限时的句容市行政区域范围。

四、本志结构按章、节、目、子目编排，子目下根据需要设加粗字体；结构和内容按“事以类从，类为一志”的原则确定，以工作内容归类记述。

五、本志体裁采用述、记、志、传、图、表、录等形式；以文字记述为主，卷首设部分彩照，部分内容收录至2022年10月；分志辅以适量图片，图随文走。大事记以编年体为主，辅以纪事本末体。同一时间的标“△”。

六、本志的标题、文字标点、名称表述、时间表述、数字书写、计量名称、表格图片、书写要求等参照《句容市地方志编纂行文通则》的规定。如志中民国纪年括注公元纪年；“解放前（后）”记为“中华人民共和国成立前（后）”；表序按三段法（章、节、序号）、图序按二段法（章、序号）编排；等等。

七、本志人物主要收录国家部委、江苏省、镇江市、句容市（县）级生产（工作）上的先进模范人物；全国、江苏省、镇江市、句容市“五一劳动奖章”获得者；历届工会主要负责人等。“人物传略”按卒年先后排序，“人物简介”按生年先后排序。

八、本志资料源自档案和部分工会工作者的回忆。入志前经反复核实，一般不注明出处。

目　　录

概　述

一

句容市位于江苏省西南部的长江南岸，属丘陵山区。宁镇山脉、茅山丘陵会合境内，是太湖湖西水系和秦淮河东支水系的发源地和分水岭。

晚清，句容的手工业、商业比较发达，有一定数量的手工业工人、店员和运输工人。光绪三十四年（1908）三月，京沪铁路南京至句容桥头段通车，句容县境设龙潭、下蜀车站。宣统元年（1909），龙潭设邮政代办所代办电报业务。民国7年（1918）5月，私营亚西煤矿开始采煤。民国10年（1921），中国水泥厂（股份有限公司）在龙潭建成，于民国12年（1923）投产。民国27年（1938），在中国共产党的领导下，句容部分手工业工人组成工人抗日救国会，配合新四军开展抗日救国斗争。民国35年（1946），国民党组建的句容县工会成立，会员最多时有750人。

1949年4月23日，中国人民解放军胜利渡江，句容解放，句容工人阶级从此翻身。国民党组建的县工会解体，当年有职工1042人。1950年4月，在句容县委的领导下，句容县总工会筹备委员会成立，着手组建基层工会。1951年7月，句容县第一届工人代表大会召开，选举产生了句容县总工会第一届执行委员会。

在国民经济恢复时期，各级工会向职工进行阶级教育和时事政策教育；动员职工投入各项政治运动；组织职工恢复和发展生产，团结资本家克服暂时困难；安排和救济失业工人；举办职工业余学校，对职工进行文化教育；开展职工文艺体育活动。句容县总工会团结全县职工，为巩固人民政权、维护社会稳定、恢复国民经济做出贡献。

第一个国民经济五年计划（1953—1957年）期间，句容县工会贯彻执行中国工会第七次全国代表大会确定的工会工作方针和任务。在职工中进行中国共产党在过渡时期的总路线的宣传教育，发动职工开展增产节约劳动竞赛和先进生产者运动，保证完成国家计划。私营工商业工会在政府支持下，组织职工同资方参加由政府主持召开的劳资协商会议，正确处理劳资关系，推动资方接受国家资本主义形式，直至1956年年初的全行业公私合营。政府与工会热忱关心职工生活。国营商业和粮食系统实施劳动保险条例。县工会联合会成立县工人俱乐部，通过职工生活调查，对因负债导致生活困难的职工进行经济补助。

1958年10月，受“工会消亡风”影响，县总工会基本停止活动。次年6月，县总工会工作任务并入句容县委新建的劳动工资部，对外保留县总工会名义。“大跃进”期间，县总工会和各级工会在动员职工支援农业生产“大跃进”及会同有关部门大办业余教育方面做了不少工作。

1961年，全国总工会部分地纠正“工会消亡论”的错误。11月，县总工会召开基层工会主席会议，学习上级工会的有关指示，明确各级工会应在中共同级组织的领导下，积极开展活动，当好党的助手。县总工会以迎接县工会第三次代表大会为契机，改选和新建一批基层工会。由于三年困难时期等原因，职工生活遇到严重困难，工会推动企事业单位大搞以蔬菜为主的自给性副食品生产。1960—1963年，在政府和上级工会的支持下，工会对困难职工进行经济补助和寒衣补助。在精减职工工作中，工会对职工进行以阶级教育为基础的社会主义教育，提高职工政治觉悟，使其自觉回乡或下乡务农，保证国民经济调整的贯彻实现。在此基础上，工会发动职工开展“五好”竞赛，有效地促进企业提高政治工作水平和生产、技术、管理水平，促进职工提高政治思想素质和文化技术素质。在全县城乡社会主义教育运动后，句容县委于1965年11月建立政治部，县总工会并入县委政治部下属的群众工作部。“文化大革命”开始后，全县工会组织瘫痪，以致停止活动。县总工会于1968年10月被县工人代表大会取代。

1973年，根据中共中央指示，整顿健全工会组织。县总工会于当年8月重新建立。此后，县总工会发动职工投入工业学大庆运动，取得一定实效。由于极左思潮的干扰，至粉碎“四人帮”前，工会其他业务工作未能正常开展。

二

1978—1989年11年间，县总工会和各级工会贯彻执行中共十一届三中全会以后的路线、方针、政策和中国工会第九次、第十次、第十一次全国代表大会的精神，以经济建设为中心，履行工会在新时期的四项（维护、建设、教育、参与）社会职能，开创工会工作新局面。工会大力加强群众生产工作，动员职工开展为“四化”（工业现代化、农业现代化、国防现代化、科学技术现代化）立功活动。在为“四化”立功活动中，多种形式的劳动竞赛和合理化建议活动掀起一个又一个高潮。职工技术协作活动在部分基层单位展开。职工民主管理有长足的发展，普遍推行职工代表大会制度，组织制度逐步健全，在审议企事业单位重大决策、监督行政领导、维护职工合法权益方面起了重要作用。工会对职工进行“坚持四项基本原则，反对资产阶级自由化”的教育、理想与纪律的教育，推行“全国职工守则”；开展“五讲”（讲文明、讲礼貌、讲卫生、讲秩序、讲道德）、“四美”（心灵美、语言美、行为美、环境美）、“三热爱”（热爱祖国、热爱社会主义、热爱中国共产党）活动和职工读书自学活动。县总工会新建县工会职工学校，办学规模不断扩大，教育质量不断提高；新建的县工人文化宫的阵地活动带动基层俱乐部活动和职工业余文体活动，对建设“四有”（有理想、有道德、有文化、有纪律）职工队伍发挥积极作用。职工生活水平随着经济建设的不断发展有所改善。工会主动开展走访、慰问、送温暖活动。工会的劳动保护工作、女职工工作、财务工作等均在不同程度上有新的发展，开拓工会工作的新领域，开展职工物价监督和劳动争议调解等工作。为适应新时期工会工作的需要，县总工会根据上级工会的部署，有计划地整顿工会基层组织，建设“职工之家”，开展创“先进职工之家”、创“先进工会小组”活动。健全基层工会组织，强化基层工会领导班子，增强基层工会活力，提高基层工会的凝聚力和战斗力。

1992年，邓小平视察南方并发表重要谈话，中共十四大确定建立社会主义市场经济体制，中国改革开放进入一个崭新的阶段。20世纪90年代，面对从计划经济体制向社会主义市场经济体制转变的新形势、新挑战，句容工会在经济体制改革中迎难而上，落实全国总工会确定的新时期工会工作总体思路，引导和发动职工积极参与改革创新实践，化挑战为机遇，在推动经济体制改革中突出工会维护职能，赢得工会事业的蓬勃发展。参与企业改革是这一时期工会工作的主题，推动落实党的“全心全意依靠工人阶级”的方针，是工会在深化改革中重要的工作着力点。各级工会积极贯彻落实党的方针、政策，先后提出“旗帜鲜明地支持改革，旗帜鲜明地维护职工权益”“企业改制必须牢固树立依靠职工群众办好企业的思想，必须坚持和完善以职工代表大会（职代会）为基本形式的职工民主管理和民主监督制度，必须切实保障劳动法赋予劳动者的合法权益，必须尊重和支持工会独立自主地开展工作，必须重视和加强职工队伍建设”，做到“工会参与改革方案制定到位，分流安置方案提交职代会审议程序到位，改制所需成本筹措到位，职工劳动关系调整到位”等要求。这些成为各级工会参与企业改制遵循的基本准则。

全市工会引导职工群众支持理解改革，做促进改革的主力军。各级工会连续多年组织开展“在发展社会主义市场经济中创企业精神、树主人翁形象”主题教育活动，引导职工讲求职业道德、社会公德、家庭美德、个人品德，以工人阶级的先进思想和模范行为影响和带动全社会；引导职工“致富思源、富而思进”，正确对待利益关系调整，理性表达利益诉求，自觉维护职工队伍的团结和社会政治的稳定；开展丰富多彩的群众性文体活动，唱响工人阶级团结一心跟党走的主旋律，为深化企业改革增添内在动力；通过深化职工读书自学活动，培育学习型群体，着力提高职工业务技能和综合素质。

全市工会组织开展多种形式的劳动竞赛，促进企业技术、管理升级和经济发展。全市数万职工参加以“双增双节、提高质量、技术进步、增进效益”为内容的劳动竞赛和合理化建议活动，参加各类技术培训和技术比武。

全市工会大力实施送温暖工程，积极帮扶在企业改制中转岗、下岗、生活困难的职工。市总工会定期向市委、市政府反馈下岗职工的生活状况，争取政策支持；主动协调劳动、工商、税务、医疗、教育、供水、供电等部门，制定帮扶困难职工的政策；推动机关事业单位和党员干部建立联系、帮扶困难职工的制度。至 2001 年市总工会创办再就业基地 14 个。

全市工会适应市场经济条件下调节企业劳动关系方式的转变，认真贯彻劳动法，坚持将维护职工的合法权益与维护企事业发展、维护社会稳定通盘谋划，积极推行签订集体合同制度。工会动员采取多种措施，实施共保合同与集体合同“接轨”，因企制宜推动企业与所有职工签订劳动合同，签订有关年度工资增长、安全生产劳动保护、社会保险金缴纳、职工岗位培训、女职工特殊权益保护等内容的专项集体协议，签订区域、行业集体合同，以多种渠道扩大集体合同的覆盖面，初步形成工会代表职工与企业展开集体协商、签订集体合同的劳动关系调整机制。建立政府部门、市总工会和企业协会代表组成的协调劳动关系三方机制，定期协调解决劳动关系中的重大问题，在协调劳动关系中发挥积极作用。

全市工会针对企业劳动争议增多的趋势，加强劳动关系预警、调处机制建设。建立职工信访制度，开通 12351 职工维权热线。1998 年，建立职工法律援助机构。至 2000 年年底，全市国有企业和集体企业建立劳动争议调解组织 45 个，新经济组织建会企业建立劳动关系调解委员会 151 个。

全市工会持续加强非公有制企业组建工会的工作。市总工会积极争取市委和社会对工会组建工作的支持，贯彻“党建带动工建、工建服务党建”的方针，根据企业特点探索多种工会组建形式，最大限度地把职工组织到工会中来。市总工会对已建基层工会加强分类指导，选树典型，总结经验，制定指导意见，适应不同类型企业特点，组织开展建设职工之家活动，提高基层工会工作水平。

随着工业化、城镇化发展和非公有制企业工会迅速增多，市总工会承担着前所未有的繁重任务。市总工会用 5 年时间开展创建“合格、示范乡镇工会”活动。到 20 世纪 90 年代末，句容形成“县（市）—乡镇—企业”等覆盖城乡的工会组织网络体系，90%以上乡镇工会实现组织体制规范化、运行机制正常化、活动方式多样化，基层服务能力明显提高。

三

进入 21 世纪后，改革开放进入加快推进社会主义现代化建设的战略机遇期和社会矛盾的凸显期。中共十六大提出全面建设小康社会的新任务，中国工会第十四次全国代表大会明确坚持走中国特色社会主义工会发展道路的方向，确立“组织起来，切实维权”的工会工作方针。句容市总工会与时俱进，开拓创新，认真落实“以职工为本、主动依法科学维权”的工会维权观，在句容全面落实科学发展观，在实现“两个率先”征程中发挥作用，在探索实践中国特色社会主义工会发展道路上阔步前进。

句容工会工作环境进一步改善。2001 年 4 月、2005 年 5 月、2006 年 4 月和 2010 年 4 月，市委分别召开全市工会工作会议研究推进工会工作；2005 年 2 月、2010 年 4 月，市委先后下发《关于进一步加强和改进新时期工会工作的意见》《关于进一步加强和创新新时期工会工作的若干意见》，加强和改进对工会工作的领导，把更多社会资源和手段赋予工会组织。

句容工会探索实践中国特色社会主义工会发展道路，逐步形成维护职工权益的六大工作机制：

——以贯彻实施“一办法七条例”等地方法规为保障的工会依法维权机制。2002 年以后，市总工会贯彻实施《江苏省实施〈中华人民共和国工会法〉办法》《江苏省劳动合同条例》《江苏省工资支付条例》《江苏省社会保险费征缴条例》《江苏省集体合同条例》《江苏省安全生产条例》《江苏省企业民主管理条例》《江苏省工会监督条例》等法规，为工会组织调整劳动关系、保障职工权益提供有力支持。

——以职代会、集体协商、厂务公开制度为有机配合的职工民主管理机制。推进非公有制企业普遍建立职代会制度，落实职工知情参与、协商共决、评议监督等民主权利；开展工资集体协商，每年组织“要约行动”，发挥劳动关系三方协调机制的优势合力指导推进，探索市场经济条件下企业职工工资增长和调控机制。至2014年年底，全市425个企业实施工资协商制度。至2021年年底，全市有692个基层工会建立职代会制度，涵盖单位1506个，涵盖职工79559人；全市实行厂务公开制度的基层工会776个，涵盖单位1576个；有331个企业单独签订综合集体合同，422个企业单独签订工资专项集体合同。

——以群防、群控、群治为特色的职工劳动安全健康机制。全市工会推广“事故隐患和职业危害监控法”，签订“劳动安全卫生专项协议书”，组织职工开展“安康杯”竞赛、安全知识培训和“安全在我心中”职工文化系列活动，提高职工劳动保护的意识，为促进企业安全生产、保障职工人身安全发挥积极作用。

——以预警、调解、监督为重点的劳动争议调处机制。全市工会及时调解劳动争议，努力将矛盾化解在基层、化解在萌芽状态。全市85%以上的企业建立劳动争议调解委员会。市总工会设立职工维权热线，建立职工维权律师团。工会在组织协调劳动关系、协助党政做好维护稳定工作等方面，发挥越来越重要的作用。

——以保障困难职工基本生活为目标的扶贫帮困救助机制。2007年，形成市—镇（局、公司）职工帮扶工作站组成的工会帮扶服务网络。2014年年末，工会先后筹集帮扶专项基金、送温暖资金287.11万元，为7891人次职工提供帮扶服务。从2001年起，连续发放9轮“特困职工证”，为500多人次特困职工发放补助金40余万元。2014年年底，有29774名职工参加职工重大疾病互助互济保险。2019年，用于困难职工（进城务工人员）临时帮扶和送温暖资金达96.98万元。

——以“四统筹一创争”为内容的党工共建机制。2000年以后，非公有制企业党组织和工会实行以“组织统筹覆盖、人员统筹配置、活动统筹安排、保障统筹落实，创建先进基层党组织和模范职工之家，争做优秀共产党员和文明职工”为内容的共建机制，通过“党建带工建、工建促党建”，推进工会组织的自身建设。

四

句容工会把科学发展观和习近平新时代中国特色社会主义思想的要求贯穿于促进句容“两个率先”（率先全面建成小康社会，率先基本实现现代化）的全过程，组织一系列竞赛、培训活动，引导组织广大职工为句容经济又好又快发展做贡献；深入开展职业技能大练兵活动，连续多年组织职业技能竞赛。在国际金融危机袭来之际，2009年句容工会组织开展“企业爱职工、职工爱企业”互爱和谐主题系列活动，抱团取暖，共克时艰，共渡难关；大力弘扬劳模精神，培养选树时代典型；广泛开展创建“工人先锋号”（五一文明号）活动，创一流素质、一流工作、一流服务、一流业绩、一流团队，开展“五一巾帼标兵”“五一巾帼标兵岗”等活动，在职工、企业和社会中引起强烈反响。

句容工会坚持用中国特色社会主义理论体系武装职工头脑，倡导爱国、敬业、诚信、友善的道德规范，弘扬民族精神、时代精神，引导职工把个人理想抱负、价值追求融入民族振兴、国家富强的伟大实践。大力推动企业文化和职工文化建设。开展“争创学习型企业、争做知识型职工、树新时期职工形象”职工教育活动，得到企事业单位积极响应。深入开展职工读书活动，普遍建立“职工书屋”。各级工会广泛开展职工文艺体育活动，促进社会主义文化大发展、大繁荣。

句容工会推进和谐劳动关系企业建设，努力构建规范有序、公正合理、互利共赢、和谐稳定的社会主义新型劳动关系，促进和谐社会发展。2014年年末，全市有455个企业参加和谐劳动关系创建活动，有43个企业进入劳动关系和谐企业行列。

句容工会加强中国特色社会主义工会建设，努力提高做好新形势下群众工作的能力和水平。各级工会认真学习科学发展观和习近平新时代中国特色社会主义思想，开展坚持中国特色社会主义工会发展道路、“两学一做”（学党章党规、学系列讲话，做合格党员）等教育活动，强化工会干部的党性观念和大局意识、服务意识。认真贯彻全国总工会制定的《企业工会工作条例》，先后组织开展“企业工会建设年”活动，开展“显实”（亮工会组织牌子、亮工会干部身份、亮工会工作目标，显工会主席作为、显贡献企业份额、显服务职工成效）行动，按照新时期新要求，深化建设职工之家活动，以组建工会和发展会员百日竞赛活动，推进镇级工会规范化建设，不断推进基层工会的规范化建设；推广会员评议职工之家制度，促进基层工会做到“建起来、转起来、活起来”。2001 年 5 月、2007 年 6 月，市总工会分别获得“江苏省工会工作十强县（市）”“江苏省工会工作模范县（市）”称号。2021 年年底，全市基层工会 860 个，其中独立基层工会 730 个，联合基层工会 130 个。全市建会企业职工 89079 人，工会会员 78651 人。

句容工会坚持依法收缴工会经费，积极探索税务代收、财政代扣等办法，保持工会经费增长，为工会工作奠定物质基础；加强对工会经费“收管用”的审查监督，完善工会资产管理，减少浪费，促进廉政。2020 年 6 月 24 日，句容召开全市产业工人队伍建设改革暨试点工作部署推进会，拉开句容产业工人队伍建设改革的序幕。在抗击新冠疫情行动中，市总工会成立领导小组，作出工作部署。2020 年 2 月，句容工会筹集专项资金 10 万元，用于支援抗疫行动，并发动基层工会和社会各界帮助销售受疫情影响的地产草莓 1 万余箱，实现销售收入 60 万元。市总工会为小微企业排忧解难，至 2021 年年底，向全市小微企业返还工会经费 742.3 万元，涉及小微企业 891 个。

五

句容工会工作的发展历程，给句容工运历史发展留下深刻启示：必须始终坚持中国共产党的领导，把政治优势转化为工作优势，这是推进工会事业发展的政治保证；必须始终竭诚服务职工群众，加强维权机制建设，这是新时期工会组织的根本宗旨；必须始终坚持融入经济社会发展全局，充分发挥职工主体作用，这是新时期工会运动的主题；必须始终坚持中国特色社会主义工会发展道路，解放思想、勇于实践、开拓创新，这是新时期工会工作的主线；必须始终增强基层工会活力，全面提升工会干部服务职工的能力，这是提高工会凝聚力的关键。

句容工会将继续高举中国特色社会主义伟大旗帜，坚定不移地走中国特色社会主义工会发展道路，团结组织广大职工群众以勤奋劳动、诚实劳动、创新劳动的实际行动，投身为实现中国梦而奋斗的伟大征程，努力开创句容工运事业发展的新局面。

大事记

清

光绪三十四年（1908）

三月　京沪铁路南京至句容桥头段通车，句容县境设龙潭、下蜀车站。

宣统元年（1909）

龙潭设邮政代办所代办电报业务。

中华民国

民国 7 年（1918）

5 月　私营亚西煤矿开始采煤。

民国 10 年（1921）

中国水泥厂（股份有限公司）在龙潭建成，于民国 12 年（1923）投产。

民国 27 年（1938）

在中国共产党的领导下，句容部分手工业工人组成工人抗日救国会。

民国 35 年（1946）

国民党组建的句容县工会成立，会员最多时有 750 人。

民国 38 年（1949）

4 月 23 日　中国人民解放军胜利渡江，句容解放。

中华人民共和国

1950 年

3 月　郇祯祥受句容县委的委派，到苏南行政区总工会接受组建句容县总工会的任务。

4 月　句容县总工会筹备委员会成立。

12 月　下蜀镇、龙潭镇、天王镇工会筹备委员会成立。

△　城区职工业余学校成立。

1951 年

5 月 1 日　城区职工举行示威游行，反对美帝国主义侵略朝鲜、武装日本和霸占中国领土台湾地区，494 名职工和 194 名职工家属参加示威游行。

5 月　城区、下蜀镇、龙潭镇、天王镇和九区煤矿发展工会会员 1111 名，建立基层工会 13 个。

6 月 1 日　抗美援朝总会发出推行爱国公约、捐献飞机大炮和优待烈军属三大号召。

7 月 2 日　句容县召开第一次抗美援朝代表会议，号召全县各界人民积极行动起来，响应抗美援朝总会三大号召。

7 月 5—7 日　句容县首届工人代表大会在句容县城召开，选举产生句容县总工会第一届执行委员会。

7 月　句容县教育工会筹备委员会成立。

8—9 月　东阳乡、桥头镇、新塘乡、王庄乡、郭庄乡、葛村乡、三岔乡工会筹备委员会成立。

12 月　全县职工积极响应抗美援朝总会三大号召，以实际行动支持抗美援朝，90%以上的工会小组制定爱国公约，全县职工在捐献飞机大炮活动中捐款 115683186 元（旧人民币），25 名职工参加中国人民志愿军。

△　下蜀镇召开首届工人代表大会，选举产生下蜀镇工会第一届委员会。

1952 年

3 月　句容县教育工会筹委会建立基层工会 36 个，所属基层单位全部建立工会组织。

8 月　句容县各集镇先后召开物资交流大会，各级工会把开好物资交流大会作为工会工作的中心任务。物资交流大会促进生产的发展、市场的繁荣，巩固工农联盟。

9 月　苏南行政公署召开国营公司、银行、税务、交通、合作社等部门会议，部署开展劳动竞赛。句容县首先开展劳动竞赛的基层单位是中国百货公司句容营业所和粮食公司。

1953 年

1 月 10—14 日　天王镇工会召开成立大会，选举产生天王镇工会委员会。

1 月 19 日至 2 月 12 日　句容县总工会同句容县委城镇工作部组成工作组，在句容印刷厂进行民主改革。

2—10 月　国营句容米厂进行生产改革。

5 月 21—24 日　句容县第二届工人代表大会在句容县城召开，选举产生句容县总工会第二届执行委员会和出席江苏省首届工人代表大会的代表。

7—9 月　在全县职工中传达贯彻中华全国总工会第七次代表大会精神。

11 月　在全县职工中进行中国共产党过渡时期总路线的宣传教育。

1954 年

5 月　句容县总工会改名为句容县工会联合会。

6—10 月　句容县工会联合会连续 3 次召开国营企业党、政、工、团负责人联席会议，传达贯彻上级工会关于开展劳动竞赛的指示精神，统一认识，汇报交流开展劳动竞赛的情况和经验，研究开展劳动竞赛的方法和组织、领导等问题，推动劳动竞赛的开展。

1955 年

3 月　句容县合作总社油厂学习推广李川江先进榨油法，大豆出油率由每 100 斤平均出油 9.6 斤提高到 10.5 斤。

5 月 10 日　句容县工会联合会作出《1955 年工会经费管理的决定》，规定会费 70%上解、30%留基层，经费 50%上解、50%留基层。从 6 月起，基层工会经费由县工会联合会统一管理。

7 月 10 日　句容县工会联合会向城区基层工会转发城区搬运工会的求援书，搬运工人李洪发患肾结核病，无钱医治，生命垂危，要求工会会员发扬阶级友爱精神，给予救助，城区基层工会会员积极响应，捐款 400 余元，帮助李洪发解决缺钱治病的困难。

9 月 2 日　句容县工会联合会发出通知，组织职工学习中华人民共和国发展国民经济的第一个五年计划。

10 月 4 日　句容县工会联合会发出通知，发动店员职工积极投入对私营商业和饮食业的普查工作，协助政府保证普查工作的顺利完成。

10 月　句容县合作总社油厂工人制成压饼机，实现无草包饼，出油率显著提高，大豆出油率每 100 斤平均达到 13.89 斤，并且对提高工效、节省原材料、降低成本有一定成效。

12 月 16 日　句容县工会联合会发出通知，指出对资本主义工商业改造的高潮即将到来，要求各镇工会迅速做好思想和组织准备工作。

12 月 24 日　镇江地委召开全地区集镇以上干部扩大会议，动员和布置对资本主义工商业改造的准备工作。根据句容县委的指示，句容县工会联合会选派 11 名工会干部和店员工人参加会议。

1956 年

1 月 7—14 日　句容县委召开对私改造干部扩大会议，贯彻镇江地委集镇干部扩大会议精神，句容县工会联合会选派 23 名店员工人参加会议，并就动员店员工人及其家属投入对资本主义工商业和手工业的社会主义改造作部署。

1 月 16 日　句容县城镇党委、城镇人民委员会召开全镇工人、工商业者、学校师生和居民等 5000 多人参加的群众大会，动员各界人民行动起来，把对私营工商业的社会主义改造推向新的高潮。

1 月 22 日　全县资本主义工商业实行公私合营，小商小贩和手工业者实行合作化，提前完成第一个五年计划对私营工商业的社会主义改造任务。

4 月　全县各级工会组织学习贯彻中共中央《关于开展先进生产者运动的通知》和中华全国总工会《关于开展先进生产者运动的决议》，在职工群众中广泛开展先进生产者运动，推动社会主义劳动竞赛的发展。

5 月 1 日　句容县工会联合会在城镇举行第一届职工体育运动会。

9 月 17 日　句容县工会联合会决定撤销镇工会和教育工会区办事处，镇工会所属基层归产业工会领导，教育工会以辅导区建立基层工会并归句容县教育工会筹委会直接领导。

10 月　句容县委召开工厂企业、县级机关有关部门负责人、人事干部和工会主席会议，贯彻镇江地委职工生活福利会议精神，成立由 11 人组成的福利委员会，县长门盛德任主任委员。会议决定按产业对职工生产情况进行调查和制定改善措施，调查的主要内容是职工住宅、负债、疾病医疗和工时等问题。

12 月 24—26 日　句容县供销社工会第一次代表大会在句容县城召开，选举产生中国供销社工会句容县委员会。

1957 年

3—5 月　工会普遍换发新会员证，并向职工进行一次工会章程的教育，进一步发展工会组织，换证前会员占职工数的 81%，换证后会员占职工数的 98%。

5 月 1 日　句容县工人俱乐部建成，对职工开放。

8 月　句容县工会联合会在国营句容第一米厂进行职工代表大会的试点，10 月在全县工厂中推开，并在句容县百货公司和天王供销社进行试点。

10 月 29 日　句容县工会联合会召开城镇基层工会主席会议，布置整风运动中的工会工作，要求各级工会在中共各级组织的领导下，发动职工积极投入整风运动。

12 月　在全县粮食和商业系统实施《中华人民共和国劳动保险条例》，475 名职工享受劳动保险待遇，句容印刷厂、第一油米厂和工会签订劳动保险合同，55 名职工享受劳动保险合同待遇。

1958 年

1 月 16 日　句容县工会联合会发出通知，要求各级工会广泛深入地向职工宣传《一九五六年到一九六七年全国农业发展纲要（草案）》，动员职工努力做好工作，支援农业生产“大跃进”。

4 月 27 日至 5 月 3 日　句容县工会联合会召开全县基层工会主席会议，开展工会系统的整风。

5 月　全县国营商业系统开展学习北京王桥国营商场商业工作革命经验的活动。

8 月 15 日、9 月 13 日　两次召开全县基层工会主席会议，传达贯彻江苏省总工会镇江专区办事处召开的市、县工会主席会议精神，通过评比奖励开展工会工作的竞赛活动。

10 月　句容县工会联合会改名为句容县总工会。

△　根据上级工会关于县级以下工会逐步“消亡”的指示精神，句容县总工会停止活动。

12 月　句容县工人俱乐部撤销，财产移交句容县文化馆。

1959 年

6 月　句容县总工会并入句容县委劳动工资部。

10月10—13日　句容县总工会召开全县基层工会主席会议，工会开始恢复活动。

11月　城镇和天王两所职工业余学校经过整顿复课。

1960年

3月22日　句容县委宣传部、县文教局、县总工会、共青团句容县委联合召开职工业余教育工作会议，传达贯彻江苏省职工业余教育工作会议精神，确定句容县职工业余教育必须大发展。

4月3日　句容县委批转句容县总工会《关于加强职工业余教育工作的意见》。

6月　在工农业生产迅速发展和技术革命运动的带动下，全县厂矿企业掀起一个大办职工业余教育、大搞扫盲教育的高潮。厂矿企业办职工业余学校发展到40所，入学人数9043人，占青壮年职工数的94%。

8月20日　句容县委批准句容县总工会《关于在“三反”运动中清查工会财务的报告》。“三反”运动即反贪污、反浪费、反官僚主义运动。

1961年

1月　恢复句容县工人俱乐部，对职工开放。

11月20—23日　句容县总工会召开全县基层工会主席会议，总结1958年至1961年工会工作的基本经验，明确工会工作方向，澄清“工会消亡风”造成的混乱思想，对恢复和开展工会工作起重要作用。

1962年

2月9日　句容县总工会发布的《关于当前厂矿企业副食品生产情况及1962年意见》指出：1958年以来厂矿企业发动职工及其家属大搞副食品生产，对改善职工生活起重要作用，要求1962年继续把副食品生产搞好，有条件的单位要建立副食品生产基地。

5月3日　句容县总工会在《当前工会工作意见》中要求，全县各级工会组织协助政府做好精减职工和减少城镇人口的工作。到6月底，全县精减回到农业战线的职工有1564人。

10月13—16日　句容县工会第三次代表大会在句容县城召开，选举产生句容县工会第三届委员会和出席江苏省工会第三次代表大会的代表。

11月27日至12月2日　句容县总工会召开三届二次执委（扩大）会议，学习贯彻中央八届八中全会精神和江苏省工会第三次代表大会精神，决定在职工中进行阶级斗争的教育。

1963年

2—6月　句容县总工会配合镇江地委、句容县委工作组，在句容油米厂进行社会主义教育和“五反”（反贪污盗窃、反投机倒把、反铺张浪费、反分散主义、反官僚主义）试点工作，组织职工开展忆苦思甜活动，提高职工的阶级觉悟和搞好集体生产的积极性。

12月　1961年冬以后，句容县总工会对职工生活情况进行深入调查，对生活困难的职工给予补助，3年来补助职工3546人次，补助金额49126元，发放职工救济布1660米。同时，整顿和扩大实施劳动保险条例，至1963年年底，实施劳动保险条例的单位增加到10个，享受劳动保险待遇的职工有1810人。

1964年

1月　句容县工人俱乐部和句容县文化馆联合举办阶级教育展览会，以配合社会主义教育的开展。

3月24—30日　句容县工业、交通、财贸等方面的先进集体、先进生产（工作）者代表会议在县城召开。

10月24日　句容县总工会在《关于当前工会工作意见》中要求全县各级工会教育职工认真学习中共中央关于社会主义教育运动的指示，积极投入社会主义教育运动。

1965年

5月　在社会主义教育运动的建设阶段，普遍整顿基层工会组织，清理会员队伍，并且对会员重新进行登记，换发新会员证。

7 月 17 日　召开城镇工会会员代表大会，选举产生城镇工会委员会，同时成立下蜀镇工会工作委员会。

9 月　在社会主义教育运动的推动下，城镇广大职工中出现一个学习文化的热潮，31 个企事业单位的 574 名职工参加城镇职工业余学校学习，学校设有从扫盲到高中的各种班级，还开设珠算班和英语班。

11 月　句容县委设立政治部，句容县总工会并入政治部下辖的群众工作部。

1966 年

8 月　“文化大革命”开始，句容县总工会停止活动。

1968 年

10 月 11 日　句容县革命委员会召开“三代会”（工人、贫下中农、红卫兵代表大会），设立三代会常务委员会，句容县总工会被县工人代表大会取代。

1973 年

5 月 15 日　句容县委成立句容县工会第四次代表大会筹备小组，负责基层工会整健和代表大会的筹备工作。

5 月 21 日　句容县工会第四次代表大会筹备小组发布《关于整顿健全基层工会的意见》，整健的重点是工交、财贸系统的基层工会，文教、卫生、农、林、水系统暂不整健。

6 月 6 日　句容县委作出《关于召开句容县工会第四次代表大会的决定》。

8 月 20 日　句容县委在《关于基层工会正、副主任的批复》中公布首批整健的 57 个基层工会正、副主任名单。

8 月 21—23 日　句容县工会第四次代表大会在句容县城召开，选举产生句容县总工会第四届委员会。

1974 年

8 月 1 日　句容县总工会在《关于进一步加强工人理论队伍建设，把批林批孔运动引向深入、普及、持久的意见》中称：全县各级工会建立工人理论学习小组 67 个，有理论骨干 500 多人，在运动中发挥主力军作用。

1975 年

12 月 11 日　句容县总工会同县工业局、商业局等 5 个单位联合发出倡议书，要求工交、财贸战线的广大职工响应句容县委提出的“鼓足干劲学大寨，迈开大步赶昔阳，苦战一年面貌变，力争建成大寨县”的号召，为实现这个目标而奋斗。

12 月 12 日　句容县总工会发出《关于工会会员交纳会费的通知》，规定工会会员应按月交纳会费，每人每月 0.1 元，徒工每月 0.05 元，从 1976 年 1 月开始执行。

1976 年

7 月 29 日　句容县总工会、县文化局联合请示句容县委，申请建造农业学大寨展览馆和工人俱乐部大楼，面积 1839.63 平方米，第一楼为展览馆，第二、三楼为俱乐部。

1977 年

1 月 27 日　句容县总工会在《关于开展工业学大庆社会主义劳动竞赛的意见》中，要求工交战线的广大职工把工业学大庆运动推向新阶段，为建设大庆式企业而奋斗。

1978 年

11 月　句容县工人俱乐部建成，对外开放。

1979 年

2 月 2 日　句容县总工会、县财政局联合发出通知，转发财政部、全国总工会《关于企业、事业和机关的行政方面拨交工会经费的联合通知》，从 1979 年 1 月起开始执行。

3月　句容县总工会在《关于召开职工代表大会的通知》中要求，全县工厂企业普遍推行职工代表大会制度，并制定《代表大会试行办法》。

5月23日　句容县总工会发出《关于发放中华人民共和国工会会员证的通知》，从7月2日开始发放，到12月发放会员证10551个。

5月　句容县总工会在《关于在文教卫生和符合条件的企业事业单位整健工会的意见》中要求，文教卫生和科技系统，凡是符合条件的都要积极地恢复工会组织。

6月4日　句容县总工会在《关于组织建设的几点意见》中要求，应建立工会还未建立的工业、交通、基建、财贸、文教卫生、国营农场和水利系统的基层单位抓紧建立工会，同时筹建系统工会。

6月16日　句容县粮食系统工会委员会成立。

12月　全县各级工会以“四化”建设为中心，发动职工开展增产节约劳动竞赛，取得较好成绩，化肥厂、拖拉机厂、农机二厂、句容油米厂、运输公司等单位节约煤、电、油和回收旧金属，折合15万余元。

1980年

5月30日　句容县总工会要求全县各级工会认真贯彻全国总工会九届四次常委扩大会议决议，动员职工开展为“四化”立功活动。

6月　职工代表大会制度在工厂企业中逐渐推开，应召开职工代表大会的单位19个，其中已召开的单位8个；应召开职工大会的单位23个，其中已召开的单位11个。

11月11—12日　句容县教育工会代表大会在句容县城召开，选举产生句容县教育系统工会委员会。

11月　句容县工会职工学校恢复，有教室4间，课桌凳100套；开设英语和数学2个班，学员130人；有专职干部1人，兼课教师2人。

1981年

4月中旬　句容县总工会和句容县体育运动委员会联合举办职工体育运动会，比赛的项目有男女篮球、男女拔河、男女乒乓球和象棋，运动员300多人，有20多个先进集体和13名先进个人获奖。

4月27日　句容县总工会召开庆祝“五一”茶话会，参加会议的有劳动模范、先进生产（工作）者、工会积极分子60多人，对省级劳动模范、先进生产（工作）者颁发荣誉证书。

5月9日　句容县总工会通报表彰宝华供销社仓头供销站营业员钱德林为保护国家财产与3个盗窃歹徒英勇搏斗的事迹。

6月4日　句容县委批转句容县总工会《关于召开句容县工会第五次代表大会的请示》。

6月24日　城镇工会工作委员会成立。

7月4日　句容县水利系统工会委员会成立。

8月10日　句容县工人文化宫溜冰场动工兴建，建筑面积1109平方米。

8月26—28日　句容县工会第五次代表大会在句容县城召开。

1982年

2月12日　句容县总工会召开全委会议，选举出席江苏省总工会第七次代表大会代表。

2月　句容县工人文化宫溜冰场建成，对外开放。

6月　句容县总工会会同有关部门组成工作组，对企业单位的民主管理工作进行检查，初步评出5个达标单位，12月，经过验收达标单位有句容工程机械厂、邮电局、铜山钼铜矿厂、水泥建材厂。

8月15日　句容县总工会决定设立四部一室，即组织部、宣传部、生产保护部、生活女工部和办公室。

11月　句容县总工会同句容县委组织部、县经济计划委员会等单位多次召开会议，研究采取措施加快基层建立职工代表大会制度进程，全县工业、交通、基建、财贸等系统200人以上的单位有23个，建立职工代表大会的有 19 个，占 90.4%。

12 月　在江苏省总工会镇江办事处组织开展的工会工作竞赛中，句容县总工会在群众生产、职工教育、女工和财务工作方面获得奖状。

1983 年

1 月　句容县总工会转发江苏省委《关于在全省范围内更大规模地开展学习先进，赶超先进活动的通知》，同时大造学赶先进的舆论，在职工中掀起学习赵春娥、蒋筑英等模范人物的热潮。

2 月　句容县总工会配合有关部门贯彻江苏省职工教育管理委员会、省教育厅、省总工会等单位发布的《关于当前青壮年职工文化技术补课工作若干问题的意见》，大力开展职工文化技术补课工作。

5 月　句容县总工会召开全委（扩大）会议，号召全县职工以出色成绩迎接中华全国总工会第十次代表大会的召开。

1984 年

6 月 12 日　句容县总工会作出《关于整顿工会基层组织的规划》，决定从下半年起，对全县基层工会组织进行一次整顿，逐步使之变成名副其实的“职工之家”。

8 月 31 日　句容县委组织部在《关于胡德照等职务的批复》中公布县总工会四部一室部长、副部长名单。

9 月　句容县交通系统工会委员会成立。

是年　句容县总工会在职工中开展振兴中华的读书活动，全县有职工读书小组 214 个，参加读书活动的职工 3475 个。

1985 年

4 月 7—9 日　句容县工会第六次代表大会在句容县城召开。

6 月　句容县总工会开始整顿职工之家，至 11 月有 92 个基层工会职工之家验收合格，召开建设职工之家发证大会。

11 月　句容县总工会召开读书活动先进集体、先进个人表彰大会，表彰先进集体 3 个、先进个人 40 名。

1986 年

3 月 23 日　句容县总工会召开先进集体和先进个人表彰大会，表彰先进集体 30 个、先进个人 201 名。

4 月 29 日　句容县总工会召开城镇 30 多名省、市级劳动模范座谈会，向全县职工发出开展“为‘七・五’立功竞赛活动”倡议书。

4 月 30 日　句容县总工会召开“为‘七・五’立功竞赛”动员大会，发布《关于开展做“四有”职工，为“七・五”立功竞赛活动的意见》。

7 月　句容县矿业系统工会委员会成立。

8 月 15 日　句容县总工会转发《江苏省基层职工技术协作组织条例（试行）的意见》，要求 200 人以上的基层企业年内有 20%建立技术协作组织。

12 月 4 日　句容县总工会召开基层工会俱乐部建设经验交流和评比大会，句容工程机械厂、铜山钼铜矿厂、供电局、汽车保修厂、句容织布厂 5 个基层工会俱乐部被评为先进单位。

12 月 14 日　句容工程机械厂科学技术协作委员会成立。

1987 年

3 月 3 日　句容县总工会、县妇联联合举办妇女知识竞赛，23 个单位组成的 10 个代表队参加比赛，句容织布厂代表队获一等奖。

3 月 24 日　句容县总工会召开 1986 年度开展立功竞赛先进集体和先进个人表彰大会，表彰先进集体

22个、先进个人76名、先进职工之家14个、先进工会小组4个。

3月　句容县总工会召开增产节约、增收节支（简称“双增双节”）动员大会，提出开展“双增双节”运动的意见，年底据65个单位统计增加效益300多万元。

7月　句容县职工物价监督总站成立，并在天王、下蜀两大集镇建立职工物价监督分站，有职工物价监督员40名。

8月　句容县总工会、县卫生局对在创“五好”食堂、文明幼儿园（托儿所）活动中取得优异成绩的单位给予表彰，表彰文明幼儿园（托儿所）8所、“五好”食堂13个、先进炊事员19名。

1988年

1月20日　句容县总工会作出表彰1987年先进职工之家和优秀职工之友等决定，表彰先进职工之家16个、车间工会先进集体3个、先进工作委员会4个、先进工会小组19个、优秀职工之友328名、职工明星2名。

4月15日　句容县总工会作出表彰工会财务工作先进单位的决定，获得一等奖的单位26个，获得二等奖的单位23个。

10月8—10日　句容县工会第七次代表大会在句容县城召开。

是年　句容县工人文化宫实行经营承包责任制，加强管理，增添电子游戏、电视录像等项目，丰富职工的文化生活。

1989年

2月　句容县工业系统工会委员会成立。

5月1日至10月1日　句容县总工会组织和发动职工深入开展以“三创一降”（即创收、创优、创汇、降低消耗）为主要内容的万名职工劳动竞赛活动。

11月　句容县总工会召开万名职工劳动竞赛表彰大会，表彰先进集体25个。

是年　全县各级工会加强班组长和工会积极分子的培训工作，举办培训班85期，培训1086人次。

1990年

1月19日　句容县总工会向各级工会下发《一九九〇年全县工会工作任务》的文件。

2月15日　句容县总工会发出通知，转发江苏省总工会《关于基层工会民主选举若干问题的规定》。

4月30日　句容县总工会在华阳镇人民电影院举行庆祝“五一”国际劳动节大会，句容县委、县人大、县政府、县政协领导人出席大会，句容县委副书记孙燕丽作重要讲话。县总工会表彰先进职工之家20个，先进工会小组18个，优秀职工之友179名，劳动争议调解工作先进单位5个，劳动争议调解工作先进个人6名。

5月5日　镇江市总工会授予县纺织工业公司工会、县公路管理站工会、县酒厂工会“模范职工之家”称号；授予县服装厂工会、县钼铜矿厂工会“先进职工之家”称号；确认句容工程机械厂工会“模范职工之家”荣誉；确认县邮电局工会、县硫酸厂工会“先进职工之家”荣誉；确认县第二农机厂仓库工会小组等9个工会小组“先进工会小组”荣誉；授予凌永昌等14名工会干部“优秀工会工作者”称号；5名工会积极分子被表彰为优秀工会积极分子。

6月13日　句容县总工会向各系统工会发出《关于局级系统工会建立女职工委员会的通知》，要求7月下旬之前将女职工委员会建立起来。

7月30日　县郭庄乡人民政府机关工会成立。

9月16日　句容县总工会建立法律顾问室。

9月18日　句容县纺织工业公司工会开始实行职工代表值班制，每星期二有1名职工代表值班，接待职工来访。

10月12日　句容县总工会成立工运史志编纂领导小组。领导小组由陆宏生、刘延栋、陈齐江、胡德照、徐峰、蒋文本、蒲怀琛7人组成，陆宏生任组长，蒋文本、胡德照任副组长。

10月15日　县供电局工会经费审查委员会，被省总工会经费审查委员会表彰为工会经费审查工作先进集体。

10月22日　句容县委、县政府召开推行签订“共保合同”动员大会，有关部委办局（公司）负责人和县属企业党组织、行政、工会的负责人出席大会。会后，县总工会会同县体制改革委员会、县计划经济委员会根据大会提出的要求制定实施方案，并会同商业局在县酒厂进行签订“共保合同”的试点。

是年　全县有135个基层单位开展劳动竞赛，参赛职工18279人，取得“双增双节”经济效益505.1万元。

△　全县有197个企事业单位召开职工代表大会357次，职工提出议案1189件，其中得到处理的有613件。

1991年

1月19日　句容县总工会向全县各级工会转发全国总工会发布的《基层工会经费审查委员会工作条例》，要求基层工会未建经费审查委员会的抓紧建立，并按规定开展工作。

1月22日　句容县总工会召开七届六次全委（扩大）会议，总结1990年全县工会工作，讨论确定1991年工会工作任务。

3月21日　句容金猴机械（集团）公司工会成立，这是全县首家（集团）公司工会。

3月30日　句容县总工会和县计划经济委员会、工业局、乡镇工业局联合召开“百家企业”劳动竞赛表彰大会，表彰句容工程机械厂等10个先进集体和吕才林等33名最佳个人。

7月12日　句容县总工会转发全国总工会《关于开展对工会经费1988—1990年三年计拨情况审查的意见》。基层工会普遍自查，产业（系统）工会逐个检查，县总工会重点抽查，对查出的漏、欠拨经费由基层单位行政补拨。

8月8日　经县编制委员会批准，县总工会增设财务部。

8月15日　句容县总工会向各级工会发出《关于加强共保合同管理的意见》。

11月9日　县建设委员会系统工会委员会成立。

1992年

1月13日　句容县总工会召开七届八次全委（扩大）会议，总结1991年全县工会工作，讨论确定1992年工会工作任务。

3月21日　句容县总工会向基层工会发出《关于制定贯彻〈基层工会经费审查委员会工作条例〉实施细则的通知》。

4月11日　句容县总工会作出《关于表彰先进“职工之家”和优秀“职工之友”的决定》，表彰先进职工之家8个、先进工会小组39个、优秀职工之友281名。

4月28日　句容县总工会在镇江市总工会组织的县（市）、区工会工作竞赛中获银杯奖。

镇江市总工会授予句容县服装厂工会、句容邮电局工会“模范职工之家”称号；授予句容县水泥厂工会、地毯厂工会、工商银行工会、实验小学工会“先进职工之家”称号；授予地毯厂整绞花班等6个工会小组“先进工会小组”称号；确认句容工程机械厂工会、县纺织工业公司工会、县公路管理站工会、县酒厂工会保持“模范职工之家”荣誉；确认县硫酸厂工会保持“先进职工之家”荣誉；孙开胜等16名工会干部被镇江市总工会表彰为“优秀工会工作者”；周宜沧等7名工会积极分子被表彰为“优秀工会积极分子”。

5月9日　县乡镇工业系统工会委员会成立。

11月9日　县商业系统工会委员会成立。

12月21—23日　在省工会第九次代表大会召开期间，县公路管理站工会被省总工会授予“模范职工之家”称号；徐玉珍被授予“优秀工会工作者”称号；陈宽根被授予“优秀工会积极分子”称号。

1993 年

1 月 15 日　句容县总工会召开七届十次全委（扩大）会议，传达省工会第九次代表大会精神，总结 1992 年全县工会工作，讨论确定 1993 年工会工作任务。

3 月 4 日　句容县总工会作出《关于表彰一九九二年度先进女职工委员会和女职工的决定》，表彰县服装厂女职工委员会等 6 个女职工委员会和陈巧英等 38 名女职工。

3 月 27 日　句容县总工会转发省总工会《关于开展职工互助补充保险工作的意见》，要求各级工会结合实际贯彻执行。

4 月 6 日　句容县总工会发出通知，要求各级工会动员女职工接受妇女病普查普治。

4 月 13 日　句容县总工会作出《关于表彰工会财务“三好”（收好、管好、用好）先进单位的决定》，县纺织工业公司工会等 24 个单位获一等奖，县水泥厂工会等 28 个单位获二等奖。

6 月 5 日　句容县总工会转发省总工会《关于在全省开展工会经费审查委员会争先创优竞赛活动的通知》。

7 月 21 日　句容县总工会向各级工会发出开展职工生活后勤一条龙服务竞赛的通知。

8 月　句容县总工会鉴于工运史志编纂领导小组成员人事变动较大，决定调整县工会志编纂委员会，该委员会由马风青、包锦富、陆宏生、余金宝、周宝华、凌根娣、黄华平 7 人组成，陆宏生任主任，包锦富、黄华平任副主任。

9 月 27 日　县多种经营管理系统工会委员会成立。

9 月 27—30 日　句容县工会第八次代表大会在县第二招待所举行，大会听取和审议七届委员会工作报告，听取和审议七届委员会财务工作报告和七届经费审查委员会工作报告，分别通过相应的决议。大会选举产生由 29 名委员组成的县总工会第八届委员会和由 5 名委员组成的县总工会第八届经费审查委员会。

10 月 24—30 日　县公路管理站东昌养路工区工会小组被全国总工会授予“模范职工小家”称号。

12 月 31 日　全县有 72 个企业签有共保合同。

是年　全县有 17 个工会开办企事业单位 21 个，其中经营零售贸易和餐饮的 14 个，经营其他业务的 7 个。

△　全县有基层工会 323 个，会员 31894 人。其中乡镇企业工会 9 个，外商投资企业工会 65 个，分别有会员 896 人、987 人。

1994 年

3 月　镇江市总工会授予句容县粮食系统女职工委员会、句容地毯总厂女职工委员会镇江市“先进女职工委员会”称号。

5 月 13 日　镇江市总工会授予句容地毯总厂工会镇江市“模范职工之家”称号，授予句容县供电局工会镇江市“先进职工之家”称号，授予句容县化工总厂硫酸分厂一车间乙班等 8 个工会小组镇江市“先进工会小组”称号。

5 月 20 日　句容县总工会作出《关于表彰工会财务“三好”先进单位的决定》，粮食系统工会等 24 个单位被评为一等奖，句容县粮食加工厂工会等 27 个单位被评为二等奖。

9 月 22 日　镇江市总工会发布《关于表彰复查认可的先进、模范职工之家的决定》：句容工程机械厂工会、句容县纺织工业公司工会、句容公路管理站工会、句容酒厂工会、句容县服装厂工会、句容县邮电局工会被镇江市总工会复查认可为镇江市“模范职工之家”；句容县硫酸厂工会、句容县钼铜矿厂工会、句容县水泥建材厂工会、句容县工商银行工会、句容县实验小学工会被镇江市总工会复查认可为镇江市“先进职工之家”。

10月12日　句容县总工会制定《关于加强外商投资企业工会工作的意见》。

1995年

2月14日　句容县总工会、句容县计划经济委员会、句容县经济体制改革委员会和句容县劳动局联合转发江苏省总工会等单位《关于在转换企业经营机制建立现代企业制度中加强职工民主管理的试行办法》。

2月　镇江市人民政府授予句容县工会职工学校1993—1994年“镇江市职工教育先进集体”称号。

3月28日　句容县总工会批复成立句容县丝绸总公司系统工会。

4月4日　江苏省总工会发布《关于1994年度县以上工会财务竞赛评比的通报》，句容县总工会获二等奖。

4月24日　句容县人民政府印发《句容县城镇企业职工工伤保险暂行办法》《句容县城镇企业女职工生育保险暂行办法》。

4月25日　镇江市人民政府授予余功才等17人“镇江市劳动模范”称号。

4月27日　国务院发布《国务院关于表彰全国劳动模范和先进工作者的决定》，句容县袁巷乡戴庄村农民余锁根被授予“全国劳动模范”称号。

4月28日　句容县委、县政府授予张小马等10人1994年度“句容县劳动模范”称号。

5月17日　监察部、国家经济贸易委员会和全国总工会联合下发《关于印发国有企业实行业务招待费使用情况向职代会报告制度的规定的通知》。

5月22日　句容县卫生局、句容县总工会等7个单位发出《关于在华阳镇实行妇幼保健保偿系列服务工作的通知》。

6月16日　句容县委宣传部、句容县总工会、共青团句容县委和句容县妇女联合会联合制定下发《关于开展“创卫生城市，做文明市民”主题教育活动的意见》。

7月21日　句容县总工会更名为句容市总工会。

9月22日　句容市劳动局、句容市总工会联合下发《关于企业建立集体合同制度有关问题的通知》。

11月10日　句容市乡镇工业局系统工会副主席樊孝仁被江苏省总工会授予“江苏省工会组织建设先进工作者”称号。

11月11日　原句容县总工会组织部部长胡德照被全国总工会办公厅表彰为“全国优秀民主管理工作者”。

1996年

1月24日　句容市总工会表彰机关事业单位先进工会组织，句容市烟草局工会等20个工会组织被表彰为先进工会。

3月6日　镇江市总工会授予句容市纺织工业公司女职工委员会、句容市航运公司女职工委员会“镇江市先进女职工委员会”称号，授予李大凤等4人“镇江市先进女职工干部”称号。

3月22日　句容市总工会下发《关于认真做好女职工工作的意见》。

4月25日　句容市总工会表彰工会财务“三好”竞赛先进单位，江苏东华酒业饮料有限公司工会（原句容酒厂工会）等23个单位获一等奖，句容市纺织工业公司工会等28个单位获二等奖。

6月13日　句容市总工会被江苏省总工会表彰为江苏省工会职工互助补充保险工作先进单位。

9月26日　镇江市总工会授予句容市供电局工会“模范职工之家”称号；授予镇江市京桥水泥厂工会、镇江电力变压器厂工会、句容市油脂化工厂工会“先进职工之家”称号；确认江苏东华酒业饮料有限公司工会、句容市纺织工业公司工会、句容市地毯厂工会、句容市公路管理处工会、句容市服装厂工会、句容市邮电局工会、江苏省句容工程机械厂工会为镇江市“模范职工之家”；确认句容长江化学工业实业公司工会（原硫酸厂工会）、中国工商银行句容市支行工会、江苏远东水泥有限公司工会、句容市实验小学工会为镇江市“先进职工之家”；授予句容市下蜀供销社迎江商场工会小组等8个工会小组镇江市“先进工会小组”称号。

△ 镇江市总工会、镇江市人事局授予王志荣等14人“优秀工会工作者”称号。

10月16日 白兔镇工会成立。

10月25日 句容市总工会作出《关于变更“句容县乡镇工业局系统工会委员会”名称的批复》，同意“句容县乡镇工业局系统工会委员会”变更为“江苏方兴集团系统工会委员会”。

1997年

1月16日 句容市总工会下发《一九九七年工会工作意见》。

1月21日 句容市总工会作出《关于表彰工会工作先进集体的决定》，表彰句容市公路管理处工会等8个单位为职工思想政治工作先进单位、句容市供电局工会等9个单位为职工特殊疾病互济工作先进集体、江苏东华酒业饮料有限公司等3个单位为劳动争议调解工作先进单位、句容市油脂化工厂工会为合理化建议活动先进集体、句容工程机械厂工会为小改小革活动先进集体、句容邮电局工会为劳动竞赛活动先进集体。

1月 句容市总工会生活女工部部长凌根娣被江苏省总工会表彰为基层先进女职工工作者。

2月28日 句容市总工会作出《关于表彰女职工工作先进集体和先进个人的决定》，表彰句容市纺织工业公司女职工委员会等8个单位为先进女职工委员会、杜兰珍等18人为先进女职工干部、巫月蓉等7人为岗位明星、周道龙等6人为女职工之友、王昌高家庭等10个家庭为文明新风家庭。

2月29日 句容市总工会作出《关于表彰工会工作先进集体、先进个人的决定》，表彰江苏东华酒业饮料有限公司等5个单位为劳动竞赛、合理化建议先进集体，句容市粮食系统工会等3个单位为劳动争议调解工作先进集体，句容市化肥厂工会等8个单位为职工特殊疾病互济工作先进集体，徐国良等8人为工会组织建设先进个人。

3月18日 句容市委作出《关于表彰1996年度全市两个文明建设先进集体和先进个人的决定》，徐之宝等10人被评为“句容市劳动模范”。

3月25日 句容市总工会组织局级系统工会和有关基层工会开展板报展评工作，句容金猴机械（集团）公司工会等2个单位获一等奖，句容市供销合作总社系统工会等5个单位获二等奖，句容市水利农机系统工会等2个单位获三等奖。

3月 句容市总工会下发《女职工委员会一九九七年工作要点》。

△ 句容市总工会主席陆宏生被全国总工会表彰为“全国新经济组织工会工作先进工作者”。

5月9日 句容市总工会作出《关于表彰1996年度全市工会财务工作“三好”先进单位的决定》，表彰句容金猴机械（集团）公司工会等61个先进单位。

9月18日 句容市总工会就“签订行业集体合同的做法、效应和思考”在江苏省工会集体合同工作会议上交流经验。此前，江苏省总工会副主席李晓布到句容检查工会工作时对此予以肯定。此文在《镇江工运》上予以刊载。

10月24日 句容市职工持股管理委员会成立。

11月4日 句容市总工会发出《关于在机关事业单位中开展评选先进、模范职工之家的通知》。

12月1日 句容市委办公室发布《关于印发〈句容市总工会机关机构改革方案〉的通知》，句容市总工会内设机构为人事秘书科、组织宣传部、生活女工部、生产保护部、财务部；核定句容市总工会编制9名，其中行政编制8名，行政附属编制1名；领导职数为主席1名，副主席3名。核定句容市工人文化宫全民性质事业编制12名，工会职工学校全民性质事业编制4名，经费均维持原渠道不变。

12月24日 句容市总工会作出《关于表彰机关事业单位先进、模范“职工之家”的决定》，授予句容市公路管理处工会等11个单位“模范职工之家”称号；授予句容市粮食局机关工会等10个单位“先进职工之家”称号。

12月30日　江苏省总工会发布《关于江苏省工会会计学会团体会员登记情况的通报》，句容市总工会财务部列入江苏省工会会计学会第一批团体会员名单。

1998年

1月9日　句容市总工会发出《关于评选一九九七年度劳动模范的通知》。

2月　句容市总工会下发《一九九八年工会工作意见》。

3月3日　句容市首家私营企业工会即江苏句容特种养殖有限公司工会成立。

3月12日　句容市总工会下发《关于市总工会机关内设机构的通知》：内设机构为人事秘书科、组织宣传部、生活女工部、生产保护部、财务部。

4月8日　句容市委下发《关于进一步加强新时期工会工作的意见》。

4月10日　句容市委召开全市工会工作会议，句容市粮食局等6个单位发言。

4月28日　句容市总工会作出《关于表彰1997年度全市工会财务工作“三好”先进单位的决定》，表彰句容金猴机械（集团）公司工会等54个单位。

5月4日　江苏省总工会发布《1997年度县以上工会财务竞赛评比情况的通报》，句容市总工会获一等奖。

△　句容市总工会通报庆“五一”职工百科知识竞赛和黑板报联展获奖单位。

△　江苏太平洋化工集团工会成立。

5月8日　由句容市总工会等4个单位联营联建的万事达工贸大厦举行开工典礼。

5月26日　句容市总工会复刊《工会情况》简报。

6月3日　句容市总工会、句容市委组织部联合下发《关于建立乡镇工会的通知》，要求各乡镇、开发区党委要把建立乡镇工会作为当前的一项重要工作来抓，进行专题研究，制订工作计划，由党委分管副书记负责，成立组建工会工作领导小组负责各项筹备工作，组建工会工作在7月底前结束，选举结果及委员分工报市总工会审批。

6月23日　镇江市总工会授予句容市供电局工会、句容市农行工会“读书自学活动先进集体”称号。

6月24日　句容市总工会、句容市劳动局联合转发镇江市总工会、镇江市劳动局《关于在企业推行“事故隐患和职业危害监控法”的通知》。

7月9日　茅西乡工会成立。

7月27日　三岔乡工会成立。

7月28日　行香乡工会成立。

△　后白镇工会成立。

7月31日　天王镇工会成立。

△　茅山镇工会成立。

△　葛村镇工会成立。

8月7日　陈武乡工会成立。

8月20日　黄梅镇工会成立。

△　句容市总工会召开“五爱三德”（爱祖国、爱人民、爱劳动、爱科学、爱社会主义；社会公德、职业道德、家庭学德）教育经验交流会，江苏远东水泥有限公司工会等5个单位作经验交流发言。

△　郭庄镇工会成立。

8月21日　句容市总工会发出《关于加快乡镇基层工会组织组建步伐的通知》，要求乡镇机关、事业单位、乡镇企业、私营企业以及开业投产的外商投资企业，职工在25人以上的必须建立工会委员会。个体工商户可按行政村或邻近关系建立工会小组，不满25人的私营企业建立工会小组，组建成立乡镇个体私营企业工会联合会，并要求在12月5日之前全部结束。

8月26日　春城乡工会成立。

8月28日　江苏省句容经济开发区工会成立。

△　句容市总工会创办的创新果品市场试营业。该市场位于句容长途汽车站南端、建设路东段的宁杭路以东约100米的农机修造厂荒芜空地，占地面积6000平方米，翻建60间门面房，建筑面积2000平方米，吸纳35名下岗职工就业。

9月1日　句容市工会职工学校校长王玉硼被江苏广播电视大学表彰为“全省电大系统优秀教育工作者”。

9月10日　大卓乡工会成立。

△　句容市委批转市总工会《关于筹备召开句容市工会第九次代表大会的报告》。

9月11日　亭子乡工会成立。

9月14日　二圣乡工会成立。

9月16日　袁巷乡工会成立。

9月18日　总工会成立组建句容市个体私营企业工会联合会筹备工作小组。

9月24日　东昌镇工会成立。

9月25日　宝华乡工会成立。

10月8日　句容市总工会召开句容市个体私营企业工会联合会成立大会，句容市总工会副主席黄胜利任主席。镇江市总工会副主席王愉夫、句容市委副书记金昌来出席会议并分别讲话。

10月8—10日　句容市工会第九次代表大会在华阳宾馆召开。镇江市总工会主席陈苏、句容市委书记朱金贵出席9日上午的开幕式并分别讲话。句容市人大、市政府、市政协主要领导和团市委、市妇联、市科协负责人出席开幕式。大会邀请各乡镇党委副书记、市总工会离退休的老工会工作者以及调离工会的老工会工作者参加会议。市委副书记金昌来在大会闭幕式上讲话。大会总结市工会八大以来的五年工作，提出今后五年目标任务，选举产生市总工会新一届领导机构。

10月28日　句容市总工会召开本单位离退休干部座谈会，通报工会工作情况，并听取与会人员的意见和建议。

11月6日　句容市总工会发出《关于认真做好评选爱岗敬业先进典型工作的通知》。

12月8日　江苏省总工会授予简恩承“江苏省工会促进再就业工作先进个人”称号。

12月12日　句容市委召开传达中国工会十三大精神的会议。

12月25日　江苏省总工会发布《江苏省总工会关于开展争创工会工作十强县（市）竞赛活动的意见》，决定自1999年到2001年，组织开展争创工会工作十强县（市）竞赛活动，在全省64个县（市）中每年评选10个县（市），并将其命名为“工会工作十强县（市）”。

12月31日　磨盘乡工会成立。

12月　建立工会经费审查组织235个，占应建数（255个单位）的92%。

是年　句容市22个乡镇和1个省级经济开发区全部建立工会。

1999年

4月29日　句容市总工会在市自来水公司三楼会议室召开句容市劳动模范协会成立大会，市委副书记金昌来出席会议并讲话，大会通过协会章程，选举产生协会首届理事会，聘任名誉会长。

5月　镇江市总工会作出《关于表彰、确认模范、先进职工之家、模范职工小家和工会基层工作先进单位的决定》，授予江苏远东水泥有限公司工会、句容电信局工会镇江市“模范职工之家”称号；授予句容高级中学工会、江苏省句容农业学校工会镇江市“先进职工之家”称号；确认江苏东华酒业饮料有限公司工会等5个单位镇江市“模范职工之家”称号；确认句容市长江化工实业公司等7个单位镇江市

“先进职工之家”称号；授予句容市供电局华阳变电所工会小组等 8 个集体镇江市“模范职工小家”称号。

△ 镇江市人事局、镇江市劳动局、镇江市总工会作出《关于表彰全市优秀工会工作者、优秀工会积极分子和荣誉工会积极分子的决定》，授予简恩承等 12 人“优秀工会工作者”称号；授予周以珉等 12 人“优秀工会积极分子”称号；授予李仁海等 2 人“荣誉工会积极分子”称号。

2000 年

3 月 8 日 句容市总工会召开九届四次全委（扩大）会议，总结 1999 年工作，部署 2000 年任务；对争创江苏省工会工作十强县（市）、“三比三赛一达标”竞赛活动进行动员；增选市总工会九届委员、常委、副主席。市委副书记王远根出席会议并讲话，市总工会主席简恩承作工作报告，市总工会副主席黄胜利作《关于市总工会 1999 年经费审查工作情况和 2000 年经费审查工作意见的报告》。

3 月 15 日 句容市总工会发出《关于进一步健全和完善市总工会会议制度的规定的通知》。

7 月 20 日 句容市总工会在江苏省总工会召开的全省新建企业工会组建工作会议上作题为《开展拉网式普查，夯实组织建设基础》的经验交流。

8 月 8 日 句容市总工会、句容市委组织部联合制定下发《关于加强基层工会组织建设和基层工会干部队伍建设的意见》。

9 月 11 日 句容市委召开全市工会工作会议。市委书记朱金贵讲话，市委副书记王远根作争创江苏省工会工作十强县（市）动员报告，市总工会主席简恩承作汇报发言。会议表彰 10 名依靠职工办企事业和依靠职工振兴经济的优秀领导干部；市委与各党委、党组建制单位负责人签订争创“十强”责任状。

12 月 20 日 江苏省总工会授予句容市总工会“江苏省‘九五’奉献杯立功竞赛先进单位”称号。

2001 年

1 月 20 日 镇江市总工会作出《关于表彰“三比三赛一达标”竞赛先进集体和先进个人的决定》，句容市总工会获一等奖。

3 月 6 日 镇江市总工会授予句容市总工会女职工委员会、句容市电信局工会女职工委员会为镇江市实施“五大行动”（岗位建功、素质提升、权益维护、健康关爱、姐妹帮扶）先进集体称号。

4 月 25 日 句容市委召开全市工会工作会议，市总工会主席孙大才作工作报告。

5 月 21 日 江苏省总工会作出《关于授予 2000 年度全省工会工作十强县（市）荣誉称号的决定》，授予句容市总工会 2000 年度“江苏省工会工作十强县（市）”称号。

5 月 23 日 江苏省总工会在句容举行“江苏省工会工作十强县（市）授牌仪式”，江苏省总工会主席张艳向句容市总工会授牌，市总工会主席孙大才作表态性发言。

6 月 14 日 句容市总工会作出《关于表彰工会工作先进集体和先进个人的决定》，表彰句容市供电局工会等 10 个工会为“十佳工会”；表彰梁吉荣等 10 人为“十佳工会干部”；表彰句容金猴机械（集团）公司工会等 3 个工会为“创十强”优秀组织奖；表彰李昌君等 24 人为“工会财务工作先进个人”。

△ 句容市总工会召开九届六次全委（扩大）会议，市总工会主席孙大才作工作报告。会议主要内容是认真贯彻尉健行在视察江苏工会工作时的重要讲话精神，总结争创省“十强”与市“十佳”工作，布置“创建合格乡镇工会、评选示范乡镇工会”工作和继续开展争创“十佳工会”工作；表彰“十佳工会”“十佳工会干部”。

8 月 14 日 句容市总工会召开全市工会工作会议，市总工会主席孙大才作工作报告。

9 月 12 日 江苏省总工会授予简恩承（原句容市总工会主席）“江苏省五一劳动奖章”。

9 月 21 日 句容市计划与经济委员会作出《关于工人文化宫建设项目的批复》，同意市总工会实施工人文化宫建设项目。该项目总投资 250 万元，资金来源全部自筹，建筑面积 4180 平方米。

2002 年

2 月 7 日　镇江市总工会作出《关于表彰合格、示范乡镇（街道）工会的决定》，春城镇工会、后白镇工会被表彰为镇江市示范乡镇工会。

2 月 28 日　句容市总工会召开九届七次全委（扩大）会议，市总工会主席孙大才作工作报告，总结 2001 年工作，部署 2002 年任务。

4 月 17 日　江苏省总工会授予白兔镇工会“江苏省百强示范乡镇工会”称号；授予白兔镇工会、后白镇工会、郭庄镇工会、春城镇工会、天王镇工会、华阳镇工会、下蜀镇工会“江苏省合格乡镇工会”称号。

8 月 10 日　江苏省总工会表彰句容市总工会组织部为“江苏省工会干部教育培训工作先进单位”。

10 月 16 日　句容市委办公室下发《关于印发〈句容市总工会机关机构改革方案〉的通知》：市总工会设 6 个职能部（室）（股级建制）：办公室、组织部、宣传教育部、生活女工部、生产保护部、财务部；核定市总工会人员编制 8 名，其中行政编制 7 名，行政附属编制 1 名；核定市工人文化宫全民事业编制 12 名，工会职工学校全民事业编制 4 名；经费均维持原渠道不变。

2003 年

1 月 6 日　句容市总工会下发《二〇〇三年工作意见》。

1 月 8 日　句容市总工会下发《关于评选句容市“文明职工”的通知》。

3 月 4 日　句容市总工会作出《关于表彰 2002 年度句容市“文明职工”“五一文明班”的决定》，表彰杨玉森等 20 人为句容市“文明职工”，农村信用合作社商业街分社等 20 个班组为“五一文明班”。

4 月 4 日　镇江市总工会授予句容市华通客运有限公司车站等 4 个集体为“五一文明岗”称号。

6 月 3 日　句容市总工会作出《关于表彰 2002 年度工会财务工作先进集体的决定》，表彰市供电公司等 14 个单位为“2002 年度工会财务工作先进单位”。

△　句容市委市级机关工委批复成立句容市总工会离退休干部党支部。

7 月 12 日　边城镇工会成立。

9 月 5 日　句容市委批转市总工会《关于筹备召开句容市工会第十次代表大会的意见》。

9 月 12 日　句容市总工会召开句容市工会第十次代表大会筹备工作会议，部署代表大会的筹备工作任务。

9 月 16 日　句容市总工会下发《关于在全市建设学习型工会、实施职工素质工程的意见》。

9 月 21 日　镇江市政府办公室转发市总工会和市财政局《关于镇江市区企事业单位应上缴的工会经费由市地税局代收的通知》，明确句容市的工会经费代收事宜，参照该意见精神执行。

10 月 15 日　句容市总工会决定授予句容市供电公司工会等 10 个基层工会“模范职工之家”称号；授予句容市地税局工会等 10 个基层工会“先进职工之家”称号；授予东昌电信支局工会小组“模范职工小家”称号；授予周国正等 10 人“优秀工会积极分子”称号；授予李顺保等 10 人“荣誉工会积极分子”称号。

10 月 16 日　镇江市总工会、镇江市劳动和社会保障局作出《关于表彰和扶持镇江市第二批“上新岗、创新业”示范基地的决定》，授予句容二次创业科技示范园（下岗职工王明华创办的经济实体）为镇江市第二批“上新岗、创新业”示范基地。

10 月 20 日　句容市城市管理系统工会成立。

10 月 30 日　句容市工会困难职工援助中心成立。

11 月 4 日　句容市政府办公室转发市总工会和市地税局《关于企事业单位应上缴的工会经费由市地税局代收的通知》，自 2003 年 12 月 1 日起执行。

11 月 6 日　市总工会、市地税局向全市各级工会印发《关于积极做好工会经费由地税部门代收的通知》。

12月23—24日　句容市工会第十次代表大会在华阳宾馆召开。大会通过市总工会第九届委员会工作报告、财务工作报告和经费审查工作报告的决议，选举产生市总工会新一届领导机构。

2004年

1月14日　镇江市总工会授予句容市郭庄镇工会、句容市边城镇工会“2003年镇江市示范乡镇（街道）工会”称号。

1月16日　句容市总工会被镇江市总工会表彰为2003年“双服务”竞赛先进集体二等奖；句容市总工会“持‘行政执法证’审查工会经费”工作获2003年镇江市工会工作创新奖。

2月2日　句容市卫生局、市妇女联合会、市总工会联合发出《关于在全市已婚妇女中开展妇女病普查普治工作的通知》。

2月28日　句容市总工会发出《关于开展签订女职工权益保护专项集体协议工作的通知》。

3月1日　句容市友诚服装有限公司工会女职工委员会被江苏省总工会女职工委员会表彰为“江苏省非公企业工会女职工工作示范单位”。

3月12日　句容市总工会、市精神文明建设委员会办公室联合印发《关于在全市深入开展创建五一文明班组（科室）、五一文明岗活动的意见》。

4月6日　句容市总工会下发《关于做好进城务工人员入会工作的意见》。

△　句容市总工会发出《关于成立句容市进城务工人员入会工作领导小组的通知》。

4月15日　句容市总工会转发《江苏省总工会转发全国总工会关于印发〈工会女职工委员会工作条例〉的通知》。

4月18日　句容市总工会、市委宣传部、市发展计划与经济贸易局及市劳动和社会保障局联合下发《关于转发〈关于深入推进职工素质工程的意见〉的通知》。

4月20日　句容市劳动和社会保障局、市发展计划与经济贸易局、市总工会、市企业家协会和市私营个体经济协会联合下发《转发〈关于进一步加强我市工资集体协商工作的意见〉的通知》。

△　句容市总工会“持‘行政执法证’审查工会经费”工作的经验做法，被江苏省总工会授予2002—2003年度“江苏省工会工作革新成果奖”。

4月21日　华阳镇工会被江苏省总工会授予2003年度“江苏省百强示范乡镇工会”称号；宝华镇工会、葛村镇工会被江苏省总工会授予2003年度“江苏省合格乡镇工会”称号。

4月30日　句容市职教中心江嘉喜被镇江市总工会授予2003年度“镇江市五一劳动奖章”。

5月1日　句容市总工会经费审查委员会、句容市农村信用联社工会经费审查委员会被镇江市总工会授予“镇江市总工会经费审查工作先进集体”称号。

5月17日　句容市总工会、市安全生产监督管理局联合下发《关于开展2004年“安康杯”竞赛活动的意见》。

5月26日　句容市总工会、市劳动和社会保障局、市发展计划与经济贸易局、市供电公司联合发出《关于举办句容市农村电工、变配电值班电工职业技能竞赛的通知》，决定于2004年7—9月举办全市农村电工、变配电值班电工职业技能竞赛。

△　句容市总工会、市劳动和社会保障局及市发展计划与经济贸易局联合下发《关于举办句容市职工计算机职业技能操作竞赛的通知》，决定于2004年7月下旬举办句容市职工计算机职业技能操作竞赛。

5月27日　句容市总工会转发《江苏省政府办公厅转发省总工会等部门关于建立完善特困职工扶贫帮困救助机制意见的通知》。

6月10日　句容市总工会举办市属非公有制企业工会干部参加的新工会法和工会业务知识培训班。

6月11日　句容电视台“阳光公务”栏目播放《工会风采》。该节目反映全市各级工会组织近年学习贯彻“三个代表”重要思想、落实科学发展观所取得的成绩，展示全市工人阶级在经济建设主战场发挥主力军作用的时代风采，展现全市工会组织在党的领导下奋发努力、开拓进取的精神风貌。

6月16日　江苏省总工会副主席戈雪芬到句容进行为期一天的工会工作调研，市委副书记王远根会见戈雪芬一行，镇江市总工会纪检组长于富强、句容市总工会主席孙大才等陪同调研。

△　江苏省总工会副主席戈雪芬为句容市总工会颁发“江苏省工会工作革新成果奖”奖牌、奖金（句容市总工会“持‘行政执法证’审计工会经费”工作被省总工会授予2002—2003年度“江苏省工会工作革新成果奖”）。

△　句容市总工会捐赠4000元，为下岗女工创新业带头人王明华创办的后白农业科技示范园架设有线电视。

6月21日　句容市总工会下发《关于建立各镇非公企业联合职工代表大会制度的实施意见》。

7月5日　句容市总工会下发《关于实行工资协商二次签约制的通知》。

7月8日　句容市教育工会、句容市供电公司工会、句容市电信分公司工会、句容市邮政局工会、句容市人民医院工会和句容市地税局工会，被镇江市总工会授予“基层工会工作先进单位”称号；句容市电磁线公司工会、京阳水泥有限公司工会、句容市农村信用合作联社工会和中国银行句容支行工会被镇江市总工会授予“模范职工之家”称号；句容市宏泰医药有限公司行政工会小组、句容市供电公司业务班工会小组、句容市邮政局茅山中心支局工会小组、句容市电信分公司设备维护中心工会小组、中国工商银行句容支行营业部工会小组、句容市公路管理处五里墩收费站工会小组和江苏省句容高级中学物理、地理工会小组被镇江市总工会授予“模范职工小家”称号。

7月12日　句容市总工会、市劳动和社会保障局召开企业工资协商推进会，各镇、开发区工会主席，各企业主管局（公司）、有关单位工会主席、劳资科长70余人参加会议。

9月1日　句容市总工会下发《关于做好2004年度困难职工情况调查的通知》。

9月6日　镇江市总工会在《关于转发〈关于实行工资协商二次签约制的通知〉的通知》中指出，句容市总工会敢于实践，勇于创新，探索推行工资集体协商“二次签约制”，并在所有乡镇进行推广，产生了良好效果。请各市（区）总工会借鉴句容的成功做法，与劳动部门共同下文建制，年内在试点的基础上加以推广，推动工资集体协商工作的发展。

11月5日　句容市华通客运有限公司工会女职工委员会被镇江市总工会表彰为“工会女职工工作先进集体”。

△　江苏远东水泥有限公司、句容康欣礼品有限公司被镇江市总工会授予“镇江市非公企业工会女职工工作示范单位”称号。

11月10日　句容市总工会授予江苏远东水泥有限公司女职工委员会等19个单位“新建企业女职工工作示范单位”称号。

12月20日　句容市总工会发出《关于开展“元旦、春节送温暖”活动的通知》。

12月26日　镇江市总工会、镇江市劳动和社会保障局授予句容市新天地酒业有限公司、句容市张晓林家电有限公司“2004年镇江市‘上新岗、创新业’示范基地”称号。

12月28日　句容市总工会被句容市政府表彰为参加镇江市第十二届运动会“优秀组织奖”。

12月　句容市16个乡镇工会，获“镇江市示范乡镇工会”称号的有8个：白兔镇工会、春城镇工会、后白镇工会、华阳镇工会、二圣镇工会、天王镇工会、边城镇工会、郭庄镇工会。其中获“江苏省示范乡镇工会”称号的有3个：白兔镇工会（2001年）、后白镇工会（2002年）、华阳镇工会（2003年）。获“江苏省合格乡镇工会”称号的有8个：行香镇工会、下蜀镇工会、袁巷镇工会、黄梅镇工会、大卓镇工会、茅山镇工会、葛村镇工会、宝华镇工会。

2005年

1月6日　句容市总工会成立句容市进城务工人员入会工作领导小组，组长孙大才，副组长贡宪章、钟小平、张金虎、余成萍、王进。

1月14日　句容市总工会召开十届二次全委（扩大）会议，认真学习贯彻江苏省总工会十一届三次全委（扩大）会议和镇江市总工会九届十次全委（扩大）会议精神，回顾总结2004年工作，研究部署2005年的任务。市委常委、组织部长唐洪生出席会议并讲话，市总工会主席孙大才作工作报告。

1月24日　句容市总工会"开展'讲信誉、讲认真、讲卫生'教育"获镇江市2004年度工会工作创新奖。

1月31日　句容市总工会党组召开市总工会全体党员参加的保持共产党员先进性教育活动动员大会，党组书记孙大才作动员讲话。

2月28日　句容市委发布《关于进一步加强和改进新时期工会工作的意见》，就充分认识加强和改进新时期工会工作的重要意义、最大限度地把广大职工群众组织到工会中来和依法维护广大职工群众的合法权益3个方面，提出18条意见。

3月1日　句容市总工会制定《关于2005年度责任制考核及有关工作奖励办法》。

△　句容市卫生局、市总工会和市妇女联合会发出《关于在全市妇女中开展普查普治疾病的通知》。

3月8日　句容市总工会印发《市总工会2005年工作意见》。

3月25日　春城镇工会被江苏省总工会授予2004年度"百强示范乡镇工会"称号。

△　句容市总工会召开保持共产党员先进性教育活动分析评议阶段动员大会，市总工会主席、党组书记孙大才在会上作动员讲话。

3月30日　句容市总工会发出《关于开展2004年度工会财务"三好"竞赛评比活动的通知》。

3月　江苏省厂务公开协调小组授予镇江利生管业有限公司"江苏省厂（院、校、所）务公开先进单位"称号；授予句容市委组织部"江苏省厂（院、校、所）务公开先进组织奖"。

4月25日　句容市总工会分别召开党组专题民主生活会、党员专题组织生活会。

5月11日　句容市总工会成立"句容市学习贯彻'一办法五条例'领导小组"，组长孙大才，副组长钟小平、王进。

5月12日　句容市总工会印发《关于学习贯彻"一办法五条例"的实施意见》。"一办法五条例"即《江苏省实施〈中华人民共和国工会法〉办法》《江苏省劳动合同条例》《江苏省集体合同条例》《江苏省社会保险费征缴条例》《江苏省工资支付条例》《江苏省安全生产条例》。

5月17日　句容市总工会、市安全生产监督管理局发出《关于开展2005年"安康杯"竞赛活动的通知》。

5月25日　句容市政府召开全市工资集体协商工作推进会。市委常委、常务副市长陈琳出席会议并讲话，市总工会主席孙大才对全市工资集体协商工作进行总结和部署，市劳动和社会保障局局长程明光分析全市职工工资状况，市供电公司、后白镇从不同角度介绍开展工资集体协商工作的做法和经验。

5月27日　句容市委召开全市工会工作会议，总结2004年工会工作，研究部署2005年工作任务。市委副书记王远根出席会议并作重要讲话，市总工会主席孙大才作工会工作报告。

6月1日　句容市总工会、市劳动和社会保障局举办"江苏省'一办法五条例'首期培训班"，参加培训对象：各镇、开发区工会主席、劳动保障所所长、农村经济服务中心主任、规模较大企业工会主席、劳资科长；街道办工会主席；各局、集团（公司）工会主席、劳资科长；200人以上企业工会主席、劳资科长。培训班特邀江苏省总工会干部学校教授赵映林授课。

6月2日　句容市总工会授予市供电公司工会等12个单位"2004年度工会财务工作先进集体"称号。

6月20日　句容市工资协商推进工作领导小组办公室、市厂务公开民主管理领导小组办公室下发《关于做好企业工资协商厂务公开民主管理工作的通知》。

7月8日　江苏省总工会授予句容市客运总公司“江苏省工会劳动保护先进集体”称号；授予句容市供电公司故障抢修班“江苏省工会劳动保护先进班组”称号。

9月20日　句容市总工会发出《关于成立争创江苏省工会工作模范县（市）活动领导小组的通知》，组长孙大才，副组长贡宪章、钟小平、张金虎、余成萍、王进。

10月14日　句容市总工会发出《关于做好2005年困难职工情况调查的通知》。

11月2日　句容市总工会向句容市政府递呈《关于要求将行政事业单位工会经费列入财政预算的请示》。

11月10日　句容市总工会第三届女职工委员会成立。

11月14日　句容市总工会发出《关于认真做好2006年元旦、春节慰问的通知》。

11月18日　句容市政府制定《关于城镇“特困职工证”发放管理和完善特困职工扶贫帮困救助机制的意见》。

12月28日　句容市总工会印发《关于开展签订女职工权益保护专项集体协议工作的通知》。

2006年

1月11日　句容市总工会召开十届三次全委（扩大）会议，回顾总结2005年工作，研究部署2006年任务；市委常委、组织部长唐洪生出席并讲话。

1月15日　句容市总工会等5个单位授予句容市供电公司、句容市华通客运有限公司、句容市邮政局、句容市自来水总公司、句容市电磁线有限公司、句容市方山茶厂、句容三泰服装辅料有限公司、句容市吉利装饰工程公司、句容市兴文包装有限公司、镇江天力变压器有限公司等10个单位“句容市劳动关系和谐企业”称号。

1月20日　镇江市总工会授予句容市兴文包装有限公司工会、句容市供电公司工会“镇江市民主管理工作先进单位”称号。

2月14日　句容市市政建设工程公司被江苏省总工会、江苏省安全生产监督管理局授予“2005年度江苏省‘安康杯’竞赛优胜企业”称号。

2月26日　句容市总工会授予江苏省句容高级中学女职工委员会等11个单位“五一巾帼标兵岗”称号；授予冯正梅等18人“五一巾帼标兵”称号。

3月2日　句容市总工会发出《关于开展评选2005年度句容市劳动模范工作的通知》。

3月7日　句容市总工会召开庆“三八”暨“五一巾帼标兵岗和五一巾帼标兵”表彰会议，市总工会主席孙大才出席并讲话。

3月10日　句容市总工会发出《关于做好2005年度镇江市、句容市“文明职工”“五一文明班组（科室）”“五一文明岗”评选申报工作的通知》。

3月26日　镇江市总工会、镇江市安全生产监督管理局授予句容市盛业管件制品有限公司“2005年度镇江市‘安康杯’竞赛优胜企业”称号，授予句容市总工会、句容市安全生产监督管理局2005年度镇江市“安康杯”竞赛优秀组织奖。

3月30日　句容市总工会印发《句容市总工会创模实施方案》，“创模”即争创江苏省工会工作模范市。

4月7日　镇江市总工会等5个单位授予大全集团有限公司、句容市自来水总公司、句容市供电公司、句容市邮政局、句容市华通客运有限公司镇江市2005年度“劳动关系和谐企业”称号。

4月10日　句容市总工会发出《关于开展“四有五好”财务工作竞赛活动的通知》。

△　句容市总工会制定《关于在局（公司）系统工会成立困难职工援助中心的意见》。

△ 句容市总工会发出《关于开展争创“五一巾帼标兵岗”“五一巾帼标兵”活动的通知》。

4月13日 镇江市总工会授予丁国祥（句容市建设工程管理处）“镇江市五一劳动奖章”。

4月17日 句容市总工会、市安全生产监督管理局下发《关于开展2006年“安康杯”竞赛活动的通知》。

4月20日 句容市总工会印发《句容市企业集体协商制度》。

4月26日 句容市总工会主席王平走进“行风热线”直播室，介绍工会组织的基本职能和相关任务，接受听众所关心的维护职工合法权益、困难职工帮扶救助等问题的咨询。

4月27日 句容市委、市政府授予张小虎（白兔镇）、景安彬（市环境卫生管理处）、凌根娣（市总工会）、巫社荣（边城镇水利农机站）、邱建群（市卫生局）、郭朝东（省句中）、梅新贤（市公安局刑警大队）、徐扣宏（市华阳金属管件有限公司）、祝行礼（天王镇马埂果品协会）等10人2005年度“句容市劳动模范”称号。

△ 句容市总工会召开庆“五一”劳模座谈会，市委书记李亚平、市委副书记王远根、市人大常委会主任金昌来、市政协副主席纪玉、市委组织部部长唐洪生、市委宣传部部长王洪卫、市总工会主席王平等出席会议。全国劳模、省劳模及2005年度句容市劳模参加会议。市委书记李亚平作重要讲话，市委副书记王远根主持会议，市总工会主席王平作劳模评选工作情况报告，劳模代表发言。

4月28日 杨红（女，句容市茅山纺织有限公司工人）获“江苏省劳动模范”称号；刘云松（句容市中医院医生）获“江苏省先进工作者”称号。

△ 句容市总工会在市邮电大厦三楼多功能厅举办庆“五一”职工文艺汇演。

4月30日 句容市总工会印发《句容市“厂务公开民主管理”制度》《句容市公司制企业职工董事、监事制度》。

△ 句容市委在党校三楼第四会议室召开全市工会工作会议，市委、市人大常委会、市政府、市政协主要领导和分管、联系工会工作的领导出席会议，市委书记李亚平讲话，市总工会主席王平作工作报告。会议表彰2005年度句容市劳动模范。各镇（开发区）党委书记、组织委员，市各部委办局、金融单位、直属单位主要负责人和工会主席，驻句容单位工会主席出席会议。

5月15日 句容市委下发《关于开展争创省工会工作模范市活动的意见》。

5月18日 句容市总工会下发《关于进一步加强劳动争议调解工作的意见》。

5月20日 句容市总工会、句容市发展改革和经济贸易委员会、句容市劳动和社会保障局转发镇江市《关于建立我市集体合同责令整改制度的通知》。

△ 句容市总工会授予江苏农林职业技术学院工会等10个单位“2005年度工会财务工作先进集体”称号。

5月22日 句容市总工会授予句容市实验小学四年级班等10个班组（科室）句容市“五一文明班组（科室）”称号；授予江苏远东水泥有限公司旋窑车间中控岗等10个岗位句容市“五一文明岗”称号；授予姚增青等10人句容市“文明职工”称号。

5月23日 句容市总工会发出《关于下达“一争创、双服务”活动目标责任考核指标的通知》。

5月30日 《江苏工人报》刊登句容市后白镇“党建带工建、工建促党建”的做法和经验。

△ 句容市总工会印发《镇江市非公有制企业职工（代表）大会制度实施细则》。

△ 句容市政府办公室发出《关于建立政府联系工会工作会议制度的通知》。

6月2日 句容市委组织部、市总工会联合下发《关于加强外商投资企业工会组织建设的意见》。

6月5日 句容市总工会发出《关于做好镇级非公企业联合职工代表大会换届改选工作的通知》。

6月10日 句容市总工会、市委组织部、市劳动和社会保障局、市民政局转发江苏省《关于深入开展新一轮党员干部与特困职工家庭结对帮扶活动的意见》。

6 月 18 日　句容市总工会印发《句容市总工会劳动关系预警机制实施办法》。

6 月 26 日　句容市总工会、市财政局发出《关于对行政事业单位工会经费实行财政直接支付的通知》。

6 月 30 日　句容市劳动和社会保障局、市总工会、市发展改革和经济贸易委员会联合下发《关于在全市开展工资集体协商及分配制度示范企业创建活动的通知》。

7 月 18 日　江苏省总工会党组书记、副主席李晓布到句容视察工资协商二次签约工作。市委副书记孙昌桂作句容市工资集体协商工作情况汇报，市总工会主席王平汇报全市工会情况，后白镇镇长王大金汇报工会工作情况。李晓布一行到后白三圆制桶有限公司视察。

8 月 9 日　句容市委宣传部、市发展改革和经济贸易委员会、市总工会召开举办首届企业文化节工作会议。

8 月 11 日　句容市安全生产委员会转发市总工会等单位联合制定的《关于进一步加强全市职业卫生工作的意见》。

8 月 21 日　句容市总工会、市建设局联合下发《关于在建筑企业开展“建筑工地危险点防护与监控”活动的通知》。

△　句容市总工会发出《关于做好 2006 年度困难职工情况调查工作的通知》。

9 月 5 日　句容市总工会下发《关于在镇、开发区工会成立困难职工援助站的意见》。

9 月 5—13 日　句容市审计局对市总工会 2005 年度财务收支进行审计，并对市总工会工会委员会 2005 年财务收支及文化宫基建账务进行延伸审计。

9 月 7 日　句容市总工会发出《关于实施职工重大疾病互助保险的通知》。

9 月 25 日　句容市政府办公室转发市总工会、市安全生产监督管理局《关于开展职工安全生产知识电视培训活动的意见》。

9 月 28 日　笪绿海（句容市供电公司工会主席）被江苏省总工会授予“江苏省知识型职工”称号。

9 月 29 日　镇江市总工会经费审查委员会办公室对句容市总工会 2005 年度经费收支情况进行审计。

10 月 10 日　句容市总工会在新世纪广场举办“咱们工人有力量”广场文艺晚会。

10 月 20 日　句容市人大到市总工会进行工会法贯彻实施情况执法检查，市总工会主席王平作工会法贯彻实施情况汇报。

△　句容市劳动和社会保障局、市总工会、市发展改革和经济贸易委员会制定《关于加强女职工特殊保护专项集体合同工作的意见》。

10 月 25 日　句容市委召开“争创省工会工作模范市”推进会，市委副书记孙昌桂出席会议并讲话，副市长周春芳主持会议，市总工会主席王平作题为《齐心协力，奋力拼搏，为夺取省工会工作模范市而奋斗》的工作报告。各镇、开发区党委副书记、工会主席、专职工会干部，市各部委办局分管领导、工会主席，市各金融单位、直属单位工会主席，有关驻句容单位工会主席出席会议。

11 月 10 日　句容市政协视察工会法贯彻实施情况，市总工会主席王平汇报工会法贯彻实施情况。

△　江苏省总工会授予句容市总工会“江苏省工会信访工作先进集体”称号。

11 月 28 日　句容市政协向市政府提出《关于加强我市工会工作的建议》。

11 月 30 日　镇江市人大常委会副主任、市总工会主席陈苏到句容检查指导工会工作，市总工会主席王平汇报工会工作情况。

12 月 5 日　句容市总工会发出《关于认真做好 2007 年元旦、春节困难职工慰问的通知》。

△　句容市总工会授予句容市农村信用合作联社工会等 15 个基层工会“模范职工之家”称号。

12 月 22 日　句容市总工会表彰杨俊等 50 人为句容市行业标兵和职业技术标兵。

2007 年

1 月 15 日　句容市劳动关系和谐企业创建领导小组授予镇江天力变压器有限公司、句容市电信分公司、句容兴文包装有限公司、句容市亚美制衣有限公司、句容市华龙交通产业有限公司、句容市下蜀茶场、句容三泰服装辅料有限公司、句容市电磁线公司、句容盛业管件制品有限公司和句容市新华建筑工程有限公司10个企业2006年度“句容市劳动关系和谐企业”称号。

1月17日　句容市总工会、市劳动和社会保障局、市发展改革和经济贸易委员会联合下发《关于开展2007年度工资集体协商春季要约工作的通知》。

2月5日　句容市总工会十届五次全委（扩大）会议召开。市委副书记孙昌桂出席并讲话，市总工会主席王平作工作报告。会议总结2006年工作，提出2007年任务。市总工会委员、经审委员，在句容的镇江市总工会委员，不是上述对象的镇、开发区工会主席、专职副主席，各局（公司）系统工会、市直属单位工会主席参加会议。

2月28日　句容市总工会下发《句容市总工会2007年生活保障工作意见》。

3月1日　句容市委制定《关于深入推进创建“劳动关系和谐企业”工作的意见》。

3月15日　江苏省总工会、江苏省安全生产监督管理局授予句容市华通客运有限公司“2006年度江苏省‘安康杯’竞赛优胜企业”称号。

3月17日　句容市劳动关系和谐企业创建领导小组印发《句容市劳动关系和谐企业创建工作领导小组各成员单位工作职责》。

4月15日　句容市总工会制定《关于加强女职工组织建设的意见》。

4月20日　江苏省总工会授予句容供电公司电力调度班“江苏省五一创新示范岗”称号；授予句容市总工会“江苏省群众性经济技术创新工程优秀组织奖”称号。

4月26日　镇江市政府授予徐东、杨俊霞、谭贝才、纪初梅、巫社荣、陈巧云、马宁一、杜盛钢、朱金银、沈春雷、张小虎、何顺林、王明华、祝万虎、祝行礼、应军“镇江市劳动模范”称号。

4月28日　句容市总工会发出《关于在全市职工中开展互助互济保障工作的通知》。

4月29日　句容市总工会被江苏省总工会评为2006年度县以上工会财务会计工作竞赛一等奖。

5月8日　句容市总工会制定《关于开展2007年“一深入、双服务”工会工作竞赛活动的实施办法》。

5月10日　句容市工会网站开通。

△　句容市总工会发出《关于在全市窗口行业开展“提高服务质量，争当服务明星”优质服务竞赛活动的通知》。

5月13日　句容市总工会下发《市总工会2007年生产保护工作意见》。

△　句容市总工会下发《市总工会2007年法律工作意见》。

5月17日　句容市总工会、市安全生产监督管理局联合发出《关于2007年开展“安康杯”竞赛活动的通知》。

5月24日　扬中市总工会到句容学习交流工会工作，市总工会主席王平介绍句容争创江苏省工会工作模范市情况。

5月25日　青海省海东市考察团到句容考察工会工作，市总工会主席王平介绍句容工会工作情况。

5月31日　在全国范围内的2006年度工会财务会计工作竞赛评比中，句容市总工会财务部被全国总工会评为“工会财务先进单位”。

6月5日　句容市总工会发出《关于开展工会财务检查审计的通知》。

6月6日　句容市总工会下发《关于促进就业再就业工作的实施意见》。

6月12日　句容市总工会成立句容市总工会资产监督管理委员会。

6月20日　句容市总工会授予句容市人民医院急诊科等10个班组（科室）“2006年度句容市五一文明班组（科室）”称号；授予句容市供电公司继电维护岗等10个岗位“句容市五一文明岗”称号；授予

谢文军等10人“句容市文明职工”称号。

△ 句容市建设局、市总工会联合制定《关于在句容河滨南路道路改造、句容河桥梁、崇明中路工程建设中开展重点工程立功竞赛活动的实施意见》。

△ 句容市交通局、市总工会制定《关于在243省道（句容段）改造工程建设中开展重点工程建设建功立业劳动竞赛活动的意见》。

△ 江苏省总工会授予句容市总工会“2006年度江苏省工会工作模范市”称号。

6月25日 镇江市创建劳动关系和谐企业活动领导小组授予句容电信分公司、镇江一马先制衣有限公司镇江市2006年度“劳动关系和谐企业”称号。

7月11日 镇江市委授予句容市华通客运有限公司、句容市自来水总公司、句容市供电公司、句容市邮政局、大全集团有限公司镇江市2006年度“和谐劳动关系先进企业”称号；授予李福华、徐正春、张开文、刘苏平、徐广福镇江市2006年度“和谐劳动关系优秀企业家”称号。

7月12日 句容市委办公室印发《关于转发市总工会〈关于在全市范围内开展“基层工会建设年”活动的意见〉的通知》。

△ 句容市总工会、句容市银鹏房地产开发总公司发出《关于开展儒香苑经济适用房工程立功竞赛活动的通知》。

7月17日 在镇江市委工会工作会议上，句容市委作题为《夯实工作基础，推动创新发展》的交流发言。

7月25日 句容市总工会、市劳动和社会保障局、市交通局联合举办句容市汽车驾驶员职业技能竞赛。

△ 江苏省厂务公开协调小组授予句容市华通客运有限公司“江苏省厂务公开民主管理先进单位”称号。

8月2日 江苏省总工会在句容市委党校举行江苏省工会工作模范县（市）授牌仪式。江苏省总工会信息中心副主任陈树根宣读省总工会《关于表彰江苏省工会工作模范市、县（市）、区的决定》，省总工会副主席张鸿生代表省总工会授予奖牌及奖状。

8月12日 句容243省道改造工程建设指挥部发出《关于开展“奋战60天，拿下路基主体工程”劳动竞赛的通知》。

8月16日 句容市总工会召开第四轮“特困职工证”发放工作会议，市委副书记孙昌桂和市委常委、常务副市长商震出席会议发表讲话，市总工会主席王平主持会议。第四轮特困职工70人。

9月27日 《江苏工人报》头版头条报道《小作坊雇工，也有工资话语权——句容推进工资协商二次签约的探索》。

9月30日 在镇江市总工会组织开展的“新时期劳模精神大家说”征文活动中，句容市总工会获优秀组织奖。

10月7日 句容市总工会、市自来水总公司开展句容湖引水工程立功竞赛活动。

10月9日 句容市总工会下发《关于做好2007年困难职工情况调查的通知》。

10月18日 句容市政府办公室印发《关于进一步做好全市职工教育工作的意见》。

10月22日 句容市委办公室印发《关于全面达小康深入推进企业工资集体协商工作的意见》。

10月24日 句容市总工会下发《关于做好困难农民工情况调查的通知》。

11月2日 句容市总工会制定《关于市总工会困难职工援助中心建设的实施办法》。

11月3日 句容市总工会印发《关于开展劳模创新工作室创建活动的实施意见》。

11月5日 句容市243省道改造工程建设指挥部、市总工会、市交通局表彰“奋战60天，拿下路基主体工程”社会主义劳动竞赛先进单位。

11月　镇江市总工会领导到句容调研工会工作，市总工会主席王平就2007年重点工作落实情况及2008年工作思路作汇报发言。

12月5日　句容市总工会被句容市委表彰为“开发区村庄拆迁工作有功单位”。

12月10日　句容市总工会发出《关于深入开展“真情送温暖、助困进万家”元旦、春节送温暖活动的通知》。

12月14日　句容市总工会经费审查委员会办公室对市总工会2006年度工会经费收支及管理情况进行审计。

12月28日　句容市总工会命名应军、盛胜兰“劳模创新工作室”。命名“劳模创新工作室”旨在更好地打造劳模品牌，丰富劳模时代内涵，发挥劳模在经济建设和社会发展中的先进示范作用。

2008年

1月21日　句容市总工会召开十届六次全委（扩大）会议，市委副书记孙昌桂出席会议并讲话，市总工会主席王平作工作报告，总结2007年工作，确定2008年任务。

△　句容市总工会主席王平走进“行风热线”直播室，介绍市总工会在维护职工合法权益、构建和谐劳动关系等方面的基本职能和相关任务，并接受听众咨询。

1月23日　镇江市考核组到句容考核“劳动关系和谐企业”创建工作。

1月26日　在镇江市工人运动研究会组织的“怎样当好基层工会主席”征文活动中，句容市总工会获活动组织奖。

2月4日　根据句容市委《句容市“脱贫攻坚、决胜小康”结对帮扶实施意见》，市总工会结对帮扶对象为白兔镇高庙村。

2月20日　句容市总工会制定《关于贯彻市委、市政府〈关于进一步改善和保障民生的意见〉的工作方案》。

2月21日　句容市总工会印发《句容市总工会2008年工作要点》。

△　句容市总工会发出《关于开展2008年句容市劳动模范评选表彰工作的通知》。

△　句容市总工会制定《关于开展创建“工人先锋号”活动的实施意见》。

2月23日　句容市总工会下发《句容市总工会2008年生活保障工作意见》。

2月25日　句容市总工会下发《句容市总工会民主管理工作意见》。

△　句容市总工会成立句容市总工会脱贫攻坚、决胜小康活动领导小组。

2月28日　句容市总工会成立句容市职工互助互济保障工作领导小组。

2月29日　句容市卫生局、市总工会、市妇女联合会联合下发《关于在全市妇女中开展妇女病普查普治的通知》。

3月3日　句容市总工会授予华阳镇财政所等16个单位句容市“五一巾帼标兵岗”称号；授予董梅芳等20人句容市“五一巾帼标兵”称号。

△　句容市总工会、市劳动和社会保障局、市发展改革和经济贸易委员会联合转发镇江市《关于开展2008年度工资协商春季要约活动的通知》。

△　句容市总工会下发《关于做好基层工会组织按时换届选举工作的通知》。

3月6日　句容市劳动关系和谐企业创建领导小组制定《句容市创建劳动关系和谐企业活动领导小组工作制度》。

3月7日　句容市总工会制定《关于实施“三学三比三提高”女职工素质提升工程的意见》。

3月17日　句容市劳动关系和谐企业创建领导小组印发《句容市劳动关系和谐企业创建工作领导小组各成员单位工作职责》。

3月26日　镇江市总工会授予句容市华阳镇工会“2007年度职工互助互济保障工作先进集体”称

号；授予王平“2007年度职工互助互济保障工作先进个人”称号。

4月7日　句容市劳动关系和谐企业创建领导小组下发《关于继续开展句容市“劳动关系和谐企业”创建活动的通知》。

4月14日　句容市总工会发出《关于开展全市村级企业基本情况调查的通知》。

△　句容市总工会印发《江苏省职工代表大会操作办法》。

4月20日　句容市总工会、市安全生产监督管理局下发《关于开展2008年度“安康杯”竞赛活动的通知》。

4月24日　镇江市创建劳动关系和谐企业活动领导小组授予镇江宝华物流有限公司、天宁香料（江苏）有限公司、句容市交通工程有限公司、句容市农村信用合作联社、句容市银鹏房地产开发总公司、镇江天力变压器有限公司、镇江佳峰儿童用品有限公司、镇江力帆胶囊有限公司镇江市2007年度“劳动关系和谐企业”称号。

4月28日　镇江市总工会命名句容市昌达公路养护工程有限公司天王养路工区为“工人先锋号”。

△　句容市总工会下发《关于在全市职工中进一步开展互助互济保障工作的通知》。

4月29日　句容市委、市政府召开庆“五一”暨劳动模范表彰大会，市委副书记孙昌桂出席大会并讲话，市总工会主席王平讲话。

5月7日　句容市总工会下发《关于加强市总工会机关文字工作的通知》。

△　句容市总工会下发《关于进一步开展争创“五一巾帼标兵岗”、争当“五一巾帼标兵”活动的通知》。

5月10日　句容市卫生局、市总工会联合举行护理技能操作比赛。

5月12日　句容市总工会表彰句容宾馆有限公司餐饮值台班组等10个班组（科室）为2007年度句容市“五一文明班组（科室）”；表彰常红言等10人为句容市“文明职工”。

△　句容市卫生局、市总工会作出《关于表彰2008年卫生系统护理技能操作比赛获奖者的决定》。

5月14日　镇江市总工会到句容检查调研工会工作，市总工会主席王平汇报工会工作情况。

△　句容市总工会下发《关于开展女职工特殊保护专项集体合同工作的通知》。

6月10日　句容市委批转市总工会《关于筹备召开句容市工会第十一次代表大会的意见》。

6月13日　句容市总工会制定《关于开展“法律进企业”活动的实施意见》。

6月20日　下蜀镇总工会成立。

6月25日　镇江市总工会经费审查委员会审计句容市总工会2007年度财务收支情况。

7月3日　句容市总工会、市供电公司联合发出《关于开展句容市110千伏福地输变电工程立功竞赛活动的通知》。

7月20日　后白镇总工会成立。

7月22日　句容市厂务公开民主管理领导小组办公室印发《句容市厂务公开民主管理领导小组工作职责、议事规则和成员单位工作责任制》。

7月28日　句容市总工会发出《关于开展2008年帮困助学活动的通知》。

7月29日　茅山镇总工会成立。

8月9日　句容市总工会下发《关于做好2008年困难职工和困难农民工情况调查的通知》。

8月12日　黄梅镇总工会成立。

8月13日　白兔镇总工会成立。

8月14日　宝华镇总工会成立。

8月28日　华阳镇总工会成立。

9月1日　郭庄镇总工会成立。

9月11日　句容市人大视察工会工作，市总工会主席王平汇报工会工作情况。

9月17日　句容市文化体育局系统工会成立。

9月29日　句容市交通局、市总工会、市劳动和社会保障局联合下发《关于开展驾培行业汽车驾驶教练员岗位练兵和技能比赛活动的通知》。

10月9日　天王镇总工会成立。

10月9—11日　句容市总工会、市农村信用合作联社举办句容市农村信用合作联社第十届职工业务技能比赛。

11月19日　句容市创建劳动关系和谐企业领导小组召开会议，讨论《深入推进劳动关系和谐企业创建三年行动计划》，市委常委、常务副市长商震出席会议并讲话，市总工会主席王平作句容市2008年劳动关系和谐企业创建活动情况汇报。

11月22日　边城镇总工会成立。

12月3日　句容市总工会发出《关于认真做好2009年元旦、春节慰问的通知》。

12月11—12日　句容市工会第十一次代表大会在句容市委党校召开。

12月12日　句容市总工会授予句容市银鹏房地产开发总公司工会等10个单位“句容市模范职工之家”称号；授予句容市自来水总公司安装公司安装班等10个集体“句容市工人先锋号”称号；授予耿玉龙等10人“句容市优秀工会工作者”称号；授予纵菊瑾等20人“句容市优秀工会积极分子”称号。

12月29日　镇江市工资集体协商推进工作领导小组授予句容市劳动和社会保障局、句容市总工会“镇江市工资集体协商推进工作先进集体”称号；授予句容三泰服装辅料有限公司“镇江市工资集体协商工作先进单位”称号。

△　镇江市总工会、镇江市劳动和社会保障局授予镇江大全铁路器材有限公司、句容市万顺轻工机械有限公司和句容龙德纺织有限公司“2008年镇江市‘上新岗、创新业’示范基地”称号。

2009年

1月15日　句容市总工会召开工会工作会议，市委副书记孙昌桂出席会议并讲话，市总工会主席王平作工作报告，会议总结2008年工作，部署2009年任务，表彰“劳动关系和谐企业”，签订2009年度目标责任状。

△　句容市总工会表彰工会工作年度考核先进单位。

2月9日　句容市总工会下发《关于做好句容市“五一劳动奖状”和“五一劳动奖章”推荐评选工作的通知》。

2月10日　句容市总工会下发《关于做好2009年特别困难职工情况调查的通知》。

△　句容市总工会下发《句容市总工会2009年工作意见》。

2月13日　句容市总工会、市劳动和社会保障局、市发展改革和经济贸易委员会联合转发镇江市《关于开展2009年度工资协商春季“共同约定”要约行动的通知》。

2月17日　句容市总工会转发《下蜀镇总工会工作制度》。

2月18日　句容市总工会下发《关于开展“企业爱职工，职工爱企业”互爱和谐主题系列活动的意见》。

2月21日　镇江市总工会授予句容市总工会2008年度“镇江市职工互助互济保障工作先进集体”称号；授予句容市林业局工会、句容市下蜀镇总工会、句容市第三中学工会2008年度“镇江市职工互助互济保障工作先进单位”称号。

2月24日　句容市委、市政府授予市总工会2008年度“法制建设先进集体”称号。

3月3日　句容市总工会常委会决定市总工会第四届女职工委员会由21人组成。

3月4日　句容市总工会召开庆“三八”、女职委换届、表彰先进集体和先进个人会议，授予市供电公司女职委等5个单位“句容市女职工工作先进集体”称号；授予镇江天力变压器有限公司等5个单位“句容市女职工集体合同工作先进集体”称号；授予张爱云等9人“句容市先进女职工工作者”称号；授予句容市地税局稽查局等4个单位“句容市五一巾帼标兵岗”称号；授予刘吉花等6人“句容市五一巾帼标兵”称号。

3月24日　句容市总工会成立深入学习实践科学发展观活动领导小组，制定《句容市总工会深入学习实践科学发展观活动实施方案》。

4月17日　句容市总工会召开深入学习实践科学发展观活动征求意见座谈会。

4月26日　镇江市总工会授予句容市第三中学高三数学备课组、句容市地方税务局第四税务分局2008年度“镇江市五一文明班组（科室）”称号；授予许能林、童海英、毛维莉2008年度“镇江市文明职工”称号。

4月29日　句容市总工会召开“五一劳动奖状奖章”表彰暨创业事迹报告会，市委副书记孙昌桂出席会议并讲话，市总工会主席王平讲话。

5月12日　江苏省总工会到句容调研工会工作，市总工会主席王平作汇报发言。

7月15日　句容市总工会、市建设局联合下发《关于开展夏季劳动保护和安全生产工作监督检查的通知》。

7月20日　句容市总工会、市劳动和社会保障局、市建设局联合下发《关于开展建筑施工企业农民工工资支付情况专项检查活动的通知》。

△　句容市总工会制定《市总工会深入学习实践科学发展观活动整改落实阶段工作实施方案》。

7月23日　镇江市创建劳动关系和谐企业工作领导小组授予句容市交通工程有限公司、天宁香料（江苏）有限公司、句容市银鹏房地产开发总公司、镇江天力变压器有限公司、句容市农村信用合作联社镇江市2008年度“劳动关系和谐模范企业”称号；授予句容市友诚服装有限公司、句容市兴文包装有限公司、江苏华阳金属管件有限公司、句容盛业管件制品有限公司、江苏广兴集团有限公司镇江市2008年度“劳动关系和谐企业”称号。

8月13日　句容市总工会召开发放第五轮“特困职工证”会议。

9月16日　句容市总工会下发《关于做好2009年困难职工和困难农民工情况调查的通知》。

10月28日　镇江市总工会、镇江市劳动和社会保障局授予句容市怡源泰丰箱包有限公司、句容宏达毛纺厂、镇江开元钢架安装工程有限公司“2009年镇江市‘上新岗、创新业’示范基地”称号。

12月7日　句容市总工会下发《关于在二〇一〇年元旦、春节期间开展温暖进万家活动的通知》。

2010年

1月7日　镇江市总工会授予句容市邮政局、镇江天力变压器有限公司、句容市供电公司、句容市自来水总公司、句容市农村信用合作联社、句容市银鹏房地产开发总公司“2009年镇江市三星级职代会单位”称号。

1月26日　句容市创建劳动关系和谐企业工作领导小组下发《关于全面开展镇（街道）、行业劳动关系和谐企业创建工作的意见》。

2月1日　句容市总工会、市发展改革和经济贸易委员会、市劳动和社会保障局联合转发镇江市劳动和社会保障局、镇江市经济贸易委员会、镇江市人民政府国有资产监督管理委员会和镇江市总工会《关于开展工资协商春季“共同约定”要约行动的通知》。

2月26日　句容市总工会经费审查委员会就地审计市总工会本级2009年工会经费收支决算。

3月1日　句容市总工会、市交通运输局联合下发《关于在104国道改造工程建设中开展重点工程争先创优、建功立业劳动竞赛活动的通知》。

△　句容市总工会发出《关于推荐评选句容市“工人先锋号”“五一文明号”的通知》。

△ 句容市总工会作出表彰2009年度工会工作考核先进单位的决定。

△ 句容市总工会下发《关于印发〈2010年工会工作目标责任书〉的通知》。

3月4日 句容市总工会印发《镇总工会、管委会工会工作以奖代补办法》。

3月9日 句容市总工会制定《“与法律同行，与和谐同在”普法活动计划》。

3月10日 句容市总工会召开十一届三次全委（扩大）会议，市委副书记孙昌桂出席会议并讲话，市总工会主席陈建业作工作报告，总结2009年工作，部署2010年任务。会议表彰2009年度工会工作目标考核先进单位，签订2010年工会工作目标责任书。

3月15日 句容市劳动关系和谐企业创建领导小组授予句容市兴文包装有限公司等20个企业2009年度“句容市劳动关系和谐企业”称号。

4月7日 句容市总工会、市妇女联合会、市卫生局联合下发《关于开展2010年度妇科疾病普查工作的通知》。

4月26日 句容市委发布《关于进一步加强和创新新时期工会工作的若干意见》。

△ 句容市总工会命名句容市公交总公司10路线班组等6个集体为“工人先锋号”，命名句容市地方税务局第六税务分局等8个集体为句容市“五一文明号”。

4月29日 句容市委召开句容市2010年劳动模范表彰暨工会工作会议。市委、市人大常委会、市政府、市政协领导出席会议，市委书记讲话，市委常委、常务副市长商震宣读表彰决定，市委副书记孙昌桂主持会议，市总工会主席陈建业作工作报告，会议举行2010年句容市劳动模范颁奖仪式。各镇镇长、工会主席，各管委会分管领导、工会主席，各部委办局主要负责人、工会主席，市各金融单位、直属单位、驻句单位工会主席及2010年市劳动模范出席会议。

5月11日 句容市总工会发出《关于开展“我为安全献一策”合理化建议活动的通知》。

5月14日 句容市总工会制定《关于开展城乡基层党组织统筹共建活动的工作方案》。

6月24日 江苏省总工会下发《关于开展2010年帮困助学活动的通知》。

7月22日 句容市总工会制定《关于在市总工会党支部和党员中深入开展创先争优活动的实施方案》。

8月9日 句容市总工会成立句容市总工会服务职工创业领导小组。

8月10日 句容市总工会下发《关于开展技能培训促就业行动的通知》。

8月25日 句容市总工会、市法院、市人力资源和社会保障局联合制定下发《关于规范用人单位劳动规章制度促进基层民主管理工作的指导意见》。

9月25日 句容市总工会下发《关于做好2010年度困难职工和困难农民工情况调查的通知》。

10月8日 句容市总工会、市人力资源和社会保障局、苏果超市（句容）有限公司联合发出《关于开展超市收银员岗位技能练兵和技术比武活动的通知》。

10月11日 句容市总工会下发《关于推进职工互助互济保障工作的通知》。

△ 句容市总工会、市人力资源和社会保障局、镇江大全铁路器材公司联合发出《关于开展电焊工岗位练兵和职业技能竞赛活动的通知》。

10月26日 句容市总工会、国家外汇管理局句容市支局联合发出《关于开展句容市国际收支统计业务岗位竞赛活动的通知》。

11月1日 句容市总工会、市人力资源和社会保障局、市自来水总公司联合发出《关于开展自来水管道工岗位技术练兵和职业技能竞赛活动的通知》。

11月30日 句容市农业委员会系统工会成立。

12月9日 句容市总工会发出《关于二〇一一年元旦、春节期间开展送温暖活动的通知》。

12月20日 江苏省总工会授予华阳镇总工会“2010年江苏省模范乡镇职工之家”称号。

2011 年

1 月 7 日　镇江市总工会授予王燕（华阳镇总工会副主席）、陈树林（市农村信用合作联社工会副主席）、王自福（市教育工会主席）2010 年度“优秀基层工会主席”称号。

1 月 13 日　句容市总工会表彰 2010 年度工会工作考核先进单位。

1 月 18 日　句容市总工会召开十一届四次全委（扩大）会议，市委副书记孙昌桂出席会议并讲话，市总工会主席陈建业作工作报告，总结 2010 年工作，部署 2011 年任务。市总工会副主席张金虎通报 2010 年度工会工作考核情况，市总工会副主席管春平宣读 2010 年度市级以上工会工作先进单位和先进个人名单，市总工会副主席余成萍宣读 2010 年度本级工会工作考核先进单位。

2 月 13 日　句容市总工会、市发展改革和经济信息化委员会、市人力资源和社会保障局联合转发镇江市总工会、镇江市人力资源和社会保障局、镇江市经济和信息化委员会《关于开展“共谋发展、共享成果”工资协商春季要约行动的通知》。

2 月 26 日　句容市总工会发出《关于开展句容市“五一劳动奖状”和“五一劳动奖章”推荐评选工作的通知》。

3 月 3 日　句容市总工会下发《关于在全市基层工会中开展“三比三赛”活动的通知》。

3 月 7 日　句容市总工会转发镇江市总工会、镇江市质量监督局关于《镇江市劳动关系和谐企业创建评价规范（试行）的通知》。

3 月 13 日　句容市总工会、市安全生产监督管理局联合发出《关于开展 2011 年度“安康杯”竞赛活动的通知》。

3 月 14 日　句容市总工会转发镇江市总工会《镇江市直基层工会财务会计工作竞赛评比办法》。

△　句容市总工会转发镇江市总工会《镇江市直基层工会财务会计管理规范化考核标准》。

3 月　镇江市总工会授予高志强（市供电公司）、李本春（市交通局）、程贤宁（市人民医院）、朱建明（市农业技术推广中心）、熊宜宝（镇江大全铁路器材公司）2010 年镇江市“五一技术标兵”称号。

4 月 6 日　句容市文化广电体育局系统工会成立。

4 月 8 日　句容市劳动关系和谐企业创建领导小组授予句容市兴文包装有限公司等 20 个企业 2010 年度“句容市劳动关系和谐企业”称号。

4 月 18 日　句容市总工会授予句容市国土资源局等 12 个单位句容市“五一劳动奖状”；授予刘志鹏等 16 人“句容市五一劳动奖章”。

4 月 26 日　句容市总工会下发《关于做好句容市第六轮“特困职工证”发放调查申报工作的通知》。

5 月 17 日　句容市总工会向市机构编制委员会办公室呈递《关于调整市总工会内设机构的请示》，拟对市总工会内设机构进行调整，调整后的内设机构仍为 6 个，分别是：办公室、组织宣教部、民管法工部（挂经审办牌子）、生活女工部、生产保护部、财务部。

5 月 20 日　句容市机构编制委员会办公室作出《关于市总工会机关内设机构调整的批复》：市总工会机关组织部与宣传教育部合并为组织宣教部；增设民主管理与法律工作部；其他部室不再承担上述职责。

6 月 2 日　镇江市创建劳动关系和谐企业领导小组授予句容市兴文包装有限公司、江苏华阳金属管件有限公司镇江市 2010 年度“劳动关系和谐企业”（A 类）称号。

7 月 5 日　句容市总工会下发《关于开展“学习型示范单位”“学习型班组”“知识型职工”创建评比活动的通知》。

8 月 2 日　句容市总工会、市人力资源和社会保障局联合发出《关于建立用人单位劳动规章制度法律效力评估服务制度的通知》。

8 月 10 日　句容市总工会召开第六轮“特困职工证”发放工作会议，市委副书记商震、市总工会主席陈建业出席会议并分别讲话。该轮特困职工 54 名。自 2001 年起发放“特困职工证”417 份。

8月24日　句容市总工会制定《句容市总工会关于实施“八项升级计划”深化劳动关系和谐企业创建的方案》。

10月9日　句容市总工会下发《关于做好2011年度困难职工和困难农民工情况调查的通知》。

10月26日　江苏省总工会授予句容市第三中学工会“模范职工之家”称号。

11月1日　句容市总工会被市委、市政府表彰为“2006—2010年全市法制宣传教育先进集体”。

11月17日　句容市总工会下发《关于开展“三进三帮”活动的通知》。

12月27日　句容市总工会授予市人力资源和社会保障局等15个单位“2011年度学习型示范单位”称号。

12月28日　句容市总工会授予市发展改革和经济信息化委员会工会等10个基层工会“模范职工之家”称号。

12月29日　镇江市总工会授予李进（市供电公司工会主席）、王云（句容市天一商城有限公司工会主席）、沈明亚（句容市华通客运有限公司工会主席）2011年度“优秀基层工会主席”称号。

2012年

1月9日　句容市总工会表彰2011年度工会工作考核先进单位。

1月18日　句容市总工会召开十一届五次全委（扩大）会议，市委副书记商震出席会议并讲话，市总工会主席陈建业作工作报告，总结2011年工作，部署2012年任务，签订2012年工会工作目标责任书。

2月23日　句容市委、市政府授予市总工会“2011年度综治和平安建设先进集体”称号。

2月28日　句容市总工会发出《关于开展2012年句容市劳动模范推荐评选工作的通知》。

△　句容市总工会发出《关于推荐评选句容市“工人先锋号”“五一文明号”的通知》。

△　句容市政府表彰市总工会为“2011年度安全生产工作先进集体”。

3月7日　镇江市总工会命名句容市妇幼保健院为“镇江市女职工素质提升示范基地”。

△　镇江市总工会授予句容市水务集团工会女职工委员会、句容市安全生产监督管理局工会女职工委员会、中国移动江苏公司句容分公司工会女职工委员会“工会女职工工作先进集体”称号；授予吴伏龙、张咏梅“工会女职工工作先进个人”称号。

3月8日　句容市总工会被江苏省总工会评定为“2011年度经费收缴工作优胜单位”。

3月20日　句容市总工会印发《句容市总工会2012年工作要点》。

△　句容市总工会、市人力资源和社会保障局联合发出《关于建立集体合同草案预审指导制度的通知》。

4月3日　中华全国总工会、国家安全生产监督管理总局授予句容市恒达交通建设工程有限公司工程科“2011年度全国‘安康杯’竞赛优胜班组”称号。

4月6日　江苏省总工会、江苏省安全生产监督管理局授予句容市城市建设投资有限责任公司“2011年度江苏省‘安康杯’竞赛优胜班组”称号。

4月12日　镇江市总工会经费审查委员会审计句容市总工会2011年度财务收支情况。

4月25日　镇江市总工会授予冯正梅（江苏句容农村商业银行股份有限公司营业部主任）“镇江市五一劳动奖章”；授予句容市供电公司配电运检工区配电抢修班、句容市公交总公司10路线班组“镇江市工人先锋号（五一文明号）”称号。

4月27日　句容市总工会命名句容市城乡公交有限公司句茅线驾驶班等14个集体为“句容市工人先锋号”；命名句容市政府办公室秘书科等24个集体为“句容市五一文明号”。

5月4日　江苏省人大常委会副主任、省总工会主席张艳到句容视察指导工会工作。市委副书记商震，市人大常委会党组书记、常务副主任杨庆荣，市总工会主席严伯金陪同视察华电句容发电厂、江苏建华管桩有限公司、碧桂园凤凰城社区以及对接南京十车道快速化工程，并在句容市曙光国际酒店召开会议。

5月9日　镇江市创建劳动关系和谐企业领导小组授予市总工会、华阳镇创建劳动关系和谐企业领导小组“镇江市劳动关系和谐企业创建工作先进集体”称号；授予管春平“镇江市劳动关系和谐企业创建工作先进个人”称号。

5月12日　句容市总工会劳动法律监督委员会成立。

6月12日　镇江市总工会确认句容市总工会为“镇江市工会财务会计管理规范单位”。

6月13日　句容市总工会、市人力资源和社会保障局联合下发《关于深化区域工资集体协商二次签约工作机制的意见》。

6月21日　句容市政府办公室转发句容市总工会《关于加快推进职工互助互济保障工作的意见》。

6月27日　句容市总工会转发镇江市总工会《关于开展工会干部大走访活动的通知》。

6月28日　句容市总工会召开全市镇级工会工作规范化建设推进会，市委副书记商震出席会议并讲话，市总工会主席严伯金总结前阶段工作，部署当前和今后一个时期的任务。

△　句容市总工会制定《关于开展镇级工会规范化升级竞赛活动的实施考核办法》。

6月30日　镇江市总工会、镇江市委组织部命名江苏建华管桩有限公司、江苏唐邦机电有限公司、江苏华神特种橡胶制品股份有限公司、句容市水务集团有限公司为镇江市基层党工组织“双争四统筹”活动示范单位；命名句容市天王镇戴庄村委会、句容市华阳镇下甸村委会为镇江市基层党工组织“双争四统筹”活动示范片区。

7月19日　句容市委办公室、市政府办公室转发《镇江市委办公室镇江市政府办公室关于加强企业（职工）文化建设的实施意见》。

7月23日　句容市政府办公室转发镇江市政府办公室《关于推进劳动关系和谐企业创建标准化的实施意见》。

7月25日　句容市总工会转发江苏省总工会《关于推动小型微型企业开展民主管理活动的指导意见》。

8月15日　江苏省总工会通报表彰句容市总工会为江苏省工会新闻宣传工作先进单位；通报表彰吴法宝为“江苏省工会新闻宣传工作先进工作者”。

9月17日　镇江市劳动关系和谐达标企业评价委员会命名江苏华电句容发电有限公司等15个企业为首批“镇江市劳动关系和谐达标企业”。

9月17日至11月2日　句容市审计局对市总工会原主席陈建业进行任期经济责任审计。

10月8日　镇江市总工会发布《关于全总非公企业法人数据库工会组建和会员发展情况的通报》：句容企业工会组建率83%，其中25人以上企业工会组建率88%；企业职工入会率57%，其中25人以上企业职工入会率54%。

△　句容市总工会命名方继生、纪荣喜、李家斌、李治顺、蒋士新、窦鹏飞“劳模创新工作室”。

10月15日　句容市委宣传部、市总工会等7个单位联合下发《关于开展“三项学习型组织”评比表彰活动的实施意见》。

11月9日　句容市总工会在下蜀镇召开全市镇级工会规范化建设现场推进会。

11月19日　镇江市总工会授予句容市总工会、宝华镇总工会、后白镇总工会2009—2012年“我为创业者服务工作先进集体”称号。

11月28日　句容市委宣传部、市总工会授予市委办公室等12个部门（单位）“句容市学习型机关（单位）”称号；授予江苏建华管桩有限公司等5个企业“学习型企业”称号；授予茅山镇黄燕家庭等50个家庭“学习型家庭”称号。

12月28日　镇江市企业职工文化建设示范单位创建工作领导小组命名句容市邮政局、江苏句容农村商业银行股份有限公司、句容市兴文包装有限公司、中国移动通信集团江苏有限公司句容分公司、江苏省电力公司句容市供电公司为首批“镇江市企业（职工）文化建设示范单位”。

2013 年

1 月 23 日　句容市总工会召开十一届七次全委（扩大）会议，市总工会主席严伯金作工作报告；市总工会副主席糜艺宣读《关于表彰镇江市镇级工会工作标兵单位和先进单位的决定》《关于表彰镇级工会规范化建设达标单位的决定》《关于表彰 2012 年度工会工作考核先进单位的决定》；市总工会主席严伯金签订 2013 年工会工作目标责任书；郭庄镇、开发区总工会，教育系统工会，江苏华电句容发电有限公司作大会交流发言；市委副书记商震讲话。

2 月 5 日　句容市总工会“定期举办‘劳模沙龙’，引领示范新型农民共同致富”项目，被镇江市总工会表彰为 2012 年度工会创优工作奖励项目。

2 月 28 日　镇江市创建劳动关系和谐企业工作领导小组授予句容市下蜀镇临港工业集中区“镇江市劳动关系和谐工业园区”称号。

△　刘向荣被句容市委、市政府表彰为 2012 年度信访工作先进个人。

△　句容市总工会被句容市委、市政府表彰为 2012 年度法制建设先进集体。

△　句容市总工会成立筹备召开市工会第十二次代表大会领导小组。

3 月 11 日　句容市委组织部、市总工会联合下发《关于认真做好镇总工会换届选举工作的意见》。

3 月 12 日　句容市总工会党组向市委呈报《关于筹备召开句容市工会第十二次代表大会的请示》。

3 月 20 日　句容市总工会印发《句容市总工会 2013 年工作要点》。

3 月 25 日　江苏省总工会授予句容市下蜀镇总工会、江苏华电句容发电有限公司工会、句容市华通客运有限公司工会江苏省“模范职工之家”称号；授予句容市供电公司集体资产运营中心低压施工班工会小组、句容市人民医院急诊分工会江苏省“模范职工小家”称号；授予张金虎、王自福江苏省“优秀工会工作者”称号；授予王燕、张咏梅江苏省“优秀工会积极分子”称号；授予姜建美江苏省“支持工会工作优秀领导干部”称号。

4 月 7 日　句容市委下发《关于批转市总工会〈关于筹备召开句容市工会第十二次代表大会的请示〉的通知》。

4 月 12 日　句容市总工会转发镇江市总工会《关于在全市基层工会组织中开展“显实”行动的意见》。

4 月 22 日　江苏省总工会发布《2012 年度县以上工会财务会计工作竞赛评比情况的通报》，句容市总工会获一等奖。

△　句容市总工会作出《关于表彰句容市“五一劳动奖状”和“五一劳动奖章”的决定》，授予句容市发展改革和经济信息化委员会等 28 个单位句容市“五一劳动奖状”；授予赵文超等 26 人“句容市五一劳动奖章”。

4 月 24 日　句容市总工会发出《关于做好句容市工会第十二次代表大会代表选举工作的通知》。

4 月 29 日　句容市总工会举办“五一劳动奖状（奖章）”表彰暨创业事迹报告会，市委副书记商震出席会议并讲话。

5 月 3 日　句容市赤山湖管理委员会工会成立。

9 月 12 日　江苏省总工会表彰句容市总工会为“江苏省工会新闻宣传工作先进单位”。

9 月 27 日　镇江市劳动关系和谐达标企业评价委员会命名句容毅马五金制品有限公司等 4 个单位为“2012 年度镇江市劳动关系和谐达标企业”。

10 月 9 日　句容市总工会发出《关于申报推荐“句容市模范职工之家”“句容市优秀工会工作者”“句容市优秀工会积极分子”的通知》。

10月16日　在镇江市第十四届运动会中，句容市总工会获优秀组织奖。

11月10日　句容市总工会命名洪玉定、王柏生、孙建炜“劳模创新工作室”。

11月12日　句容市总工会党组向镇江市总工会呈报《关于提名句容市总工会第十二届常务委员会主席、副主席候选人的请示》。

12月12日　句容市总工会授予华电江苏能源有限公司句容发电厂等20个单位“句容市模范职工之家”称号；授予市级机关工会沈春生等50人“句容市优秀工会工作者”称号；授予王丽等40人“句容市优秀工会积极分子”称号。

12月12—13日　句容市工会第十二次代表大会在京华桂冠国际酒店召开。市委、市人大常委会、市政府、市政协和镇江市总工会领导出席开幕式。市委书记尹卫东致词，镇江市政协党组成员、市总工会党组书记王荣正发表讲话，团市委书记胡光亮代表团市委、市妇联、市科协、市残联、市文联向大会致贺词，市委副书记商震在大会闭幕式上发表讲话。大会批准市总工会第十一届委员会工作报告、财务工作报告和经费审查工作报告。大会选举产生市总工会第十二届委员会、经费审查委员会；十二届一次全委会选举产生市总工会第十二届常务委员会、主席、副主席和经费审查委员会主任。大会应到代表210名，因事因病请假13名，实到197名。

12月16日　句容市总工会向镇江市总工会呈报《关于句容市总工会第十二届委员会、经费审查委员会选举结果的报告》。

是年　新建基层工会组织187个。

2014年

1月6日　镇江市总工会作出《关于表彰2013年度职工帮扶服务工作先进集体和个人的决定》，授予句容市白兔镇总工会等4个单位“2013年度帮扶服务工作先进集体”称号；授予陶惜春等3人“2013年度职工帮扶服务工作先进个人”称号。

1月26日　镇江市总工会作出《关于表彰第二批镇江市镇（街道）工会工作标兵单位和先进单位的决定》，表彰句容市边城镇总工会、句容市白兔镇总工会为“镇江市镇工会工作标兵单位”，表彰句容市宝华镇总工会、句容市后白镇总工会为“镇江市镇工会工作先进单位”。

2月20日　句容市总工会召开十二届二次全委（扩大）会议，市总工会主席陈明春作工作报告，回顾总结2013年工会工作，部署2014年工作任务。市委副书记商震、副市长王琴出席会议，商震发表讲话。会议表彰2013年度全市工会工作考核先进单位，签订2014年度工会工作目标责任书，选举出席镇江市工会第十四次代表大会代表。

3月3日　句容市委办公室下发《关于开展2012—2014年句容市劳动模范推荐评选工作的通知》。

3月23日　镇江市总工会授予句容市总工会等7个工会“工会工作先进单位”称号；授予中国邮政集团公司工会句容市委员会、江苏华神特种橡胶制品股份有限公司工会、江苏乐智电子科技有限公司工会“模范职工之家”称号；授予管春平等7人“优秀工会工作者”称号；授予商震等3人“支持工会工作优秀领导干部”称号。

3月28日　句容市总工会党组发出《关于继续深入开展“三走进、三服务”主题实践活动的通知》。

4月2日　江苏省总工会、江苏省安全生产监督管理局授予句容水库管理所“2013年度‘安康杯’竞赛先进集体”称号。

4月10日　镇江市总工会经费审查委员会对句容市总工会2013年度财务收支情况进行就地审计。

4月25日　句容市委、市政府授予王启明等32人2014年度“句容市劳动模范”称号。

△　句容市总工会命名句容市宁武新材料发展公司研发中心等23个先进集体为句容市“工人先锋号”，句容市公安局110指挥中心等27个先进集体为句容市“五一文明号”。

△　句容市委、市政府召开庆“五一”暨先进表彰大会，市委书记尹卫东出席大会并讲话，镇江市

政协副主席、市总工会主席王荣正出席大会并讲话。

4 月 26 日　镇江市总工会作出《关于表彰镇江市五一劳动奖状、五一劳动奖章和工人先锋号的决定》，授予句容市茅山风景区管理委员会“镇江市五一劳动奖状”；授予苏成艺、洪玉定、吴云飞“镇江市五一劳动奖章”；授予镇江大全铁路器材有限公司能源设备铝边框车间、江苏南瓷绝缘子股份有限公司工程技术中心、华电江苏能源有限公司句容发电厂基建管理部、句容市交通运输局综合计划科“镇江市工人先锋号”称号。

5 月 20 日　镇江市总工会、镇江市安全生产监督管理局授予句容水务集团“2013 年度镇江市‘安康杯’竞赛优胜企业”称号，授予王永刚“2013 年度镇江市‘安康杯’竞赛组织工作优秀个人”称号。

6 月 19 日　句容市总工会与镇江市总工会签订《深化职工之家建设（2014 年度）目标责任状》。

8 月 14 日　句容市总工会获江苏省 2013 年度县以上工会财务会计工作竞赛一等奖。

11 月 4—28 日　句容市审计局对陈明春 2013 年 7 月至 2014 年 8 月担任句容市总工会主席期间的经济责任履行情况进行审计。

△　句容市审计局对严伯金 2012 年 3 月至 2013 年 6 月担任句容市总工会主席期间的经济责任履行情况进行审计。

11 月 10 日　句容市委宣传部、句容市总工会等 7 个单位作出《关于表彰 2014 年度全市学习型机关、学习型企业、学习型家庭的决定》：授予市人大常委会办公室等 10 个部门（单位）“句容市第二届学习型机关单位”称号；授予中国邮政集团句容分公司等 5 个企业“句容市第二届学习型企业”称号；授予陈燕家庭等 100 个家庭“句容市第二届学习型家庭”称号。

12 月 30 日　江苏省厂务公开协调小组确认王永刚（郭庄镇工会主席）为江苏省工资集体协商优秀谈判员。

2015 年

1 月 20 日　句容市总工会转发《江苏省总工会 2015 年元旦、春节期间开展送温暖活动的通知》。

△　句容市总工会等 4 部门转发镇江市总工会等 4 个部门《关于开展工资集体协商春季要约行动的通知》。

1 月 23 日　镇江市劳动关系和谐达标企业评价委员会作出《关于命名第三批镇江市劳动关系和谐达标企业（单位）的决定》，句容市康宁长毛绒玩具有限公司等 11 个企业被命名为“镇江市劳动关系和谐达标企业”。

2 月 10 日　镇江市总工会作出《关于表彰 2014 年度镇江市模范职工之家的决定》，句容市后白镇总工会被表彰为“2014 年度镇江市模范职工之家”。

2 月 14 日　句容市总工会转发江苏省总工会《关于贯彻落实全国总工会加强基层工会经费收支管理的有关规定（试行）的通知》。

3 月 12 日　句容市总工会发出《关于在全市推广建立“母婴温馨小屋”的通知》。

4 月 2 日　镇江市总工会、镇江市经济信息化委员会、镇江市科技局作出《关于表彰 2014 年度镇江市职工“十佳技术创新成果、十佳先进操作法、十佳合理化建议”的决定》，由华电江苏能源有限公司句容发电厂董厚亮发明的“句容 1000 兆瓦机组气泵替代泵进行机组启停方法”获得镇江市职工“十佳先进操作法”，由华电江苏能源有限公司句容发电厂张晓刚提出的“关于电除尘机构框底部密封加固的建议”获得镇江市职工“十佳合理化建议”。

4 月 8 日　句容市总工会、市安监局联合发出《关于 2015 年度开展“安康杯”竞赛活动的意见》。

△　江苏省委组织部、省总工会作出《关于确认第三批全省党建带工建“四统筹一创争”活动示范企业、示范片区的决定》，江苏山水环境建设集团股份有限公司、江苏港峰亚太科技有限公司和句容市万顺轻工机械有限公司被确认为全省党建带工建“四统筹一创争”活动示范企业。

4 月 9 日　刘勇被中国职工保险互助会表彰为“2014 年度职工互助保障优秀工作者”。

4 月 17 日　句容市总工会、市司法局联合下发《关于成立句容市职工法律服务律师团的通知》。

△　句容市总工会下发《关于成立〈句容市工会志〉编纂委员会的通知》。

4 月 20 日　句容市总工会下发《关于加强网站信息更新和维护工作的通知》。

4 月 24 日　句容市总工会作出《关于句容市卫生系统第二次会员代表大会选举结果的批复》，同意王进任句容市卫生系统工会主席。

4 月 27 日　句容市总工会印发《2015 年度工会工作目标责任考核细则》。

4 月 28 日　句容市总工会召开“五一”表彰暨全委（扩大）会议，市总工会主席颜利平作全委会工作报告；张健宣读五一劳动奖状、奖章，以及 2014 年度工会工作考核先进单位表彰决定；陈志清通报各级工会受表彰情况；方海军宣读《关于成立句容市职工法律服务律师团的通知》；市委副书记商震讲话。

6 月 8 日　市总工会、市城市管理局、市安监局联合发出《关于维护环卫职工安康权益推进“安康驿站”建设的通知》。

6 月 11 日　句容市编制委员会发出《关于市总工会下属单位机构编制事项的通知》：市工会职工学校逐步转型为工会机关技术型辅助性机构，承担工会组织交办的社会公益性事务；市工人文化宫不再补充人员，空余编制由市编委逐步调剂他用；从市工人文化宫调剂编制 1 名到市工会职工学校，用于市工会职工学校公开招考本科及以上法律类专业人才（具备相应学位）。调整后，市工人文化宫事业编制为 11 名，市工会职工学校事业编制为 5 名。

6 月 16 日　句容市总工会举办 2015 年句容市工会劳动保护监督检查员培训班。

6 月 22 日　句容市总工会发出《关于开展夏季劳动保护监督检查的通知》。

6 月 30 日　句容市总工会发出《关于开展“金秋助学”活动的通知》。

7 月 10 日　句容市卫生计生委员会、市总工会印发《句容市卫生计生监督和食品安全技能竞赛实施方案》，定于下月中旬联合举办 2015 年全市卫计监督和食品安全技能竞赛活动。

7 月 17 日　句容市总工会制定《关于开展“三严三实”专题调训工作的实施方案》。

△　句容市总工会下发《关于做好编纂〈句容市工会志〉搜集资料工作的通知》。

8 月 6 日　句容市委宣传部、市文化广电体育局和市总工会发出《关于在全市开展纪念抗日战争胜利 70 周年文艺汇演的通知》。

8 月 12 日　句容市总工会举办全市工会信息调研工作培训班，列入工会工作目标责任制考核单位的工会负责人和市总工会机关工作人员参加培训，培训内容为工会信息的采写及如何开展调查研究。

8 月 14 日　句容市总工会成立进城务工人员工作领导小组。

△　句容市总工会印发《句容市总工会进城务工人员工作领导小组 2015 年工作计划》。

△　句容市总工会发出《关于开展进城务工人员入会百日竞赛活动的通知》。

9 月 2 日　句容市总工会转发江苏省总工会《关于协助做好当前安全生产工作的紧急通知》。

9 月 30 日　句容市总工会转发镇江市总工会《关于组织劳动模范参加疗休养活动的通知》。

10 月 21 日　句容市总工会发出《关于落实镇江市总工会开展工会劳动法律监督“筑篱”行动的通知》。

10 月 29 日　句容市总工会命名窦永敏、潘建强、谢俊“劳模创新工作室”；命名徐怀兔、郑先兵、郭巧美、王义英“劳模示范岗”。

11 月 30 日　句容市人力资源和社会保障局、市总工会等 8 个部门发出《关于开展进城务工人员工资支付情况专项检查的通知》。

12 月 1 日　句容市总工会发出《关于开展 2015 年镇江市模范职工之家评选申报工作的通知》。

12 月 3 日　句容市总工会发出《关于 2016 年元旦、春节期间开展送温暖活动的通知》。

12月16日　镇江市安监局、镇江市总工会等4个部门作出《关于命名江苏梦得电镀化学品有限公司等19个企业为“镇江市职业卫生示范企业”的决定》，镇江大全铁路器材有限公司、句容台泥水泥有限公司被命名为“镇江市职业卫生示范企业”。

12月底　全市基层工会1227个，其中独立基层工会1051个，联合基层工会176个，基层工会涵盖单位2522个。全市职工120601人，其中女性55579人，进城务工人员35070人（其中女性14479人）。基层工会按经济类型划分：国有企业34个；集体企业39个；股份合作企业3个；联营企业2个；国有独资企业2个；其他有限责任公司10个；股份有限公司中的国有控股公司2个，其他股份有限公司4个；私营企业847个；其他内资企业3个；港澳台商投资企业13个；外商投资企业46个；财政拨款的事业单位7个；其他事业单位115个；机关44个；个体经济组织43个；其他工会组织形式13个。

2016年

1月9日　镇江市总工会下发《关于我市获全省厂务公开民主管理示范单位等表彰情况的通报》，江苏建亚环保科技股份有限公司、江苏绿叶锅炉有限公司、江苏省电力公司句容供电公司和江苏耀兴安全玻璃有限公司获全省厂务公开民主管理先进单位。

2月2日　句容市总工会等30个工会组织被镇江市总工会表彰为“2015年度镇江市模范职工之家”。

2月24日　句容市总工会下发《关于在全市开展“奋战‘十三五’，建设新句容”百企百岗建功立业劳动竞赛活动的通知》。

2月29日　刘向荣被句容市委表彰为2015年度信访工作先进个人。

△　王先锋被句容市委表彰为2015年度综治和平安建设先进个人。

3月2日　句容市总工会下发《关于开展“三八”系列活动的通知》。

3月15日　句容市卫计委、市总工会和市妇联联合下发《关于开展妇女病普查及避孕节育随访活动的通知》。

3月28日　句容市总工会召开十二届六次全委（扩大）会议。

3月31日　江苏东昇光伏科技有限公司被镇江市总工会、市安监局表彰为2015年度镇江市“安康杯”竞赛优胜单位，句容市公交总公司拥军线班组被表彰为2015年度镇江市“安康杯”竞赛优胜班组。

4月27日　句容市委作出《关于表彰句容市劳动模范的决定》，黄永庆等33人被授予2016年度“句容市劳动模范”称号。

5月10日　句容市总工会、华电江苏能源有限公司句容发电厂印发《关于在句容发电厂二期建设工程中开展劳动竞赛的通知》。

5月19日　句容市总工会制定《关于在市总工会党员中开展“学党章党规、学系列讲话，做合格党员”学习教育的实施方案》。

5月20日　句容市总工会成立“两学一做”学习教育活动领导小组。

5月23日　句容市总工会召开“两学一做”学习教育动员大会。

5月26日　镇江市总工会授予句容市总工会“最美杜鹃花——‘职场女神’随手拍”活动优秀组织奖。

△　句容市总工会获江苏省县以上工会财务工作竞赛一等奖。

6月30日　句容市总工会下发《关于开展2016年“金秋助学”活动的通知》。

7月1日　句容市总工会、市慈善总会印发《关于开展“同心助保、同力助创”活动的通知》。

7月18日　张金虎被镇江市总工会授予“镇江市工会干部铜质荣誉奖章”。

10月14日　句容市总工会被市委表彰为句容市“中华诗词之乡”创建工作先进集体。

△　句容市委组织部、市人社局作出《关于授予郭江等同志三等功的决定》，张健被授予三等功。

11月18日　市总工会作出《关于命名沈春雷等“劳模创新工作室、劳模示范岗、劳模创业示范基地”的决定》，命名沈春雷“劳模、工匠创新工作室”；命名曲秀鹏、巫雪琴、赵贤才“劳模创新工作室”；命名张玉“劳模示范岗”；命名纪昌喜、杨修林、祝行礼、王伯生、窦永敏、蒋士新、方荣法、任环虎、胡天娣、周云霞、王巧娣、毕年胜、曲秀鹏、郭强“劳模创业示范基地”；命名江苏东昇光伏科技有限公司“职工技术创新工作室”。

△ 句容市总工会下发《关于2017年元旦、春节期间开展送温暖活动的通知》。

11月25日 句容市总工会制定《市总工会机关慰问（暂行）规定》。

12月21日 句容市水务集团有限公司被镇江市厂务公开民主管理领导小组表彰为2015—2016年度镇江市厂（校、院）务公开民主管理先进单位。

12月27日 句容市委、市政府表彰2011—2015年全市普法工作先进集体和先进个人，市总工会为先进集体，王先锋为先进个人。

12月29日 镇江市总工会下发《关于2016年全市职工文化体育活动获奖情况的通报》：句容市总工会获“追梦大工匠”全市职工篆刻大赛优秀组织奖；“红五月”杯2016年全市职工篮球联赛中，句容交通运输局获第四名，句容市总工会获优秀组织奖；句容市总工会分别获全市职工主持人大赛、“同舟共济，共克时艰”全市职工大讨论优秀组织奖。

12月30日 句容市边城镇光明村联合工会等21个工会组织被镇江市总工会授予“2016年度镇江市模范职工之家”称号。

2017年

1月6日 句容市总工会召开十二届七次全委会。

1月23日 句容市总工会“借力社会工作者，激发基层新活力”，被镇江市总工会授予2016年度全市工会创新创优成果三等奖。

2月23日 方海军被句容市委、市政府表彰为2016年度信访工作先进个人、社会治安综合治理和平安建设先进个人；王先锋被表彰为法治建设先进个人。

3月5日 句容市总工会、市足球协会等4个单位联合下发《关于举办2017年句容市首届“工会杯”8人足球团体赛的通知》。

3月22日 句容市总工会、市财政局下发《关于规范行政事业单位工会经费使用管理的通知》。

4月10日 句容市总工会、市安监局下发《关于开展2017年度“安康杯”竞赛活动的通知》。

4月18日 句容市总工会印发《2017年度工会工作目标责任考核细则的通知》。

4月24日 句容市总工会印发《句容市总工会2017年工作要点的通知》。

4月25日 镇江市文明办、镇江市总工会印发《关于表彰“镇江市五一文明班组（科室）”和“镇江市文明职工”的决定》，句容市自来水总公司水费营业厅、江苏新顺福食品有限公司行政人事科被授予2017年度“镇江市五一文明班组（科室）”称号，华电江苏能源有限公司句容发电厂万里香、张佳敏被授予2017年度“镇江市文明职工”称号。

4月27日 句容市总工会召开市工会女职工委员会委员会议。

5月16日 句容市总工会下发《关于对句容市第九轮特困职工开展调查申报工作的通知》。

5月25日 句容市总工会下发《关于开展句容市工会干部素质能力提升研修班的通知》。

6月6日 句容市总工会下发《关于在市总工会机关开展“读好书·好读书”活动的通知》。

6月15日 句容市总工会下发《关于认真做好2017年夏季劳动保护和防暑降温工作的通知》。

6月29日 句容市总工会下发《关于开展2017年“金秋助学”活动的通知》。

7月6日 江苏省总工会发出《2016年县以上工会财务会计工作竞赛评比情况通报》，句容市总工会获二等奖。

7月11日 句容市总工会、市深水水务有限公司下发《关于在句容市活水处理厂二期建设工程中开展重点工程劳动竞赛活动的通知》。

7月18日　句容市总工会下发《关于在全市开展基层工会经费使用情况专项督查的通知》。

7月20日　句容市总工会印发《句容市总工会机关工作人员综合考核实施办法（试行）》。

7月30日　句容市总工会、市交通运输局下发《关于句容市243省道铃塘转盘改造暨南门快速通道、西部干线（104国道至243省道段）建设工程中开展争先创优、建功立业劳动竞赛活动的通知》。

8月16日　句容市总工会印发《句容市社会化工会工作者考核方案》。

8月24日　句容市总工会制定《市总工会关于进一步规范公务接待的管理办法》。

9月12日　句容市总工会下发《关于句容市第二届职工诗歌创作征文大赛的表彰决定》。

9月28日　中华全国总工会宣传教育部下发《关于命名全国工会职工书屋示范点的通知》，句容地方税务局入列。

11月21日　句容市总工会下发《关于2018年元旦、春节期间开展送温暖活动的通知》。

12月4日　句容市总工会、市经济开发区管理委员会下发《关于2018年元旦、春节期间开展送温暖活动的通知》。

12月18日　句容市总工会下发《关于开展首届庆元旦迎新春职工文艺汇演的通知》。

12月22日　句容市总工会印发《全市工会学习贯彻落实党的十九大精神工作方案》。

12月27日　镇江市总工会授予句容市总工会职工创业就业先进典型推荐单位组织奖。

12月28日　句容市总工会下发《关于表彰句容市模范（合格）职工之家的决定》。

12月　镇江市总工会授予句容市总工会2017年“中国梦劳动美幸福路职工摄影大赛”优秀组织奖。

2018年

1月12日　镇江市总工会印发《关于2017年度辖市区总工会经审会规范化建设考核情况的通报》，句容市总工会经审会获三等奖。

3月2日　镇江市总工会、镇江市安监局下发《关于表彰2016—2017年度全市“安康杯”竞赛先进集体和个人的决定》，江苏南瓷绝缘子股份有限公司被授予“2016—2017年度镇江市‘安康杯’竞赛优胜单位”称号。

3月7日　句容市政府下发《关于表彰2017年度全市人社工作先进集体先进个人和十佳劳动保障守法诚信示范企业的决定》，市总工会被表彰为2017年度人力资源和社会保障工作先进集体。

3月20日　句容市总工会、市水利农机局下发《关于在“重点建设项目”工程中开展重点工程劳动竞赛活动的通知》。

3月21日　句容市总工会印发《句容市总工会2018年工作要点》。

4月25日　句容市委办公室、句容市政府办公室下发《关于召开2018年庆祝“五一”暨劳动模范表彰大会的通知》，4月27日召开全市庆祝“五一”暨劳动模范表彰大会。

4月26日　句容市委、市政府授予卢小琴等40人2018年“句容市劳动模范”称号。

5月2日　句容市委、市政府印发《关于通报表扬2016—2017年度全市农业农村工作和“百村百户”达新标行动、农村土地绿色经营权确权登记颁证工作先进集体、先进个人的决定》，张健被授予“十佳第一书记”称号。

5月3日　句容市总工会、市安监局印发《关于2018年度继续开展“安康杯”竞赛活动的通知》。

5月10日　句容市总工会转发《江苏省总工会关于贯彻落实全国总工会〈基层工会经费收支管理办法〉的实施细则的通知》。

△　镇江市职工培训教育技能竞赛领导小组印发《关于授予镇江市2017年职工职业技能竞赛优胜组织奖的决定》，句容市总工会获优秀组织奖。

6月3日　镇江市总工会下发《关于“礼赞祖国　劳动最美”征文活动评选结果的通报》，句容市总工会获优秀组织奖。

6月6日　句容市总工会印发《关于成立市总工会解放思想大讨论活动领导小组的通知》。

6月12日　句容市总工会下发《关于开展纪念改革开放40周年“工会杯”职工征文活动的通知》。

6月25日　句容市总工会下发《关于开展2018年“金秋助学”活动的通知》。

6月27日　句容市总工会印发《市总工会机关工作人员绩效管理考核实施办法试行的通知》。

7月20日　镇江市委组织部、镇江市扶贫工作领导小组办公室印发《关于授予白云等30人全市优秀第一书记荣誉称号的决定》，句容市总工会张健被授予“优秀第一书记”称号。

9月7日　江苏省总工会下发《2017年度县以上工会财务工作竞赛评比情况通报》，句容市总工会获二等奖。

11月29日　句容市总工会下发《关于2019年元旦、春节期间开展送温暖活动的通知》。

12月4日　镇江市总工会印发《关于2018年全市工会优秀审计项目的通报》，句容市总工会经审会关于对句容市茅山风景区管委会总工会2017年度经费收支情况的审计报告获二等奖，句容市总工会经审会关于对句容市天王镇总工会2017年度经费收支情况的审计报告获三等奖。

12月6日　句容市总工会作出《关于命名丁庄劳模团队刘昌典、孙利中、吴大军、吴其法“劳模创新工作室”的决定》。

12月7日　镇江市委宣传部、镇江市总工会下发《关于镇江市职工纪念改革开放40周年图片展作品征集评选活动的表彰通报》，句容市总工会获优秀组织奖。

12月19日　镇江市总工会命名沈春雷劳模创新工作室、刘树安劳模创新工作室为“镇江市示范性劳模创新工作室”，命名丁庄劳模团队创新工作室为“镇江市劳模创新工作室”。

12月27日　镇江市总工会下发《关于2018年度镇江工会“五一新闻奖”评选结果的通报》，句容市总工会被评为2018年度镇江市工会新闻宣传工作先进集体。

2019年

2月15日　王先锋被句容市委、市政府表彰为社会治安综合治理先进个人。

2月27日　句容市总工会发出《关于推荐评选句容市五一劳动奖状、奖章和工人先锋号的通知》。

2月28日　镇江市总工会下发《关于2018年度辖市区总工会经审会规范化建设考核情况的通报》，句容市总工会经审会获二等奖。

3月1日　句容市总工会被句容市政府表彰为2018年度人力资源和社会保障工作先进集体。

3月21日　句容市总工会下发《关于句容市水利农机系统工会更名的报告的批复》，同意“句容市水利农机系统工会委员会”更名为“句容市水利系统工会委员会”。

3月26日　句容市卫健委、市总工会、市妇联下发《关于开展妇女病普查普治工作的通知》。

4月15日　句容市总工会、市应急管理局发出《关于2019年度开展“安康杯”竞赛活动的通知》。

4月28日　句容市总工会在市档案馆五楼电视电话会议室召开全市“五一”表彰暨市总工会十二届八次全委（扩大）会议，市委组织部部长、统战部部长蒋建中出席会议并讲话，陈一江主持会议并作工会工作报告，总结2018年工作，部署2019年工作任务。

△　句容市总工会作出《关于授予张东旭等10人“优秀工会主席”荣誉称号，对巫涛等10名优秀工会新闻信息宣传员予以表彰的决定》。

△　句容市总工会作出《关于表彰句容市五一劳动奖状、五一劳动奖章和工人先锋号的决定》，决定授予建华建材（中国）有限公司等10个单位句容市“五一劳动奖状”；授予王红等20人“句容市五一劳动奖章”；授予华电江苏能源有限公司句容发电分公司设备部锅炉维护二班等16个先进集体句容市“工人先锋号”称号。

△　句容市总工会作出《关于授予李兆云等10人首届“句容最美职工”提名奖的决定》。

4月29日　镇江市总工会等4个单位联合下发《关于评定镇江市优秀劳动关系和谐企业与镇（街道）的通知》，句容毅马五金制品有限公司、镇江北新建材有限公司、江苏汤辰机械装备制造有限公司、镇江东丰制衣有限公司、江苏中容电气有限公司、江苏华旺建设集团有限公司、江苏唐邦机电有限公司和江苏拓科集团有限公司被评为“镇江市优秀劳动关系企业”；句容经济开发区管理委员会被评为“镇江市优秀劳动关系和谐镇（街道）”。

5月5日　句容市总工会下发《关于开展学习贯彻中国工会十七大精神知识竞赛的通知》。

△　句容市总工会等4个单位联合发出《关于开展首届“句容工匠”推荐评选活动的通知》。开展此项活动，旨在引导和激励广大职工爱岗敬业、创先争优、追求卓越，为推动句容高质量发展、加快建设“一福地四名城”新句容争做贡献。

5月30日　句容市总工会命名马宁一“劳模团队创新工作室”，命名张冬才、唐万青、尚进“劳模、书记创新工作室”。

5月31日　句容市总工会下发《关于对2019年特困职工开展调查申报工作的通知》。

6月10日　句容市人力资源和社会保障局、市总工会发出《关于举办2019年汽车驾驶员（大型牵引车）职业技能竞赛的通知》。

△　句容市总工会印发《关于开展“爱岗爱厂爱句容，安全健康伴我行”劳动保护主题活动的通知》。

6月20日　句容市委宣传部、市总工会等6个单位联合下发《关于举办句容市“歌唱祖国”主题歌会（比赛）的通知》。

6月26日　句容市总工会印发《关于“礼赞祖国　劳动最美”征文活动评选结果的通报》。

7月9日　句容市总工会、市交通运输局下发《关于在句容市城市主干道（华阳路）路面改造工程建设中开展重点工程争先创优、建功立业劳动竞赛活动的通知》。

7月29日　句容市委办公室下发《关于印发句容市总工会机关主要职责、内设机构和人员编制规定的通知》，市总工会机关内设机构为6个职能部（室）：办公室、组织和基层工作部、宣传教育和网络工作部、权益保障部、劳动和经济工作部、财务资产管理部。市总工会机关行政编制6名。领导职数：主席1名，专职副主席3名，兼职副主席2名，挂职副主席1名；机关股级职数6名，其中正股级（部长、主任）6名。

8月2日　镇江市总工会印发《关于命名“镇江市企事业工会劳动保护工作优秀工会”的通知》，江苏中容电气有限公司工会被命名为2018年度“镇江市企事业工会劳动保护工作优秀工会”。

8月6日　句容市总工会印发《关于开展2019年“金秋助学”活动的通知》。

8月14日　句容市总工会下发《关于句容市农业委员会系统工会更名的批复》，同意“句容市农业委员会系统工会委员会”更名为“句容市农业农村局系统工会委员会”。

9月20日　句容市总工会成立“不忘初心，牢记使命”主题教育领导小组。

△　句容市总工会印发《关于开展“不忘初心，牢记使命”主题教育实施方案》。

9月25日　句容市总工会召开“不忘初心，牢记使命”主题教育动员会，市总工会党组书记、主席陈一江主持会议，市总工会党组成员、副主席曹丽作动员部署。

10月11日　句容市总工会命名张洪生、郭强、胡天娣、任环虎、杨云峰“劳模创新工作室”；命名句容市白兔劳模创新工作室联盟和句容市渔业劳模创新工作室联盟。

11月18日　句容市总工会发出《关于2020年元旦、春节期间开展送温暖活动的通知》。

12月11日　句容市总工会制定《市总工会机关党内送温暖和工会慰问暂行办法》。

12月16日　句容市总工会印发《关于句容市卫计委工会更名的批复》，同意“句容市卫生计生系统工会委员会”更名为“句容市卫生健康系统工会委员会”。

2020 年

1 月 2 日　句容市总工会下发《关于开展“工会常伴，贴心送暖”两节慰问活动的通知》。

1 月 7 日　句容市总工会获镇江市总工会表彰的 2019 年全市职工读书征文活动特别组织奖。

1 月 29 日　句容市总工会发出《关于抗击新冠肺炎疫情的倡议书》。

△　句容市总工会建立新型冠状病毒感染的肺炎疫情防控领导小组。

△　句容市总工会制定《关于积极参与做好本市新型冠状病毒感染的肺炎疫情防控工作的意见（方案）》。

2 月 7 日　句容市总工会印发《关于做好新型冠状病毒感染的肺炎疫情期间支援地产草莓销售工作的通知》。

2 月　句容市总工会筹集专项资金 10 万元，慰问句容奋战在疫情第一线的医务工作者，重点关爱句容支援湖北医务工作者家属。向市总工会结对帮扶的两个村的一线疫情防控志愿者送慰问物资 2 万元。市总工会互助会句容代办处开展一线民警慰问活动。组织市总工会 2 名党员参与句容社区疫情防控志愿服务。发动各级工会和社会各界帮助解决地产草莓受疫情影响滞销的困难，助销草莓 1 万余箱，实现销售收入 60 万元。组织市总工会党支部、离退休干部党支部党员为支持抗疫捐款。

3 月 2 日　句容市总工会下发《关于做好 2020 年镇江市劳动模范推荐评选工作的通知》。

3 月 3 日　句容市总工会下发《关于推荐句容市五一劳动奖状、奖章和工人先锋号的通知》。

3 月 19 日　句容市总工会成立“容城有爱 · 工会暖心”志愿服务领导小组。

△　句容市总工会印发《句容市总工会“容城有爱 · 工会暖心”志愿服务实施方案》。

4 月 10 日　江苏省总工会、江苏省应急管理厅下发《关于表彰 2019 年度全省“安康杯”竞赛先进集体和先进个人的决定》，江苏拓科集团有限公司被表彰为优胜单位，市总工会被表彰为组织工作优胜单位。

4 月 21 日　句容市总工会向市委呈报《关于筹备召开句容市工会第十三次代表大会的请示》。

△　句容市总工会作出《关于表彰句容市五一劳动奖状、五一劳动奖章和工人先锋号的决定》，授予句容市银鹏房地产开发总公司等 10 个先进单位句容市“五一劳动奖状”；授予芮东明等 20 人“句容市五一劳动奖章”；授予句容市天王汽车配件制造有限公司冲压二车间等 15 个先进集体句容市“工人先锋号”称号。

4 月 28 日　句容市总工会召开“五一”表彰及工会工作会议。

5 月 7 日　句容市总工会下发《关于印发 2020 年全市工会工作目标责任考核意见的通知》。

5 月 11 日　句容市总工会转发镇江市总工会《关于开展组建工会和发展会员“百日竞赛活动”的通知》。

5 月 22 日　句容市总工会转发镇江市总工会《关于开展基层工会和工会会员实名制信息采集工作的通知》。

6 月 24 日　句容召开全市产业工人队伍建设改革试点工作部署推进会，市委常委、组织部部长汪丹宁，市人大常委会党组成员、市总工会主席徐胜宝出席会议，副市长侯华锋主持会议。汪丹宁发表重要讲话，对下一阶段的产改工作提出新要求。徐胜宝就产业工人队伍建设改革及全年工作要求提出意见。

7 月 20 日　句容市总工会下发《关于命名 2020 年度“句容市企事业工会劳动保护工作合格工会”的通知》，命名句容市建筑工程质量检测中心等 10 个工会为 2020 年度“句容市企事业工会劳动保护工作合格工会”。

8 月 7 日　句容市总工会下发《关于开展 2020 年“金秋助学”活动的通知》。

8 月 14 日　句容市总工会获镇江市总工会表彰的“网聚职工正能量　劳动绽放新风采”职工文化系列活动优秀组织奖。

9月4日　句容市总工会举办学习《中华人民共和国民法典》活动。

9月23日　句容市总工会向市委呈报《关于加快我市工人文化宫建设的请示》。

9月25日　新时代句容产业工人队伍建设改革联席会议办公室制定《句容产业工人队伍建设改革试点工作方案》。

9月28日　句容市总工会被镇江市总工会表彰为“乡村振兴联万村·工会助力幸福路”先进单位。

△　句容市总工会获江苏省总工会表彰的2019年度县以上工会财务会计工作竞赛评比二等奖。

9月30日　句容市总工会印发《句容市社会化工会工作者职工薪酬体系及管理考核暂行办法》。

9月　句容市总工会向全市小微企业经费返还89.9万元，涉及小微企业609个。

10月19日　句容市总工会作出《关于命名句容市“劳模创新工作室联盟”和句容市“劳模创新工作室”的决定》，命名苏青峰、杨华俊、张奎峰、裔玉荣“劳模创新工作室”，命名江苏华电句容发电有限公司劳模创新工作室联盟。

10月29日　句容市总工会下发《关于命名句容市职工创业示范基地和职工创业先进个人的通报》。

10月　句容市总工会为714个小微企业返还工会经费237.5万元。

11月20日　句容市总工会下发《关于认定“句容市龙本职业培训学校”为全市职工职业技能实训基地的通知》。

11月27日　句容新时代句容产业工人队伍建设改革联席会议举办句容市产业工人队伍建设改革工作培训班，参加培训人员为全市产改单位负责人、各镇（街道、开发区）总工会主席及各系统工会主席。

12月17日　句容市总工会印发《句容市总工会财务资产工作管理制度》。

12月18日　句容市总工会被镇江市总工会表彰为组建工会和发展会员“百日竞赛”活动先进单位。

12月24日　句容市总工会被镇江市总工会表彰为2020年度镇江工会新闻宣传工作先进集体。

12月28日　句容市总工会被镇江市总工会表彰为镇江市工会劳动法律监督工作先进单位。

12月29日　句容市总工会举办职工互助保障工作培训班，参加培训人员为各参保单位工会主席或副主席。

12月31日　句容市委办公室、句容市政府办公室下发《关于建立新时代句容产业工人队伍建设改革会议制度的通知》。

2021年

1月18日　句容市建筑工程质量检测中心工会被镇江市总工会命名为2020年度“镇江市企事业工会劳动保护工作优秀工会”。

2月23日　句容市总工会下发《关于做好我市2021年江苏省劳动模范和先进工作者评选推荐工作的通知》。

3月4日　句容市总工会印发《句容市总工会2021年工作要点》。

3月5日　句容市总工会向句容市委提交《关于筹备召开句容市工会第十三次代表大会的请示》，拟于2021年6月召开句容市工会第十三次代表大会。

3月15日　句容市总工会下发《关于下派句容市社会化工会工作者驻镇（街道、开发区、管委会）工作充实基层工会力量加强双向联系的通知》。

△　句容市总工会下发《关于继续开展工会组织和工会会员实名制信息采集工作的通知》。

△　句容市总工会向镇江市总工会提交《关于筹备召开句容市工会第十三次代表大会的请示》，拟于2021年6月召开句容市工会第十三次代表大会。

3月19日　句容市总工会下发《关于做好句容市工会第十三次代表大会代表选举工作的通知》。

△　句容市委组织部、市总工会印发《关于认真做好镇（街道、园区）总工会换届选举工作的意见》。

3月25日　句容市总工会等4个单位联合印发《关于表彰首届“句容工匠”的决定》，授予王晓斌等8人首届“句容工匠”称号。

4月6日　句容市总工会下发《关于申报推荐句容市“模范职工之家”“优秀工会工作者”和“优秀工会积极分子”的通知》。

4月16日　句容市总工会印发《关于开展党史学习教育的实施方案》。

4月27日　全国总工会授予句容市深水水务有限公司化验班“工人先锋号”称号。

△　句容市总工会下发《关于开展“镇江惠”职工网络服务平台扩面推进活动的通知》。

4月29日　句容市委、市政府印发《关于授予陈卫连等40名同志2021年“句容市劳动模范”荣誉称号》。

4月30日　2021年句容市庆祝“五一”暨劳动模范表彰大会在市政务服务中心召开。

5月13日　句容市总工会下发《关于开展全市职工“永远跟党走　劳动谱赞歌”摄影比赛的通知》。

8月5日　句容市总工会发出《关于做好新冠肺炎疫情期间助力地产葡萄销售工作的通知》。

9月6日　句容市总工会下发《关于开展第三期全市职工“文化普惠”培训活动的通知》。

9月17日　句容市总工会制定《关于在句容市总工会党员干部中开展“两在两同”建新功行动的实施方案》。“两在两同”即“同人民想在一起，干在一起，风雨同舟，同甘共苦，在现代化新征程上建新功”。

10月14日　句容市总工会召开新就业形态群体建会入会暨实名制录入推进会。

11月3日　句容市总工会命名马羽、严道云、刘敏、徐本浩、王剑平、周江“劳模创新工作室”。

11月28日　句容市总工会、句容市文体广电和旅游局与句容市钓鱼运动协会联合举办“工会杯”第三届钓鱼锦标赛。

11月29日　句容市总工会作出《关于表彰“句容市模范职工之家”“句容市优秀工会工作者”和“句容市优秀工会积极分子”的决定》，授予句容市行政审批局工会等30个单位“模范职工之家”称号；授予王永刚等30人“句容市优秀工会工作者”称号；授予王秋瑾等30人“句容市优秀工会积极分子”称号。

12月1日　句容市城管局义台街爱心服务驿站获中华全国总工会2021年“最美工会户外劳动者服务站点”称号。

12月2日　句容市工会第十三次代表大会在曙光国际大酒店召开。句容市委书记潘群出席大会开幕式并讲话；镇江市总工会党组书记、副主席刘正泰出席开幕式并讲话；群众团体代表致贺词。

12月3日　句容市工会第十三次代表大会选举产生句容市总工会第十三届委员会和经费审查委员会。句容市总工会第十三届委员会第一次全体会议选举产生新一届领导班子。

第一章　工会组织

1936年，句容手工工人组织句容县工人抗日救国会。民国35年（1946），国民政府成立句容县工会，其后建立铁业、木业等12个行业分会。1949年，句容解放前夕，县工会组织华阳镇人民自卫委员会，维护社会治安。1950年7月，召开句容县第一届工人代表大会，成立句容县总工会；至2021年12月，召开13次代表大会，选举产生15位主席。2021年年底，全市建有镇街道管委会总工会13个，局工会14个，产业（集团、公司）系统工会8个，基层工会819个。

第一节　句容市（县）总工会

一、中华人民共和国成立前的工会组织

1. 句容县工人抗日救国会

民国25年（1936），在中国共产党的领导下，由木匠、瓦匠、铜匠、机匠、理发匠、缝纫等手工工人参加，建立句容县工人抗日救国会。

2. 句容县工会

民国35年（1946），成立句容县工会。第一任理事长许荣华，第二任理事长高家福。民国36年（1947）8月，句容县工会改选，朱则周当选为第三任理事长。

句容县工会成立各业工会，计有铁业工会、瓦匠业工会、木业工会、理发业工会、浴室业工会、面食业工会、成衣业工会、豆腐业工会、推水业工会、搬运业工会、柴草业工会、夯作业工会。

句容县工会理事由各业工会推选2~3人组成，再由理事推选1人为理事长，办理会内一切事务。民国36年（1947），县工会理事有：铁业工会张宏森、张元潮，瓦匠业工会侯振明、张延贵，木匠业工会王元仁、王正祥，理发业工会葛学镛、王有福、杨长庚，浴室业工会刘鸿发、刘言堂，面食业工会曹泰和、孔兆、刘厚宽，成衣业工会童秋凤、童润景，豆腐业工会葛良臣、尹其荣，推水业工会马金才，搬运业工会胡朝银、魏广生、陆文才、张显贵，紫草业工会杨得胜，香作业工会汪泰和。

1946年，有工会会员309人；1947年8月，有工会会员750人。资方和工人都可以参加工会，但是在会员中资方人员占多数，各业工会推选的县工会理事也是资方或资方代理人多，工人很少。

1949年4月，国民政府官员、保安队撤出城外，解放军尚未到达，句容县城处于“真空”当中。县工会理事长朱则周联络地方各团体、机关、学校召开会议，成立“华阳镇人民自卫委员会”，推选朱则周、胡朝银等9人为委员，朱则周为主任委员，并由工会和商会各业职工组成巡逻队，日夜分班巡逻，看守城门，把守交通要道，维护社会治安和秩序，保护机关、学校、仓库等公共财产的安全，直到4月下旬解放军进句容县城。

二、句容县总工会筹备委员会

1950年3月，郇祯祥受句容县委的委派，到苏南行政区总工会接受组建句容县总工会的任务。1950年4月，成立句容县总工会筹备委员会。委员17人，主任鲁光（县长兼），副主任郇祯祥。

句容县总工会筹备委员会成立后，配备工会干部，深入城区、天王、下蜀、龙潭等主要集镇，对职工进行阶级教育和时事政策教育。组织职工恢复和发展生产，协助政府处理劳资关系，安排和救济失业工人，维护职工民主权利和切身利益。发动职工投入抗美援朝、镇压反革命、土地革命等运动。举办职工业余学校，组织职工进行政治、文化学习，开展文娱体育活动。提高职工的阶级觉悟和政治思想觉悟，同广大职工群众建立密切联系，同时发现和培养积极分子。在此基础上，城区按行业、集镇以一个镇或一个单位，自上而下搭架子，自下而上发动群众，建立工会组织。到1951年7月，在城区、天王、下蜀、龙潭等集镇和九区煤矿发展工会会员1111人，成立基层工会组织14个，在天王、下蜀、龙潭3个集镇建立镇工会筹备委员会，民主选举基层以上工会委员107人，建立工会小组93个，为成立句容县总工会奠定基础。

三、句容市（县）历次工会代表大会

1951年7月，召开首届工人代表大会，至2021年2月，召开13次工会代表大会，代表2001人。

图1-1　2019年4月28日，句容市总工会召开第十二届八次全委（扩大）会议

1951—2021年句容市（县）历次工会代表大会情况一览表

表1-1-1

会议名称	会议时间	会议地点	正式代表数（人）	会议主要内容
句容县第一届工人代表大会	1951年7月5—7日	县城	60	通过县总工会筹备会一年来的工作和今后任务的报告、《句容县总工会章程（草案）》；选举产生句容县总工会第一届执行委员会和经费审查委员会
句容县第二届工人代表大会	1953年5月21—24日	县城	50	通过县总工会一年零八个月工运总结报告，确定今后工会工作任务；通过向中国人民志愿军致贺电；选举产生县总工会第二届执行委员会和经费审查委员会，以及出席江苏省首届工人代表大会代表
句容县工会第三次代表大会	1962年10月13—16日	县城	132	通过关于工会工作的决议，选举产生县总工会第三届执行委员会和经费审查委员会；选举出席江苏省第三次工人代表大会的代表4人；江苏省总工会镇江专区办事处来函祝贺大会开幕

续表 1-1-1

会议名称	会议时间	会议地点	正式代表数（人）	会议主要内容
句容县工会第四次代表大会	1973 年 8 月 21—23 日	县城	335	选举产生县总工会第四届委员会
句容县工会第五次代表大会	1981 年 8 月 26—28 日	县城	314	通过工会工作报告的决议；选举产生县总工会第五届委员会
句容县工会第六次代表大会	1985 年 4 月 7—9 日	县城	161	通过工作报告和财务工作报告；选举产生县总工会第六届委员会和经费审查委员会
句容县工会第七次代表大会	1988 年 10 月 8—10 日	县城	151	通过关于第六届委员会工作报告的决议、财务工作报告的决议；选举产生县总工会第七届委员会和经费审查委员会
句容县工会第八次代表大会	1993 年 9 月 27—30 日	县二招	194	通过七届委员会工作报告、财务工作报告和经费审查工作报告的决议；选举产生县总工会第八届委员会和经费审查委员会
句容市工会第九次代表大会	1998 年 10 月 8—9 日	华阳宾馆	175	通过八届委员会工作报告、财务工作报告和经费审查工作报告的决议；选举产生市总工会委员会和经费审查委员会
句容市工会第十次代表大会	2003 年 12 月 23—24 日	华阳宾馆	187	通过九届委员会工作报告、财务工作报告和经费审查工作报告的决议；选举产生市总工会第十届委员会和经费审查委员会
句容市工会第十一次代表大会	2008 年 12 月 11—12 日	市委党校	159	通过十届委员会工作报告、财务工作报告和经费审查工作报告的决议；选举产生市总工会第十一届委员会和经费审查委员会
句容市工会第十二次代表大会	2013 年 12 月 12—13 日	京华桂冠国际酒店	210	通过十一届委员会工作报告、财务工作报告和经费审查工作报告的决议；选举产生市总工会第十二届委员会和经费审查委员会
句容市工会第十三次代表大会	2021 年 12 月 2—3 日	曙光国际大酒店	208	通过十二届委员会工作报告、财务工作报告和经费审查工作报告的决议；选举产生市总工会第十三届委员会和经费审查委员会

四、句容市（县）总工会领导人

1951 年 7 月至 2021 年 12 月，市（县）总工会有 15 位主席，其中 2 位兼任；39 位副主席，其中 5 位兼任，2 位挂职。

1951—2021 年句容市（县）总工会历届领导人情况一览表

表 1-1-2

届次	主席	任职时间	副主席	任职时间
第一届	鲁光（兼）	1951 年 7 月—1952 年 8 月	郁祯祥	1951 年 7 月—1952 年 8 月
	郁祯祥	1952 年 8 月—1953 年 5 月		
第二届	郁祯祥	1953 年 5 月—1958 年 9 月	阎发学（兼）	1953 年 5 月—1962 年 10 月
	王元春（兼）	1961 年 6 月—1962 年 9 月	王元春	1958 年 9 月—1961 年 1 月
	郁祯祥	1962 年 9 月—1962 年 10 月	杨瑞云	1961 年 12 月—1962 年 1 月
第三届	郁祯祥	1962 年 10 月—1973 年 8 月		

续表 1-1-2

届次	主席	任职时间	副主席	任职时间
第四届	周绪超	1973 年 8 月—1981 年 3 月	孙宝发	1973 年 8 月—1976 年 9 月
			吕庆顺（兼）	1973 年 8 月—1981 年 8 月
			王荣芝	1979 年 2 月—1981 年 1 月
			纪天根	1981 年 9 月—1984 年 8 月
			蒋文本	1981 年 3 月—1981 年 8 月
第五届	毕可增	1981 年 8 月—1985 年 3 月	纪天根	1981 年 8 月—1984 年 8 月
			蒋文本	1981 年 8 月—1985 年 4 月
			陆宏生	1985 年 3 月—1985 年 4 月
第六届	陆宏生	1985 年 4 月—1988 年 10 月	李晓虎	1985 年 4 月—1986 年 4 月
			吕富强	1986 年 4 月—1988 年 10 月
			刘延栋	1987 年 8 月—1988 年 10 月
第七届	陆宏生	1988 年 10 月—1993 年 9 月	吕富强	1988 年 10 月—1990 年 6 月
			刘延栋	1988 年 10 月—1992 年 11 月
			徐峰	1990 年 6 月—1992 年 11 月
			黄华平（女）	1992 年 8 月—1993 年 9 月
			王竹生	1992 年 11 月—1993 年 9 月
			包锦富	1993 年 5 月—1993 年 9 月
第八届	陆宏生	1993 年 9 月—1998 年 2 月	包锦富	1993 年 9 月—1998 年 2 月
	简恩承	1998 年 2 月—1998 年 10 月	黄华平（女）	1993 年 9 月—1997 年 8 月
			黄胜利	1996 年 4 月—1998 年 10 月
			笪柏桂	1997 年 10 月—1998 年 10 月
第九届	简恩承	1998 年 10 月—2001 年 3 月	黄胜利	1998 年 10 月—2003 年 5 月
	孙大才	2001 年 3 月—2003 年 10 月	笪柏桂	1998 年 10 月—2002 年 4 月
			贡宪章	2000 年 2 月—2003 年 10 月
			任青军（女）	2000 年 3 月—2002 年 4 月
			钟小平	2002 年 4 月—2003 年 10 月
			张金虎	2002 年 4 月—2003 年 10 月
			余成萍（女）	2002 年 4 月—2003 年 10 月
			王进	2003 年 5 月—2003 年 10 月
第十届	孙大才	2003 年 10 月—2006 年 3 月	贡宪章	2003 年 10 月—2008 年 12 月
	王　平	2006 年 3 月—2008 年 12 月	钟小平	2003 年 10 月—2008 年 12 月
			张金虎	2003 年 10 月—2008 年 12 月
			余成萍（女）	2003 年 10 月—2008 年 12 月
			王进	2003 年 10 月—2008 年 12 月

续表 1-1-2

届次	主席	任职时间	副主席	任职时间
第十一届	王　平	2008 年 12 月—2009 年 8 月	张金虎	2008 年 12 月—2013 年 12 月
	陈建业	2009 年 8 月—2012 年 2 月	糜艺（兼）	2008 年 12 月—2013 年 12 月
	严伯金	2012 年 2 月—2013 年 6 月	钟小平	2008 年 12 月—2012 年 2 月
	陈明春	2013 年 6 月—2014 年 11 月	余成萍（女）	2008 年 12 月—2012 年 2 月
			贡宪章	2008 年 12 月—2010 年 5 月
			管春平	2008 年 12 月—2013 年 12 月
			汤继红（女）	2012 年 2 月—2013 年 6 月
			张健	2012 年 2 月—2013 年 12 月
			陈志清（女）	2013 年 6 月—2013 年 12 月
第十二届	陈明春	2013 年 12 月—2014 年 11 月	张金虎	2013 年 12 月—2014 年 11 月
	颜利平	2014 年 12 月—2016 年 12 月	糜艺（兼）	2013 年 12 月—2014 年 11 月
	陈一江	2016 年 12 月—2019 年 9 月	管春平	2013 年 12 月—2017 年 3 月
	徐胜宝	2019 年 9 月—2021 年 12 月	张健	2013 年 12 月至今
			方海军	2014 年 10 月—2021 年 12 月
			陈志清	2013 年 12 月—2015 年 12 月
			胡继发	2016 年 12 月—2019 年 6 月
			曹丽	2019 年 6 月—2021 年 6 月
			陈一江	2019 年 9 月至今
			胡继发（兼） 刘华润（兼）	2019 年 9 月—2021 年 12 月
			王立宇（挂职）	2019 年 9 月—2021 年 6 月
第十三届	徐胜宝	2021 年 12 月至今	陈一江	2021 年 12 月至今
			张健	2021 年 12 月至今
			方海军	2021 年 12 月至今
			张元慧（女）	2021 年 12 月至今
			胡继发（兼）	2021 年 12 月至今
			薛文（兼）	2021 年 12 月至今
			沈春雷（挂职）	2021 年 12 月至今

五、句容市（县）总工会内设机构及直属事业单位

1. 内设机构

1951 年 7 月

秘书陈华书（兼），组织部部长郇祯祥（兼）、副部长陈华书，文教部部长张云亭（句容县政府文教科科长兼），劳保部部长林宝德（句容县政府劳动科科长兼），青工部部长范增信（新民主主义青年团句容县委副书记兼），统计科科长朱巧先，财务科科长费子贤。

1953 年 5 月

秘书侯宝源（兼）、李学诚，组织部部长陈华书，文教部部长张云亭（兼），生产部部长洪德仁（兼）、副部长蒋志泰（兼），青工部部长高云书（兼），财务科科长费子贤。

1954 年以后，由于县总工会精简工作人员和兼职人员工作变动，县总工会内设各部撤销，各部的业务工作由工会工作人员负责。

1982 年 8 月

办公室主任胡德照，组织部部长胡德照，宣传部部长余金宝、副部长朱鸣鹤，生产部部长陈齐江，生活女工部部长刘庭学、副部长甘荷珍。

1988 年 10 月

组织部部长胡德照，宣传部部长余金宝，生产保护部部长周宝华、副部长袁荫祥，生活女工部部长凌根娣，财务部副部长甘荷珍。

1998 年 9 月

人事秘书科科长徐玉珍，组织宣传部部长夏道富，生产保护部部长张涛，生活女工部部长凌根娣，财务部部长马凤青。

2002 年

办公室主任汤继红，组织部部长汤继红（兼）、副部长夏道富（主持工作），宣传教育部副部长尹小计（主持工作），生产保护部部长张涛，生活女工部部长凌根娣、副部长刘泽玉，财务部部长李红。

2004 年 2 月

生产保护部副部长吴法宝，办公室副主任刘勇。

2006 年

办公室副主任夏道富（主持工作）、副主任刘勇，组织宣教部副部长吴发宝（主持工作）、副部长王超，民主管理部副部长杨元富，生产保护部部长张涛，生活女工部部长凌根娣、副部长刘泽玉，财务部部长李红。

2008 年 12 月

办公室副主任夏道富（主持工作）、副主任范文明、副主任刘勇，组织宣教部副部长吴发宝（主持工作）、副部长王超，生产保护部部长张涛，生活女工部部长程萍，财务部部长李红。

2011 年 5 月

办公室主任范文明、副主任雷先荣，组织宣教部部长吴发宝、副部长王超，民管法工部部长刘向荣，生产保护部部长张涛，生活女工部部长陶惜春、副部长刘勇，财务部部长彭良杰、副部长杨元富。

2013 年 12 月

办公室主任范文明、副主任雷先荣、副主任叶强（5 月任职），组织宣教部副部长王超，民管法工部部长刘向荣，生产保护部部长张涛，生活女工部部长陶惜春、副部长刘勇，财务部部长彭良杰、副部长杨元富。

2020 年 3 月

办公室主任范文明，组织和基层工作部部长叶强、副部长杨元富，宣传教育和网络工作部副部长刘勇（主持工作）、副部长王先锋，劳动和经济工作部部长王超、副部长雷先荣，权益保障部部长陶惜春、副部长彭良杰，财务资产管理部部长刘向荣。

2. 直属事业单位

句容县工人俱乐部、句容县工人文化宫　县工人俱乐部于 1956 年 10 月经省工会联合会批准动工兴建，1957 年 5 月 1 日建成，对职工开放。工人俱乐部有平房 15 间，设有图书室、阅览室、棋类室、乒乓室、文娱室、讲演室等 6 个活动室，室外设有篮球场和排球场以及相应的设施。1958 年 12 月，根据上级工会关于县以下工会逐步消亡的指示，县工人俱乐部被迫撤销，财产移交县文化馆。1961年1月，恢复县工人俱乐部。1966年“文化大革命”开始，工人俱乐部停止活动。1971年句容县内燃机修配厂扩建为句容拖拉机厂，句容县委决定将句容县工人俱乐部全部房产划拨给句容拖拉机厂。

县工人文化宫于1976年开始筹建，1978年11月建成，对外开放。文化宫设在工会大楼内，有图书馆、阅览室、球类室、棋室、电视室5个活动室，面积600平方米。工人文化宫溜冰场于1981年3月动工兴建，同年12月底建成，1982年2月对外开放。1989年工人文化宫增加电视录像室（投影）、儿童电动车、桌球等活动项目。县工人文化宫有工作人员5名。1978年11月至1988年9月，工人文化宫负责人袁荫祥。1988年10月至1990年6月，程明光任工人文化宫副主任。1991年7月，蒋建林任工人文化宫副主任。1995年6月12日，句容撤县设市，县工人文化宫更名为市工人文化宫。1997年12月，句容市委办公室印发《句容市总工会机关内设机构改革方案》，核定市工人文化宫全民性质事业编制12名。1998年9月，蒋建林任市工人文化宫主任。2017年1月，范文明兼任市工人文化宫主任。

2001年9月，经句容市计划与经济委员会批准，工会大楼（工人文化宫）拆除，在原址新建工人文化宫，2002年8月竣工投入使用。

2018年，中华全国总工会在北京召开全国工人文化宫、工人疗养院清理整改工作座谈会，会议强调清理整改是一项政治任务，清理整改工作是中纪委、审计署跟踪督导的重要工作。江苏省总工会对句容工人文化宫进行督查调研，定性为“三无”（无场所、无活动、无人员）类型，并列入清理整改范围，要求限期整改。

2020年9月23日，句容市总工会向句容市委提交《关于加快句容市工人文化宫建设的请示》，9月28日，市委书记潘群对推动市工人文化宫建设相关情况作批示。10月30日，市委常委、组织部部长汪丹宁在市政府大楼8楼组织部会议室主持召开协调会，专题研究市工人文化宫易地购置的有关事项。10月4日，为全面做好工人文化宫易地购置项目的论证工作，句容市总工会邀请江苏省总工会和镇江市总工会财务资产管理部的负责人到句容实地调研，建议句容市总工会将购买体育训练馆作为首选方案。句容市总工会建议市委、市政府采取购置的方式，将企业训练馆产权整体移交给市总工会，然后由市总工会结合上级要求将此改造成工人文化宫，实行宫馆联办。

句容市（县）工会职工学校 县工会职工学校于1979年开始筹建，1980年建立教室4间，添置课桌凳100套，11月办2个英语班、1个数学班，学员150人，专职干部1人，兼课教师2人。职工学校恢复以后，逐年发展。1985年有教职工3人，兼课教师15人，教室5间，面积432平方米，课桌凳170套，有15个单科班，设有高中语文、数学、英语等课程，在籍学生700多人。5年中，单科结业生200多人，经职工学校复习考取电大、中专的有200多人，被选拔到局、公司、厂一级领导岗位的15人，被选拔当干部的20多人。1987年职工学校在“转轨变型”上进行探索，在办学方式上向开放式过渡，走出校门，了解社会实际需求与有关部门联合办学，开办工业会计、财务管理、机械制图和金属材料4个专业班，2期青年保健班、1个太极拳班，以及基层工会干部、基层工会女工干部、班组长培训班等9科15个班，学生513人，结业448人。文化班有高中语文、数学、政治、历史、地理等5科11个班，学生589人，结业356人。1989年，职工学校有初中、高中、技术、干部培训班等13个班，学生578人，教职员3人。

图1-2 工会职工学校开展成人高中教学

县职工学校恢复以后，由专职干部朱鸣鹤负责学校工作，1984年8月至1988年，朱鸣鹤兼任职工学校校长。1988年，王玉翢任职工学校副校长；1998年9月，王玉硎任校长。1999 年 3 月，刘向荣任职工学校副校长；2013 年 5 月，刘向荣任校长。2017 年 1 月，陶惜春兼任市工会职工学校校长；免去刘向荣市工会职工学校校长职务。

六、句容市（县）总工会基本建设及办公用房

1. 基本建设

工会职工住宿楼　1983 年 5 月 31 日，县总工会为解决职工住宿困难，向县计委呈报申请批建职工宿舍的报告。1983 年 7 月 31 日，县计经委批复同意该单项工程项目。该项目工程地点在小果园，3 层楼建筑面积 1048. 88 平方米，用地面积 1016. 98 平方米，资产投入 5 万元。1983 年 8 月 20 日，县总工会与环城杨家巷建筑站签订施工协议，1983 年 8 月 15 日开工，1984 年 2 月竣工。该楼为建新村 34 幢楼，解决总工会 12 名职工住宿问题。

万事达工贸大厦　1996 年 3 月 18 日，市总工会向市计经委提交《关于联营建造“万事达工贸大厦”的请示》，市总工会与江苏新华开发公司拟在建新村 34 幢楼（工会职工 3 层住宿楼）处联营建设一幢 12 层万事达工贸大厦，1996 年 4 月 29 日，市计经委同意该建设项目开工。同日，经市房屋拆迁安置办公室同意，拆除建新村 34 幢工会职工住宿楼。该建设项目由句容市第二建筑公司第二分公司中标承建，1998 年 4 月 23 日开工，2000 年 4 月底竣工。市总工会拥有大厦第四层 479. 36 平方米房屋产权，以及 597. 5 平方米土地使用权。

工人文化宫溜冰场　1981 年 3 月动工兴建，同年 12 月底建成，占地面积 137. 68 平方米。1998 年8 月拆除。

工人文化宫综合楼　2001 年 9 月 20 日，市计划与经济委员会下文批复，同意市总工会工人文化宫建设项目实施，该项目总投资 250 万元，建筑面积 4180 平方米，资金来源全部自筹。同日，市总工会与市文化馆签订协议：根据 2001 年 8 月 15 日句容市委书记办公会议决定，建造句容市工人文化宫综合楼。大楼分配：文体局（文化馆）在东，总工会在西，文体局（文化馆）5 间，总工会 9 间，各自拥有单独楼梯，房屋产权各自办理。整幢大楼统一规划，统一设计，由市总工会负责统一建造，费用由总工会和文体局（文化馆）根据各自实有面积，按审计核准的造价各自承担。9 月，建设路工会楼拆除，由句容市银鹏房地产开发总公司施工承建，2002 年 8 月竣工投入使用。市总工会拥有 2226. 8 平方米房屋产权，以及 626. 4 平方米土地使用权。

2. 办公用房

2000 年 2 月，市总工会办公地址从建设路工会楼迁至万事达工贸大厦四层楼。2008 年 8 月，市总工会再次办公迁址，从万事达工贸大厦迁回建设路 108 号工人文化宫大楼。

第二节　镇、街道、管委会工会

1951 年 8—9 月，东阳镇、桥头镇、新塘镇、王庄镇、郭庄镇、葛村镇、三岔镇成立工会筹备委员会，后因职工人少未正式成立工会。1952 年 11 月，龙潭镇成立首届工代会，米必新、蒋志泰、罗雨霖先后任主席。1953 年 8 月，龙潭镇、东阳镇等划归南京。城镇、茅西等 13 个乡镇工会因行政区划调整撤销。黄梅镇在 2009 年村庄整理后由市开发区管理，2013 年 9 月改设黄梅街道，后与开发区合署办公。2021 年年底，全市有 10 个镇（街道）、3 个管委会总工会。

一、下蜀镇总工会

1. 机构沿革

1950 年 12 月，下蜀镇工会筹备委员会建立。1951 年 12 月，召开下蜀镇第一届工人代表大会，选举产生下蜀镇第一届工会委员会，胡一美任主席，薛昌钰任副主席。1955 年 1 月 6 日，下蜀镇召开第二届工人代表大会，同时改名为下蜀镇工会联合会，周儒朝任主席。1965 年 7 月，县总工会决定下蜀镇工会联合会不作为一级工会组织，改设镇工会工作委员会，余发元（半脱产干部）任主任。1956 年 9 月，镇工会撤销，所属基层工会划归有关产业（系统）工会领导。“文化大革命”期间，工会停止活动。1996 年 12 月，市总工会批复同意组建下蜀镇工会。1997 年 3 月 31 日，选举产生下蜀镇工会委员会，孟玉山任主席，裔玉诚任副主席。1998 年 11 月 23 日，魏金河任主席。2002 年 9 月 17 日，孔斌任主席，魏金河不再担任主席职务。2006 年 1 月 11 日，雍军任主席，孔斌不再担任主席职务，胥文雯任副主席。2008 年 6 月 18 日，下蜀镇工会改建为下蜀镇总工会，高昕任主席，胥文雯任副主席。2010 年 9 月 7 日，陈太军任主席，高昕不再担任主席职务。2016 年 4 月，吴宗新任主席。后由夏敏任主席。2021 年 9 月，张馨任主席。

2. 主要工作

组织建设 按照“党建带工建、工建促党建”，整体推进，不留空白的要求，最大限度地把非公有制企业职工组织到工会中来。至 2014 年年底，全镇建立基层工会 69 个，其中百人以上企业工会 13 个，联合工会 13 个，规模以上企业工会组建率 100%。工会会员 5080 人，职工入会率 95%。按照“四有”标准，在全镇基层工会中广泛开展“显实”行动，深入“建家”工作，努力为职工办实事、办好事。培植建华管桩、大全铁路等“工会规范化建设样板点”，工会组织的吸引力和凝聚力进一步得到增强。

民主管理 全力推进职代会制度建设，依法保障职工合法权益。全镇 80% 企业建立职代会制度，实行厂务公开，保护职工关注企业发展的热情，密切业主与群众的关系。开展企业工资协商工作，签订集体合同、工资专项集体合同和女职工特殊保护专项集体合同。开展创建“劳动关系和谐企业”活动，全镇有 43 个企业参与创建活动，涌现出一批“劳动关系和谐企业”，2012 年，临港工业园区被镇江市总工会命名为“劳动关系和谐工业园区”。

提升职工素质 组织企业工会干部参加上级工会组织开展的各类培训，不断开拓工作视野，提升工会工作能力和自我发展能力。镇总工会定期联合镇人力资源和社会保障服务所（人社所）、镇成人教育中心等单位举办安全生产、岗位技能、企业文化、法律法规、劳动维权等各类培训。经常组织送文化、送培训进企业活动，服务指导企业开展岗位练兵、技能比赛。

企业职工文化建设 围绕“创企业精神、树主人翁形象”主题教育，深入开展创建“五一文明班组”“五一文明岗”、争当“文明职工”活动，开展丰富多彩的群众文体活动，引导广大职工爱岗敬业，争做贡献，为企业经济发展目标的完成提供智力支持和精神动力。镇党委、镇政府投入 1000 多万元，建成面积为 2200 平方米的职工文体艺术中心。建华管桩有限公司综合性职工俱乐部拥有 1200 多平方米的员工活动阵地，内设电子阅览室、篮球场、排球场、乒乓球室、棋牌室、电影放映室等活动场所，做到职工学习有园地，健身有设备，娱乐有场地。

图 1-3 下蜀镇总工会开展“粽情粽意 艾香临港”庆祝端午节活动

困难帮扶 每年对困难职工情况进行调查，建立困难职工档案，元旦、春节期间，组织开展对困难职工的走访慰问“送温暖”活动。开展“金秋助学”行动，资助困难职工子女上大学。持续不断地开展职工重大疾病、意外伤害互助互济保障工作，实实在在为职工服务。

劳动保护　组织企业开展“安康杯”竞赛，健全工会劳动保护工作机制，开展职业卫生合格企业创建活动，督促企业为有毒有害岗位的职工每年例行体检，有效保护职工的生命健康安全。

二、宝华镇总工会

1. 机构沿革

1998 年 9 月 25 日，宝华镇首届工会委员会成立，委员会由 5 人组成，傅丽莉（女）任主席，王祖仲任副主席。2006 年 8 月 15 日，经第二届工会委员会选举，报市总工会审批，严道顺任主席，谢巧根任副主席。2008 年 8 月 16 日，宝华镇工会改建为宝华镇总工会，召开宝华镇第一次会员代表大会，选举产生宝华镇总工会第一届委员会，汤继红（女）任主席，张乐清任副主席。2010 年 8 月 3 日，孙洪钰任主席，郑超（女）任副主席。2013 年 9 月，宝华镇召开第二次工会代表大会，选举产生宝华镇总工会第二届委员会，朱庆峰任主席，姜艳（女）任副主席。2016 年 11 月 11 日，胡亮任主席。2019 年 3 月 5 日，袁国政任副主席。2020 年 8 月 17 日，米玉任主席。2020 年 9 月 17 日，张威任副主席。

2. 主要工作

宝华镇工会坚持“围绕中心、服务大局”主线，以“协调劳动关系、维护职工权益、促进经济发展”为重点，抓基层，打基础，增活力，先后被镇江市、句容市评为工会工作先进单位。

图 1-4　宝华镇总工会开展志愿者活动

组织建设　截至 2021 年 12 月，建有基层工会组织 59 个，其中联合基层工会 12 个，独立基层工会 47 个，会员 3200 余人。以工会组织换届改选为契机，加强组织建设。镇总工会配备主席 1 名，副主席 1 名；在基层工会中，注重把热爱工运事业、敢于和善于为职工说话办事、职工拥护和信赖的优秀分子充实到工会干部队伍中来。加强小微企业联合工会建设。针对一些规模较小、用工不多的小微企业，根据企业的行业分类、地理位置等情况，在建立小微企业党建联盟的基础上，建立小微企业联合工会，覆盖小微企业 34 个。加强工会基层工作，夯实工会基础。按照“组织健全、制度完善、程序规范、管理有序、职权落实、职工信赖、社会认可”的要求，达到基层工会“有场所、有阵地、有经费、有活动、有台账”的“职工之家”标准，重点培树天晟药业股份有限公司、唐邦机电有限公司等非公有制企业工会示范，以点带面，示范引领，带动其他工会组织规范化建设。坚持“党工共建”“区域共建”模式，按照“企业需要、党员欢迎、职工拥护、业主支持”的要求，指导企业联合开展党工工作。唐邦机电有限公司先后与周边 5 个非公有制企业结对，建立工会工作联席会议制度，采取“活动统筹安排、人才统筹培养、信息统筹共享”的方式，推动工会工作的联合开展。

专业培训　镇总工会立足实际，配合市人才办公室启动实施“蓝领人才倍增计划”，联合南京工业大学、市人社局培训中心等机构，先后组织创业培训班 20 余场，各类技能培训班 30 余场。同时，组织开展行业性的技能竞赛和“金点子”评比活动。唐邦机电有限公司职工鲍正年提出的“质量模拟客户检验法”等 10 余项技术革新项目在实践中得到应用，有效地促进全镇企业技术进步和产品升级。针对新选任的基层工会干部普遍存在的业务不熟悉、活动无抓手等情况，镇总工会一方面选派工会负责人参加市总工会组织的培训；另一方面，通过深入开展“党工共建”活动，选派机关年轻干部、大学生村官等 16 名“党工共建”指导员挂钩到企业进行业务指导，提高基层工会干部的业务知识水平。

创建“劳动关系和谐企业” 镇总工会扎实推进“劳动关系和谐企业”创建活动，每年至少组织开展一次企业劳动关系专项检查，搜集意见和建议，受理各类投诉，督促企业整改，帮助企业和职工挽回一定的经济损失。全镇 85%以上的建会企业都主动参与“劳动关系和谐企业”创建活动。天晟药业股份有限公司、唐邦机电有限公司被评为镇江市“劳动关系和谐企业”。镇总工会在全镇建立职工维权服务站，在 9 个村（社区）建立职工维权点，在 10 个重点企业建立劳动争议调解委员会，全镇有劳动争议调解员 34 人，努力把劳动争议化解在基层，维护社会稳定。

帮扶救助 镇总工会充分发挥职工援助站作用，每年开展春节“送温暖”、“金秋助学”、“筑梦圆梦行动”等活动。争取到 20 余万元对 300 名困难职工和农民工进行帮扶，先后帮助 24 名困难职工子女上大学。开展机关在职党员与困难职工结对帮扶，先后有 24 名党员、工会干部与 21 户困难职工家庭进行结对，帮助 86 名下岗失业职工实现再就业。积极推行职工互助互济保障，宣传参保政策和意义，取得良好效果。

三、边城镇总工会

1. 机构沿革

1998 年 9 月 24 日，东昌镇工会成立，首届工会委员会由 5 人组成，刘启宗任主席，贺庆明、徐庆昌任副主席。2003 年，原东昌、陈武两镇合并成立边城镇，是年 7 月 20 日，成立边城镇工会，首届工会委员会由 5 人组成，朱健任主席。2006 年 9 月 27 日，边城镇工会第二届委员会选举王忠琴（女）任主席，赵雨（女）任副主席。2008 年 10 月 20 日，边城镇工会改建为边城镇总工会，王忠琴任主席，赵雨任副主席。2010 年 8 月 2 日，朱孝成任主席。2013 年 5 月 20 日，边城镇工会第二次代表大会，选举王婷（女）任主席，陈石宝、梅月红任副主席。2014 年梅月红因工作变动不再担任副主席职务，赵雨任副主席。2017 年 7 月 7 日，盛玉凤任副主席。2018 年 12 月 9 日，许平任主席。2019 年 10 月 14 日，夏卫平任副主席。2021 年，巫玉倩任主席。

2. 主要工作

组织建设 镇工会按照“扩大覆盖面、增强凝聚力”的方针，坚持“哪里有职工，哪里就要建立工会”的要求，依托“党建带工建、工建促党建”的“党工共建”机制，抓好改制企业的工会重组重建，并着力加强新建外资企业、私营企业的工会组建，至 2021 年 12 月，建立独立基层工会 70 个，村级联合工会 14 个，发展工会会员 5586 人。

图 1-5 边城镇总工会开展庆祝“三八”节系列活动

协调劳动关系 以构建和谐劳动关系为主线，在企事业单位推行职工代表大会制度，实行“厂务公开”，60 多个企业推行集体协商、签订集体合同、工资专项集体合同，以及签订“女职工特殊权益保护专项集体合同”，推动企业营造和谐发展的人文管理环境，建立稳定协调的劳动关系，促进企业与职工协商共谋、机制共建、效益共创、利益共享的良好局面。

文明创建 开展评选“五一文明班组（科室）”“文明职工”活动，评选出“五一文明班组（科室）”5 个，“文明职工”28人，“五一巾帼标兵”5人。开展创建“工人先锋号”活动，2012年，南瓷绝缘子股份有限公司成品车间被评为镇江市“工人先锋号”，2014年，港峰集团科研室被评为江苏省“工人先锋号”，2013年，南瓷绝缘子股份有限公司荣获“镇江市模范职工之家”称号。

劳动保护　动员企业改善职工劳动条件，加强安全生产，按期发放劳动保护用品。组织开展“安康杯”竞赛，推行“职业危害和危险源点监控法”，开展创建“劳动保护合格、示范工会”活动，积极参与伤亡事故调查处理。成立“劳动保护监督检查服务站”，建立健全工作职责，制订工作计划，以及监督检查制度及考核制度。

职工文化　多次组织开展职工文体活动，主要有长跑、拔河、歌咏、知识竞赛等。2013年举办“送戏下乡”“四送边城”活动。2014年开展各行业“我爱边城”诗歌朗诵比赛活动。

职工帮扶　贯彻落实对特困职工、困难职工的各项帮扶政策，建立困难职工就业、生活、医疗、住房和子女就学五大救助机制。为困难职工春节送温暖100多人次，发放补助金4万余元；“金秋助学”10人次；为150名女职工免费提供妇女病检查；发放劳模补助金3万元；帮助1600名职工参加职工重大疾病互助互济保险，有6名参保职工领到保险金9万元。

四、白兔镇总工会

1. 机构沿革

1996年10月16日，白兔镇工会成立，周云宏任首届工会委员会主席。1998年7月31日，增补郑龙根、陆正杨为副主席。2001年11月至2005年8月，陈建兵任主席。2005年8月至2007年2月，叶梅声任主席。2007年2月，庞勇任主席。2008年8月15日，白兔镇工会改建为白兔镇总工会，选举产生白兔镇总工会首届委员会，庞勇任主席，郑龙根任专职副主席。2009年3月，增补洪浩任主席，庞勇不再担任主席职务；增补张春华任专职副主席，郑龙根不再担任副主席职务。2012年2月，增补褚小明任主席，洪浩不再担任主席职务。2013年9月28日，白兔镇总工会首届委员会任期届满，选举产生白兔镇总工会二届委员会，张博任主席，张春华任副主席。2019年10月14日，侯建忠任主席，吴凌华任副主席。2020年4月26日，张金芳任副主席。2021年9月，卢力任主席。

2. 主要工作

确定行业工资　白兔镇总工会自2009年3月开始实行针织行业工资集体协商，并在实践中不断深化这一工作机制。通过行业工会和行业协会集体协商，并吸纳劳动保障部门的测试意见，确定针织行业的六大工种、后勤工作人员以及班组长的工时定额、计件单价。行业指导性工资价位的确定，主要依据当地政府颁布的当年企业最低工资标准、物价水平和企业在岗职工平均工资。

职工工资个性化　因企制宜，体现单个企业职工工资水平的个性化。在行业工资价位指导下，每个企业的企业主与企业工会协商本企业职工工时、工价、劳动定额。其中劳动定额标准必须是90%以上职工在法定工作时间内能够完成。根据企业特点，可实行标准工作日或弹性工作制，也可实行综合计算工时制。

规范职工报酬　支付加班、加点报酬行为，保障职工合法工资收入。行业工资集体合同刚性规定，企业支付加班、加点报酬，严格按照《中华人民共和国劳动法》第四十四条规定执行。

遏制拖欠工资　有效遏制拖欠工资行为。行业工资集体合同规定，如因企业经营困难或资金周转等因素，不能及时发放工资，企业必须经与企业工会或行业工会协商同意，并告知全体职工，可适当推迟发放时间。工会动员职工树立大局意识，与企业同舟共济，共渡难关。

五、郭庄镇总工会

1. 机构沿革

1990年7月30日，郭庄乡工会成立，谢和寿任工会副主席。1998年8月28日，郭庄镇工会成立，徐红梅任第一届工会委员会主席；曹金刚、戴相先任副主席；阮成荣任首届工会经审会主任。2000 年1 月至2002 年11 月，吴晖任主席。2002 年11 月至2003 年10 月，查招娣任主席。2003 年11 月，戴红梅任主席。2006 年9 月21 日，选举产生郭庄镇第二届工会委员会，戴红梅任主席，夏永任专职副主席。2007 年10 月，夏兴华任主席。2008 年8 月21 日，郭庄镇工会改建为郭庄镇总工会，选举产生第一届总工会委员会，夏兴华任主席，王家琪任专职副主席。2011 年10 月30 日，王永刚任主席。2013 年7 月22 日，选举产生郭庄镇总工会第二届委员会，王永刚任主席，王家琪任专职副主席。2013 年12 月12 日，增补张映刚为副主席。

2. 主要工作

组织建设 开展“广普查、深组建、全覆盖”行动，推动工会组织在企业全覆盖，至2014 年年底，全镇建立工会组织111 个，其中独立基层工会组织92 个、村级联合工会18 个、行业工会1 个，覆盖企业203 个，工会组建率96. 3%；全镇有工会会员7635 人，职工入会率95. 6%。开展农民工入会集中行动，按照市总工会部署，迅速行动，精心操作，扩大农民工入会。开展基层工会“显实”行动，全镇规模企业以及村联合工会达到有牌子、有场所、有人员、有经费“四有”标准，各基层工会团结动员广大职工诚实劳动，争做贡献，建功立业。2012 年，镇总工会被镇江市总工会授予“工会工作先进单位”称号，被句容市总工会授予“工会工作规范化建设达标单位”称号。

职工素质提升工程 在广大职工中开展以“创建学习型组织、争做知识型职工”、创建“工人先锋号”、技能比赛等为载体的职工技能素质提升活动，促使广大职工在经济建设主战场中发挥主力军作用。

构建和谐劳动关系 空港新区园区各基层工会建立健全劳动争议调解组织。完善劳动争议调解工作制度和机制。镇工会职工维权窗口接待职工工伤、工资等投诉案件，调处率达100%。扎实推进企业工资集体协商，镇工会指导督促基层工会完成集体合同和工资专项集体协议的签订或续签目标。大力开展职工代表大会、厂务公开等企业民主管理工作，在江苏耀兴安全玻璃有限公司开展厂务公开民主管理绩效评估试点工作。镇工会与镇人社所合作，联系镇内企业，发布招工信息，组织奥特莱斯等企业举办“春节劳动用工交流会”，达成就业意向，及时帮助企业解决用工难问题，为农民工就业提供服务平台。

图 1-6 郭庄镇总工会开展送文艺进企业活动

服务职工 每年元旦、春节期间，组织开展对困难职工和特困职工“送温暖”活动。开展“金秋助学”活动，资助困难职工家庭的子女上大学。推进职工互助互济保障工作，不断扩大职工的参保面，使患重大疾病的职工得到保险金给付，缓解患病职工的经济压力。推进“职工健康工程”，组织劳动模范去沙家浜疗休养。配合市总工会、市妇幼保健院对空港新区300 多名女职工进行乳腺癌、宫颈癌筛查。组织江苏东昇光伏科技有限公司等企业的1000 多名职工在市中医院进行健康体检。关心职工生活，联合卫生监督部门对辖区内用餐职工人数较多的企业的职工食堂进行检查，推进职工集体食堂规范化建设。

职工文化建设 镇工会联合镇文化站，先后举办两届“迎五一、建新功”职工乒乓球、象棋等项目文体比赛。由镇工会、镇团委、镇妇联、镇文化站联合主办，由江苏电科电力设备有限公司承办两届“郭庄镇爱在空港新城·百名青年职工联谊会”。2014 年11 月，由市总工会主办、郭庄镇总工会承办“中国梦、劳动美、空港情”送文化、送法律进企业文艺演出活动，活动现场在江苏东昇光伏科技有限公司，市总工会律师团律师为职工提供法律咨询服务，市总工会领导向10个企业赠书。现场文艺演出内容包括舞蹈、独唱、小品等节目，受到空港新区10多个企业的职工的欢迎和好评。

六、后白镇总工会

1. 机构沿革

1998年7月21日，后白镇工会成立。孙家义任主席，刘家齐任副主席。2000年1月至2001年3月，纪文华任主席，宋启旺任副主席。2001年3月至2001年10月，涂长坤任主席。2001年10月至2003年5月，周孝荣任主席。2003年5月至2006年3月，张正杰任主席。2006年4月至2007年6月，贡月明任主席，孔祥瑞任副主席。2007年6月，王勇任主席，2008年7月，后白镇工会改建为后白镇总工会，王勇任主席，孔祥瑞任副主席。2009年3月，熊金霞任副主席。2013年5月，后白镇总工会换届改选，笪雷任主席。2013年11月，赵文任主席，肖花、谈欣任副主席。2017年6月2日，张魏任主席。2021年3月2日，余俊任主席。

2. 主要工作

组织建设　全镇建有独立机关、企业事业单位基层工会94个，村联合工会21个。在抓工会组建的同时，夯实工会工作基础，具体做到“五上、五有、五同步”（“目标、任务、组织、职责、制度”五上墙；有班子、有牌子、有印子、有活动、有阵地；同步建立经费审查组织，同步建立工会女职工组织，同步建立劳动争议调解组织，同步建立劳动保护监督检查组织，同步签订集体合同和工资协议）。2014年，对一些停产、转产企业进行排查梳理，以消除“空壳工会”、无牌工会、无场所工会，提升工会组织的活力。亮工会组织牌子、亮工会干部身份、亮工会工作目标，显工会主席作为、显贡献企业份额、显服务职工成效，努力构建“温暖之家、民主之家、和谐之家、文化之家、规范之家”，镇内7个100人以上职工的企业基层工会按照市级模范职工之家标准进行建设，镇总工会、乐智电子有限公司和利威尔电器有限公司工会被评为镇江市级模范职工之家。

教育培训　每年联合镇安监部门或劳动保障部门开展有针对性的教育培训。对企业管理人员进行安全生产法律法规知识培训，对创业人员进行相关技能培训。在基层工会组织中开展创建“学习型工会”活动，努力提升职工素质，为推动全镇经济发展提供精神动力和智力支持。

图1-7　后白镇总工会组织各级劳动模范和大学生村官开展“弘扬工匠精神，传播文明种子，后白劳模看后白”活动

职工文化　镇总工会组织基层工会开展职工文体活动。2014年“五一”劳动节期间，在后白中学举办职工篮球赛和乒乓球赛，“十一”期间在福源小区文化广场举办一场文艺演出。“三八”妇女节期间，组织女职工干部开展登茅山活动。“五一”劳动节前夕，组织职工开展计算机操作技能比赛。“圣湖花海”车友节期间组织职工参加“彩虹跑”活动。乐智电子有限公司工会被授予“镇江市企业（职工）文化建设示范单位”称号。

民主管理　加强职工代表大会制度建设，全面推行厂务公开。推进全镇企业开展创建“劳动关系和谐达标企业”活动，乐智电子有限公司等5个企业获镇江市“劳动关系和谐企业”称号。推进工资集体协商，签订集体合同。

帮困救助　深入职工家庭调查，掌握困难职工生活状况，为发放“特困职工证”提供依据。春节期间开展慰问困难职工活动。开展“金秋助学”，为当年考上大专以上院校的困难职工子女就学提供帮助。

七、天王镇总工会

1. 机构沿革

1950年12月，天王镇工会筹备委员会成立。1953年1月，天王镇工会委员会成立，委员14名，主席先后由杨增宦（兼）、魏正宝（兼）、施德兴（兼）担任，副主席张芳录。1956年9月镇工会撤销，所属基层工会划归有关产业（系统）工会领导。

1998年7月31日，天王镇工会委员会成立，委员会由7人组成，刘伟来任主席，王长满、李训喜任副主席。2000年1月至2002年11月，王咸松任主席。2002年11月至2005年8月，杨金国任主席。2005年9月，郑伟任主席，宋新荣任副主席。2008年10月9日，天王镇工会改建为天王镇总工会，郑伟任主席，刘吉花（女）任副主席。2009年3月20日，徐燕任主席，刘吉花任副主席。2010年8月2日，万震任主席。2013年5月26日，天王镇工会第二次代表大会选举，万震任天王镇总工会第二届委员会主席，刘吉花（女）、庄瑜任副主席。2013年9月27日，刘吉花（女）任主席。2017年5月，贡永芳任主席。2021年，方晶任主席。

2. 主要工作

组织建设 每年都在新建正常投产满1年的企业中组建工会组织，吸纳新会员，并注重农民工会员。全镇建立工会组织65个，其中行政村（居）联合工会17个，会员入会率达97%以上。推进工会规范化建设，不断完善工会各项规章制度，开展各类工会活动。在句容市康泰膨润土有限公司、句容市万顺轻工机械有限公司2个非公有制企业建立工会组织建设示范点，通过以点带面，推动基层工会规范化建设。

民主管理 在25人以上生产正常企业推进职代会制度，完善职代会法定程序，提高职代会质量。建立厂务公开制度，实行企业规章制度、劳动合同和集体合同、职工收入分配、安全生产、职工奖惩以及解除劳动合同等方面情况的公开。25人以上企业单独签订工资集体合同，25人以下小微企业签订区域工资集体合同，建立起职工工资正常增长和支付保障制度。签订《女职工特殊保护专项集体合同》，保障女职工合法权益。

构建和谐劳动关系 建立劳动关系预警机制，每年进行2次专项检查，征集企业和职工相关方面的意见和建议，收到企业和职工提出的意见和建议100多条，受理各类劳动投诉10多起，通过与企业和职工进行协调督促企业整改90余条，化解劳动争议案件10余件。建立职工维权服务站和劳动保护工作服务站，在重点企业建立劳动争议调解委员会和劳动法律监督组织，加强业务知识培训，及时调处劳动关系产生的矛盾，努力把矛盾化解在基层，化解在萌芽状态。2010年，句容市万顺轻工机械有限公司获得镇江市“劳动关系和谐企业”称号。

劳动保护 在万顺轻工机械有限公司等一批重点企业开展“安康杯”竞赛，镇工会与安监站组织相关企业负责人进行安全生产知识培训，开展“安全生产月”活动，对一些重点企业和高危企业开展劳动保护和安全生产检查，发现问题及时提出，把安全生产危险系数降到最低。高温季节组织向生产一线职工送清凉。

培植就业示范基地 培植句容市万顺轻工机械有限公司、句容市协和服饰有限公司、句容市星宇苗木种植有限公司和句容市云海生态养殖园4个镇江市“上新岗、创新业”示范基地；培植句容市玲隆制衣厂、句容市万顺轻工机械有限公司、句容市协和服饰有限公司3个就业示范基地。联合镇劳动保障所、妇联等部门开展下岗人员培训和职工素质教育活动，先后举办100多期科技和岗位培训，1万余人次受训，帮助企业开展用工招聘活动10多场次，招收用工2000余人，努力帮助下岗人员和农村富余劳动力实现当地就业和再就业。

生活保障 镇工会充分发挥困难职工援助站作用，通过多种方式、多种渠道争取资金60余万元，先后资助600多名困难职工。镇工会联合劳动保障所在企业中开展职工养老保险制度的宣传与培训，提高职

图 1-8　天王镇总工会送法进企业

工对劳动保障的了解与意识，推进职工养老保障。促使企业为 2 年以上职工购买养老保险。推进职工互助互济保障工作，帮助患重大疾病职工和意外伤害职工提高抵御不可抗力因素造成困难的能力，每年有 1000 名左右职工参加职工互助互济保险，有 4 名患病职工及时得到保险理赔。联合镇计划生育服务站、卫生院到企业为职工体检，宣传卫生健康知识。

文体活动　每年“五一”劳动节期间，组织职工开展拔河、知识演讲、广场舞比赛等文体活动，丰富职工精神文化生活，促进职工的身心健康。

八、茅山镇总工会

1. 机构沿革

1998 年 7 月 31 日，茅山镇工会成立，张为俭任主席，余昌明、王玉斌任副主席。1998 年 11 月至 2000 年 11 月，王正贵任主席。2000 年 11 月至 2006 年 3 月，严道顺任主席。2006 年 9 月 11 日，沈容戈任主席，纵菊瑾任副主席。2008 年 7 月 29 日，茅山镇工会改建为茅山镇总工会，黄燕任副主席。2009 年 7 月 13 日，张金豹任茅山镇总工会主席，黄燕任副主席。2010 年 9 月 7 日，陈智彬任主席，巫忠旺任副主席。2013 年 7 月 22 日，刘苏平任主席。2015 年 7 月 22 日，钱莉任主席。2017 年 4 月 28 日，靳春亮任主席，林建忠任副主席。2019 年 10 月 31 日，孔庆俊任主席。2021 年 2 月 1 日，束泉任主席。

图 1-9　茅山镇总工会组织检查企业安全生产

2. 主要工作

基础建设　镇工会购置新办公设备，并做到“五个一”（有一块牌子，有一部电话，有一套桌椅，有一个资料框，有一台电脑），建立健全工作机构，配备工会干部，对工会组织的规范化建设严格要求，规范管理。对全镇工会工作按组织宣教、财务经审、生产保护、民主管理、法律工作、生活女工等分类建立基础台账，为做好工会工作提供条件。

制度建设 镇企两级工会制定《镇总工会主席、专职副主席工作职责》《企业工会主席工作职责》等制度，并上墙公示，将工会工作人员的职责范围、办事流程、目标任务细化到岗位和具体人，从制度上保证工会工作的有序开展。受理职工法律援助，实施困难职工帮扶、助学困难职工子女。深化职工互助互济保障，动员职工参加职工互助互济保险，不断扩大职工互助互济保障覆盖面，参保职工达到2000多人。

工会规范化建设 培育企业（职工）文化，推动文化阵地建设，深化职工读书活动，鼓励有条件的单位建好“职工书屋”，办好厂黑板报，搭建学习交流的平台。创新工作，2012年，成立丁庄“劳模创新工作室”，配合协助市总工会组织农业劳模沙龙活动，20多位全国、省、市劳模参加交流研讨现代休闲观光农业发展，为茅山发展休闲观光旅游集思广益，示范引领群众致富。

九、华阳街道总工会

1. 机构沿革

1998年9月1日，华阳镇工会成立，工会委员会由7人组成，范虎英（女）任主席，滕树林、杨元生任副主席。1998年12月，颜苏任主席。2003年，谭恩成任主席。2006年11月10日，刘迎（女）任主席，朱安凤（女）任副主席。2008年9月25日，华阳镇工会改建为华阳镇总工会，吴勇任主席，朱安凤（女）任副主席。2011年8月20日，王燕（女）任副主席。2013年7月22日，徐峰任主席，王燕（女）任副主席。2013年9月，华阳镇改设华阳街道，总工会名称相应调整。2018年，夏永任主席。2019年8月6日，魏粮川任华阳街道总工会主席。

2. 主要工作

组织建设 按照“扩大覆盖面、增强凝聚力”的方针，坚持“哪里有职工，哪里就要有工会”的要求，依托“党建带工建”“工建促党建”的“党工共建”机制，抓好改制企业的工会重组重建，并着力加强新建外资企业、私营企业的工会组建，组建独立基层工会54个，村级联合基层工会12个（涵盖企业55个），建立110个企业工会组织，发展工会会员7780人，工会组建率达90%以上，职工入会率达95%以上。

协调劳动关系 在辖区企业中开展“劳动关系和谐企业”创建活动，推动企业营造和谐发展的人文管理环境，建立稳定协调的新型劳动关系，促进形成企业与职工协商共谋、机制共建、效益共创、利益共享的良好局面。先后有10个企业被评为各级劳动关系和谐企业。在企事业单位中推行职工代表大会制度，实行企事业单位事务公开。50多个企业推行集体协商、签订集体合同和工资专项集体合同制度，通过工资协商，促使70%以上的企业，从2005年起逐年为职工增长工资7%~14%。

文明创建 开展评选“五一文明班组（科室）”“文明职工”“五一巾帼标兵岗”“五一巾帼标兵”活动，评选出“五一文明班组（科室）”10个，“文明职工”50人，“五一巾帼标兵岗”20个，“五一巾帼标兵”10人。开展创建“工人先锋号”活动。2008年盛业管件制品有限公司在汶川抗震救灾中，按时完成省政府下达的1.1万顶帐篷生产任务，为抗震救灾做出突出贡献，被全国总工会授予“工人先锋号”称号。

劳动保护 动员企业改善劳动条件，加强安全生产措施，按期发放职工的劳保用品和“三同时”（同时筹备、同时产生、同时报批）竣工验收。组织开展“安康杯”竞赛，推行“职业危害和危险源点监控法”，开展创建“劳动保护合格、示范工会”活动以及参与伤亡事故调查处理。

职工文体活动 多次组织职工文体活动，主要有长跑、拔河、棋牌、歌咏、知识竞赛等项目。

图 1-10　华阳街道总工会等组织迎新毅行活动

困难职工帮扶　贯彻落实特困职工、困难职工各项帮扶政策，建立困难职工就业、生活、医疗、住房和子女就学五大救助机制。为困难职工春节慰问 100 多人次，发放补助金 5 万元；“金秋助学”10 人次；为 130 名女职工免费提供妇女病检查；发放劳模补助金 5 万元；帮助 1500 名职工参加职工重大疾病互助互济保险，有 5 名患病参保职工领取保险金 8 万元。

十、崇明街道工会

1. 机构沿革

2003 年 6 月 29 日，崇明街道工会成立，任青军任主席。2004 年 6 月，在梅花社区、新村社区、马扎里社区、建新社区成立梅花社区联合工会，徐延春任工会主席；在葛仙社区、中凌社区、茅山社区、河滨社区成立葛仙社区联合工会，李圣琴任主席；在红旗社区、东风社区、红星社区、东门社区、甲城社区成立红旗社区联合工会，夏芳兰任主席。2015 年 5 月，孔凡峰任崇明街道工会主席。2018 年 4 月 17 日，戴荣国任主席，周芳娟任副主席。2021 年 6 月 11 日，杨军任主席，吴治月任副主席。

图 1-11　2020 年 11 月 9 日，赤山湖管委会工会组织“我为赤山湖代言”讲解比赛

2. 主要工作

健全组织建设　对街道、社区新入职职工及时进行登记造册，并鼓励新进职工主动申请加入工会组织。狠抓各项制度建设，建立和完善工会主席、基层工会职责、财务管理等制度，日常工作严格按照相关制度执行。组织工会干部学习《中华人民共和国工会法》《中华人民共和国劳动合同法》《中华人民共和国民法典》等最新政策法规，参加各类业务培训。

关爱帮扶职工　坚持对单位职工生病必看望、办理丧事必吊唁、家庭矛盾纠纷必协调。关心女职工身心健康，抓好女职工权益保护。推进职工互助救济工作，对辖区困难职工摸底排查，不定期走访慰问，完善辖区居民及特困职工建档立卡工作。重点关注特困职工生活，保证困难职工得到适时救助。

图 1-12　崇明街道组织职工开展体育活动

职工文体活动　组织女职工参加“博雅女性、魅力句容”女职工读书征文活动，取得“优秀组织奖”；组织单身职工参加“让爱飞扬”放风筝交友活动、“浪漫金秋　缘来有你”单身青年参观拓展活动；参加市总工会举办“永远跟党走　劳动谱赞歌”全市职工摄影比赛，申报参赛作品 35 幅，多幅作品获奖；参加市总工会举办的乒乓球混合团体赛等。多次组织单位会员开展春秋游、毅行活动、掼蛋比赛、羽毛球比赛、登山比赛及趣味运动会等。

荣誉称号　2014 年，东风社区书记郭爱丽被评为“句容市劳动模范”；2015 年，红星社区书记任青香被授予“五一劳动奖章”；2018 年，崇明社区书记孙维群被评为“句容市劳动模范”；2021 年，崇明街道综合行政执法局、社区建设局局长陈立新被评为“句容市劳动模范”。

十一、茅山风景区管委会工会

1. 机构沿革

2008 年 10 月，茅山风景区管委会工会成立，华天宝任工会主席，纵菊瑾任副主席。2010 年 8 月 30 日，韦刚任工会主席，华天宝不再担任主席职务。2017 年 4 月 28 日，张楠任主席。2017 年 5 月 10 日，徐厚雷任副主席。2020 年 9 月 9 日，王琪任副主席。

2. 主要工作

组织建设　建立工会组织 36 个，其中独立企业工会 26 个，村联合工会 10 个，涵盖企业 87 个，工会会员 1509 人，工会组建率、职工入会率均达到 92%。健全规章制度，坚持工会工作例会制度，每季度召开一次工会工作例会，总结交流工作，研究布置新的任务。每半年召开一次全委会议。规范民主管理。以深化工资集体协商为重点，在 25 人以上生产经营正常企业全面推进职代会制度，完善职代会法定程序，提高职代会质量，进一步完善厂务公开制度。区域内企业工资集体协商率、集体合同签订率、女职工特

图 1-13　茅山风景区管委会工会组织红色培训

殊保护专项集体合同签订率均达到96%。规模以上企业劳动关系和谐企业创建率达100%；规模以下企业劳动关系和谐企业创建率达72%。

困难职工帮扶　2008年以后，管委会工会向57人次困难职工送去10余万元资金进行慰问帮扶。各企业工会也援助困难职工，帮助解决生活上实际问题。

安全生产　成立4个安全生产督查小组，制定督查制度，每个季度对一些重点企业进行安全生产检查，发现问题及时上报管委会领导，及时处理，有则即改，力争把危险系数降到最低，确保企业正常安全生产，维护职工的生命安全，对出现安全生产问题的相关责任人员给予处理。

职工文化　在风景区游客中心建立区域性职工文化阵地，里面设有图书室、乒乓球室、篮球场等。北台壁纸有限公司建立200平方米的综合性职工俱乐部。

十二、江苏省句容经济开发区（黄梅街道）总工会

1. 机构沿革

1992年，句容经济开发区成立。1998年8月28日，句容经济开发区工会成立，张才胜任主席。2011年10月30日，朱世茂任副主席。2012年12月，成立经济开发区总工会，张金豹任主席，朱世茂任副主席。2013年9月，黄梅镇改设黄梅街道，与开发区合署办会，其工会工作并入开发区总工会。2016年10月24日，张东旭任主席。2016年10月25日，武益琴任副主席。2020年5月25日，郜广平任主席。

2. 主要工作

开发区有企业189个，成立工会组织111个，其中独立工会91个，联合工会组织20个（包括400个个体工商户等）。在成立工会的同时，开发区工会对企业职工进行广泛的宣传教育，使广大职工认识到成立工会的必要性，夯实工会工作基础。职工互助互济保障有序开展。重大疾病、住院医疗、工伤及意外伤害等类型的多层面互助保障系列活动，满足广大职工和基层单位的不同需求。扶贫帮困工作落到实处。贯彻执行工会法、劳动法，加强宣传，让职工了解更多的维权知识，组织职工进行学习。

图1-14　江苏省句容经济开发区（黄梅街道）总工会组织庆祝中国共产党成立98周年诗歌朗诵大赛

十三、赤山湖管委会工会

1. 机构沿革

2013年5月3日，赤山湖管理委员会工会委员会成立，许仪震任主席，林松任专职副主席。

2. 主要工作

2013年5月2日，赤山湖管委会第一次会员代表大会选举产生首届工会委员会和工会经费审查委员会。工会组织评先进、树典型活动，开展“2012—2013年度先进集体和先进个人评选”活动，评出先进村联合工会1个，先进企业工会4个，各类先进个人26名。

十四、撤销乡镇工会

1. 城镇工会

1965年7月，城镇工会第一次会员代表大会上选举产生城镇工会委员会。刘永年（半脱产干部）任主席。

1981年6月，县总工会建立城镇工会工作委员会作为派出机构，在县总工会领导下，指导城镇基层工会工作。先后由李汉秀（女）、陆玉珍（女）、张本善（兼）担任主任、副主任。

2. 茅西乡工会

1998年7月9日，茅西乡工会成立，工会委员会由7人组成，经军任主席，米如金、徐怀国任副主席。

3. 三岔乡工会

1998年7月27日，三岔乡工会成立，工会委员会由5人组成，葛蓉（女）任主席，张应喜、刘德扣任副主席。

4. 行香乡工会

1998年7月28日，行香乡工会成立，工会委员会由5人组成，潘小勤任主席，朱建平、袁六根任副主席。

5. 葛村镇工会

1998年7月31日，葛村镇工会成立，工会委员会由5人组成，林福全任主席，周隆良、周宜祥任副主席。

6. 石狮乡工会

1998年7月31日，石狮乡工会成立，工会委员会由7人组成，章壮志任主席，徐公明、杜圣刚任副主席。

7. 陈武乡工会

1998年8月7日，陈武乡工会成立，工会委员会由5人组成，纪昌权任主席，张传砥、戴荣华（女）任副主席。

8. 春城乡工会

1998年8月26日，春城乡工会成立，工会委员会由5人组成，郭青任主席，严成华、姚小马、黄燕（女）先后任副主席。

9. 大卓乡工会

1998年9月10日，大卓乡工会成立，工会委员会由7人组成，邵玉成任主席，解永红、孔照银任副主席。

10. 亭子乡工会

1998年9月11日，亭子乡工会成立，工会委员会由5人组成，桑学军任主席，时学政、黄远生、殷邦强任副主席。

11. 二圣乡工会

1998年9月14日，二圣乡工会成立，工会委员会由3人组成，成桂平任主席，张远丽（女）、尚长明任副主席。

12. 袁巷乡工会

1998年9月16日，袁巷乡工会成立，工会委员会由5人组成，胡正平任主席，刘方才、陈传军任副主席。

13. 磨盘乡工会

1998年12月31日，磨盘乡工会成立，工会委员会由5人组成，朱洪喜任主席，翟振庆、刘义福任副主席。

14. 黄梅镇总工会

1998年8月20日，黄梅镇工会成立。2008年8月12日，改建为黄梅镇总工会。刘寿根、杨世祥、黄珏凯（女）、谭骥先后任主席，卫明亮、戴荣生、孙贤祥、谭骥、严春华（女）先后任副主席。

上述乡镇工会在2001年、2003年两次行政区划调整中自行撤销。黄梅镇在2009年大范围村庄整理中划入市经济开发区，其工会组织自行撤销。

第三节　产业局（集团、公司）系统工会

一、句容市供电公司工会

1. 机构沿革

1957年，地方国营句容发电厂初建时，建立工会组织，杨开太任工会主席。1959年，地方国营句容供电所成立后，即成立句容供电所工会。1961年春，地方国营句容供电所工会与水利局的机电管理所发电总厂工会组织合并，地方国营句容供电所内设工会小组。1963年10月，地方国营句容供电所工会组织与发电厂工会组织分开。地方国营句容发电所成立基层工会委员会，刘贻书兼任工会主席。工会组织隶属于句容县总工会领导，主要组织劳动竞赛及管理职工困难补助，组织职工开展文体活动等。“文化大革命”中，工会组织曾一度中断活动。1973年后，工会活动步入正常。

1981年以后，句容供电局工会接受句容县总工会和镇江供电局工会双重领导。1984年9月，随着企业领导体制改革的深入，为加强工会工作，由施正清首任句容县供电局工会专职主席，从而结束工会领导的兼职状态。工会工作的重点逐步转移到对职工进行思想政治教育、组织劳动竞赛、加强民主监督和为职工说话办事方面。1984年12月，句容县供电局工会召开首届职工代表大会，由50名职工代表代表着全局170名会员出席会议。1988年3月2日，句容县供电局召开第八届职工代表大会暨第五届工会会员代表大会，选举产生句容县供电局第五届工会委员会，施正清为工会主席；工会建立经费审查小组，配备兼职会计。1988年9月2日，召开句容县供电局第五届二次工会会员代表大会，增补郭长平为工会委员、工会副主席。

1992年2月14日，句容县供电局召开第九届职工代表大会暨第六届工会会员代表大会，选举产生句容县供电局第六届工会委员会，郭长平为工会副主席。1996年1月5日，句容市供电局召开第十届职工代表大会暨第七届工会会员代表大会，选举产生句容县供电局第七届工会委员会，郭长平为工会副主席。1996年10月，经镇江供电局党委推荐，第七届工会委员会选举郭长平为工会主席。1998年12月17日，经句容市总工会确认，句容市供电局工会取得社会团体法人资格。

2000年10月27日，句容市供电局召开第十一届职工代表大会暨第八届工会会员代表大会，选举产生第八届工会委员会，郭长平为工会主席。2001年12月12日，经镇江供电局党委推荐，第八届工会委员会选举严永红（女）为工会主席。2002年3月，句容市供电公司召开第一届职工会员代表大会，选举产生句容市供电公司第一届工会委员会，严永红（女）为工会主席，包丽（女）为工会经费审查委员会和女职工委员会主任。句容市供电公司工会下辖5个基层分工会，会员人数达295人。2005年7月18日，召开公司工会会员代表大会，经过选举，增补笪绿海为句容市供电公司第一届工会委员会委员，并经工会委员会选举为句容市供电公司第一届工会委员会主席。2006年12月，为保持历史的连续性，经上级工会同意，在换届时恢复原职（工）代会届次，即由“句容市供电公司第一届职工代表大会”换届为“句容市供电公司第十三届职工代表暨第十届会员代表大会”，原“句容市供电公司第一届职工（会员）代表大会”对应为“句容市供电公司第十二届职工代表暨第九届会员代表大会”。2007年2月5日召开第十届工会会员代表大会，选举产生第十届工会委员会，由韦忠新、包丽（女）、步俊、陈为民、欧跃新、笪绿海、谢江宁7人组成，笪绿海任主席。

2007年9月6日增补选举陈伯胜、李进为句容市供电公司第十届工会委员会委员，并经工会委员会

选举，陈伯胜当选为句容市供电公司第十届工会委员会主席，李进当选为句容市供电公司第十届工会委员会副主席。

2010年10月26日召开公司工会委员会会议，李进当选为句容市供电公司第十届工会委员会主席，陈伯胜不再担任句容市供电公司第十届工会委员会主席。2012年1月18日召开第十一届工会会员代表大会，选举产生第十一届工会委员会，由李进、李晓明、张颖、张俊煜、陈为民、欧跃新、谢江宁7人组成，李进任主席。2018年，笪绿海任主席。2021年，薛文任主席。

2. 主要工作

民主管理 建立职工代表大会制度。按照《国营企业职工代表大会暂行条例》的规定，建立职工代表大会制度，并明确每年召开职工代表大会，主要议程为听取审议和通过行政工作报告、工会工作报告、审议福利费使用情况、工会经费使用情况、企业业务招待费使用情况、审议和通过年度集体合同执行情况、通过职代会决议等，实行职代会和工会会员代表大会合二为一的体制。民主评议中层以上干部。1991年，句容县供电局开始实行在职代会召开期间，发动职工代表对中层以上干部进行民主评议，评议方式为无记名填写测评表，汇总后向大会报告结果。测评结果作为组织上考核考察干部业绩的重要依据。1999年起，句容市供电局（公司）领导干部每年都向职代会作年度述职述廉报告，并由职代会对领导干部进行民主评议。实行厂务公开与开展合理化建议活动。1996年年初，开始推行“厂务公开、民主管理”工作，将厂务公开工作纳入党政工作重要议事日程，成立领导小组和办公室。由工会牵头，经过几年实践，已成为企业管理中的一项重要民主管理制度。1999年4月，制定《句容市供电局“局务公开、民主管理”试行办法》。2001年，企业厂务公开工作受到句容市总工会的表彰；2006年被镇江市总工会表彰为“民主管理先进单位”。工会每年坚持组织职工开展“职工代表提案及合理化建议”活动，推动企业形成民主参与、民主管理的良好氛围。

劳动保护 工会认真开展群众性安全生产与劳动保护工作，尽最大努力维护职工的安全与健康。工会每年都监督一线职工劳保用品发放和职业环境保护执行情况。每年夏季高温期间，工会到施工现场给职工发放降温饮料，为施工一线工人送去防暑降温食品，切实履行工会劳保职责。2007年被江苏省总工会授予“劳动保护示范工会”称号。

劳动竞赛 工会每年坚持做到和生产部门、团总支（委）相互配合，组织职工开展安全知识竞赛、变电运行智力竞赛等多种形式的劳动竞赛活动，并拿出部分工会经费作为奖励资金，激发职工参与热情，进一步提高职工队伍技术技能素质。

女职工工作 1987年7月1日，成立工会女工工作小组，向泽珍任组长。1988年8月1日起，开始执行《镇江供电局计划生育奖惩实施细则》。1990年2月，工会成立女工委员会，包丽为主任。1993年5月12日起，开始执行《关于重申并认真执行“镇江供电局计划生育实施细则”的通知》，内容11条。2002年，公司第一届工会女职工委员会在5个基层分工会分别成立女工小组，并健全女工劳动保护规定等工作制度。

图1-15 江苏省、镇江市工会领导为国网句容市供电公司工会“全国工会品牌职工书屋示范点”授牌

文体活动 工会每年都组织职工开展各类文体活动，投入资金为职工营建活动场所，置办文体活动设备，以丰富职工精神文化生活。公司建成室外篮球场、网球场各1座，室内羽毛球馆、乒乓球馆各1座，老年活动中心1个，以及健身房、图书阅览室、职工服务中心等，成立羽毛球、乒乓球、篮球、游泳、摄影、读书等

10 余个文体活动兴趣小组并正常开展活动，让每个职工都有至少 1 个积极向上的兴趣爱好，实现体能提升，真正做到“健康生活，快乐工作”。参加句容市历届职工运动会并多次夺得团体总分第一。多次受到句容市、镇江市文体局的表彰，2013 年被国家体育总局表彰为“全国群众体育先进单位”。

二、中国邮电工会句容市邮政局委员会

1. 机构沿革

中华人民共和国成立前，句容电信局曾组建工会小组，属南京电信局工会领导。1951 年 10 月，经会员选举产生邮电工会句容邮电局组织员，第一任组织员为方家琪。1953 年工会组织员改选，由于清和、王福顺先后任组织员。1955 年 8 月，职工人数增多，工会人员达 60 多人，经会员大会选举，报上级工会批准，成立句容县邮电局基层工会委员会，陈锡林兼任首届工会主席。1957 年 8 月，局工会委员会换届选举，张长银兼任主席，祝启南任副主席，有委员 11 人。1962 年 1 月 20 日，邮电局工会召开会员代表大会，选举产生局工会第三届委员会，主席张长银，副主席谢德全。1964 年 3 月换届选举产生局工会第四届委员会，主席胡明生，副主席谢德全。“文化大革命”期间局工会被迫停止活动。

1970 年邮政和电信分别设局，曾一度成立“工代会”，电信局工代会主任于秋生，邮政局工代会主任赵世洪。1978 年 10 月中国工会第九次全国代表大会以后，各级工会组织进行恢复整顿。1979 年，局党支部根据中国邮电工会江苏省委员会通知精神，选派谢德全、邹小虎、陈建萍、李顺保、王德良、周小琴 6 人组成重建局工会委员会筹备小组，并先设立专职工会干事 1 名。1980 年 12 月 26 日，全局召开会员大会，以无记名投票方式选举产生第五届工会委员会，谢德全当选为工会主席。1982 年 2 月 12 日召开会员代表大会，选举产生第六届工会委员会，主席谢德全，副主席李顺保。1984 年 1 月，第七届局工会委员会选举主席谢德全、副主席陈建萍。1984 年 12 月，谢德全任句容邮电局专职工会主席。局工会定编2 人，1 名工会主席，1 名工会干事。1986 年 3 月 5 日，第八届工会委员会选举罗正祥任专职工会副主席，陈建萍兼任副主席。1987 年 3 月，第九届工会委员会选举罗正祥、陈建萍连任工会副主席。1989 年吴双庆调任局工会主席。

1990 年 3 月局工会改选产生第十届工会委员会，吴双庆任主席，刘爱国任副主席。1995 年 3 月 20 日，局工会召开第十一次会员代表大会，选举产生第十一届工会委员会，吴双庆任主席，刘爱国兼任副主席。1998 年 10 月，邮政与电信分营，成立中国邮电工会句容市邮政局委员会，刘苏平任代主席。1999 年 4 月经第一届工会委员会选举，刘苏平任主席。

2002 年 2 月，丁振宇调入，任代主席。2002 年 3 月，选举丁振宇为主席。2002 年 12 月，郑东敏调入，任代主席。2003 年 4 月，选举郑东敏为主席。2004 年 3 月改选产生局工会第二届委员会，郑东敏连任主席。2008 年 12 月，周军任代主席。2009 年 3 月，陈洪阳任代主席。2009 年 4 月改选产生局工会第三届委员会，陈洪阳当选主席。2013 年 10 月，鲁俊任代主席。2014 年 1 月，工会名称变更为中国邮政集团工会句容市委员会。2014 年 4 月，第一届工会委员会选举鲁俊任主席。2018 年 4 月 5 日，黄翔任主席。

2. 主要工作

组织建设　1979 年后工会委员会及工会小组健全活动制度，每隔 2 年改选 1 次工会委员会，每次换届后都培训 1 次工会小组长，新工人入局由工会负责人召集谈话，进行工人阶级传统教育和邮电通信性质和任务教育，充分发挥工人阶级的先进性和创造性。1983 年，局工会开展创建“职工之家”活动，每年坚持对照条件，发动职工努力创建，至 1985 年经省市邮电工会和县总工会检查验收，获批准发给“职工之家”合格证书。1988 年全局工会会员发展到 314 人（包括代管的集体邮电所人员），有工会小组 43 个，经当年检查有先进工会小组 26 个，其余均达标合格。1992 年县局工会被省邮电工会评为“先进职工之家”，并连续 6 年被镇江市总工会评为“模范职工之家”、镇江市“民主管理先进单位”称号。1997 年被省总工会授予“模范职工之家”称号。这在镇江区、县邮电系统还是第一家。2011 年，茅山支局荣获全

国邮政系统“模范职工小家”称号、局工会被句容市总工会评为“模范职工之家”、发投局被句容市总工会评为“工人先锋号”；2012年，下蜀支局荣获江苏省邮政系统“模范职工小家”称号。2014年，局工会被句容市总工会授予“模范职工之家”称号。

宣传教育 自20世纪50年代起，着重对职工进行爱国主义教育和社会主义前途教育。在1960年前后的经济困难时期，局工会团结职工勤俭节约，克服重重困难，并组织青年职工排演革命故事剧，寓教于乐，激发革命传统精神，安定情绪，坚守岗位。1986年结合法治教育内容，开展法制方面智力知识竞赛，增强职工法制观念。

职工文化 1983年后，在市、县举行的篮球、乒乓球、桥牌、象棋等比赛及新业务、新技术、新技能比赛和歌咏比赛中，多次获得市、县级冠军和较好成绩。从第五届工会委员会筹建图书室、阅览室开始，已藏书超3000册，借阅活动正常，深受职工欢迎。各局所均先后配备电视机丰富职工业余文化生活，1986年，28个农村支局全部配齐彩电、乒乓球桌等文娱体育活动用具。1997年市局工会新建职工舞厅、会议室一体多功能厅、图书馆、棋牌室、乒乓室、台球室，使职工文化娱乐场所上了一个新的档次。2014年局工会成立职工书画摄影兴趣小组，26名员工成为首批成员。

职工生活 职工日常生活发生实际困难通过互助互济基金适当予以解忧排难，一般每年扶助近百人次，互助金额数千元。自1982年以来，每年安排10人左右的先进模范职工和老职工到苏州、杭州、庐山、北戴河、大连、青岛等地疗养或休养。宿舍楼建成，局工会派代表参加分房小组，坚持分房原则，使缺房户、困难户顺利迁入新居。1985年为解决少数局所部分职工吃饭难、喝水难等问题，经与局行政协商一致，凡5人以上的局所可自建小食堂，在缺水地区，打井11口，安装自来水，所有生产单位均先后配备电风扇，各话房、机房、报房装置空调设备，为食堂配置冰箱。有20个农村支局、所办起职工食堂，配备液化气灶具、油烟机等现代化餐具，生活条件大大改善。做实员工关爱工作。建立困难职工档案；参加江苏省邮政系统重大疾病医疗保障会，做到应保尽保；员工生日送祝福；坚持对困难职工、先进劳模、一线劳务人员开展送关爱、送温暖活动，每年投入资金5万余元。

民主管理 建立职工代表大会制度，定期召开职工代表大会，并在职工代表大会闭会期间，召开职工代表联席会议，对评先、评优、转聘、考核办法等重点、热点问题进行讨论、表决，每年与行政签订集体合同，签订“女职工特殊保护专项集体合同”。

劳动竞赛和职工素质提升 自20世纪50年代起，连续数年开展局际、省际劳动竞赛，推广先进工作法“话务一条龙，百日无事故”竞赛。1983年后，局工会协同行政开展业务教育，举办多次文化业务技术培训班。1994年全局由78名职工参加13个项目的比赛，在镇江区比赛中有4人获奖，有1人获得第一名，1991—1995年全局组织岗培609人次。2010—2013年，局工会组织72人参加学历提升在职教育，对取得毕业证书的员工，局工会报销学费。2010年，金融业务局徐晖被句容市总工会授予“五一劳动奖章”。2011年，发投局被句容市总工会授予“工人先锋号”称号。2013年，函件分局被句容市总工会授予“五一劳动奖状”。2014年，茅山支局被句容市总工会授予“工人先锋号”称号。

三、中国电信句容市工会

1. 机构沿革

1998年9月，邮政与电信分营，成立句容市电信局，吴双庆任句容市电信局工会代主席。1998年11月27日，句容市电信局召开第一届职工代表大会暨工会会员代表大会，选举产生第一届工会委员会，吴双庆任工会主席。2003年9月29日，句容市电信分公司领导分工，周国海副总经理分管工会。2004年2月22日，王平当选为句容市电信分公司第二届工会委员会主席。2007年1月30日，副总经理陈民强任句容市电信分公司工会代主席。2008年12月3日，副总经理王蓉任句容市电信分公司工会代主席。2009年2月25日，副总经理王蓉任中国电信集团工会江苏省句容市委员会第三届委员会主席。

2014 年，副总经理王蓉任中国电信集团工会江苏省句容市委员会第四届主席。2016 年，副总经理陈民强任中国电信集团工会江苏省句容市委员会主席。2020 年 8 月 18 日，副总经理苏宁刚任中国电信集团工会江苏省句容市委员会第五届主席。

2. 主要工作

民主管理　建立职工代表大会制度，定期召开职工代表大会，按期进行职工代表换届工作，按需召开职工代表联席会议，对评选、评优、转聘、考核办法等重点、热点问题进行讨论、表决，每年与行政签订集体合同，签订女职工特殊保护专项集体合同。

职工权益保障　2011 年执行《江苏省电信职工互助互济会章程》，会员患规定的 28 种以内重大疾病和重要器官移植都可得到相应补助和救助；2019 年执行《中国电信句容分公司补充医疗保险管理实施细则（试行）》通知，员工门诊费用、住院费用、特定重大疾病（30 类重大疾病）治疗费用都可得到相应的补助；自 2009 年起，为每位员工购买 2 份镇江市总工会 30 类重大疾病互助保障，为每位女员工购买 1 份10 种女职工特殊疾病互助保障。

关心关爱职工　自 2010 年起，解决农村支局员工“吃饭难、洗澡难、如厕难、学习活动难”等问题，加强农村支局“四小”（小食堂、小浴室、小卫生间和小活动室）建设，提升农村支局形象，创建美丽和谐支局。公司持续做好“五必访五必贺”活动，即：生日、结婚、生育、子女升入大学和退休必贺；住院、直系亲属去世、困难、重大家庭纠纷和家庭突发灾害必访。每年发放慰问品和慰问金 10 多万元。

文体活动　工会每年组织各类兴趣小组和文体活动，有跑步、游泳、羽毛球、篮球、足球、烘焙、栽培、手机摄影、赤山湖健步走、登山、植物栽培、端午节包粽子、三八妇女节插花、新春拔河比赛和掼蛋比赛等，让职工“健康生活，快乐工作”。

四、句容市教育工会

1. 机构沿革

1951 年 7 月，中国教育工会句容县筹备委员会成立，主任张云亭（兼），副主任汤扬、李芸芝（兼），专职干部尹恭玲、朱鸣鹤。1954 年，尹恭玲、朱鸣鹤调离县教育工会。1956 年，戴之舜任县教育工会专职干部，1958 年，戴之舜调出县教育工会，此后，县教育工会无专人管理。1956 年 9 月 13 日，句容县工会联合会决定撤销教育工会区办事处，教育工会以辅导区建立基层工会并归句容县教育工会筹备委员会直接领导。“文化大革命”期间，工会停止活动。1979 年 6 月，县总工会作出关于在文教卫生和符合条件的企事业单位整健工会的意见，下半年，恢复建立句容县教育工会和 40 个学校基层工会。1980 年 11 月，成立句容县教育系统工会，主席张云亭（兼，1980 年 11 月至 1988 年 12 月）、施茂进（兼，1988 年 12 月至 1999 年 5 月），副主席樊振才（1980 年 11 月至 1988 年 12 月）、王志荣（1988 年 12 月至 1999 年 5 月）。1999 年 5 月，王志荣任教育工会主席，10 月，阙开玉、张建萍任副主席。2007 年 10 月，王自福任市教育工会主席，免去王志荣市教育工会主席职务。2015 年 3 月 23 日，戴向前任市教育工会副主席。2021 年 3 月 29 日，张远海任主席。

2. 主要工作

组织工作　1951 年 3 月，句容县教育工会筹备委员会发出第 1 号通知《关于发展组织与学习方面的几个具体指示》，指出：会员的发展，应在教师中大量宣传，个别吸收，每区发展 1 个基层小组（10 人以上即可组成）；教师申请入会，须填具申请书，由县总工会批准后，按规定办理入会手续。

1980 年 6 月，全县教育基层工会 48 个，工会小组 150 个，工会会员 1807 名，其中女性会员 250 名。2009 年，新成立河滨路小学、实验高中工会。2010 年，新建立崇明小学工会。2011 年，19 个基层单位工会进行换届改选，工会主席原则上由副校级领导兼任，原退二线的校级领导不再担任工会主席。2014 年，新建学校华阳中学、华阳实验小学成立工会委员会。2014 年，有教职工会员 4944 人，基层工会 44 个。

教工之家 1997年，句容市教育工会开始组织基层工会开展创建先进、模范“教工之家”活动，并制定评比考核细则，每年考核验收。截至2005年，三分之二的基层工会被评为句容市教育系统先进、模范“教工之家”。2007年3月，市教育工会抓“职工之家”建设的经验做法被省教育科技工会选入经验交流材料。2011年4月27日在下蜀中心小学召开小学工会主席会议；5月19日在句容市中等专业学校召开中学工会主席会议，总结交流目标管理考核工作。2012年，积极组织工会主席培训，邀请镇江市总工会干部就如何做好工会组织建设和民主管理工作，进行授课培训。市教育工会到徐州参加省教科工会举办的工会建家工作经验交流会，向全省教科系统介绍句容市近三年来教育工会建家方面的经验和具体做法。

民主管理 1991年4月，《句容县中小学教职工代表大会条例（试行）》施行，各中学、中心小学普遍建立教职工代表大会制度。这一制度的建立，促进学校重大决策的民主化、科学化。1996年，东昌中心小学、茅西中心小学开展教代会民主评议学校领导干部试点。1998年，在全市中小学推开教代会民主评议学校领导干部制度。同时，市教育工会制定《句容市学校教职工代表大会评估内容和标准》，逐校检查评估，加强学校教代会规范化建设。2010年，制定《句容市中小学教职工代表大会规程》。2011年9月中下旬，市教育工会会同局人事、监察、规财等科室专门成立校务公开调研组，对照《句容市中小学校务公开评估细则》对各中小学校务公开情况进行为期10天的调研。11月，宝华中心小学、句容中专、省句中三校就教代会工作经验到镇江市交流。2012年，明确要求各基层工会每年召开一至两次教代会，听取校长的工作报告，讨论和审议学校的发展方向、长远规划、学年工作计划、重大教改方案、经费收支状况和教职工队伍建设以及有关学校发展的重大问题。2014年，重新修订《句容市中小学教职工代表大会工作规程》，印发《校务公开中应注意的细节问题》，完善校务公开制度。

宣传教育 1957年5月1日，县教育工会创设内刊《教工通报》，以指导全县教育工会全面性的工作。主要内容为介绍工会活动的经验，表扬教工中的好人好事，宣传工会的基本知识、工会财务工作和群众生活福利等方面的情况。

师德教育 1999年，市教育工会组织教职员工学习贯彻《中华人民共和国教师法》《教师职业道德规范》等教师队伍建设的法律法规，广泛开展师德教育、岗位练兵等活动。2009年，组织教师学习《中小学教师职业道德规范》和镇江市师德“八要”“十不”要求，开展“师德建设年”活动，深入开展“爱生行动”主题教育活动，开展“学规范、强师德、树典型、展风采”主题教育活动。2010年9月12日，在市职教中心举办镇江市师德报告团巡回报告会，600多名教师参加报告会。各基层单位举行相应的师德活动，教育工会与教育局联合表彰句容市师德先进个人60名。开展“社会尊师重教，教育回报社会活动”，教师节前后开展“一校、二帮、三送”（办好一所家长学校；帮扶生活贫困学生，帮扶学习困难学生；走进社区送教育，走进福利院送温暖，走进企业送技术）活动。2011年5月30日，举办以“爱教育、献良策，建功十二五”为主题的演讲比赛。所有中小学工会都开展教师签署“师德师风承诺书”活动。2011年下蜀中心小学、袁巷中心小学被句容市总工会表彰为学习型组织“示范单位”。推进以“爱生、敬业、奉献”为主题的教师职业道德建设，开展“我为教师职业添光彩”师德演讲活动，其中华阳中心小学高蓉代表句容到镇江比赛获得一等奖。2013年5月30日，市教育局和教育工会联合举行“中国梦·我的教育梦”主题演讲比赛。6月，参加镇江市总工会组织的“我身边的劳模”演讲比赛，华阳中心小学高蓉获得三等奖，崇明小学沈艳艳获得优秀奖。郭庄中心小学朱自梅等2人获得“镇江市师德标兵”称号，边城中学蒋军伟等9人获得“镇江市师德先进个人”称号。2014年3月，在镇江全市开展“我为苏南现代化示范区做贡献”演讲比赛。推荐白兔中心小学刘俊代表句容市总工会参加镇江市级比赛，获镇江市二等奖。组织开展“劳模精神进校园”活动。

文体活动 2005年市教育工会举办全市教职工篮球比赛。2006年下半年，在全市教职工中开展首届教职工羽毛球比赛，45个直属基层工会中有43个基层工会参加比赛。在市第六届运动会上，教育系统代表队分别获得职工部和老年人部第一，受到市政府的表彰。2007年10月，市教育工会举办全市教职工象棋比赛。2009 年，市教育工会组织全市教职工扑克牌比赛。行香中心小学在师生中举办太极拳培训班。市二中开展教师健康心理咨询和教师健康讲座。2012 年，组织开展向中共十八大献礼书法作品展活动，上报 10 幅作品到镇江参展。组织教职工摄影比赛，其中一等奖作品在句容教育网上展出。11 月 24—25 日，市教育系统第六届“局长杯”乒乓球比赛在市实验小学体艺馆举行，全市 41 支代表队参加比赛。2013 年 5 月，在全市教职工中举办以“亮出我的风采”为主题的粉笔字比赛。举办句容市教职工美丽人生唱歌比赛。组队参加“市长杯”乒乓球比赛，女子队获得团体冠军，男子队获得团体亚军。2014 年 9 月 23 日，在全市各中小学遴选有声乐特长的教师，组成园丁合唱队参加镇江市举办的“我的中国梦”——镇江市第二届“金山奖”合唱比赛。市教育工会组织的园丁代表队演唱的《月亮颂》《玛依拉》获得青年组一等奖第一名。11 月 15 日、16 日，句容市教育系统第七届“局长杯”乒乓球比赛在句容市实验小学、句容市崇明小学举行。举办“快乐工作　幸福生活”句容市教职工集体舞大赛。

生活保障　1957 年 7 月 16—31 日，句容、江宁两县教育工会在汤山联合举办暑期教工休养所，全县 28 名年老体弱、教龄较长的教工，特别是单班小学的教工代表，参加休养，增强体质，促进县际教工交流。2009 年，市职教中心、特殊教育、实验小学等学校为 723 名教职工办理职工重大疾病互助互济保险，建立困难教职工档案，各校组织离退休人员、在职人员进行体检。2010 年，组织基层工会为全体教职工购买互助互济保障 4391 份，春节各基层单位都组织走访慰问活动，慰问金 89.46 万元。2012 年，各基层工会对退休教职工、困难教职工和离休干部进行上门慰问，全市慰问金 142 万元。40 个基层工会全部办理职工重大疾病互助互济保险，其中有 9 所中心小学把非公办幼儿教师也纳入保险范围。2014 年，继续做好教师互助互济保障工作，2 所新建学校做好续保工作。有 10 名教师申领互助基金，金额达 3.37 万元。全面做好困难教职工登记工作，教育系统确定 62 名困难教职工。

五、句容市供销总社系统工会

1. 机构沿革

1956 年 12 月，中国供销社工会句容县委员会成立，主席王荣，副主席徐前文。1986 年 10 月，句容县供销总社系统工会委员会成立。1995 年 7 月，句容县供销总社系统工会更名为句容市供销总社系统工会。主席：石祥忠（1986 年 10 月至 1993 年 2 月）、殷春生（1993 年 2 月至 1998 年 4 月）、雷廷新（1998 年 4 月至 2003 年 11 月）、朱立志（2003 年 11 月至 2008 年 9 月）、许仁清（2008 年 9 月至 2011 年 12 月）、殷文（2011 年 12 月至 2021 年 12 月）。副主席：陈广义（1986 年 10 月至 1989 年 11 月）、严年保（1988 年 9 月至 1989 年 10 月）、刘家华（1990 年 3 月至 1999 年 10 月）、柯正荣（1993 年 4 月至 1997 年 8 月）、孔庆海（1990 年 10 月至 2000 年 6 月）、梅守根（1998 年 11 月至 2002 年 12 月）、孙仁元（1998 年 11 月至 2001 年 12 月）、邱梦林（2002 年 12 月至 2011 年 12 月）、杨允富（2017 年 8 月至 2021 年 12 月）。

1993 年基层工会有总社机关工会、供销社职工学校工会、供销社企业集团总公司工会、农资总公司工会、棉麻茧总公司工会、物资回收总公司工会、工业生产资料公司工会、茶叶公司工会、土特产品公司工会、农副产品总公司工会、畜产品公司工会、日用杂品总公司工会、社会服务公司工会、工业品总公司工会、果品公司工会、副食品总公司工会、商业储运公司工会、大鹏生活用品公司工会、江苏华达食品工业有限公司工会、金桥装潢公司工会、东方购物中心工会、轧花厂工会、轧钢厂工会、食品总厂工会、环城供销社工会、石狮供销社工会、黄梅供销社工会、大卓供销社工会、下蜀供销社工会、宝华供销社工会、亭子供销社工会、东昌供销社工会、陈武供销社工会、行香供销社工会、白兔供销社工会、三岔供销社工会、二圣供销社工会、葛村供销社工会、春城供销社工会、茅山供销社工会、茅西供销社工会、后白供销社工会、天王供销社工会、磨盘供销社工会、袁巷供销社工会。

2014 年基层工会有总社机关工会、华阳中心供销社工会、边城中心供销社工会、天王中心供销社工会、郭庄中心供销社工会、宝华中心供销社工会、后白中心供销社工会。

2. 主要工作

职工代表大会制度 1999年，全系统47个企业全部建立职工代表大会制度。下蜀供销社自建立职工代表大会制度以来，每遇大事、要事，坚持召开职工代表大会，讨论审议通过解决问题的方案。如在是否取消原先待岗职工生活补助和部分下岗职工分流问题上，重新推选各方面的职工代表，召开职工代表大会，充分听取职工代表的意见，由行政和职工代表大会共决，职工代表大会审议通过改革方案，妥善解决问题，全社职工情绪稳定，企业很快进入正常运行的轨道。2000年是供销系统全面实行改革、改制的重要一年，在改革改制过程中从完善企业职工代表大会制度入手，充实调整基层工会领导，发挥职工的积极性，共谋改制大业，维护职工的合法权益。改制是一次利益的再分配，关系到职工的切身利益，容易发生矛盾，职工代表大会与企业改制领导小组相互配合，权衡利益，化解矛盾。1999年，供销总社在所属企业东方集团公司率先进行全员劳动合同制改革试点，公司首先把《中华人民共和国劳动法》和上级有关劳动用工政策提交给职工代表大会，组织职工学习、酝酿，使之产生共识。由于宣传深入，职工代表大会代表职工利益，取得职工信任，使企业职工性质顺利过渡到全员劳动合同制。得到劳动等部门的肯定和称赞，为全市市属企业改革改制开创先河。在落实职工代表大会职权方面，实行企业招待费向职工代表大会报告制度。为加强企业管理，本着“合理、小额、必须、节俭”的招待费使用原则，1999年通过两次全面调查，全系统企业招待费比同期有较大幅度下降。

职工文体活动 1999年，参加首届市老年运动会，在6个项目中，有4个项目拿到名次，其中1个冠军、1个亚军，团体总成绩名列第四。2006年参加镇江供销社系统文体比赛，囊括扑克牌比赛前1~3名。荣获市第六届运动会职工部乒乓球比赛团体第二名、象棋比赛团体第三名。2007年参加市总工会组织的“巨龙新天地”扑克牌比赛获第三名。

学习宣传 2004年12月，供销总社撰写论文《社会主义精神文明与工会工作》在《镇江工运》上刊登。2005年11月，供销总社撰写论文《认真学习贯彻“一办法五条例”维护供销事业稳定发展》在《镇江工运》上发表。2007年4月在镇江市供销社征文活动中，供销总社《把握天时、地利，构筑人和环境》一稿，被《镇江供销社》刊发在首页，此文为推动民主管理、构建和谐环境，提出工会工作的指导性意见。

扶贫帮困 在供销社系统推进深化改革的重要阶段，由于主客观因素，出现一批困难职工群体，影响企业稳定和家庭和谐，供销社工会做大量工作，提交《供销系统困难职工调查报告》，在市总工会大力支持下，2003—2007年，全系统帮扶困难职工423人次，帮扶金额达22万元。在2003—2005年市委和市总工会开展的万名党员结对帮扶活动中，系统工会积极开展工作，有76名困难职工列入市帮扶对象，连续3年帮扶金额在12万元以上。

工会自身建设 1993年以后，全系统被镇江市总工会评为“先进工会小组”2个，被市总工会评为“先进工会小组”3个，“优秀工会工作者”3名，“优秀工会积极分子”25名，“先进工会财务单位”4个。工艺品总公司工会的合理化建议成果展，受到镇江市总工会、句容市总工会的好评。

开展创优争先活动 20世纪90年代初，系统工会组织参加“千里马”“金猴杯”等劳动技能竞赛。积极开展“文明单位”“文明职工”系列活动。到1992年年底，全系统有18个单位被县政府命名为“文明单位”。

六、句容市粮食系统工会

1. 机构沿革

县粮食系统工会于1979年6月成立。主席：景安凤（1979年6月至1982年5月）；副主席：张荣赓（1979年6月至1982年5月）、沙明志（1979年6月至1982年5月）。1982年5月改选。主席：魏俊升

（兼，1982 年 5 月至 1988 年 12 月）、周道隆（兼，1988 年 12 月至 1993 年 4 月）、胡恒林（1993 年 5 月至 2000 年 12 月）。副主席：张荣赓（1982 年 5 月至 1988 年 12 月）、夏裕友（1982 年 5 月至 1988 年 12 月）、王国虎（1988 年 12 月至 2000 年 12 月）、王继伟（2000 年 12 月至 2013 年 8 月）、蔡家玉（2013 年 8 月至 2020 年 9 月）。2020 年 9 月 2 日，赵正霞任主席，秦蕾任副主席。2010 年 10 月，句容市粮食局因机构改革成立句容市粮食收储中心，故成立句容市粮食收储中心工会。

因粮食系统历经 3 次改革，多数下属企业均撤销或兼并。2010 年第三轮粮食系统改革，基层工会有句容市粮食收储中心工会、句容市粮油购销总公司工会、句容市粮油工贸总公司工会、句容市郭庄粮食储备局工会、句容市军粮供应站工会。

2. 主要工作

维护职工权益　粮食部门历经数轮改革，在每次改革期间，工会均积极发挥维护职工群众合法利益和民主权利的作用，听取职工意见，保障职工权益，妥善解决问题，稳定基层情绪，各项改革任务均按时按序完成，多项改革任务在全省位列前位。

组织职工活动　结合粮食行业工作实际，在夏秋大忙空闲季节积极开展职工文体娱乐活动，活跃粮食企业职工文化生活，增进粮食企业的团结力、凝聚力。同时与职能科室协调，开展职工基本职能培训。

自身建设　加强工会干部政治理论和工会知识学习，增强对外协调和对内统筹能力；整合工会资源，聚合工作力量，不断创新粮食系统工会工作机制，提高工作效率和水平。

扶贫帮困　为职工谋福利，推进工会帮扶工作常态化、长效化，开展困难职工调查摸底工作，争取上级工会组织帮扶慰问资金。协助有关部门做好职工健康体检、带薪休假等工作，做好生病住院职工慰问工作。

七、句容市水利系统工会

1. 机构沿革

县水利农机系统工会于 1981 年 7 月成立。主席：陈锡林（兼，1981 年 7 月至 1984 年 5 月）、袁明仁（1981 年 7 月至 1984 年 5 月）。1984 年县水利、农机两局合并为句容县水利农机局，1985 年 3 月，句容县水利系统工会改建为句容县水利农机系统工会。主席：袁明仁（兼，1984 年 5 月至 1988 年 11 月）、郭胜利（兼，1988 年 11 月至 1992 年 9 月）；副主席：李季（1984 年 5 月至 1988 年 11 月）、谢兆林（1988 年 11 月至 1998 年 3 月）。1992 年 9 月至 1998 年 2 月，李梅芳任工会主席。1998 年 3 月至 2010 年 12 月，梁吉荣任工会主席。2010 年 3 月，张咏梅任工会主席。2016 年 3 月 28 日，胡家平任主席。2019 年 3 月 21 日，句容市水利农机系统工会委员会更名为句容市水利系统工会委员会。

2. 主要工作

完善基层工会组织　2011 年 4 月，水利农机局机关、房家坝、机电排灌站、堤坝白蚁防治中心、北山水库、句容水库、茅山水库、赤山湖水利枢纽管理处 9 个基层工会按时换届选举。2013 年，堤坝白蚁防治中心、城市水利枢纽管理处、机电排灌站 3 个基层工会换届选举。2014 年，农机监理所、句容水库管理所等单位基层工会换届选举。在工作中做到建会与建家、建制相结合，建会与规范化建设相结合，建会与发挥作用相结合。健全工会档案，建设职工活动场所，购置活动器材。

服务职工　在全系统积极推行职工代表大会和事务公开制度，重大事项必须经职工（代表）大会讨论决定。对职工工伤认定、伤残补助、保险费缴纳、工资福利、劳动合同等职工的诉求，认真调查，妥善处理，给职工答复。

帮困救助　每年春节前后，对全系统特困职工、困难职工、离退休人员和各级劳模进行慰问。如 2011 年慰问特困户 3 户，慰问金 2400 元；困难职工 21 户，慰问金 16800 元；一般性困难家庭 8 户，慰问金 4800 元；离退休老职工 34 人，慰问金 20400 元；生病住院职工 6 人，慰问金 5000 元。做好职工重大疾病互助互济保险工作。局机关干部赵龙生、北山水库职工徐元兵分别于2010年、2011年患癌症病故，他们的家庭都及时分别得到工会8000元的保险金给付，缓解他们家庭的经济困难。局系统工会用这些事例进行宣传，使各单位和职工都看到职工互助互济的好处，从最初的反复宣传都无人响应到后来不用宣传就积极参保。2010年参保200人，2011年参保突破300人，全系统职工参保率100%。2012年以后，保持这一参保水平。

文体活动 2011—2014年，每年6—11月，在北山水库举行全系统职工拔河、掼蛋、田径、划船、球类等11个项目比赛。建设职工活动场所，购置必要活动器材。2013年4月，组织劳模、职工30多人到后白西冯村开展自行车骑行活动，利用“五一”劳动节、“五四”青年节组织60多人开展登山活动。

“安康杯”竞赛 以“安全生产月”活动为契机，在全系统开展“安康杯”竞赛活动，对职工进行广泛的安全生产知识、劳动保护等教育，使职工普遍接受安全生产教育，促进生产更加安全有效。

八、句容市交通运输系统工会

1. 机构沿革

1950年，县总工会组织工人识字班参加学习，并同时进行政治教育，在县总工会的领导下，句容县从事装卸工作的工人成立搬运工会，成为句容交通系统内的第一个工会组织。在随后的30年中，先后成立句容县海员工会、船民工会、运输合作社工会、公路管理站工会、汽车运输公司工会、航运公司工会、客运公司工会、港务处工会。1981年12月，句容交通局工会成立，主席王文绍。1982年2月27日，句容县交通系统工会成立，王文绍任主席。1984年9月至1988年11月，薛基祥任主席；1988年12月至1992年，徐志文任主席；1992—1998年，张毅任主席；1998—2002年，姜明喜任主席；2002—2006年，张罗庚任主席；2006年，薛宣明任主席。2015年3月23日，阮天才任市交通运输系统工会副主席。2017年1月，洪勤任市交通系统工会主席。

2021年，有工会会员1085人，下辖13个基层工会：市交通运输局机关工会、市公路管理处工会、市运输管理处工会、市航道管理处工会、市交通工程有限公司工会、市恒达交通建设工程公司工会、市昌达公路养护工程有限公司工会、市华通客运有限公司工会、市华运汽车运输有限公司工会、市华龙汽车综合性能检测有限公司工会、市华港港务有限公司工会、市华航航运有限公司工会和市客运总站有限责任公司工会。

2. 主要工作

组织建设 抓企业建会工作。按照抓大带小、先易后难的原则，及时掌握企业生产经营动态，及时跟进建会。交通系统下属单位基本完善工会组织。促进工会组织规范化建设，加强工会干部队伍建设，按时组织基层工会主席培训，参加工会财务人员培训班，增强工会人员的履职能力。

技术创新 根据发展实际，在广泛征求企业和职工意见基础上，制订交通系统职工技术创新竞赛规划，明确技术比武、技能培训、岗位练兵、劳动竞赛、发明创造、成果转化等目标任务，健全考核管理、绩效评估、表彰奖励等机制办法。

安全生产 将安全生产摆上重要位置，压实落实责任。下属企业普遍建立安全生产工作制度，健全安全隐患排查治理措施，完善奖惩办法。着眼全员覆盖，强化教育培训，先后多次组织开展执法人员培训、驾驶员百日安全竞赛、“百团进百万企业”、驾培车辆安全体检等活动。

职工维权 一方面积极推动困难职工解困脱困。根据困难职工摸底调查工作要求和困难职工界定标准，采取自上而下入户调查的方式基本摸清系统困难职工底数；另一方面开展多元化职工服务活动，购买书籍，升级完善职工书屋，带动下属单位建立职工书屋、青年学习社等。结合业务工作，加强职工技能培训，不断提升职工专业化水平。

职工文化生活 工会每年开展迎新年辞旧岁职工运动会，参与句容市全民健身计划，参加市总工会职工文化普惠培训活动，先后组织参加“礼赞祖国　劳动最美”送文化进企业文艺演出、庆祝中华人民共和国成立70周年“歌唱祖国”主题歌会、句容市“奋进新时代·颂歌献给党”“七一”文艺汇演、“新时代女职工精神大讨论”活动、以“网聚职工正能量　劳动绽放新风采”为主题的征文活动等形式多样的文化艺术活动。

九、句容市农业农村局系统工会

1. 机构沿革

句容市农业委员会由原市农业局、林业局、农业资源开发局于2010年5月合并组成，10月合并办公。原农业局、林业局、农业资源开发局的局工会自行撤销。2010年10月底，成立句容市农业委员会系统工会筹备工作领导小组；11月20日，召开句容市农业委员会第一次会员代表大会，选举产生首届工会委员会，华国民任主席，王援青任专职副主席，章柏青任副主席，张骏任工会经费审查委员会主任，褚小明任工会女职工委员会主任。2016年3月9日，束华琴任主席。2019年8月14日，句容市农业委员会系统工会委员会更名为句容市农业农村局系统工会委员会。2019年8月16日，夏前德任主席。

2021年句容市农业农村局基层工会有句容林场工会、句容市磨盘山林场工会、句容市赵庄林苗场工会、句容市茅山茶场工会、句容市浮山果园工会、句容市下蜀茶场工会、句容市方山茶场工会、句容市畜牧兽医站工会、句容市张庙茶场工会、后白良种场工会。

2. 主要工作

职工教育　以“两争一树”活动为载体，组织职工开展政治理论、民主法制、科学技术等学习和教育活动，不断提高职工的思想道德和技术业务素质。2010—2014年，开展法制教育20场次，1100人次参加培训；开展争当知识型职工活动，1500多人次参加读书活动、300多人次参加学历提升、1400多人次参加各种职业技能培训；农委系统会员中研究生学历20名，本科学历74名，大专学历127名，研究员职称8人，副高级职称35名，中级职称115名。2010—2014年，在农委系统广大职工中深入开展创先争优活动，150多名职工被农委评为先进个人；2010年，王友成在“真情感动句容”首届句容市道德模范评选中获得“敬业奉献模范”称号；黄德平获得“全国优秀人民警察”称号。

文体活动　2010年，组织职工参加句容市第七届运动会的象棋、围棋、乒乓球、篮球及田径等项目比赛，获得职工部乒乓球女子团体第四名、职工部围棋团体第六名，职工部象棋、围棋代表队被评为精神文明代表队。2013年，在镇江农业委员会举办的以“转作风、树形象、赢农民满意”主题演讲比赛中，董科、刘小青分别获得二等奖和三等奖。是年，在市农委举办的“学习十八大精神，奋勇争先创佳绩”主题演讲比赛中，董科获得一等奖，卞蓉蓉和孙兴民获得二等奖，吴亚云、刘超和顾晓锋获得三等奖。2014年，董科参加市级机关“向亚夫看齐，做最美党员”演讲比赛，获第三名。2014年，凌云芳参加江苏省农业资源开发局举办的“农开杯”女子羽毛球单打比赛，获第二名。

劳动竞赛和技能比赛　2010—2014年，句容市农委系统工会在农业、林业、园艺和水产等行业中，开展“看谁入户率高，比服务指导实效好”的科技入户竞赛，促进农民科技增收。据2010年统计，全市500个水稻种植户通过技术帮扶，户均产量达655千克，比2009年增长9.2%，亩效益达550元，比上年增长10%；500个花木帮扶户户平均产值达5869.6元，比上年增长10.3%，亩效益达3500元，增长8.8%；210个草莓种植户平均产值20030元，比上年增长5.23%，亩效益达10500元，增长10.7%；465个葡萄种植户平均产值12100元，增长8.9%，亩效益达5920元，增长10.02%。在开展劳动竞赛的同时，不断开展职业技能比赛活动。2011年，惠瑾参加江苏省农产品质量安全检测技术大比武获得一等奖，参加首届全国农产品质量安全基层检测技术人员大比武获个人优秀奖。2011年，朱建明获得“镇江市科技能手”称号。2012年，刘超参加江苏省农产品质量安全检测技能竞赛获“优秀检测员”称号。2013年，市农委举办首届农产品质量安全检测技能竞赛。2014年举办第二届农产品质量安全检测技能竞赛，引导激励全市检测技术人员学练技能，促进全市农产品质量安全健康发展。2014 年，举办市农民培训课件评选活动，刘书仁获第一名；梁明华、唐自力、王芳获第二名；杨光、洪玉定、陈永霞、恽建伟、刘超获第三名。

民主管理 建立健全以职代会为基本形式的民主管理制度，是落实和扩大职工的知情权、参与权、民主监督权的有效途径。2010—2014 年，市农委系统 10 个企事业单位建立职代会制度。每年 3 月初，召开职工代表大会，行使职工知情权、审议权等，职代会制度逐步走上制度化、规范化的轨道。市农委系统工会督促基层工会组织依据工会法、劳动法，调整劳动关系，在企业单位中推行集体协商和集体合同制度，有 8 个企业建立集体协商和集体合同制度，维护职工的合法权益。

劳动保护和女职工工作 劳动保护方面，配合行政及有关部门开展年度性的安全生产教育和安全生产监督、检查活动，督促企业及时排除事故隐患和危害职工身体健康的职业病隐患。女职工工作方面，突出维护女职工的特殊权益，加强对女职工劳动保护工作的检查监督。

扶贫帮困 督促职工下岗政策的落实。督促植保公司、种子公司等歇业企业妥善解决职工下岗生活费问题，规范职工下岗程序，坚持下岗分流方案须经职代会或职工大会讨论通过后实施。监督有关社会保障政策的落实。监督企业依法缴纳社会保险费；发挥工会优势，抓好职工互助合作保险；监督企业认真执行最低工资保障制度等。坚持一年一度开展送温暖活动，为系统内的特困职工和困难职工家庭送上一份爱心和关怀。2010—2014 年，申报办理特困职工 2 期 11 人，申报办理困难职工 350 人次。基层工会走访慰问生活困难职工 200 余人次，发放慰问金 12 万余元。

十、句容市住房和城乡建设系统工会

1. 机构沿革

句容建设系统最早成立工会组织的单位是句容县自来水厂、句容县房管所、句容县建筑公司。1978 年 3 月句容县建设局成立。1984 年 3 月，句容县城乡建设环境保护局成立，下属单位所设基层工会未变。1985 年 1 月，句容县城乡建设环境保护局工会成立，李清龙任工会主席。1991 年 11 月，句容县建设委员会系统工会成立，委员会由 9 人组成，郭敦基任工会主席，石学富任副主席。系统工会下辖局机关、句容县自来水厂、句容县建筑公司、句容县房管所、句容县装潢公司、句容县第二建筑公司、句容县开发公司、句容县设计院、句容县规划处、句容县物供公司等 10 个基层工会，会员人数 673 人，其中句容县建筑公司工会 183 人，句容县自来水厂工会 95 人。1992 年 9 月至 2004 年 9 月，曹正东任工会主席，2004 年 9 月至 2014 年，耿玉龙任工会主席。2014 年，系统工会委员会由 6 人组成，戴秋任工会主席。2017 年 10 月 26 日，吉田根任主席，彭良敏任副主席。下设基层工会有局机关、市政公用事业服务中心、城市建设投资有限公司、房产业发展服务中心、建设工程管理处、建筑勘探设计院、建筑抗震防震技术服务站、建设工程造价管理处、建设工程质量监管站、住房保障服务中心、拆迁安置服务中心、房屋白蚁防治所、路灯养护所、市政建设服务所、银鹏房地产开发公司、城建监察大队、燃气发展中心、自来水总公司、水务集团 19 个，会员总数 1082 人。

2. 主要工作

建立职工代表大会制度，实行厂（企业、事业）务公开，依法维护职工的合法权益，落实职工的民主参与、民主监督的权利。推行工资集体协商制度，建立职工工资增长、支付的正常机制。组织职工开展劳动竞赛、提合理化建议活动，开展岗位练兵、技术比武和职业技能竞赛，不断提高职工技术业务素质。做好先进工作者和劳动模范的评选、表彰、培养和管理工作。开展职工重大疾病互助互济工作和困难职工送温暖活动。保障职工生活福利，协助和督促行政方面办好职工集体福利事业。广泛开展“安康杯”竞赛，大力实施职业危害和危险源点监控法，向职工进行安全生产教育，督促行政方面解决影响职工健康和安全的问题，参与安全生产检查和伤亡事故的调查处理，维护职工在劳动中的安全和健康。推行女职工特殊保护专项集体合同制度，开展妇女病普查普治工作，维护女职工的特殊权益。加强工会财务工作，收好、管好、用好工会经费。深入开展建设“职工之家”活动，加强工会小组建设，加强基层工会活动阵地建设，不断增强基层工会活力。

十一、句容市卫生健康系统工会

1. 机构沿革

1981 年 7 月 22 日，句容县卫生局工会成立，徐翠英任主席，蔡玉珍任副主席。1987 年 10 月 15 日，庞康利任主席。1993 年 6 月 2 日，句容县卫生系统首届工会委员会成立，林枫任工会主席，王建华任工会副主席。2006 年 11 月 14 日，胡敏任主席，巫建华任副主席。2015 年 4 月 24 日，王进任主席。2016 年 3 月 28 日，朱贝根任主席，刘四清任副主席。2019 年 12 月 16 日，句容市卫生计生系统工会委员会更名为句容市卫生健康系统工会委员会。2020 年 1 月 18 日，巫建华任主席，王晓霞任副主席。

2. 主要工作

技能比赛 2008 年，市卫生局、市总工会联合组织开展由 19 个卫生医疗单位的 23 名医护人员参加的护理技能比赛。2013 年，联合市总工会举办护士礼仪竞赛，提升护理人员的形象。同时，举办心肺复苏急救技术培训班、消化道出血诊疗新进展讲座和乳腺癌诊疗新进展研讨会。2014 年，市人民医院举办“5・12”护士节“心肺复苏”操作比赛，提高护理人员急救水平，保障医疗安全，提高医疗质量。

文体活动 2011 年，市卫生局在庆祝中国共产党成立 90 周年“红歌大家唱，万众颂党恩”广场文艺演出中荣获二等奖；在市第八届“市长杯”暨“碧桂园杯”乒乓球比赛中荣获女子团体第五名；在市级机关事业单位退休人员第二届“人社杯”象棋比赛中荣获团体第一名。2012 年，组队参加喜迎十八大老年人体育项目展播以及老年体协象棋友谊赛，举行局机关“移动杯”扑克牌比赛。

服务社会 2014 年，开展“三八”妇女节关注孕妇口腔，学雷锋、助残日等职工义诊活动。

十二、句容市城市管理系统工会

1. 机构沿革

2003 年 10 月 20 日，句容市城市管理系统工会成立。第一届工会委员会主席尹明（2003 年 10 月至 2006 年 6 月）、孟玉山（2006 年 6 月至 2008 年 2 月）。第二届工会委员会主席史六英（2008 年 2 月至 2012 年 7 月）、任金萍（2012 年 7 月至 2013 年 2 月）。第三届工会委员会主席任金萍（2013 年 7 月至 2018 年 7 月）。第四届工会委员会主席任金萍（2018 年 7 月至 2021 年 12 月）。

2003 年 12 月，句容市城市管理局下属单位句容市城市管理执法大队、句容市环境卫生管理处、句容市园林管理处分别成立基层工会。2015 年 9 月，各下属单位统一成立基层工会并做好换届选举工作。各基层工会分别是句容市环境卫生管理处工会、句容市园林管理中心工会、句容市城市管理城区行政执法大队工会、句容市城市管理乡镇行政执法大队工会、句容市数字化城市管理指挥中心工会。

2. 主要工作

教育培训 开展法制学习教育、安全生产培训及业务培训；开展“书香城管”建设活动。

送温暖工程 建立困难职工档案，定期走访慰问；定期组织全局职工健康体检，并做好职工互助互济保障工作；建立环卫安康驿站，关心关爱环卫工人，做好夏季送清凉、冬季送温暖工作。

职工维权 履行工会维护职工合法权益职责，建立健全发展和谐劳动关系机制，明确劳动合同双方权利和义务，加强日常监督管理；落实公开、公示制度，工会财务审计制度，规范发放职工的各项工资和福利待遇。

职工生活 挖掘工会会员兴趣爱好，拓展工会活动形式，以“七一”“十一”等重要节点，春节、端午、中秋等传统节日，文明城市建设、城管开放日等为契机，开展形式多样的活动。

十三、句容市市级机关工会工作委员会

1. 机构沿革

1991 年 3 月，句容县党政机关工会成立，主席李守仁（1991 年 3 月至 1993 年 3 月），副主席唐泰康（女）。1993 年 3 月至 1995 年 3 月，朱德仁任主席。1995 年 3 月至 2003 年 6 月，杜良金任主席，许同英（女）任副主席。2003 年 6 月至 2007 年 5 月，杨道臻任主席，许同英（女）任副主席。2007 年 5 月，沈春生任主席，许同英（女）任副主席。2008 年 6 月，成立句容市市级机关工会工作委员会，沈春生任主席，许同英（女）任副主席。工会会员 350 名。2016 年 3 月 7 日，陈志清任主席。

所属工会小组有市委办工会小组、人大办工会小组、政协办工会小组、组织部工会小组、宣传部工会小组、统战部工会小组、机关工委工会小组、团市委工会小组、市妇联工会小组、地震局工会小组、科协工会小组、文联工会小组、统计局工会小组、台办工会小组、史志办工会小组、信访局工会小组、政法委工会小组、新闻中心工会小组、人防办工会小组。

2. 主要工作

组织市级机关工会小组参加市总工会开展的各项活动；每年年底组织对困难职工进行慰问；从 2010 年开始连续举办六届市级机关读书节，推进学习型机关、学习型干部队伍建设。

十四、句容市文体广电和旅游局系统工会

1. 机构沿革

2004 年 9 月 3 日，句容市文化体育局工会成立，李行华任主席。2008 年 9 月 18 日，王海明任主席。2010 年 12 月，更名为句容市文化广电体育局，工会更名为句容市文化广电体育局工会委员会。2011 年 4 月，句容市文化广电体育局系统工会委员会成立。2011 年 4 月至 2016 年 4 月，杨静任工会主席。2016 年 12 月，更名为句容市文化旅游局（下设句容市广电体育局），工会更名为句容市文化旅游局系统工会委员会。2016 年 5 月至 2020 年 8 月，杨静任工会主席。2020 年 10 月，更名为句容市文体广电和旅游局，工会更名为句容市文体广电和旅游局系统工会委员会。2020 年 9 月，任雪芹任工会主席。

2. 主要工作

组织建设 2011 年 4 月，局下属 5 个单位工会成立，分别为句容市体育场工会委员会、句容市文化馆工会委员会、句容市图书馆工会委员会、句容市博物馆工会委员会、句容市影剧公司工会委员会。局积极发挥系统工会的领导作用，每年召开一次工会主席会议，总结交流目标管理考核工作经验，提高工会档案管理工作水平。积极组织各基层工会主席培训，学习工会法，邀请镇江市总工会干部就如何做好工会组织建设、民主管理等工作，进行授课培训。宣传工会的基本知识，并做好工会财务工作和保障职工的生活福利等方面工作。

文体活动 局工会自 2004 年成立以来，广泛开展文体活动。2004 年下半年，局工会组织举办第一届羽毛球比赛；2005 年下半年，局工会组织全系统职工举办篮球比赛；2006 年 12 月，局工会组织举办“庆元旦迎新春 ”歌咏比赛；2007 年 3 月，局工会在“三八国际妇女节”组织全体女职工举办插花比赛；2008 年 12 月，局工会组织全体职工参与“我运动我健康我快乐”健步走活动；2009 年 8 月，局工会组织全系统职工在句容市游泳馆举办游泳比赛；2010 年 12 月，局工会组织全系统职工举办以“公益体彩　乐善人生”为主题的拔河比赛；2011 年，局工会组织全系统职工举办“唱支山歌给党听”文艺歌唱比赛；2012 年 4 月，局工会组织全系统职工参与“读书好　读好书　好读书”读书活动；2013 年 12 月，局工会组织全系统职工参观全市书画摄影展；2014 年 10 月，局工会以“推广全民阅读　建设书香句容”为主题举办全体职工读书活动；2015 年 9 月，局工会组织举办以“爱拼才会赢”

为主题的乒乓球比赛；2016 年 12 月，局工会组织全系统职工举办“庆元旦，迎新春”歌咏比赛；2017 年 12 月，局工会组织全体职工参观句容市土墩墓博物馆（现句容市先吴文化博物馆）及参加爬茅山比赛；2018 年 12 月，以“健身健体为国家　体育彩票为中华”为主题，局工会组织全体职工参观千华古村及参加宝华山健步走活动；2019 年 12 月，局工会组织举办“迎新年”羽毛球比赛；2020 年 9 月，局工会组织全体职工在赤山湖国家湿地公园举行“赤山湖绿色骑行”活动；12 月，组织全体职工举办“迎新春”掼蛋比赛及跳绳比赛；2021 年 7 月，局工会组织单位职工参加镇江市文化系统“红心献给党”庆祝中国共产党成立 100 周年歌唱比赛；12 月，局工会举办“句容市文体广电和旅游局系统迎新年文艺汇演暨文艺人才擂台赛”。

扶贫帮困　局工会自成立以来从完善全体职工代表大会制度入手，充实基层工会领导队伍，维护职工合法权益，解决单位职工内部矛盾，调动职工积极性，并带领职工学习劳动法，让其熟知单位职工的正当权益和义务。局工会严格按照《江苏省总工会关于贯彻落实全国总工会〈基层工会经费收支管理办法〉的实施细则》要求，对单位困难职工进行扶贫慰问，及时对离退休人员、生育人员进行慰问。同时，为全系统职工办理职工重大疾病互助互济保险，并且为离退休人员、在职人员也安排体检。

荣誉称号　2004 年以后，系统有 4 人被评为劳动模范或被授予“五一劳动奖章”：王海明于 2013 年被句容市总工会授予“五一劳动奖章”；刘宏伟于 2018 年被句容市委、市政府评为“句容市劳动模范”，于 2020 年被评为“镇江市劳动模范”；秦斌于 2019 年被句容市总工会授予“五一劳动奖章”；刘赛民于 2020 年被句容市总工会授予“五一劳动奖章”，于 2021 年被评为“句容市劳动模范”。2017 年，句容市图书馆被句容市总工会授予“五一劳动奖状”。2021 年，局工会组织职工在镇江市文化系统“红心献给党”庆祝中国共产党成立 100 周年歌唱比赛中荣获一等奖。

十五、句容市工业系统工会

1988 年 2 月 3 日，句容县工业局工会成立，戴相业任主席。句容县工业系统工会于 1989 年 2 月成立。主席为戴相业（兼，1989 年 2 月至 1989 年 12 月），万克森任副主席，凌永昌任副主席。

十六、句容市商业系统工会

1992 年 11 月 19 日，句容县商业局系统工会成立，谢际华任主席，赵纯英（女）任副主席。1996 年 12 月至 2005 年 5 月，王明法任主席。2005 年 10 月至 2013 年 5 月，张远忠任主席。2013 年 5 月，姜芳（女）任副主席。

十七、句容市物资系统工会

1984 年 12 月 30 日，句容县物资局工会成立，戎有海任主席。句容县物资系统工会于 1988 年 11 月成立。主席：唐应彩（1988 年 11 月至 1993 年 2 月）；副主席：戎有海（1988 年 11 月至 1989 年 2 月）。1993 年 2 月至 1996 年 5 月，夏义才任主席。1996 年 5 月至 1998 年 2 月，张金虎任副主席。

所属基层工会有句容市燃料公司工会、句容市金容有色金属材料有限公司工会、句容市摩托车配件制造厂工会、句容市华东冶金炉料有限公司工会、句容市南方金属材料有限公司工会、句容市华丰物贸发展有限公司工会、句容市长城摩托车经营有限公司工会、句容市华新建筑材料有限公司工会、句容市蓉江物资有限公司工会、句容市生产资料服务总公司工会、句容市物资贸易中心工会、句容市金属回收总公司工会、句容市中讯建材有限公司工会、句容市煤炭石油总公司工会、句容市后白物资公司工会。

十八、句容市纺织协会工会

图 1-16　原句容县布厂

1983 年 12 月 22 日，句容县纺织厂工会成立，徐玉珍任工会主席。1984 年 12 月 15 日，句容县纺织厂工会委员会换届改选，徐玉珍续任工会主席。1987 年 7 月 27 日，句容县纺织厂工会更名为句容县布厂工会，徐玉珍任工会主席。1988 年 4 月 28 日，句容县布厂工会撤销，句容县纺织工业公司工会成立，徐玉珍任工会主席（1988 年 4 月至 1997 年 3 月）。1997 年 4 月，张阿明任句容市纺织工业公司工会主席。2007 年 5 月，句容市纺织工业公司工会更名为句容市纺织协会工会，张阿明任工会主席。

十九、句容市矿业系统工会

句容县矿业系统工会于 1983 年 1 月 6 日成立。主席：何俊（1983 年 1 月至 1992 年3 月）。1992 年 3 月,陈春生任副主席。

二十、江苏省句容金猴机械（集团）公司工会

图 1-17　原句容金猴集团

1. 机构沿革

1990 年 7 月，句容机械行业以句容工程机械厂为龙头企业，成立句容金猴机械（集团）公司，下辖句容建筑机械厂、金猴修理厂、金猴铸造厂、金猴劳动服务公司、金猴机械研究所、金猴设备安装公司、金猴福利厂、金猴配件公司 8 个分厂（分公司）。1991 年 1 月 22 日，句容金猴机械（集团）公司工会成立（前身为江苏句容工程机械厂工会）。主席：凌永昌（1991 年 1 月至 1994 年）、朱瑞和（1995—1999 年）；副主席：李显年（1991 年 1 月至 1993 年 3 月）、戴家伦（1991 年 1 月）、方金霖（1991—2001 年）。方金霖于 2000 年兼任金猴工程机械有限公司工会主席，2001 年任金猴集团工会主席。

2. 主要工作

组织工作　句容金猴机械（集团）公司工会按照《中国工会章程》和上级工会要求，建立本级工会委员会、工会经费审查委员会、工会女职工委员会，帮助和指导所属各分厂（分公司）组建工会委员会、工会经费审查委员会、工会女职工委员会，企业工会做到有牌子、有公章、有账户、有办公场所。同时，在车间、科室建立分工会，在班组建立工会小组，工会组织在集团内部全覆盖，从而保证工会工作顺利开展。

职工代表大会　定期召开职工代表大会，企业生产经营等重大事项提交职工代表大会讨论审议，使职工的民主参与、民主管理、民主监督权利落到实处。设立厂务公务栏，定期公开生产经营和财务等情况，使职工主人翁地位得到进一步确立。

劳动竞赛　紧紧围绕党委中心工作，发挥职工在生产经营活动中的主力军作用，积极开展“金猴杯”劳动竞赛和“双革四新”活动，推动企业经济发展。

职工文化建设　创办职工政校以及电视室、棋牌室、图书室等文化阵地，定期举办各种培训班，利用“五一”劳动节、“十一”国庆节、元旦等重大节日，开展职工喜闻乐见的、寓教于乐的文体活动。

二十一、江苏方兴集团系统工会

1992 年 6 月 18 日，句容县乡镇工业局系统工会成立，李仁海任工会主席，樊孝仁任副主席。1996 年 10 月 25 日，句容县乡镇工业局系统工会委员会变更为江苏方兴集团系统工会委员会。1996 年 11 月 25 日，高尚勤任主席，程明德任副主席。2001 年 7 月，朱德才任副主席。2007 年 10 月 8 日，李强任主席，刘长贵任副主席。

1998 年 9 月，所属基层工会有方兴集团机关工会、巨星鞋业有限公司工会、市兴业发展公司工会、华鼎塑料制品有限公司工会、华利遮光网有限公司工会、江苏舜园自行车零部件有限公司工会、市第四建筑安装公司工会、江苏华阳金属管件有限公司工会、镇江佳泰金属制品有限公司工会。

二十二、江苏太平洋化工集团工会

1998 年 5 月 4 日，江苏太平洋化工集团工会成立，孙鲁生任工会主席（1998 年 5 月至 2004 年 6 月）。

第四节　基层工会

一、基层工会组织建立和发展

1950 年 4 月，句容县总工会筹备委员会成立，首先在城区、龙潭、下蜀、天王等主要集镇发展工会会员，建立基层工会组织。到 1951 年 2 月建立第一批基层工会 12 个，组织员 2 个。

1952 年句容县第一批基层工会情况一览表

表 1-4-1　　人

单位	基层工会名称	职工数	会员数	工会委员数	备注
城区	杂货业工会	75	38	17	
城区	搬运工会	35	35	5	
城区	酱园工会	37	36	5	
城区	浴室工会	59	59	17	
城区	布业工会	57	59	17	
城区	烟茶工会	17	17		组织员
城区	国药业工会	21	15		组织员
龙潭镇	布业工会	42	40	3	
龙潭镇	杂货业工会	52	52	3	
下蜀镇	搬运工会	45	45	9	
天王镇	理发业工会	78	78	17	
天王镇	搬运工会	27	27	5	
天王镇	店员工会	84	83	5	
九区煤矿	九区煤矿工会	90	73	7	4 个小煤矿联合组织

注：当时根据工会法规定，职工人数在 25 人以下的单位不建立基层工会委员会，只设组织员 1 人。

1951 年 7 月，召开句容县首届工人代表大会，成立句容县总工会，此后各基层工会组织有较快发展，城区、龙潭、下蜀、天王、葛村、郭庄、三岔、王庄、新塘、黄梅桥、桥头、东阳、仓头等13个大小集镇的私营工商业、饮食服务业、搬运业、手工业、建筑业以及国营企业、中小学发展工会会员，建立基层工会组织。1952年年底，全县有职工5189人，会员2972人，建立基层工会组织78个。

1951—1955年，工会领导体制主要是块块领导，县总工会主要抓镇工会，在镇的范围内各个行业基层工会组织归镇工会领导，产业工会只有教育工会筹备委员会1个。各镇所属基层工会的情况如下：

城区。城区是县总工会所在地，没有建立镇工会组织，配备1名专职干部（徐家全）负责城区的工会工作。1952年，城区各行业建立基层工会组织12个，以后很多职工陆续转业或者调到政府机关、国营企业和合作社工作，私营企业职工逐步减少，国药、锅瓷、烟茶、百货等基层工会只剩下几个会员。1953年年初，所有私营企业工会合并成10个基层工会；1954年年底，又将所有私营商业基层工会合并成1个店员工会，其中包括杂货、棉布、五洋、烟茶、国药、酱园、副食业、协新布厂等，有职工101人，会员93人。此外，城区还有搬运工会、手工业工会和瓦木业工会。搬运工会和瓦木业工会既是基层工会组织，又行使行政职能，对外开展业务活动。如瓦木业工会于1951年成立，1952年成立瓦木业工会接洽处，设立设计股、总务股、检查股、保管股和3个生产组对外接洽业务。

龙潭镇工会。1952年，建立布业、杂货业、搬运3个基层工会。1953年8月，龙潭镇工会随地划归南京市。

天王镇工会。1953年，成立镇工会时，有店员、手工业、搬运、王庄等4个基层工会。1953—1954年，建立茅山林场、天王区供销合作社和国营句容第二米厂等3个基层工会，有7个基层工会。

下蜀镇工会。最初建立的基层工会是煤矿工会和搬运工会。1955年1月14日，召开下蜀镇第二届工代会时有手工业、店员、机米、搬运、煤矿、水利、桥头、下蜀区供销合作社、句容林场、建筑等10个基层工会。

葛村、郭庄、三岔、新塘等小集镇因为职工人数少，只成立1个综合性的基层工会。

句容县教育工会1951年6月发展工会会员，7月成立句容县教育工会筹委会，9月开始建立基层工会组织；1953年3月全部建立基层工会。起初以行政区建立基层工会，建立基层工会16个；1952年9月至1953年1月，通过民主选举，改为以辅导区建立基层工会，以行政区建立办事处，建立基层工会36个、区办事处9个。

1955年年底至1956年年初，对私营商业的社会主义改造开始以后，私营工商业按行业进行社会主义改造，私营商业职工安排到国营、公私合营企业或供销社工作。手工业实行合作化，手工业工人、搬运工人和建筑工人分别参加手工业合作社、装卸合作社和建筑合作社，私营企业不复存在。1956年9月，撤销镇工会，镇工会所属基层工会归产业工会领导。

1956年6月，全国总工会七届四次执委会通过《关于加强产业工会工作的决议》，要求工会各项工作根据产业特点，按产业系统组织，以适应当前形势，加强产业工会工作。1956年，县工会整顿健全句容县教育工会筹委会，并建立句容县供销工会和商业工会工作委员会，与省产业工会建立垂直领导关系的基层工会有2个，即邮电局工会和公路管理站工会。加强产业工会的建设，促进基层工会组织的发展。句容县供销社通过建立供销社工会，向职工普遍进行一次工会的性质、任务与作用的宣传教育，提高职工对工会组织的认识，不少职工自觉要求加入工会组织，基层工会由原来的4个发展到10个，做到社社有工会组织，会员由原来的252人发展到567人，会员占职工数的94%。

1956年以后，随着社会主义建设事业的发展，职工队伍不断扩大，工会组织也不断发展壮大。1957年年初，在国营企业、供销合作社和公私合营企业，以及中小学校和其他企事业单位普遍建立工会组织，有基层工会组织65个，有会员2414人，占职工总数的76%。

1958年“大跃进”运动中，全县新建大批厂矿企业，增加大批新工人。县工会准备在新建厂矿企业党政组织健全以后着手建立工会组织。1958年10月，上级工会传达县以下工会逐步消亡的指示以后，工会停止活动，组织发展工作停顿。到 1961 年 11 月重新恢复工会活动时，大多数基层工会由于长期没有进行民主改选或者由于行政机构变化，工会组织被打乱，组织机构不健全，少数已经瘫痪。1958 年以后新建的厂矿企业大多数没有建立工会组织，原来有工会组织的单位也不健全。1958 年以后没有发展新会员，新职工又不断增加。据工业系统 5 个基层工会统计，会员仅占职工数的 53%。针对以上情况，县总工会加强基层工会的思想建设和组织建设，普遍向职工进行在社会主义建设过程中工会的任务和作用的宣传教育，明确工会工作的方向，整顿健全原有工会组织，在新建的全民所有制企业中建立工会组织。到 1962 年年底，原有 70 个基层工会大多数通过民主改选，健全组织机构，新建基层工会 24 个，全县有基层工会组织 94 个，有工会会员 4090 人，占职工数的 71.2%。

1964 年 12 月至 1965 年 7 月，句容县开展大规模的社会主义教育运动。1965 年 5 月，社教运动进入即将结束阶段，县总工会配合社教工作队普遍整顿基层工会组织，清理会员队伍，社教运动结束时普遍进行会员登记，换发新会员证。1966 年“文化大革命”开始，工会停止活动，工会组织机构完全瘫痪，1973 年 6 月重新整顿基层工会组织。

1973 年 5 月 21 日，句容县工会第四次代表大会筹备小组在《关于整顿健全基层工会的意见》中指出：“这次整健基层工会的重点是工业、交通、财贸系统的基层工会，文教卫生、农业、林业系统的基层工会暂不整健。”到 1973 年 8 月，工业交通、财贸系统整顿健全基层工会 57 个，原有会员恢复会员生活 2041 人，发展新会员 2351 人。1979 年 5 月，句容县总工会在《关于在文教卫生和符合条件的企事业单位整健工会的意见》中指出：“根据全国总工会和省总工会的意见，在文教卫生、科技系统，凡符合条件的都要积极地恢复工会组织，要求把中小学校和卫生系统的工会组织恢复起来。”同年 8 月 4 日，句容县总工会要求应建立而未建立工会的工业、交通、基建、财贸、文教、卫生、国营农林场和水利系统的基层单位，抓紧时间把工会建立起来。到 1979 年年底，在全民所有制的企业事业单位中普遍恢复和建立工会组织，整顿健全基层工会组织 149 个，在集体所有制企业中建立基层工会组织 20 个，有基层工会 189 个。改革开放以后，社会主义建设事业迅速发展，职工队伍不断壮大，基层工会组织也逐年发展增加，1981 年基层工会组织发展到 197 个，其中全民所有制基层工会 161 个、集体所有制基层工会 36 个；1985 年基层工会组织增加到 231 个，其中全民所有制基层工会 169 个、集体所有制基层工会 62 个；1989 年基层工会组织增加到 285 个，其中全民所有制基层工会 190 个、集体所有制基层工会 95 个（其中乡镇企业基层工会 21 个）。

1951—1988 年句容县基层工会组织及职工、会员数情况一览表

表 1-4-2

年度	基层工会组织（个）	其中		职工人数（人）	其中集体所有制（人）	会员人数（人）	其中集体所有制（人）
		集体所有制（个）	乡镇工会（个）				
1951	14			3300		1111	
1954	72			3038		2483	
1955	75			3774		2815	
1956	55			2893		2210	
1959	65			3671		2425	
1961	70			5100		3196	
1962	94	1		5777		4090	45
1963	81			5542		4506	

续表 1-4-2

年度	基层工会组织（个）	其中		职工人数（人）	其中集体所有制（人）	会员人数（人）	其中集体所有制（人）
		集体所有制（个）	乡镇工会（个）				
1964	89			5399		4589	
1973	57			8680		4392	
1974	57			8383	2746	4863	
1976	56	2		12352	3668	5034	585
1977	59	4		7856	1460	5210	879
1978	64	7		13774	7436	5301	864
1979	169	20		18124	4807	10626	2093
1980	176	25		18731	3946	12021	2896
1981	197	35		23566	6203	14444	3345
1982	208			25330		17415	
1983	210			24782		18622	
1984	230			25389		21356	
1985	231	62		27263	12518	23393	10732
1986	241	68		28821	12798	25331	11215
1987	251	78	15	30670	13907	26406	11418
1988	266			32991		29669	

二、1951—1989 年基层工会组织分布

1951 年 7 月，全县有基层工会组织 14 个：城区基层工会 5 个，龙潭镇基层工会 3 个，下蜀镇基层工会 1 个，九区煤矿基层工会 1 个，天王镇基层工会 4 个。

1954 年，全县基层工会组织 72 个，按产业分布：煤矿 1 个，轻工业 1 个，建筑 2 个，印刷 1 个，邮电 1 个，公路运输 1 个，农林水利 3 个，店员 16 个，搬运 3 个，教育 36 个，医务 2 个，手工业 5 个。

1959 年，全县基层工会组织 65 个，按产业分布：纺织 1 个，轻工业 6 个，邮电 1 个，财贸 24 个，农林水利 4 个，教育卫生 29 个。

1962 年，全县基层工会组织 94 个，按产业分布：冶金 1 个，化工 1 个，机械 1 个，煤矿 1 个，轻工业 8 个，邮电 1 个，建筑 1 个，财贸 28 个，农业 3 个，林业 7 个，教育 38 个，文化 1 个，医务 3 个。

1973 年，全县基层工会组织 57 个，按产业分布：工业系统 5 个，交通系统 6 个，邮电 2 个，商业系统 30 个，粮食系统 6 个，物资系统 5 个，财政 1 个，供电 1 个，药材 1 个。

1979 年，全县基层工会组织 169 个，按产业分布：工业 29 个，公路运输 7 个，邮电 1 个，财贸 70 个,金融 1 个，农林水利 9 个，科研卫生 52 个。

1985 年，全县基层工会组织 231 个，按产业分布：工业 49 个，交通运输、邮电 7 个，基本建设 6 个，财贸 71 个，农场、渔场、林场 21 个，教育 52 个，文化、科研、卫生 13 个，其他 12 个。

1989 年 5 月，全县基层工会组织 280 个，其中工业系统 19 个，交通系统 6 个，商业系统 10 个，矿业 8 个，多种经营系统 13 个，粮食系统 35 个，供销合作社系统 35 个，物资系统 13 个，水利农机系统 14 个，城镇 6 个，文教系统 57 个，卫生系统 14 个，乡镇企业工会 16 个，城镇、金融 9 个，县级机关13 个，

省、市驻句单位3个，其他9个。

1989年年底，全县基层工会组织285个。

三、1989年5月基层工会组织名录

1. 局系统工会名录

局系统9个基层工会：县交通局系统工会、县商业系统工会、县矿业公司系统工会、县粮食局系统工会、县供销合作联社系统工会、县物资局系统工会、县水利农机局系统工会、县文教局系统工会、县城镇工业系统工会。

2. 机关、企事业单位工会名录

县工业局19个基层工会：县工业局机关工会、县工程机械厂工会、县化肥厂工会、县缫丝厂工会、县电子应用厂工会、县印刷厂工会、县制药厂工会、县水泥厂工会、县塑料厂工会、县工艺绣花厂工会、县农机二厂工会、县五金电器厂工会、县工业局经理部工会、县地毯厂工会、县服装厂工会、县钟表刻字社工会、县制革厂工会、县化工厂工会、县皮鞋厂工会。

县交通局6个基层工会：县交通局机关工会、县公路管理站工会、县客运公司工会、县运输公司工会、县航运公司工会、县港务管理处工会。

县商业局10个基层工会：县食品厂工会、县五交化公司工会、县商业公司工会、县食品公司工会、县百货公司工会、县饮食服务公司工会、县酒厂工会、县糖烟酒公司工会、县蔬菜公司工会、县酱醋厂工会。

矿业公司8个基层工会：县矿业公司机关工会、县矿山机械厂工会、县磁山头铁矿工会、县盘龙岗铁矿工会、县硫酸厂工会、县团山硫铁矿工会、县宝华山铜矿工会、县老人峰铅锌铜矿工会。

多种经营管理局13个基层工会：县多管局机关工会、县多服公司工会、县下蜀茶场工会、县九华茶场工会、句容林场工会、县赵庄林苗场工会、县张庙茶场工会、县高庙茶场工会、县浮山果园工会、县茅山茶场工会、县方山茶场工会、县东进林场工会、县磨盘山林场工会。

县粮食局34个基层工会：县粮食局机关工会、县粮食局车队工会、县粮食加工厂工会、县油脂化工厂工会、县光华食品加工厂工会、县粮油工业公司工会、县下蜀油米厂工会、县茅山油米厂工会、县天王油米厂工会、县东昌油米厂工会、县粮食局养猪场工会、县城镇粮管所工会、县城郊粮管所工会、县大卓粮管所工会、县黄梅粮管所工会、县石狮粮管所工会、县宝华粮管所工会、县亭子粮管所工会、县下蜀粮管所工会、县东昌粮管所工会、县陈武粮管所工会、县行香粮管所工会、县白兔粮管所工会、县春城粮管所工会、县茅山粮管所工会、县磨盘粮管所工会、县袁巷粮管所工会、县天王粮管所工会、县后白粮管所工会、县茅西粮管所工会、县二圣粮管所工会、县三岔粮管所工会、县郭庄粮管所工会、县葛村粮管所工会。

县供销合作联社35个基层工会：县供销联社机关工会、县联社职工学校工会、县联社轧钢厂工会、县棉麻公司工会、县联社工业品公司工会、县日杂公司工会、县土产废品公司工会、县商业储运公司工会、县农业生产资料公司工会、县轧花厂工会、县副食果品公司工会、城镇供销社工会、环城供销社工会、宝华供销社工会、行香供销社工会、白兔供销社工会、大卓供销社工会、春城供销社工会、下蜀供销社工会、东昌供销社工会、亭子供销社工会、陈武供销社工会、黄梅供销社工会、茅西供销社工会、天王供销社工会、后白供销社工会、葛村供销社工会、郭庄供销社工会、二圣供销社工会、石狮供销社工会、三岔供销社工会、茅山供销社工会、磨盘供销社工会、下蜀商业公司工会、袁巷供销社工会。

物资局13个基层工会：县物资局机关工会、县物资贸易中心工会、县煤球厂工会、县物资生产资料公司工会、县建材公司工会、县物资储运公司工会、县燃料公司工会、县机电设备公司工会、县物资开发公司工会、县化轻公司工会、县金属材料公司工会、县木材公司工会、县下属物资站工会。

县水利农机局13个基层工会：县水利农机局机关工会、县农机修造厂工会、县农机学校工会、县机电排灌站工会、县水利工程处工会、句容水库工会、二圣水库工会、茅山水库工会、北山水库工会、仑山水库工会、赤山闸工会、下蜀长江提水站工会、水利采石队工会。

城镇6个基层工会：县拉丝厂工会、县城镇运输公司工会、县城镇清管所工会、县针织厂工会、城镇停车场工会、县服装二厂工会。

文教局55个基层工会：县文教局机关工会、句容县中学工会、县二中工会、县华阳体校工会、县新华书店工会、县文化馆工会、县教师进修学校工会、县教研室工会、县影剧公司工会、县职工中学工会、县东山中学工会、县二圣中学工会、县东昌中学工会、县郭庄中学工会、县黄梅中学工会、县陈武中学工会、县大卓中学工会、县茅山中学工会、县白兔中学工会、县石狮中学工会、县茅西中学工会、县行香中学工会、县春城中学工会、县下蜀中学工会、县宝华中学工会、县天王中学工会、县三岔中学工会、县葛村中学工会、县袁巷中学工会、县磨盘中学工会、县后白中学工会、东昌中心小教工会、黄梅中心小教工会、陈武中心小教工会、二圣中心小教工会、大卓中心小教工会、茅山中心小教工会、白兔中心小教工会、茅西中心小教工会、行香中心小教工会、石狮中心小教工会、春城中心小教工会、下蜀中心小教工会、宝华中心小教工会、环城中心小教工会、亭子中心小教工会、天王中心小教工会、袁巷中心小教工会、葛村中心小教工会、磨盘中心小教工会、后白中心小教工会、三岔中心小教工会、郭庄中心小教工会、实验小学工会、城镇小学工会。

卫生局14个基层工会：县卫生局机关工会、句容县人民医院工会、县中医院工会、句容卫校工会、县医药公司工会、县防疫站工会、县天王医院工会、县环城医院工会、县下蜀医院工会、县后白卫生院工会、县二圣卫生院工会、县黄梅卫生院工会、县葛村卫生院工会、县陈武卫生院工会。

乡（镇）16个基层工会：县供销社公司工会、县木器厂工会、县建材工业公司工会、县砖瓦厂工会、县轻纺公司工会、天王农具厂工会、天王运输公司工会、下蜀农具厂工会、宝华采石矿工会、葛村农具厂工会、葛村轧钢厂工会、大卓农具厂工会、东昌钣焊厂工会、石狮农具厂工会、茅山农具厂工会、行香农具厂工会。

城建委、金融9个基层工会：县建设委员会工会、县自来水厂工会、县装潢公司工会、县房管所工会、县建筑公司工会、县环保局工会、县农业银行工会、县工商银行工会、县建设银行工会。

县级机关13个基层工会：县机关工会、县人民法院工会、县人民检察院工会、县公安局工会、县工商局工会、县财政局工会、县税务局工会、县委党校工会、县农业局工会、县民政局工会、县计生委工会、县广播电视局工会、县土地管理局工会。

省、市驻句容单位3个基层工会：镇江农科所工会、镇江畜产品厂工会、江苏句容农校工会。

其他9个基层工会：县外贸公司工会、县烟草公司工会、县人武部工会、县邮电局工会、县供电局工会、县铜山钼铜矿厂工会、县纺织工业公司工会、东山良种场工会、县石油公司工会。

四、新经济组织基层工会组织

20世纪90年代以后，随着经济体制和经济结构两个根本性转变战略的实施，经济改革不断深化，国营、集体所有制企业进入改革改制时期，一批批公有制企业改革改制为非公有制企业，同时也涌现出一批批新生本土民营企业。2000年年底，句容全市国有、集体所有制企业经过改革改制，还有49个。1993年，全市有外商投资企业65个。句容逐步成为台商投资企业密集区，外商投资企业纷纷入驻句容。作为新经济组织的民营企业、外商投资企业成为句容经济的重要支柱。

两个根本性转变的新形势，使工会工作面临新的发展机遇，外资、私营企业等新经济组织的工会组建任务十分艰巨而繁重，调整工会工作的思路、方式、方法迫在眉睫。市总工会按照全国总工会提出的“扩大覆盖面、增强凝聚力”的方针，坚持“哪里有职工，哪里就要建立工会”的要求，不断加大新经济组织的工会组建力度。2000 年，对全市非公有制企业的基本情况进行一次“拉网式”普查，基本掌握全市非公有制企业的数量、分布、规模、从业人数、职工队伍构成、工会组织状况等基本情况，为加快新经济组织工会组建步伐提供第一手资料。在此基础上，依托“党建带工建、工建促党建”的“党工共建”机制，一方面，抓好改制企业的工会重组重建，市属改制企业工会重组重建率达到 100%；另一方面，着力加强新建外资企业、私营企业的工会组建，从 2000 年开始，每年新建新经济组织基层工会 50 个以上，工会组建率每年达到 10%以上的增长幅度。到 2014 年年底，全市基层工会组织 1171 个，其中独立基层工会 843 个，联合基层工会 328 个（覆盖企业 2271 个）。到 2021 年年底，全市基层工会 860 个，其中独立基层工会 730 个，联合基层工会 130 个。

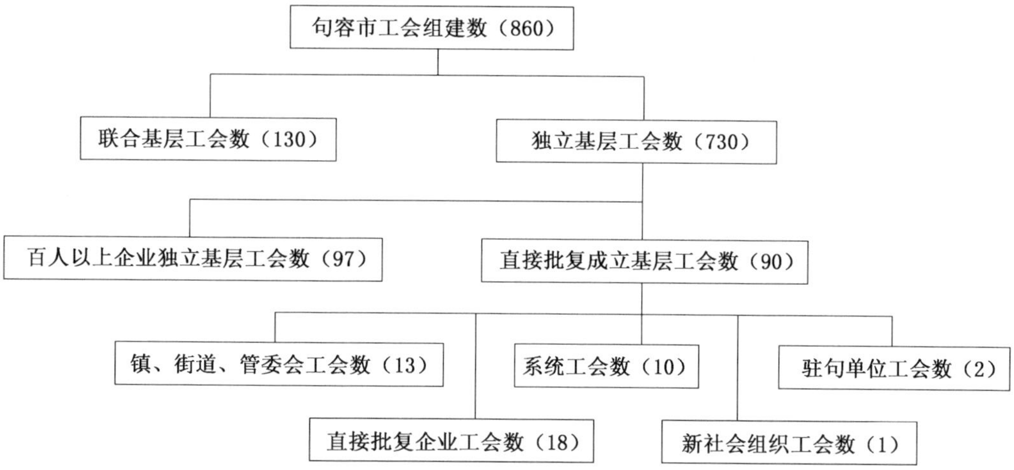

图 1-18　2021 年句容市工会组织状况一览

第二章　工会组织建设

1951 年，句容县总工会成立时，全县建会单位职工 3353 人、工会会员 1111 人。至 2021 年年底，全市建会单位职工 89079 人、工会会员 87651 人。市（县）总工会重视工会会员、干部教育培训，建立"会员评家"机制，开展"模范（合格）职工之家"评比活动。扩大工会积极分子队伍，2021 年年底达 884 人。狠抓基层工会整顿、建设，开展基层工会"显实"行动，创建江苏省、镇江市合格示范乡镇工会。20 世纪 90 年代后推进外商投资企业、私营企业工会组织的建立和发展，相应成立联合工会。2021 年年底，全市成立联合基层工会 130 个，独立基层工会 730 个。

第一节　工会会员工作

一、工会会员发展

1950 年 4 月，句容县总工会筹备委员会成立，工会干部深入城区、龙潭、下蜀、天王等主要集镇，向职工宣传工会法，进行启蒙阶级教育和时事政策教育，提高职工阶级觉悟，发现和培养积极分子，发展工会会员，工会会员由少到多，工会组织逐步发展扩大。1953 年 1 月，天王镇工会在《天王镇工会筹委会两年来工作及今后任务的报告》中写道："1950 年 7 月，句容县总工会筹委会副主任郇祯祥到天王镇宣传工会法，发展工会会员，先发展 10 名会员，再逐步发展到 60 多名会员，于 1950 年 11 月成立天王镇工会筹备委员会，筹委会成立后，全镇职工在五区区委和县总工会领导下，提高阶级觉悟，认识到工会是自己的组织，纷纷要求加入工会，现有全镇工会会员 149 人，占全镇职工数的 85%，成立三个基层工会。"1951 年 7 月，全县有职工 3353 人，在城区、龙潭、下蜀、天王等集镇和九区煤矿发展工会会员 1111 名。1951 年 7 月 5—8 日，召开句容县首届工人代表大会，正式成立句容县总工会。全县广大职工举行热烈庆祝活动。1953 年 5 月，全县职工 5189 人，工会会员发展到 3229 人。1956 年社会主义改造以后，手工业、搬运、建筑业工人参加合作社，工会会员保留会籍，会员人数有所减少。1956 年年底，工会会员 2210 人。1952 年，龙潭镇通过反霸斗争把封建把头清除出工会组织。1956 年以前，有些基层工会对要求入会的职工在政治上提出过高要求，使一些应入会的职工被关在工会组织的门外。1957 年上半年，在换发新会员证工作中，纠正了会员工作中的关门主义倾向，把一大批应入会未入会的职工吸收到工会组织中来。据统计，换发会员证以前，有基层工会单位的职工人数 3447 人，会员 2804 人，会员占职工人数的 81. 35%；换发会员证后，有基层工会单位的职工人数 3456 人，会员 3223 人，会员占职工人数的 93. 26%。

随着社会主义建设事业的迅速发展，职工队伍不断扩大，工会组织也不断发展壮大，尤其是 1958 年以后，新建大批厂矿企业，增加一大批新工会。由于受"工会消亡风"的影响，会员发展工作中途停顿一段时间。1961 年 11 月，全面恢复工会活动以后，经过整健工会组织，工会会员有较快发展。1962 年，工会会员发展到 4090 人。

1966 年，"文化大革命"开始，工会停止活动。1973 年 5 月，在工业、交通、财贸系统重新整顿健全工会组织；8 月，整健基层工会 57 个，职工人数 8680 人，原有会员恢复会籍 2041 人，发展新会员

2351 人，有会员 4392 人。1979 年 5 月，在文教卫生、科学技术、国营农林场和水利系统整健工会组织，到年底整健全民所有制基层工会 149 个，职工人数 14037 人，有工会会员 8533 人；集体所有制基层工会 20 个，职工人数 3237 人，工会会员 2093 人。

改革开放以后，社会主义建设事业飞速发展，职工队伍不断扩大，工会组织也迅速发展。1981 年全县职工人数 23566 人，其中全民所有制职工 17363 人，集体所有制职工 6203 人；工会会员 14084 人，其中全民所有制会员 10599 人，集体所有制会员 3485 人。1985 年全县职工人数 27263 人，其中全民所有制职工 14745 人，集体所有制职工 12518 人；工会会员人数 23393 人，其中全民所有制会员 12661 人，集体所有制会员 10732 人。1989 年全县职工 33504 人，工会会员人数 29315 人。

20 世纪 90 年代以后，随着社会主义市场经济的逐步建立，多元化经济结构形成，职工队伍构成发生很大变化，国有、集体等公有制企业的职工人数大幅度减少，外资、私营等非公有制企业的职工人数大幅度增加。2008 年，全市建有工会组织单位的职工人数达到 87650 人，工会会员人数达到 78885 人。到 2014 年年底，全市职工 107012 人、工会会员 103801 人，其中非公有制企业职工 81218 人、工会会员 78781 人，公有制单位职工 25794 人、工会会员 25020 人。在非公有制企业职工中，私营企业职工 58405 人、工会会员 55939 人，外商投资企业职工 14638 人、工会会员 14242 人。2021 年，大力推进以农民工为主要群体的“八大群体”入会工作，新建工会 15 个。有序推进全市工会组织和会员实名制的信息采集工作。联合市委组织部推进全市非公有制企业党建带工建“三创争两提升”活动，培育 4 个企业申报“镇江市级示范单位”。组织 10 名工会社会化工作者派驻乡镇工作，不断充实基层工会力量，加强双向联系。2021 年年底，全市建会单位职工 89079 人，工会会员 87651 人。

二、工会会员教育和管理

1950 年 6 月，在职工中广泛进行工会法宣传教育，提高广大职工阶级觉悟，推动工会组织建设和发展。随着社会主义建设事业的发展，新工人不断增加，有些职工对工会组织缺乏认识。1956 年以后，每年通过工会组织改选，向职工和会员进行工会基本知识的宣传教育。特别是 1957 年通过换发会员证，普遍向职工和会员进行一次工会章程学习教育，广大职工对工会的性质、任务和作用，会员的权利和义务有了明确的认识，对加强工会的思想和组织建设，推动工会工作的开展起积极作用。1958 年 10 月以后，“工会消亡风”在工会干部和会员职工中造成思想混乱。1961 年在整顿工会组织和恢复工会活动过程中，在职工中普遍进行了一次社会主义建设过程中工会的方向、任务和作用的教育，提高工会干部和职工的思想认识，明确工会工作的方向，澄清混乱思想，促进工会工作的恢复和开展。在 1965 年的社会主义教育运动中，结合整顿工会组织，在会员和职工中进行工会的性质、任务与作用和工会组织光荣传统的教育，增强广大会员做一个工人阶级成员和工会会员的光荣感和责任感。1979 年，中国开始实行改革开放，句容市工会组织在工会会员证发放工作中，向会员和职工进行一次工人阶级伟大历史使命和会员权利与义务的教育。

图 2-1　句容市总工会举办老干部光荣退休和新人入职座谈会

1957 年以前，会员管理工作薄弱，会员证编号混乱，各项会员管理制度没有统一建立。1957 年，通过换发会员证，建立健全会员管理制度。对会员证实行统一编号，建立会员档案制度、会员关系转移制度、会员保留会籍登记制度、会员奖励与处分制度，建立经常性的职工、会员花名册等，克服会员管理工作的混乱现象。1965年社会主义教育运动以后，对会员普遍进行审查登记，换发中华全国总工会新制作会员证。“文化大革命”中，会员档案材料全部损失。1979年通过换发会员证，重新建立健全会员档案，恢复各项会员管理制度。

第二节 基层工会组织整顿和建设

一、1952—1957年整顿和建设

1950年5月，句容县总工会筹委会开始在各集镇发展会员，建立基层工会组织。到1952年，各集镇的私营工商业和手工业全部建立工会组织，国营公司、合作社和学校大部分也建立了工会组织。在对私营企业进行社会主义改造过程中人员变动较大，许多基层工会干部和职工陆续调到机关、国营企业和供销合作社工作，一些基层工会组织机构被打乱。因此，1952年年底至1956年，根据形势变化情况对基层工会组织进行整顿。1950年下半年，城区建立基层工会12个，到1952年年底有92名职工调到机关、国营企业和供销合作社工作。由于人事变动，药业、陶瓷、百货、烟草等基层工会只剩下几个会员，有些基层工会组织机构也不健全。1953年年初，经过整顿，将12个私营基层工会合并成10个。1954年将杂货、棉布、酱园、百货、烟草等基层工会合并，成立城区店员工会。此外，还有搬运、手工业、建筑业等基层工会相应合并。

1950年，天王镇建立搬运、手工业、店员3个基层工会，设立王庄工会组织员；1951年上半年，龙潭镇建立布业、杂货业、搬运3个基层工会。1952年9月，通过反霸斗争整顿搬运工会，将分散的5个搬运单位合并成1个基层工会。1953—1954年，建立天王区供销合作社和茅山林场2个基层工会，在国营第二米厂设1个工会组织员。1955年，由于工会干部变动较大，组织机构不健全，对基层工会普遍进行一次整顿，以健全组织机构。到1955年1月，下蜀镇有搬运、手工业、煤矿、机米、水利、供销合作社、林场等基层工会。其他集镇由于行业分散，职工人数少，工会组织逐渐不能发挥作用。1955年，还能发挥作用的有葛村、郭庄、三岔、新塘等镇工会。

1952年3月，以行政区建立基层工会16个。1952年下半年，由于人事变动，组织机构不健全。1952年9月至1953年1月，基层工会普遍进行民主改选，通过改选以辅导区建立基层工会36个（其中10个设有组织员），并建立区办事处9个。1956年，对私营工商业进行社会主义改造以后，上级工会指示，加强产业工会建设，缩小地方工会编制，依靠广大积极分子做好工作。1956年6月，教育工会发展会员；7月，建立句容县教育工会筹备委员会；1956年9月，县总工会决定撤销镇工会归产业工会领导，教育工会的基层会员由教育工会筹委会直接领导。1956年3月，句容县供销社工会筹备委员会成立前，有基层工会4个，筹委会成立后负责基层工会建设；8月，基层工会发展到10个，做到社社有工会。1957年年初，全县所有国营、公私合营、供销社及文教卫生、国营农林场等企事业单位全部建立基层工会组织。

二、1961—1962年整顿和建设

1958年10月以后，受“工会消亡风”的影响，大多数基层工会停止活动，工会干部和会员思想混乱，基层工会长期没有进行民主改选，组织机构不健全，少数基层工会处于瘫痪状态。如下蜀米厂工会原有工会委员5人，1958年以后调出3人，外流1人，还剩下委员1人，主席、副主席都没有，工会工作没人管，会费不收，行政不拨交工会经费，实际已自行消亡。1958年以后，新建全民所有制厂矿企业大多数没有建立工会组织。原有工会组织的单位，因为长期没有发展工会会员，非会员职工所占比例越来

越大。据工业系统5个基层工会统计，会员占职工的53%。1961年11月20—23日，县总工会召开全县基层工会主席会议，贯彻全国总工会和省总工会会议精神，总结县总工会3年来的工会工作，讨论研究整顿健全工会组织，恢复和开展工会工作等问题。基层工会通过贯彻会议精神，普遍向会员和职工进行一次社会主义建设过程中工会的任务和作用的宣传教育，组织工会干部学习工会工作3条“传家宝”，即服从中国共产党的统一领导、把党的中心工作当作工会的中心工作、加强与有关部门的团结协作，从而提高思想认识，澄清混乱思想。通过民主改选，整顿健全原有工会组织，在未建立工会组织的全民所有制厂矿企业中建立工会组织。到1962年年底，原有基层工会组织大部分进行民主改选，健全组织机构。在未建立工会组织的全民所有制厂矿企业中建立基层工会24个，基层工会组织总数达到94个；全县有工会会员4090人，占职工总数的71.2%。至此，整顿和健全工会组织，恢复开展工会工作的任务基本完成。

三、1965年整顿和建设

1964年12月至1965年7月，句容县开展大规模社会主义教育运动，清查会员队伍，将运动中清查出的地主、富农分子、反革命分子、坏分子和资产阶级分子等31人清除出工会，并进行会员登记，换发新会员证。社教运动是在“左”的错误思想指导下以阶级斗争为纲进行的，搞阶级斗争扩大化，凡是被错误处理的会员，在1976年粉碎“四人帮”以后，都落实政策予以纠正。

四、1973—1979年整顿和建设

1966年“文化大革命”开始后，工会停止活动，组织机构完全瘫痪。1973年5月，重新整健工会组织。1973年5月21日，句容县总工会第四次代表大会筹备小组发出《关于整顿基层工会的意见》，指出“这次整健基层工会的重点是工业、交通、财贸系统的基层工会，文教卫生、农林系统的基层工会暂不整健”。到1973年8月20日，整顿健全基层工会57个。1979年5月，县总工会发出《关于在文教卫生和符合条件的企业事业单位整健工会的意见》，要求在文教卫生、科技系统，凡符合条件的都要积极地恢复工会组织，到1979年年底，整健基层工会169个，其中集体所有制企业基层工会20个，整顿健全基层工会工作基本完成。

五、建设“职工之家”

1.20世纪80年代建设“职工之家”

1984年，企业整顿工作全面开展，为适应形势需要，工会组织建设步伐加快。当年104个基层工会改选，占基层工会总数的83%。许多基层工会改选小组长，帮助工会小组有计划地开展活动。县总工会印发镇江市工会积极分子评选条件和天王镇工会组长王天宝的工作经验供大家学习，并且根据全国总工会组工会议精神，分期分批进行整顿，建设“职工之家”。12月，组织200人以上单位的基层工会主席和系统工会主席，对句容工程机械厂、句容纺织厂等单位基层工会进行示范性验收，推动工作开展。1985年6月，县总工会发动基层工会普遍制定整顿建设“职工之家”规划，并在句容第二农机修造厂、句容客运公司等4个单位对照6条标准进行验收。11月，县总工会召开建设“职工之家”发证大会，92个基层工会合格；同年又有75个基层工会改选，清除长期不改选、组织不健全现象。1984年，在句容化肥厂整顿验收合格基础上，成立7人领导小组，由厂党委书记任组长，厂工会主席任副组长，重新整顿工会组织，规划建设“职工之家”。1985年年底，对照建家6条标准验收全部合格，总分达92.5分。

1986年，整顿建家步伐加快，到年底有116个基层工会建家合格，有208个基层工会建成“职工之家”，占基层工会总数230个的90.43%。为保证建家质量，县总工会致力于抓基层，打基础，促改革工作，对已建成“职工之家”的单位进行复查，到年底自查单位64个，系统工会抽查基层工会7个，合计71个，比较好的有54个，占76.06%。

通过建家活动，基层工会建设有了加强。普遍实行目标管理，句容工程机械厂工会根据职工队伍特点，独立自主地开展工作，形式多样地抓好目标管理，半年抽查一次，年终总结评比，收到良好效果。句容县酒厂通过建家活动，加强对职工的“四有”教育，提高职工主人翁觉悟，促进生产的发展。1986年，该厂被镇江市政府评为“先进企业”，厂工会主席孔祥鹏受到全国总工会表彰，被授予“全国五一劳动奖章”。1987年，广泛开展创“先进、模范职工之家”，建合格工会小组，创先进工会小组活动，使工会基础工作进一步加强。全县涌现“先进职工之家”21个，先进工会小组21个。句容工程机械厂工会被江苏省总工会授予“先进工会”称号，被镇江市总工会评为“模范职工之家”，句容县布厂、句容县酒厂、句容县邮电局、句容公路管理站等基层工会被镇江市总工会评为“先进工会”。到1987年，全县有“合格职工之家”226个、“先进职工之家”37个。

2. 新时代建设“职工之家”

2014年3月17日，江苏省总工会下发《江苏省总工会关于在新形势下深化职工之家建设的意见》。6月5日，镇江市总工会相应下发《关于在新形势下深化职工之家建设的实施意见》，并于6月19日召开全市深化“职工之家”建设动员部署会。镇江市总工会与句容市总工会签订《深化职工之家建设目标责任状》。7月1日，句容市总工会成立深化“职工之家”建设领导小组，主席任组长，4位副主席任副组长，各部室负责人任成员，建立6个分片联系点。领导小组负责研究制定深化“职工之家”建设的指导性意见，部署“职工之家”建设各项任务，挂钩联系、指导推进各级工会“职工之家”建设，协调解决“职工之家”建设中出现的新问题。同时，市总工会制定下发《关于在新形势下深化职工之家建设的实施意见》《关于开展实地实体型单位工会组织状况排查和建立“职工之家”数据库的通知》，提出工作目标和具体工作要求。10月30日，市总工会召开深化“职工之家”建设业务培训会（以会代训），各镇、开发区总工会，各管委会工会，各局（公司）系统工会和各市直单位工会专职副主席参训。12月15日，市总工会作出《关于表彰句容市模范职工之家和合格职工之家的决定》，授予句容市宁武化工有限公司工会等31个工会组织“模范职工之家”称号，授予中一广告制品公司工会等184个工会组织“合格职工之家”称号。经镇江市总工会检查考核，句容全市15个省级“模范职工之家”通过复查验收，27个镇江市级“模范职工之家”通过复查验收和新命名。

2015年，深入开展“党工共建”活动，坚持将“党工共建”作为扩大党的群众基础的重要任务，提高非公有制经济组织建会意识。当年有3个企业获江苏省第三批党建带工建“四统筹一创争”活动示范企业。空港新区获省示范片区称号。组建独立基层工会69个，联合基层工会18个。同时，督促基层工会完成换届工作。2016年，针对基层工会人员不足问题，在组织编制等有困难的情形下，市总工会与1个社会综合服务中心合作，设立句容社会化工作者工作站，以购买服务的方式，聘用15名人员作为社会化工会工作者充实到基层工会。同时在此服务中心设立句容职工心理咨询服务站，对所聘人员实行工作量化、业绩考核。

2017年，把建会、建制、建家有机结合，加强基层工会组织建设。评选并表彰句容市“模范职工之家”10个、“合格职工之家”10个，创建镇江市“模范职工之家”4个。2019年，句容市总工会认真学习贯彻全国总工会有关产业工人队伍建设改革精神，推动建立新时代句容产业工人队伍建设改革联席会议制度，制定《新时代句容产业工人队伍建设改革实施方案》。2020年6月24日，句容召开产业工人队伍建设改革暨试点工作部署推进会，句容产业工人队伍建设改革正逐步展开。

3. 建立“会员评家”机制

2003年12月18日，江苏省总工会下发《关于在深化建设职工之家活动中全面建立“会员评家”机制的意见》，对“会员评家”工作时间、规模、内容、方法、步骤等提出具体要求。

2004年开始，市总工会把建立“会员评家”机制作为深化基层工会“职工之家”建设的一项重要工作，列入年度工会组织工作考核范围。在89个100人以上企业建立“会员评家”机制。2006年，市总工会以争创“江苏省工会工作模范市”为契机，对将建立“会员评家”机制从100人以上企业扩展到25人以上企业的工作作出部署。市总工会采取分组分片区，全方位帮助、指导基层工会建立“会员评家”机制的方法，并取得明显成效。此后，“会员评家”工作逐步形成常态机制，每年进行考核，90%以上的基层工会建立起“会员评家”机制，有效促进了基层工会组织的建设和发展。

图2-2　江苏省句容经济开发区获“模范职工之家”等称号

4. 开展“显实”行动

2013年2月21日，镇江市总工会下发《关于在全市基层工会组织中开展“显实”行动的意见》，旨在清除“空壳工会”“无牌工会”“无场所工会”。

2013年4月12日，市总工会向全市基层工会转发行动意见，全面部署相关工作；5月31日，市总工会在白兔镇召开全市工会组织“创优做实、争先进位”现场推进会，专题部署推进基层工会“显实”行动。会前，现场观摩华阳镇下甸村工会、边城镇港峰科技有限公司工会、白兔镇华神特种橡胶制品股份有限公司工会开展“显实”行动的经验和做法。白兔镇行香村联合工会通过开展“三亮三争”活动，工会亮牌子、亮身份、亮目标，凸显工会服务企业、服务职工的信心和决心。坚持“活动服务企业，创新发展企业”的理念，每年组织企业开展各类职工技能竞赛、技术创新活动，服务企业创新发展。投入30万元建设职工文化广场，投入80万元建立工会活动场所及职工之家，组织职工开展丰富多彩的文体活动。通过职代会倾听职工心声，区域范围内的企业职工工资年增幅8%。每年集中组织企业职工开展安全消防演练，确保职工生命安全。推动区域范围内职工互助互济参保全覆盖。华阳镇下甸村联合工会亮工会牌子、亮工会干部身份、亮工会工作目标，塑造工会组织的新形象，在服务企业、服务职工、服务返乡农民工中做出好成绩。2013年年底，全市342个50人以上企业工会，以及部分村级联合工会通过年终检查验收，达到基层工会“显实”“四有标准”，有力地推动基层工会的规范化建设。

六、外商投资和私营企业工会组织

1991年5月2日，江苏省总工会颁发《江苏省外商投资企业建设职工之家标准》。1993年6月，镇江市委召开贯彻《江苏省外商投资企业工会条例》动员大会；9月，下发《批转市总工会等六部门〈关于加快外商投资企业组建工会的意见〉的通知》。句容县委、县政府指定由县总工会牵头，会同县人大财经委等6个部门拟定《关于在乡镇、乡镇企业和外商投资企业组建工会的意见》，县委于9月批转。是年6月下旬，县总工会分两期举办外商投资企业工会主席学习班，组织学习外商投资企业工会工作的文件资料，讨论研究做好外商投资企业工会工作的具体意见。同时，县总工会发出《关于更改外商投资企业工会名称的通知》，要求外商投资企业在工厂门口挂出工会牌子。此外，县总工会转发中美合资江苏华达食品工业有限公司工会围绕企业生产经营目标，依法开展工会工作，促进中外双方真诚合作的做法和经验，供外商投资企业工会学习。10月底，批准领证外商投资企业136个，开业73个，建有工会组织24个。

1994年10月12日，县总工会印发《关于加强外商投资企业工会工作的意见》，成为外商投资企业工会工作指导性文件。当年，县总工会被江苏省总工会评为“外商投资企业工会组建工作”先进单位。1995年8月31日，镇江市总工会发出《关于在私营企业组建工会的通知》；12月18日，镇江市总工会等4个部门转发江苏省总工会等4个部门《关于在私营企业组建工会和开展工会工作的通知》，要求在私营企业组建工会。

1998年3月4日，镇江市总工会、镇江市工商行政管理局下发《镇江市私营企业工会暂行办法》，以规范私营企业工会工作。1998年4月8日，句容市委下发《关于进一步加强新时期工会工作的通知》；

图 2-3 镇江市委组织部、镇江市总工会调研江苏省句容经济开发区非公企业党建带工建工作

5 月下旬，句容市总工会与句容市工商行政管理局联合转发《镇江市私营企业工会暂行办法》，并在郭庄召开个体私营企业协会负责人会议，对个体私营企业组建工会工作进行部署；3 月 3 日，句容特种养殖有限公司建立工会，该工会成为全市第一家私营企业工会；4 月 1 日，私营企业句容市怀国棉绒有限公司工会成立。2003 年 12 月，市总工会向未建工会的外商投资企业发出《限期建会通知书》，台商独资企业都茂自行车有限公司表示近期完成组建工会任务。

2006 年 6 月 2 日，句容市委组织部、市总工会下发《关于加强外商投资企业工会组织建设的意见》，提出 2006 年年底外商投资企业工会组建率达 60%以上，2007 年年底达 80%以上的目标。到 2014 年年底，全市外商投资企业基层工会 73 个，私营企业独立工会 563 个，联合工会 107 个（覆盖 1628 个企业）。

第三节 联合基层工会组织

一、个体私营和外商投资企业工会联合会

1998 年 10 月 8 日，市总工会召开句容市个体私营企业工会联合会成立大会。市总工会副主席黄胜利任主席。镇江市总工会副主席王愉夫、句容市委副书记金昌来出席会议。2003 年，各镇分别成立外商投资企业工会联合会和私营企业工会联合会。2005 年 5 月，句容市外商投资企业工会联合会成立。

二、联合基层工会

1995 年 6 月，镇江市总工会在下发《关于加强私营企业工会工作的意见》中指出：私营企业有会员 25 人以上的，应建立基层工会委员会；不足 25 人的可以建立基层工会，选举主席、副主席主持工作，也可以由几个企业组成一个联合基层工会委员会。1998 年 3 月 4 日，镇江市总工会、镇江市工商行政管理局制定《镇江市私营企业工会暂行办法》，要求会员不足 25 人的，选举组织员或工会主席 1 人，组织会员开展活动；也可以由几个邻近的企业组成联合基层工会委员会。3 月 25 日，江苏省总工会印发《全国总工会关于加强国有小企业改革中工会工作的意见（试行）》，指出小型企业可以就近按行业或地区建立联合基层工会委员会。

1999 年，全市建立私营企业联合基层工会 15 个，涵盖 80 个 8 人以上 25 人以下私营小企业。2001 年 8 月，市总工会突击抓村级工会组织的建设，当年建村级联合基层工会 152 个，涵盖 25 人以下小企业 249 个，同时建立 25 人以上村办企业工会 30 个。2010 年，新建联合基层工会 10 个，涵盖小企业 100 个。2011 年，新建联合工会 7 个，覆盖小企业 65 个。2012 年，新建 5 个联合基层工会。2013 年，新建联合基层工会 66 个。2014 年，新建联合基层工会 38 个。至 2014 年年底，全市建立联合基层工会 328 个，其中私营企业联合基层工会 126 个，覆盖小企业 450 个，村级联合基层工会 153 个，覆盖小企业 1465 个，社区工会 46 个，行业工会 3 个。至 2021 年年底，全市联合基层工会 130 个。

第四节　镇级工会规范化建设

一、创建江苏省、镇江市合格、示范乡镇工会

2001 年 5 月，江苏省总工会部署在全省开展“创建合格乡镇工会、评选百强示范乡镇工会”活动，提出创建标准，推动乡镇工会组织体制、运行机制建设。2001 年 9 月，省总工会在南通召开全省乡镇工会工作会议，推广南通各县（市）的经验，印发《江苏省乡镇工会工作暂行规定》。2002 年 2 月，春城镇工会、后白镇工会被镇江市总工会表彰为“镇江市示范乡镇工会”。4 月，省总工会授予白兔镇工会 2001 年度“江苏省百强示范乡镇工会”称号；授予白兔镇工会、后白镇工会、郭庄镇工会、春城镇工会、天王镇工会、华阳镇工会、下蜀镇工会“江苏省合格乡镇工会”称号。2003 年，省总工会授予后白镇工会 2002 年度“江苏省百强示范乡镇工会”称号。2004 年 1 月，镇江市总工会授予郭庄镇工会、边城镇工会 2003 年度“镇江市示范乡镇工会”称号。4 月，省总工会授予华阳镇工会 2003 年度“江苏省百强示范乡镇工会”称号；授予宝华镇工会、葛村镇工会 2003 年度“江苏省合格乡镇工会”称号。

二、创建江苏省工会工作模范乡镇工会

2008 年 7 月，省总工会部署用 3 年时间开展争创全省工会工作模范乡镇（街道）的活动。2010 年 12 月，省总工会授予华阳镇总工会 2010 年度“江苏省模范乡镇职工之家”称号。

三、建立镇级工会工作运行机制

2008 年年底，句容全市 10 个镇建立总工会。2009 年 3 月，市总工会在下蜀镇进行建立镇级工会工作运行机制试点，转发《下蜀镇总工会工作制度》，在全市各镇推广。2009 年年底，全市各镇先后制定系列制度，其内容包括：镇工会工作向同级党委、政府汇报、通报制度；全镇工会会员代表大会制度；镇工会工作例会制度和工会干部培训制度。2014 年开始，省总工会每年下拨专项补助，补助乡镇工会工作经费。

四、镇级工会工作规范化升级

2012 年年初，镇江市总工会下发《关于开展镇江市镇（街道）工会工作规范化升级竞赛活动的意见》。句容市总工会在深入调研基础上，开展镇级工会规范化升级竞赛活动。2012 年 6 月 25 日，市总工会召开全市镇级工会工作规范化升级竞赛活动推进会；11 月 9 日，市总工会在下蜀召开全市镇级工会规范化建设现场推进会，要求各镇（管委会）工会制订竞赛活动实施方案，主动争取党政的重视和支持，逐条逐项对照标准，认真抓好工作落实。

各镇党委把工会工作纳入党建工作一道部署、检查和考核，建立政府联系工会会议制度；镇级三方劳动关系协调机制初步建立，为构建镇域和谐发挥作用。镇级工会工作基础不断加强，在工会组建、基层民主政治建设、帮扶救助、重点工程劳动竞赛、企业（职工）文化建设工作等方面取得新成效。镇级工会办公条件得到改善，活动阵地建设得到加强。

2012 年，下蜀镇总工会、华阳镇总工会获“镇江市工会工作标兵单位”称号，郭庄镇总工会获“镇江市工会工作先进单位”称号。2013 年，边城镇总工会、白兔镇总工会获“镇江市总工会镇工会工作标兵单位”称号，宝华镇总工会、后白镇总工会获“镇江市总工会镇工会工作先进单位”称号。

第五节　教育培训

一、工会业务教育培训

1955年上半年，县工会举办工会业务学习班2期，80人参加。1977年，培训基层工会专职干部93人，培训工会积极分子（兼职）、工会干部1068人。1982年，对基层工会干部进行长会短训和分期轮训工作，组织工会干部学习《基层工会工作条例》《工会小组工作条例》，参加学习的基层以上工会干部146人，工会积极分子1045人。1987年，县总工会通过工会职工学校举办基层工会干部训练班2期，培训103人；举办女职工干部训练班1期，培训23人；举办班组长和工会小组长训练班20期，培训975人。1988年8月，《中华人民共和国全民所有制工业企业法》公布实施，县总工会举办1期工业企业法培训班，培训系统工会主席和工业企业基层工会干部40名，举办1期女职工主任培训班，培训系统工会女工干部和基层工会女职工委员会主任。1989年，县总工会举办劳动保护培训班2期，培训80余人次。另外，基层工会举办劳动保护培训班45期，培训941人次。县总工会举办1期局级系统工会和基层工会干部学习研讨班，研究和制定系统工会工作规划。举办1期工会财务干部培训班，培训工会财务干部工会经费审查委员会主任。基层工会举办班组长和工会积极分子培训班85期，培训1086人。县化肥厂、县五金电器厂、县丝绸厂等的基层工会对班组长和工会积极分子的培训工作做得较好。

二、工会干部教育培训

1990年，在推行共保合同，完善企业经营承包责任制中，县总工会举办2期局级系统工会干部和部分企业工会主席学习班，学习上级有关文件，统一认识，明确任务。同年，县总工会根据镇江市委和市总工会下发的工会干部培训计划，举办工会干部岗位培训班1期，组织工会干部系统地学习工会领导学、工会学、经营管理和马克思主义基本常识。1991年，45名工会干部接受适应性岗位培训。1992年，县总工会先后举办2期学习班，先后分2批组织局级系统工会主席和基层工会主席学习邓小平同志的南方谈话，以及新颁布的工会法，90人参加学习。1993年，有2名新任工会干部接受岗位培训，66人参加适应性岗位培训。

1994年，县总工会组织系统工会干部学习《邓小平文选》第三卷，学习市场经济理论和知识，掌握企业产权制度改革的理论和政策，适应市场经济的新形势。同时，分批分期地组织基层工会干部学习劳动法、工会法以及外商投资企业有关法律法规，增强依法开展外商投资企业工会工作的自觉性。另外，举办外商投资企业工会主席学习研讨班，专门研究外商投资企业民主管理等工会工作。1997年，市总工会举办3期工会干部培训班，组织基层工会干部学政治、学法律、学业务，有89人参加适应性岗位培训，还采取以会代训的方法，有100多名基层工会干部学习了企业改制的有关政策，明确了工会干部的工作任务。

2003年，新修订《中华人民共和国工会法》及《江苏省实施〈中华人民共和国工会法〉办法》颁布后，句容市总工会先后举办局（公司）系统工会和乡镇工会干部培训班，组织工会干部进行学习。另外，组织乡镇工会主席等工会干部参加省总工会干部学校的调训。2007年，为进一步推进非公有制企业党建带工建、工建促党建“党工共建”机制的建立，市委组织部、市总工会联合举办1期为期2天的全市非公有制企业党组织书记、工会主席培训班，培训内容包括基层党组织建设、基层工会组织建设、现代企业文化建设和企业党员队伍建设，有150人参加。同时，市总工会邀请省总工会干部到句容讲课，邀请镇江市总工会干部到茅山、边城两镇培训基层工会干部。2008年，市总工会组织9名基层工会干部参加省总工会干部学校调训。各镇、开发区、局（公司）系统工会积极组织新任工会干部进行培训，参培率达90%。2009年，选派18名基层工会干部参加省总工会干部学校和镇江市总工会培训学习。为提高基层工会干部对职工互助互济保障工作的思想认识和实务操作能力，5月上旬，市总工会邀请镇江市总工会职工互助保险处的有关人员到句容，就职工互助互济保障工作的相关知识进行授课，50多名工会干部参加学习。

图 2-4　全国劳动模范沈春雷到句容市中等专业学校开展党史学习教育专题宣讲

2011年，选送10名基层工会干部到省总工会干部学校培训。2014年9月1—4日，市总工会选派13名工会干部参加镇江市委组织部、镇江市总工会举办的全市镇（街道、开发区）工会主席培训班学习。11月3—21日，省总工会举办乡镇工会主席培训班，市总工会选派4名镇工会副主席参加调训。2015年，市总工会积极组织工会干部参加上级工会举办的各类学习讲座等培训，同时，先后举办5场工会干部业务培训班，培训内容包括组织建设、民主管理、法律工作、劳动保护和信息调研。2016年，组织30多人次的工会干部参加上级工会的调训。开展民主管理和法律工作、职工互助互济保障、工会财务管理和专项资金使用等工会工作业务培训，参加市总工会培训人数达400余人。2017年，市总工会对接江苏省、镇江市工会系统改革思路和举措，安排各分管领导到山东、福建、安徽等地的工会开展调研，结合句容工会实际，制定《句容市总工会改革实施方案》。是年，举办3期基层工会工作业务培训班，培训内容包括民主管理、保障帮扶等。组织35名基层工会干部到厦门大学参加为期1周“句容市工会干部素质能力提升研修班”学习，开展学习体会讨论，汇编学习心得。是年，组织工会50多名干部和社会化工会工作者参加江苏省、镇江市总工会调训。2018年，举办“工会大讲堂”专题培训，每季度举办1期，邀请上级工会分别就宣传教育、财务经审、劳动保护、职工互助保障等工会工作进行授课，300余人次参加培训。

第六节　工会积极分子工作

1950年，县总工会筹委会在各集镇建立工会组织，通过宣传教育，发现、培养积极分子；通过积极分子联系广大职工群众，发展会员，建立工会组织；通过民主选举把积极分子吸收到工会组织中来。1951年7月，召开首届工人代表大会，全县有基层工会组织14个，民主选举基层以上工会委员会委员107名。随着工会组织发展，工会积极分子队伍不断扩大。

1951—2021 年部分年份句容市（县）工会积极分子队伍情况一览表

表 2-6-1

年份	基层工会数（个）	专职工会干部数（人）	不脱产的工会积极分子数（人）
1951	14		107
1954	72	1	408
1955	75	5	421
1956	51		336
1959	65		860
1961	70	3	332
1962	94	3	564
1963	81	3	702
1964	89	2	564
1979	199	13	1566
1980	176	14	1528
1981	197	36	1324
1982	208	27	1580
1983	210	35	1709
1984	230	58	2330
1985	231		2764
1986	241		3021
1987	251	76	3041
1988	266	80	2651
1989	285	92	2659
1990	301	102	2983
1991	301	97	2621
1992	305		1712
1994	327		1048
1995	329	100	1785
1996	326	101	1791
2012	942	222	2399
2013	1012	81	2634
2014	1141	59	1170
2020	860	78	884
2021	860	78	884

注：工会积极分子是指不脱产的基层工会干部，包括工会委员、工会小组长等。

第三章　职工队伍

1953年，句容县有全民、集体所有制职工2796人。2021年，职工总人数达89079人（含女职工40060人）。20世纪90年代后，句容确立企业最低工资标准，正式实行“分级分类管理，企业自主分配”。市（县）总工会重视职工保障，50万人次参加职工“五险”，企业推行劳动保险制度；建立职工互助互济机制，包括建立职工互助储金会、职工特殊疾病互济会、职工互助互济保险等；开展职工救助行动，包括组织职工困难补助、万名党员结对帮扶、金秋助学活动，创建困难职工帮扶中心，发放“爱心卡”“特困职工证”等；重视职工福利，建设职工住宅，开办幼儿园、托儿所等；搭建再就业服务平台，培育“上新岗、创新业”基地、创办创新果品市场等。在劳资协商、失业工人再就业、物价监督等方面帮助职工维权。

第一节　职工发展

1953年，句容县有全民、集体所有制职工2796人。1965年，全县有全民、集体所有制职工6994人。1976年，全县有全民、集体所有制职工24547人。1978年以后，随着改革的深入，社会主义市场经济体制的建立，经济结构和所有制结构的调整，以及工业化、城镇化进程的加快，句容职工队伍快速壮大。至2021年年末，全市建立工会组织的各类用人单位的职工总人数达到89079人，其中，女职工40060人。

1949—1985年句容县职工行业分布情况一览表

表3-1-1　　人

年份	农林牧业	工业	建筑业	交通邮电通信业	商业物资供销	科教文卫	金融保险	机关团体	房地产公用服务业	总计
1949		162		34		530	32	284		1042
1950		132		35	143	636	54	346		1346
1951		138		36	393	756	98	453		1874
1952		280		36	649	750	168	635		2518
1953	16	236		59	693	1051	167	574		2796
1954	28	256		63	756	1094	145	463		2805
1955	49	214		74	956	1094	157	514		3058
1956	248	796		128	1128	1256	309	1002		4867
1957	451	601		139	1089	1303	259	1130		4972
1958	1130	7304	737	162	1233	1302	109	928		12905
1959	1781	3719	295	193	1257	1472	123	923	18	9781
1960	1885	3695	770	287	1417	1871	130	1004	13	11072
1961	1408	2563		283	1836	1729	92	1183		9094

续表 3-1-1

年份	农林牧业	工业	建筑业	交通邮电通信业	商业物资供销	科教文卫	金融保险	机关团体	房地产公用服务业	总计
1962	1563	2179	144	192	1413	1908	118	740		8257
1963	1869	1983	55	184	1358	1876	124	882	6	8337
1964	2040	1769	45	131	1480	1917	143	929	6	8458
1965	785	1355	30	139	1603	2046	143	893		6994
1966	2440	1116		170	1693	2123	140	801	8	8491
1967	1964	1116		135	2004	2260	139	791	9	8418
1969	2448	1104		375	1012	1496	116	748	5	7344
1970	1134	1737		158	2156	2817	55	800	7	8864
1971	1436	4230		223	2499	1956	74	644	31	11093
1972	1732	2066		241	2343	2018	96	693	37	9226
1973	1472	2086		234	2029	2403	125	787	10	9146
1974	1900	7225	356	1398	3238	5190	120	750	11	20188
1975	2088	8984	297	1427	3197	5290	124	797	12	22216
1976	3159	7785	567	1708	3779	6572	127	837	13	24547
1977	2584	8716	272	1562	3828	5682	126	857	12	23639
1978	4242	4400		418	3625	2686	123	915	15	16242
1979	5142	10237	546	1206	5567	6333	387	1135	84	30637
1980	4655	10465	677	1285	5898	6362	402	1389	98	31231
1981	4696	10815	731	1477	6212	6457	436	1436	102	32632
1982	4704	10976	1031	1548	6511	5621	448	1516	108	32463
1983	4663	11461	1137	1587	6354	6381	483	1540	108	33714
1984	4551	11922	719	1733	6835	6276	539	1681	115	34371
1985	4959	12657	1218	1903	6795	6787	547	1945	445	37256

注：① 职工人数含全民、集体所有制职工数。
② 1968 年资料缺。

1986 年句容县全民所有制职工和城镇集体所有制职工情况一览表

表 3-1-2　　人

行业分类	全民所有制职工	城镇集体所有制职工	合计
农林牧副渔	4715		4715
工业	6345	7621	13966
建筑业	20	1567	1587
交通、邮电业	437	1496	1933
商业	2484	4774	7258
房地产、公用事业	167	349	516
卫生体育和社会福利	725	620	1345

续表 3-1-2

行业分类	全民所有制职工	城镇集体所有制职工	合计
教育、文艺、广播电视	2975	2166	5141
科研、综合服务	224	7	231
金融保险	262	325	587
机关、党政、团体	1927	149	2076

2008 年句容市国有企业、集体所有制企业职工情况一览表

表 3-1-3　　人

行业分类	国有企业职工	集体所有制企业职工	合计
农林牧副渔	2272	0	2272
工业	1854	847	2701
燃气及水的生产和供应业	187	0	187
建筑业	0	243	243
交通运输、仓储和邮电业	978	10	988
商贸业	268	296	564
金融保险	1154	339	1493
房地产、公用事业	966	573	1539
研究、技术服务和地质勘查业	349	0	349
民生、社会保障和社会福利业	1364	1279	2643
教育、文化、体育和娱乐业	5868	9	5877

2015—2021 年句容市职工人数情况一览表

表 3-1-4　　人

年份	职工	女职工	年份	职工	女职工
2015	120601	55579	2019	93826	42626
2016	123523	56945	2020	93949	42378
2017	125078	57543	2021	89079	40060
2018	125099	57552			

第二节　职工工资

一、工资改革

中华人民共和国成立初期，职工工资大体分三类：国家机关大部分职工实行供给制，留用人员和国营企业职工实行工薪制，私营企业职工仍采取计时（年、月、日）、计件、拆账、分红等旧工资形式。

1952 年，开始以“苏南工资分值”（工资分值：含米、盐、油、煤、布 5 种商品零售价）为计算单位，折合人民币，并对吸收留用的国营企业、私营企业职工进行调资和提供物价津贴。

1956年，实行工资制，取消工资分和物价津贴，国家机关、企事业单位（含公私合营）执行四类工资区标准，企业行政管理和工程技术人员实行职务工资制，工人实行八级或七级工资制，少数实行岗位或其他工资制。全县参加工资改革的职工有3184人，占职工总数的65%，人均月工资由1952年的25.58元上升到35.91元。

1985年，句容县工资类别由五类区提高到六类区。企业工人工资分三类产业，八级五等。企业干部的工资标准按大、中、小型，分为17个等级。全县161个国营、集体企业，有16103名职工增加工资（升一级的有11214人），月增工资总额24.16万元。工资改革后，全民所有制企业职工人均月工资达77.89元，集体所有制企业职工人均月工资为70.86元。

二、工资调整

1963年，重点为生产成绩突出、工资偏低的职工调级，升级面为40%。全县107个单位（含手工业合作社、厂、组），调资职工3039人，月增工资总额2.13万元。

1972年，为全民事业单位、国营场圃、县属集体事业单位1961年前参加工作的低工资职工调资。参加调资的职工中，全民性质的1429人，集体性质的1429人，月增工资总额分别为12863元、8818元。

1977年年底，全县机关企事业单位、国营场圃、县属集体单位，对1971年年底以前参加工作的一级工、1966年年底前参加工作的二级工进行调资，调靠结合，调资面为40%。全民所有制职工调资升级4072人，靠资2446人；集体所有制职工调资升级5083人，靠资1098人。1978年，全民单位按全部职工人数2%的比例，对工作成绩突出、工资较低的294名职工、110名干部进行调资升级，月增工资总额2387.7元。

1952—1985年句容县全民所有制职工工资情况统计一览表

表3-2-1

年份	工资总额(万元)	年末人数(人)	人均月工资(元)	年份	工资总额(万元)	年末人数(人)	人均月工资(元)
1952	77.32	2518	29.250	1969	380.41	8018	39.537
1953	92.77	2796	27.643	1970	400.82	9505	35.141
1954	102.60	2705	30.481	1971	507.64	12014	35.211
1955	128.13	3058	34.916	1972	510.28	10019	42.442
1956	209.78	4867	43.670	1973	496.85	9393	44.079
1957	242.51	4972	40.830	1974	441.67	10052	36.615
1958	354.00	12925	29.500	1975	530.77	11020	40.136
1959	404.28	9781	34.444	1976	575.56	12211	39.278
1960	437.33	10992	33.155	1977	495.00	12339	41.250
1961	410.00	8544	34.170	1978	474.00	16733	39.500
1962	434.14	8257	43.815	1979	559.00	18348	46.580
1963	436.51	8337	43.613	1980	636.00	18577	53.000
1964	450.76	8458	44.411	1981	1206.69	19175	54.441
1965	526.00	8144	43.830	1982	688.00	19882	57.330
1966	421.20	8491	41.337	1983	698.00	20188	58.170
1967	433.00	8418	42.864	1984	1007.00	17752	83.920
1968	407.00	7900	41.500	1985	972.00	19474	81.000

1979 年，全县由四类工资区调为五类工资区，19647 人提高工资标准，其中调资升级 7859 人（全民所有制 4829 人，集体所有制 3030 人）。经冲销粮食补贴、保留工资后，月增工资总额 47154 元，人均月增资 3 元。

1983 年，全县 208 个企业单位职工普调工资，其中升一级的 10244 人，升两级的 133 人，升级面为 96.65%，月增工资总额 71109 元。另外，对 1983 年以前离退休的全民所有制单位 147 名职工进行工资调整。

1984 年，根据有关规定，改变企业工资标准，工业、商业、粮食、物资等系统公司执行 32~96 元的八级新工资标准；国营场圃职工工资标准由七级 26.7~58.8 元，改为八级 30~90 元。另外以 3%的奖励面给经济效益好的企业干部职工奖励增资，企业领导干部 383 人、职工 763 人获奖励增资。

1971—1985 年句容县集体所有制职工工资情况统计一览表

表 3-2-2

年份	工资总额（万元）	年末人数（人）	人均月工资（元）
1971	166	5800	24.0
1972	298	7800	36.5
1973	359	10459	32.6
1974	395.4	10556	31.2
1975	433	12207	28.6
1976	478	12118	32.8
1977	439	11799	30.5
1978	440	12184	33.0
1979	532	12289	35.5
1980	648	12654	45.0
1981	703	13187	44.4
1982	810.5	13581	49.7
1983	495.2	13526	55.2
1984	1628	16619	81.5
1985	1512	17782	73.0

1985 年，国务院颁布《关于国营企业工资改革问题的通知》，句容开始试行工资总额与经济效益挂钩的指导性管理办法。1987 年，句容在工资分配上，实行搞活企业的分配办法，完善深化浮动工资制度，在 108 个企业实行工效挂钩。1990 年，企业职工普遍增加一级工资，企业的浮动工资 2~3 年转为固定一级工资。1991 年，在工效挂钩的基础上，实行岗位技能工资制。1992 年，按人均一级享受浮动工资，经县劳动部门审批可转为固定工资，并按企业职工总数的 3%奖励，使职工工资晋级。

1992 年，国务院颁发《全民所有制工业企业转换经营机制条例》，规定企业享有用工自主、工资分配自主等 14 项自主权利，劳动工资管理实行宏观调控。1995 年《中华人民共和国劳动法》颁布实施后，从法律上明确赋予企业分配自主权，各级政府行政部门只为企业内部分配提供业务指导、监督和服务。企业实行《工资总额使用手册》管理，市劳动和社会保障局颁发《关于严格控制消费基金过快增长，加快企业工资总额管理意见》，下达工资总量控制目标，确立企业最低工资标准。1996 年，正式实行“分级分类管理，企业自主分配”，实行工资指导线，使工资增长幅度与消费基金处于相适应的合理比例。同时规定用人单位支付高于劳动者正常工作时间内工资标准的加班工资：安排劳动者延长工作时间，支付不低于日工资的150%的工资报酬；休息日安排劳动者工作不能安排补休的，支付不低于日工资的200%的工资报酬；法定节假日安排劳动者工作的，支付不低于日工资的300%的工资报酬。

1986—2021 年部分年份句容市（县）职工劳动工资情况一览表

表 3-2-3

年份	工资总额（万元）			年人均工资（元）			
	全民所有制企业	集体所有制企业	其他企业	全民所有制企业	集体所有制企业	其他企业	非私营单位在岗职工人均工资
1986	1482	1695		1077	1106		
1987	1697	1911		1178	1113		
1988	2141	2405		1449	1277		
1989	2539	2916		1661	1532		
1991	2097	3385		2015	1771		
1993	3165	4294	351	3158	2437	2360	
1994	4496	4853	1010	4217	2886	3565	
1995	5485	7255	1487	5263	4335	5050	
1996	5783	7430	939	5587	6420	4932	
1997	6244	7032	1469	5919	4566	5467	
1998	6042	7112	1389	6350	5536	5460	
1999	5269	6760	1963	6477	5230	7471	
2000	4430	6537	1919	6187	5346	7497	
2001	4303	5221	1710	6738	5334	7891	
2002	4377	2819	4052	6088	3903	8076	
2003	3987	5115	4262	6599	6306	9432	
2004	5008	5874	8314	7967	10146	7624	
2005	5453	6430	9502	10496	8825	11121	
2006	7073	7014	22421	14720	11365	12413	
2007	6968	4076	35620	19701	12695	15316	
2008	7943	2930	43018	22174	16537	17774	
2014							53164
2016							64255
2017							6802
2018							72787
2019							76549
2020							81731
2021							

注：2014—2021 年，全民所有制企业、集体所有制企业、其他企业由于改制等原因，职工工资总额、年人均工资数据无统计。

第三节　职工保障

一、职工“五险”

在企业改制的同时，职工就业实行劳动合同制度和社会保险制度。江苏省政府 1995 年颁布《江苏省实施劳动合同制度办法（试行）的决定》《江苏省企业最低工资暂行规定》；1998 年颁布《江苏省城镇企业职工养老保险规定》；1999 年颁布《江苏省城镇企业职工工伤保险规定》《江苏省城镇企业职工生育保险规定》，批转省职工医疗保险制度改革领导小组《关于江苏省城镇企业职工医疗保险制度改革的实施意见》，促进劳动力市场建立和用工单位劳动关系规范化、制度化。2014 年年末，句容市参加养老保险职工 13.1 万人，参加医疗保险职工 11.3 万人，参加工伤保险职工 6.9 万人，参加失业保险职工 5.3 万人，参加生育保险职工 5.1 万人。2020 年年末，句容市参加养老保险职工 13.2 万人，参加医疗保险职工 11.8 万人，参加工伤保险职工 8.2 万人，参加失业保险职工 7.1 万人，参加生育保险职工 8.5 万人。

二、职工劳动保险

《中华人民共和国劳动保险条例》（以下简称“条例”）颁布后，句容县最先实施条例的是邮电局，享受条例规定待遇的职工 58 人。1957 年，国营商业和粮食系统实施劳动保险条例，享受条例规定待遇的职工 475 人。县工会联合会帮助实施条例单位的基层工会进行业务训练，开展劳动保险卡片的登记评议工作，建立劳动保险的业务和财务制度。除按条例直接支付劳动保险待遇外，企业向工会交纳劳动保险金，由工会支付条例规定的另一部分待遇。同年，句容印刷厂、第一油米厂和工会签订劳动保险合同，合同规定的劳动保险待遇参照或低于劳动保险条例。两厂享受保险合同待遇的职工 55 人。

“大跃进”期间，工业、交通系统增加大批新工人。企业进行调整合并，职工流动频繁。但实施劳动保险条例单位享受相关待遇人员的范围仍维持原状，即原来享受劳动保险条例待遇的继续享受，原来不享受的仍不享受。在同一单位的职工因享受劳动保险的待遇不同而产生矛盾。同时，由于“工会消亡风”的影响，劳动保险金的收、管、用比较混乱，欠交漏交、乱支乱用现象较为普遍。鉴于上述情况，1962 年江苏省委批转江苏省总工会党组《关于整顿劳动保险工作的意见》，在实施劳动保险条例的企业，不分新老职工统一享受劳动保险条例规定的各项待遇。同时，扩大劳动保险条例的实施范围，凡生产正常、经济情况较好、职工在 100 人以上、建立工会组织的企业，均可申请实施劳动保险条例。1962 年，在整顿劳动保险工作中加强劳动保险金的管理，次年又整顿劳动保险卡片。至 1964 年，全县实施劳动保险条例的企业有 12 个，享受劳动保险条例待遇的职工 1846 人。1962—1964 年，工会收入的劳动保险金除按规定上解上级工会的总基金外，实支 39186 元。“文化大革命”开始后，企业停止提取劳动保险金，职工的劳动保险待遇全部由企业支付。

1973 年工会重建后，劳动保险工作仍由企业管理。1980 年国家劳动总局、全国总工会联合下发《关于整顿与加强劳动保险工作的通知》，工会配合劳动部门和企业管理劳动保险事业，工会着重监督劳动保险待遇的合理支付，做好向群众的宣传解释工作。随着经济建设的发展，工厂企业和职工人数不断增多，实施劳动保险条例的单位和享受条例待遇的职工相应增多。至 1982 年，实施劳动保险条例的企业有 112 个，享受条例待遇的职工 6377 人，领取退休费的退休职工 1450 人；签订劳动保险合同的企业 77 个，享受合同待遇的职工 4563 人，领取退休费的退休职工 738 人。1983 年起，停止扩大劳动保险条例的实施范围。由于劳动保险条例的某些规定确已不适应变化的实际情况，在深化改革中，部分单位进行劳动保险待遇的局部改革。1986 年年末，全县改革病假待遇的全民所有制单位 16 个，集体所有制单位 53 个；改革医疗待遇的全民所有制单位80个，集体所有制单位51个。1988年10月起，句容企业职工劳动保险按镇江市政府发布的《镇江市企业内部劳动、工资保险制度改革试行办法》中的保险制度执行。

三、职工互助互济

1. 职工互助储金会

为了解决某些职工临时需钱用的困难，从20世纪50年代中期开始，工会建立职工互助储金会。1953年下蜀建立职工互助储金会，参加职工301人，有基金3648.9万元（旧人民币）。教育工会筹委会在全县所属基层工会建立12个互助储金会，参加的职工占工会会员数的80%。1955年4月，天王镇工会有5个基层工会成立互助储金会，参加的职工108人，有基金275.81元，其中镇工会拨款70元。在县福利委员会的关心和省工会联合会拨款作基金的支持下，1957年职工互助储金会普遍建立起来，全县65个基层工会中有51个建立职工互助储金会，后续还有增加。1962年对职工互助储金会进行整顿，在一定程度上扭转了储金周转呆滞的现象。1979年工会各项活动恢复正常后，重建和新建职工互助储金会。至1988年，全县有155个基层工会建立171个职工互助储金会，拥有会员1.3万多人，基金18.5万元。

1957—1988年部分年份句容县职工互助储金会情况一览表

表3-3-1

年份	建立互助储金会的基层工会数（个）	建立的互助储金会数（个）	参加互助储金会会员数（人）	互助储金会基金总额（万元）
1957	51		2250	
1959			2374	
1962	72	63	3297	3.9
1981	155		8993	17.8
1982	177		13949	18.2
1983	175		12263	25.0
1984	133		12976	15.4
1985	231		7241	9.5
1986	155		21706	24.0
1987	129	176	11069	15.7
1988	155	171	13063	18.5

2. 职工互助补充保险

1994年4月25日，县总工会制定《关于建立句容县职工特殊疾病互济会的意见》，决定成立句容县职工特殊疾病互济会，旨在适应国家社会保障制度改革需要，减轻企业特别是生产经营困难企业中患特殊疾病职工在经济上的负担，为职工送一份温暖。职工特殊疾病互济会设理事会，理事由18人组成，理事会设会长1名，副会长3名，理事14名。互济会入会对象：全县基层工会组织和工会会员（全民、集体固定工和合同制职工、计划内临时工、外商投资企业的固定工）。职工特殊疾病，包括各种癌症、白血病；由慢性肾脏疾病引起的在血透、腹透中的严重尿毒症、肾移植；由疾病引起的截瘫；腹水型肝硬化。互济会的经费来源：基层工会组织交纳会费，年限暂定2年，工会会员在200人以内的每年交200元，200人以上300人以下的每年交250元，300人以上的每年交300元（会员个人暂不交纳会费）；社会资助。会费使用的范围和对象：交纳互济会会费的基层工会的会员及职工的独生子女。

1994年，全县有291个基层工会参加互济会，交纳会费46100元。当年，互济会对患有癌症、尿毒症等特殊疾病的 5 名职工予以经济补助。1996 年，全县有 9800 名职工参加互济会，互济会资金达 6.5 万元。1997 年，对 40 多名患特殊疾病的职工予以经济补助。

1994 年句容县职工特殊疾病互济交费情况一览表

表 3-3-2

系统名称	基层工会数（个）	交纳会费数（元）	系统名称	基层工会数（个）	交纳会费数（元）
轻工	9	2200	水泥公司	1	500
交通	9	2200	乡镇	13	2500
商业	11	2200	化肥厂	1	300
水利农机	17	2800	化工总厂	1	300
金猴集团	3	1000	丝绸厂	1	300
矿业	9	2000	畜产品厂	1	300
供销	46	4800	工商银行	1	300
教育	56	5600	农业银行	1	500
多管	16	3200	物资	16	3200
纺织	10	2000	华阳镇	3	600
建委	10	2000	中国银行	1	200
卫生	14	2800	建设银行	1	300
邮电	1	500	供电	1	500
粮食	38	3000			

3. 职工互助互济保险

1999 年下半年，职工互助互济保险镇江办事处句容代办处成立，当年 410 名职工参保，保险费 7 万元。2000 年 6 月，句容市总工会制定下发《关于做好职工互助互济保险工作的意见》，将保险指标分解到各系统、基层工会，抓住已实施的险种广泛进行宣传，全年 10541 人参保，保险费 37.56 万元。2001 年，市总工会通过报纸、电视台等媒体向全市职工宣传参加“以短期的医疗互助保险为主要项目的职工互助互济保险”的好处，当年参保职工 2733 人，保险储金 71.13 万元，入会费 2.733 万元，赔付 1000 元。2002 年，赔付金额 7000 元。

图 3-1　句容市总工会开展互助保障“会员二次救助”慰问活动

2006 年 9 月，市总工会印发《关于实施职工重大疾病互助保险的通知》，指出：职工看病难，看大病更难，是广大群众所关心的热门话题；实施“职工重大疾病互助保险”，是为职工办实事、办好事，是完善职工医疗保障体系的有效途径，也有利于加强工会组织与职工群众的联系。可以享受重大疾病互助的情况包括8类：恶性肿瘤；尿毒症依赖血透；血友病；晚期肝硬化；爆发型重症肝炎（急性，亚急性）；行心脏瓣膜置换式修补术；行冠状动脉搭桥及介入术；因病（各种意外伤害造成的移植除外）行肾脏、骨髓移植术。职工重大疾病互助保险的保险费每人每年30元，保险金额8000元。2007年，全市有3500多人参保。2008年，在职工中进行“我无难时我帮人，我有难时人帮我”的宣传活动，11011名职工参保。同时，市总工会出资为67名特困职工和47名基层工会干部办理职工重大疾病保险。2009年，16825名职工参加重大疾病和意外伤害保险，22名患病参保职工得到给付，给付金额14.43万元。2010年，市总工会出资为全市900名困难职工、困难农民工和特困职工办理职工重大疾病互助互济保险。

2012年6月，市政府办公室转发市总工会《关于加快推进职工互助互济保障工作的意见》，进一步扩大职工互助互济保障的覆盖面。推出的职工互助互济保障项目有4种：重大疾病保障计划，一年期，每人每份交费30元，可得到3000~8000元的互助保障金；女职工特殊疾病保障计划，二年期，每人每份交费36元，最高可得到16800元的互助保障金；职工意外伤害保障计划，一年期，各单位可按每人26元、50元、74元、100元4档标准选择，根据交费档次分别可得到最高互助保障金20400元、40800元、61200元、81600元；康乐综合互助保障计划，一年期，每人每份交费40元，可分别享有大病互助金6000元、工伤意外伤害互助金最高5000元、火灾生活救助金2000元，配偶及未成年子女患原发性恶性肿瘤或遭受意外伤害事故导致在180天内身故的，可得到1000元精神抚慰金。2012年，全市参保职工达24528名，45名职工患者得到给付，给付金额达到23.328万元。2014年，职工参保人数进一步增加，29774人参保，为77名患病职工申领给付金额52.223万元。当年，市总工会还出资为674名社区保洁员和环卫工人购买职工重大疾病互助互济保险。市总工会获得“全国总工会2013年度基层职工互助互济保障先进单位”称号。

1999—2021年部分年份职工互助互济保险情况一览表

表3-3-3

年份	参保人数（人）	保险费（万元）	获赔人数（人）	给付保险金额（万元）
1999	410	7.000		
2000	10541	37.562		
2001	2733	2.733	1	0.700
2002				0.700
2007	3500			
2008	11011			
2009	16825		22	14.430
2011	20586	50.820	23	13.134
2012	24528	62.550	45	23.328
2013	31062	84.400	88	50.090
2014	29774	90.250	77	52.223
2015	29661		81	48.000
2016	31678		90	44.000
2017	33287		110	31.000

续表 3-3-3

年份	参保人数（人）	保险费（万元）	获赔人数（人）	给付保险金额（万元）
2018	33500		112	66.400
2019	38000		167	115.300
2020	43511		81	78.100
2021	49163	18.080	177	128.488

第四节　职工维权

一、举行劳资协商会议

中华人民共和国成立初期，有些资本家阻止工人参加工会和政治活动，打骂虐待学徒，任意解雇工人。城区国泰杂货店资方、白铁业赵源兴资方都发生过虐待学徒事件。天王镇新天和杂货店资方随便解雇工人。工会成立以后，领导工人同资本家进行评理斗争，迫使资本家低头认错，保护工人的利益。1951年以后，为了便于解决工人和资本家之间的纠纷，在城区、天王、下蜀等主要集镇按行业举行劳资会议。1953 年 4 月，天王镇将 11 家商店按情况分成 3 种类型：一是营业情况不好，资金少，开支大，不能维持现状的；二是打算转业，工人无着落的；三是劳资关系不好的。然后由劳资双方各推选出 20 名代表参加由政府主持召开的劳资协商会议，由政府负责人作动员报告，分析生产情况，讲明发展生产劳资两利的政策，教育资本家提高生产积极性，动员工人搞好生产。经过讨论协商，劳资双方检查自己的缺点，研究改进办法，存在的问题大部分得到解决，按照情况准予解雇 7 名职工，关闭 1 家商店。

图 3-2　共决劳动规章，维护企业职工权益

1953 年 4 月，句容城区召开劳资协商会，6 个行业 22 户参加。劳资双方各派 5 名代表组成劳资协商会议筹备委员会，通过 4 项决议，正式成立劳资协商委员会。会议通过协商解决三方面问题。一是变相工资分三种不同情况处理：店内营业较好的并入正式工资，店内营业中等的并入一部分，店内营业不好的工人主动提出取消；二是工人对劳动态度和劳动纪律方面存在的问题作检查，资方针对自身对政府的商业政策认识模糊也作检查，表示今后要搞好生产；三是纠正工资上的混乱现象，原来的工资一律改为工资分。之后分 4 批在各店召开劳资协商会议，解决各店存在的问题。通过协商会议，加强老年工人和青年工人的团结，消除店员“工人无前途”的思想，改善劳资关系，加强劳动纪律，正确掌握对资方有团结

有斗争的政策。资方提高经营信心，严泰、张信泰、久大等几家商店增加资金660万元（旧人民币）。对有些私营商店营业情况尚好，资方却故意拖欠工人工资、克扣工人伙食费等问题，工会配合政府有关部门进行处理。

二、失业工人再就业

1951年，全县有职工1874人，失业工人大部分是煤矿工人，他们因煤矿资方不投入资本或者把资本抽走，煤矿业维持不下去而失业。还有少数商店和机米厂因资方减少资金致生产不好而停业。工会帮助失业工人解决生活出路的方法是组织失业工人生产自救或者把他们介绍到其他单位去工作。下蜀镇工会组织煤矿、铁矿和机米厂的失业人员生产自救，使全镇失业工人都有工作，减轻了失业工人的痛苦，保证他们的最低生活标准。城区工会1952年帮助43名失业工人解决就业问题。天王镇工会1953年介绍13名失业工人到合作社和米厂工作；1954年组织失业工人生产自救小组，解决失业工人的暂时困难。县总工会将分散在全县各镇的失业工人名单统计送县劳动科，协助政府有计划地逐步解决失业工人的就业问题。

三、职工物价监督

县工会参与社会监督的主要形式是进行职工物价监督。1986年，县总工会会同物价、工商行政管理部门进行物价监督检查，共检查54笔交易，发现短斤少两的10笔，对有违法经营情节的13户个体户处以罚款440元。次年，县总工会建立职工物价监督总站，在天王、下蜀镇建立分站，分级开展物价监督检查活动。至1989年，全县有职工物价监督总站1个，分站6个，基层站3个，有兼职物价监督员84人。当年，物价监督部门先后进行物价检查8次，发现和处理物价违纪案件188起，处以罚款2150元；参与物价调整工作，提供建议3件，被采纳2件。郭庄职工物价监督分站在物价检查中顶住“说情风”，依法处罚31户物价违纪违法户。同时，运用黑板报、幻灯等形式，开展物价遵纪守法情况的讲评活动，促进全乡形成文明经商的好风气。

第五节　职工救助

一、职工困难补助

1952年，城区工会帮助6名职工解决因家中有人病、丧导致的经济困难，发放补助119万元（旧人民币）。1953年天王镇工会对41名生活上有困难的职工进行补助，补助金额270.5万元（旧人民币）。其中手工业工人杨礼春因大雪封门没活做，濒于断炊，工会补助10万元（旧人民币）。1954年上半年，县教育工会筹委会用于教职工困难补助的款项达273万元（旧人民币）。

1956年通过工资改革，职工收入有所增加，但部分职工由于家底枯、赡养人口多等原因，经济上仍有困难。省工会联合会在积余经费中拨给句容县工会联合会4100元作为职工困难补助费和职工互助储金会基金，县工会联合会将这笔款项全部分配给基层工会使用。10月，句容县委召开工厂（企业）和有关部门负责人会议，传达镇江地委召开的职工生活福利委员会会议精神，会后开展大范围的职工生活调查，其中职工负债是调查重点项目之一。历时1个月，工业、商业、供销社、粮食及农产品采购、银行、教育、卫生、机关8个系统调查结束。调查结果表明，在3319名职工中，负债的488人，占14.7%，负债总金额17247元，其中因病负债的114人，负债总金额5382元。负债最多的是国营第一米厂石东贵，负债200多元。在负债的职工中，一部分人有偿还能力；对不能偿还债务的职工，在本单位积余福利费和医药费中给予适当补助，不足之数在省工会联合会下拨款中解决。1957 年、1958 年在职工中持续进行勤俭节约的教育，部分职工克服有困难单纯依赖工会解决的思想，工会补助困难职工的人数逐年减少。1957 年比 1956 年减少 14%，1958 年上半年比 1957 年同期减少 186 人次。

三年困难时期，物资缺乏，口粮少，市场供应紧张，物价上涨，职工生活费用增加，因而生活上的困难越来越大。据 1960 年的调查，困难职工占 20%至 30%。面对上述情况，各级工会在句容县委的统一领导下，会同政府有关部门和企业发动职工大搞副食品生产，并做好困难职工的经济补助工作。1960 年冬至 1961 年年末，补助困难职工 855 人次，补助金额 13737 元。1962 年，县总工会、县财政局、县计划委员会等部门共同研究确定困难补助费来源为工会会费的 60%、职工福利费的 60%、企业奖励金的 20%，工会经费除保证正常开支外可以使用一部分（以上工会和企业用于职工困难补助的款项合并使用）。困难补助工作在中共基层组织的领导下，由工会具体负责。仅 1962 年冬至 1963 年年初，就集中补助 1572 人次，补助金额 36076 元。同时发放救济布 1660 米，解决部分职工缺少寒衣的困难。1963 年经济情况好转，职工生活困难缓解，但由于部分职工工资低、家属生病、家属被精减下放后收入减少等原因，经济生活仍有一定困难。1963 年元旦至春节期间，对部分职工给予补助，受补助的职工 1119 人，补助金额 19314 元。有的单位困难补助经费不足，用国家拨款或按手续在解冻冻结经费中解决，计用国家拨款 3792. 5 元，解冻冻结经费 8004 元（工会经费 5804 元，行政经费 2200 元）。当年冬季，县总工会会同县商业局、县供销社发放职工用布 405. 3 米，职工互助用棉 1714 千克。

1979 年工会恢复自管经费后，开始进行正常的会员困难补助工作，多数单位提供部分补助费交工会统一进行职工困难补助工作。1981 年、1982 年，每年补助 6000 多人次。1983 年起，职工经济生活不断改善，职工困难补助人数呈逐步减少趋势，至 1989 年，受补助的只有 1631 人次。在职工生活得到改善的新情况下，工会主动地关心职工生活困难，开展走访慰问送温暖活动。1984 年全县工会慰问病、伤、残职工 2627 人次，慰问品价值 16310 元。1985 年元旦至春节期间，走访慰问病、伤、残、退休职工、孤寡职工 3150 人次，根据他们的生活困难情况，把补助金、物资送上门。

图 3-3　句容市总工会兼职副主席胡继发慰问困难职工

二、元旦、春节送温暖

从 20 世纪 90 年代初开始，市（县）总工会每年元旦、春节期间都组织开展对困难职工（含困难农民工）送温暖活动，把党和政府以及工会的关怀送到广大职工的心坎上。每年下半年，市（县）总工会对此项工作作出部署，经过基层工会对困难职工开展调查、申报，市（县）总工会进行核查、审定、公示的自下而上的程序，由市（县）总工会在春节前把慰问补助金发到每个困难职工手中。各基层工会根据本单位的经费、职工困难等实际情况，在每年元旦、春节期间，开展对因病、残等原因致贫的职工，以及退休职工的走访慰问活动。2021 年“两节”期间，为全市 323 名困难职工发放慰问金 45. 2 万元，为在档特困职工发放生活救助、医疗救助、子女助学 84 万余元，为特困职工争取到每月免费使用 15 千瓦时电量和免费乘坐公交车的福利。

1994—2020年句容市（县）总工会元旦、春节送温暖情况一览表

表 3-5-1

年份	补助困难职工人数（人）	补助金额（万元）	年份	补助困难职工人数（人）	补助金额（万元）
1994	326	27.11	2008	645	35.60
1995	595	30.00	2009	900	54.00
1996	1165	24.00	2010	900	54.00
1997			2011	900	72.00
1998	100	7.50	2012	698	55.80
1999	100	2.50	2013	909	74.20
2000	500	25.00	2014	907	74.06
2001	450	25.50	2015	959	78.20
2002	561	12.40	2016	775	79.50
2003	395	25.00	2017	538	66.00
2004	600	30.00	2018	600	40.00
2005			2019	445	35.35
2006			2020	451	45.00
2007	645	37.50			

三、万名党员结对帮扶

2002年年初，市总工会协助市委、市政府开展“全市万名党员结对帮扶”活动，对全市561名困难职工户进行帮扶，帮扶资金12.4万元。2003年，市委组织部、市总工会联合开展新一轮“万名党员帮困救助结对”活动，全市有23名市领导和89名副科级以上干部与567名困难职工结对帮扶，帮扶资金11.34万元。此后，市委组织部、市总工会组织市级机关干部、乡镇干部与困难职工结对帮扶，每年为结对帮扶对象开展一次办实事活动，为他们送去生活用品和援助金，切实为困难职工家庭解决生产生活中的实际问题。2006年6月，市委组织部、市劳动和社会保障局、市民政局和市总工会联合转发江苏省委组织部、省劳动和社会保障厅、省民政厅、省总工会《关于深入开展新一轮党员干部与特困职工家庭结对帮扶活动的意见》。2007年春节，全市有548名各级党政领导干部和406名工会干部走访慰问困难职工、困难劳模家庭和离退休职工，发放慰问金161.3万元。同年，句容市委、市政府、市政协主要领导、市总工会和部分镇及基层企事业单位的负责人，与67户第四轮特困职工家庭结对帮扶。

四、金秋助学

2008年7月28日，市总工会发出《关于开展2008年帮困助学活动的通知》，帮助困难职工子女解决考取高中和大学后的部分上学费用。帮扶对象：市区第四轮特困职工家庭和因家庭成员患有重大疾病、子女就学等原因造成生活困难，且家庭月人均收入低于260元，其子女当年参加中考或高考被相关学校录取的职工。此后，市总工会每年开展“金秋助学”活动，助学对象改变为当年考取本科的困难职工（含困难农民工）的子女，帮助他们圆大学梦。

2008—2021 年句容市总工会“金秋助学”情况一览表

表 3-5-2

年份	助学人数（人）	助学金（万元）	年份	助学人数（人）	助学金（万元）
2008	10	12.23	2015	93	27.90
2009	37	8.10	2016	85	25.50
2010	50	10.00	2017	50	20.00
2011	26	5.00	2018	39	11.70
2012	66	19.80	2019	10	3.00
2013	106	32.10	2020	9	4.10
2014	105	31.80	2021	5	2.10

五、发放“爱心卡”

2008 年，市总工会分别与宏泰医药有限公司、便民超市有限公司和市人民医院联办“爱心药店”“爱心超市”“爱心医院”，与粮食局联办“爱心粮店”，发放“爱心卡”1000 余张，使困难职工享受到购药、购物、就医方面的优惠待遇。全市 67 户特困职工在正常享有水电补贴、子女就学减免学费、就医优惠和经济补助外，从 8 月起，又享受“爱心粮店”每月提供的每户 10 千克大米。市总工会为 67 户特困职工出资办理职工互助互济重大疾病保险，当年免费供应大米总计 3350 千克，药费优惠 4700 元和超市优惠 1 万余元。“爱心卡”的使用延续到 2009 年。

六、创建困难职工帮扶中心

2003 年 10 月 30 日，市总工会发出《关于成立句容市工会困难职工援助中心的通知》，句容市总工会困难职工援助中心成立，设在市总工会生活女工部。援助对象：享受最低生活保障职工和内退、歇业的家庭特别困难的职工；列入当年市总工会建档的特困职工、困难劳模；家庭遭遇意外伤害和患特殊疾病，致使生活难以维持的职工；困难军人家庭；双下岗职工；需要提供法律服务、政策咨询的职工。援助内容：信访接待、法律援助、职业介绍、特困救助。2007 年 11 月，市总工会制定《关于市总工会困难职工援助中心建设的实施办法》。

2008 年 5 月 28 日，根据省总工会《关于进一步加强工会困难帮扶中心建设的意见》，句容市总工会困难职工援助中心更名为句容市工会困难职工帮扶中心，在各镇、开发区、茅山风景区和 15 个产业局（公司）设立“困难职工帮扶站”，形成网格化管理，提高困难职工帮扶水平。

图 3-4　镇江市总工会副主席解军英为句容“同心助保、同力助创”活动授牌

七、发放“特困职工证”

2001 年起，句容市启动“特困职工证”发放工作。特困职工申报、调查、初审等具体工作由市总工会负责，报由市政府审定并发放“特困职工证”。申领到“特困职工证”者，享受子女上学、就医和个体营业方面的优惠政策，并可在市总工会一次性领取 500 元救济金。当年第一轮发放 83 人领取，此后每两

年发放一轮，至2021年已发放11轮。2005年11月18日，市人民政府下发《关于城镇“特困职工证”发放管理和完善特困职工扶贫帮困救助机制的意见》，明确发放对象、享受优惠政策等，市总工会负责“特困职工证”申报、发放管理工作。

2001—2021年句容市“特困职工证”发放情况一览表

表3-5-3

轮次	发放年份	发放人数（人）	一次性补助金（元）
一	2001	83	41500
二	2003	67	33500
三	2005	54	32400
四	2007	54	32400
五	2009	54	32400
六	2011	54	43200
七	2013	73	73000
八	2015	76	91200
九	2017	46	10000
十	2019	46	10000
十一	2021	45	78800

第六节　职工幼托、住宅、福利

一、职工幼托

1979年，县城有8个单位为解决女职工、双职工的子女无人照管的困难，因陋就简办起8所托儿所，入托幼儿200人。以后幼儿园、托儿所逐年增多。1982年，县总工会会同县妇女联合会对全县企事业单位的幼托工作进行检查评比，评出先进集体3个，先进保教人员11人。1984年，县工业局统筹资金12万元兴建幼儿园大楼。工程机械厂投资7万多元新建两幢幼托大楼，解决工业系统职工子女入园入托难的问题。1987年8月，县总工会、县卫生局联合表彰文明幼儿园4个，文明托儿所4个。至1989年，全县企事业幼儿园、托儿所有22个。

1981—1992年句容县职工幼儿园、托儿所情况一览表

表3-6-1

年份	幼儿园、托儿所总数（个）	工作人员		入园、入托儿童数（人）
		总数（人）	其中保教人员（人）	
1981	20		55	291
1982	29		75	770
1983	35		88	1189
1984				
1985	36	98	85	668

续表 3-6-1

年份	幼儿园、托儿所总数（个）	工作人员		入园、入托儿童数（人）
		总数（人）	其中保教人员（人）	
1986	34	116		923
1987	37	150	127	902
1988	31	114	90	872
1989	22	96	78	932
1990	27	103	90	1267
1991	27	114	97	1407
1992	28	135	97	1155

二、职工住宅

1956 年，县福利委员会组织县工会联合会等部门联合进行的职工生活调查表明：在工业、商业、供销社、粮食及农产品采购、银行、教育、卫生、机关等 8 个系统中，现有职工住宅面积仅有 9267 平方米，缺少 11430 平方米。工业、商业两系统急需解决住房的职工有 1212 人。职工租用私房房租偏高。为此，县福利委员会决定在兴建职工住宅的同时，保持现有租用私房面积，对因房租过高影响正常生活的职工由单位给予适当补助。当年全县建造职工集体宿舍 6254 平方米。供销社系统多方设法改善职工住宿条件，做到人人有固定铺位，基本消除睡柜台、住仓库的现象。

中共十一届三中全会后，政府和企业、事业单位采取兴建住房、私建公助等办法解决职工住房困难。1982 年，县邮电局工会通过深入调查，对 23 户住房确有困难的职工采取私建公助的办法加以帮助。1983 年年末，全县有工会组织的单位拥有集体宿舍 3.7 万平方米，入住职工 6004 人；有家属宿舍 5.9 万平方米，入住职工 1328 户。至 1986 年年末，全县有工会组织的单位拥有集体宿舍 10.5 万平方米，入住职工 10630 人；有家属宿舍 18.3 万平方米，入住职工 4994 户。

三、职工福利

“文化大革命”前，除规模较大的厂矿企业开办职工食堂外，各种集体福利事业很少。1960 年前后，经历连续 3 年严重困难，职工口粮定量下降，副食品紧张。在食堂就餐和自炊的职工都感到吃饱饭困难。面对这一情况，县总工会在句容县委领导下，动员基层工会协助行政，发动与组织职工自己动手大搞以蔬菜为主的自给性副食品生产。据 1961 年年末对 58 个厂矿企业单位的调查，搞副食品生产的有 37 个单位，种蔬菜 257 亩，饲养家畜 357 头、家禽 254 只。东昌煤矿从 1960 年到 1961 年年末，自产蔬菜 70 吨。下蜀中学种的蔬菜能够自给，有效地贯彻“低标准（口粮）、瓜菜代”的方针，使教职工在食堂吃得饱，同时伙食费也低，每人每月只需 7~10 元。1962 年下半年，基层单位执行镇江地委的指示，归还占用的农业耕地，因而自给性副食品生产大为减少。但许多职工家属利用房前屋后的零散空地种植蔬菜，以改善伙食，减少开支。东昌煤矿职工家属自种蔬菜的就有 126 户。

20 世纪 80 年代初，随着企事业单位数量增多，规模扩大，职工人数增加，兴办集体福利事业提上行政和工会的议事日程。1982 年，县总工会介绍推广县纺织厂、邮电局、工程机械厂等单位的经验。至 1983 年，全县基层单位开展职工集体福利事业 208 项，其中职工食堂 157 个，浴室 39 个，理发室 12 个（不包括幼托事业）。工业、交通等系统开展的职工生活后勤一条龙竞赛逐步广泛深入，按时评比，交流经验。1984 年县总工会会同有关部门评出先进单位、先进集体 37 个，先进个人 114 人。同年，县总工会召开食堂管理人员会议，按照省总工会发布的文明食堂评比条件，评出3个文明食堂。此后，文明职工食堂竞赛在城镇和矿山展开。为改善食堂的卫生条件，有25个职工食堂先后购置电冰箱。至1986年，全县职工集体福利事业又有增加，有职工食堂281个，职工浴室56个，职工医务室62个，职工理发室13个。县总工会重点抓好职工食堂，结合开展文明职工食堂竞赛，促进基层单位对119个职工食堂进行整顿，还培训炊事员65人。1987年，县总工会在文明职工食堂竞赛的基础上，组织开展创“五好”（班组建设好、服务质量好、饭菜质量好、经营管理好、安全生产好）职工食堂竞赛。8月，会同县卫生局进行检查评比，表彰“五好”职工食堂13个，先进炊事员19名。1989年，铜山钼铜矿厂职工食堂添置面包机、冷藏机，更新桌凳，改善食堂设施，受到就餐职工的欢迎。

四、为职工办好事

1983年，许多基层工会与行政方面同心协力，为职工办好事、实事。句容全县有矿山职工近5000人，他们远离城镇，生活比较艰苦，购买生活必需品又不方便。1984年，矿山系统工会与行政共同努力，开办粮油经销站和综合门市部，几个单位每月放车来回数十千米为职工买煤，还安装了自来水，从而为职工解决买米、买油、买煤和用水难的问题。水利农机系统工会为解长期工作在水库职工的后顾之忧，开展副业生产，解决255名职工家属的就业问题。1989年，铜山钼铜矿厂工会促进行政为采矿和选矿工人提高夜班津贴标准并浮动一级工资；为全矿151户职工家庭和公共场所安装闭路电视；成立矿区邮政代办所，更新电话总机，方便职工。

第七节　再就业服务平台

一、培育“上新岗、创新业”基地

1994年开始，市总工会推动下岗职工“上新岗、创新业”活动全面开展。1998年年初，市总工会专题研究并作出部署。市委成立“上新岗、创新业”活动领导小组，市委副书记金昌来任组长，副市长纪玉任副组长，市级机关14个部门的15位负责人为成员，领导小组办公室设在市总工会，由市总工会副主席黄胜利任办公室主任。同时，市总工会成立下岗职工“上新岗、创新业”活动领导小组，各局级（公司）系统工会成立相应机构。6月下旬，市总工会转发镇江市总工会《关于依法维护职工合法权益配合做好下岗职工工作的意见》。7月下旬，市总工会召开局（公司）、集团工会主席会议，专题部署“上新岗、创新业”活动。8月上旬，市总工会向全市各级工会发出《关于全面帮助国有企业下岗职工上新岗、创新业活动的通知》，下岗职工“上新岗、创新业”活动全面展开。

市总工会把下岗职工、特困职工情况的动态调查工作作为“上新岗、创新业”活动的重要内容之一，建立包括劳动模范在内的下岗职工季度报告制度、特困职工建档制度，对下岗职工的情况做到“七个清”：文化程度清、下岗时间清、生活保障清、再就业意向清、身体状况清、技能特长清、联系办法清。

1998年，市交通局采取多项措施，帮助下岗职工再就业。开辟客运新路线，客运公司先后开通10条省内新路线，帮助20多名下岗职工上新岗；开发新项目，投入21辆中巴车，开通4条城市公交线，安置70多名下岗职工再就业；起重装卸公司创办高层建筑清洗服务公司，在京阳水泥厂设立水泥装卸点，安置数十名下岗职工再就业；鼓励下岗职工自谋职业，为几十名下岗职工搞个体客运提供贷款担保和营运路线。当年，该局大多数下岗职工通过分流安置上了新岗。

1999年，市总工会先后组织200多名下岗职工参观下岗职工杨红梅创办的特种养殖场，介绍郑姗姗、刘红光等下岗职工再创业的先进事迹，以事实指导他们再就业。2003年，市总工会帮助下岗女工王明华投资20万元，在后白镇承包80亩岗坡山地，创办“农业科技示范园”；2004年，王明华创办“句容二次创业科技示范园”，被镇江市表彰为第二批“上新岗、创新业”示范基地。

2003—2012年句容市获得镇江市命名“上新岗、创新业”基地情况一览表

表3-7-1

基地名称	命名单位	命名时间
句容二次创业科技示范园	镇江市总工会、劳保局	2003年10月
镇江利生管业有限公司	镇江市总工会、劳保局	2004年12月
句容新天酒业有限公司	镇江市总工会、劳保局	2004年12月
句容市张晓林家电有限公司	镇江市总工会、劳保局	2004年12月
镇江大全铁路器材有限公司	镇江市总工会、劳保局	2008年12月
句容市万顺轻工机械有限公司	镇江市总工会、劳保局	2008年12月
句容龙瑞德纺织有限公司	镇江市总工会、劳保局	2008年12月
句容市怡源泰丰箱包有限公司	镇江市总工会、劳保局	2009年10月
句容市宏达毛纺厂	镇江市总工会、劳保局	2009年10月
镇江开元钢架安装工程有限公司	镇江市总工会、劳保局	2009年10月
句容市白兔镇云兔草莓合作社	镇江市总工会、人社局	2012年10月
江苏港峰亚太科技有限公司	镇江市总工会、人社局	2012年10月
郭庄镇绿野蔬菜专业合作社	镇江市总工会、人社局	2012年10月
茅山镇丁庄奶牛养殖专业合作社	镇江市总工会、人社局	2012年10月

二、再就业技能培训

1994年开始，国有、集体企业改革改制逐步深入，下岗职工逐年增多。市总工会把下岗职工再就业技能培训，培养下岗职工的“造血”功能作为重点工作之一常抓不懈。1998年，市总工会以工会职工学校为依托，开设微机、会计、经营管理等培训班，先后对200多名下岗职工进行职业技能培训，帮助下岗职工上新岗掌握新的技能。2000年，市总工会本级举办两期下岗转岗转业培训班，培训下岗职工358人，其中下岗女职工占64.2%，当年帮助104名下岗职工实现再就业。2002年，市工会职工学校对下岗职工及其家庭进行业务培训、岗前就业培训，截至2002年年底，市工会职工学校培训下岗职工793人次，帮助290名下岗职工实现再就业。

2007年，市总工会加大再就业技能培训工作力度，除市总工会本级开展再就业技能培训工作以外，指导和督促基层工会开展再就业技能培训工作，每年向各镇工会下达年度培训指标，年底进行考核，扩大再就业技能培训范围。2007年，全市参与再就业技能培训956人，652人实现再就业。2008年，全市培训下岗失业人员483人，405人实现再就业。2011年，600多名下岗职工参加创业普训，205人实现再就业。

三、创办创新果品市场

1998年6月，市总工会帮助困难企业原农机修造厂申报创办创新果品市场，它位于句容长途汽车站南端，属原农机修造厂荒芜多年的空地。同年8月28日创新果品市场试营业，市场占地面积为6000平方米，新建、翻建60多间门面房，建筑面积约为2000平方米，配备厕所、公用电话、食堂、住宿、小店等服务设施，预算资金45万元。市场由市总工会签约交给下岗职工陈道文承包经营，当年吸纳35户下岗职工依托门面房铺位经营各类鲜果。该市场后转给朱兆祥承包经营。2003年，有103名下岗职工进入市场经营。

第四章　职工文教体活动和工会女职工、法律、劳动保护工作

市（县）总工会成立后，重视工会组织建设和队伍管理。开展思想政治教育、中华人民共和国成立初期阶级教育和时事政策教育、工人阶级艰苦奋斗光荣传统教育及职工政治、文化、技术教育等；开展职工业余教育，创办县职工业余学校、市（县）工会职工学校、县教工星期学校；开展职工文体活动，建设县工人文化宫、溜冰场等。成立女职工委员会，开展女职工生产工作，采取对女职工特殊保护等关爱女职工措施。在劳动争议调解、职工信访、依法治会、创建劳动关系和谐企业（园区）等方面推进工会法律工作。建立劳动保护监督检查委员会，举行“安康杯”竞赛，创建企业劳动保护合格、示范工会，加强工会劳动保护工作。

第一节　职工教育

一、思想政治教育

1. 中华人民共和国成立初期阶级教育和时事政策教育

1950 年 4 月至 1953 年年底，县总工会在各集镇职工中进行启蒙阶级教育和时事政策教育，阶级教育内容是宣传工会法和进行共产主义教育。教育方法是开会作报告，配合当地党委举办业余党训班，并在城区、下蜀、龙潭、天王等镇的职工业余学校设立政治课，每周一次，由当地党委负责人讲课，教材是《共产主义与共产党》《怎样做一个共产党员》等，通过教育提高职工阶级觉悟。时事政策教育结合中国共产党中心工作和政治运动进行。1951—1952 年，在职工及其家属中普遍深入地进行抗美援朝教育，采用作报告、漫谈讨论、读报等形式启发职工控诉美帝国主义罪行，使职工认识到保家卫国必须抗美援朝、抗美援朝就是保卫和平，肃清职工及家属恐美亲美思想残余，提高爱国热情和劳动热情，以实际行动支持抗美援朝。龙潭镇职工听取中国人民赴朝慰问团传达报告后深受感动，掀起参军热潮，82 名青年工人自愿报名，4 人被批准参军。同时，向职工宣传增产节约和“三反”“五反”运动，使职工认识到开展增产节约和“三反”“五反”运动，是加强抗美援朝力量、加强国家工业建设的根本方针与方法。在土地改革、镇压反革命运动中，向职工宣传土改政策和镇压反革命分子的政策，动员职工支援农民兄弟的土地改革斗争，积极投入镇压反革命运动。

2. 过渡时期总路线宣传教育

1953 年 11 月，县总工会在职工中大张旗鼓地进行过渡时期总路线宣传教育。城区国营企业职工宣传贯彻总路线由句容县委宣传部直接领导，城区和农村集镇职工宣传贯彻总路线由县总工会和当地党委配合进行。宣传教育的方法是在城区、下蜀、天王等 3 所职工业余学校每周安排 2 节政治课学习贯彻总路线，并且由当地党委和县总工会领导不定期作报告，工会组织讨论。1953 年年底至 1954 年年初，广大职工普遍受到教育。城区私营企业 11 个基层工会、415 名职工普遍听过两次以上报告；410 多名职工从政治、经济、文化上算对比账。政治上：在旧社会工人受压迫受剥削，没有政治地位，被资本家打过的有

166 人；中华人民共和国成立后工人翻身做主人。生活上：在旧社会工人拿的工资不能维持生活，吃不饱、穿不暖。有的工人年关带着家属去讨饭，有的工人因家中贫困无力成家。中华人民共和国成立后，工人生活有明显改善，1953 年年底 48 名工人成家。文化上：在旧社会很多工人无钱上学成了文盲，现在 64 名工人的 87 名子女都进入了小学或中学学习。通过算账对比，提高工人的阶级觉悟，使其认识到只有跟着共产党走社会主义道路才是唯一幸福的道路。私营企业职工着重学习共产党对私营工商业利用、限制、改造的政策，协助政府做好对私改造工作；手工业工人通过总路线学习，积极要求走合作化道路。1955 年，向职工宣传贯彻粮食统购统销政策，许多家住农村的职工积极动员家属出售余粮，下蜀搬运工会工人动员家属出售余粮 9 吨。教育系统 970 多名教职员工通过总路线和统购统销政策的学习，认识到对小农经济进行社会主义改造，实行统购统销，是为了逐步消灭城乡资本主义剥削，让农民走共同富裕的道路，积极拥护统购统销，家住农村的教师也动员家属出售余粮。1955 年 9 月 20 日，县工会发出《学习“发展国民经济第一个五年计划”通知》。1950 年，组织职工学习毛泽东主席关于合作化问题的指示，工会职工业余学校每两周上一次农业合作化课，教育职工积极支援农业合作化运动，动员在农村有土地的职工及家属积极参加农业生产合作社。

3. 工人阶级艰苦奋斗光荣传统教育

1956 年下半年，在改善职工生活工作的过程中，由于思想政治教育做得不够，铺张浪费现象有所滋长，有些职工对文化生活的要求过高、过急。1957 年，开展增产节约运动，向广大职工进行勤俭建国、勤俭办企业、勤俭持家的“三勤”方针教育和工人阶级艰苦奋斗光荣传统教育，提高职工政治思想觉悟，转变片面追求福利现象，勤俭节约风气得到发扬。职工们动脑筋、找窍门、挖潜力，千方百计增产节约。印刷厂职工把作废品处理的碎纸屑制成酒瓶笺、小日记本等产品，1957 年上半年创造价值 700 余元。向职工进行勤俭持家教育，申请困难补助职工减少，1957 年基层工会福利费开支比 1956 年减少 51%。1957 年 10 月，句容县机关开展整风运动，县工会向职工进行整风运动意义和目的宣传教育，发动职工积极投入整风运动，帮助党和国家机关纠正工作中的缺点和错误。同时，职工受到一次深刻的社会主义教育。1958 年，全县各级工会广泛深入地向广大职工进行党的鼓足干劲、力争上游、多快好省地建设社会主义总路线的宣传教育。向职工宣传中共中央《一九五六年到一九六七年全国农业发展纲要（修正草案）》，使职工认识在优先发展重工业的基础上实行工农业并举方针的重要意义，从而更好地为农业生产服务，支援农业生产“大跃进”。1961 年，针对三年困难时期，职工对形势认识模糊，有职工出现不安心工作、纪律松弛等情况，各级工会教育职工加强团结，战胜困难，渡过难关。1962 年，在精简职工、减少城镇人口工作中，工会教育职工认识这是克服当前困难的一项根本措施，向职工宣传精简政策，动员职工响应党的号召，树立参加农业生产光荣的意识，做到去者愉快、留者安心。

4. 社会主义教育

1963 年年初，在党政机关和企业、事业单位中开展以阶级教育为内容的社会主义教育。县总工会同镇江地委和句容县委工作组在句容油米厂进行社会主义教育试点。该厂有职工 84 人，旧社会受过苦的 57 人，其中苦大仇深的 20 人。但是许多工人受到资产阶级思想影响和腐蚀，阶级觉悟不高。因此，工会采取忆苦思甜的方法对职工进行阶级教育，在大会或小组会上作忆苦思甜发言的有 75 人次。他们回忆在旧社会受帝国主义、反动派、地主资本家压迫和剥削的痛苦生活，揭露旧社会的罪恶。据 47 份诉苦材料统计，直系亲属被打死或逼死的有 5 人，被毒打的 17 人，生病无钱医治死亡的 6 人，讨过饭的 11 人，姐妹送给人家做童养媳的 2 人，这些悲惨事实激发了职工阶级仇恨，通过忆苦思甜使职工受到一次深刻的阶级教育，提高阶级觉悟。1963 年年底至 1964 年年初，为配合社会主义教育运动的开展，县总工会和县文化馆在县工人俱乐部联合举办阶级教育展览会。展览会以句容油米厂工人忆苦思甜材料为基础，内容有在帝国主义、封建主义、官僚资本主义三座大山压迫下旧中国的悲惨情景，有中华人民共和国成立后工人农民的幸福生活，有当前社会中和职工内部阶级斗争的具体表现。展览会以生动形象的阶级教育形式使职工受到一次深刻的阶级教育，参观展览的人数有6508人。社会主义教育提高了职工的阶级觉悟，打击了歪风邪气，发扬了正气。句容油米厂工人以前劳动纪律松弛，工作积极性不高，33人出去做私活，影响生产。通过社会主义教育，工人自觉地批判和克服资产阶级的思想影响，安心搞好生产。1964年12月至1965年7月，江苏省委组成句容县社会主义教育工作团，在全县城乡开展声势浩大、规模空前的社会主义教育运动，各单位职工在工作队的领导下投入社会主义教育运动，县工会干部参加县级机关的社会主义教育运动。

5. 四项基本原则教育

1979年，在句容县委的领导下，县总工会同句容县委宣传部一道，在句容拖拉机厂进行“坚持社会主义道路，必须坚持无产阶级专政，必须坚持共产党的领导，必须坚持马列主义、毛泽东思想”四项基本原则教育试点。该厂教育方法是：按照根据四项基本原则编写的教材讲课，组织职工讨论。通过教育，职工政治觉悟提高了，政治氛围浓了，生产干劲大了，违反纪律的人少了，好人好事多了。其他厂矿企业、学校参照拖拉机厂的做法对职工进行四项基本原则教育。1987年，全县各级工会组织，根据句容县委的指示精神，在职工中进行四项基本原则教育和反资产阶级自由化斗争，在教育中普遍做到六个结合：坚持四项基本原则教育与当前形势和政策教育结合，坚持四项基本原则教育与思想、道德、纪律教育结合，坚持四项基本原则与加强社会主义民主和法制教育结合，坚持四项基本原则与“双增双节”（增产节约增收节支）运动结合，坚持四项基本原则教育与更新观念结合，坚持四项基本原则教育与日常教育结合，寓教育于各种活动之中，推动精神文明建设。县公安局、句容织布厂、工程机械厂、化肥厂、城镇集体商业公司等基层工会，采用百科知识竞赛和文娱活动等形式宣传四项基本原则，取得较好效果，促进厂风厂纪的建设。

6. 职工政治、文化、技术教育

1981年，为适应新形势需要，围绕经济调整，加强职工政治思想工作，全县各级工会普遍组织职工学习中共中央《关于建国以来党的若干历史问题的决议》，对职工进行马列主义毛泽东思想再教育。林业系统基层工会针对部分职工不安心生产、采茶量一度下降的情况，组织职工学习决议，并利用广播、黑板报等宣传工具宣传中国共产党十一届三中全会以来的路线、方针、政策，稳定职工思想情绪，调动职工生产积极性，超额完成茶叶生产任务。全年产茶6813.5担，比1980年增长17.8%。1982年，组织职工学习中国共产党第十二次全国代表大会文件，在思想上、言论上、行动上与中共中央保持一致。工业、交通、基建、财贸系统举办各种学习、培训和补习班155期，参加学习人数8500余人，普遍对职工进行形势、政策、法制教育及文化、业务、技术教育，取得明显成效。县邮电局举办9期学习班和培训班，参加学习的职工172人，占职工数的69%。通过学习，职工主人翁思想提高了，工人阶级光荣感增强了。1983年，全县各级工会进一步加强职工的政治教育，发扬职工的工人阶级主人翁精神，积极投入严厉打击刑事犯罪活动，限制和清除精神污染，保证经济建设顺利进行。工业、商业、供销社联社等8个单位举办各种脱产政治学习班11期，参加学习的职工511人，使广大职工受到一次生动的爱国主义和共产主义思想教育，提高了职工的思想觉悟和生产积极性。县纺织厂连续三年跨出三大步，产值年平均递增15%以上。1984年，句容县实行经济体制改革和机构改革，各级工会加强经济改革中思想政治和文化、技术教育，提高职工政治、文化素质。许多企业单位把智力开发放在首位。工业、交通、基建、财贸系统普遍举办政治、文化、技术学习班；供销、粮食系统举办会计、统计、业务专业知识和文化补习班9期，受教育职工1655人；纺织厂“双补”（补习初中文化知识和补习初级技术）合格355人，占该厂“双补”对象的64%。在“五讲四美三热爱”活动中，各基层工会利用各种阵地对职工进行形势、职工道德和法制教育，鼓励职工为“四化”建设、为振兴企业做贡献。1985年，县总工会在县第二农机修造厂召开工业、交通、建材、财贸等系统工会主席参加的政治工作经验交流会。主要经验是抓龙头，进行综合预防；学英雄，树立榜样；交朋友，帮助后进；请进来（请律师上法律课），走出去，学习外地先进经验；等等。该厂政治工作做得好，上半年产值增长 39.1%，利润增长 35.7%。工程机械厂青年职工在“六五”计划期间踊跃参加初中文化补课，到 1985 年年底初中文化补课合格率达到 95%，初级技术补课合格率达到 91%，较好地完成“六五”期间的“双补”任务。随着职工文化、技术素质的提高，产品质量也显著提高，TFL-1A 型翻斗车获建设部优质产品称号，ECY15 型翻斗车获省优质产品称号。1986 年 3—5 月，在句容工程机械厂、第二农机修造厂、盘龙岗硫铁矿、中百公司等 4 个单位对职工政治思想状况进行一次抽样调查，大部分职工拥护经济体制改革，认为近 7 年是中华人民共和国成立以后最好时期之一的占 19.5%，认为形势大好、问题也不少的占 34.6%，认为经济形势好、社会风气不好的占 41%，认为整党以来党风明显好转的占 55%，认为党风不如从前的占 6.7%，认为经济体制改革是建设中国特色社会主义强国的必经之路、表示拥护的占 84%。句容工程机械厂等单位职工在座谈会中列举形势好有 4 个方面：政治上安定团结；全国人民齐心协力搞“四化”；国家财政收入逐年增加；党风在逐年好转。许多基层单位还对职工进行“四有”教育，提高职工主人翁意识，促进生产发展。句容酒厂通过“四有”教育提高经济效益和社会效益，全年产值 570.5 万元，超计划 23.4%，人均产值 5.54 万元，创利税 156 万元，创造历史最好水平。1988 年，职工“厂兴我荣，厂衰我耻”的主人翁思想普遍建立。县地毯厂、县服装厂生产产品打入国际市场，享有很高的声誉。1989 年 4 月中旬至 6 月上旬，全县各级工会组织在句容县委的领导下，认真做好稳定职工队伍工作，旗帜鲜明、立场坚定地带领广大职工坚守生产岗位，对稳定全县大局势起重要作用。

7. 开展振兴中华读书活动

1983 年，在职工中开展振兴中华读书活动。句容工程机械厂是开展读书活动的试点单位。该厂把学习《邓小平文选》作为大事，召开车间、科室、班组会议，层层动员，制订计划，确定专人负责，当年全厂参加读书活动职工 311 人。该厂还向兄弟厂矿企业发出《关于开展读书活动的倡议》。当年全县其他厂矿企业建立读书小组 197 个，参加读书活动职工 2860 人，购书 3150 余册。县总工会组织 115 名读书骨干参加学习《邓小平文选》辅导报告，商业系统组织开展读书演讲会。职工华思萍、居长荣参加镇江商业系统读书演讲活动获得第三名。地毯厂 50%的职工自愿参加振兴中华读书智力测验活动，把读书活动进一步推向高潮。1984 年，句容工程机械厂建立 31 个读书小组，315 名职工参加读书活动，占青年职工的 70%。青年工人王晓旺用 250 元购买各种书籍，刻苦学习，考上山东大学语文系自修班，并被评为省振兴中华读书活动积极分子。该厂组织 1 个有 10 名职工参加的读书演讲组，到各车间巡回演讲，推动读书活动的深入发展。工业、商业、供销社系统组织读书活动巡回演讲小组，到全县各地演讲，受教育职工 2800 多人。1984 年，全县建立振兴中华读书活动小组 214 个，参加读书活动的职工 3475 人。1985，全县职工读书小组发展到 253 个，参加读书活动的职工 4159 人；建立各种兴趣小组 298 个，参加活动的职工 1147 人；有些还开展演讲、知识竞赛和经验交流活动。为推动职工读书活动深入开展，1985 年 11 月，县总工会召开振兴中华读书活动先进集体和先进个人表彰大会，表彰先进集体 3 个、先进个人 41 名。工程机械厂小件车间读书小组获“全国先进集体”称号，受到共青团中央和全国青年联合会表彰。1987 年，参加读书自学活动的职工 4393 人，其中结合本职工作学习的 3657 人，35 岁以下的青年工人 3504 人；工人 2778 人、科技管理人员 1407 人、领导干部 208 人。按学习内容划分：学习社会科学 1211 人、学习文化技术 2452 人、学习自然科学 445 人、学习其他内容 285 人。表彰奖励自学成才者 25 人，其中省表彰奖励 1 人；建立自学指导委员会 18 个。1991 年，全县参加读书自学活动的职工 7175 人，读书自学小组 114 个，读书自学指导委员会 3 个。1992 年，全县参加读书自学的职工 9978 人，读书自学小组 122 个。

8. 开展“创企业精神，树主人翁形象”主题教育活动

1993 年，根据省总工会部署，县总工会在全县职工中开展“创企业精神，树主人翁形象”主题教育活动。全县各级工会坚持把提高职工队伍的思想政治素质和文化技术业务素质作为加强职工思想政治教育的重点，采用政治轮训、画廊宣传、组织兴趣爱好小组活动、举办厂报专题栏目、读书、演讲、向英

模学习，以及举办各类技术业务培训班等多种形式，对职工进行建设有中国特色社会主义理论、党的基本路线和社会主义市场经济基本知识的教育，开展群众性的“90年代主人翁形象设计”活动，焕发职工与企业利益共存、同舟共济的主人翁责任感，使之成为推动企业深化改革、加快发展的强大精神动力。全县1万多名职工坚持读书自学，5000多名职工参加岗前、岗位和技术晋级培训。1994年，县总工会先后两次召开全委（扩大）会议，进行具体部署，各基层工会制订具体实施计划。县总工会选择工程机械厂等单位作为主题教育的先行单位，两次召开现场会，总结经验在全县加以推广。组织1000名职工参加省总工会组织举办的“社会主义市场经济知识”竞赛。基层工会结合本行业、本单位实际，开展具有特色的活动，纺织工业公司开展树百名文明职工活动，江苏东华酒业饮料有限公司开展增效益树文明标兵活动，等等。1995年，市总工会把“创、树”活动与争当先进相结合，县纺织工业公司开展争当模范、立功竞赛、树百名明星、夺红旗活动；与文明生产劳动竞赛相结合，江苏东华酒业饮料有限公司把“创、树”活动纳入文明生产竞赛内容，量化考核，开展“企业有困难，我们怎么办”大讨论，增强企业凝聚力和职工责任感；与重大节日活动相结合，许多基层工会在“三八”“五一”等重大节日广泛开展文体活动，寓教于乐；教育工会把“创、树”与“师德”风采相结合，开展“正师德、扬师德”活动。

1998年，市总工会把“三学、三树、实施三项工程”主题教育与句容市委组织部开展的职业道德教育、争当文明职工活动融为一体，开展以职业道德为重点内容的“五爱三德”教育。为推动全市教育，市总工会把培训职业道德教育宣讲骨干作为关键环节来抓，把原则要求与企业职工的实际情况及职工的思想脉搏紧密结合，指定专人撰写宣讲材料。6月，举办职业道德教育骨干培训班，组织各局级（公司）系统工会主席作为骨干参加培训，由此推动各系统举办基层企业的教育培训班，对组织广大职工全面教育起到作用。8月，市总工会在抓好一批试点单位的基础上，召开全市“职业道德”教育经验交流会。“爱岗敬业”是教育的重点。企业深化改革，减员增效，职工下岗分流，是社会的一个热点，也是广大职工普遍关注的问题。解决好职工的思想问题，是职工道德教育的一个实质问题，也是一项艰巨的任务。市总工会对在岗职工提出“今日工作不努力，明日努力找工作”的口号，以增强在岗职工的爱岗敬业的精神，百倍珍惜自己的工作岗位；对下岗职工进行转变就业观念的教育，以下岗职工杨红梅创办特种养殖企业、实现二次创业的先进典型等身边人、身边事的先进事迹为教材，引导下岗职工确立新的择业观念，克服计划经济条件下单一就业的传统观念。在教育活动中，突出行业、企业的不同特点。商业、供销等服务性窗口行业，着重进行以爱岗敬业、精神文明为核心内容的“形象工程”教育，以塑造良好的企业和员工的社会形象。市自来水公司等社会性较强的服务行业，则着重进行岗位道德规范建设，各个岗位制订工作标准，以达到社会效益和经济效益的有机结合。根据市委的要求，由基层单位自下而上地推选出38名“爱岗敬业”先进典型，市总工会遴选20名向市委推荐，由市委审定10名予以表彰。

9. 开展“两争一树”活动

2003年9月，市总工会制定下发《关于在全市建设学习型工会、实施职工素质工程的意见》，在全市职工中开展“两争一树（争创学习型组织，争做知识型职工，树新时代职工形象）”活动。句容国税局工会把建设学习型女职工组织作为公务员考核、任用和单位评先评优的内容之一，激励学习热情。全局40名女干部中参加本科学习的有12人，参加注册会计师、注册税务师、经济师等职称考试的有9人，全局有大专以上文凭的女干部35人，具有计算机中级职称的女干部有34人，具有英语中级证书的有6人，具有经济师、会计师职称的有24人。市总工会拓展“两争一树”教育内涵，在全市职工中开展“讲信誉、讲认真、讲卫生”教育。讲信誉，做到在厂内外规矩中守纪律、在家庭中尊敬长辈守孝道、在社会中待人接物守信誉；讲认真，做到做小事不怕麻烦，认真到位，抓质量不含糊，点滴不放，干工作一丝不苟，争创一流；讲卫生，做到厂区绿化美化无杂物、厂房设备清洁无死角、室内窗明几净无灰尘。2003年，获镇江市总工会表彰的“五一文明班组（科室）”6个、“五一文明示范岗”4个。2004年6月，市总工会在句容电视台“阳光公务”栏目播放《工会风采》，反映全市各级工会落实科学发展观所取得的成绩，展示全市广大职工在经济建设主战场发挥出的主力军作用。全市各级工会大力开展职工技能培训工作，全市有冲剪工、缝纫机工、电焊工、普通车工、架头工、机电工、钳工、电子操作工等10多个工种的3829名职工参加了岗位技能培训。表彰“五一文明班组”10个、“五一文明示范岗”10个、“文明职工”10名，培树职工素质工程示范单位10个、“知识型职工”10名。2007年，在全市职工中开展“学礼仪、讲文明、树形象”教育。选送16名基层工会干部到省总工会干部学校和镇江市总工会学习培训，有32507名职工参加“江苏省一办法六条例”“劳动合同法”和职业技能培训学习。是年，培树省级学习型典型示范1个，3名职工获“江苏省知识型职工”称号；培树句容市学习型组织示范单位、学习型班组共10个，知识型职工10名。镇江天力变压器有限公司油变车间线圈班等2个集体被表彰为镇江市“五一文明班组（科室）”，句容三泰服装辅料有限公司服装设计岗等2个岗位被表彰为镇江市“五一文明岗”，3名职工被评为镇江市文明职工。同时，评选出句容市“五一文明班组（科室）”10个、“五一文明岗”10个、文明职工10名。2008年，选送19名基层工会干部到省总工会干部学校和镇江市总工会培训学习，有3万余名职工参加有关法律法规和职工技能培训学习。培树句容市学习型组织示范单位10个、学习型班组10个、知识型职工10名。句容市昌达公路养护工程有限公司工程队等2个单位被评为镇江市“五一文明班组（科室）”，2名职工被评为镇江市文明职工。同时，评选句容市“五一文明班组（科室）”10个、“五一文明岗”10个、文明职工10名。2011年，开展镇江市级“文明职工”“五一文明班组”“五一巾帼标兵岗”“五一巾帼标兵”评选活动。3月，市总工会举办3期创业普训班，对有创业意识的下岗、特困职工及社区居民进行创业的相关优惠政策介绍、创业的典型案例分析、创业的实现途径等基本知识的培训，各镇工会组织培训600多名职工。2014年，市总工会在句容电视台设立“中国梦·劳动美”专题栏目，宣传报道劳模先进事迹。组织开展第五届职工读书节活动，发放《我的兄弟，我的姐妹——一个工会主席的家访周记》读本300册，组织4名职工参加“我为苏南现代化示范区做贡献”征文演讲比赛。组织女职工参加“最美杜鹃花”主题征文活动，并获得“幸福女性，快乐生活”征文优秀组织奖。联合句容市委宣传部等部门开展“学习型机关、学习型企业、学习型家庭”三项学习型组织评选活动，江苏盛邦家俱制造有限公司等5个企业获得“学习型企业”称号。做好市创建“江苏诗词之乡”职工组牵头工作，成功培树市华通客运有限公司、市供电公司、句容兴文包装有限公司为诗词创建工作示范企业。实施文化达标工程，有9个单位获评镇江市企业（职工）文化建设示范单位。

图4-1　句容市总工会开展“送法律、送文艺、送健康”活动之“送文艺”活动，构建企业和谐劳动关系

2015年，市总工会在全市职工中组织开展“中国梦·劳动美”学法用法知识竞赛，报纸参赛1.5万份、网上参赛5500人，联动开展劳动法律宣传服务月活动，进企业做好法制宣传服务，为职工普及法律知识，引导广大职工提升遵纪守法和维护自我合法权益的法治意识。2016年5月，市总工会注重先进引领。评选出33名句容市劳动模范，与句容电视台联合推出“劳动者之歌”专题报道，对劳模先进事迹进行为期30天的宣传报道。2017年4月，句容市自来水总公司水费营业厅、江苏新顺福食品有限公司行政人事科被镇江市文明办、镇江市总工会授予“镇江市五一文明班组（科室）”称号。

二、职工业余教育

1. 县职工业余学校

1950年下半年，在城区建立第一个职工业余学校，当年参加学习的职工有324人，有老年工人读报组3个，学习人数占全员数的94%。1951年，天王、下蜀、龙潭等镇先后建立职工业余学校，其他小集镇职工参加当地工农业余学校学习。1952年，4所职工业余学校有26个班，参加学习职工1294人；有速成识字班4个，参加学习职工164人；有老年读报组4个，有专职教师6人、兼课教师35人。职工业余学校开设班级有普通班、中级班，城区职工业余学校设有1个高级班。普通班以识字为主，并设有政治常识、算术、音乐等课程；中高级班以语文、数学为主，并设有政治、地理、音乐等课程。速成识字班的学习对象为18~40岁、识字不超过500的职工，要求在150~160小时内（两个半月）识字2100个左右，并且会读、会讲、会写、会用（会看通俗书报，会写200~300字的短文和书信）。1953年8月，龙潭镇工会随地区划归南京市，全县还有城区、天王、下蜀3所职工业余学校，有21个班，参加学习职工777人。

1956年，整顿城区、天王、下蜀3所职工业余学校，大力动员和组织职工入学，3所职工业余学校入学人数8109人，城镇各基层工会参加学习职工占应入学人数95%以上，有19个班级，其中有识字班、普通班、高小班；天王职工业余学校设有1个初中班，有专职教师3人、兼课教师30人。1958年，扫盲工作在原有基础上巩固提高，要求做到会认、会讲、会写、会用，并在城镇、天王、下蜀3所职工业余学校开设初中班，增加技术课。1958年以后，工农业生产迅速发展，职工队伍不断扩大，职工教育出现蓬勃发展新局面。1959年8月，江苏省总工会常委扩大会议指出“中央规定职工教育交给工会办”，提出“教育为无产阶级政治服务，教育与生产劳动相结合的方针”也是职工教育的方针。但职工教育与学校教育不同，学校以教育为主加劳动，工厂以生产为主加教育，因此，贯彻职工教育方针应强调“结合生产，统一安排，因材施教，灵活多样”的原则，政治、文化、技术教育统一安排，学习时间要求每周安排6~8小时，并要求工会主席抓职工教育工作。当年的职工教育工作进一步发展，除城镇、天王、下蜀3所职工业余学校外，在城镇出现以厂办学，有厂办职工业余学校11所，入学人数1129人，占应入学人数的91%。参加各种班级学习的人数是：扫盲班351人、高小班387人、初中班361人，有专职教师2人、兼职教师46人。

1959年12月，句容县文教局、财政局、总工会发出《关于职工业余教育经费问题的联合通知》，要求按工会法由行政拨交给工会经费，其中37.5%作为职工业余教育经费，此项经费不足由各单位行政方面补足全部差额；职工业余学校经费由工会管理，采取收费办法，各基层单位按入学人数交纳学费，尚未成立工会的单位由厂矿企业行政负责全部经费，在企业提成里开支；收费标准：扫盲班、小学班每人每学期4.5元，初中班每人每学期5.5元，高中班每人每学期6.5元。1960年3月22日，县委宣传部、工业部、财贸部，县文教局，县总工会，共青团句容县委，以及工业、交通、财贸、林业等部门负责人召开会议，传达省职工业余教育工作会议精神。决定在正常情况下保证职工每周有6~10小时时间学习政治、文化、技术。为便于加强对职工教育工作的领导，在句容县委统一领导下，采取条块结合的办法抓，各主管科局在抓生产的同时抓职工业余教育，在各人民公社范围内的县属厂矿企业、国营场圃由当地扫盲干部统一抓。之后，召开各人民公社、县属厂矿企业、国营场圃及城镇、天王等职工业余学校参加的扫除文盲、普及业余教育誓师动员大会，根据形势需要学政治，根据生活需要学技术，根据技术需要学文化，一定把业余教育搞上去。1960年8月，全县有职工业余学校43所，除原有3所镇办职工业余学校外，有40个厂矿企业办起职工业余学校，参加学习职工9043人，占应入学职工的94%，其中扫盲班1046人、高小班3076人、初中班4041人、高中班83人，有专职教师5人（其中基层专职教师3人）、兼职教师197人。许多厂矿企业还以职工业余学校为基础，开展群众性扫盲运动，取得了显著效果。

1959—1960年扫除文盲1041人，句容布厂等34个厂矿企业成为无文盲单位。有些单位在教学中帮助职工解放思想，纺线车间工人将短支线改成长支线、将人跑式绕线机改成半机械化，提高工效5~7倍，提前40天完成1959年的产值任务。

1960年下半年，厂矿企业调整布局、精简下放职工，职工业余教育工作贯彻巩固、调整方针，要求有条件办学单位都要办，在教学中贯彻政治、文化、技术三结合的原则，既系统地提高职工的文化知识，又结合中心运动和生产实际，为中心运动和生产服务。城镇原来以厂办学为主，调整布局、精减职工以后，由于工厂规模较小，职工人数多、文化程度不齐，编班、教学、师资都有困难，因此改为集中办学，使城镇职工业余学校得到巩固和发展。1953—1961年，城镇、天王两所职工业余学校扫除文盲456人，小学毕业生126人中提高到初中程度的有58人。许多职工通过学习从不识字到能写会算。1962年上半年入学人数486人，占青壮年职工的78%，其中初小班3个82人、高小班142人、初中班4个181人、高中班2个81人。1963年城镇、东昌煤矿两所职工业余学校坚持开学上课，1963年下半年入学人数459人，其中扫盲班119人、高小班176人、初中班136人、高中班28人。1964年下半年由于开展城乡社会主义教育运动，城镇职工业余学校停课，东昌煤矿职业业余学校坚持上课，入学人数196人，其中扫盲班28人、初小班50人、高小班77人、初中班41人。

1965年，通过社会主义教育运动，职工政治热情非常高涨，积极学习毛泽东主席著作，钻研技术业务，学习文化要求迫切。江苏省委社会主义教育工作团城镇分团把职工业余文化教育列为思想建设内容，县总工会和城镇分团发动和组织城镇职工参加业余文化学习，出现大办业余教育高潮。1965年下半年参加城镇职工业余学校的职工574人，来自城镇31个企事业单位；设有扫盲、初小、高小、初中、高中等班级，并有英语班和珠算班，适应职工的学习要求。教学内容贯彻突出政治、结合生产原则，结合语文教学学习毛泽东著作，既学语文知识又学毛泽东思想；结合生产工作学习英语和珠算，在内燃机修配厂开办看图知识专业班。1966年“文化大革命”开始，职工业余学校停课。

2. 市（县）工会职工学校

句容县工会职工学校于1979年开始筹建，1980年建立教室4间，添置课桌凳100套，11月办起2个英语班、1个数学班，学员130人，专职干部1人，兼课教师2人。学生由企业基层工会和行政共同推荐，经复习考试合格录取。经费采取学员按规定交纳学费的办法，在基层工会教育经费中列支，不足部分由行政补助，书籍基本由学员自理。1981年，2个英语班合并为1个班，增设高中语文2个班、机械制图1个班，数学班还有8人听课。5个班学员215人，增加专职教师1人。

1981年，贯彻中共中央、国务院《关于加强职工教育工作的决定》，许多单位自办文化和技术班。句容县人民医院举办中级英语班1个班35人，初级英语班1个班45人，中技班1个班5人；句容县供电局举办初中文化班1个班25人，中技预备班1个班20人；句容县邮电局举办初中文化班1个班25人，电工班1个班30人；句容工程机械厂举办中技班1班35人；句容县工业局举办电大专科班1个班13人，全县9个班275人。此外句容县劳动局和县总工会联合举办锅炉、电焊培训班3期90人。1983年，根据全国总工会地方办学要本着“积极量力，注重青工，应需补缺，业余多样，速成适用”的指示精神，根据社会需要调整学科，开设12个班，学员712人。其中，初中4个班154人，高中8个班558人，结业121人。1983年青年职工文化普测，有少数职工没过关，要求职工学校为他们补习提供条件。因此，增设2个初中数学班，经过半年学习有68人考试合格，占90.3%。

1983年，句容县电视大学经济系招生，办2期高中补习班，学员173人。经过两个多月补习，考取电大84人。1984年下半年，增加到14个班，学员973人。其中，初中3个班212人，高中8个班526人，技术培训3个班235人，结业262人，考取电大41人，考取中专36人。学员通过学习提高政治文化素质，被选拔到领导岗位8人。1984年根据生产和工作需要，开办机械制图、实用美术、文秘应用文等班级。暑假前后，开办3期服装裁剪缝纫班。1985年，办学规模进一步扩大，下半年有17个单科班，学

图 4-2 1995 年 11 月，句容县工会职工学校 1993 级电视中专企管班毕业合影

员 870 人次，计 584 人。其中，初中 3 个班 284 人，高中 12 个班 583 人，大专英语班 39 人，教学工作仍以补习为主。同时，由于职工“双补”（补习文化、技术）进入尾声，从本学期开始把教学重点转到高中以上学科上来。职工学校有专职教职员工 3 人，相对稳定的兼课教师 15 人，有教室 5 间 330 平方米，课桌凳 160 余套。职工学校恢复 5 年单科结业生 1200 多人，经复习考取电大、中专 200 人。

1987 年，职工教育在转轨变型上进行探索，探讨联合办学，办学方式向开放式过渡。修订办学计划，充实教学内容，开办综合类班级有会计 1 个班，学员 38 人，结业 25 人；财务管理 1 个班，学员 20 人，结业 14 人；机械基础 1 个班，学员 29 人，结业 15 人；金属材料 1 个班，学员 21 人，结业 11 人；青年保建班 2 个班，学员 19 人，结业 19 人；基层工会干部培训班 2 个班，学员 103 人，结业 103 人；基层工会女工干部培训班 1 个班，学员 23 人；班组长培训班 5 个班，学员 150 人，结业 139 人；全县 9 科 15 个班，学员 513 人，结业 448 人。文化类有高中语文、数学、政治、历史、地理 5 科 11 班，学员 589 人，结业 356 人。1987 年开设的适应社会需要的综合类班级，把职工岗位培训作为重点，在学科、班级、结业率上都超过文化类班级，职工学校的改革发展达到一个新水平。

职工学校重视对基层工会干部集中培训。1986 年开始，班组长培训工作筹备。1987 年上半年，由县总工会带头，联合县计划经济委员会、县劳动人事局、县培训中心共同开办。第一期是师资培训班，学员 49 人，这期学员经过挑选，政治文化素质较高，回去以后承担本单位班组长培训工作，对班组长培训工作推动较大。水泥厂、钼铜矿厂、布厂、缫丝厂、地毯厂等单位自办班组长培训班，培训班组长 220 人。到 1987 年，职工学校从 1980 年恢复以后办 95 个班（含单科），入学人数 5134 人，毕业或结业 1725 人。其中，初中 471 人，高中 913 人，中技 304 人，电大 37 人。职工学校毕业后考取电大 159 人，考取中专 87 人，经过学习被选拔到局、科（股）、公司、厂级领导岗位的学员 19 人。1988 年，继续在“转轨变型”启发下开拓前进。虽然在生源和师资上遇到许多困难，但经过努力仍然开办 27 个班，学员 961 人。其中，高中文化班 12 个班，学员 568 人次；中级技术培训班 6 个班，学员 73 人次；岗位培训班 1 个班，学员 19 人次；工会干部培训班 4 个班，学员 138 人次；其他培训班 4 个班，学员 163 人次。1988 年，直接为生产和工会建设服务的班级超过文化类班级。企业法班、班组长培训班和青年保建班等受到市、县的好评。

1990 年，职工文化培训进一步发展。职工学校办各种文化培训班 22 个，培训学员 1459 人（次），其中高中文化补习班 10 个，学员 1015 人，办企业管理中专班 4 个，受训 188 人。1990 年 6 月，职工学校开始在大卓乡开办企业管理中专班 1 个，学员 50 名，县总工会从人力、财力上给予支持。1991 年，职工学校有兼职教师 30 名，职工中专班学员 90 人，专业证书班学员 20 人，高中班学员 424 人，专业技术培训班学员 75 人，岗位培训班学员 92 人，其他学习的学员 120 人。1992 年，职工学校兼职教师 35 名，高中班学员 80 人，大专班学员 30 人，岗位培训学员 230 人，其他学员 301 人。1993 年，有 1400 名职工参加职工学校文化学习。1995 年，职工学校为适应经济建设需要，筹资 25 万元，购置电脑 32 台，有 600 名干部职工参加电脑学习，办各类文化班 5 个。1999 年，职工学校开办中华会计函授、电大、高中补习等 14 个班，400 多名学生，还对 100 名在岗职工和 30 多名下岗职工进行培训。2003 年以后，由于生源缺乏，职工学校办学逐步停止。

1980—1999 年部分年份句容市（县）职工学校办学情况一览表

表 4-1-1

年份	小计		初中		高中		技术		干部培训		层次	
	班级（个）	人数（人）	班级（个）	人数（人）	班级（个）	人数（人）	班级（个）	人数（人）	班级（个）	人数（人）	大专	中专
1980	3	131			3	131						
1981	4	207			3	152	1	55				
1982	8	408	2	112	4	206	2	88				
1982	1	14									机械	
1983	12	712	4	154	8	558						
1983	1	24									企管	
1984 上	12	482			12	482						
1984 下	14	973	3	212	8	526	3	235				
1985 上	11	497	3	137	5	293	3	67				
1985 下	12	736	3	231	9	505						
1985	1	16									党政	
1986 上	10	520	3	139	8	309			1	72		
1986 下	9	471	1	45	6	337	2	89				
1987 上	7	301			5	234	2	67				
1987 下	8	396			6	355	2	41				
1987	11	405							11	405		
1988 上	11	383			6	239	3	34	2	60		
1988 下	13	520	2	102	6	295	5	123				
1989 上	8	578	3	174	5	404						
1989 下	13	776			5	474			8	302		
1989	1	74										企管
1990	18	1459	8	444	10	1015						
1990	4	188										企管
1991		821				424		75		212	110	
1992		641				80		301	230			30
1993		1400				1400						
1995		600						600				
1999		530			14	400		130				

3. 县教工星期学校

1952 年 4 月，句容县教工星期学校在城上辅导区和城区建立；同年 6 月，句容县教育工会筹委会将城上辅导区和城区建立星期学校的情况写成总结材料发到全县各区，并召开基层工会主席会议传达贯彻苏南行政公署关于建立星期学校的指示，对建立教工星期学校作部署，以后各区星期学校相继建立。至 1952 年 10 月，全县建立教工星期学校 31 所。

教工星期学校是以辅导区建立的，校委会是星期学校领导机构，成员由学员民主选举产生，其中包括完小校长、教导主任、工会干部、教师代表，一般7~9人；推选正副校长各1人，一般是由完小校长和工会主席担任；校委会下设教导、组织、总务、文体4个股，分别负责各项工作。教工星期学校的学员是教师，有的星期学校也吸收群众教师和知识青年参加。星期学校教师从教师中产生，有的是由校委会聘请，有的是民主推选或由各课组指定，某一教师在某一方面有长处就请他担任这方面的课程。星期学校的课程设置，有时政、语文、算术、歌舞、体育、小学行政、工会基本知识、少先队工作、卫生知识等。各星期学校根据具体条件和教师要求课程设置有多有少，并且和平时教学工作相结合，基本上是"教什么学什么，缺什么补什么"。观摩教学和各种会议也安排在星期学校举行。星期学校配有一些文娱、体育用品，如康乐球、象棋、乐器和球类等，学员利用空隙时间进行活动，有的还成立戏曲小组。

星期学校对提高教师的政治、业务水平起了一定作用，帮助教师解决一些教学工作中的困难。八区单班小学教师高公衙，以前不会唱歌，教音乐有困难，在星期学校学会唱歌，并学会简单乐理，解决了教音乐的困难。星期学校活动增加了教师的来往，促进了教师的团结。城区4所小学的教师以前互不通气，成立星期学校后，大家在一起学习和活动，一个年级教师共同成立一个教研组，集体备课，提高教学质量。1954年上半年，城镇教工星期学校的活动逐步转变为业务讲座，其他星期学校也陆续将活动改为业务讲座和观摩教学。业务讲座内容是怎样备课、数学教法、写作前指导、怎样批改作业等。以后星期学校逐渐被业务讲座、观摩教学等形式代替。

第二节　职工文体活动

一、职工文艺

中华人民共和国成立初期，职工业余文艺活动很活跃，城区、天王、下蜀等主要集镇成立职工业余剧团，经常配合党的中心工作和政治活动进行演出活动。配合抗美援朝和土地改革运动，天王职工业余剧团演出《不朽的母亲》《九件衣》等；下蜀大众剧团演出《刘胡兰》等；城镇职工业余剧团演员施恒忠（搬运工人）和张才胜（布厂女工）演出锡剧《双推磨》；施恒忠和沈士年（搬运工人）合说相声《逛新城》等文艺节目受到广大职工的欢迎。职工业余剧团设有腰鼓队，逢年过节举行庆祝活动，腰鼓队走上街头为群众表演。每年春节各镇工会组织工人与农民联欢。1954年2月3日，城区工人代表队79人，下午2时到大同乡农业生产合作社，以集中形式开展活动，与孙国仁、所玉庭互助组进行座谈，用图片进行宣传，晚上7时演出文艺节目。2月4日下午，在城区召开工农代表座谈会，工人代表19人，农民代表16人。首先由工、农代表致词，然后分组漫谈，晚上举行文艺晚会。1955年春节期间，有80多名工人组成代表队，到城郊三台阁县中心农业生产合作社和北阳门、周家岗等农业生产合作社进行访问，携带新中国和苏联工农业生产发展的图片进行宣传，并准备小型文艺节目进行慰问演出，通过访问，巩固和加强工农联盟。天王、下蜀等镇工会组织工人到农村进行访慰问。1956年，社会主义改造高潮以后，镇工会撤销，职工业余剧团逐步撤销。

"大跃进"开始至"文化大革命"前，由于多种原因，职工文艺活动不够活跃。基层工会陆续建立职工俱乐部。1965年，全县有基层职工俱乐部27个。俱乐部建立后，职工文艺活动由俱乐部组织。

十一届三中全会后，县总工会立即恢复县工人俱乐部（后名县工人文化宫），吸引职工中部分文艺爱好者开展文艺活动，推动基层职工文艺活动恢复和发展。至1984年，全县有基层职工文艺团队7个，参加的职工122人。当年，县总工会举行职工文艺调演，许多基层工会和基层俱乐部积极组织职工编排文艺节目争取参加调演。调演中，县化肥厂、油米厂、工程机械厂等单位职工演出的16个优秀节目获县总工会颁发的创作奖和演出奖。县化肥厂职工通过参加调演成立职工文艺宣传队，经常排练、演出节目。在庆祝中华人民共和国成立35周年文艺会演中获创作三等奖和演出二等奖，并挑选节目参加镇江市职工文艺调演获演出二等奖、创作三等奖。一些基层单位职工文艺活动在开展演出的同时，开展创作活动。1986年，全县有职工文艺创作组3个，参加的职工135人。

1990年，全县基层单位有电影放映队4个，业余文艺团队18个，业余文艺创作组27个，各类兴趣爱好小组45个。1991年，全县有业余文艺团队11个，参加人数155人，有兴趣爱好小组47个，参加人数515人。1992年，在“三八”妇女节活动中，各级工会组织全县14000多名女职工开展各类健康向上的文体活动，县总工会举办规模较大的职工交谊舞大奖赛。1998年4月下旬，市总工会开展庆“五一”宣传周活动，活动内容包括职工百科知识竞赛及黑板报联展、庆“五一”劳模联欢会、歌咏舞蹈等。同时，全县工会上下联动，整体推进，在不同层面上展示新时期工人阶级风采。1999年，在“五一”、国庆、迎澳门回归之际，市工人文化宫举办职工文艺演出、灯谜晚会。

2000年，市总工会举办庆“五一”职工文艺汇演。2001年，市总工会与南京老山制药有限公司联合举办庆“五一”文艺演出。2002年，市总工会先后组织开展“庆元宵职工文艺演出”“庆五一劳模联欢会”“仲夏之夜新世纪广场大型职工文艺演出”。2003年“五一”期间，举办表彰劳模大型文艺联谊会；10月，举办“劳动者之歌”广场文艺晚会。2006年4月，市总工会在市邮电大楼多功能厅举办庆“五一”职工文艺汇演；10月，市总工会举办“咱们工人有力量”广场文艺晚会。2007年4月29日，市委宣传部、市总工会、市广播电视局联合举办“劳动者之歌”文艺晚会暨劳模表彰会。在镇江市组织的“五一”庆祝大会上，市总工会组成217人的方队参加活动。在镇江市建立工会80周年庆祝活动中，市总工会组成80人的合唱团参加庆典。2008年，市总工会举办大型职工广场文艺演出。

2015年，市总工会举办“五一”广场文艺晚会，联合市城管局组织慰问环卫工人专场文艺演出。联合市委宣传部在全市开展纪念抗日战争胜利70周年文艺汇演工作，组织30强企业选送参演节目9出。2016年，市总工会联合有关单位开展“颜真卿书画大赛”、首届“句容好声音”全民歌唱比赛。2018年，市总工会开展“工会杯”系列职工文体活动，走进江苏港峰科技集团、乐智电子科技和宝华镇仓头村开展“奋斗者之歌”送文化进企业文艺汇演。2019年，以庆祝中华人民共和国成立70周年为主线，组织全市职工开展“礼赞祖国　劳动最美”职工朗诵比赛、职工征文比赛、“歌唱祖国”主题歌会。2021年，市总工会开展“永远跟党走　劳动谱赞歌”职工摄影比赛，评选优秀作品58幅，积极营造庆祝中国共产党成立100周年浓厚社会氛围。

二、职工体育

1950年5月，工会组织建立以后，就在职工中开展业余体育活动，发动和组织职工做广播操，开展球类活动等。1954年，基层工会有篮球队14个，参加人数139人。1956年，2个基层工会建立排球队，参加人数70人。1956年5月1日，句容县总工会举行第一届职工体育运动会，比赛的项目有男子组田径急行跳高、急行跳远、撑竿跳高、铅球（7.257千克）、铁饼、手榴弹（5米）和10米、200米、400米、800米赛跑；自行车1500米、5000米。比赛选拔出1名职工选手参加江苏省第一届工人体育运动大会。1957年5月1日，县工会同县体育运动委员会举办第二届职工运动会，由于天气原因，只举行篮球比赛，分项目未能举行。1959年基层工会有各种体育运动队32个，参加人数206人。

1961年以后，职工体育活动进一步开展，特别是职工篮球和乒乓球活动比较普遍。句容印刷厂有26名职工，除2名老工人外，24名职工经常参加乒乓球运动。1963年，县总工会举办全县职工乒乓球比赛，参加比赛职工32名，其中女职工5名，选拔出2名职工参加镇江地区职工乒乓球比赛。“文化大革命”中，职工体育活动受到严重影响。1973年重新整健工会以后，职工体育活动逐步恢复和开展。县总工会和县体育运动委员会多次举办各种体育比赛，特别是球类比赛。

1980年，基层工会有篮球场25个，各种体育运动队51个，参加人数353人。1981年“五一”劳动节，县总工会同县体委、共青团句容县委等部门，共同组织了28个基层单位有9个篮球队、12个男女拔河队、22个乒乓球队和16个象棋队800多名运动员参加的群众性比赛活动，历时半个月，举行预、决赛296场次。1982年，县工人文化宫每逢重大节日即会同有关部门开展各种形式的体育比赛。如“三八”国际劳动妇女节组织有17个基层单位参加的女子拔河比赛，国庆节组织有24个单位参加的球类对口比赛。当年成立职工体协组织4个，各种业余体育运动队28个，参加人数391人，举办体育比赛单位103个，比赛168场次，参加人数1390人。1983年9月，县工人文化宫协助县矿业局举办第四届矿山运动会，参加运动会的男女运动员有188人，比赛的项目有篮球、男女拔河、乒乓球和象棋等。年底，全县有职工体协组织6个，专职干部2人、兼职干部23人，各类球队42个，参加人数共414人；举办体育竞赛的单位69个，比赛77次，参加人数1478人。1984年，县总工会组织体育运动代表队参加镇江市第二届职工运动会，在排球、篮球、足球、乒乓球等比赛中有58名运动员获得奖牌、奖状和物质奖励。当年，全县各级工会体育活动比较活跃，举行比赛88次，参加人数2326人次。基层有篮球场28个，各类球队52个，参加人数781人。1987年，基层有篮、排球场共66个，各类球队93个，参加人数963人，举办体育比赛177次，参加人数2402人。句容纺织工业公司根据青壮年职工层次不同的特点，举办多种形式体育比赛活动。如女子拔河赛、女子自行车障碍赛，“纺织杯”职工围棋赛、象棋赛，男子“金梭杯”篮球赛等。该厂篮球队在1987年全县职工篮球赛中取得第三名。1987年，公路管理站举办“公路杯”职工篮球邀请赛，5个单位参加比赛，参加人数100余人。1988年，全县各级工会举行体育比赛125次，参加人数2601人，参加体育医疗活动的23人，参加气功活动的77人，参加健美操活动的69人。1988年，工程机械厂举行各种体育比赛达36次。句容铜铜矿厂工会经常会同有关部门开展文娱、体育活动。1989年，矿业公司举办第二届象棋锦标赛，在节日期间举办篮球、乒乓球、拔河等比赛。

1990年，全县有各类球队19个，篮、排球场共11个，职工体育比赛60场，参加人数722人。1991年，全县有篮、排球场共14个，各种体育运动队34个，317人，体育比赛75次，877人次参赛。1999年“五一”期间，市工人文化宫举办职工乒乓球比赛。2007年4—6月，市总工会和市文化体育局联合举办全市非公有制企业首届职工运动会，为期两个半月。运动会设乒乓球、象棋、羽毛球和“炒地皮”4个项目，有57个非公有制企业的138名职工参赛。2008年，在镇江市第十三届运动会中，市总工会荣获“镇江市群众性体育先进单位”称号，市男子篮球队摘得男子篮球赛桂冠。2009年在镇江市庆“五一”系列活动中，市总工会选派的由6人组成的县（处）级干部乒乓球团体赛中跻身16强。

图4-3 句容县文化宫广场职工拔河比赛

2012年，市总工会组队参加镇江市总工会举办的职工乒乓球比赛，获得镇江市团体第五名。为了喜迎中共十八大召开，深入贯彻句容市《全民健身计划（2011—2015年）》，进一步推动全民健身活动的蓬勃发展，市总工会、市文化广电体育局、市篮球协会联合举办句容市首届“和谐杯”职工篮球赛。市总工会主办、江苏华电有限公司协办、市黑与白围棋协会承办举行了“华电杯”职工黑与白围棋比赛。2013年，市总工会率队参加镇江市第十四届运动会，获得职工男子篮球比赛第二名、男子乒乓球比赛团体第七名和女子团体第五名，市总工会代表团获得职工部优秀组织奖。2015年，市总工会组织开展职工篮球、象棋比赛。组队参加镇江市职工乒乓球比赛，在女单、男单和团体赛中获得好成绩。2017年，市总工会组织开展“工会杯”职工象棋比赛、足球比赛。组织职工参加镇江市第十五届运动会职工部篮球、乒乓球、排球、羽毛球和足球等项目比赛并获得较好成绩，其中在篮球比赛中获得第二名。

三、职工文化活动阵地

1956 年 10 月，句容县工人俱乐部经江苏省工会联合会批准开工兴建；1957 年 5 月 1 日，县工人俱乐部建成开放。俱乐部有平房 15 间，内设图书室、阅览室、乐器室、棋类室、乒乓室、讲演室，室外有篮球场、排球场。县工人文化宫建成前后，部分基层工会恢复或兴办职工俱乐部。1958 年上半年，全县有 18 个基层俱乐部。基层俱乐部一般有图书和乐器、乒乓球、羽毛球、篮球等文体用品。未建俱乐部的基层工会多数设图书室或图书箱。1959 年，基层工会有图书室 46 个，有图书 10052 册。

1965 年，全县有基层俱乐部 27 个。“文化大革命”开始后，县工人俱乐部停止活动，财产遭到严重破坏和损失。1971 年，根据句容县委决定，县工人俱乐部全部房产移交给句容拖拉机厂。1976 年，重新筹建句容县工人俱乐部；1978 年年底，建成对外开放。县工人俱乐部设在工会大楼二、三楼内，面积 600 多平方米，有图书室、阅览室、球类室、棋类室、电视室等 5 个活动室。1979 年，县工人俱乐部改名为句容县工人文化宫。

1981 年 3 月，县工人文化宫溜冰场动工兴建，同年 12 月底建成，1982 年 2 月对外开放。文化宫平均每天开放时间在 6 小时以上（下午和晚上），节日开放时间达 10 小时，全年接待职工及家属 12 万人次以上。图书室藏书近 1 万册，每天接待读者 30 多人，阅览室有各种报刊 140 多种，每天平均接待读者 80 多人。象棋、围棋、乒乓球、康乐球等每天有 100 多人参加活动；电视室有 180 多个座位，全年接待观众 25000 人次。同时，还会同有关单位开展各类球赛、棋赛、画赛、迎春长跑、文艺汇演等文化体育活动，参加活动约 1000 余人次。1985 年工人文化宫全年开放 318 天，溜冰场开放 156 天，图书室、阅览室、棋类室、乒乓室、娱乐室等接待职工群众 6 万人次，溜冰场接待 25000 人次；组织职工体育比赛活动 6 次，参加活动 800 余人次；参加和组织文艺会演和文艺活动 12 次，参加活动 450 余人次；配合有关部门组织报告会、座谈会、纪念会 6 次，参加活动 2700 人次；组织科技活动 3 次，参加活动 200 人次。做到节日有大活动，月月有小活动。工人文化宫恢复初期，活动经费靠县总工会拨款，每年拨款 10000 ~ 15000 元（不包括工资），1982 年溜冰场开放以后开始有经济收入，并逐年增加，每年收入 7000 ~ 12000 元左右（包括工作人员工资在内），县总工会每年补助 10000 ~ 15000 元，1988 年以后实行经营责任制，1989 年全年收入达 30000 元，从此解决了工人文化宫靠县总工会拨经费的问题。1989 年文化宫增加电视录像室（投影）、儿童电动车、桌球等活动项目。同时，基层工会也逐步兴办一些文化设施。1990 年，基层工会有图书室 22 个，专职工作人员 1 人，藏书 17776 册。1990 年，全县有基层职工俱乐部 32 个，图书室 87 个，藏书 99500 册。1991 年，全县有基层职工俱乐部 32 个，图书室 77 个。随着经济体制改革不断深入和经济结构不断深化调整，国有集体企业绝大部分改革改制成为非公有制企业，同时大量的外商投资企业、民营企业迅速发展。基层工会职工俱乐部等文化基础设施大多不复存在，职工文体活动文化生活被企业忽视，职工文化生活需求不能得到应有的满足。

按照江苏省总工会关于工人文化宫清理整顿的要求，2020 年 9 月 23 日，市总工会向句容市委提交《关于加快我市工人文化宫建设的请示》，建议市委、市政府采取购置的方式，将市体育训练馆产权整体移交给市总工会，然后由市总工会结合上级的要求将此改造成工人文化宫，实行宫馆联办。

四、职工文化建设

2012 年 7 月 19 日，句容市委办公室转发《镇江市委办公室　镇江市政府办公室关于加强企业职工文化建设的实施意见》。市总工会把企业职工文化建设列入镇级工会规范化建设、企事业单位建设“职工之家”，以及创建和谐劳动关系企业的内容，实行年度考核。下蜀镇投入资金 2000 万元，建设融舞台、球类场所等为一体的大型职工文艺中心。港商投资企业江苏建华管桩有限公司把职工文体活动设施与厂房一道设计、一道建设，文体活动设施有篮球场、排球场、乒乓球室、小型影视厅、图片阅览室等，职工集体宿舍安装了电视，职工参加文体活动有场所、有项目。每年春秋两季，工会组织职工开展篮球、羽毛球比赛，每周一、三、五放映电影，每个周末举办小型舞会，职工书屋每天晚上19时至21时开放。在“七一”“中秋”“国庆”“春节”等重大节日期间，广泛开展职工文艺演出、篮球比赛、拔河比赛、联谊活动等富有创意、丰富多彩的文娱活动。该公司地处距句容城区近30千米的下蜀临港工业区，虽然位置偏远，但职工安心在企业上班，基本上没有出现职工外流现象。该公司成为以加强职工文化建设助推企业和谐发展的先进典型。台商投资企业句容台泥水泥有限公司建有完备的职工文体活动阵地，每年举办职工体育活动。该公司工会选送《采茶舞》舞蹈节目，参加市总工会举办的“咱们工人有力量”大型广场文艺演出，并参加镇江市职工文艺汇演。2012年，镇江市企业（职工）文化建设示范单位创建工作领导小组办公室组织开展集中检查考评，句容市邮政局、江苏华电句容发电有限公司、江苏建华管桩有限公司、江苏句容农村商业银行股份有限公司、句容市兴文包装有限公司、中国移动通信江苏有限公司句容分公司、中国电信股份有限公司句容分公司和江苏省电力公司句容市供电公司8个单位被命名为“首批镇江市企业（职工）文化建设示范单位”。2013年有9个企业被命名为“镇江市企业（职工）文化建设示范单位”。2014年有9个企业被命名为“镇江市企业（职工）文化建设示范单位”。

2016年，市总工会服务“书香城市”创建工作，开展“书香进企业”活动；指导建设华电句容发电厂“职工图书馆”。2017年9月，句容地方税务局被全国总工会宣传教育部命名为“职工书屋示范点”。2020年加强“书香企业”“职工书屋”创建工作。是年，江苏省总工会、江苏省全民阅读办命名句容市供电分公司为第三批江苏省“书香企业”建设示范点；命名江苏句容投资集团有限公司为2020年江苏省工会“职工书屋”示范点。到2020年年底，全市企事业单位建立“职工书屋”34个。2021年，市总工会坚持文化普惠，开设瑜伽、太极拳培训班，开展“书香工会”阅读推广，走进学校、企业举办阅读分享主题教育，充分调动广大职工参与全员阅读的积极性。

第三节　女职工工作

一、女职工委员会

1. 市（县）总工会女职工委员会

县总工会第一届女职工委员会　1990年7月25日，县总工会作出《关于组建“句容县女职工委员会”的决定》，由徐峰等27名委员组成句容县女职工委员会。县人大常委会副主任吕岩、县政协副主席高培丽任名誉主任，县计经委副主任王守钊、县劳动局副局长贾世华、县司法局副局长董萍任顾问，县总工会副主席徐峰任主任，县总工会生活女工部部长凌根娣、县纺织公司工会主席徐玉珍任副主任。

县总工会第二届女职工委员会　1994年5月27日，县总工会作出《关于句容县总工会第二届女职工委员会的批复》，由黄华平等23名委员组成句容县女职工委员会。高培丽、姜红梅任名誉主任，董萍任顾问，黄华平任主任，凌根娣、徐玉珍任副主任。

市总工会第三届女职工委员会　2005年11月10日，市总工会作出《关于句容市总工会第三届女职工委员会的批复》，由15名委员组成句容县女职工委员会。吴小香、葛蓉任名誉主任，刘明任顾问，余成萍任主任，凌根娣、刘泽玉任副主任。

市总工会第四届女职工委员会　2009年3月3日，市总工会作出《关于市总工会第四届女职工委员会组成人员的决定》，由21名委员组成句容县女职工委员会。葛蓉任名誉主任，余成萍任主任（2017年

1 月 9 日，张元慧任主任），程萍、赵丽任副主任。

2. 基层工会女职工委员会

1982 年，全县建立基层女职工委员会 22 个。1991 年以后，县总工会按照《工会女职工工作条例》规定，加强女职工组织建设。在女职工 25 人以上的基层企业、事业单位，建立工会女职工委员会；在女职工不足 25 人的企业、事业单位工会委员会设立女职工委员，在外商投资企业和乡镇企业中设立女职工委员。1994 年 5 月，句容县第二次女职工代表大会指出，在女职工满 25 人的基层单位建立女职工委员会，在女职工不足 25 人的基层单位必须设立女职工委员。2004 年以后，市总工会坚持基层工会女职工委员会与基层工会委员会同步组建、同步换届选举的原则，并把基层工会女职工委员会的组建基线定为 10 名女职工，并以此为基准全面有效地推进全市工会女职工组织建设，促进各级女职工组织按年年有目标、组建有计划、任务有考核的要求开展工作，全市基层工会女职工委员会组建率保持 100%。2021 年年末，全市有女职工的工会 841 个，建立女职工委员会 841 个，设立女职工委员的工会 16 个。

1982—2021 年部分年份基层工会女职工委员会情况一览表

表 4-3-1

年份	女职工委员会（个）	女职工兼职干部（人）	女职工（人）	女会员（人）
1982	22	331		
1985	37	537		
1988	52	355		
1989	57	419		
1991	71	521	14383	11232
1992	72	530	14383	11232
1993	60	441	14390	11276
1994	79	604	15943	15343
1995	314	959	14530	13134
1996	312	954	13506	13299
2002	317	377	18342	17305
2008	342	958	21712	21310
2012	941	942	46553	44946
2013	1012	1012	48836	47371
2014	1141	1141	52978	51441
2015	1227	1227	55579	53976
2016	1278	1278	56945	55472
2017	1294	1294	57543	56316
2018	1294	1294	57552	56324
2019	847	843	42626	41972
2021	841	841	40060	39490

二、女职工生产活动

1. 开展“巾帼建功、巧手奉献”竞赛

1991—1995 年，市总工会女职工委员会组织全市（县）广大女职工投入以“双增双节”为主要内容的社会主义劳动竞赛和“巾帼建功、巧手奉献”竞赛活动，为促进企业生产和提高企业经济效益贡献智慧和力量。各级工会女职工委员会围绕全市（县）经济目标，以及企业生产经营中的重点、难点，发动广大女职工开展“我为企业献计献策”活动，取得成果。县地毯总厂女职工秦素娥为单位设计出新图样，受到全国总工会表彰。县化肥厂女职工陈沫技改项目成绩显著，受到省总工会表彰。县人民医院内科主任刘小宝热心为病人服务，被评为县劳动模范。科技、教育、文卫等领域的女知识分子为全县经济建设和各项社会事业发展做出贡献。1992年，县纺织工业公司工会为发挥占职工总数70%以上职工的作用，大力开展织机操作工岗位练兵技术比赛活动，有2人次创万米无疵布，39人次创百轴无疵轴，9人次创季度无漏修，7人次创月度无漏验。在镇江市纺织工业公司举办的“金梭杯”操作大比武运动会中，操作工王正华获操作三等奖。

2. 实施“巾帼绘九五、巧手争奉献”五大行动

1996年8月，江苏省总工会女职工委员会印发《关于“九五”期间开展“巾帼绘九五、巧手争奉献”活动的意见》，要求全省各级女职工委员会组织和带领广大女职工开展“学习成才、岗位立功、二次创业、爱心奉献、文明家庭”五大行动。

1998年，市总工会培树下岗女职工杨红梅等再创业先进典型，引导下岗女职工树立新的择业观念，自谋职业，自主创业，向非国有制非公有制企业转移。市总工会积极配合政府有关部门做好铜山钼铜矿厂、缫丝厂、制革厂等企业的下岗女职工分流安置工作。1998年2月，市总工会被镇江市人民政府表彰为“再就业工作先进单位”。4月，下岗女职工刘红光被镇江市总工会表彰为“再创业工作先进个人”。2003年，下岗女职工王明华创办“农业科技示范园”。由于此处位于后白镇延福鸡毛山，是距离后白集镇3千米的偏僻岗坡山地，因此未通有线电视。2004年6月，市总工会投入4000元，帮助王明华架设有线电视。王明华创办的“句容二次创业科技示范园”被镇江市表彰为第二批“上新岗、创新业”示范基地。

2001年3月，镇江市总工会作出《关于表彰工会女职工工作先进集体和先进个人的决定》，授予句容市总工会女职工委员会、句容市电信局工会女职工委员会“镇江市实施‘五大行动’先进集体”称号；授予汤云、曹慧、史筠“镇江市岗位成才女职工”称号；授予江苏一马先集团工会女职工委员会“镇江市爱心奉献先进集体”称号；授予孙玉兰家庭“镇江市文明新风家庭”称号。

3. 开展争创“五一巾帼标兵岗”“五一巾帼标兵”活动

2006年4月，市总工会发出《关于开展争创“五一巾帼标兵岗”“五一巾帼标兵”活动的通知》，要求全市各行各业女工人、女科技人员、女管理人员开展“双争”活动。12月，市总工会作出表彰决定，授予江苏省句容高级中学女职工委员会等11个单位“五一巾帼标兵岗”（含省市级），授予冯正梅等18名女职工“五一巾帼标兵”称号。2008年3月，市总工会再次作出表彰决定，授予华阳镇财政所等16个单位句容市“五一巾帼标兵岗”称号，授予董梅芳等20名女职工句容市“五一巾帼标兵”称号。2009年，市总工会表彰4个“五一巾帼标兵岗”，6名“五一巾帼标兵”。

4. 实施“三学三比三提高”女职工素质提升工程

2008年3月，市总工会印发《关于实施“三比三学三提高”女职工素质提升工程的意见》，即学理论，比思想，不断提高女职工的思想道德素质；学文化，比发展，不断提高女职工的科学文化素质；学技能，比贡献，不断提高女职工的岗位技能素质。市总工会女职工委员会在全市开展“女职工素质自我达标”活动，通过宣传，推广市电信公司工会女职工委员会、市供电公司工会女职工委员会成功经验，以点带面推动女职工素质提升工程向纵深发展。市总工会女职工委员会以全市经济建设为中心，结合女职工特点，不断创新女职工技能竞赛载体，每年举办1~2类适合女职工职业技能的竞赛活动。同时，探索技能培训和技能竞赛相结合的新路子，为女职工实现“一职多能”铺路搭桥，并向全市广大女职工推荐一批好书，促进女职工岗位学习、岗位成才。全市有89个单位工会女职工委员会开展“女职工素质提升工程”活动，参加经济技术创新工程的女职工527人，参加各种技能竞赛的女职工1324人，提升技术

职称或职务的女职工 1050 人，学历水平提升 1 个档次的女职工 1940 人。

三、关爱女职工

1. 女职工特殊保护

女职工“五期”保护和妇女病普查普治　20 世纪 70 年代后半期，各级工会积极配合有关部门进行妇女病普查普治，建立女职工卫生室和淋浴室。1977—1984 年，县总工会会同县妇幼保健站每年对厂矿企业单位女职工进行妇女病普查普治，受检率达 89%，妇女病的发病率从 39.2%下降至 13%。1984 年工业、交通、财贸等系统接受妇女病普查的女职工 751 人，治疗妇女病患者 724 人。县纺织厂和县缫丝厂是女职工多的企业，企业行政、工会对女职工的特殊保护很重视，对孕期、产期的女职工，组织做好产前检查，依法给予产假休息。纺织厂女职工淋浴室、冲洗室设备好、服务好，多次受到有关部门表彰。

1986 年，全县接受妇女病普查的女职工 2533 人，其中患病的 492 人及时得到治疗。句容酒厂重视女职工“五期”（经期、孕期、产期、哺乳期、更年期）保护，凡女职工主动进行人工流产的，经工会建议，行政安排适当休息时间，人工流产的医药费由行政报销。该厂每年组织女职工接受妇女病普查，对患病者及时进行治疗。全县企业女职工冲洗室逐步增加，至 1988 年有 16 个。1994 年 5 月 27 日，县总工会第二次女职工代表大会工作报告：各级女职工委员会依照法律法规，认真做好妇女病的普查普治工作，普查普治率达 70%左右，同时，切实做好女职工的“五期”保护工作，使女职工特殊利益得到保障。20 世纪 90 年代后半期起，逐步实行社会保障制度，许多企业、事业单位在实行养老、医疗、工伤保险的同时，为女职工办理生育保险。2003 年，市总工会会同市劳动保障部门，对全市 200 多个企业执行《中华人民共和国妇女权益保障法》《女职工劳动保护规定》情况进行执法检查。

2004 年起，市总工会将女职工“五期”特殊保护、妇女病普查、生育保险等内容列入企业签订的《女职工权益保护专项集体协议》，以契约的形式督促用人单位保护女职工的特殊利益。2005 年 3 月，市总工会、市卫生局和市妇女联合会在全市妇女中联合开展普查普治疾病工作，重点对妇女生殖道肿瘤、乳房肿瘤进行普查普治。2008 年 2 月，市总工会、市妇女联合会和市卫生局联合开展妇女病普查普治工作，重点对已婚妇女（包括离退休妇女）生殖道恶性肿瘤、乳房肿瘤做到早期检查、早期发现、早期治疗。2009 年，全市有 9812 名女职工参加体检。2016 年“三八”妇女节期间，市总工会免费为市区困难女职工进行两癌筛查，对患癌女职工进行专项慰问。2017 年“三八”妇女节期间，对全市特困女职工家庭进行慰问，组织全市育龄妇女免费体检，进行两癌筛查。2019 年 3 月，市总工会、市卫健委和市妇女联合开展妇女病普查普治工作。

签订《女职工专项保护集体合同》　2004 年 2 月，市总工会发出《关于开展签订女职工权益保护专项集体协议工作的通知》，决定在女职工 100 人以上的企业开展签订女职权益保护专项集体协议。协议的主要内容有三个方面：女职工劳动权利、保障就业权利、同工同酬待遇等；女职工劳动保护执行《女职工劳动保护规定》，落实“五期”特殊保护、妇女病普查普治、生育保险、计划生育的优待和奖励；女职工文化教育权益、全面提升素质进行的职业教育和技术培训。年底，全市 23 个企业签订协议。

2006 年 10 月，市总工会、市劳动和社会保障局和市发展改革和经济贸易委员会联合印发《关于加强女职工特殊保护专项集体合同工作的意见》，要求要围绕女职工劳动权益的热点、难点问题，特别是女职工经期、孕期、产期、哺乳期特殊保护的落实问题，男女同工同酬、平等受教育等问题开展专项协商，签订女职工特殊保护专项集体协议。2009 年，全市签订《女职工特殊保护专项集体合同》企业达到 149 个。2010 年 6 月，市总工会、市人力资源和社会保障局、市发展改革和经济贸易委员会和市工商业联合会联合开展女职工特殊保护专项集体合同联合检查。至 2020 年年末，全市有 385 个企业签订女职工特殊保护专项集体合同，覆盖女职工 19540 人。

2. 女职工计划生育工作

1983年，全县有女职工2000余人，为做好计划生育工作，提倡晚婚晚育和控制人口增长，基层工会把工作做到班、组、家庭和人头。化肥厂工会在贯彻计划生育基本国策中，大力开展宣传活动，利用黑板报、橱窗、标语牌、宣传车等各种形式，广泛深入地宣传计划生育的重要意义，制订晚婚、晚育、少生、优生计划，对已婚夫妇逐人落实避孕措施。县纺织工业公司有女职工680人，计划生育工作面广量大。公司工会从基础工作抓起，即建立健全计划生育和晚婚晚育台账，及时和行政部门联系，制订生产计划的同时，下达计划生育指标，层层落实，纳入经济责任制。对未婚青年大力宣传晚婚晚育的优越性，帮助他们树立正确的恋爱观、婚姻观、生育观，防止早婚。对育龄妇女经常做思想工作，帮助她们采取节育措施，计划生育工作和晚婚晚育工作成绩显著。

3. 女职工思想教育

“八五”计划期间，全县各级工会女职工委员会以增强广大女职工“自强、自立、自尊、自信”精神为重点内容，加强广大女职工思想教育。坚持以增强女职工主人翁精神作为思想教育主旋律，采取政治轮训、开辟厂报专题栏目、读书、演讲和向英模学习等形式，进行全面系统的教育。县地毯总厂、县水泥厂、县纺织工业公司、金猴机械（集团）公司，以及粮食、商业、交通、供销等系统的单位，联系实际对广大女职工进行“职业道德、社会公德、个人品德、家庭美德”教育，增强广大女职工的“自强、自立、自尊、自信”精神。

4. 女职工文体活动

1982年，县工人文化宫每逢重大节日即会同有关部门开展多种形式体育比赛。“三八”妇女节期间，组织17个基层单位参加女子拔河比赛，国庆节组织有24个基层单位参加的球类比赛。1987年，县纺织工业公司工会举办女子拔河比赛、女子自行车障碍赛。1990年“三八”妇女节期间，市总工会组织女职工开展劳模、先进生产（工作）者先进事迹演讲活动。8月，在镇江市总工会举办的先进人物、先进事迹演讲比赛中，县农业银行女职工周慧敏获一等奖。1992年“三八”妇女节期间，全县14000多名女职工开展各种健康向上的文体活动，县总工会举办规模较大的职工交谊舞大奖赛。20世纪90年代上半期，在每年的“三八”妇女节期间，全市各级工会女职工委员会组织广大女职工开展多种形式的文体娱乐活动。

图4-4　句容市总工会组织女职工进行插花培训

2002年，市总工会举办“仲夏之夜新世纪广场大型职工文艺演出”。2003年，市总工会举办“劳动者之歌”新世纪广场文艺晚会。2008年，市总工会与市建设局和市交通局联合举办女职工健身舞比赛。2014年，市总工会组织女职工参加“最美杜鹃花”主题征文活动，获得“幸福女性，快乐生活”征文优秀组织奖。全市各级女职工委员会组织广大女职工开展庆“三八”妇女节文体等形式活动，成为女职工组织一项正常工作。2016年5月26日，镇江市总工会授予句容市总工会“最美杜鹃花——职场女神随手拍”活动优秀组织奖。2020年1月，市总工会获镇江市总工会2019年全市女职工读书征文活动特别组织奖。

第四节　工会法律工作

一、劳动争议调解

1. *劳动争议调解组织*

企业劳动争议调解委员会由企业行政负责人、工会主席和职工代表三方面人员组成，一般由企业工会负责人任主任。1990 年，全县建立企业劳动争议调解委员会 164 个，调解委员会工作人员（兼职）563 人，其中职工代表 253 人、企业行政代表 158 人、工会代表 152 人。1994 年，全县 200 多个企业及企业化管理的事业单位建立劳动争议调解委员会。1995 年，广泛开展创合格劳动争议调解委员会活动，在企业及企业化管理的事业单位充实完善 186 个劳动争议调解委员会，按照合格劳动争议调解委员会 10 条标准，逐条对照，进行完善和改进，合格率为 60%。2000 年，由于经济结构调整，大量国有、集体企业改制为非公有制企业，加上大批外资、私营企业成立，原有的企业劳动争议调解委员会大部分随着企业解体而不复存在，新建企业还未建立劳动争议调解组织。为此，市总工会加强企业劳动争议调解组织建立，建立国有、集体企业劳动争议调解委员会 45 个，组建率为 100%；建立非公有制企业劳动争议调解委员会 151 个，组建率 80. 7%。2000 年以后，坚持在企业建立工会委员会，同步组建工会女职工委员会、工会经费审查委员会和劳动调解委员会的“四同步”原则，在保持原有的企业劳动争议调解委员会的基础上，每新建一个基层工会委员会，即新建一个劳动争议调解委员会，劳动争议调解组织建设得到加强。至 2021 年，全市建有劳动争议调解委员会 430 个。

2. *劳动争议调解工作*

1990 年，参与处理劳动争议企业工会 164 个，受理劳动争议案件 70 件，其中集体劳动争议 6 件，受理劳动争议人 131 人，经调解达成协议 131 件。1991 年，参加处理劳动争议的企业工会 9 个，受理案件 9 件，受理劳动争议 12 人，调处达成协议 9 件。1992 年，参与处理劳动争议的企业工会 36 个，受理劳动争议 275 件，经调解达成协议 215 件。1993 年，参与处理劳动争议的企业工会 153 个，受理劳动争议案件 270 件，经调解达成协议 250 件。是年，县总工会先后多次组织困难企业的工会干部学习有关文件，研究做好职工思想政治工作的措施，采用多种途径做好职工放假和生活中有困难的职工的工作，为职工排忧解难，为稳定职工队伍出力。2006 年，市总工会参与由市政府组成的工作组，对京阳水泥有限公司集体劳动争议现场进行调查处理，旗帜鲜明地维护职工的合法权益和正当要求，有理有节地做好企业行政方面的说理说服工作，较为妥善地处理这一集体劳动争议案件，保持企业正常工作秩序，涉及争议职工的合法正当的要求得到满足。2007 年 8 月上旬，市总工会第一时间赶到现场，参与并妥善处理建国矿业（句容）工程有限公司停工事件（集体劳动争议案件）。2009 年，市总工会参与妥善处理久正光电集体劳动争议事件，恢复企业正常秩序，职工合理诉求得到解决。

二、职工信访工作

1990 年，县总工会成立工会法律机构，兼职人员 1 人，职工信访工作兼职人员 1 人，职工来信 31 件，职工来访 178 人次，处理结案 29 件。1991 年，职工来信 11 件，来访 27 人次，处理结案 11 件。1993 年，职工来信 13 件，职工来访 75 人次，处理 13 件，结案 9 件。对到总工会上访职工做说服教育工作，引导职工正确对待企业困难，对少数有特殊困难的职工开展“送温暖”活动，为一些放假职工出主意想办法，寻找出路门路，增加收入，解决生活困难。1994 年，县总工会成立职工信访工作班子，专人负责，热心接待来访职工，耐心疏导，并采取主动抓信息、与企业行政多协商的方法，妥善处理17件职工信访。1999年，收到职工上访来信15件，接待职工来访100多人次，视不同情况采取不同的解决办法，使职工来信来访件件得到落实。是年，市总工会成立职工法律援助站。2006年，市总工会建立职工来信来访制度、“12351”热线电话接待制度、领导批示制度、调查处理制度、结案答复制度，使每一封职工来信、每一位职工来访、每一个热线电话都能得到调处，确保在一个星期内回复信访职工。当年，调处34件信访案件，结案率100%。2008年，妥善处理职工信访和“12351”热线电话50件。

三、依法治会

1. 学法懂法

2003年，市总工会认真抓好《中华人民共和国工会法》及《江苏省实施〈中华人民共和国工会法〉办法》学习宣传，翻印各1000份，送到机关、企事业单位。在《句容日报》开辟专题宣传栏目，宣传基本内容。市总工会机关举行专题学习研讨会，组织全体机关人员集中系统学习。市总工会先后举办局、集团公司和乡镇工会干部学习班，请市人大、市法院领导作辅导报告。组织乡镇工会主席、市总工会机关干部参加省总工会干部学校举办专题培训班。市总工会举办基层工会法知识竞赛。市教育局、供电局、邮政局等单位举办所属基层工会干部专题学习班。通过多种形式学习宣传活动，工会干部和广大职工提高了对依法办事的认识，明确了职责，增强了法治意识。2005年5月下旬，市委、市政府召开全市学习贯彻“一办法五条例”（《江苏省实施〈中华人民共和国工会法〉办法》《江苏省企业民主管理条例》《江苏省集体合同条例》《江苏省工资支付条例》《江苏省安全生产条例》《江苏省社会保险费征缴条例》）动员大会，营造良好社会宣传氛围。市总工会特邀省总工会干部学校教授到句容进行“一办法五条例”专题讲座。2014年，市总工会结合“法润句容城乡行”，联合市人力资源和社会保障局、市司法局，开展“学法增素质、维权树形象”主题活动，以法律知识竞赛、“百姓法制大讲堂”、送法下基层、法律咨询、法治文艺汇演等形式，不断提高广大职工依法维权的意识和能力。

2. 依法建会

根据工会法及省实施办法，全市各级工会组织持续不断依法加强各类企业特别是外商投资企业、私营企业、村级企业工会，以及外商投资企业联合基层工会、私营企业联合基层工会、村级企业联合基层工会的组建工作。1994年，镇江市人大对句容贯彻执行工会法情况进行执法检查，促进外商投资企业工会组建工作。

1998年，在外商投资企业特别是台商投资企业不断入驻句容，新建企业组建工会面临较大压力的情况下，市总工会依据法律规定，向外商投资企业普遍发出《限期组建工会通知书》，督促外商投资企业组建工会，京阳水泥有限公司等一批规模以上企业当年建立工会组织。2006年，市人大开展工会法贯彻执行情况执法检查，市政协开展工会法贯彻执行情况视察，并向市人民政府提出支持工会工作的建议，推动基层工会组织的建立。2005年以后，全市每年新建基层工会50个以上。

3. 依法维权

20世纪90年代初期，推行共保合同；90年代中期，实现共保合同与集体合同有效接轨。全市各级工会组织依法不断推行集体协商集体合同、工资集体协商专项集体合同、女职工特殊保护专项集体合同制度，保障广大职工的劳动就业、劳动报酬、社会保障、就业培训和劳动安全卫生等劳动经济利益。全市各级工会组织依法在各类企业建立健全以职工代表大会为基本形式的企业民主管理制度，认真履行职工代表大会的参与权、监督权、共决权等职权，保障广大职工的主人翁地位和民主政治权利。

全市各级工会建立完善困难帮扶救助机制，大力实施“送温暖”活动，发放“特困职工证”，对特别困难职工实施有效救助，广泛开展职工重大疾病和意外伤害互助互济保障行动，为广大职工筑起一道防御因病因灾致贫的坚实屏障，尽全力为广大职工服务，帮助广大职工解决生活中的困难。

4. 依法收缴工会经费

1950 年，句容各级工会建立后，依法收缴工会经费，保证工会活动正常开展。2003 年，市总工会建立依法收缴工会经费机制，对屡催无效的欠缴、拒缴工会经费的两个外商投资企业、两个私营企业，依法向市人民法院申请支付令。这些企业受到法律震慑，主动到市总工会商量补缴工会经费事宜，恳请撤销支付令。

四、基层工会社团法人资格工作

至 2020 年年底，全市有 228 个基层工会经市总工会审核批准，领取工会社团资格证书。

五、创建“劳动关系和谐企业（园区）”

1. 组织领导

2007 年 3 月 1 日，句容市委下发《关于深入推进创建“劳动关系和谐企业”工作的意见》，进一步明确创建工作的指导思想、目标任务、标准要求及职责分工，对全市创建活动进行全面部署。市委将“劳动关系和谐企业”创建活动的具体要求，列入对各镇、管委会年度经济社会发展综合考核和党建工作目标考核，强化基层党委创建责任。同时，市政府每年与各镇、管委会签订企业工资集体协商工作目标责任状。是月，句容市劳动关系和谐企业创建领导小组印发《句容市劳动关系和谐企业创建工作领导小组各成员单位工作职责》，明确市劳动和社会保障局、市总工会、市发展和改革委员会和市安监局 4 个成员单位的创建工作职责。

2008 年年底，句容市政府制定《关于创建劳动关系和谐企业三年行动实施方案》，并将句容市创建劳动关系和谐企业工作领导小组由 4 个成员单位调整为 19 个成员单位。

2010 年 1 月，句容市创建“劳动关系和谐企业”工作领导小组下发《关于全面开展镇（街道）、行业劳动关系和谐企业创建工作的意见》，将创建活动从企业扩展到区域。

2011 年 3 月，句容市总工会转发《镇江市劳动关系和谐企业创建评价规范（试行）的通知》，以规范创建活动。2012 年，句容市人民政府办公室转发镇江市人民政府办公室《关于推进劳动关系和谐企业创建标准化的实施意见》。2015 年 4 月，市总工会联合市司法局，成立句容市职工法律服务律师团，聘请 6 位资深律师，为维护职工合法权益服务，填补了句容市工会职工法律服务缺项。

2. 工作机制

三方劳动关系协调机制　1999 年，建立由市劳动局、市计划与经济委员会和市总工会组成的句容市三方劳动关系协调机制，制订协调会议制度。2006 年 11 月，对句容市协调劳动关系三方会议组成人员做了调整，并明确三方会议办公室人员和 4 个专项工作委员会人员，即集体合同和劳动合同工作委员会、劳动工资和社会保障工作委员会、劳动争议仲裁工作委员会和劳动保障法制宣传工作委员会。协调劳动关系三方会议一般每年召开两次，分别对工资集体协商春季要约行动、平等协商集体合同签约、社会保险费扩面征缴、劳动合同法的贯彻实施等工作进行专题研究，统一思想，统一部署。2009 年，市总工会在全市 22 个乡镇建立劳动关系三方协调机制。

以工资协商为主体的共建劳动关系和谐企业集体合同机制　凡上一轮集体合同期满的企业，必须在经过平等协商达成一致意见的前提下，由企业行政方面与企业工会继续签订《共建劳动关系和谐企业集体合同》；上一轮集体合同尚未期满的企业，期满后一律签订新的《共建劳动关系和谐企业集体合同》。全市有 400 多个企业签订共建劳动关系和谐企业集体合同。

以职工代表大会为基本形式的企事业单位民主管理机制　建立企事业单位职工代表大会、事务公开等民主管理制度，是保障职工民主参与、民主管理、民主监督政治权利的重要渠道，也是发挥广大职工群众积极性、共谋企业发展、共建共享和谐企业的重要举措。市总工会坚持将企业民主管理制度从国有企业向非公有制企业延伸，从市直企业向乡镇企业拓展，不断扩大民主管理的覆盖面，全市有400多个各类企业召开职工代表大会、实行厂务公开，建制率达95%。

以劳动争议调解为重点的协调劳动关系机制 建立市、镇（局、公司）、企业三级劳动争议调解组织并积极发挥其作用，努力将劳动争议矛盾化解在基层，化解在萌芽状态，尽量避免集体上访事件的发生。各镇、管委会还把劳动争议调解纳入社会矛盾纠纷调处中心的社会调处大格局。

以加强职业安全卫生为抓手的保障职工生命健康机制 句容市安全生产委员会（市安委会）制定《安全生产“一岗双责”制度实施意见》《安全生产目标管理责任考核细则》。建立安全生产监管网络，加大专项整治力度。在治理非煤矿山企业、关闭安全生产条件达不到标准的化工生产企业、规范烟花爆竹市场秩序、整治交通违法行为、创建建筑企业文明工地等方面工作中取得显著成效。广泛深入地开展“安康杯”竞赛，深入推进“职业危害和危险源点”监控法。

3. *重点活动*

联合开展执法检查 2007年，按照全国总工会、劳动和社会保障部等部门的部署，句容创建活动4个成员单位联合先后对化工、矿山、建设等行业的企业进行专项检查，检查内容包括企业非法使用童工、职业安全卫生、订立劳动合同、集体合同签约、社会保险费征缴等，检查各类用人单位346个，对查出的违规行为下发整改通知，限期用人单位整改，其中督促各类用人单位补签劳动合同14266份。

联动展开宣传培训 利用《劳动保障维权简报》《工会信息》《安全生产信息》等简报，从正反两方面报道企业在执行劳动保障政策、工资协商进展、“安康杯”竞赛、职业安全卫生等方面的典型事例，传递信息、宣传政策、解答咨询，为创建活动进行舆论导向。2007年12月，开展劳动合同法法制宣传月活动，举办由企业劳动人事部门、工会负责人参加的劳动合同法培训班6期。同时，发送劳动合同法1000册，印发《劳动保障政策法规精选》5000份，散发《职工维权指南》6000余份。召集企业及劳资人员座谈会4次。

2015年，联动开展劳动法律宣传月活动，在天王镇举办“劳动法律法规”知识培训班，近100名职工、企业负责人参加培训。2016年，邀请镇江市总工会法工负责人对基层劳调员和工会法律监督员进行培训。2018年，在宝华镇、边城镇开展“法企同行”送法进企业活动，为一线职工和农民工发放法律维权读本650册、职工常用知识手册750份。2019年，开展“遵法守法·携手筑梦”服务农民工公益行动，以法律维权服务律师团为平台，受理职工维权案件100余件。

4. *活动成效*

企业劳资关系缓和 市总工会在各镇、开发区、各局（公司）及100人以上企业普遍建立劳动争议调解委员会，形成劳调组织纵横交错组织网络，并较好地发挥化解劳资纠纷、维护企业稳定和职工合法权益的作用。2007年，市总工会妥善处理建国矿业（句容）工程有限公司、舜兴自行车零部件有限公司和京阳水泥有限公司3个台资企业集体劳动争议案件，有效维护企业正常生产秩序，维护职工合法权益，避免职工集体上访事件发生。

呈现劳资互利共赢局面 将企业社会保险费征缴、职工年度工资收入水平、各岗位工种工资分配办法等作为工资协商的重要内容进行平等协商，在签订集体合同的基础上，凡25人以上的企业签订工资专项集体合同，25人以下的微小企业实行“工资协商二次签约”，并把企业年度经济效益增长与职工工资增长作为工资协商的重要要素，从而较好地兼顾企业与职工双方的利益关系，体现企业与职工双赢。2005年开始，全市76个百人以上企业，有70%以上的企业职工工资收入每年递增10%以上。

推动企业相关工作 创建工作推动企业诚信制度的建立，涌现出一批合法经营、保障职工合法权益的企业家。他们当中有的成为镇江市级以上劳动模范和先进人物；有的推动了企业工会维权机制建立，使企业工会工作基础更为扎实。

推动企业文化建设 2007年，市总工会举办非公企业职工运动会，57个非公有制企业138名职工参加，增强非公有制企业关注职工精神文化需求意识，对推动非公有制企业文化建设产生积极影响。以兴文包装有限公司、宁武化工有限公司、台泥水泥有限公司、建华管桩有限公司等为代表的一大批民营、台资企业，加强职工文化体育设施建设，不断开展丰富多彩的职工文化活动，为推动非公有制企业文化建设开了先河。

获得多项荣誉　2017 年 12 月，郭庄镇被镇江市协调劳动关系三方委员会授予“2017 年度镇江市劳动关系和谐模范镇”称号。2019 年 4 月，句容经济开发区被镇江市总工会等 4 个单位授予“镇江市优秀劳动关系和谐镇（街道）”称号。至 2021 年年底，全市有 596 个企业参加创建活动，有 130 个企业先后获得江苏省、镇江市、句容市“和谐劳动关系企业”称号。2012 年，下蜀临港工业园区获“镇江市劳动关系和谐园区”称号。

第五节　工会劳动保护工作

一、劳动保护监督检查组织

1983 年，全县基层工会建立劳动保护监督检查委员会 14 个，工会小组劳动保护检查员 46 人，劳动保护专职干部 7 人，兼职干部 78 人。随着经济建设的发展，工会劳动保护监督检查组织建设不断扩大完善，至 2020 年，全市基层工会建立劳动保护监督检查委员会 754 个，工会小组劳动保护监督检查员 976 人。

1983—2021 年部分年份句容工会劳动保护监督检查组织情况一览表

表 4-5-1

年份	基层工会劳动保护监督检查委员会（个）	工会小组劳动保护监督检查员（人）	年份	基层工会劳动保护监督检查委员会（个）	工会小组劳动保护监督检查员（人）
1983	14	46	1992	88	781
1984	19	264	1993	88	781
1985	47	635	2002	53	226
1986	48	671	2011	563	1565
1987	49	625	2012	849	1869
1988	57	443	2013	948	2150
1989	40	224	2014	1081	2241
1990	65	314	2020	754	976
1991	95	817	2021	754	976

二、劳动保护常规工作

1983 年，县总工会举办劳动保护培训班 9 期，培训 635 人。1984 年，全县举办劳动保护培训班 19 期，培训 716 人。1985 年，全县举办劳动保护培训班 38 期，培训 1219 人。开展劳动保护技术交流活动 16 次。1984 年、1985 年，县化肥厂先后成立厂安全委员会、车间安全生产领导小组，厂工会和车间有专人负责劳动保护监督检查工作，对各类大小事故隐患做到定期检查，对检查中发现的事故隐患有记录和台账，有处理意见和整改措施。对全厂消防和电器设备定期检查维修，发现问题及时督促有关部门限期解决。如对乙炔发生器加强防爆板，氧气瓶由专人保管，并添置垫圈和防护罩等保安措施。对职工的劳动保护用品按规定及时发放，对解除有害气体的职工增发营养费等。1985年，县团山硫铁矿工会成立劳动保护监督检查委员会，在生产工区成立劳动保护监督检查小组，配合矿区安全保卫科认真开展工作，当年进行安全大检查16次，召开安全会议20次，查出事故隐患45条，限期整改43条。对从事中药工种的职工进行三级安全教育，对新工人首先进行岗位培训和安全知识教育，测试合格方能上岗操作。

1986年，县总工会会同县劳动局举办劳动保护干部培训班，培训300余人次。配合县计划经济委员会、劳动局、公安局、检察院等部门开展3次安全生产大检查，对查出的事故隐患，提出限期整改措施。全县基层工会举办劳动保护培训班53期，培训1304人，开展劳动保护技术交流活动44次。县酒厂做好职工劳动保护工作，1986年7—8月，酒车间温度高达40度，这种情况以前都是停产，由于市场酒销售供不应求，仍坚持生产。厂工会及时同行政协商购置电风扇11台，降低车间温度，保护工人健康，确保生产任务顺利完成。

1987年，县水利工程预制车间工会小组，根据车间生产特点，专门设立安全委员，协助车间做好安全工作。对青年工人和新工人进行安全知识和机械操作规程教育，在落实生产承包责任制的同时，落实承包安全生产，对大型机械设备定人定岗操作。根据生产需要建议增添必需的劳动保护用品，高温季节到来之前，即发放防暑降温药品，调整作息时间，1987年生产任务很重，但未发生事故。

1988年，全县举办劳动保护培训班66期，培训1407人，开展劳动保护技术交流活动13次。句容钼铜矿厂为保护工人安全和健康，对要害部门和污染区进行治理，对井下和选矿厂测尘5次，测尘点59个，合格率达96.6%。对井下风速、风量、温度各测2次，测点100个，合格率分别达到76%和两个100%，全年未发生一次环境污染和中毒事故，未增加硅肺病人，对原有的13名硅肺病患者进行综合治疗，减轻他们的痛苦。2000年，市总工会100%参与职工伤亡事故调查处理，3次参与市安委会组织开展的安全大检查，对发现的问题提出整改意见。2003年，市总工会与市劳保局、市安监局密切协作，对企业在劳动用工、劳动环境和女职工特殊保护等方面的情况进行检查。100%参与“三同时”检查验收和职工伤亡事故调查处理。2006年，市总工会加强劳动保护工作，举办“职工安全生产知识电视培训”，参加培训的职工有1293人次。同年，市总工会探索在全市危险性较大的企业中推行签订“劳动安全卫生专项协议”的做法，有47个企业工会与行政签订协议。开展争创“职工安全卫生标准化班组”活动，有32个企业参与此项活动。是年，市总工会分别建立“职工伤亡事故调查处理台账”“‘三同时’审查验收台账”“基层工会劳动保护组织台账”和“工会劳动保护监督检查员台账”。

2007年，市总工会举办2期“安全生产和劳动保护知识”培训班，其中，企业负责人和工会主席劳动保护知识培训班还邀请省总工会劳动保护部部长方健到句容讲课。另外，参加“安全生产知识电视培训”的职工达1000余人次。开展以“关注职业卫生，促进经济发展，构建和谐社会”为主题的职业安全卫生宣传日活动。全年参与市安委会组织的安全生产检查5次，参与职工伤亡事故调查处理5起，参与9个新、改、扩建项目的“三同时”审查验收。

2008年，市总工会继续开展“安全生产知识电视培训”活动，培训重点放在农民工较为集中的建筑企业，与市建管处联合，通过农民工学校阵地，利用工余时间组织农民工参加培训，参加培训的人数达1000多人次。此外，参与市安委会组织的安全生产检查7次，参与5起职工伤亡事故调查处理。与市安监局、市建管处联合开展全市建筑施工企业安全“百日集中整治”活动，狠抓习惯性违章和劳动防护用品的配备。

2010年，参加安全生产知识培训的职工达1500余人次。参与市安委会组织的安全检查5次，参与7起职工伤亡事故调查处理。与市建设局联合开展夏季劳动保护安全生产工作监督检查活动，抽查15个建筑工地。2011年，参与市安委会组织的安全生产检查7次，参与5起职工伤亡事故调查处理。

2015年，开展工会劳动保护监督检查员上岗培训工作，200多名基层工会负责人、安全管理员参加培训及考试，115人取得《工会劳动保护监督检查员证》。是年，与市城管局、安监局联合，在市区21个便利点设立“安康驿站”，改善环卫工人休息条件。2016 年，举办“安全生产月”消防安全知识培训班，发动职工参加“网上安康课堂”学习。2018 年，市总工会各分管领导到工作联系单位送防暑慰问品 2000 份。推进劳动保护服务站（片区）建设，创成镇江级优秀工会 2 个，郭庄镇创成优秀劳动保护片区。2018 年 7 月中旬，以重点工程一线职工交警、环卫工人、公交司机为主要对象，开展送清凉高温慰问活动，发放防暑降温物品 2000 多份。2019 年开展“安全隐患随手拍”活动，上报优秀作品 20 件。开展“爱岗爱企爱句容，安全健康伴我行”劳动保护主题活动。2020 年举办工会劳动保护监督检查员培训，为 42 名企业安全负责员发放证书，及时更换城区 10 个“安康驿站”的备用物品。

三、推行“事故隐患和职业危害监控法”

1998 年 6 月 24 日，市总工会、市劳动局联合转发镇江市总工会、镇江市劳动局《关于在企业推行“事故隐患和职业危害监控法”的通知》，在企业开始推行“事故隐患和职业危害监控法”。监控法实施方法包括事故隐患和职业危害作业点确定的依据、控制等级划分依据、评估确认、分级建档监控和上报工作等。

1999 年，市总工会工作总结指出：“‘监控法’是省总工会总结安全生产工作推广的一项有效措施，在去年的基础上，今年将主要对象放在市属企业，在基层工会和系统工会的大力协助下，通过抓好试点单位的工作，以点促面，向全市企业单位推广，到年底推广面已达全市企业数的 50% 以上，同时，此项工作还被列入年度考核内容，使其进一步得到推广。”同年，市总工会向市安委会建议将“事故隐患和职业危害监控法”列入企业目标责任考核，并得到采纳实施。2000 年，“监控法”推广面达 70%。2001 年，全市公有制占主体的 49 个企业中，有 32 个企业推行此法；非公有制企业推行此法的有 76 个，全市 A 级监控点达 282 个，有效地防止了事故发生。2003 年，全市有 156 个企业推行“事故隐患和职业危害监控法”。在此后的 10 多年间，连续不断地推行监控法，有力地促进了安全生产。

2006 年句容市危险源点监控情况一览表

表 4-5-2

企业名称	企业性质	职工人数（人）	危险源点监控数（个）		
			A	B	C
镇江一马先制衣公司	民营	450	5		
友诚制衣公司	民营	400	4		
亚美制衣公司	民营	300	5		
茂华女装公司	民营	250	5		
益达制衣公司	民营	200	4		
永安毯业公司	民营	50	3		
华阳金属管件公司	合资	140	3		
佳泰车料公司	合资	130	2		
华昌塑料制品公司	股份	58	1		
舜兴自行车车料公司	租赁	250	2		
句容市电信分公司	国有	206	8		
句容市供电公司	国有	296	29		
句容市人民医院	事业	423	7		
金猴工程机械公司	民营	338	8		

续表 4-5-2

企业名称	企业性质	职工人数（人）	危险源点监控数（个）		
			A	B	C
嘉新京阳水泥公司	台资	645	21		
华夏包装公司	股份	92	9		
长宁生物化工公司	合资	227	11		
矿业公司变电所	集体	21	3		
顺达实业公司	股份	50	7		
粮食加工厂	国有	44	5		
油脂化工厂	国有	43	7		
镇江华立集团	国有	32	2		
直属粮库	国有	16	3		
棉麻总公司	集体	45	1		
金桥装饰工程公司	集体	23	1		
华达食品公司	合资	42	2		
食品总厂	集体	21	1		
自来水公司	国有	168	7		
银鹏房地产总公司	事业	124	5		
句容市林场	国有	176	16		
东进林场	国有	165	6		
磨盘林场	国有	110	5		
张庙茶场	国有	106	8		
浮山果园	国有	84	5		
方山茶场	国有	88	5		
茅山茶场	国有	88	5		
高庙茶场	国有	83	5		
赵庄茶场	国有	91	9		
下蜀茶场	国有	210	6		
九华茶场	国有	45	4		
句容市后白良种场	集体	58	1		
化工公司	民营	380	7		
天力变压器公司	民营	290	9		
骏升显示技术公司	外资	580	9		
句容市便民超市公司	私营	608	1		
镇江市格威服饰公司	外资	520	5		
句容欣典陶瓷公司	外资	150	3		
句容友联陶瓷公司	外资	160	3		

续表 4-5-2

企业名称	企业性质	职工人数（人）	危险源点监控数（个）		
			A	B	C
句容佳美礼品公司	外资	120	3		
中洋甲山膨润土公司	私营	125	4		
句容市威亮礼品公司	私营	90	2		
句容市东旭工艺品厂	私营	120	2		
春颜化工公司	私营	50	1		
林五工艺品厂	私营	70	1		
谢桥羽毛球厂	私营	70	2		
融汇陶瓷工艺品厂	私营	40	1		
金星彩印包装厂	私营	35	1		
句容市精细化工厂	私营	35	5		
端王采石厂	私营	50	6		
天星工艺品公司	外资	120	2		
郭庄自来水厂	私营	20	4		
友联工艺品厂	私营	140	2		
句容市信和帽业公司	私营	98	3		
句容市长庆礼品公司	外资	110	5		
句容市华鑫工艺礼品公司	外资	148	3		
句容市亮威工艺品厂	私营	86	3		
句容市曙光铸钢公司	私营	58	5		
句容市宝利工艺品公司	私营	182	7		
句容市康欣工艺品公司	私营	148	5		
镇江奥视达光学公司	私营	81	9		
句容市长丽服装厂	私营	120	3		
德邦环保冷却设备公司	私营	20	7		
东方精密铸造厂	私营	36	3		
合力化工厂	私营	22	5		
圣诞树厂	私营	45	1		
东发彩色包装厂	私营	85	3		
白兔镇采石厂	私营	62	3		
世纪工艺品厂	私营	35	1		
华东仪表厂	私营	35	3		
医用仪表厂	私营	45	3		
玻璃仪器厂	私营	52	2		
亚太线带厂	私营	42	5		

续表 4-5-2

企业名称	企业性质	职工人数（人）	危险源点监控数（个）		
			A	B	C
家兴针织厂	私营	50	3		
恒利针织厂	私营	41	3		
前龙公司	私营	45	3		
宏达毛纺厂	私营	110	7		
宏安针织公司	私营	120	9		
瑞阳针织公司	私营	95	3		
飞鹰针织公司	私营	48	5		
新时代针织厂	私营	58	4		
新蕾针织厂	私营	45	3		
经纬针织厂	私营	60	3		
华信工艺帽厂公司	私营	60	4		
工艺织造厂	私营	42	3		
句容钜纬塑胶公司	合资	180	4		
句容加大运动器材公司	合资	68	3		
镇江利生管业公司	合资	88	3		
江苏天爱集团公司	股份	150	2		
句容联艺针织品公司	股份	220	4		
句容市电磁线公司	私营	110	4		
句容市冬梅工艺公司	私营	83			
句容市中真机械制造厂	私营	36	3		
后白福利纸品厂	私营	78	3		
新世纪裘皮工艺厂	私营	32	4		
天龙工艺品厂	私营	150	4		
后白自来水厂	私营	32	3		
句容市电磁线总厂	私营	58	2		
句容市三圆制桶公司	私营	50	4		
江苏建华管桩公司	外资	1106	7		
江苏毅马铸锻公司	外资	335	3		
长安石料公司	外资	62	4		
镇江诚意玩具公司	外资	132	3		
亭子采石厂	私营	58	3		
玻璃制瓶厂	私营	138	3		
镇江京久水泥公司	私营	118	4		
镇江今盛白水泥公司	私营	98	4		

续表 4-5-2

企业名称	企业性质	职工人数（人）	危险源点监控数（个）		
			A	B	C
长容金属制品厂	私营	66	1		
长江石业公司	私营	106	2		
新村采石厂	私营	79	1		
空青采石厂	私营	67	1		
青王采石厂	私营	145	1		
华山采石厂	私营	87	1		
刘圩砖瓦厂	私营	74	1		
长鑫砖瓦厂	私营	81	1		
江苏万亨电子公司	私营	75	5		
镇江朝日金属电器具公司	外资	95	5		
明甫电子公司	私营	115	3		
力轮车业公司	私营	48	1		
圣永包装公司	私营	85	5		
中意工艺品公司	私营	85	3		
圣元针织服装公司	外资	250	7		
诚信服装厂	私营	110	2		
星球制衣公司	私营	150	3		
天洋工艺品公司	外资	84	2		
华茂工艺品厂	私营	280	5		
二圣砂轮油石厂	私营	15	1		
昌明塑胶制品公司	私营	20	1		
句容排印厂	私营	210	3		
兴春化工公司	私营	65	4		
春天日用品材料公司	外资	200	2		
胜进空压机公司	私营	86	1		
振春包装公司	私营	58	1		
春发钢木制品公司	外资	156	2		
春城科教仪器设备厂	私营	30	1		
富兴化工厂	私营	50	3		
精细化工厂	私营	10	1		
春城塑料公司	私营	20	1		
春亚旅游品公司	外资	132	2		
春峰建材公司	私营	82	1		
天城革品制造厂	私营	8	1		

续表 4-5-2

企业名称	企业性质	职工人数（人）	危险源点监控数（个）		
			A	B	C
春城轮窑厂	私营	65	1		
春茅建材厂	私营	58	1		
兴表建材厂	私营	56	1		
春城潘庄采石厂	私营	30	3		
九天化工公司	私营	85	2		
百文特复合材料公司	私营	65	1		
金春华化纤织造公司	私营	40	1		
鑫城建筑安装公司	私营	12	2		
东霞建材厂	私营	60	1		
春城自来水厂	私营	12	1		
春城五金电器厂	私营	18	1		
何庄建材厂	私营	80	1		
春兴砖瓦厂	私营	52	1		
松立钢结构工程公司	私营	35	3		
联泰机电公司	台资	110	7		
中联家俱公司	台资	64	5		
华琳制衣公司	私营	170	3		
天业制衣公司	私营	75	3		
林峰制衣公司	私营	120	3		
大卓建筑公司	私营	60	4		
银鹏水泥厂	私营	70	3		
句容市第八服装厂	私营	116	2		
大卓锅炉容器厂	私营	136	3		
句容市都茂自行车公司	外资	1223	7		
宏兴自行车车料公司	外资	182	3		
盛业管件制品公司	合资	850	2		
江苏天宁香精公司	私营	142	1		
鑫达包装公司	私营	20	1		
昌明艺轮制造公司	私营	92	1		
鑫宝汽车配件厂	私营	40	1		
立信化工公司	私营	14	1		
和宏鞋业制造公司	私营	50	1		
柳城拉丝公司	合资	120	1		
鼎新制衣厂	私营	115	1		

续表 4-5-2

企业名称	企业性质	职工人数（人）	危险源点监控数（个）		
			A	B	C
吉利装饰工程公司	私营	35	1		
生物化学实验厂	私营	20	1		
奥奇丽日化公司	私营	70	2		
第二包装箱厂	私营	24	1		
振兴服装公司	私营	110	1		
星火制衣公司	私营	70	1		
美日服装公司	合资	75	1		

四、开展“安康杯”竞赛

图 4-5 江苏山水环境建设集团有限公司获全国“安康杯”竞赛优胜单位称号

2001 年，“安康杯”竞赛被作为全市安全生产大检查的一项重要内容进行考核。2003 年，市总工会和市安全生产监督管理局联合成立句容市“安康杯”竞赛活动领导小组；4 月中旬，召开由 17 个竞赛企业负责人和工会主席参加的“安康杯”竞赛活动动员会，通报国家发生的一些重特大事故，以及全市安全生产情况。要求参赛企业领导从讲政治、促发展、保稳定的高度出发，提高安全生产意识，真正起到为经济工作“保驾护航”的作用；6 月中旬，市总工会与市安监局抽出人员对参赛企业进行一次检查，参赛企业大多能做到竞赛组织机构健全，责任到人，竞赛活动有计划、有措施、有部署、有检查。各参赛企业围绕“安全第一，预防为主”的方针，从企业到班组广泛开展多种形式的竞赛活动，将安全生产提到重要议程。一些企业还形成凡讲生产的会议必须讲安全的习惯。各参赛企业都与下属部门或班组签订安全生产责任状，制定安全生产规章制度，张贴上墙。有些企业利用先进的技术和手段，加强对安全生产过程的管理和监控。各参赛企业结合实际，开展安全生产知识宣传教育活动，利用橱窗、黑板报、印刷品等多种形式，将国家有关安全生产的政策法规告诉职工，有的企业还开展安全知识有奖问答、安全生产知识大奖赛和给安全生产提合理化建议等活动，使广大职工认识到安全生产的重要性，进一步调动职工“我要安全，从我做起”的自觉性。2004 年，参赛企业扩展到 50 个。

2004 年句容市“安康杯”竞赛参赛企业情况一览表

表 4-5-3

参赛企业名称	竞赛负责人	参赛企业名称	竞赛负责人
供电局	颜永红	建设局	陶红珍
电信局	吴双庆	粮食局	王继伟
邮政局	刘爱国	一马先集团	桂德群

续表 4-5-3

参赛企业名称	竞赛负责人	参赛企业名称	竞赛负责人
供销总社	阙正武	远东水泥公司	柳顺宝
金猴集团	方金霖	公路处	高玲丽
自来水公司	刘永良	医药总公司	姜明胜
水利局	谢兆林	句容针织制帽厂	赵金生
林业局	施寿余	兴春化工公司	张胜利
方兴集团	朱德才	盛钢旅游用品公司	樊道平
天力变压器公司	刘渡宏	华夏包装公司	陈宽根
长江化学工业公司	潘忠寿	化工公司	贾本根
嘉兴京阳水泥公司	张　军	工程机械公司	方金霖
句容宾馆	吴　军	元亨机械公司	徐寿华
交通局	姜明喜	金猴铸造公司	贾和平
客运公司	沈明亚	长江化工公司	潘忠寿
石油公司	陈忠平	句容联合铜材公司	杜元成
农村信用合作联社	朱安顺	后白星晨工艺品厂	孙宜东
一马先服装公司	秦苏娥	后白福利织品厂	方兆根
商业总公司	周解初	句容联艺针织品公司	葛　富
银鹏房产公司	崔建国	电磁线公司	蒋国良
新华书店	管小明	九九工艺品公司	秦成荣
亚美制衣厂	许桂英	茅迪实业公司	周月琴
服装总厂	沈伟明	宝华服装公司	张文斌
茂华女装公司	陈民华	宝华冶金设备厂	刘贤斌
盐务局	郑书平	兴达箱包公司	杜志刚

2006 年，加强对“安康杯”竞赛领导，设立竞赛活动办公室，办公室设在市总工会，负责竞赛活动的具体工作。广泛开展职工安全生产知识普及教育，举办职工安全生产知识电视培训和“一封安全家书”活动。各参赛单位利用宣传阵地和班前班后会，宣传竞赛的目标、主题，提出一些好的建议。组织职工特别是组织关键重点岗位的一线生产人员搞一次安全生产签名仪式；当一天安全检查员，查一起事故隐患，或查一起违章行为，并提出整改意见。同时，组织职工看一场安全生产录像片，重点部门和关键岗位员工写一篇安全生产体会，进行一次安全生产事故演练。市总工会与市安监局联合举办以《江苏省安全生产条例》为主要内容的培训班，培训各级安全生产干部 100 余人，提高企业管理人员的管理能力。10 月份，“安康杯”竞赛领导小组对部分企业进行一次抽查，发现了一些存在的问题。一些企业认为，服装加工企业不属于高危行业，没必要抓这么紧；还有一些规模较小的企业认为单位小、人数少，只要平时多讲讲就行等不正确想法，反映出对安全生产缺乏足够的认识。针对这种状况，领导小组提出整改意见，督促企业予以整改。2006 年，全市“安康杯”竞赛的参赛企业达到 234 个，一大批非公有制企业进入竞赛行列。

2006 年句容市“安康杯”竞赛参赛企业情况一览表

表 4-5-4

系统	企业名称	企业性质	职工人数（人）
茅山镇	句容排印厂	私企	210
	兴春化工有限公司	私企	88
	春天日用品材料公司	外企	245
	胜进空压机有限公司	私企	74
	振春包装有限公司	私企	36
	春发钢木制品公司	私企	98
	春城工艺丝毯厂	私企	125
	富兴化工厂	私企	5
	春城塑料公司	外企	28
	春亚旅游品有限公司	外企	120
	春峰建材有限公司	私企	85
	春城革品制造厂	私企	5
	春城轮窑厂	私企	45
	春城自来水厂	私企	15
	何庄建材厂	私企	55
	春兴砖瓦厂	私企	56
	春茅建材厂	私企	60
	兴袁建材厂	私企	50
	九天化工有限公司	私企	70
	春盛玻璃钢制品厂	私企	75
	东霞建材厂	私企	60
	鹏升医用材料厂	私企	8
	茅山工具包装有限公司	私企	115
	工具有限公司	私企	65
	北台壁纸有限公司	外企	85
	海普机械有限公司	私企	46
	力恒气动工具厂	私企	35
	句容兴辉鞋业有限公司	外企	36
华阳镇	句容盛业管件制品公司	合资	850
	句容美日服装有限公司	合资	190
	句容市新华建筑工程公司	私营	150
	天宁香料（江苏）有限公司	独资	135
	句容市狮城拉丝有限公司	合资	120
	句容市鼎新制衣厂	私营	115

续表 4-5-4

系统	企业名称	企业性质	职工人数（人）
华阳镇	句容市恺兴服装有限公司	独资	110
	昌明齿轮制造有限公司	私营	92
	奥奇丽日化有限公司	私营	90
	句容星火制衣有限公司	私营	70
	和宏鞋业制造有限公司	私营	50
	句容市鑫宝汽车配件厂	私营	40
	吉利装饰有限责任公司	私营	35
	王鹏同仁精细化工公司	私营	25
郭庄镇	格威服饰有限公司	外资	730
	欣典陶瓷公司	台资	161
	东旭礼品公司	私营	131
	友联陶瓷公司	台资	140
	宝利工艺品有限公司	私营	142
	华鑫工艺礼品有限公司	外资	147
	友联工艺品厂	私营	101
	中泽膨润土有限公司	私营	85
	句容精细化工厂	集体	59
	长庆工艺礼品有限公司	外资	69
	宝海船舶五金有限公司	外资	59
	奥视达光写有限公司	外资	91
	康欣礼品有限公司	私营	72
	曙光铸造有限公司	私营	61
	信和帽业有限公司	私营	75
	杰出工艺品厂	私营	45
	欣欣工艺品厂	外资	45
	威亮礼品公司	私营	43
	立平机械厂	私营	42
	安业建筑公司	私营	42
	源丰膨润土有限公司	外资	45
	汽车零配件厂	私营	41
	安达机械厂	私营	41
	句容荣荣教具厂	私营	42
水利局	白蚁防治中心	事业	4
	农机监理所	事业	20
	北山水库管理所	事业	29

续表 4-5-4

系统	企业名称	企业性质	职工人数（人）
水利局	仑山水库管理所	事业	21
	句容水库管理所	事业	26
	二圣水库管理所	事业	31
	长江提水站	事业	24
	赤山闸管理所	事业	15
	机电排洪站	事业	10
农业	东山良种场	企业	39
	后白良种场	企业	19
方兴	方兴集团	集体	15
	舜圆自行车有限公司	集体	80
	工艺服装玩具厂	集体	35
一马先	镇江一马先制衣有限公司	私营	400
	句容市友诚服装有限公司	私营	175
	句容市容安毯业有限公司	私营	43
	句容市茂华女装有限公司	私营	160
	句容市亚美制衣有限公司	私营	200
	句容市益达制衣有限公司	私营	156
	句容市电信分公司	国有	316
	兴文包装有限公司	私营	318
开发区	句容市唐人制衣有限公司	企业	165
	三泰服装辅料有限公司	企业	160
	句容卫岗德制衣有限公司	企业	150
	句容市恒升鞋业有限公司	企业	110
	五洲电磁线有限公司	企业	80
	开发区房产总公司	企业	20
	开发区建安总公司	企业	10
宝华镇	江苏鸿宇鞋业有限公司	私企	184
	句容宝玉兰制衣有限公司	私企	135
	江苏鸿宝玩具礼品有限公司	私企	128
	句容中荣玻璃制品有限公司	私企	97
	江苏广兴建筑第三分公司	私企	87
	凯美科瑞亚化工有限公司	私企	78
	江苏源宝工贸有限公司	私企	75
	江苏天晟药业股份有限公司	私企	63
	镇江市冶金设备厂	私企	54

续表 4-5-4

系统	企业名称	企业性质	职工人数（人）
宝华镇	句容华宏新技术有限公司	外资	44
	句容市宝华鲍亭制本厂	私企	21
下蜀镇	江苏毅马铸锻公司	外资	329
	句容市康宁工艺玩具厂	私企	221
	句容长江石业有限公司	私企	146
	句容市下蜀玻璃制瓶厂	私企	112
	句容市棉种场劳服公司	集企	106
	句容市长安石料公司	外资	87
	镇江今盛水泥公司	私企	84
	句容市银河建材厂	私企	82
	镇江盘龙炉料公司	私营	82
	句容市长江建材公司	外资	78
	句容长鑫建材厂	私企	75
	镇江京久水泥公司	私企	72
	句容金润粉体材料公司	私营	68
	句容市长宁盐化有限公司	外资	66
	句容下蜀砖瓦厂	私营	63
	句容市下蜀自来水厂	集企	52
黄梅镇	句容都茂自行车有限公司	外资	1092
	句容舜兴服饰有限公司	私企	200
	句香永盛工艺有限公司	外资	181
	句容林峰服饰有限公司	私企	162
	大卓建筑公司	私企	160
	句容联泰机电有限公司	外资	136
	江苏建国矿业工程有限公司	外资	120
	大卓服装厂	私企	95
	句容宏兴车料有限公司	外资	86
	句容天一制衣厂	私企	82
	句容锅炉容器厂	私企	76
	盘山制衣厂	私企	56
	江苏中联家具有限公司	外资	52
	句容华龙毯业有限公司	私企	50
	句容松立钢结构工程有限公司	私企	42
	句容银鹏水泥厂	私企	31
	句容华美建筑安装工程有限公司	私企	30

续表 4-5-4

系统	企业名称	企业性质	职工人数（人）
黄梅镇	句容恒业金属制品有限公司	私企	30
	句容金祥纸制品包装厂	私企	30
边城镇	东昌建筑工程公司	私企	62
	东昌水泥有限公司	私企	62
	中一广告制品有限公司	私企	60
	句容昌达工艺品有限公司	私企	50
	镇江力奇日用品有限公司	外资	46
	句容碳素工艺玩具厂	私企	40
	句容鼎盛多装印刷厂	私企	35
	俊之杰礼品公司	私企	31
	陈武昌盛砖瓦厂	私企	30
	句容陈武砖瓦厂	私企	30
	陈武石英碳素厂	私企	29
	华昌金属塑料制品有限公司	私企	28
	江苏佳誉信实业公司	私企	28
	镇江东辰稀贵金属制品有限公司	私企	18
白兔镇	句容市宏业针织有限公司	私企	309
	句容市瑞阳工艺袜厂	私企	235
	句容市宏达毛纺厂	私企	216
	句容市集信工艺昌厂	私企	150
	镇江市华青旅游用品公司	外资	140
	恒丰鞋业	外企	120
	句容市蓝天毛纺厂	私企	120
	东南公司	外资	100
	镇江飞鹰针织有限公司	外企	92
	东方精密铸造厂	私企	81
	句容玻璃仪器厂	私企	73
	东方工艺品	私企	70
	镇江市前龙塑料制品有限公司	外企	69
	私营企业联合会	私企	68
	句容医用仪表厂	私企	67
	句容市恒利针织厂	私企	65
	句容市金华针织厂	私企	60
	句容市新蕾针织厂	私企	60
	句容市关瑞针织有限公司	外资	56

续表 4-5-4

系统	企业名称	企业性质	职工人数（人）
白兔镇	句容市申通针织有限公司	外资	56
	句容市弘信针织厂	私企	50
	金茂机械厂	私企	30
	恒盛礼品有限公司	私企	30
后白镇	江苏天爱集团有限公司	股份制	1560
	句容市联艺针织品有限公司	股份制	268
	句容市天龙工艺品厂	私营	178
	句容市友联塑胶包装厂	私营	168
	句容市电磁线公司	私营	131
	句容经纬塑胶有限公司	台资	126
	句容市冬梅工艺有限公司	私营	125
	句容市豪鑫工艺品有限公司	台资	120
	句容市金运工艺厂	私营	96
	句容市正一工艺礼品厂	私营	82
	句容加大运动器材零部件有限公司工会	台资	73
	镇江利生管业有限公司	台资	66
	句容市三圆制桶有限公司	集体	64
	句容市联合铜材有限公司	私营	56
	句容市后白福利纸品厂	集体	53
	句容市后白工艺皮毛制品厂	私营	47
	句容市电磁线总厂	集体	46
	句容市方正包装有限公司	私营	45
	句容市中真机械制造厂	私营	41
	句容市后白塑料制品厂	私营	27
	句容市新世纪裘皮工艺厂	私营	21
	句容市天源纺织品有限公司	私营	19
	句容市后白自来水有限公司	私营	18
	句容市茅西自来水厂	私营	18
	句容市天润裘皮工艺厂	私营	17
	句容市宏达皮鞋厂	私营	16
天王镇	句容市东信纺织器材有限公司	私企	200
	江苏天王志庆精密五金零件有限公司	外企	200
	句容市裕兴工艺品有限公司	私企	200
	镇江市茅迪实业有限公司	集体	180
	句容市工具厂	私企	107

续表 4–5–4

系统	企业名称	企业性质	职工人数（人）
天王镇	天王服装厂	私企	82
	句容市天王汽车配件制造有限公司	私企	69
	句容市茅山交通工程镀锌有限公司	私企	50
	句容市兴宜琉璃瓦厂	私企	50
	句容市万顺轻工机械有限公司	私企	48
	句容市东南纺织五金公司	私企	40
	句容市天王毛纺厂	私企	30
	句容市龙涛试剂厂	私企	28
	句容市恒庆酱醋有限公司	私企	20
	句容市天王镇汽修厂	私企	20
交通	公路管理处	事业	203
	恒达工程公司	事业	42
	交通工程公司	事业	120
	昌达养护公司	事业	178
	客运公司	企业	481
	运输公司	企业	143
	华龙公司	企业	153
	航运公司	企业	157
	华港公司	企业	99
	交通设施厂	事业	51
	句容市自来水总公司	国企	168

2014 年，开展“十个一”活动：写一封安全家书、唱一首安全歌曲、发一条安全短信、编一则安全警语、剖析一个事故案例、掌握一项安全技能、搞一次安全小革新、开展一次安全竞赛、参加一次事故预想、开展一次隐患危害排查治理，引导职工参加企业安全生产、民主管理监督实践。要求各类参赛单位做到“五个一”，即建立完善一个组织领导机构、制定一个具体实施方案、组织一次有影响的竞赛活动、开展一次总结表彰、形成一本活动台账。2015 年以后，市总工会每年都会同市安监局（应急管理局）联合下发文件，规定在全市企业组织开展“安康杯”竞赛，将其作为一项常态化的工作，从而对安全生产劳动保护起到推动作用。

2006—2020 年江苏省、镇江市表彰“安康杯”竞赛先进集体情况一览表

表 4–5–5

单位名称	荣誉称号	表彰单位	表彰时间
句容市市政建设工程公司	优胜企业	省总工会、省安监局	2006
句容市盛业管件制品有限公司	优胜企业	镇江市总工会、镇江市安监局	2007
句容市总工会	优秀组织奖	镇江市总工会、镇江市安监局	2007
句容市华通客运有限公司	优胜企业	省总工会、省安监局	2007

续表 4-5-5

单位名称	荣誉称号	表彰单位	表彰时间
句容市郭庄粮食储备（省级）库	优胜企业	省总工会、省安监局	2011
大全铁路器材集团	优胜企业	省总工会、省安监局	2011
句容市城市建设投资有限责任公司	优胜企业	省总工会、省安监局	2012
句容市恒达交通建设有限公司工程科	优胜班组	全国总工会、国家安监局	2012
句容市水务集团	优胜单位	镇江市总工会、镇江市安监局	2014
句容市水库管理所	优胜单位	省总工会、省安监局	2014
句容市发电设备部电气维护班	优胜班组	全国总工会、国家安监局	2014
句容市电信公司社会渠道服务中心	优胜班组	镇江市总工会、镇江市安监局	2014
句容市供电公司	组织工作优秀单位	镇江市总工会、镇江市安监局	2014
江苏南瓷绝缘子股份有限公司	优胜单位	镇江市总工会、安监局	2018
江苏中容电气有限公司	优胜单位	镇江市总工会、安监局	2020
江苏拓科集团有限公司	优胜单位	省总工会、应急管理局	2020

五、创建企业劳动保护合格、示范工会

2006 年，市总工会根据省、镇江市总工会的部署，为规范企业工会劳动保护工作，切实维护职工安全与健康的合法权益，在全市企业中开展创建“企业劳动保护工作合格、示范工会”活动。此后持续不断地开展这项活动。2019 年 8 月，江苏中容电气有限公司工会被镇江市总工会命名为“镇江市企事业工会劳动保护工作优秀工会”。

2006 年句容市劳动保护合格工会创建考核情况一览表

表 4-5-6

系统	单位名称	企业性质	职工人数（人）	联系电话	考核分数（分）
华阳镇	句容盛业管件制品有限公司工会	合资	850	7281389	89
	天宁香料（江苏）有限公司工会	独资	135	7360377	78
	句容市新华建筑工程有限公司工会	私营	150	7202690	87
	句容恺兴服装有限公司工会	独资	110	7204072	77
	句容市鼎新制衣厂工会	私营	115	7360459	79
经济开发区	三泰服装辅料有限公司工会	企业	160	7281111	89
	句容瑞德制衣有限公司工会	企业	150	7226806	76
	句容森宝兰制衣有限公司工会	企业	180	7222189	88
	句容市唐人制衣有限公司工会	企业	165	7274588	80
宝华镇	宝玉兰制衣有限公司工会	私企	135	7781138	88
	江苏鸿宝玩具礼品有限公司工会	合资	128	7781292	87
	江苏鸿宇鞋业有限公司工会	外企	184	025-85731545	89
下蜀镇	句容市棉种场劳服公司工会	集企	106	7766136	88
	句容市康宁工艺玩具厂工会	私企	221	7752356	87

续表 4-5-6

系统	单位名称	企业性质	职工人数（人）	联系电话	考核分数（分）
下蜀镇	句容长江石业有限公司工会	私企	146	7732799	86
	句容市下蜀玻璃制瓶厂工会	私企	112	7751256	87
	江苏毅马铸锻公司工会	外资	329	7767168	87
黄梅镇	句容联泰机电有限公司工会	外资	136	7382288	86
	句容都茂自行车有限公司工会	外资	1092	7701888	74
	句容永盛工艺有限公司工会	外资	181	7288101	87
	江苏建国矿业工程有限公司工会	外资	120	7710490	78
	句容舜兴服饰有限公司工会	私企	200	7383355	87
	句容林峰服饰有限公司工会	私企	162	7382986	88
白兔镇	句容市宏达毛纺厂工会	私企	216	7673011	86
	句容市瑞阳工艺袜厂工会	私企	235	7671248	86
	句容市宏业针织有限公司工会	私企	309	7671121	87
	恒丰鞋业工会	外企	120	7671258	75
	句容市华信工艺帽厂工会	私企	150	13905297660	87
	句容市蓝天毛纺厂工会	私企	120	13705291218	74
	镇江市华青旅游用品公司工会	外资	140	7672378	71
茅山镇	茅山工具包装有限公司工会	私企	115	7828280	88
	句容排印厂工会	私企	210	7871135	87
	春天日用品材料有限公司工会	外资	245	7873900	70
	春诚工艺丝毯厂工会	私企	125	7871105	86
郭庄镇	镇江格威服饰有限公司工会	外资	620	7565322	88
	东旭礼品有限公司工会	私营	120	7563333	89
	欣典陶瓷公司工会	台资	150	7565799	86
	友联陶瓷礼品公司工会	台资	120	7564888	87
后白镇	句容市联艺针织品有限公司工会	股份制	268	7401219	86
	句容市友联塑胶包装厂工会	私营	168	7402160	72
	句容市豪鑫工艺品有限公司工会	台资	120	7833020	87
	句容市电磁线公司工会	私营	131	7831188	86
	句容市天龙工艺品厂工会	私营	178	7831439	73
	江苏天爱集团有限公司工会	股份制	1560	7403204	89
	诚信服装厂工会	私营	140	7508289	71
	星球制衣公司工会	私营	250	7508199	70
天王镇	镇江市茅迪实业有限公司工会	集体	180	7426888	75
	句容市工具厂工会	私企	107	7451093	88
	句容市东信纺织器材有限公司工会	私企	200	7421032	88

续表 4-5-6

系统	单位名称	企业性质	职工人数（人）	联系电话	考核分数（分）
天王镇	句容市裕兴工艺品有限公司工会	私企	200	7455279	87
林业系统	句容林场工会	国企	175	7718174	87
	东进林场工会	国企	162	7828208	77
	张庙茶场工会	国企	109	7501010	78
	下蜀茶场工会	国企	208	7761197	86
交通系统	客运公司工会	企业	481	7222875	89
	运输公司工会	企业	143	7281598	73
	华龙公司工会	企业	153	7236776	87
	华航公司工会	企业	157	7760617	86
	句容市自来水总公司工会	国企	168	7288737	91
一马先	一马先服装有限公司	私企	400	7237365	86
	句容市永安毯业有限公司工会	私企	150	7222205	87
	句容市亚美制衣有限公司工会	私企	180	7222396	87
	句容市茂华女装有限公司工会	私企	200	7260101	86
	句容市友诚服装有限公司工会	私企	168	7263295	88
	句容市益达制衣有限公司工会	私企	150	7223526	86
	茅山纺织有限公司工会	集体	505	7226649	77
	镇江天力变压器有限公司工会	私企	348	7226895	88
	金猴工程机械有限公司工会	私企	258	7287864	86
	句容长江化工有限公司工会	私企	230	7757307	86
	句容市邮政局工会	国有	162	7225544	88
	句容市电信分公司工会	国有	207	7278167	89
	嘉新京阳水泥有限公司工会	外资	625	7262222	88
	江苏远东水泥有限公司工会	外资	580	760021-3226	86
	句容市供电公司工会	国营	298	7263486	90
	句容市兴文包装有限公司工会	民营	260	13775389088	87
	句容华夏包装有限公司工会	私企	142	7757653	86

第五章　职工生产、政治运动和企业民主管理

20 世纪 50 年代，句容广大职工积极参加土地改革、抗美援朝、资本主义工商业社会主义改造、企业民主改革运动，参加恢复和发展国民经济、先进生产者运动、“五好”竞赛、“群众性经济技术创新工程”、“四化”建设立功竞赛等社会主义劳动竞赛，为句容建设发展做出贡献。同时加强企业班组建设，提升企业生产水平。建立职工代表大会制度、集体协商和集体合同制度、厂（院、校）务公开制度，推动企业民主管理，提升企业管理水平。

第一节　职工参加政治运动

一、土地改革运动

1950 年 5 月至 1951 年 3 月，全县农村进行土地改革运动，广大职工以实际行动支援农民土地改革，城区和天王、下蜀、龙潭等镇工会，组织宣传队下乡向农民宣传。全县职工检举不法地主 16 人，揭发不法地主隐藏稻谷 1475 千克、耕牛 1 头、农具 33 件。

二、抗美援朝保家卫国运动

1. 参加示威游行

1951 年 5 月 1 日，全县城乡举行声势浩大的示威游行，支持抗美援朝，声讨美帝国主义侵略罪行。有 1416 名职工参加示威游行，仅城区职工及家属就有 688 人；529 名职工控诉美帝国主义的罪行，1144 名职工参加和平签名运动。

2. 订立爱国公约

1951 年 6 月 1 日，抗美援朝总会发出推行爱国公约、捐献飞机大炮和优待烈军属三大号召，全县广大职工积极响应。全县基层工会普遍组织职工订立爱国公约。据城区和天王、下蜀 3 个镇统计，有 38 个基层工会 134 个工会小组 1142 名职工订立爱国公约，全县订立爱国公约的工会小组占 90%以上。

3. 捐献飞机大炮

开展增产节约运动，捐献飞机大炮。城区协新布厂职工每月产量由 100 包纱增加到 120 包，用增产的收入捐献 50 多万元（旧人民币）。城区文华纸店职工通过劳资协商订立增产节约捐献计划，全店 5 个职工每月做 6 个夜班，折合两个工作日，每人日工资 5000 元（旧人民币），每月 5 万元（旧人民币），6 个月 30 万元（旧人民币）全部捐献。中百公司工会发动职工节约捐献，1951 年 7—12 月，节约捐献 2129000 元（旧人民币）。城区教师捐献出 4 只金戒指，有的教师把订婚戒指捐献出来支援抗美援朝。在抗美援朝运动中，全县职工捐献 115683186 元（旧人民币）。

4. 报名参军、优待烈军属

在抗美援朝运动中，全县广大青年职工纷纷报名参军。龙潭镇职工听了中国人民赴朝慰问团的传达报告后，深受感动，当即有 82 名青年职工报名参军，有 4 名职工荣获批准。在抗美援朝运动中，全县有 25 名青年职工被批准参加中国人民志愿军。同时，广大职工广泛开展优待烈军属的活动。南塘小学教师

对烈军属子女实行五包，即包教、包供给书籍、减免学费、代烈军属写信和慰问烈军属等。

三、镇压反革命运动

在镇压反革命运动中，全县职工坚决拥护中央人民政府1951年2月21日公布的《中华人民共和国惩治反革命条例》，协助政府镇压反革命分子。有38名职工参加纠察队，维护治安，保全生产和人民安全。有808名职工在大会上控诉反革命分子的罪行。177名职工参加检举活动，检举反革命分子54人，城区职工检举反革命分子25人，在搬运工人中检举揭发并劳动改造封建把头24人。

四、“三反”“五反”运动

1. 参加“三反”运动

1951年12月起，在国家机关中开展“三反”运动，全县有761名职工参加检举，写检举信351封。

2. 参加“五反”运动

1952年1月，工商界中开展“五反”（反对行贿、反对偷税漏税、反对盗窃国家财产、反对偷工减料和反对盗窃国家经济情报）运动，根据上级指示城镇不开展“五反”运动，但广大职工自发行动起来，揭发资本家的“五毒”行为。城区李久记香烟店资方，1949年秋业务旺季时，销货不记账，卖出的粮食买黄金、银圆，购买黄金达40两，不仅抽逃资金，也漏缴大量税款。城区庆丰布店资方用金钱拉拢腐蚀税务干部，偷税漏税，给国家税收造成损失。

3. 私营企业工会协助政府收税

各镇私营企业工会组织发动职工协助政府做好税收工作。1954年1月19日，县总工会二届四次执委扩大会议总结写道：各镇工会应发动职工群众教育和督促资本家切实遵守政府税收政策，认真准备评议和纳税预储工作，以便1953年全年所得税估算预缴工作顺利完成。下蜀镇店员工会成立护税委员会，协助政府做好护税工作，检举益丰商店偷税漏税的不法行为。1952—1953年，城区店员职工检举揭发资方偷税12起，营业额9342.44万元（旧人民币），补罚税款251.26万元（旧人民币）。参加护税的职工受到表扬，有8人获得奖金共191160元（旧人民币）。

五、民主改革运动

1. 搬运业反霸斗争

中华人民共和国成立前，句容城镇、龙潭等集镇的搬运业由封建把头把持。城镇的搬运业分东门、西门、北门3个派别，各派有一定的搬运区域，并有封建把头各霸一方，为非作歹，欺压群众，过着不劳而获的剥削生活。

中华人民共和国成立后，城区搬运工人在政府和工会的领导下，废除封建把头制度，成立城区搬运工会。

2. 句容印刷厂民主改革

企业状况　中华人民共和国成立前，句容印刷厂是官僚资本家经营的企业；中华人民共和国成立后，归为国有。企业增加人员和设备，扩大营业额，业务量占县内印刷业的90%；职工26人，其中工人21人、职员4人、负责人1人。但企业存在职工政治面貌不清，工人有“埋头做事、到月拿钱”的雇佣思想，领导和工人、工人与职员之间不团结，生产计划性差，制度不健全，全厂无专业管理导致比较混乱，工人技术不熟练导致废次品多，还有浪费较严重等问题。据不完全统计，在国家接管的两年间，因印刷品报废、铅字丢失、纸张火油浪费，金额达381余万元（旧人民币）。

企业民主改革　1953年1月19日至2月12日，在句容县委领导下，由句容县委城市工作部、县总工会、城区区委组成5人工作组，到该厂进行民主改革，历时25天。工作组成立增产节约委员会领导民主改革运动。从思想、组织、材料等方面做好准备；进行思想动员；动员职工以忠诚老实态度自觉说清个人历史及家庭和社会关系情况；民主团结和民主建设。在基本搞清政治情况的基础上，动员职工加强团结，搞好生产，并转入民主建设阶段。

民主改革取得成效　职工说清个人历史，搞清全厂职工政治面貌。有历史问题职工放下思想包袱，民主风气初步得到发扬。职工关心工厂、厂领导虚心听取群众意见，共同搞好生产，民主建设上台阶。组织建设方面，原有17名工会会员，发展会员5名，民主选举建立基层工会。原来有6名团员，发展到8名，由团小组扩大成立团支部。生产方面，营业部、排字房、机器房、装订切纸部等建立健全规章制度。

3. 句容米厂生产改革

生产改革准备工作　思想动员。1953年2—10月，国营句容米厂进行生产改革，县总工会参加改革具体工作。由厂领导作生产总结和目前形势、迎接1953年大规模经济建设动员报告，组织讨论提高认识，揭发生产上存在的问题。组织准备。在厂党支部领导下成立11人组成的生产改革委员会，并成立3个生产小组。另外成立1个宣传组领导工人读报，运用黑板报进行宣传工作。材料准备，调查生产设备和安全卫生情况。

制订生产改革方案　根据揭发出来的生产问题，发动群众找原因、想办法、提合理化建议，从下而上地讨论制订生产改革方案，并经生产改革委员会和厂管理委员会讨论通过公布实行。各生产小组根据厂行政公布的生产指标，制订出小组生产计划及措施，保证完成指标。

生产改革成效　通过生产改革，提高职工思想觉悟，树立当家作主思想，揭发以前生产上无人负责现象；建立生产责任制，改进生产管理，加强生产的计划性。厂领导也明确必须依靠群众才能搞好生产、办好工厂，因而推动生产发展。1953年，全厂生产总值完成计划的193.3%，在节约原料、降低成本、提高出米率等方面取得一定成绩。

六、认购爱国公债

1953年，工会组织动员全县广大职工响应国家号召，踊跃认购公债，支援国家经济建设。城区、下蜀、天王3个镇私营企业有职工988人，认购公债的职工637人，占职工数的64.47%；原计划认购1000万元（旧人民币），实际认购5681万元，完成计划的568.1%。全县教育工作者1220人，认购公债的1018人，占全县教育工作者人数的83.44%；原计划认购3000万元，实际认购12657万元，完成计划的421.9%。在认购公债过程中，广大职工表现出极大政治热情。

七、资本主义工商业社会主义改造

1. 加强学习宣传教育

1953年11月开始，县总工会在城区和农村集镇私营企业职工中，运用多种形式学习对资本主义工商业进行社会主义改造的重要性、必要性和重大意义，提高职工思想认识和政策水平。在对私改造运动中，各镇工会配合政府做了大量工作。天王镇工会组织店员工人采取分片包干的办法，对资本家和小商小贩进行宣传教育，对推动他们接受改造起积极作用。原来有些老年职工怕改造失业，有保店保饭碗思想，通过学习，他们认识到只有对资本主义工商业进行社会主义改造，职工才有前途，国家才有前途。

1955年12月，县工会发出通知，为迎接社会主义改造高潮的到来，要求各镇工会迅速做好思想和组织准备。在思想准备上：组织店员工人学习1955年11月14日《人民日报》社论《进一步开展对城市私营商业的社会主义改造工作》，以及11月22日社论《统一认识，全面规划，认真做好改造资本主义商业的工作》，认识在新形势下对私营商业进行社会主义改造的必要性和重要性。在组织准备上：对店员工人思想政治情况进行排队摸底，分积极、中间、落后3个等级；对资本家的思想情况分行业排队摸底，分好的、一般的、差的3种，以便进行安排改造。

1955年12月17日，句容县委发出紧急通知，为部署对资本主义工商业的社会主义改造工作，镇江地委定于1955年12月24日召开全专区集镇以上干部扩大会议，以便训练一批骨干，迅速开展宣传动员和对私营改造的准备工作。出席会议人员：城镇、下蜀、天王镇镇长、镇委书记（或支部书记），桥头乡、葛村乡乡长，各区供销社主任，城镇、下蜀区、天王区、赤山区税务所所长。县工会从城镇、下蜀、桥头、天王、葛村、郭庄、三岔、新塘等集镇选派11名店员工会干部参加会议。

在社会主义改造过程中，工会发动职工监督资本家遵守政府政策法令，对资本家违反政府政策法令、破坏生产、抗拒改造行为进行检举揭发和斗争，配合政府有关部门做好对资本主义工商业的社会主义改造工作。

2. 发动店员工人参加

1953年9月，对私营棉布业进行纳入国家计划的社会主义改造，县总工会抽调干部参加具体工作，并且召开私营棉布业工人代表会议，进行思想动员，训练骨干，积极配合政府进行对私改造工作。经过改造，城区28个棉布店改造成6个经销店。私营商店改造成经销店后，成为国家资本主义性质的商业。但仍有一些资本家消极经营，不愿改善经营管理和经营作风，甚至不断发生违反政策法令、抗拒改造的行为。1955年贯彻“主要改造，继续安排”的方针，对私营商业的社会主义改造逐步深入开展，到10月，全县经改造建立的6个经销店或小组合并成5个，由独立劳动者性质的小商小贩组织起来的合并小组8个。

1955年5月27—30日，县总工会召开各镇工会主席、组织、宣传委员会议，贯彻省工会一届三次常委扩大会议精神，要求工会协助政府有关部门正确贯彻上级指示和方针政策；主动配合合作社进行初级市场改造；加强政治思想工作，切实改进工作作风；整顿处于涣散状态的镇工会和基层工会。同年6月，各镇工会传达贯彻会议精神，组织店员工人有计划地配合对私改造工作。城镇店员工会举办53名店员工人参加训练班。

组织店员工人调查摸底，弄清商业户数、从业人员数、资金和营业情况、资方政治历史和思想情况等，为改造工作提供依据。天王镇工会把积极分子组成4个小组，把全镇划成4个片分片包干，详细地摸清本镇商业基本情况。

组织店员工人对资本家进行全面监督。针对一些心怀不满的资本家抽逃或浪费资金等抗拒和破坏社会主义改造的行为，根据利用、限制、改造的政策，工会组织、发动店员工人揭发资方大量违反政府政策法令不法行为，对资本家进行监督，并协助资方建立健全制度、改善经营管理。城镇经销店每月召开3次店务会议，月初总结上月营业情况和协商开支，月中检查计划执行情况，月底制订进货和营业计划。

3. 私营商业、饮食业普查

1955年10月4日，县总工会发出通知，要求各镇工会发动店员工人协助政府做好对私营商业和饮食业的普查改造。各镇工会动员店员工人以主人翁态度投入普查改造，许多店员工人主动把本店情况了解清楚反映给普查小组。有些店员工人白天工作，晚上配合普查小组审查私营商业和饮食业主填报的普查表，揭发资本家虚报和假报的行为，还提供可靠资料给普查小组，从而保证普查资料真实可靠。

4. 店员工人投入对私改造运动

1956年1月6—14日，句容县委、句容县人民委员会召开全县私改干部扩大会议，参加会议的有区长5人、基层供销社主任9人、店员工人23人、搬运工人15人，还有银行、税务所等有关部门的干部99人。会议期间，县工会召集店员工人开会，对工会如何发动店员工人及其家属投入对私改造运动，并推动资本家接受改造等工作作部署。

会后，各集镇大张旗鼓地开展宣传教育和动员工作。1月16日，句容县城镇人民委员会召开全镇工人、工商业者、学校师生、居民5000多人参加的群众大会，动员各界人民行动起来，把改造资本主义工商业的工作推向新高潮。城镇工商业者、小商小贩、手工业者积极响应政府号召，纷纷申请实行公私合营和合作化。1 月 17 日下午，有棉布、百货、杂货、医药、烟酒、糖果、锅磁、估衣等 8 个行业和一些小商小贩递交申请书。1 月 18 日，城镇 40 多个行业的工商业者、小商小贩、手工业者全部向城镇人民委员会递交申请书。1 月 22 日，全县对私改造工作达到高潮，全县工商业者、小商小贩、手工业者全部向政府递交全行业公私合营和合作化申请书，并获句容县委、句容县人民委员会批准。至此，全县所有集镇提前完成第一个五年计划的对私改造任务，取得社会主义改造伟大胜利。

对私改造运动进入高潮后，各镇工会组织职工参加庆祝活动。组织工人报喜队向党委和政府报喜，并祝贺工商业者走上社会主义道路。各集镇举行庆祝集会和游行时，各镇工会准备红幅标语和大红“喜”字，组织腰鼓、龙船等文艺节目参加集会游行。城镇、天王、下蜀等镇工会还组织店员工人参加各界联欢晚会，工人和工商业者共同表演文艺节目。在成立公私合营和工作委员会、进行清产核资、定股定息、改组企业、安排人员工作中，各镇工会挑选大批积极分子输送到工作委员会中去，协助政府进行改造，城镇工会挑选输送到各行业工作委员会的积极分子就有 18 名。

第二节　职工生产工作

一、参与恢复和发展国民经济

中华人民共和国成立以后，全县职工在反银圆走私、购买公债、捐献、救灾、维护税收等各项运动中都起带头作用；通过抗美援朝爱国主义时事教育，职工爱国热情高涨；在贯彻执行“发展生产、繁荣经济、公私兼顾、劳资两利”原则，恢复和发展生产，保障职工日常利益和民主权利等方面取得成绩。1950 年春夏，全县职工根据毛泽东主席“有困难、有办法、有希望”的教育，忍受暂时困难，用轮流休假、减低待遇、降低生活标准、个别解雇、实行节约等实际行动，主动团结资方、稳定情绪、克服困难、维持生产，使广大职工免遭失业危险，保障职工的最低生活。天王镇工会根据党委和上级工会指示，协助政府在 1953 年召开劳资代表会，教育资方提高信心、挖掘潜力、改善经营作风、树立新的商业道德。广大职工忍受艰苦、克服困难、坚持生产、度过淡季，使一些商店在困境中维护下来。

1951 年秋季至 1952 年，为发展生产、繁荣经济，全县各级工会组织各区、镇召开物资交流会，编印工人快报宣传鼓动。各镇工会组织店员工人主动团结资方制订店务公约和销售计划，做好资方思想动员工作。店员工人坚守岗位、遵守劳动纪律、热情接待顾客，搬运工人自觉调低价格，国营商业职工积极组织货源参加物资交流，通过物资交流大会促进市场繁荣和经济发展。

二、参加社会主义劳动竞赛

1. 发展过程

1951 年，抗美援朝运动中，广大职工通过制订爱国公约开展爱国主义劳动竞赛和增产节约运动。1952 年 9 月，苏南行政公署召开国营公司、银行、税务、交通、合作社五大部门会议，部署开展劳动竞赛。会后县总工会加强国营企业工会工作和对劳动竞赛的领导，经过思想和组织准备，国营企业的劳动竞赛逐步开展起来。

1952 年 8 月，中国百货公司句容营业所着手开展劳动竞赛准备工作，健全基层工会组织，进行劳动竞赛思想动员。9 月初，企业公布业务计划指标，工会发动群众制订小组公约和个人保证条件，张贴上墙。10 月，行政和工会检查计划指标完成情况和劳动竞赛情况，号召职工提合理化建议。12 月，24 名职工提合理化建议 45 条，被采纳 9 条。布匹组建议把仓库积压白布染成灰布出售，打开销路，1 个月出售 15 匹，获优胜红旗奖。

1954年8月，县粮食公司、税务局、邮电局、专卖公司句容批发部、国营句容米厂、地方国营句容印刷厂、县供销合作社油饼加工厂等单位，通过建立健全工会组织，先后开展劳动竞赛。由于各单位领导对开展劳动竞赛认识不足，组织工作缺乏经验，劳动竞赛开展不够正常，有的甚至流于形式。1954年下半年，县工会先后3次召开国营企业党支部、行政、工会、新民主主义青年团负责人会议，传达学习上级工会关于开展劳动竞赛的指示。1954年10月8—9日召开国营企业党、政、工、团负责人会议，传达学习江苏省总工会《关于把劳动竞赛向前推进一步的决议》和重庆市工会《关于开展劳动竞赛三个基本步骤》文章，认识到组织职工开展劳动竞赛是工会领导生产的基本方法，也是工会工作一项经常的基本任务，明确开展劳动竞赛的基本步骤和方法。3次会议统一思想认识，加强和改善劳动竞赛组织领导工作，劳动竞赛逐步走上健全发展轨道。许多单位能掌握劳动竞赛的3个基本环节，即月初发动职工讨论企业计划，制订或修订小组和个人保证条件，每周或每月检查一次，保证条件执行情况。同时，围绕生产关键发动职工提合理化建议，总结推广先进经验，每季度总结评比奖励，年终总评，从而把劳动竞赛向前推进一步。

1955年3月，县供销合作社油饼加工厂推行李川江先进榨油法，基本操作方法是“筛净胚薄，加热均匀，两高两低，以水定气，快包快装，轻打勤打”。经过反复实验，出油率不断提高，每100斤多出油11两。在推广李川江先进榨油法的基础上，该厂工人和技术人员继续革新生产设备，经过反复研究设计试制成功压饼机，实现无草包饼法，并且改用汽炉蒸灶。1955年9月在厂里全面推开，出油率显著提高，大豆出油率达到13.89%，干饼残油率下降到4.07%，单位成本从1.33元下降到1.08元，降低18.80%。由于实行无草包饼，减少打草把、踩饼、剥草等工序，并可以节省两个劳动力和缩短包饼上垛时间。由于改用汽炉蒸灶，在夏季降低车间温度，有利于维护工人的健康。

2. 开展先进生产者运动

1956年，社会主义劳动竞赛逐步深入开展，工业系统从较大厂发展到小厂，商业、供销社系统也普遍开展劳动竞赛。各单位加强对劳动竞赛的领导，开展学先进、赶先进、争做先进生产者群众运动。“相互学习、相互帮助、取长补短、共同提高”原则为广大职工所掌握，学习和总结交流先进经验，提合理化建议逐步形成热潮，竞赛的内容和形式也丰富多样。国营第一、第二米厂参加省级厂际竞赛，国营第一油厂参加地区厂际竞赛。商业、供销社系统在开展小组竞赛的基础上，开展同工种、同业务竞赛。

1957年，为贯彻中共中央制定的“勤俭建国，勤俭办企业”的方针，在工厂企业中开展以增产节约为中心的社会主义劳动竞赛，取得显著成绩。工业方面，在1956年农业歉收、1957年上半年面临生产任务不足的困境下，由于发动职工开展增产节约运动，贯彻地方工业为农业服务的方针，开展多品种经营和代农民加工业务（米厂为农民加工饲料、面粉和清糠油）扩大原料来源，解决生产任务不足的困难，支援农业生产。二季度全县工业产值完成124%。供销社系统组织职工送货下乡，扩大商品销路。1957年上半年，陈武、下蜀、后白3个基层供销社送货下乡137次，销货金额2028元。1957年，工业系统的社会主义劳动竞赛进一步发展，全县30个工厂有24个开展竞赛，参加竞赛职工1200余名，科室人员也参加竞赛。竞赛组织工作有所加强，竞赛秩序基本正常占70%。先进生产者运动开展充分发挥广大职工积极性和创造性，推动生产和工作发展，先进生产者队伍不断扩大。1956—1957年，全县各条战线涌现先进生产（工作）者4967人次，提合理化建议5854条，总结推广许多先进经验。

3. 支援农业生产“大跃进”

1958年1月16日，县总工会发出《关于支援农业生产大跃进的意见》，要求全县各级工会组织广泛深入地宣传农业发展纲要，动员职工为农业生产大跃进服务，参加支援农业生产的义务劳动。4月5日，县总工会制定1958年工会工作计划，要求各级工会组织发动职工开展以支援农业为中心内容的社会主义劳动竞赛，表扬先进，总结交流经验，掀起学先进、赶先进、先进再先进的热潮。同时，发动职工开展技术革新运动，改进工具，改变笨重的体力劳动，提高工作效率，为收割播种、兴修水利、深耕翻土服务。当年全县职工面向农村大力支援农业生产。工业系统大力开展代农民加工业务，加工饲料 2145 吨，支援农村的养猪事业。第一油厂试验成功混合发酵饲料，很受农民欢迎。商业、供销社系统组织职工送货下乡，便利农民买卖。各系统都发动职工参加支援农业生产的义务劳动，全县职工参加义务劳动 40484 人次，积肥送肥 28.35 万担，1616 名职工向农业合作社投资 59408 元，县工会抽出干部投入大炼钢等中心工作，投资 12000 元兴办地方工业，投资 200 元支援县级机关大炼钢铁。

4. 开展“五好”社会主义劳动竞赛

1962 年下半年，在工业、财贸系统进行先进班组、先进生产者竞赛试点。竞赛内容以增产节约为中心，突出支援农业，保证市场供应。1962 年年底，工业、商业、供销社系统恢复开展社会主义劳动竞赛活动。1963 年，各行各业根据支援农业和改善市场供应要求，提出竞赛目标，通过竞赛提高产品质量，增加品种，降低成本，节约原材料，提高劳动生产率，完成和超额完成生产计划，支援农业生产。在增产节约运动中，许多单位发动群众摆事实、算细账、挖潜力，揭发大量铺张浪费现象。句容油米厂揭发浪费金额 56652 元，句容县食品公司揭发浪费金额 37727 元，为深入开展增产节约运动提供依据。通过开展增产节约劳动竞赛促进生产。句容油米厂年利润计划 25000 元，完成 37878 元，占计划 151.51%。东昌煤矿年原煤生产任务 48000 吨，完成 50070 吨，占计划 104.31%。华山硫铁矿原是亏损单位，通过竞赛转亏为盈。一季度盈余 3063 元。该矿 1964 年发动职工开展以“五好”为目标的社会主义劳动竞赛。“五好”企业标准：政治工作好，计划完成好，企业管理好，生活管理好，干部作风好。“五好”职工标准：政治思想好，完成任务好，遵守纪律好，经常学习好，团结互助好。商业职工是“六好”，加一条服务态度好。

“五好”竞赛是社会主义劳动竞赛新发展，竞赛内容更丰富、更全面。第一，普遍向职工进行“五好”宣传教育，提高认识，统一思想，为开展“五好”竞赛打下思想基础。第二，对照“五好”标准制定企业班组和个人“五好”规划。全县工业财贸系统有 26 个基层单位，到 1964 年年底制定企业“五好”规划的有 6 个，制定班组“五好”规划的有 17 个，制定个人“五好”规划的有 11 个。在制定规划基础上，开展班组与个人之间“五好”竞赛，有的单位还在工序之间开展一条龙竞赛。第三，比赛通过总结评比树立标兵，开展比先进、学先进、赶先进、帮后进活动。第四，建立检查评比制度，按季初评，年终总评。开展“五好”竞赛，对加强企业的政治思想工作和管理工作、保证完成国家计划起着重要作用。在一季度评比中，城郊供销社黄梅供销站被评为先进单位。东昌煤矿通过开展“五好”竞赛，1964 年上半年完成产煤计划 111.91%，成本下降 15.34%。商业、供销社系统通过开展“五好”竞赛改善服务态度。在“五好”竞赛中涌现出一批先进集体、先进生产（工作）者、“五好”班组和“五好”职工。

1964 年 3 月，召开全县工业、交通、财贸等方面先进集体、先进生产（工作）者代表会议，出席会议的代表 229 人，其中先进集体代表 13 人、先进生产（工作）者代表 216 人；表彰先进集体 5 个、先进生产（工作）者 20 人；选出 9 人出席江苏省工业、交通、基建、财贸等方面先进集体、先进生产（工作）者代表会议。1965 年 4 月，召开全县工业、交通、财贸等方面“五好”和先进代表会议，出席会议代表 262 人，表彰“五好”先进集体 4 个、“五好”先进个人 11 名。

5. 参加工业学大庆运动

1973 年 11 月 20 日，县总工会在《关于召开四届一次全委扩大会议的情况报告》中指出：“今年以来，全县广大职工以实际行动响应中共第十次代表大会的号召，抓革命，促生产，深入开展工业学大庆运动，组织职工开展社会主义劳动竞赛，定期评比，表扬先进，树立典型，开展比、学、赶、帮活动。”句容酒厂改变单纯依靠行政领导抓生产的做法，通过工会发动职工开展社会主义劳动竞赛，把广大职工生产积极性调动起来，出现学先进、赶先进、你追我赶的生动局面。瓜干白酒平均出酒率由原来的 44.3%提高到 48.5%，成本比 1972 年同期下降 7.7%。

1974 年，工业学大庆运动进一步发展，涌现出一批“抓革命促生产”先进单位。句容油米厂工会在党支部领导下，带领职工走大庆路，贯彻执行“鞍钢宪法”，1—6 月完成年产值计划的 53.5%。句容酒厂根据职工合理化建议，成立攻关会战组，通过3个星期实践，突破出酒率50斤大关，使复百乐瓜干出酒率达到51.65%。1977年1月27日，县总工会在《关于开展“工业学大庆”社会主义劳动竞赛的意见》中，要求把工业学大庆运动推进到一个新阶段，为建设大庆式企业而奋斗。

1979年4月8日，县总工会四届五次全委扩大会议纪要指出：“全国总工会九届二次常委扩大会议作出‘加强安定团结，广泛深入地开展增产节约运动的决议’，我们要积极响应，坚持执行，深入开展增产节约和社会主义劳动竞赛，引导职工学习先进的科学技术，大搞技术革新和技术革命，要做好奖励工作，广泛开展比、学、赶、帮活动。”为加强对增产节约和社会主义劳动竞赛的领导，许多单位成立增产节约和劳动竞赛领导小组，工会参加领导小组工作，有的基层工会主席还担任领导小组成员或副组长，各单位利用广播和黑板报等宣传工具，大力宣传增产节约和劳动竞赛的意义。句容拖拉机厂从5月起编写快报198期，表扬好人好事400多人次，介绍推广先进经验，推动增产节约和劳动竞赛开展。通过开展增产节约和劳动竞赛，各单位取得了较好的成绩。化肥厂工会协助行政改进管理办法，采取进煤过磅、计量下炉、班组统计、天天公布、节约奖励、加强煤场管理、煤渣回收使用等办法，5月节煤421.66吨。并采取分班供电、按班统计公布、把生产用电和照明用电分线供应的方法，千方百计降低电耗，1个月就节电49183度。第二农机修造厂发动职工开展拾宝活动，成绩显著，收回废旧钢铁13.625吨。拖拉机厂刀具组1979年上半年革新新刀具100多把，工人李益民改革一把铯刀，加工翻斗车刹车系统钢角，1个班即可完成150台套，提高功效4倍。化肥厂、拖拉机厂、句容油米厂、第二农机修造厂、运输公司等5个企业，1979年节约煤、电、油、粮、回收旧金属等折合人民币15万多元。财贸系统开展“服务良好月”活动，许多商店开展“质量信得过竞赛”“红旗班组竞赛”“同工种、同业务赛”等，取得明显经济效果。

6. 参加“四化”建设立功竞赛

1980年4月，全国总工会第九届常委会第四次（扩大）会议做出决议，要求各基层工会提高广大职工对开展为“四化”立功活动的认识，树立人人为“四化”立功思想，积极投入为“四化”立功活动。1981年，句容县制革厂通过开展为“四化”立功竞赛活动：6—9月，生产皮革95824张，比1980年同期增长42%，完成产值102.64万元，比1980年同期增长19.4%，实现利润9.21万元，比1980年同期增长25.2%。句容县织布厂开展万米无疵布竞赛活动，1年内3次组织职工进行技术表演赛。21车队客车驾驶员顾志超安全行车超百万千米，被县交通局树为标兵。1981年，12个基层工会开展合理化建议活动，201名职工提合理化建议152条，被采纳102条、实施95条，创造价值81800元。

1982年，全县各级工会组织配合行政发动职工开展以提高经济效益为中心、节约能源为重点的学先进、赶先进、技术革新、技术协作、合理化建议、推广先进经验、操作比赛等各种竞赛活动。句容县纺织厂继续开展万米无疵布竞赛和技术表演赛，掀起你追我赶热潮。1982年，完成产值567万元，比1981年增长17%。工程机械厂积极开展技术革新和技术协作活动，产品不断更新，质量不断提高，竞争能力不断增强，产品销售到20多个省、市、自治区，5个国家和地区，年终评比涌现质量信得过班组8个、革新能手4名。林业系统开展抢季节、采好茶、做好茶竞赛，提高茶叶等级，全年采茶12800担，比1981年增长19%。年终全县评出先进集体355个，先进生产（工作）者2710名。1982年，16个基层工会开展合理化建议活动，185名职工提出合理化建议147条，被采纳115条、实施84条，成立技术协作组织1个，专职工作人员3人。

1983年年初，县总工会贯彻江苏省委《关于在全省范围内更大规模地开展学习先进、赶超先进活动的通知》，会同有关局召开基层单位行政和工会干部会议，大造学赶先进舆论，掀起学习赵春娥、蒋筑英等英雄人物热潮。工程机械厂开展献计策、搞革新、挖潜力、增效益活动，实现“五个一”奋斗目标，即生产翻斗车1000台，比计划增长53%；发展一个新产品，评为省优；全员劳动生产率达1万元；利润达100万元，比计划增长30%。交通系统通过开展竞赛实现3000天安全行车的目标，受到省交通厅的表彰。1983年开展合理化建议活动的基层工会23个，提合理化建议的职工240人，提建议367条，被采纳

140 条，实施 104 条。

1984 年，工业、交通、建材系统围绕增产节约，开展多种形式的竞赛活动。工程机械厂开展“创四先”竞赛，交通系统开展百日无事故竞赛，建材系统开展创全优工程竞赛。团山硫铁矿围绕提高经济效益，开展产量、质量、安全、低耗等项目的竞赛，并开展班与班、工区与工区之间比先进、学先进、赶先进、帮后进、超先进竞赛，全年采矿 4043 吨，完成产值 19.54 万元。1984 年，开展合理化建议活动的基层工会 25 个，提合理化建议的职工 356 人，提合理化建议 338 条，被采纳 356 条。工程机械厂、钼铜矿厂、化肥厂、纺织厂等单位开展合理化建议和攻关活动，职工提合理化建议 59 条，实施 31 条，年创经济价值 2.6 万余元；成立技术交流站 1 个，专职工作人员 1 人，攻破技术关键项目 3 件；举行技术表演 5 次，330 人参加。举行技术讲座 54 次，听讲人数 2305 人，推广新技术 8 件。

1985 年，许多厂矿企业开展超承包指标赛、单项短距离赛、技术选拔表演赛等。交通运输和商业系统开展文明窗口和最佳服务活动竞赛。在开展合理化建议活动中，注重在抓数量的同时抓质量，全年开展合理化建议活动的基层工会 45 个，提合理化建议的职工 2043 人，提建议 2169 条，被采纳 645 条，实施 421 条。工业、交通、建材、财贸等系统 24 个单位，职工提合理化建议 1563 条，被采纳 616 条，实施 327 条，年增收节支创造价值 108.6 万元。1985 年，成立技术协作组织 12 个，专业推广队 7 个，队员 12 人，攻破技术关键项目 66 件，组织技术表演 24 次，参加表演及观摩的有 1547 人次。举办技术讲座 632 次,听讲人数 2270 人，推广技术项目 20 余件。县化肥厂技术人员在工人配合下，对合成岗位放空气和贮槽池放气进行技术改造，采用等压回收新工艺，每天回收浓氨水 12 吨左右，节煤 3 吨，年节约资金 44 万余元。

1986 年 3 月，县总工会召开先进集体和先进个人表彰大会。句容布厂根据各车间特点，开展一条龙班、组红旗赛、区域赛、产值赛、姐妹赛等，一系列竞赛活动激发了广大职工的积极性，涌现出大批生产能手。前织车间 5 人创穿综百轴无疵轴，工人邱禄霞连续两次创百轴无疵轴，一次创 295 个无疵轴的好成绩。有 6 人在攀高峰中创万米无疵布。工人丁卫兵创 23806 米无疵布的优异成绩。工程机械厂、化肥厂派出优秀选手参加镇江市组织的机械、焊接、锅炉等操作比赛，并取得较好名次。县总工会会同县计划经济委员会、科学技术委员会召开由 1000 余名职工参加的合理化建议活动动员大会，在“五一”国际劳动节前夕，召开劳动模范座谈会，向全县广大职工发出“七五”立功竞赛倡议，使合理化建议活动出现新高潮。至年底，开展合理化建议活动的基层工会 85 个，提合理化建议的职工 5653 人，提建议 3310 条，采纳 1617 条，实施 915 条，获经济效益 157.1 万元。11 月，镇江市总工会在句容召开由丹阳、丹徒、扬中县总工会参加的合理化建议现场经验交流会，并参观学习化肥厂、工程机械厂等好经验。1986 年，建职工技术协作委员会 5 个，会员 86 人；专业推广队 15 个，队员 80 人；技术交流站 1 个，专职工作人员 5 人；攻破技术关键项目 18 个，创经济效益 11.4 万元；技术培训 140 次，受训 5487 人次；推广新技术项目 5 次，创经济效益 10 万元。

1987 年 3 月，为落实中共中央提出的“双增双节”（增产节约、增收节支）号召，县总工会召开动员大会，提出开展“双增双节”运动意见。65 个单位开展“双增双节”运动，增加经济效益 300 多万元。各级工会发动职工广泛开展“五个一”（树理想，做一件好事；增活力，参加一项改革实践；当主人，提一条合理化建议；学本领，练好一门基本功；做贡献，人均节约 100 元）活动，为提高企业活力和增加经济效益做出了贡献。1987 年，职工提合理化建议 3814 条，采纳实施 907 条，创经济效益 160 万元。技术革新项目 35 个，创经济效益 30 多万元，推广新技术 52 项，创经济效益 19400 元。7500 名职工参加立功竞赛活动，19 名职工立一等功，12 名职工立二等功，72 名职工立三等功。4 月 10—20 日，全县各级工会发动职工开展“双增双节”活动，取得增收节支 11 万余元的成果。1987 年，技术培训 166 次，培训 3921 人次，攻破技术关键项目 3 项，创经济效益 51.4 万元。

1988 年，基层工会发动职工开展多种形式的立功竞赛活动，参加职工 2 万多人，并且开展“三讲”

“三树”活动，“厂兴我荣，厂衰我耻”的主人翁思想在职工中普遍树立，有力促进了企业的物质文明和精神文明建设。句容县地毯厂编织的地毯在加拿大国际博览会上获得金牌奖。1988 年，开展合理化建议活动的基层工会 118 个，提合理化建议的职工 2133 人，提建议 1975 条，被采纳 752 条，实施 570 条，其中能计算出创造经济价值的 356 条，创经济效益 200 多万元。建职工技术协作委员会 7 个；攻破技术关键项目 45 个，创经济效益 54.9 万元；推广新技术 13 项，创经济效益 1.96 万元；技术培训 114 次，培训 7652 人次；举办技术表演 33 次，参加表演和观摩 2112 人次。

1989 年，县总工会组织 113 个企业 1.7 万名职工开展以“三创一降”（即创收、创优、创汇，降低消耗）为主要内容的社会主义劳动竞赛，创经济效益 120 多万元。大卓锅炉厂工人革新自动焊接新工艺，年节约 2 万多元。县航运公司抓住节油这个关键，发动职工献计献策，年节约用油价值 18 万多元。4 月 29 日，县总工会召开劳动模范座谈会和先进事迹报告会，对开展劳动竞赛提出具体要求。7 月，县总工会召开有各基层工会参加的经验交流会，15 个基层工会介绍开展劳动竞赛经验。许多基层单位成立劳动竞赛领导小组，由生产副厂长任领导小组组长，加强劳动竞赛领导，推动劳动竞赛开展。11 月，县总工会召开劳动竞赛总结表彰大会，表彰先进集体单位 25 个，句容县水泥厂等 7 个单位在会上介绍经验。开展合理化建议活动的基层工会 124 个，提合理化建议的职工 3302 人，提建议 2289 条，被采纳 872 条，实施 619 条，其中能计算出创造性价值的 292 条，创经济效益 129.3 万元。有技术协作委员会 6 个，会员 63 人，专职工作人员 6 人，攻破技术关键项目 16 个，创经济效益 47.5 万元。推广新技术 7 项，创经济效益 57.2 万元。技术培训 53 次，受训 3312 人次。

1990 年，县总工会学习贯彻中共中央《关于加强和改善党对工会、共青团、妇联工作领导的通知》精神，围绕县委、县政府提出的积极治理整顿、坚持改革开放、稳定句容经济、建设精神文明的要求，组织全县工业企业中确定的 100 个重点企业，开展以“创优、创汇、革新、节约、降耗、安全”和“我为企业发展献一计”为内容的“百家企业”社会主义劳动竞赛活动。10 月，县总工会召开“百家企业”劳动竞赛经验交流会，11 个企业介绍经验。职工提合理化建议 3311 条，被采纳实施的有 1346 条，创经济效益 403.1 万元。技术革新项目 27 项，创造经济效益 20 万元。县化肥厂碳氨车间吊装工邱十喜改革吊塔新工艺，1 年可增效益 8.1 万元。县酒厂用鲜山芋发酵成果获镇江市总工会技术革新成果发布一等奖。1990 年，职工开展劳动竞赛、提合理化建议、技术革新 3 项活动创经济效益 431.7 万元。原农机二厂铸造车间的成品率一直在 50%左右，厂工会和全质办组织铸造车间的工人开展“提高成品率，为企业增效益”竞赛活动，干部职工团结战斗，二次开炉成品率达 100%，成品率保持在 92%以上。增强职工节约观念。大家自觉为企业增收节约一度电、一滴油、一块煤、一分钱，百家重点企业节电 1168 万度，节油 479 吨、节煤 7496 吨。县运输公司采用本单位工人制造的节油器和节油剂，全年节油 9.125 吨，被评为省节油先进单位。增强职工学习业务、钻研技术的积极性。工会组织职工开展近百次的技术比武、操作表演竞赛活动，提高职工的业务技术水平。工程机械厂吴俊德在省工程技术操作比武中获第二名。

1991 年，县总工会围绕国务院提出的“质量、品种、效益年”，开展立功竞赛活动，提出人人做到“三个一”（为企业提高产品质量、增加花色品种提一条合理化建议；为企业提高经济效益、增产节约 100 元；坚持岗位练兵，把本职工作的技术水平向上提高一个等级）口号。各系统、基层工会根据县总工会部署，结合本单位实际情况，发动群众，制订竞赛规则，落实竞赛措施，取得成效。一是组织青年职工大力开展岗位练兵、技术比武活动，提高青年职工技术素质，促进企业产品质量的提高。商业、供销系统和县化肥厂、金猴集团公司工会年初就制订计划，组织青年职工分批分期开展岗位练兵和技术比武活动，取得较好的成绩。二是突出行业特点，开展多种形式的竞赛活动。各系统基层工会着眼行业特点，组织职工开展降本增效、扭亏增盈、提高产量、增加品种、行业对口赛和合理化建议月等竞赛活动，创造较好的经济效益。交通系统工会根据行业特点，组织开展“6 条龙”（服务、质量、安全、节能、销售、后勤）竞赛活动，增收节支 13 万余元。三是组织全县 1.2 万名女职工开展“百日巧手奉献”竞赛活动。自县总工会女职工委员会 3 月发出开展“百日巧手奉献”竞赛活动通知后，广大女职工积极响应，用自己的双手创造出各具特色的成果。10 个单位参展，收到展品 21 件、照片 32 张。

1992 年，县总工会举办 2 期创造学培训班，组织基层工会干部和企业技术骨干系统学习创造学理论、方法，在企业中广泛开展群众性技术协作活动，为企业培训一批“工人发明家”，推动企业技术进步。句容酒厂走“科技兴厂”之路，厂工会协助行政组建销售科、造汽车间、酒精车间、包装车间 4 个 QC 攻关小组，攻破“市场分类 ABC，促进销售增效益”“提高锅炉热效率，节能降耗增效益”“应用螺旋板换热器，节能降耗增效益”等技术难关，取得较好经济效益和社会效益。同时，组织职工广泛开展岗位练兵活动，提高职工的技术水平。全县有 60 个单位 2643 名职工参加各种技术业务比赛，评选 253 名技术业务能手，评聘 73 名工人技师。县纺织工业公司工会为了发挥占职工总数 70%以上的女职工的作用，大力开展织机操作工岗位练兵技术比赛活动，有 2 人次创万米无疵布，39 人次创百轴无疵轴。在镇江市纺织工业公司举办的“金梭杯”操作大比武运动会中，操作工王正华获操作三等奖。此外，县总工会组织职工开展合理化建议活动，为搞好企业经营管理、节约能源、提高产品质量献计献策。全县职工提合理化建议 5210 件，被采纳 1511 件，实施 156 件。

1993 年，县总工会组织职工开展以“双增双节”为主要内容的劳动竞赛、“岗位奉献”和“巾帼建功、巧手奉献”竞赛活动，创经济效益 650 万元。各级工会围绕企业生产经营中的重点、难点，发动广大职工开展“我为企业献计献策”活动和以“小发明、小创造、小建议、小改革、小革新”为内容的群众性发明创造活动，有 5016 人次提合理化建议 6750 件，被采纳 2120 件，实施 715 件，创经济价值 160 万元。在“五一”前夕，县总工会组织基层工会召开“职工发明创造成果新闻发布会”，交流总结和推广 18 项有一定经济价值的革新成果，其中有两项在镇江市获得技术革新二等奖。

1994 年，各级工会围绕县委提出的“增产、增效、增投、减亏”的要求，组织广大职工积极开展多种形式的劳动竞赛。交通系统开展为交通事业发展建功立业竞赛活动，邮电系统开展“树邮电新风，创优质服务”“我为企业增量、增收、增效益献计策”活动，商业系统开展评选“好点子”活动，纺织工业公司开展机械操作比武等劳动竞赛，创经济效益 400 余万元。全县有 6000 多名职工提合理化建议，9000 多名职工投入岗位练兵、技术业务操作比赛活动。

20 世纪 90 年代后半期，全市各级工会组织广大职工广泛深入地开展“跨世纪奉献杯”立功竞赛活动，充分发挥广大职工在经济建设主战场的主力军作用，为句容经济发展做出贡献。

7. 实施“群众性经济技术创新工程”

“创新工程”主要内容　进入 21 世纪以后，全市各级工会组织不断实施“创新工程”（群众性经济技术创新工程）。在提高职工整体素质上，逐步形成技术培训、岗位练兵、技能竞赛、考核升级等职工技能提升机制。组织职工开展“三创三赛”（以培育职工思维创新、技术创新、管理创新为主要内容，在生产企业中开展“创新立功竞赛”、在服务行业中开展“优质服务竞赛”，在基础设施建设中开展“重点工程竞赛”）活动，取得显著成效。

2006 年句容市 100 人以上企业工会经济技术活动情况统计表

表 5-2-1

企业名称	企业性质	职工人数（人）	开展何种劳动竞赛	开展技术练兵比武数（次）	开展“六小”活动数（次）	开展技术培训人数（人）
句容盛业管件制品有限公司工会	合资	850	创新杯	2	3	200
天宁香料（江苏）有限公司工会	独资	135	创新杯	4	4	82
句容市新华建筑工程有限公司工会	私营	150	创新杯	2	6	34

续表 5-2-1

企业名称	企业性质	职工人数（人）	开展何种劳动竞赛	开展技术练兵比武数（次）	开展“六小”活动数（次）	开展技术培训人数（人）
句容市狮城拉丝有限公司工会	合资	120	创新杯	1	3	150
句容美日服装有限公司工会	合资	190	创新杯	3	6	75
句容恺兴服装有限公司工会	独资	110	创新杯	1	4	75
句容市邮政局工会	国有	162	创新杯	3	3	50
三泰服装辅料有限公司工会	企业	160	创新杯	3	5	63
句容瑞德制衣有限公司工会	企业	150	创新杯	2	4	175
句容森宝兰制衣有限公司工会	企业	180	创新杯	1	3	20
句容市唐人制衣有限公司工会	企业	165	创新杯	2	6	49
句容市恒升鞋业有限公司工会	企业	110	创新杯	3	8	
句容市电信分公司工会	国有	207	创新杯	4	3	50
江苏鸿宝玩具礼品有限公司工会	合资	128	创新杯	2	6	180
江苏鸿宇鞋业有限公司工会	外企	184	创新杯	2	5	23
句容市棉种场劳服公司工会	集企	106	创新杯	2	3	151
句容市康宁工艺玩具厂工会	私企	221	创新杯	3	4	60
句容长江石业有限公司工会	私企	146	创新杯	1	3	50
句容市下蜀玻璃制瓶厂工会	私企	112	创新杯	1	5	37
镇江天力变压器有限公司工会	私企	348	创新杯	2	4	36
江苏毅马铸锻公司工会	外资	329	创新杯	2	6	39
句容联泰机电有限公司工会	外资	136	创新杯	2	158	120
句容都茂自行车有限公司工会	外资	1092	创新杯	1	5	40
句容永盛工艺有限公司工会	外资	181	职业技术	11	4	60
金猴工程机械有限公司工会	私企	258	创新杯	4	4	231
句容舜兴服饰有限公司工会	私企	200	创新杯	4	3	197
句容林峰服饰有限公司工会	私企	162	创新杯	1	6	34
大卓建筑公司工会	私企	160	创新杯	2	5	37
句容市宏达毛纺厂工会	私企	216	创新杯	1	6	32
句容市瑞阳工艺袜厂工会	私企	235	创新杯	1	6	58
句容市宏业针织有限公司工会	私企	309	创新杯	2	6	33
句容市兴文包装有限公司工会	民营	260	创新杯	3	3	30
句容市宏泰医药有限责任公司工会	民营	133	创新杯	1	6	35
句容市集信工艺昌厂工会	私企	150	创新杯	1	4	34
句容市蓝天毛纺厂工会	私企	120	创新杯	3	5	30
镇江市华青旅游用品公司工会	外资	140		1	5	39

续表 5-2-1

企业名称	企业性质	职工人数（人）	开展何种劳动竞赛	开展技术练兵比武数（次）	开展“六小”活动数（次）	开展技术培训人数（人）
茅山工具包装有限公司工会	私企	115			5	31
句容排印厂工会	私企	210	创新杯	1	6	35
春天日用品材料有限公司工会	外资	245	创新杯	4		7
春诚工艺丝毯厂工会	私企	125	创新杯	2	6	29
镇江格威服饰有限公司工会	外资	620	创新杯	3	6	30
东旭礼品有限公司工会	私营	120	创新杯	2	7	35
欣典陶瓷公司工会	台资	150	创新杯	4	148	60
友联陶瓷礼品公司工会	台资	120	创新杯	2		70
句容市联艺针织品有限公司工会	股份制	268	创新杯	1	4	31
句容经纬塑胶有限公司工会	台资	126	创新杯	1	6	26
句容市友联塑胶包装厂工会	私营	168	创新杯	2	6	30
句容市冬梅工艺有限公司工会	私营	125	创新杯	1		70
句容市豪鑫工艺品有限公司工会	台资	120	创新杯	1	5	27
句容市电磁线公司工会	私营	131	创新杯	2	34	80
句容市天龙工艺品厂工会	私营	178	创新杯	1	5	25
江苏天爱集团有限公司工会	股份制	1560	创新杯	1	3	27
句容市农村信用合作联社工会	集企	335	创新杯	3	5	15
嘉新京阳水泥有限公司工会	外资	625	创新杯	1	5	27
江苏远东水泥有限公司工会	外资	580	创新杯	4	3	35
句容市供电公司工会	国营	298	创新杯	4	6	63
茅山纺织有限公司工会	集体	505	创新杯	1	4	23
华茂工艺品厂	私营	250			5	11
镇江市茅迪实业有限公司工会	集体	180	创新杯	4	4	60
句容市工具厂工会	私企	107	创新杯	1	5	25
句容市东信纺织器材有限公司工会	私企	200	创新杯	2	5	35
江苏天王志庆精密五金零件有限公司工会	外企	200	创新杯	2	5	32
句容市裕兴工艺品有限公司工会	私企	200	创新杯	2	5	47
句容林场工会	国企	175	创新杯	1	4	25
东进林场工会	国企	162	创新杯	2	6	26
磨盘林场工会	国企	105	创新杯	2	5	25
张庙茶场工会	国企	109	创新杯	1	5	24
下蜀茶场工会	国企	208	创新杯	4	4	23
客运公司工会	企业	481	创新杯	1	4	31

续表 5-2-1

企业名称	企业性质	职工人数（人）	开展何种劳动竞赛	开展技术练兵比武数（次）	开展“六小”活动数（次）	开展技术培训人数（人）
运输公司工会	企业	143	创新杯	1	6	23
华龙公司工会	企业	153	创新杯	2	7	32
航运公司工会	企业	157	创新杯	1	3	20
句容市自来水总公司工会	国企	168	创新杯	1	5	23
句容市友诚服装有限公司工会	私企	180	创新杯	1	4	28
句容市永安毯业有限公司工会	私企	150	创新杯			
句容市亚美制衣有限公司工会	私企	180		1		50
合计			72	154	666	3925

重点工程立功竞赛 市总工会紧紧围绕经济建设和社会发展中具有重要地位、社会影响较大的工程（项目），以工程质量、工期、效益、安全、团结协作为重点，深入开展“管理创先、技术创新、工程创精、队伍创优”为主题的重点工程立功竞赛，确保重点工程项目圆满完成。

2001 年，在全市农电网改造、市第二自来水厂建设、句蜀路改建 3 项重点工程建设中，市总工会组织职工开展竞赛活动，发动职工提合理化建议 613 条，实施率 32%，3 项重点工程项目均未发生重大事故，工程进度和文明施工方面有不同程度的改观。句蜀路工程造价由原计划 1. 2 亿元压缩到 6500 万元；第二自来水厂一期工程造价，由原计划 8700 万元压缩到 8100 万元。句蜀路改建工程、农电网改造工程一直延续到 2004 年。2007 年，市总工会在 243 省道句容段改造河滨南路道路建设、句容河桥梁建设、崇明中路工程建设和 35 千伏京容变扩建工程等重点工程建设中，组织职工开展以赛工期、质量、安全、文明施工、创新、廉政建设为主要内容的立功竞赛活动。通过竞赛，各参赛单位的建设工期明显加快，工作效率明显提高，建设成本下降，工地现场呈现文明施工的景象。2008 年，继续在 243 省道句容段改造、句容湖引水工程、儒香苑建设、110 千伏福地输变电工程中开展立功竞赛。2009 年，组织职工投身城区自来水老管网改造、一品佳园经济适用房工程、220 千伏天王变电所工程等重点工程（项目）的立功竞赛活动。

2010 年，在城区自来水老管网改造、华阳东西大街道路改造、城市消防建设改造、104 国道句容段改造工程中，组织职工开展立功竞赛。2011 年，在 104 国道句容段改造、城区自来水老管网改造、河滨北路经济适用房建设、黄梅赤岗安置小区工程建设等重点工程（项目）建设中开展立功竞赛。2012 年，继续在 104 国道句容段工程改造、华电一期 2×1000 兆瓦机组建设工程中，组织职工开展立功竞赛。2014 年，在沪宁高速句容北互通（266 省道）建设工程、自来水城区管网改造工程、崇明东路东延段工程、通湖路工程、宁杭南路改造工程、华阳镇北部新城建设工程、北山水库生态治理等 10 项重点工程中，组织职工投身立功竞赛活动。2016 年，市总工会分别与江苏华电句容发电厂联合在发电厂二期建设工程中、与市交通运输局在句容市西干线公路建设中联合开展创先争优建功立业劳动竞赛。2017 年，市总工会在市污水处理二期工程、243 省道铃塘转盘改造暨南门快速通道建设工程中开展立功竞赛活动。2018 年，在句容市茅山镇丁庄村“美丽库区 · 幸福家园”建设二期工程中开展立功竞赛活动。2020 年组织职工在 2019 年度大中型水库移民后期扶持基金项目茅山管委会玉晨村、茅山镇何庄村“美丽库区 · 幸福家园”、后白镇张庙茶香苑安置房三期项目中开展重点工程立功竞赛活动。

职工职业技能比赛 2004 年，市总工会会同市劳动和社会保障局、市计经局联合开展句容市职工职业技能竞赛，在焊工、电工、收银员、插花员、计算机等岗位职工中开展技能比赛，对竞赛中涌现的技术能手进行表彰，并推荐到镇江市参加比赛。2007 年，市总工会选送盛业管件有限公司工人张金海参加镇江市钳工技能比赛，取得第四名。选送参加镇江市客车驾驶员技能比赛的选手也获得了较好成绩。2008 年，市总工会联合市卫生局组织开展由 19 个卫生医疗单位 23 名医护人员参加的护理技能比赛。联合市水利农机局组织开展由 80 人参加的水管单位水上作业划船技能比赛。市总工会在全市的银行中开展国际收支统计业务岗位竞赛，以及人民币流通知识竞赛。在苏果超市开展收银员技能比赛。在大全铁路器材有限公司开展电焊工技能比赛。2009 年，组织开展粮食加工企业制米工职业技能培训和竞赛，并选派选手参加镇江市的比赛。2010 年，组织自来水公司职工开展管道工技能比赛。2012 年，市总工会与市华通客运公司联合开展职业技能提升活动，与水利农机局联合开展水上作业人员、农机辅导员技能比赛，与华阳镇、天一商城联合开展商场营业员、收银员技能比赛。2015 年，联合相关部门开展水利系统水养单位、华通客运公司、高压线路带电检修职工技能提升活动，开展卫生系统“心肺复苏”、电信计费专业技能比赛，华电电气操作技能比武活动。2016 年，与人社局联合开展“技能练兵，展我风采”的基层卫生岗位练兵和技能比武活动，12 名个人、3 个团体获得表彰。2017 年，联合人社局开展卫生应急技能竞赛；联合民政局、人社局开展句容市首届居家养老护理员职业技能竞赛；联合住建局组织开展砌筑工技能比赛活动。2018 年，联合交通运输局、人社局在华夏汽车修理厂、句容中等专业学校开展句容市汽车维修工职业技能竞赛。联合举办 2018 年句容市职工职业技能大赛，组织参加架子工、保育员、育婴员、电焊工等工种的技能竞赛。2019 年，组织职工开展茅山茶青茶叶制作技能竞赛、首届“建华杯”牵引车驾驶技能比赛，镇江市“广兴杯”钢筋工职工职业技能大赛在句容广兴集团组织实施。2021 年，市总工会组织移动公司业务技能、茶叶制作技能、渔业技能等市级层面的职业技能竞赛 7 场，扎实推进技能型人才培育工作。

三、班组建设

1. 搞好班组长培训工作

1986 年，全县厂矿企业有班组长 2594 人，当年全县各基层单位培训班组长 810 人。1987 年，全县各基层单位举办班组长培训班 20 期，培训班组长 975 人。同时，县总工会职工学校举办班组长培训班 6 期，培训班组长 150 人，其中第一期是师资培训班，培训 49 人，为基层培训班组长培训师资。

图 5-1　1987 年 5 月，句容县首期班组长培训班合影

1989 年，全县各基层单位举办培训班组长和工会积极分子培训班 35 期，培训班组长 1086 人次。县化肥厂为提高班组长政治业务素质和组织管理能力，促进企业内部改革和经济建设，举办一期班组长培训班，培训内容有：化工班组管理原理；班组生产管理；班组机械化设备管理；计量与定额管理及仪表

图 5-2　镇江市十大重点工程句容抽水蓄能电站建设劳动竞赛现场推进会

自动化管理；班组安全管理；岗位责任制和经济责任制，班组民主管理与劳动竞赛；班组思想政治工作及法律常识；班组长的职责与工作方法。县纺织公司工会配合行政制定班组建设制度，按月检查制度执行情况，根据工作实绩评定打分，纳入部门和个人经济责任制考核，使班组建设得到加强，各生产班组建立台账，按规定和要求做到台账清楚、整洁，班组园地内容丰富多彩。

2. 开展班组竞赛

1987 年，开展班组升级赛的单位 16 个，参加升级赛的班组 276 个，涌现合格班组 180 个、先进班组 79 个、信得过班组 17 个。1988 年，开展班组升级赛的单位 23 个，参加升级赛的班组 380 个，合格班组 248 个、信得过班组 49 个。1989 年，开展班组升级赛的单位 17 个，参加升级赛的班组 370 个，合格班组 248 个、先进班组 8 个、信得过班组 19 个。1990 年，开展班组升级赛的单位 44 个，参加升级赛的班组 537 个，合格班组 434 个、信得过班组 95 个、先进班组 163 个。1991 年，开展班组升级赛的单位 47 个，参加升级赛的班组 614 个，合格班组 517 个、信得过班组 102 个、先进班组 159 个。1992 年，开展班组升级赛的单位 46 个，参加升级赛的班组 447 个，合格班组 286 个、信得过班组 72 个、先进班组 91 个。1993 年，开展班组升级赛的单位 46 个，参加升级赛的班组 487 个，合格班组 296 个、信得过班组 76 个、先进班组 105 个。

第三节　企业民主管理

一、建立职工代表大会制度

1. 计划经济体制下的职工代表大会

1957 年 8 月 5—20 日，县工会同句容县委工业部在国营句容第一米厂进行职工代表大会试点（该厂有 27 名职工，没有选举代表，召开的是职工大会）。1957 年 10 月，职工代表大会制度在工业系统推广，先后召开职工代表大会的工厂有：地方国营句容印刷厂、国营天王第二碾米厂、公私合营东昌米厂、裕源米厂。在国营商业和供销社系统进行职工代表大会试点工作的基层单位有百货公司和天王供销社。职工代表大会制度经过试点和在部分单位推广，取得 5 点经验：职工代表大会必须在企业党支部领导下由工会主席主持召开，并与行政和青年团组织密切配合；充分做好宣传动员工作，使职工明确大会目的和意义，提高思想认识，消除顾虑；深入调查研究，确定好大会中心议题，做好组织和材料准备；放手发扬民主，揭发企业内部矛盾；领导与群众相结合，处理好大会提案，正确制订大会决议。1958 年以后，职工代表大会制度停止执行。

1961 年，中共中央制定《国营工业企业条例（草案）》，规定企业职工代表大会是职工群众参加企业管理、监督干部、行使“三大民主”（政治民主、经济民主、财务民主）的权力机关，工会是职工代表大会常设机构，开始恢复职工代表大会制度。1963 年 8 月，句容硫黄矿召开第一届职工代表大会。以后，由于开展社会主义教育和“文化大革命”爆发，职工代表大会制度未能贯彻执行。

1979 年 3 月，句容县总工会下发《关于召开职工代表（职工）大会的通知》，要求各基层工会上半年普遍召开职工代表大会或职工大会，并拟订《职工代表大会（职工大会）试行办法》。7月8日，句容县委指出：推行职工代表大会制度是工会当前的一项重要任务，工会是职工代表大会的工作机构。到1979年年底，召开职工代表大会的基层单位有句容酒厂和公路管理站等单位，其他大多数还没有召开。

1980年3月19日，县总工会向基层工会发出《关于召开职工代表大会的意见》，总结介绍工程机械厂等单位召开职工代表大会的做法。8月，县总工会在《关于上半年推行职工代表大会制度情况的汇报》中写道："全县应召开职工代表大会的单位（200人以上）17个，已召开的单位8个，应召开职工大会的单位23个，已召开的单位11个，开得比较好的单位有工程机械厂、句容酒厂等9个单位。"

1981年，全县200人以上单位有26个，建立职工代表大会制度的单位19个，占73.1%；200人以下的单位171个，建立职工代表大会制度的单位13个，占7.6%。民主选举车间主任、工段长和班组长的单位有21个。1982年，在句容县委领导下，县总工会会同县委组织部、县计划经济委员会等单位，先后召开多次会议，采取措施，使基层单位召开职工代表大会的进度加快，全县工业、交通、基建、财贸等系统200人以上单位23个，建立职工代表大会制度的单位21个，占91.3%。1982年12月10日，句容油米厂职工代表大会采取差额选举无记名投票的方式，民主选举正、副厂长。1983年建立职工代表大会制度的单位77个，其中21个200人以上单位制定职工代表大会暂行条例实施细则，民主选举厂长、经理的单位35个，选举车间主任的单位3个。1984年，工业、交通、基建、财贸系统23个200人以上单位推行职工代表大会制度，召开2次以上职工代表大会的单位7个，占30.43%，坚持职工代表大会制度的单位35个，其中全民所有制单位22个，集体所有制单位13个。民主选举基层行政领导人的单位4个，其中全民所有制单位3个、集体所有制单位1个。钼铜矿厂等单位还采取背靠背、面对面的方式对厂、矿领导干部进行民主评议，按人头将材料整理好交给领导干部本人，由本人制订出整改措施，反馈到职工手中，既有利于干部改进思想和工作作风，又便于职工加强对干部的监督。

1985年年底，建立职工代表大会制度单位106个，其中全民所有制单位52个、集体所有制单位54个。在23个200人以上工业、交通、基建、财贸企业单位中，职工代表大会制度都得以改善和提高。按规定召开2次以上职工代表大会的单位20个，占86.96%；200人以下的企业单位有些也推行职工代表大会制度，使职工代表大会制度在企业发挥明显作用。为提高职工代表素质，工程机械厂、第二农机修造厂、织布厂和邮电局等单位，对职工代表进行培训，受训代表457人。

1986年，县总工会印发中共中央、国务院颁发的《全民所有制工业企业职工代表大会条例》，组织广大职工学习贯彻。当年建立职工代表大会制度的单位161个，完善124个单位的职工代表大会制度。经检查评比，200人以上单位好于200人以下单位，城区单位好于农村单位。职工代表大会制度执行比较正规的单位有工程机械厂、邮电局、化肥厂、航运公司、钼铜矿厂、硫酸厂、团山硫铁矿、公路管理站等25个。职工代表大会民主选举基层领导干部的单位5个。民主评议基层领导干部的单位18个，被评议的领导干部74人，经民主评议受到奖励的领导干部13人，被免职的5人。全县200人以上的企业27个，其中召开职工代表大会审议经营决策、年度计划和改革方案的单位有25个，占92.59%。

1987年，建立职工代表大会制度的单位163个，其中全民所有制单位96个、集体所有制单位67个，车间建立职工代表大会制度6个，实行民主管理的班组1138个。厂级职工代表情况：全民所有制企业职工代表818人，其中中层以上干部228人、科技管理人员137人、工人453人，全年培训职工代表390人；集体所有制企业职工代表892人，其中中层以上干部258人、科技管理人员126人、工人508人，全面培训职工代表363人。全县召开职工代表大会的单位163个，召开职工代表大会296次，职工代表提出提案599件，其中生产经营管理方面的提案219件。

1988年，建立职工代表大会制度的单位达到171个，其中全民所有制单位99个、集体所有制单位72个，建立三级（厂级、车间级、班组级）民主管理的单位159个，其中全民所有制单位90个、集体所有制单位69个。厂级职工代表情况：全民所有制单位职工代表949人，其中中层以上干部270人、科技管理人员 176 人、工人 503 人；集体所有制单位职工代表 1189 人，其中中层以上干部 366 人、科技管理人员 188 人、工人 635 人。全年培训职工代表 919 人。民主选举基层领导干部的单位 3 个，民主评议基层领导干部的单位 32 个，其中全民所有制单位 24 个、集体所有制单位 8 个。被评议的领导干部 281 人，其中全民所有制单位 280 人、集体所有制单位 81 人。经民主评议受到奖励的 10 人、被免职的 3 人。召开职工代表大会的会议 285 次，审议生产经营管理方面 156 次，审议工资奖金分配方案 129 次，审议劳动保护方案 49 次。职工代表提出提案 799 件，其中生产经营管理方面的提案 727 件，实施提案 297 件，其中生产经营管理方面的 191 件。

1989 年，建立职工代表大会制度的单位 177 个，其中全民所有制单位 95 个、集体所有制单位 82 个。厂级职工代表情况：全民所有制单位职工代表 1077 人，其中中层以上干部 328 人。民主评议基层领导干部的单位 30 个，被评议的领导干部 357 人，经民主评议受到奖励的 33 人，被免职的 3 人。召开职工代表大会审议的方案 404 件，审议同意的方案 350 件，审议否决的方案 17 件。职工代表提出提案 1092 件，其中生产经营管理方面的 326 件。钼铜矿厂在第三届职工代表大会任届期间，矿工会先后 2 次提议召开全体代表会议，听取矿长工作报告、财务工作报告和工会工作报告，对企业的年度生产经营计划、薄板厂转产项目、经济责任制方案、工资浮动升级方案、企业升级和创建文明单位等重大事项进行了认真审议。钼铜矿厂的主要规章制度经过职工代表会议讨论通过才公布实施。职工代表大会闭会期间，矿工会负责职工代表大会日常工作，在维护职工利益、替工人说话办事方面做了大量工作。对职工代表提案反映生产一线职工保健费偏低、丧葬补助费标准偏低、三期硅肺病人护理费及硅肺病人过冬营养费等问题，工会先后到兄弟单位做了深入细致的调查工作，及时向矿行政反映情况和意见，使这些问题得到圆满解决。

1990 年，建立职工代表大会制度的单位发展到 197 个，其中全民所有制单位 103 个、集体所有制单位 94 个，职工代表人数达到 2851 人。职代会民主评议基层领导干部的单位 39 个，评议基层领导干部 224 人。县总工会认真贯彻《中共中央关于加强和改善党对工会、共青团、妇联工作领导的通知》精神，坚持全心全意依靠工人阶级的根本方针，加强职工代表大会制度建设。帮助和指导企业调整和充实职工代表大会成员，提高职工代表大会的整体功能。指导和帮助企业抓职工代表的培训，提高职工代表素质。建立职工代表值班制度。在企业中建立由工会负责人、企业领导和职工代表组成的每月固定一天时间的值班制度，负责听取职工群众对企业领导、企业生产、职工具体利益等方面的建议和意见，疏通职工诉求渠道，对企业的建设起到促进作用。县工艺绣花厂建立职工代表每月 15 日的值班制度，并另设意见箱，及时听取职工群众的意见。先后接待 55 名职工提出的 17 条要求和建议，对职工提出的关于食堂管理、活动阵地、住宿等方面的意见及时改正和兑现。

1991 年，建立职工代表大会制度的单位 197 个，职工代表大会民主评议基层领导干部的单位 33 个，民主评议基层领导干部 232 人。1992 年，县总工会把贯彻镇江市委、市政府批转的镇江市总工会《关于加强企业民主管理工作的意见》作为一项重要工作来抓，使企业民主管理跃上一个新层次。建立职工代表大会制度单位 234 个，全年培训职工代表 2069 人。职工代表大会民主评议基层领导干部的单位 73 个，民主评议基层领导干部 165 人。提交职工代表大会审议的方案 2 件。职工代表提出提案 1594 件，其中生产经营管理方面的提案 1107 件，实现提案 1105 件。1993 年，职工代表大会就企业长远规划、年度计划、生产经营目标、重大技术改造项目、集体福利设施建设等方案进行讨论审议，为企业行政领导进行科学正确的决策提出许多正确的意见和建议，企业领导信任职工，职工更加关心企业，干部和工人的关系更加密切，职工以实际行动为实现企业目标献计出力。1993 年，建立职工代表大会制度的单位发展到 285 个，其中国有企业 136 个、集体企业 99 个、乡镇企业 5 个、中外合资企业 47 个。职工代表大会民主评议基层领导干部的单位 75 个，民主评议基层领导干部 210 人。

2. 市场经济体制下的职工代表大会

1994 年 10 月 28 日，江苏省总工会、省计划经济委员会等 4 个单位印发《关于在转换企业经营机制、建立现代企业制度中加强职工民主管理的试点办法》，对其目的、意义、原则、任务等方面做出规定，并要求依法坚持和完善职工代表大会制度。在实行公司制的企业中，继续实行以职工代表大会为基本形式的职工民主管理制度。未实行公司制的国有企业，坚持职工代表大会制度，落实职工代表大会职权。小型国有企业实行承包、租赁经营和出售给集体、个人，其方案要经职工代表大会审议通过，并应在改制后建立相应的民主管理制度。城镇集体企业坚持职工（代表）大会制度，企业工会承担职工（代表）大会及其常设机构的工作机构任务。集体企业改制方案要经职工代表大会审议决定。县总工会认真贯彻执行这一试点办法，当年全县有143个企业按时召开职工代表大会。

1995年8月10日，江苏省监察厅、江苏省计划经济委员会和江苏省总工会印发《关于贯彻实施国家监察部、国家经贸委、全国总工会〈关于国有企业实行业务招待费使用情况等重要事项向职代会报告制度的规定〉的通知》，指出企业业务招待费管理使用制度应经职代会审议通过。市监察局、经委（计经委）、总工会加强领导，通力协作，共同抓好落实。

1997年，在落实职工代表大会传统职权基础上，着重突出两个方面工作：一是突出职工代表大会民主评议企业领导干部。全市有62个企业开展这项工作，占82.6%，评议企业领导干部162人，使评者和受评者都受到较好的教育，超额完成镇江市总工会下达年度任务。二是突出企业业务招待费使用情况向职工代表大会报告。全市有124个企业实行这一制度，占应报告数的82%，受到上级工会表扬。市邮电局、供电局、金猴集团和棉纺厂等单位，严格把好招待费的开支关，职工代表满意。

1998年，根据小企业改革力度加大、速度加快的实际，就工会组织如何参与小企业改革，做好改革中的民主管理工作，镇江市总工会、镇江市经济体制改革委员会和镇江市经济委员会下发《关于加强小企业改革中民主管理工作的意见》，强调改制企业应依法继续坚持和完善职工（代表）大会制度，职工（代表）大会必须按期召开，认真落实法律赋予职代会的各项职权。当年有156个企业实行这一制度，占应报告数的82%。市供电局、电信局、金猴集团、教育局和供销社系统等单位制定规范性文件，并对所属基层单位落实情况逐一检查，压缩业务招待费开支。此外，市总工会突出抓民主评议企业领导干部的工作，市总工会和市委组织部于春季转发镇江市《关于进一步加强职工代表大会民主评议企业领导干部的意见》，全市有158个企业进一步开展这项工作。市供电局、电信局、邮政局、教育局和供销总社等一批单位的评议面达100%。1998年，工会积极参与企业改制，加强职工民主管理。是年，列入改制范围的63个市直工业企业，实行改制的有25个，占总数的39.68%；列入计划准备进行改制企业14个；继续实行或完善承包经营企业24个。25个已改制企业，改制形式有三种：股份改制、租赁和破产。化工集团经市政府批准组建资产经营（控股）公司；经省政府批准，组建股份有限公司2个，即工程机械厂和太平洋化工公司；按公司法要求，组建有限责任公司2个；对照市委、市政府政策规定，改制为股份合作制企业11个；实施破产企业7个（已破产3个、进入程序的4个）。乡镇企业改制进展较快，乡镇企业340个，已改制272个，其中拍卖94个、租赁117个、股份合作制15个、兼并托管等34个，组建企业集团12个。

工会参与企业改制中，市总工会的指导思想是积极拥护、支持和参与，凡涉及工会的事，认真办好，并做好各项服务工作。同时，教育职工支持和参与改革。主要做三个方面工作。一是积极主动做工作，争取市委重视和支持，为工会参与企业改制创造良好条件。市总工会根据上级工会有关工会参与企业改制工作的文件精神，结合句容实际，先后起草《关于在企业改制中加强工会工作的意见》《关于进一步加强新时期工会工作的通知》，主动向市委分管领导汇报工会意见，得到市委领导重视和支持，以市委名义发出《关于进一步加强新时期工会工作的通知》。同时，市委还召开全市工会工作会议。二是对基层工会干部进行企业改制基本知识培训，提高基层工会干部参与企业改制的能力。市总工会利用召开基层工会主席会议的机会，采取以会代训的方法，先后对基层工会主席进行工会参与企业改制基本知识的培训，为基层工会干部解决了工会为什么要参与企业改制、如何参与企业改制等问题。三是市总工会与市体制改革委员会和企业主管局互通情报、相互配合，认真指导基层工会主动参与企业改制全过程，坚持企业改制方案经职代会讨论通过后实施。

2000年，市总工会以争创“江苏省工会工作十强县（市）”活动为载体，继续参与企事业单位改制改革，企业改制方案、职工下岗分流方案经职代会审议通过的占95%。企业实行职代会民主评议企业领导干部、企业业务招待费使用情况向职代会报告的企业占企业总数的95%。2001年，全市49个国有、集体企业和公有资产占主体的公司制企业全部坚持职代会制度，27个改制企业的改制方案、职工下岗分流方案经职代会审议通过。企事业实行职代会民主评议企业领导干部、业务招待费使用情况向职代会报告制度的占95%。一批私营企业探索实行职代会制度。2002年，市总工会认真贯彻落实江苏省总工会印发的《江苏省企业职工民主管理指导意见》，适应新形势，深化企业以职代会为基本形式的民主管理工作，29个市属改制企业的改制方案、职工下岗分流方案100%经职代会审议通过。另外，启动非公有制企业实行职代会制度的试点工作。

2003年，市总工会贯彻省总工会召开的推进非公有制企业职代会等会议精神，积极探索推进非公有制企业民主管理的新途径。根据大量分散的小型的非公有制企业相对集中在乡镇的实际，把推进镇级非公有制小企业联合职代会制度作为推进新时期非公有制企业民主管理的突破口，推动镇级（以镇为单位）非公有制企业联合职代会制度建设。后白、二圣两个镇率先分别于9月8日、10日召开首届镇级非公有制企业联合职代会，两个镇的联合职代会涵盖小企业49个，覆盖职工4500人。全市16个镇中已有70%的镇筹备召开联合职代会。《江苏工人报》以“句容推进乡镇非公有制企业联合职代会”为题予以报道。同时，全市29个外资、私营企业突破只有国有企业才能实行职代会制度的框框，召开职代会。57所学校、2所市属医院和50个事业单位继续坚持职代会制度。2005年，150个50人以上企业事业单位单独召开职代会，建制率96%；15个镇召开非公有制企业联合职代会。2006年，市总工会以争创“江苏省工会工作模范市”活动为契机，全面推进以职代会为基本形式的企事业单位民主管理，推动全市企业民主管理向前迈进一步。

2007年句容市100人以上生产正常企业召开职代会情况一览表

表5-3-1

企业名称	职工人数（人）	企业性质	单位地址	工会主席	会议时间
句容市兴文包装有限公司	318	私企	城区	夏剑平	2007-03-12
句容市便民超市有限公司	850	私企	城区	张兴保	2007-11-27
江苏远东水泥有限公司	650	外资	边城	周国庆	2007-10-10
句容市农村信用合作联社	374	集体	城区	项金富	2007-10-08
句容市新华书店	110	国有	城区	管晓明	2007-02-10
句容市友诚服装有限公司	180	私营	城区	陈锡云	2007-03-20
句容市永安毯业有限公司	150	私营	城区	郭邦良	2007-01-20
句容市亚美制衣有限公司	180	私营	城区	包圣春	2007-03-20
句容市茂华女装有限公司	200	私营	城区	陈明华	2007-03-20
句容市益达制衣有限公司	150	私营	城区	郭容兰	2007-03-20
句容市宏泰医药有限公司	120	私营	城区	姜明胜	2007-03-20
镇江一马先制衣有限公司	400	私营	城区	刘青	2007-03-20
句容市交通工程有限公司	140	国有	城区	华天正	2007-03-10
句容市昌达公路养护工程有限公司	178	国有	城区		2007-03-20

续表 5-3-1

企业名称	职工人数（人）	企业性质	单位地址	工会主席	会议时间
句容市华通客运有限公司	481	私营	城区	沈明亚	2007-03-15
句容市华运运输有限公司	143	私营	城区	朱腊根	2007-01-10
句容市华龙交通产业有限公司	153	私营	城区	朱瑞芬	2007-10-23
句容市华航航运有限公司	157	私营	下蜀	华生林	2007-12-10
镇江天力变压器有限公司	281	私营	城区	陈道群	2007-01-18
供电公司	298	国有	城区	笪绿海	2007-03-21
电信局	251	国有	城区	周国海	2007-04-16
邮政局	164	国有	城区	郑东敏	2007-02-05
自来水公司	160	国有	城区	刘永良	2007-04-03
江苏金猴工程机械有限公司	160	私营	城区	方金霖	2007-01-28
句容市诚信服装厂	140	私营	后白		2007-07-14
句容市龙江窑厂	120	私营	后白		2007-07-11
句容市圣元针织服装有限公司	280	私营	后白		2007-07-12
句容市星球制衣有限公司	250	私营	后白		2007-07-12
句容市华茂工艺品厂	256	私营	后白		2007-07-09
句容市联泰机电有限公司	136	外资	黄梅		2007-05-12
句容市都茂自行车有限公司	1092	外资	黄梅	许松涛	2007-05-20
句容永盛工艺有限公司	181	外资	黄梅		2007-06-10
句容舜云服饰有限公司	200	私营	黄梅	李小林	2007-07-10
句容市钜鸣自行车有限公司	150	私营	黄梅		2007-07-20
句容市林峰服饰有限公司	162	私营	黄梅		2007-08-20
句容市大卓建筑有限公司	160	私营	黄梅		2007-06-15
句容市盛业管件制品有限公司	850	外资	华阳	赵荣生	2007-07-10
句容市美日服饰有限公司	190	外资	华阳		2007-07-11
句容市新化建筑工程有限公司	150	私营	华阳		2007-07-14
句容市天宁香料（江苏）有限公司	135	外资	华阳		2007-11-05
句容狮城拉丝有限公司	120	外资	华阳		2007-07-10
句容市鼎新制衣厂	115	私营	华阳		2007-07-10
句容市凯兴服装有限公司	110	外资	华阳		2007-07-09
句容宏达毛纺厂	216	私营	白兔		2007-07-10
句容市瑞阳工艺袜厂	235	私营	白兔		2007-07-11
句容市宏业针织厂	309	私营	白兔		2007-07-11
句容东南礼品有限公司	100	外资	白兔		2007-07-10
句容市恒丰鞋业有限公司	120	外资	白兔		2007-07-10
句容市华信工艺帽厂	150	私营	白兔		2007-07-09

续表 5-3-1

企业名称	职工人数（人）	企业性质	单位地址	工会主席	会议时间
句容市蓝天毛纺厂	120	私营	白兔		2007-07-12
镇江华青旅游用品有限公司	120	外资	白兔		2007-07-12
茅迪实业有限公司	140	私营	天王		2007-09-15
句容市东信纺织五金有限公司	180	私营	天王		2007-09-14
句容天王工具厂	107	外资	天王		2007-09-14
句容裕兴工艺品有限公司	200	私营	天王		2007-09-13
句容志庆精密五金零配件有限公司	200	外资	天王		2007-09-14
句容排印厂	210	私营	茅山		2007-06-10
春天日用品材料有限公司	245	外资	茅山		2007-06-05
句容市春城工艺丝毯厂	125	私营	茅山		2007-06-12
句容春亚旅游品有限公司	120	外资	茅山		2007-06-15
句容市兴春化工有限公司	101	私营	茅山		2007-06-20
句容茅山工具包装有限公司	115	私营	茅山		2007-06-11
句容森宝兰制衣有限公司	180	私营	开发区		2007-05-15
句容唐人制衣有限公司	165	私营	开发区		2007-06-10
三泰服装辅料有限公司	160	外资	开发区		2007-07-05
镇江瑞德制衣有限公司	150	私营	开发区		2007-07-10
句容市恒升鞋业有限公司	110	私营	开发区		2007-08-05
江苏毅马铸锻有限公司	329	外资	下蜀		2007-09-22
句容市康宁工艺玩具有限公司	221	私营	下蜀		2007-09-22
句容市长江石业有限公司	146	私营	下蜀		2007-09-22
句容市下蜀玻璃制品厂	112	私营	下蜀		2007-09-21
句容市棉种场劳务公司	106	集体	下蜀		2007-09-23
江苏鸿宇鞋业有限公司	184	私营	宝华		2007-06-17
句容市宝华服装厂	135	私营	宝华		2007-06-15
江苏鸿宝玩具礼品有限公司	128	私营	宝华		2007-06-17
镇江格威服饰有限公司	620	外资	郭庄		2007-08-10
句容市欣典陶瓷有限公司	150	外资	郭庄		2007-07-27
句容市东旭礼品有限公司	120	私营	郭庄		2007-07-14
句容市友联陶瓷礼品有限公司	120	私营	郭庄		2007-07-12

注：总计 80 个，建制率 98.5%。

2006 年句容区域联合职代会覆盖企业名册情况一览表

表 5-3-2

单位	企业总数（个）	其中			职工总数（人）	其中		
		外企（个）	私企（个）	其他（个）		外企（人）	私企（人）	其他（人）
天王镇	8		7	1	2221	2101		120
大卓镇	10	2	8		2610	818	1792	
二圣镇	28	5	23		2130	530	1600	
后白镇	33	5	25	3	3163	590	2266	307
黄梅镇	12	2	10		870	121	749	
边城镇	30	6	16	8	2650	410	1510	730
下蜀镇	30	2	28		4610	3100	1510	
春城镇	28	2	26		1699	351	1348	
葛村镇	16	5	10	1	888	384	448	56
茅山镇	26		26		818		818	
白兔镇	26	1	25		1716	62	1654	
华阳镇	25	3	21	1	2987	1440	1505	42
行香镇	25	3	22		1699	1152	547	
郭庄镇	45	4	40	1	6220	872	5298	50
宝华镇	15		15		404		404	
合计	357	40	302	15	34685	11931	21449	1305

2006—2007 年句容市总工会直管单位民主管理工作情况一览表

表 5-3-3

单位	签订集体合同时间	签订工资集体合同时间	召开职代会时间	厂务公开形式	职工董监事		增长幅度	备注
					董事	监事		
华阳镇	2006-09-05	2006-09-05	2006-09-05	联代会				
边城镇	2006-08-20	2007-07-03	2007-07-03	联代会				
白兔镇	2006-09-10	2007-07-06	2007-07-06	联代会				
茅山镇	2006-08-20	2007-07-20	2007-07-20	联代会				
天王镇	2006-07-20	2007-08-20	2007-08-20	联代会				
郭庄镇	2006-07-08	2007-07-06	2007-07-06	联代会				
后白镇	2006-07-20	2007-07-10	2007-07-10	联代会				
下蜀镇	2006-03-06	2007-05-20	2007-05-20	联代会				
宝华镇	2006-09-05	2007-03-05	2007-03-05	联代会				
黄梅镇	2006-02	2007-07-06	2007-07-06	联代会				
粮食局（行业工资协商）								
句容市供电公司	2006-02	2007-03-21	2007-03-21	局域网				
句容市邮政局	2006-03-10	2007-02-05	2007-02-05	公开栏				

续表 5-3-3

单位	签订集体合同时间	签订工资集体合同时间	召开职代会时间	厂务公开形式	职工董监事		增长幅度	备注
					董事	监事		
句容市电信公司	2006-05-20	2007-04-16	2007-04-16	公开栏				
句容市兴文包装有限公司	2006-03-10	2007-03-15	2007-03-15	公开栏			10	
句容市便民超市有限公司	2006-05-20	2007-11-27	2007-11-27	公开栏		√	10	
江苏远东水泥有限公司		2007-10-10	2007-10-10				10	
句容市农村信用联社	2006-01-30	2007-10-08	2007-10-08	公开栏	√			
句容市新华书店	2006-03-07	2007-02-10	2007-02-10	公开栏			14	
句容市友诚服装有限公司	2006-09-15	2007-03-20	2007-03-20	公开栏		√	10	
句容市永安服装有限公司	2006-03-10	2007-01-20	2007-01-20	公开栏		√	3	
句容市亚美制衣有限公司	2006-09-04	2007-03-20	2007-03-20	公开栏		√	14	
句容市茂华女装有限公司	2006-05-20	2007-03-20	2007-03-20	公开栏		√	11	
句容市益达制衣有限公司	2006-03-10	2007-03-20	2007-03-20	公开栏		√	10	
镇江一马先制衣有限公司	2006-03-10	2007-03-20	2007-03-20	公开栏			10	
句容市宏泰医药有限公司	2006-11-10	2007-03-20	2007-03-20	公开栏	√		10	
句容市交通工程有限公司	2006-12-08	2007-03-10	2007-03-10	公开栏	√		10	
句容市昌达公路养护工程有限公司	2006-10-20	2007-03-20	2007-03-20	公开栏	√		10	
句容市恒达交通工程建设有限公司	2006-10-21	2007-11-01	2007-11-01	公开栏			6	
句容市华通运输有限公司	2006-01-18	2007-03-15	2007-03-15	公开栏	√		5	
句容市华运运输有限公司	2006-12-28	2007-01-10	2007-01-10	公开栏		√	6	
句容市华龙交通产业有限公司	2006-06-15	2007-10-23	2007-10-23	公开栏		√	14	
句容市华港港务有限公司	2006-03-10	2007-01-10	2007-01-10	公开栏	√		10	
句容市华航航运有限公司	2006-12-10	2007-12-10	2007-12-10	公开栏		√	6	
镇江天力变压器有限公司	2006-01-10	2007-01-18	2007-01-18	公开栏	√		14	
江苏金猴工程机械有限公司	2006-03-13	2007-01-28	2007-01-28	公开栏	√		10	
句容市自来水公司	2006-05-20	2007-04-03	2007-04-03				14	

2006 年句容市民主管理工作情况一览表

表 5-3-4

单位	企业总数（个）	生产正常企业数（个）	工资协商			集体合同			职代会			厂务公开		
			应建数（个）	已建数（个）	建制率（%）	应建数（个）	已建数（个）	建制率（%）	应建数（个）	已建数（个）	建制率（%）	应建数（个）	已建数（个）	建制率（%）
后白	52	47	47	47	100	47	47	100	47	47	100	47	47	100
黄梅	40	38	38	38	100	78	78	100	38	38	100	38	38	100
华阳	30	25	25	25	100	17	17	100	25	25	100	25	25	100
天王	40	36	36	35	97	20	20	100	36	35	97	36	35	97

续表 5-3-4

单位	企业总数（个）	生产正常企业数（个）	工资协商			集体合同			职代会			厂务公开		
			应建数（个）	已建数（个）	建制率（%）	应建数（个）	已建数（个）	建制率（%）	应建数（个）	已建数（个）	建制率（%）	应建数（个）	已建数（个）	建制率（%）
茅山	35	33	33	33	100	29	29	100	33	33	100	33	33	100
郭庄	48	45	45	45	100	45	45	100	45	45	100	45	45	100
下蜀	18	16	16	15	94	14	14	100	16	15	94	16	15	94
宝华	17	16	16	15	94	8	8	100	16	15	94	16	15	94
边城	14	12	12	12	100	11	11	100	12	12	100	12	12	100
白兔	42	40	40	40	100	21	21	100	40	40	100	40	40	100
开发区	7	5	5	5	100	5	5	100	5	5	100	5	5	100
交通	8	8	8	8	100	8	8	100	8	8	100	8	8	100
一马先	6	6	6	6	100	6	6	100	6	6	100	6	6	100
供销	5	5	5	5	100	5	5	100	5	5	100	5	5	100
化工	1	1	1	1	100	2	1	50	1	1	100	1	1	100
金猴	2	2	2	1	50	2	1	50	2	1	50	2	1	50
卫生	1	1	1	1	100	1	1	100	1	1	100	1	1	100
方兴	3	3	3	3	100	5	3	60	3	3	100	3	3	100
林业	15	15	15	15	100	15	15	100	15	15	100	15	15	100
建设	1	1	1	1	100	1	1	100	1	1	100	1	1	100
其他	40	31	31	20	65				31	20	65	31	20	65

2007 年，全市 264 个企业单独建立职代会制度，25 人以下小企业通过区域联合职代会制度进行覆盖。同时，培树 10 个职代会典型企业。2008 年，全市 520 个企事业召开职代会，10 个镇召开联合职代会，具备条件的村召开村级企业联合职代会。2009 年，在世界金融风暴的形势下，市总工会把推进职代会制度作为贯彻实施《江苏省企业民主管理条例》的核心工作来抓，开展以“共迎挑战，共树信心，共谋发展，共享成果”为主题的职代会“推进月”活动，部署企业召开一次职代会，确定一个发展主题，形成一个决议，签订一份集体合同的“四个一”活动，全市有 370 多个企业和 200 多个事业单位召开职代会，建制率达 95%以上。

2010 年，为贯彻《中华人民共和国劳动合同法》《江苏省企业民主管理条例》，市总工会、市人民法院、市人力资源和社会保障局制定《关于规范用人单位劳动规章制度促进基层民主管理工作的指导意见》，对企业制定劳动规章制度提出要求。2010 年年初，市总工会在各类企业中大力开展“实行共决规章、构建‘和谐企业’共决企业规章制度”活动。截至 7 月初，这项活动得到全市 70 多个 100 人以上企业的积极响应，吸引上万名职工广泛参与。此次活动修改几十条劳动规章条款，涌现许多典型事例。句容三泰服装辅料有限公司的做法：凡是涉及职工切身利益的重要规章制度经职工代表大会审议通过；企业重要规章制度的制订，有关草案事先充分协商沟通，征询工会及职工代表意见，进一步补充完善；需要提交职代会审议的劳动规章制度，提前一周发放至职工代表，或者已经多次审议修改的，于会前送工会，或与工会充分协商后，直接在会上发放供审议；凡是经上述程序制订的劳动规章制度，通过厂务公开栏向全体职工公布。“共决企业规章”活动使企业单方面制订规章制度的“单决”方式得到遏制和转

图 5-3　2017 年 1 月，句容发电厂第二届第一次职工（会员）代表大会

变；企业原有规章与《中华人民共和国劳动合同法》明显相矛盾和抵触的问题得到更正；平等协商、厂务公开和职代会制度得到规范和完善，取得"共决规章"倒逼职代会制度建立和完善良好效果。2011 年以后，市总工会开展创建"星级职代会"活动，进一步推动职代会制度规范化建设。

2021 年，全市 692 个基层企事业基层工会建立职工代表大会制度，其中独立基层工会 573 个，联合基层工会 119 个，涵盖 933 个单位；76 个企事业基层工会建立职工大会制度，涵盖 86 个单位。

2011 年句容市开展"共决规章"100 人以上企业情况一览表

表 5-3-5

企业名称	企业性质	职工人数（人）	修改规章数（次）	备注
宝玉兰制衣有限公司	私营	135	1	宝华镇
江苏鸿宝礼品玩具有限公司	外资	128	1	宝华镇
江苏鸿宇鞋业有限公司	外资	184	2	宝华镇
句容市棉种场	集体	106	1	下蜀镇
句容市康宁工艺玩具厂	私营	221	1	下蜀镇
句容长江石业有限公司	私营	146	1	下蜀镇
镇江光华水泥有限公司	私营	104	2	下蜀镇
句容市下蜀玻璃制瓶厂	私营	112	1	下蜀镇
江苏毅马铸锻公司	外资	329	1	下蜀镇
句容市宏达毛纺厂	私营	216	2	白兔镇
句容市瑞阳工艺袜厂	私营	235	1	白兔镇
句容市宏安针织有限公司	私营	309	1	白兔镇
句容市恒丰鞋业有限公司	外资	120	1	白兔镇
句容市华信工艺帽厂	私营	150	1	白兔镇
句容市蓝天毛纺厂	私营	120	1	白兔镇
镇江市华青旅游用品公司	外资	140	1	白兔镇
句容市春光日用品厂	私营	105	1	茅山镇
茅山工具包装有限公司	私营	115	1	茅山镇
句容排印厂	私营	210	1	茅山镇
春天日用品材料有限公司	外资	245	1	茅山镇
春城工艺丝毯厂	私营	125	1	天王镇
镇江市茅迪实业有限公司	集体	180	1	天王镇

续表 5-3-5

企业名称	企业性质	职工人数（人）	修改规章数（次）	备注
句容市工具厂	私营	107	1	天王镇
友联陶瓷礼品有限公司	台资	120	1	天王镇
江苏天王志新精密五金零件有限公司	外资	200	1	天王镇
句容市裕兴工艺品有限公司	私营	200	1	天王镇
格莱雅服装厂	私营	120	1	郭庄镇
镇江格威服饰有限公司	外资	620	2	郭庄镇
东旭礼品有限公司	私营	120	1	郭庄镇
欣典陶瓷公司	台资	150	1	郭庄镇
友联陶瓷礼品有限公司	台资	120	1	郭庄镇
句容市联艺针织品有限公司	股份	268	1	后白镇
句容市友联塑胶包装厂	私营	168	1	后白镇
句容市冬梅工艺有限公司	私营	125	1	后白镇
句容市电磁线公司	私营	131	1	后白镇
句容市天龙工艺品厂	私营	178	1	后白镇
江苏天爱集团有限公司	股份	1560	1	后白镇
华茂工艺品厂	私营	250	1	后白镇
句容市新华建筑工程有限公司	私营	150	1	华阳镇
句容市狮城拉丝有限公司	外资	120	1	华阳镇
句容市美日服装有限公司	外资	190	2	华阳镇
句容恺兴服装有限公司	外资	110	2	华阳镇
句容市鼎新制衣厂	私营	115	1	华阳镇
句容瑞德制衣有限公司	私营	150	1	开发区
句容森宝兰制衣有限公司	私营	180	1	开发区
句容市唐人制衣有限公司	私营	165	1	开发区
句容市恒升鞋业有限公司	私营	110	1	开发区
句容都茂自行车有限公司	外资	1092	2	开发区
句容市永盛工艺有限公司	外资	181	1	开发区
江苏建国矿业工程有限公司	外资	120	1	开发区
句容市舜云服饰有限公司	私营	230	1	开发区
句容市林峰服饰有限公司	私营	162	1	开发区
句容市联泰机电有限公司	私营	136	1	开发区
句容市兴文包装有限公司	私营	128	1	开发区
江苏远东水泥有限公司	私营	430	1	直属
句容市农村信用联社	集体	331	11	直属
句容市友诚服装有限公司	私营	170	1	直属

续表 5-3-5

企业名称	企业性质	职工人数（人）	修改规章数（次）	备注
句容市茂华女装有限公司	私营	200	1	直属
句容市昌达公路养护工程有限公司	国企	178	11	交通
句容市华通客运有限公司	私营	436	1	交通
句容市交通工程有限公司	国企	143	1	交通
镇江天力变压器有限公司	私营	372	1	开发区
江苏金猴工程机械有限公司	私营	115	1	直属
句容市自来水总公司	国企	178	1	住建局
江苏广兴集团有限公司	私营	180	1	开发区
句容市盛业管件制品有限公司	私营	478	1	开发区
句容三泰服装辅料有限公司	私营	216	1	开发区
天宁香料（江苏）有限公司	外资	212	1	开发区
江苏华阳金属管件有限公司	外资	176	1	方兴集团
江苏建华管桩有限公司	外资	2564	1	下蜀镇
句容银鹏房地产开发总公司	国有	110	1	住建局
句容市永安毯业有限公司	私营	150	1	一马先
句容市亚美制衣有限公司	私营	180	1	一马先
句容市益达制衣有限公司	私营	150	1	一马先
一马先制衣有限公司	私营	180	1	一马先

二、建立集体协商和集体合同制度

1. 共保合同

1990 年，根据省委、省政府办公厅有关文件精神，县总工会等单位开始在企业推行共保合同制度。共保合同是指由厂长（经理）代表行政、工会主席代表职工，为实现企业目标，明确企业与职工之间的权利、义务、责任而签订共保合同（内部契约），使企业经营者的管理权威同职工的主人翁地位有机统一起来，建立管理者与生产者责任风险共担、难关共渡、利益共享的利益共同体，调动职工的积极性，促进企业发展。共保合同是集体合同的前身。

1990 年 9 月，县总工会组织 10 个企业的党组织、行政、工会负责人到苏州市总工会参观学习，提高认识，明确具体做法。10 月 22 日，句容县委、县政府召开推行“共保合同”动员大会。会后，县总工会会同县体制改革委员会、县计划经济委员会根据大会提出的要求制订实施方案。县总工会举办 2 期局级系统工会和部分企业工会主席学习班，学习上级文件，统一认识，明确任务。县总工会会同商业局在酒厂进行签订劳保合同的试点，总结经验，在面上推开。当年，全县实行共保合同率达 66%，在镇江市名列第一。共保合同的推行，调动企业经营者和生产者的两个积极性，在企业内部逐步形成责任共负、风险共担、难关共渡、利益共享、合力经营的利益共同体，完善企业承包经营机制。

1993 年 1 月 8 日，县总工会、县体制改革委员会和县计划委员会联合发出《关于在新一轮企业承包中签订共保合同的通知》，要求推行新一轮承包经营责任制的企事业单位签订共保合同。共保合同文本一式 6 份，分送主管局、县体制改革委员会、县计划经济委员会、县总工会各一份。

2. 集体协商、签订集体合同

集体合同与共保合同接轨　1994年12月27日，江苏省总工会发出《关于答复共保合同与集体合同接轨试点有关问题的函》，对其意义、内容等方面做出规定。

集体合同制度推行　1995年9月22日，市总工会、市劳动局联合发出《关于企业建立集体合同制度有关问题的通知》，对其主要内容、原则、程序等方面做出规定。1995年，全市有3个企业率先签订集体合同；1996年，全市有40个企业签订集体合同。1997年，全市有115个企业签订集体合同。1998年，签订集体合同的企业发展到175个。2006年以后，推行集体合同制度工作被市委纳入各镇党委年度综合考核。至2014年，全市有956个25人以上企业单独签订集体合同。

推行区域（行业）集体合同　1997年，市总工会在市粮食局、供销总社和江苏方兴集团3个单位实行签订行业集体合同，覆盖其下属94个企业。3个单位特点不同，市粮食局、供销总社下属单位点多分散，遍及全市22个乡镇；江苏方兴集团是外资企业比较集中的单位。

3个单位主要做3方面工作：一是工会多与行政沟通，求得思想共识。粮食局系统工会在抓好所属单位基层工会主席学文件学法规，全面掌握签订集体合同的基本知识及各项要求的同时，致力于行政多沟通，在沟通中形成共识，取得行政方面的支持。市粮食局系统工会多次向局领导汇报上级工会有关签订集体合同的文件及目标任务，以及局系统工会的计划安排，使行政领导确定在企业依法签订集体合同，不仅是工会的工作，更是行政的一项任务的思想，从而支持签订行业集体合同。二是反复修改合同文本，使其既合法又合情。局（公司）系统工会会同财务、劳资和企管等部门到企业开展调查研究，掌握情况，听取职工的意见和要求，与企业行政反复协商，逐条逐项研究行业集体合同条款草案，草案形成后，再到基层单位征求行政、工会的意见，形成正式文本。这样做，使得行政能够接受行业集体合同的各项条款，从而支持这项工作。另外，签订行业集体合同是广大干部职工都关注的一件事情，为体现依法签订行业集体合同的严肃性，在举行签字仪式时，既有企业的职工代表，又有基层单位的工会干部、局（公司）机关干部及企业的法人代表参加，使与会人员受到一次教育。三是强化工会意识。工会做好组织工会干部学习、提高工会干部自身素质工作；做好调研，为行政领导提供信息和意见，为工会源头参与提供第一手资料；多与行政沟通协商，及时化解工作中的矛盾。

同时，抓好行业集体合同管理工作。签订行业集体合同有难度，而落实合同也有难度。在加强行业集体合同落实管理上采取3条措施。一是强化重点困难企业的帮扶措施。供销总社行业集体合同签订后，总社多次召集中层以上干部和基层单位负责人会议，分析所属单位生产经营情况，把困难企业作为重点帮扶对象，提高经济效益，增强兑现集体合同的物质基础。具体办法有4条：总结推广经济效益好的单位的“生财之道”经验，树立学习榜样；给先进单位加压，为困难单位增动力；对于地理位置偏僻、市场营销面小、效益不好的基层供销社，采取“抽本承包”的办法，即基层供销社为企业内部职工提供房屋、设施，由职工个人承包经营，这样做不仅使集体资产保值增值，缓解企业困难，也使职工收入能够得到保证；着力解决因市政建设等因素影响企业经济的问题。陈武供销社因镇句路（镇江至句容）建设，房屋被拆除，供销总社从顾全市政建设的大局出发，多方筹集资金，建造新营业楼，使下岗职工重新上岗；开发新项目，让富余、下岗职工重新上岗。二是强化行政工作的力度。市粮食局在签订行业集体合同后，行政做了4项工作：局长抓厂长、抓机关，一级一级往下抓，形成合力抓企业生产经营的发展；局长在检查企业工作时，检查合同落实情况，使企业集体合同的管理工作摆上重要位置；局长在考核企业领导班子业绩时，考核集体合同履约情况；局长在半年、年度工作总结时，检查总结集体合同落实情况。三是强化工会在实行行业集体合同中的工作力度。首先，加强对职工的法制教育和思想政治工作。教育和引导职工遵纪守法，明确权利与义务的关系，只有充分履行义务，明白搞好企业才能享受权利。其次，抓好基层基础建设。签订行业集体合同，对工会工作提出新的要求，坚持按照深入建“家”的要求，加强基层工会工作，增强基层工会活力。再次，及时协商矛盾，为行政领导分挑担子。最后，在外商投资企业中，加强中外双方情况沟通和矛盾调处工作，促进合资双方真诚合作，共同推动企业发展。

1997 年，句容市推行行业集体合同的做法得到镇江市总工会的充分肯定，并在江苏省总工会召开的全省工会集体合同工作会议上作交流发言。

2004 年，市总工会在各镇开始推行区域集体合同，即由镇工会主席代表职工、镇企管站站长代表企业，经过平等协商，在镇区域联合职代会上举行签字仪式（签订区域集体合同）。区域集体合同覆盖镇内所有 50 人以下小企业。2005 年，全市有 220 个小企业通过签订区域集体合同，予以建立集体合同制度。2010 年，白兔镇针织行业签订行业集体合同。之后，又有基建导管、边城建材、下蜀商贸、白兔新型建材等 4 个行业签订行业集体合同。至 2014 年，全市签订区域（行业）集体合同 653 份，覆盖微小企业 1607 个。

推行工资集体协商、签订专项工资集体合同 2004 年 4 月 20 日，市总工会、市劳动和社会保障局等 5 个单位转发镇江市总工会、镇江市劳动和社会保障局等 6 个单位《关于进一步加强我市工资集体协商工作的意见》，企业工资集体协商、签订工资专项集体合同的工作，在句容逐步全面推开。2004 年 2 月 17 日，市总工会成立工资集体协商工作指导组，指导组分 5 个小组，实行分工包干，负责对全市各镇、各产业局（公司），以及市直属企业 40 个单位关于工资集体协商工作的服务、指导、督查。

2005 年，市委成立全市企业工资集体协商推进工作领导小组，市委副书记孙昌桂任组长，市总工会、市劳动和社会保障局等 12 个单位的主要负责人任成员，领导小组下设办公室，设在市总工会。10 月 12 日，在镇江市工资协商工作汇报会上，市政府作题为“强化措施注重实效，大力推动工资集体协商工作健康发展”的汇报发言。是年，市总工会选聘 32 名工资协商指导员，指导员主要由市总工会、市劳动和保障局的有关工作人员，以及各镇、各企业主管局的工会主席担任。2006 年，市总工会印发《句容市工资集体协商制度》，规定工资集体协商工作。2007 年 10 月 22 日，市委办公室、市政府办公室印发《关于全面达小康深入推进企业工资集体协商工作的意见》。

在推进工资集体协商工作过程中，许多企业勇于探索，大胆实践，创造出一些好的做法。句容市华茂工艺品厂地处后白镇的二圣集镇，是一家加工室内工艺鞋的劳动密集型的乡镇民营企业，产品出口美国，有员工 400 多名，其中 95%以上员工是本镇农村劳动力转移的年轻妇女进城务工人员。该企业在服装加工、工艺玩具等行业竞争激烈，以及员工流动性大的情况下，从“以职工为本”的科学发展观的企业管理理念出发，着眼于构建和谐劳动关系，建立劳资互利共赢的利益共同体，积极实行企业工资集体协商，签订工资专项集体合同，并认真履约，确保农民工收入逐年增加，有效地解决员工队伍稳定的问题，为企业健康稳定发展注入活力，提供保障。至 2014 年，全市有一定生产规模的各类企业、单独签订工资集体合同的企业达到 956 个。白兔针织、新型建材和基础导管、边城建材、下蜀商贸等行业签订行业工资专项集体合同。

实行工资协商二次签约制度 市总工会推行区域工资集体协商、签订区域工资集体合同制度，促进了区域劳动关系稳定和协调，其积极意义在于企业覆盖面大。但同时也存在比较笼统、刚性制约力不强的缺陷。2004 年，市总工会在认真总结经验的基础上，发出《关于实行工资协商二次签约制的通知》，决定在全市 16 个镇实行工资协商二次签约制。“工资协商二次签约”，指的是各镇在签订区域工资集体合同的同时，由镇工会代表职工与所辖区域的 25 人以下的各类各个外资、私营小企业，逐个经过集体协商，依据政府当年下达的工资增长指导线和劳动力市场价位，结合企业不同情况，再签订单个企业补充工资协议，明确各个企业年度职工工资增长幅度等事项，一年一签。通知还规定：各镇行政区划内的所有微小企业都在实行这一制度的范围之内；所签订的各个企业补充协议报送各镇劳动管理服务所进行审查登记，由镇劳动管理服务所下发《审查意见书》。

是年，全市 16 个镇的 165 个非公有制微小企业签订补充工资协议，覆盖职工 32000 多人。这项工作得到镇江市总工会和省总工会的肯定。2004 年 9 月 6 日，镇江市总工会下发《关于转发〈关于实行工资协商二次签约制的通知〉的通知》，要求镇江各辖市区总工会借鉴句容的成功做法，与劳动部门共同下文建制，在试点的基础上，年内加以推广，推动工资集体协商工作向深度和广度发展。2007 年 7 月 8 日，省总工会党组书记、副主席李晓布到句容调研工资协商二次签约工作。9 月 27 日，《江苏工人报》头版头条以题为“小作坊雇工，也有工资话语权——句容推进工资协商二次签约的探索”的通讯予以报道。

“工资协商二次签约”受到企业和职工欢迎。后白镇工会既严格规范，又因企制宜。困难企业签订保障最低工资和解决拖欠工资的协议；效益较好的企业出现暂时困难，可以重新协商调整方案；效益好的企业要求工资增长幅度在 14% 以上。天爱集团、新利源服饰、华茂工艺等劳动密集型企业行业订单多、工时长、工效低，镇工会在二次签约时突出行业最低工资标准、超时加班工资、女职工劳动保护等具体内容。

2020 年，全市单独签订综合集体合同企业 331 个，其中有劳动安全卫生专章合同 329 个，有女职工权益专章的合同 85 个，单独签订工资专项集体合同的企业 422 个。

2006 年句容市企业单独签订集体合同情况一览表

表 5-3-6

单位	签约企业数（个）	送审数（个）	其中			覆盖职工数（人）	其中		
			外企（个）	私企（个）	其他（个）		外企（人）	私企（人）	其他（人）
后白	47	47	6	40	1	3704	493	3166	45
黄梅	20	20	7	13		2731	1687	1044	
华阳	14	14	5	9		2072	1405	667	
白兔	21	21	7	14		2212	633	1579	
边城	11	11	3	8		537	109	428	
天王	19	19	5	14		1591	542	1049	
茅山	29	29	6	23		2204	698	1506	
郭庄	45	45	15	30		3890	1435	2455	
下蜀	14	14	3	11		2870	630	2240	
宝华	8	8	3	5		2910	421	2489	
开发区	5	5	2	3		1420	410	1010	
交通	8	8		4	4	1373		1033	340
一马先	6	6		6		1134		1134	
供销	5	5			5	198			198
化工	1	1		1		281		281	
金猴	1	1		1		230		230	
卫生	1	1		1		120		120	
纺织	1	1			1	240		240	
方兴	3	3	1	2		130	80	50	
林业	15	15			15	1340			1340
商业	1	1		1		430		430	
建设	4	4		3	1	169			169

2006年句容市100人以上生产正常企业签订集体合同名录

表5-3-7

企业名称	企业性质	职工人数（人）	企业住所	工会主席
句容市兴文包装有限公司	私企	318	城区	夏剑平
句容市便民超市有限公司	私企	850	城区	张兴保
江苏远东水泥有限公司	外资	650	边城	周国庆
嘉新京阳水泥有限公司	外资	660	下蜀	孙宗平
句容市农村信用合作联社	集体	374	城区	项金富
句容市新华书店	国有	110	城区	管晓明
句容市友诚服装有限公司	私营	180	城区	陈锡云
句容市永安毯业有限公司	私营	150	城区	郭邦良
句容市亚美制衣有限公司	私营	180	城区	包圣春
句容市茂华女装有限公司	私营	200	城区	陈明华
句容市益达制衣有限公司	私营	150	城区	郭容兰
句容市宏泰医药有限公司	私营	120	城区	姜明胜
镇江一马先制衣有限公司	私营	400	城区	刘青
句容市交通工程有限公司	国有	140	城区	华天正
句容市昌达公路养护工程有限公司	国有	178	城区	
句容市华通客运有限公司	私营	481	城区	沈明亚
句容市华运运输有限公司	私营	143	城区	朱腊根
句容市华龙交通产业有限公司	私营	153	城区	朱瑞芬
句容市华航航运有限公司	私营	157	下蜀	华生林
镇江天力变压器有限公司	私营	281	城区	陈道群
供电公司	国有	298	城区	笪绿海
电信局	国有	251	城区	周国海
邮政局	国有	164	城区	郑东敏
自来水公司	国有	160	城区	刘永良
江苏金猴工程机械有限公司	私营		城区	方金霖
句容市诚信服装厂	私营	140	后白	
句容市龙江窑厂	私营	120	后白	
句容市圣元针织服装有限公司	私营	280	后白	
句容市星球制衣有限公司	私营	250	后白	
句容市华茂工艺品厂	私营	256	后白	
句容市联泰机电有限公司	外资	136	黄梅	
句容市都茂自行车有限公司	外资	1092	黄梅	许松涛
句容永盛工艺有限公司	外资	181	黄梅	
句容舜云服饰有限公司	私营	200	黄梅	李小林

续表 5-3-7

企业名称	企业性质	职工人数（人）	企业住所	工会主席
句容市钜鸣自行车有限公司	私营	150	黄梅	
句容市林峰服饰有限公司	私营	162	黄梅	
句容市大卓建筑有限公司	私营	160	黄梅	
句容市盛业管件制品有限公司	外资	850	华阳	赵荣生
句容市美日服饰有限公司	外资	190	华阳	
句容市新化建筑工程有限公司	私营	150	华阳	
句容市天宁香料（江苏）有限公司	外资	135	华阳	
句容狮城拉丝有限公司	外资	120	华阳	
句容市鼎新制衣厂	私营	115	华阳	
句容市凯兴服装有限公司	外资	110	华阳	
句容宏达毛纺厂	私营	216	白兔	
句容市瑞阳工艺袜厂	私营	235	白兔	
句容市宏业针织厂	私营	309	白兔	
句容东南礼品有限公司	外资	100	白兔	
句容市恒丰鞋业有限公司	外资	120	白兔	
句容市华信工艺帽厂	私营	150	白兔	
句容市蓝天毛纺厂	私营	120	白兔	
镇江华青旅游用品有限公司	外资	120	白兔	
茅迪实业有限公司	私营	140	天王	
句容市东信纺织五金有限公司	私营	180	天王	
句容天王工具厂	外资	107	天王	
句容裕兴工艺品有限公司	私营	200	天王	
句容志庆精密五金零配件	外资	200	天王	
句容排印厂	私营	210	茅山	
春天日用品材料有限公司	外资	245	茅山	
句容市春城工艺丝毯厂	私营	125	茅山	
句容春亚旅游品有限公司	外资	120	茅山	
句容市兴春化工有限公司	私营	101	茅山	
句容茅山工具包装有限公司	私营	115	茅山	
句容森宝兰制衣有限公司	私营	180	开发区	
句容唐人制衣有限公司	私营	165	开发区	
三泰服装辅料有限公司	外资	160	开发区	
镇江瑞德制衣有限公司	私营	150	开发区	
句容市恒升鞋业有限公司	私营	110	开发区	
江苏毅马铸锻有限公司	外资	329	下蜀	

续表 5-3-7

企业名称	企业性质	职工人数（人）	企业住所	工会主席
句容市康宁工艺玩具有限公司	私营	221	下蜀	
句容市长江石业有限公司	私营	146	下蜀	
句容市下蜀玻璃制品厂	私营	112	下蜀	
句容市棉种场劳务公司	集体	106	下蜀	
江苏鸿宇鞋业有限公司	私营	184	宝华	
句容市宝华服装厂	私营	135	宝华	
江苏鸿宝玩具礼品有限公司	私营	128	宝华	
镇江格威服饰有限公司	外资	620	郭庄	
句容市欣典陶瓷有限公司	外资	150	郭庄	
句容市东旭礼品有限公司	私营	120	郭庄	
句容市友联陶瓷礼品有限公司	私营	120	郭庄	

2006 年句容市区域集体合同覆盖企业情况一览表

表 5-3-8

单位	所属企业							
	合计		国企		私企		外企	
	企业数(个)	职工数(人)	企业数(个)	职工数(人)	企业数(个)	职工数(人)	企业数(个)	职工数(人)
后白	47	6600	1	45	40	4997	6	1558
黄梅	78	3671			68	1944	10	1727
华阳	17	3130			12	1725	5	1405
白兔	21	2212			14	1049	5	1405
边城	11	537			8	428	3	109
天王	19	1591			14	1049	5	542
茅山	29	2118			23	1506	6	612
郭庄	45	3890			12	2240	3	630
下蜀	15	2870			11	2489	4	421
宝华	15	2910			8	428	3	109
合计	297	29529	1	45	210	17855	50	8518

2006 年 100 人以上生产正常企业签订工资集体合同名录

表 5-3-9

企业名称	企业性质	职工人数（人）	企业住所	签约时间	劳动部门审查时间	工资增幅（%）
句容市兴文包装有限公司	私企	318	城区	2006-03-10		10
句容市便民超市有限公司	私企	850	城区	2006-05-20		10
江苏远东水泥有限公司	外资	650	边城			

续表 5-3-9

企业名称	企业性质	职工人数（人）	企业住所	签约时间	劳动部门审查时间	工资增幅（%）
嘉新京阳水泥有限公司	外资	660	下蜀	2006-11-02		10
句容市农村信用合作联社	集体	374	城区	2006-01-10		10
句容市新华书店	国有	110	城区	2006-03-07		10
句容市友诚服装有限公司	私营	180	城区	2006-09-15		15
句容市永安毯业有限公司	私营	150	城区	2006-03-10		6
句容市亚美制衣有限公司	私营	180	城区	2006-09-04		15
句容市茂华女装有限公司	私营	200	城区	2006-05-20		15
句容市益达制衣有限公司	私营	150	城区	2006-03-10		14
句容市宏泰医药有限公司	私营	120	城区	2006-11-10		10
镇江一马先制衣有限公司	私营	400	城区	2006-03-10		15
句容市交通工程有限公司	国有	140	城区	2006-12-08		10
句容市昌达公路养护工程有限公司	国有	178	城区	2006-10-20		10
句容市华通客运有限公司	私营	481	城区	2006-01-08		6
句容市华运运输有限公司	私营	143	城区	2005-12-28		6
句容市华龙交通产业有限公司	私营	153	城区	2006-06-15		14
句容市华航航运有限公司	私营	157	下蜀	2006-12-10		6
镇江天力变压器有限公司	私营	281	城区	2006-01-08		14
江苏金猴工程机械有限公司	私营					
工贸合营句容工艺品厂	私营	1020	后白	2006-07-11	2006-07-31	12
句容市诚信服装厂	私营	140	后白	2006-07-14	2006-07-31	10
句容市龙江窑厂	私营	120	后白	2006-07-11	2006-07-31	10
句容市圣元针织服装有限公司	私营	280	后白	2006-07-12	2006-07-31	8
句容市星球制衣有限公司	私营	250	后白	2006-07-12	2006-07-13	10
句容市华茂工艺品厂	私营	256	后白	2006-07-10	2006-07-12	10
句容市联泰机电有限公司	外资	136	黄梅	2006-10-08	2006-10-10	10
句容市都茂自行车有限公司	外资	1092	黄梅	2006-10-20	2006-10-25	10
句容永盛工艺有限公司	外资	181	黄梅	2006-10-18	2006-10-25	8
句容舜云服饰有限公司	私营	200	黄梅	2006-10-15	2006-10-25	6
句容市钜鸣自行车有限公司	私营	150	黄梅	2006-10-21	2006-10-25	10
句容市林峰服饰有限公司	私营	162	黄梅	2006-10-21	2006-10-25	10
句容市大卓建筑有限公司	私营	160	黄梅	2006-10-21	2006-10-25	10
句容市盛业管件制品有限公司	外资	850	华阳	2006-09-11	2006-09-20	10
句容市美日服饰有限公司	外资	190	华阳	2006-09-11	2006-09-20	10

续表 5-3-9

企业名称	企业性质	职工人数（人）	企业住所	签约时间	劳动部门审查时间	工资增幅（%）
句容市新化建筑工程有限公司	私营	150	华阳	2006-09-11	2006-09-20	10
句容市天宁香料(江苏)有限公司	外资	135	华阳	2006-09-11	2006-09-20	10
句容狮城拉丝有限公司	外资	120	华阳	2006-09-11	2006-09-20	10
句容市鼎新制衣厂	私营	115	华阳	2006-09-11	2006-09-20	10
句容市凯兴服装有限公司	外资	110	华阳	2006-09-11	2006-09-20	10
句容宏达毛纺厂	私营	216	白兔	2006-07-14	2006-07-15	10
句容市瑞阳工艺袜厂	私营	235	白兔	2006-07-11	2006-07-12	10
句容市宏业针织厂	私营	309	白兔	2006-07-10	2006-07-11	8
句容东南礼品有限公司	外资	100	白兔	2006-07-10	2006-07-12	8
句容市恒丰鞋业有限公司	外资	120	白兔	2006-07-10	2006-07-11	10
句容市华信工艺帽厂	私营	150	白兔	2006-07-09	2006-07-11	10
句容市蓝天毛纺厂	私营	120	白兔	2006-07-10	2006-07-12	8
镇江华青旅游用品有限公司	外资	120	白兔	2006-07-10	2006-07-11	10
茅迪实业有限公司	私营	140	天王	2006-07-10	2006-07-10	10
句容市东信纺织五金有限公司	私营	180	天王	2006-07-10	2006-07-11	10
句容天王工具厂	外资	107	天王	2006-07-10	2006-07-11	8
句容裕兴工艺品有限公司	私营	200	天王	2006-07-09	2006-07-11	10
句容志庆精密五金零配件有限公司	外资	200	天王	2006-07-11	2006-07-13	10
句容排印厂	私营	210	茅山	2006-08-10	2006-08-20	11
春天日用品材料有限公司	外资	245	茅山	2006-08-11	2006-08-21	10
句容市春城工艺丝毯厂	私营	125	茅山	2006-08-12	2006-08-20	8
句容春亚旅游品有限公司	外资	120	茅山	2006-08-11	2006-08-25	7
句容茅山工具包装有限公司	私营	115	茅山	2006-07-15	2006-07-20	8
句容森宝兰制衣有限公司	私营	180	开发区	2006-05-10	2006-05-15	6
句容唐人制衣有限公司	私营	165	开发区	2006-05-01	2006-05-10	6
三泰服装辅料有限公司	外资	160	开发区	2006-03-08	2006-03-10	15
镇江瑞德制衣有限公司	私营	150	开发区	2006-04-10	2006-04-15	6
句容市恒升鞋业有限公司	私营	110	开发区	2006-06-19	2006-06-25	6
江苏毅马铸锻有限公司	外资	329	下蜀	2006-10-02	2006-10-10	6
句容市康宁工艺玩具有限公司	私营	221	下蜀	2006-10-05	2006-10-11	10
句容市长江石业有限公司	私营	146	下蜀	2006-10-15	2006-10-20	10
句容市下蜀玻璃制品厂	私营	112	下蜀	2006-10-20	2006-10-21	6
句容市棉种场劳务公司	集体	106	下蜀	2006-10-25	2006-10-30	8
江苏鸿宇鞋业有限公司	私营	184	宝华	2006-10-25	2006-10-30	8

续表 5-3-9

企业名称	企业性质	职工人数（人）	企业住所	签约时间	劳动部门审查时间	工资增幅（%）
句容市宝华服装厂	私营	135	宝华	2006-10-20	2006-10-21	8
江苏鸿宝玩具礼品有限公司	私营	128	宝华	2006-10-20	2006-10-30	10
镇江格威服饰有限公司	外资	620	郭庄	2006-07-08	2006-07-15	10
句容市欣典陶瓷有限公司	外资	150	郭庄	2006-07-21	2006-07-25	10
句容市东旭礼品有限公司	私营	120	郭庄	2006-07-28	2006-07-30	10
句容市友联陶瓷礼品有限公司	私营	120	郭庄	2006-07-28	2006-07-30	10

注：总计 76 家，应签数 76 家，已签数 74 家，建制率约 97%。

2006 年句容市市直企业工资协商情况一览表

表 5-3-10

单位	企业性质	职工人数（人）	上年人均工资水平（元）	合同签订时间	劳动部门审核号	工资增幅（%）	备注
句容市供电公司	国有	298		2006-02	（06）174	10	
句容市电信公司	国有	251		2006-02-04		10	
句容市邮政局	国有	164		2006-02-28		10	
句容市兴文包装有限公司	私营	318		2006-03-10	（06）194	10	
句容市便民超市有限公司	私营	850		2006-05-20	（06）191	10	
江苏远东水泥有限公司	外资	650					
嘉新京阳水泥有限公司	外资	660		2006-11-02	（06）281	10	
句容市农村信用联社	集体	374		2006-01-10		10	
句容市新华书店	国有	110		2006-03-07	（06）277	10	
句容市友诚服装有限公司	私营	180		2006-09-15	（06）197	15	
句容市永安服装有限公司	私营	150		2006-03-10	（06）115	6	
句容市亚美制衣有限公司	私营	180		2006-09-04	（06）202	15	
句容市茂华女装有限公司	私营	200		2006-05-20	（06）221	14	
句容市益达制衣有限公司	私营	150		2006-03-10	（06）193	14	
镇江一马先制衣有限公司	私营	400		2006-03-10	（06）199	15	
句容市宏泰医药有限公司	私营	120		2006-11-01	（06）275	10	
句容市交通工程有限公司	国有	120		2006-12-08	（06）266	10	企业化管理
句容市昌达公路养护工程有限公司	国有	178		2006-10-20	（06）270	10	企业化管理
句容市恒达交通工程建设有限公司	国有	42		2005-12-25	（06）264	10	企业化管理
句容市华通运输有限公司	私营	481		2006-01-08	（06）269	6	
句容市华运运输有限公司	私营	143		2005-12-10	（06）268	6	
句容市华龙交通产业有限公司	私营	153		2006-06-15	（06）262	14	
句容市华港港务有限公司	私营	99		2006-03-10	（06）260	10	

续表 5-3-10

单位	企业性质	职工人数（人）	上年人均工资水平（元）	合同签订时间	劳动部门审核号	工资增幅（%）	备注
句容市华航航运有限公司	私营	157		2006-12-10	（06）258	10	
镇江天力变压器有限公司	私营	281		2006-01-08	（06）201	14	
江苏金猴工程机械有限公司	私营	230		2006-03-15	（06）219	14	
句容市茅山纺织贸易公司	集体	240		2006-10-25	（06）279	6	

2008 年句容市 25 人以上企业签订工资集体合同情况一览表

表 5-3-11

单位	签约企业数（个）	送审数（个）	其中			覆盖职工数（人）	其中		
			外企（个）	私企（个）	其他（个）		外企（人）	私企（人）	其他（人）
后白	47	47	6	40	1	3704	493	3166	45
黄梅	20	20	7	13		2731	1687	1044	
华阳	14	14	5	9		2072	1405	667	
白兔	21	21	7	14		2212	633	1579	
边城	11	11	3	8		537	109	428	
天王	19	19	5	14		1591	542	1049	
茅山	29	29	6	23		2204	698	1506	
郭庄	45	45	15	30		3890	1435	2455	
下蜀	14	14	3	11		2870	630	2240	
宝华	8	8	3	5		2910	421	2489	
开发区	5	5	2	3		1420	410	1010	
交通	8	8		4	4	1373			340
一马先	6	6		6		1134			
供销	5	5			5	198			198
化工	1	1		1		281			
金猴	1	1		1		230			
卫生	1	1		1		120			
纺织	1	1			1	240			
方兴	3	3	1	2		130	80		
林业	15	15			15	1340			1340
商业	1	1		1		430			
建设	4	4		3	1	169			169

2004年句容市签订企业补充工资协议情况一览表

表5-3-12

单位	签约企业数（个）	其中			覆盖职工数（人）	其中		
		外企（个）	私企（个）	其他（个）		外企（人）	私企（人）	其他（人）
二圣	27	5	22		1503	565	938	
边城	20	1	18	1	772	12	720	40
后白	30	5	22	3	4910	739	3859	312
天王	20	5	14	1	1948	508	1230	210
袁巷	15	1	14		1349	189	1160	
茅山	9	1	8		477	52	425	
葛村	21	5	16		1493	391	1102	
郭庄	25	6	19		2736	1430	1306	
黄梅	16	2	14		929	174	755	
下蜀	17	4	11	2	2080	508	1502	70
宝华	20	6	14		2890	780	2110	
大卓	10	3	7		1334	602	732	
华阳	26	5	20	1	2139	810	1289	40
行香	25	3	22		1870	420	1450	
白兔	19	2	17		2550	231	2319	
春城	21	4	17		1499	666	833	

表 5-3-13

2006—2007 年句容市工资协商省 515 工程[1]数据库情况一览表

企业名称	企业性质	地址	联系电话	人数(人)	行政方首席代表	职工方首席代表	2005年工资增幅(%)	2006年签订工资增幅(%)	2006年工资实际增幅(%)	2006年人均工资水平(元)	2006年合同签订时间	2007年工资协商增幅(%)	2007年合同签订时间	劳动审核号	主要经验做法
句容市供电公司	国有	城区	7263486	298	张开文	笪绿海	10	10	10	21500	060222				程序规范
句容市自来水总公司	国有	城区	5971005	168	徐正春	刘永良	10	14	14	12048	060309				工资增幅
句容华通客运有限公司	私营	城区	7222875	345	李福华	沈明亚	4	6	6	11065	060108				程序规范
句容兴文包装有限公司	私营	城区	7262705	318	马宁一	夏剑平	10	10	11	10195	060310				计件单价
镇江天力变压器有限公司	私营	城区	7226895	281	金天培	陈道群	14	14	14. 5	14610	060108				工资增幅
句容市盛业管件有限公司	外资	华阳	5976713	850	杜盛刚	赵荣生	10	10	11	10115	060911				计件单价
句容奥奇丽日化有限公司	私营	华阳	7203303	90	闫刚	汤劲松	10	10	11	13450	060911				劳动定额
句容昌明齿轮制造有限公司	私营	华阳	7367283	92	徐昌明	葛明龙	8. 5	9	9	12416	061207				工资增幅
句容森宝蓝制衣有限公司	私营	开发区	7222189	180	周宜军	周剑兰	10	10	10	11120	060510				计件单价
句容开发区房地产公司	国有	开发区	5172188	60	冯柏林	汪海滨	10	10	10	16300	060918				工资增幅
句容三泰服装辅料有限公司	外资	开发区	7282728	216	段国平	左志忠	12	15	15	14150	060308				分配办法
句容康宁玩具有限公司	私营	下蜀	7752356	260	顾洪春	蔡金俊	8	8	8	12136	061122				计件单价
句容桥头棉种场	国有	下蜀	7766136	56	花跃群	范小林	8	8	8	15154	061121				工资增幅
句容毅马铸锻有限公司	外资	下蜀	7767168	251	黄远江	李阳	8	8	8	14145	061120				分配制度
江苏天晟药业股份有限公司	私营	宝华	7781292	89	季三市	季诺	6	6	6	13115	061208				分配制度
江苏鸿宇鞋业有限公司	私营	宝华	85731545	78	王毅	王义	6	6	6	12235	061208				计件单价
美亚金属制品有限公司	私营	宝华	7781319	76	陆慧宇	张俊	6	6	6	13145	061208				劳动定额
句容市电磁线公司	私营	后白	7831188	136	孙国平	谈本华	10	10	10	11500	060110				工资增幅
句容市三圆制桶有限公司	私营	后白	7401680	97	赵大平	邓斌	14	14	14	12315	060605				工资增幅

注：① 指工资协商企业，江苏省达到 500 个，镇江市达到 100 个，句容市达到 50 个。

续表 5-3-13

企业名称	企业性质	地址	联系电话	人数（人）	行政方首席代表	职工方首席代表	2005年工资增幅（%）	2006年签订工资增幅（%）	2006年工资实际增幅（%）	2006年人均工资水平（元）	2006年合同签订时间	2007年工资协商增幅（%）	2007年合同签订时间	劳动审核号	主要经验做法
句容志新精密五金零件公司	外资	天王	7455000	200	王进源	庄金龙	10	10	10	13125	061209				劳动定额
句容华赢自行车有限公司	外资	天王		90	杨汉昌	杨汉东	10	10	10	13120	061211				劳动定额
句容容兴碳素厂	私营	边城		40	李梅生	李梅	9	10	10	14260	061210				工资增幅
镇江力奇日用品有限公司	外资	边城		46	陈鑫	李言府	8	8	8	14220	061210				劳动定额
镇江格威服饰有限公司	外资	郭庄	7565322	500	郭海棠	唐兴雷	10	10	10	12350	060715				计件单价
句容市福利彩印厂	集体	郭庄	7563399	45	宋楷	宋建华	10	10	10	13150	060711				劳动定额
句容市舜云服饰有限公司	私营	黄梅	7383355	310	李小林	李高峰	10	10	10	14120	061210				计件单价
句容永胜工艺品有限公司	外资	黄梅		160	祝凌鹏	朱长江	9	10	10	13120	061205				计件单价
句容金茂机械厂	私营	白兔		60	糜金玉	王志军	10	10	14	15160	060920				工资增幅
镇江前龙塑料制品有限公司	外资	白兔	7671187	69	纪前瑞	李超白	10	10	10	14200	060925				计件单价
句容市兴春化工有限公司	私营	茅山		88	许其民	张胜宝	14	14	14	12650	060715				工资增幅
句容排印厂	私营	茅山		210	孙爱国	徐开林	10	12	12	15150	060715				劳动定额
句容市华龙交通产业有限公司	私营	城区	7236776	62	宋志勇	朱瑞芬	14	14	14	14650	060615				工资增幅
句容市友诚服装有限公司	私营	城区			沈为民	周扣兰	10	15	15	13600	060915				计件单价
句容市益达制衣有限公司	私营	城区	7223526	150	程丽娟	郭春兰	11	14	14	11200	061210				计件单价
句容市宏泰医药有限公司	私营	城区	5175083	120	王利才	姜明胜	10	12	12	15600	060412				工资增幅
句容市便民超市有限公司	私营	城区	7285675	850	黄金利	张兴宝	10	10	10	11615	060712				工资增幅
句容市华茂工艺品厂	私营	后白		401	王修珍	周常松	10	15	15	12600	060708				劳动价位
句容市明甫电子有限公司	私营	后白			李伟		10	10	10	13410	060710				计件单价
句容市新利园制衣有限公司	私营	后白			董进		10	10	10.5	13750	060710				计件单价
句容市锅炉容器厂	私营	黄梅	7701194	76	笪洪才	高国荣	10	14	14	14720	060911				工资增幅
句容市吉利装饰工程有限公司	私营	华阳	7205085	35	朱映华	夏春英	11	11	11	14615	060905				工资增幅

续表 5-3-13

企业名称	企业性质	地址	联系电话	人数（人）	行政方首席代表	职工方首席代表	2005年工资增幅（%）	2006年签订工资增幅（%）	2006年工资实际增幅（%）	2006年人均工资水平（元）	2006年合同签订时间	2007年工资协商增幅（%）	2007年合同签订时间	劳动审核号	主要经验做法
句容市新华建筑工程有限公司	私营	华阳	7202690	150	朱良宝	李克银	10	10	10.5	13615	060401				计件单价
句容市亚美制衣有限公司	私营	城区	7222396	180	许桂英	包圣春	10	14	14	13615	060401				计件单价
句容市茂华女装有限公司	私营	城区	7260101	200	袁伟民	陈明华	10	15	15	13600	060601				劳动定额
句容市钜鸣自行车有限公司	私营	黄梅		69	李晓华	袁小华	10	10	10	12315	060912				计件单价
句容市美日服饰有限公司	外资	华阳	7205746	190	张中梅	朱晨	10	10	10	14565	060925				计件单价
句容市春天日用品材料有限公司	外资	茅山		110	张成民	朱林	10	10	10	14565	060925				劳动定额
句容市欣典陶瓷有限公司	外资	郭庄	1565799	150	黄永成	经贤俊	10	10	10	16215	061015				劳动定额
句容市东旭礼品有限公司	私营	郭庄	7563333	120	王哲志	程俊	10	10	10	16725	061020				计件单价
句容市友联陶瓷礼品有限公司	私营	郭庄	7562737	90	经贤龙	吴红星	9	9	9.5	16215	061021				劳动定额

2006 年句容市工资协商及分配制度示范单位情况一览表

表 5-3-14

企业名称	企业性质	地址	联系电话	人数（人）	行政方首席代表	职工方首席代表	2005年工资增幅（%）	2006年签订工资增幅（%）	2006年工资实际增幅（%）	2006年人均工资水平（元）	2006年合同签订时间	2007年工资协商增幅（%）	2007年合同签订时间	劳动审核号	主要经验做法
句容市自来水总公司	国有	城区	5971005	168	徐正春	刘永良	10	14	14	12048	060309				工资增幅
句容华通客运有限公司	私营	城区	7222875	345	李福华	沈明亚	4	6	6	11065	060108				程序规范
句容兴文包装有限公司	私营	城区	7262705	318	马宁一	夏剑平	10	10	11	10195	060310				计件单价
镇江天力变压器有限公司	私营	城区	7226895	281	金天培	陈道群	14	14	14.5	14610	060108				工资增幅
句容市盛业管件有限公司	外资	华阳	5976713	850	杜盛刚	赵荣生	10	10	11	10115	060911				计件单价
句容森宝蓝制衣有限公司	私营	开发区	7222189	180	周宜军	周剑兰	10	10	10	11120	060510				分配办法
句容三泰服装辅料有限公司	外资	开发区	7282728	216	段国平	左志忠	12	15	15	14150	060308				分配办法

续表 5-3-14

企业名称	企业性质	地址	联系电话	人数（人）	行政方首席代表	职工方首席代表	2005年工资增幅（%）	2006年签订工资增幅（%）	2006年工资实际增幅（%）	2006年人均工资水平（元）	2006年合同签订时间	2007年工资协商增幅（%）	2007年合同签订时间	劳动审核号	主要经验做法
句容市电磁线公司	私营	后白	7831188	136	孙国平	谈本华	10	10	10	11500	060110				工资增幅
句容市三圆制桶有限公司	私营	后白		97	赵大平	邓斌	14	14	14	12315	060605				工资增幅
镇江格威服饰有限公司	外资	郭庄	7565322	500	郭海棠	唐兴雷	10	10	10	12350	060715				计件单价
句容市福利彩印厂	集体	郭庄	7563399	45	宋楷	宋建华	10	10	10	13150	060711				劳动定额
句容市兴春化工有限公司	私营	茅山		88	许其民	张胜宝	14	14	14	12650	060715				工资增幅
句容市华龙交通产业有限公司	私营	城区	7236776	62	宋志勇	朱瑞芬	14	14	14	14650	060615				工资增幅
句容市友诚服装有限公司	私营	城区		180	沈为民	周扣兰	10	15	15	13600	060915				计件单价
句容市益达制衣有限公司	私营	城区	7223526	150	程丽娟	郭春兰	11	14	14	11200	061210				计件单价
句容市宏泰医药有限公司	私营	城区	5175083	120	王利才	姜明胜	10	12	12	15600	060412				工资增幅
句容市便民超市有限公司	私营	城区	7285675	850	黄金利	张兴宝	10	10	10	11615	060712				工资增幅
句容市华茂工艺品厂	私营	后白		401	王修珍	周常松	10	15	15	12600	060708				劳动价位
句容市亚美制衣有限公司	私营	城区	7222396	180	许桂英	包圣春	10	14	14	13615	060401				计件单价
句容市茂华女装有限公司	私营	城区	7260101	200	袁伟民	陈明华	10	15	15	13600	060601				计件单价

三、实行厂（院、校）务公开

1999年，市委将“厂务公开”纳入党建工作统一部署。市纪委、市委组织部、市计划经济委员会和市总工会联合下发《关于在企业实行“厂务公开民主管理”工作的意见》，明确市总工会担任厂务公开民主管理领导小组办公室的职责，负责厂务公开民主管理的日常工作。“厂务公开”的内容是除商业秘密之外的事务。3月16日，市委、市政府召开厂务、校务、局务三公开经验交流会，在全市迅速推行。市纪委、市委组织部、市计划经济委员会和市总工会组成联合检查组，分别于5月下旬和7月下旬，对全市企业实行“厂务公开”工作进行检查考核。8月上旬，在全市党建工作会议上，市委领导对下半年“厂务公开”提出新要求。当年，全市129个国有、集体和公有资产占主体的公司制企业，有124个企业实行“厂务公开”，占96.12%。

2000年，各企事业和机关单位将“厂务公开”“局务公开”“院务公开”纳入党建工作统一部署。2001年，49所学校和医院积极推行事务公开。2002年7月，市政府召开局务公开、政务公开、村务公开、校务公开和厂务公开“五位一体”的现场会。是年，49个公有制企业、57所学校和2所市属医院实行事务公开。2003年，15个国有、集体企业（原有49个企业，后有一部分改制为其他类型的企业）、57所学校、2所市属医院和50个事业单位实行事务公开。2005年，全市150个50人以上的企业实行厂务公开，有15个镇通过召开区域联合职代会形式，实行厂务公开的企业发展到264个，并培树10个厂务公开典型企业。

2008年，认真贯彻全国推进厂务公开民主管理工作电视电话会议精神，由于人事变动，市委调整市厂务公开民主管理工作领导小组，加强组织领导。同时，制定领导小组工作职责、议事规则、9个成员单位工作职责，以及落实工作责任制的措施，以进一步推进厂务公开工作的正常化、规范化。当年，全市520个企事业单位实行事务公开。

2010年，市总工会在推动公有企事业单位建立健全厂（院、校）务公开制度的同时，将厂务公开制度向非公有制企业延伸，从市直企业向乡镇企业拓展，不断扩大厂务公开制度的覆盖面，逐步提高其规范化运作水平，促进全市非公有制企业全面实施“一会一栏八公开”。在厂务公开的形式上，基层单位除了采取职代会这一厂务公开的基本形式外，还利用设立“厂务公开栏”“总经理接待日”“总经理信箱”和局域网、电子屏等多种形式，实行厂务公开，透明运行，落实广大职工知情参与权，接受广大职工监督，做到“阳关公务”。

2014年，全市有1071个单位实行厂务公开，覆盖职工10.5万人。2021年，全市有776个工会所在单位实行厂务公开，涵盖单位1576个，涵盖职工81163人。

2010年句容市实行厂务公开单位情况一览表

表5-3-15

序号	单位	所属企业							
		合计		国企		私企		外企	
		企业数（个）	人数（人）	企业数（个）	人数（人）	企业数（个）	人数（人）	企业数（个）	人数（人）
1	后白	47	3704	1	45	40	3166	6	493
2	黄梅	20	2731			13	1044	7	1687
3	华阳	14	2072			9	667	5	1405
4	白兔	21	2212			14	1579	7	633

续表 5-3-15

序号	单位	所属企业							
		合计		国企		私企		外企	
		企业数（个）	人数（人）	企业数（个）	人数（人）	企业数（个）	人数（人）	企业数（个）	人数（人）
5	边城	11	537			8	428	3	109
6	天王	19	1591			14	1049	5	542
7	茅山	29	2204			23	1506	6	698
8	郭庄	45	3890			30	2455	15	1435
9	下蜀	15	2870			12	2240	3	630
10	宝华	15	2910			11	2489	4	421
11	开发区	5	1420			3	1010	2	410
12	交通	8	1373	4	340	4	1033		
13	一马先	6	1134			6	1134		
14	供销	5	198	5	198				
15	化工	1	281			1	281		
16	金猴	1	150			1	150		
17	卫生	1	120			1	120		
18	纺织	1	240			1	240		
19	林业	15	1340	15	1340				
20	商业	5	430			5	430		

第六章 工会经费管理

1950年，县总工会筹委会成立以后，开始收缴会费，作为工会经费。20世纪70年代，县总工会活动经费由县政府财政部门拨款解决，基层工会活动经费由所在单位在行政费中列支。20世纪90年代，推行经费收缴目标管理和多层次财务竞赛评比活动。市（县）总工会成立经费审查委员会，部分基层工会换届时选举产生同级工会经费审查组织。1993年，县、产业局（公司）系统和基层三级工会经费审查组织网络基本形成。进入21世纪，各级工会推进以"四有五好"为主要内容的基层工会财务竞赛。2006年，市总工会、市财政局明确对纳入部门预算、实行财政国库集中支付制度的行政事业单位工会经费，采取财政直接支付的方式。2020年，市总工会收缴经费总收入1030万元。至2021年年末，全市建立各级工会经审会852个。

第一节 工会经费收缴、管理、使用

一、20世纪50—80年代工会经费收缴、管理、使用

1950年5月，县总工会筹委会成立，开始收缴会费，作为工会经费。1951年7月，句容县首届工代会通过的《句容县总工会章程》第40条规定："本会所属各级工会，按其所收会费总额的20%存入本会账户作为调剂金，10%存入中华全国总工会账户作为上缴会费，其余70%存入其本身账户，作为该工会组织一切工作费用开支。工会会费不足部分申请人民政府补助。"第41条规定："本会所属工会会员，须按月缴纳实际工资1%为会费。"1952年，根据《中华人民共和国工会法》规定，工会经费的来源除工会会员缴纳的会费以外，建立工会组织的单位或资方按职工工资总额2%拨交工会经费。

1950年，全县会费收入7229.46万元（旧人民币），其中县总工会掌握1455.89万元（旧人民币），以备调剂各镇工会所属基层工会工作费的不足。全县经费收入10380.4万元（旧人民币），其中县工会掌握3259万元（旧人民币），作为产业及镇工会脱产干部所需经费，另外县总工会掌握文教费5577.9万元（旧人民币）。各镇工会每季编造预算，经县总工会审核给予补助，全县6名专职教师的工资，由县总工会发给。政府每年补助文教费的四分之一，但文教费仍入不敷出，原因是全县职工人数少，工资低且分散工人多，机关尚未建立工会组织。财务管理方面，县总工会每月向各镇工会公布一次各项经费收支账目，各镇工会每月向会员公布一次。各镇工会文教费办支单据交县总工会审核。1955年第一季度，县工会对财务工作进行整顿，清理一些单位欠交的工会经费，并且组织基层工会财务委员总结1954年的账目，制订1955年的收支预算及支出定额指标。在旧人民币折换新人民币时，县总工会对基层工会的账目、现金进行复核，以防发生偏差。

1955年5月，根据江苏省工会联合会关于1955年工会经费管理的决定，县工会结合本县情况制定"1955年度工会经费管理的决定"，内容包括各项经费分成比例、基层工会经费使用办法、各项经费使用和调剂职权范围、各项结余经费和处理等。1954年至1956年上半年，基层工会经费由县工会统一代管。财务收支情况包括基层工会经费在内，收入85356.68元，其中1953年结余经费8359.23元，行政拨交的工会经费47799.94元，会员缴纳的会费15575.17元，上级工会拨入的工作经费21935.01元，其他收入

46.56 元；支出 72877.98 元，其中上缴款 31482.42 元，行政费支出 35973.62 元，文教、体育、福利事业支出 54536.8 元，结余 20837.93 元。

财务工作中贯彻“为工会建设服务、为生产服务、为群众服务”的方针，针对各个时期财务工作中存在的问题，采取“边整顿、边改进、边建设”的方法，使财务工作在收、管、用方面逐步得到改进，对工会工作和职工物质文化生活的改善起到重要物质保证作用。1956 年下半年，财务工作实行“统一领导、分级管理”的原则，工会会费和工会经费留缴比例改为：工会会费 80%留基层，20%上缴县工会；工会经费 60%留基层，40%上缴县工会，其中 25%留县工会，15%上缴省工会，省工会再将 5%上缴全国总工会。

1957 年，根据上级工会指示，改进工会经费管理办法，实行钱权下放，使财务工作既便于统一领导，又能充分发扬民主，对发挥基层工会管好财务的积极性、推动财务工作的开展起了积极作用。在使用经费方面，贯彻“缩小行政费开支、扩大事业费开支”的原则，逐步缩减工会行政费开支。1954 年，工会行政费支出占县工会财务总收入的 12.2%，1957 年占 9.5%，用于群众事业活动方面的经费增多。1956 年，县工会拨款补助基层工会解决职工生活困难和举办福利事业的经费 22957 元，用 22575 元建立句容县工人俱乐部。

1958 年以后，由于“工会消亡风”影响，对财务工作放松了管理，因此工会财务比较混乱，欠缴、漏缴工会经费的现象比较严重，有些基层行政不按月甚至不拨交工会经费，有些基层工会也不按照财务制度的规定上缴工会会费和工会经费，工会会员不交会费也比较普遍，因而工会经费收入逐年下降。1957 年，行政拨交工会经费 12924.85 元；1958 年为 5886.18 元，比 1957 年下降 54.46%；1959 年为 7028.84 元，比 1957 年下降 45.62%；1960 年为 4848.47 元，比 1957 年下降 62.49%。在使用和管理经费方面，违反财务制度、乱支乱用工会经费、铺张浪费现象比较严重，有些基层工会还发生贪污挪用工会经费的事件。

1959 年 8 月，江苏省总工会要求对财务工作进行整顿，加强财务管理，克服放任自流现象。企业行政欠拨的工会经费和劳动保险金，从 1959 年 1 月起补拨，基层工会未按规定上缴的工会会费和工会经费要补交。基层工会各项经费的留交比例，1959 年 4 月以前按原规定执行。从 1959 年 4 月起工会会费全部留基层，工会经费仍然 60%留基层，40%上缴县总工会。但是，由于当时工会工作处于不正常状态，这次会议精神没有认真贯彻，工会财务的混乱情况没有及时扭转。

1961 年 11 月以后，工会工作逐步恢复和开展，对工会财务也开始进行全面整顿。特别是 1963 年 4 月，省总工会工作会议以后，县总工会召开全县基层工会财务委员会议，传达贯彻省总工会关于整顿财务工作的指示精神，学习中华全国总工会《关于加强工会财务工作的决定》《关于财务管理工作的暂行规定》《关于财务纪律的规定》及《会计人员试行条例》等文件，提高思想认识，加强工作责任感。在此基础上，对全县工会的财务账目分片进行会审。1962 年以后，工会财务情况有所好转，收入有所上升，管理工作有所加强，但仍存在不少问题，有些基层工会不按规定上解工会经费和劳动保险金，少数基层工会把应上解的工会经费和劳动保险金用掉；制度不健全，财务账目和现金管理混乱，随便借支工会经费的现象比较严重。据会审的 52 个基层工会统计，借支工会经费的有 15 个，借支金额 6006.72 元；违反财务制度乱花钱，铺张浪费，会审的 62 个基层工会有铺张浪费现象的 39 个，浪费金额 2560.18 元；贪污挪用工会经费 2 起，挪用工会经费 469.34 元；企业行政欠拨工会经费的现象比较严重。1962 年上半年，全县 70 个基层工会中有 36 个基层行政未拨交工会经费。针对以上情况，切实加强财务管理工作，坚决纠正违反财务制度的现象。1963 年 8 月，全县厂矿企业开展“五反”运动，县总工会给句容县委写了一份《关于整顿基层工会财务工作的报告》，县委将报告批转给全县厂矿企业党支部，要求把整顿工会财务工作纳入“五反”计划，从而推动整顿财务工作的开展。通过整顿，基层工会财务的混乱现象基本得到纠正。建立健全财务管理制度、账册和手续，为做好财务工作打下基础。1966 年下半年“文化大革命”全面开展，工会工作停顿，工会组织涣散，工会财务冻结，工会经费被财政部门收入国库。

1973 年，重新整顿健全工会组织以后，县总工会的活动经费由政府财政部门拨款解决，基层工会的活动经费在单位行政费中开支。1975 年 12 月 12 日，县总工会发出关于工会会员交纳会费的通知，通知规定工会会员应按月交纳会费，每人每月交纳 1 角，徒工交纳 5 分，从 1976 年 1 月开始执行，所收会费 40%上缴县总工会，60%留基层工会使用（以后会费全部留基层）。1979 年 2 月 2 日，县总工会和县财政局联合发出通知，转发中华人民共和国财政部、中华全国总工会《关于恢复企业、事业、机关的行政方面拨交工会经费的联合通知》，从 1 月起开始执行。通知规定：已成立工会组织的企业和事业的行政方面，均应按职工工资的 2%按月向县工会拨交工会经费；已成立工会组织的国家机关的行政方面，应按工资总额的 1%按月向工会拨交工会经费，并规定行政拨交的工会经费，基层工会留用的比例应不少于 50%，省和市县总工会两级留用的比例应不超过 35%，其余 5%上解全国总工会。通知发下后，县总工会迅速采取措施，协助和督促基层工会配备财务人员。召开全县财务工作会议，学习联合通知和工会财务工作的方针，部署建立工会财务的具体工作，基层工会的财务工作较普遍地建立和开展，到 12 月，全县有 80 个基层工会上解工会经费 33384. 43 元，占应上解经费的 90%。为了收好、管好、用好工会经费，县总工会要求基层工会要有专人管理财务并建立预、决算制度，即年初编造预算，年底编造决算，要实行财务民主，各级工会要定期向会员公布财务账目，报告财务收支和使用情况，建立健全工会经费审查委员会。1981 年 8 月，县总工会第五次代表大会《关于工会财务工作的报告》：从 1979 年 2 月至 1981 年 6 月底，县总工会的财务收支情况是总收入 279402. 69 元，其中基层工会上解经费 130781. 66 元。上级工会补助 130000 元，其中省、地补助 80000 元，县财政补助 50000 元。其他收入 18621. 03 元。总支出 246346. 47 元，其中宣传事业费 15918. 40 元，业余教育经费 5471. 16 元，干部训练费 11521 元，工会行政费 21462. 98 元，上解省总工会经费 53026. 82 元，固定资产投资 150351. 90 元（建工会大楼），收支相抵结余 33056. 2 元。全县 187 个基层工会，大多数基层行政都能按工会法的规定拨足工会经费，因此，工会经费收入情况是好的，为工会开展各项活动提供了物质保证。1981 年以后，工会财务经费逐步走上正轨，工会经费逐年增长，1980 年工会经费收入 63898 元；1981 年工会经费收入 72034 元，比 1980 年增长 12. 73%；1983 年工会经费收入 93997 元，比 1982 年增长 6%；1984 年工会经费收入 107503 元，比 1983 年增长 14. 3%。1982—1984 年，工会经费收支情况是：总收入 387404. 49 元，其中，基层工会上解经费 287888. 1 元，职工学校学费收入 17182. 36 元。省总工会补助 42500 元，县政府补助 15000 元，其他收入 24838. 03 元。总支出 381114. 43 元，其中事业活动费 79851. 02 元，工会建设费 8497. 36 元，工会行政费 39011. 08 元，基本建设费 138633. 04 元，上解省总工会经费 108027. 69 元，其他支出 7094. 24 元，收支相抵结余 6294. 69 元，再加 1981 年年底结余经费 5348. 47 元，结余 11642. 53 元。县总工会加强对财务工作的领导，会同局系统工会对基层工会的财务进行有重点的检查，统一基层工会的账册、报表、记账方法和经费开支的范围、标准。因此，财务工作的情况是好的，多数基层工会能及时上解工会经费，拖欠上解经费的现象大大减少，财务管理逐步加强，经费开支日趋合理，各项制度逐步完善。

1988 年 10 月，句容县工会第七次代表大会财务工作报告指出：县总工会较好地执行党和国家财经政策，认真贯彻工会财务工作“为职工群众服务、为工会建设服务、为两个文明建设服务”的方针，坚持“勤俭节约，量入为出，统筹安排，合理使用”的原则，根据需要和可能，正确提取工会经费，合理安排使用经费，为开展工会工作、扩大工会影响和发展工会事业提供物质条件。1985—1987 年工会经费的收支情况：总收入 544355. 08 元，其中上届经费 12983. 41 元，基层上解经费 443754. 48 元，职工学校收学费 24018. 25 元，省总工会回拨 44717. 63 元，县政府拨款（代管干部工资）6600 元，其他收入 12281. 31 元；总支出 474498. 18 元，其中上解省、市总工会经费 164539. 79 元，事业活动费 118596. 10 元，干部训练费 14309. 46 元，工会建设费 11323. 50 元，工会行政费 161969. 33 元。这 3 年，工会经费收支情况良好，收入有所上升，开支注意节约，更多的经费用于工会建设方面。经常对工会干部进行财经政策和财务纪律的教育，使工会干部明确财务工作“三服务”的方针和收好、管好、用好工会经费的重要意义，并印发全国总工会和省总工会关于财务工作方面的一些决定、规定。1988年，县总工会根据全国、省总工会关于财务工作的指示精神制定《关于加强工会经费使用和管理的规定》，提高工会干部的政策观念和业务水平，为基层工会干部在工会经费收、管、用方面提供政策依据。每年开展一次财务大检查，表扬先进，交流经验。3年表彰财务先进单位65个，促使工会财务工作管理水平不断提高，大多数基层工会都能做到公开账目，民主理财，把更多的工会经费用于提高职工的"两个素质"和振兴企业方面。坚持改革，积极探索财务管理的新路子，试行基数包干，超收回拨，委托行政代管，加大系统工会财务管理的权利，组织财务互助等，调动三级工会组织和财务人员的积极性，保证工会财务工作的正常开展。

二、20世纪90年代后工会经费收缴、管理、使用

1993年9月，句容县工会第八次代表大会财务工作报告总结5年工会经费收支情况：总收入139.87万元，其中拨交经费收入119.21万元，占总收入的85.23%，上级工会补助收入15.09万元，占总收入的10.79%；其他收入5.57万元，上届结余经费6.89万元。总支出143.16万元，其中上解省总工会43.2万元；县总工会本级支出99.96万元，其中事业活动费支出16.88万元，占县总工会实际支出的16.89%；工会行政经费50.48万元，占县总工会实际支出的50.5%；基本建设支出9.85万元，占县总工会实际支出的9.85%；事业拨款7.45万元，占县总工会实际支出的7.45%；基层工会补助（含回拨经费）7.45万元，占县总工会实际指出的7.45%；其他支出7.86万元，占县总工会实际支出的7.86%。收支相抵，结余3.69万元。5年间，工会经费收入略有增长。全县40%的经费收支，年平均递增8.51%。增长原因除工资总额等自然增长因素外，还有各级工会进一步重视和加强对财务工作的领导；积极推行经费收缴目标管理和多层次的财务竞赛评比活动，调动收缴工会经费的积极性；工会财务基础工作得到加强。建立健全各种台账、催缴、分析、互审等管理制度，使经费收缴有章可循；加强政策指导。针对改革中出现的新情况，积极疏通渠道，制定措施，争取行政部门对经费拨交工作的支持。5年间，为适应形势发展，县总工会积极进行工会财务改革探索。在经费收缴方面，通过摸底测算，调整指标，完善管理措施，促进了工会经费的收缴率。在经费管理上，加强财务归口管理，统一规范各项财务报表编报制度，恢复月报简报，保证国家和工会各项财务制度的贯彻执行，也使县总工会对系统、基层工会财务工作的指导落到实处。在经费使用上，着重对县总工会机关行政、事业经费管理，实行包干使用、超支不补的办法，经审会加强审查监督，有效地控制了行政事业经费支出的增长。着力提高工会财务人员的业务素质，5年间办工会会计培训班5期，238人参加培训。加强基层工会财务管理。同时一直坚持开展工会财务收好、管好、用好"三好"竞赛评比活动，评出一等奖128个单位，二等奖155个单位，先进个人131名。

1993—1998年，市总工会经费收支情况：5年总收入250.69万元，其中拨交经费收入195.65万元，占总收入的78.04%。总支出249.53万元，收支相抵，结余1.6万元。着力提高工会财务工作人员的业务素质，开展工会财务工作人员业务培训300多人次。为有效推进工会经费收缴工作，调动基层工会做好工会财务工作的积极性，加强基层工会财务管理，每年坚持开展工会财务"三好"竞赛评比活动，评出一等奖139个单位，二等奖178个单位，先进个人126名。

1999—2003年，市总工会经费总收入639.17万元，其中拨交经费收入323.04万元，占总收入的50.54%。总支出608.13万元。上届经费结余23.7万元，本届滚存经费结余55.28万元。5年工会经费收入保持稳步增长。工会经费收入比上届增长15.08%，年平均递增5.25%。坚持依法收缴，保证工会经费收入的增长。严格执行《中华人民共和国工会法》和全国总工会、财政部联合下发的《关于〈中华人民共和国工会法〉中有关工会经费问题的规定》，依法落实按职工人数、工资总额规定收缴经费；认真贯彻《工会经费拨缴款专用收据管理的暂行规定》等文件精神，规范经费收缴基础工作。努力促进工会经费收入的增长。市总工会把经费收缴摆上重要议事日程，主要领导亲自抓，分管领导及财务部门全力抓，各部门配合抓，建立经费收缴目标责任制；知难而进，迎难而上，一点一滴地收，一家一户地跑，千方百

计促进收入增长，提升整体收缴水平。

2003 年 9 月 21 日，镇江市人民政府办公室转发市总工会和市地税局《关于镇江市区企事业单位应上缴的工会经费由地税局代收的通知》，明确代收工会经费范围、方法、比例等，并规定丹阳市、扬中市、句容市、丹徒区工会经费代收事宜。

2004—2008 年，市总工会经费总收入 1687.8 万元，其中拨缴经费收入 1058.2 万元，占总收入的 62.70%。总支出 1705.1 万元。工会财务工作与时俱进，开拓进取，创新工会经费收缴方式，强化工会财务管理，调整经费使用结构，完善资产监督体系，为全市工会工作的开展提供了坚实的物质基础。随着经济体制改革的深入和产业结构的调整，非公有制经济迅猛发展，改变工会经费以国有、集体企业为主渠道的工作格局，传统的经费收缴方式难以适应新形势的要求；少数非公有制企业经营者法律意识淡薄，拒拨少缴工会经费的现象时有发生。面对这些困难，市总工会坚持依法收缴，创新收缴方式，坚持开门办会，积极争取党政对工会工作的重视关心支持，形成委托地税代收、财政统一划拨、工会自主收缴的工作格局，保证工会经费的稳步增长。2008 年拨缴经费收入是 2003 年的 4.5 倍，年平均递增率 35%；本届 5 年经费总收入比上届增长 164%。同时，加强基层工会财务基础建设。各级工会努力推进以“四有五好”（有银行账户、有经费保障、有财务规章、有专人管理和经费收缴好、财务管理好、会计核算好、经费使用好、预算执行好）为主要内容的基层工会财务竞赛，促进基层工会做到“四有五好”。

图 6-1　句容市工会系统财务管理工作培训班

2006 年 6 月，市总工会、市财政局联合下发《关于对行政事业单位工会经费实行财政直接支付的通知》，指出对纳入部门预算、实行财政国库集中支付制度的行政事业单位的工会经费，采取财政直接支付的方式。纳入财政直接支付的工会经费，是指各行政事业单位根据全部职工工资总额的 2%计提并纳入部门预算的工会经费，其中，40%部分直接支付到市总工会工会经费专户，60%部分直接支付到各单位工会经费专户。暂未实行财政国库集中支付的行政事业单位的工会经费，仍按原渠道缴纳。通知自 2006 年 1 月1 日起执行。

2009—2013 年，市总工会经费总收入 3939.18 万元，其中拨缴经费收入 2355.05 万元，占总收入的 59.79%。总支出 3886.45 万元。进一步完善委托税务代收、财政统一划拨、工会自主收缴“三位一体”的经费收缴模式，保证工会经费收入的稳步增长。2013 年拨缴经费收入是 2008 年的 1.9 倍，年平均递增率 38%；5 年经费总收入比上届增长 290%。2014 年，市总工会经费总收入 860.56 万元，总支出 812.17 万元。2020 年市总工会收缴经费总收入 1030 万元。

第二节　工会经费审查

一、工会经费审查组织

20 世纪 50 年代初，句容县工会经费审查工作十分薄弱。县第一届、第二届工人代表大会选举产生的县总工会经费审查委员会形同虚设，以致县第二届工人代表大会、县工会第三次代表大会没有工会经费审查报告。基层工会建立经费审查组织的很少，已建立的也没有按规定开展活动。

1983 年后，工会经费审查工作有所加强。1985 年、1988 年先后举行的县工会第六次、第七次代表大会选举产生县总工会经费审查委员会。部分基层工会在换届选举时，选举产生同级工会经费审查组织。至 1987 年，全县 251 个基层工会中，有 73 个建立工会经费审查组织，组建率仅为 29.1%。1989 年在上级工会的督促下，县总工会把加强工会经费审查工作列入领导工作的议事日程，抓紧基层工会经费审查组织的组建。至年末，全县 285 个基层工会中有 281 个建立了工会经费审查组织。

1993 年，县、产业局（公司）系统和基层三级工会经费审查组织网络基本形成，建立起了一支专、兼职结合的经费审查工作队伍。各级工会认真贯彻《基层工会经费审查委员会工作条例》，重点抓好基层经审组织建设，结合工会换届、建家、财务竞赛评比，组建率由 1988 年的 50%提高到 95%。

1999 年以后，经济结构不断调整，经济体制改革不断深化，一方面，大量国有、集体企业改革、改制为非公有制企业；另一方面，外商投资企业、民营企业等新经济组织迅猛发展。改革改制企业的工会组织改建、重建，以及新经济组织的工会组建工作迫在眉睫，任务很重。市总工会加强对基层工会经费审查委员会的组织建设，要求基层工会经审会做到“三个同时”，即在工会委员会成立或换届选举时要同时考察、同时选举、同时报批工会经费审查委员会，在经审委员退休、调离时做到及时增补委员。1999—2003 年，组建基层工会经审委 246 个。

2010 年，全市基层工会 698 个，建经审会 698 个，经审会组建率 100%。2011 年，全市基层工会 741 个，建经审会 741 个，经审会组建率 100%。至 2021 年年末，全市建工会经审会 852 个。

二、工会经费审查工作

1. 工会经费审查

1985 年、1988 年先后举行县工会第六次、第七次代表大会，选举产生县总工会经费审查委员会，每年年初审查县总工会上年度财务决算和本年度财务预算，基层工会经费审查组织的多数活动不正常。

1989—1993 年，县总工会经审会认真贯彻落实中国工会第十一次全国代表大会经费审查工作报告的决议，从提高认识入手，狠抓组织建设和体制建设，开展务实审查，帮助同级工会收好、管好、用好工会经费，为发展工运事业发挥积极的作用。大力加强经审干部思想和业务培训工作，基层以上工会举办培训班 30 多期，授训 110 人次，受训人数约占全县经审干部的 35%，经审干部素质有所提高。5 年间，先后转发省、镇江市工会经审会《基层工会经费审查委员会工作条例》和有关文件、规定。基层工会制订例会制度、学习制度。从 1992 年开始，200 人以上单位先后制定《基层工会经费审查委员会工作条例实施细则》，推行工作目标责任制，坚持开展经审工作百分竞赛，有效地规范全县工会的经审工作。把抓经常性的审查监督与有计划、有重点的审计相结合。1991 年转发全国总工会《关于开展对工会经费 1988—1990 年三年计拨情况审查的意见》，在行政和有关部门的支持下，各级工会经审组织和财务部门相互配合，抓学习，提高认识，统一部署，开展自查、互查和重点抽查的活动。据统计，基层抽查面达 82.7%，组织抽查面达 25%，查出行政方面漏、欠拨交工会经费 8.6 万元，收回补拨、补解工会经费 7.56 万元。通过审查，进一步摸清行政拨交工会经费的状况和收缴工会经费管理中存在的问题，广泛宣传拨交工会经费法律依据和政策规定，对增强企业行政依法拨交工会经费的自觉性，以及提高工会干部依法督促收好经费的责任感起到了良好的作用。

2. 市（县）总工会经费审查委员会对本级工会经费审查监督

1989 年开始，市（县）总工会经费审查委员会坚持每年对本级工会经费进行年度审查监督并形成制度。每年年初，根据年度工作计划，在本级工会财务部制定年度经费收支预算后，市（县）总工会经费审查委员会对预算编制的规范性、合理性进行审计，同时对财务部编制的上一年度财务决算的合法性、真实性进行审计。在审计中，采用核对账表、抽查财务凭证等审计手段，对市总工会经费预算控制指标

图 6-2　句容市总工会财务检查

执行情况、执行过程和结果，以及财务核算情况进行监督和评价。及时提出意见和建议，为促进财务管理的规范化、提高工会经费使用效益、实现本级工会年度工作目标发挥了积极作用。在市（县）总工会召开的历次工会代表大会上，市（县）总工会经费审查委员会坚持按规定向大会报告经费审查工作，接受大会审议。

依据《江苏工会专项资金审计办法》，市总工会经费审查委员会还对中央财政、省财政和上级工会 2009—2013 年拨付的 1513.17 万元帮扶专项资金进行全面审查。审查结果表明各类专项资金使用管理情况良好，对查出的问题也如实进行了整改。2021 年 6 月，句容市工会第十三次代表大会工会经费审查报告指出，自 2014 年以来，市总工会经费审查委员会每年对本级工会经费收支情况进行审查审计，同时，接受镇江市总工会经费审查委员会的审计监督，发现问题，及时督促整改。

3. 市（县）总工会经费审查委员会对下级工会经费审查监督

依据上级工会经审会对下级工会经费审计监督的暂行办法，从 1989 年起，市（县）总工会经审会每年对下级工会经费收支情况进行重点抽查。2004—2008 年，抽查 123 个基层工会，补交经费 22.36 万元。2009—2013 年，抽查 100 个基层工会，提出审计意见和建议 200 多条。同时，市总工会指导基层工会实行经审工作台账化管理。把台账作为经审工作自我约束管理的载体，将工作计划、会议内容、审计工作、工会经费计拨、问题建议等内容都反映在经审工作台账上，实现整体、动态的管理，做到“一册经审台账在手，全年经审工作一目了然”。台账化管理有效地促进了经审工作各项要求在基层的落实，推动了基层工会经审工作的开展。2015 年，开展工会财务工作和工会资产检查，完成本级工会自查与镇级工会和部分局（系统）工会抽查审计工作。2016 年，聘请 4 名特约审计员，邀请镇江市总工会经审办对句容独立建账的 17 个局系统工会的财务收支使用情况进行集中审计。并为财务人员详细解读工会经费收支的有关规定，采取审计监督和服务指导并重的办法，边审计、边指导、边纠正，使工会经费收支管理更加规范、有效。2017 年，成立专项督查工作领导小组，完成 41 个基层工会经费督查工作。2018 年，对 21 个基层单位开展工会经费收支审计工作，出具审计意见和整改报告，督促相关单位整改规范。2020 年，聘请专业机构对 22 个基层工会 2019 年度工会经费收支情况进行审计，进一步加强对基层工会经费收、管、用的审查监督。

第七章　劳动模范、先进生产（工作）者

第一节　劳动模范、先进生产（工作）者评选

1991年，句容县首次评选出句容县劳动模范10名，以后每年评选表彰一次。自2008年开始，每两年评选表彰一次。至2021年4月，评选全国劳动模范（先进生产工作者）8名，省部级劳动模范（先进生产工作者）170名，镇江市级劳动模范（先进生产工作者）266名，句容市（县）级劳动模范380名。

第二节　劳动模范、先进生产（工作）者管理

一、劳动模范协会

1999年4月29日，句容市总工会召开劳动模范协会成立大会，通过协会章程，选举产生首届协会理事会，聘请金昌来任名誉会长，简恩成当选会长。2016年5月26日，管春平任协会会长、法定代表人。

二、劳模农业科技服务团

2015年8月18日，市总工会、市劳模协会印发《关于成立句容市劳模农业科技服务团的通知》。劳模农业科技服务团成立后，开展了一些工作。句容市渔业劳模创新工作室联盟成立于2019年年底，位于郭庄镇南河农庄内，工作室联盟由7位劳模和1位外聘专家组成。工作室联盟弘扬劳模精神，保持和发扬劳模先进性，围绕渔业创新工作，开展10多个养殖新品种引进、养殖新技术推广和养殖新模式创新项目。工作者联盟每位劳模都有各自的创新工作室和具体分工，有6名成员拥有水产实验示范基地。每位劳模都具有丰富的一线水产养殖及技术服务经验，涉及特种水产养殖、水产病害防治、大水面增养殖和休闲渔业等多个领域。工作室联盟定期开展活动，组织科技下乡指导活动近20次。2019年后，推广“太湖2号”青虾、“长江2号”河蟹、全雄黄颡鱼等特种水产新品种养殖；推广池塘鱼鳖生态混养高效养殖、养殖水体水质调控、大鲵仿生态养殖和人工饵料开发等新技术；推广稻鳖综合种养、青虾池套养白鱼、龙虾池套养甲鱼、“刀鱼资源开发和河蟹套养”等生态增效新模式，领衔人洪玉定主持实施省“三新工程”项目——“大鲵生态养殖及人工饵料的开发利用研究”，工作室联盟成员吴其法实施省高效设施渔业项目“中华鳖日本品系工厂化苗种繁育基地建设”、镇江市“1+1+N新型农业技术推广”、句容市“蓝鳃太阳鱼养殖技术研究和推广”等多个研究、推广项目。

工作室联盟积极配合镇江市总工会、句容市农业农村局开展“农业劳模传帮带”、句容市水产养殖技术等培训班10多次，培训渔业农民500多人次，接待省内外同行前来参观学习和技术交流6次200多人次。申报专利6项，创新成果3项，成果转化经济效益300多万元。2020年，工作室联盟实施的“刀鱼资源开发和河蟹套养”获镇江市总工会“优秀创新成果奖”。2021年，工作室联盟成员曲秀鹏被授予“江苏省劳动模范”称号。

三、劳模创新工作室

2007年11月，市总工会下发《关于开展劳模创新工作室创建活动的实施意见》，规定了劳模创新工作室的对象、任务、创建条件、管理部门、考核等方面。

2007年，市总工会命名应军、盛胜兰“劳模创新工作室”。2008年，市总工会命名张德铭、孙荣华“劳模创新工作室”。2010年，市总工会命名赵亚夫、毛洪文“劳模创新工作室”。2012年，市总工会命名方继生（方荣法）、纪荣喜、李家斌、李治顺、蒋士新、窦鹏飞“劳模创新工作室”。2013年，市总工会命名洪玉定、王柏生、孙建炜“劳模创新工作室”。2015年10月29日，市总工会命名窦永明、潘建强、谢俊“劳模创新工作室”，命名徐怀兔、郑先兵、郭巧美、王义英“劳模示范岗”。2016年11月18日，市总工会命名沈春雷“劳模、工匠创新工作室”，命名曲秀鹏、巫雪琴、赵贤才“劳模创新工作室”，命名张玉“劳模示范岗”，命名纪昌喜、杨修林、王柏生、窦永敏、蒋士新、方荣法、任环虎、胡天娣、周云霞、王巧娣、毕年胜、曲秀鹏、郭强“劳模创新示范基地”，命名江苏东晟光伏科技有限公司“职工创新工作室”。2018年11月9日，命名田玉伟、李晓明、蒋家森“劳模创新工作室”。2018年12月19日，镇江市总工会命名沈春雷劳模创新工作室、刘树安劳模创新工作室为“镇江市示范性劳模创新工作室”，命名丁庄劳模团队创新工作室为“镇江市劳模创新工作室”。2019年5月30日，市总工会命名马宁一“劳模团队创新工作室”，命名张东才、唐万青、尚进“劳模、书记创新工作室”。2019年10月11日，市总工会命名张洪生、郭强、胡天娣、任环虎和杨云峰“劳模创新工作室”，命名句容市白兔劳模创新工作室联盟和句容市渔业劳模创新工作室联盟。2020年10月19日，市总工会命名苏青峰、杨华俊、张奎峰和裔玉荣“劳模创新工作室”，命名句容发电有限公司劳模团队创新工作室和句容市后白优品农业劳模创新工作室联盟。2021年2月18日，江苏省总工会命名沈春雷劳模创新工作室、纪荣喜劳模创新工作室为第四批“江苏省示范性劳模创新工作室”；是年，句容市总工会命名马羽等6个“劳模创新工作室”，镇江市总工会命名张奎峰、裔玉荣2个“劳模创新工作室”。

四、农业劳模沙龙

句容市有各级农业劳模100余人，其中全国劳模4人，省级劳模18人，镇江市级劳模30余名。他们来自现代农业多个领域，是市新农村建设新型劳动者，是新时期科技型农业产业工人优秀代表。2011年，市总工会在天王戴庄第一次举办“农业劳模沙龙”，在全省工会系统中首创“劳模沙龙”工作机制。每年春、秋各活动1次。2012年，“农业劳模沙龙”工作机制被镇江市总工会“双服务”年度考核评为“工会工作创优工作奖”。

五、劳动模范先进事迹宣传

2012年“五一”期间，句容市总工会在句容市广播电视台开设“劳模风采”栏目，系列报道当年评选出的劳动模范先进事迹。2013—2021年，市总工会每年5月在市广播电视台（市融媒体中心）用大约一个月时间，报道当年评选出的全国、省、镇江市级和句容市劳动模范的先进事迹。同时，利用句容市总工会微信公众号平台，发布劳动模范先进事迹信息，有3800余人关注句容市总工会微信公众号。

第三节 劳动模范、先进生产（工作）者的服务

一、劳动模范、先进生产（工作）者疗休养

2017年，市总工会组织32名句容市劳动模范（含“五一劳动奖章”获得者）到徐州疗休养。2018年，组织全国、江苏省、镇江市劳动模范分7批13人疗休养。组织28名句容市劳动模范疗休养。2019年，安排全国、江苏省、镇江市劳动模范分8批28人到外地疗休养。2020年安排全国、江苏省、镇江市劳动模范分10批23人到外地疗休养。先后组织2批81名句容市劳动模范、优秀职工到溧阳疗休养。2021年，安排全国、江苏省、镇江市劳动模范分6批14人到海南、云南、延安、南京汤山、无锡太湖等地工人疗养院疗休养。组织83名句容市劳动模范和优秀职工到陕西蒲城疗休养。

二、劳动模范、先进生产（工作）者慰问及帮扶

2018年，发放句容市各级劳动模范各类慰问金、荣誉津贴、困难补助38.8万元。2019年，发放句容市各级劳动模范各类慰问金、荣誉津贴、困难补助39万元。2020年，发放句容市各级劳动模范各类慰问金、荣誉津贴、困难补助40万元。2021年，发放句容市各级劳动模范各类慰问金、荣誉津贴、困难补助40余万元。

2020年，组织7位劳动模范携带16种产品参加镇江市劳动模范产品展销会，销售农产品销售额50余万元。2021年，组织50多人次劳动模范参加镇江市总工会举办的劳动模范优质农产品直销会，现场销售额40余万元。

第四节 劳动模范、先进生产（工作）者名录

句容市全国劳动模范和中共中央、国务院表彰情况一览表

表7-4-1

姓名	工作单位	授予称号	授予单位	授予时间
邵邦凤	桥头幼儿园	全国文卫先进工作者	国务院	1960
杨图南	镇江农科所	全国先进工作者	国务院	1989
余锁根	天王镇（原袁镇巷戴庄村）	全国劳模	国务院	1995
方继生	茅山镇（原春城镇丁庄村）	全国劳模	国务院	2000
杨修林	华阳街道（原大卓镇云塘村）	全国劳模	国务院	2005
胡　清	句容市民族宗教局	第六届全国民族团结进步模范个人	国务院	2014
纪荣喜	白兔镇解塘村	全国劳模	国务院	2015
沈春雷	江苏广兴集团有限公司	全国劳模	国务院	2020
赵亚夫	镇江农科所	全国脱贫攻坚楷模	中共中央、国务院	2021
阮祥忠	句容市农业农村局	全国脱贫攻坚先进个人	中共中央、国务院	2021
刘树安	天王镇唐陵村	全国优秀党务工作者	中共中央	2021

句容市国家部委先进生产（工作）者情况一览表

表 7-4-2

姓名	工作单位	授予称号	授予时间
纪菊根	广电局	全国广电先进工作者	1985
严书才	工商局	全国工商先进工作者	1985
向丽芳	县二中	全国优秀教师	1989
王承祖	县中	全国优秀教师	1989
李章虎	天王中学	全国优秀教师	1989
朱智隆	大卓中学	全国优秀教师	1989
刘士锟	实验小学	全国优秀教师	1989
贡家义	教育局	全国优秀教师	1989
张荣芳	教研室	全国优秀教师	1989
周道钧	葛村中心校	全国优秀教师	1991
顾正荣	教研室	全国优秀教师	1991
王关远	下蜀卫生院	全国卫生劳模	1992
张为俭	天王中心校	全国优秀教师	1993
韩学梅	实验小学	全国优秀教师	1993
张网春	天王派出所	全国公安英模	1995
王月琴	实验小学	全国优秀教师	1995
王　平	水利局	全国抗洪英模	1998
周开贵	建委驻京办	全国建设部劳模	1998
詹才明	天王财政所	全国财贸先进工作者	1998

句容市省级劳动模范、先进生产（工作）者情况一览表

表 7-4-3

姓名	工作单位	授予称号	授予时间	备注
龚仲尃	句容师范	省优秀教师	1956	
何永南	县中	省优秀教师	1956	
谢冰姿	实验小学	省优秀教师	1956	
夏谷禾	宝华楠江小学	省优秀教师	1956	
樊庆三	西莉塘小学	省优秀教师	1956	
王　梦	安定小学	省优秀教师	1956	
陈东明	安定小学	省优秀教师	1956	
徐再生	供电局	省先进工作者	1956	
陈守炳	运输公司	省先进工作者	1956	
陈以尚	东风煤矿	省先进工作者	1956	
柳增宝	内燃机厂	省先进工作者	1956	
张兴贵	华山铁矿	省先进工作者	1956	

续表 7-4-3

姓名	工作单位	授予称号	授予时间	备注
朱家秀	邮电局	省先进工作者	1956	
李广义	大卓供销社	省先进工作者	1956	
华耀南	东昌农行	省先进工作者	1956	
李光松	东昌粮管所	省先进工作者	1956	
曹世昌	财政局	省先进工作者	1956	
孙正祥	粮食局	省先进工作者	1956	
何永南	县中	省文教先进工作者	1960	
原培岩	句容师范	省文教先进工作者	1960	
潘素珍	三岔中学	省文教先进工作者	1960	
欧阳智	白兔中学	省文教先进工作者	1960	
邵帮凤	桥头幼儿园	省文教先进工作者	1960	
唐道胜	扫盲办	省文教先进工作者	1960	
戴介华	二圣	省文教先进工作者	1960	
庆　平	锡剧团	省文教先进工作者	1960	
韦庆华	三岔卫生院	省文教先进工作者	1960	
吴佑民	药材公司	省文教先进工作者	1960	
夏文海	供销社	省工交先进工作者	1964	
曹学友	天王邮电局	省工交先进工作者	1964	
邹小虎	邮电局	省工交先进工作者	1964	
芮双根	东昌煤矿	省工交先进工作者	1964	
邹小虎	邮电局	省工交先进工作者	1965	
肖文祥	唐陵信用社	省工交先进工作者	1965	
芮双根	东昌煤矿	省工交先进工作者	1965	
王正辉	东昌煤矿	省工交先进工作者	1965	
秦怀志	硫铁矿	省工交先进工作者	1965	
陈纪才	食品公司	省工交先进工作者	1965	
夏文海	供销社	省工交先进工作者	1965	
李孝保	二圣手工业社	省工交先进工作者	1965	
祝启楠	桥头邮电局	省工交先进工作者	1977	
赵竞鸣	文体局	省工交先进工作者	1977	
夏仁庭	财政局	省工交先进工作者	1977	
谢三保	县道修建队	省工交先进工作者	1977	
万圣虎	制革厂	省工交先进工作者	1977	
柳增宝	化肥厂	省工交先进工作者	1977	
杨世龙	酒厂	省工交先进工作者	1977	

续表 7-4-3

姓名	工作单位	授予称号	授予时间	备注
孔繁才	石灰石矿	省工交先进工作者	1977	
向泽珍	供电局	省工交先进工作者	1977	
高冠华	化工厂	省工交先进工作者	1977	
吴锦辉	公路管理处	省工交先进工作者	1977	
俞进宏	航运公司	省工交先进工作者	1977	
沈德甫	农机修理厂	省工交先进工作者	1977	
李春芳	东风砖瓦厂	省工交先进工作者	1977	
张基福	水泥厂	省工交先进工作者	1977	
张国伟	宝华山铜矿	省工交先进工作者	1977	
邹国枫	盘龙岗铁矿	省工交先进工作者	1977	
马希才	铜山钼铜矿厂	省工交先进工作者	1977	
徐玉京	运输公司	省工交先进工作者	1977	
唐小华	缫丝厂	省工交先进工作者	1977	
徐锦宏	建筑公司	省工交先进工作者	1977	
沙明志	油米厂	省工交先进工作者	1977	
戚一有	农机公司	省工交先进工作者	1977	
杨孝明	甲山陶土矿	省工交先进工作者	1977	
朱德江	羽毛厂	省工交先进工作者	1977	
吴晓燕	后白制裘厂	省工交先进工作者	1977	
王文元	大卓水泥厂	省工交先进工作者	1977	
李正清	下蜀农具厂	省工交先进工作者	1977	
王延春	医药公司	省卫生先进工作者	1978	
曹泉生	环城医院	省卫生先进工作者	1978	
汤国英	人民医院	省卫生先进工作者	1978	
张良清	袁巷前徐卫生室	省卫生先进工作者	1978	
窦方中	后白卫生院	省卫生先进工作者	1978	
卢良凤	下蜀医院	省卫生先进工作者	1978	
任赛子	盘龙岗铁矿	省工交先进工作者	1980	
晋冬玲	运输公司	省工交先进工作者	1980	
陈洪良	人民医院	省先进工作者	1980	
李秀梅	华阳饭店	省先进工作者	1980	
王承祖	县中	省先进工作者	1980	
徐锦宏	建筑工程公司	省先进工作者	1980	
王德顺	财政局	省先进工作者	1980	
华先仁	郭庄镇	省农业先进工作者	1980	

续表 7-4-3

姓名	工作单位	授予称号	授予时间	备注
汤慈骏	地毯厂	省先进工作者	1982	
钱德林	宝华供销社	省先进工作者	1982	
李秀和	环城周家岗	省农业先进工作者	1982	
陈兆林	东昌光明	省农业先进工作者	1982	
曹立银	宝华农科站	省农业先进工作者	1982	
胡云儿	白兔兔东村	省农业先进工作者	1982	
谢保国	白蚁防治所	省先进工作者	1985	
奚彩霞	邮电局	省先进工作者	1985	
凌春华	下蜀山河村	省先进工作者	1985	
徐怀国	茅山王墟村	省先进工作者	1985	
杜华平	二圣徐巷村	省先进工作者	1985	
戴德进	石狮王家边	省先进工作者	1985	
钱之华	仑山水库	省先进工作者	1985	
陈月海	葛村赤岗村	省先进工作者	1988	
张秀凤	一马先集团	省先进工作者	1988	
夏修礼	大卓下荫	省先进工作者	1988	
洪正德	东昌经管站	省先进工作者	1988	
周信兰	下蜀镇政府	省先进工作者	1988	
李　霖	酒厂	省先进工作者	1988	
朱明福	工商银行	省先进工作者	1988	
李　霖	酒厂	省先进工作者	1991	
谌代锦	金猴集团	省先进工作者	1991	
张信才	三岔	省先进工作者	1991	
王纪炎	农工部	省先进工作者	1991	
王绪红	石狮乡政府	省先进工作者	1991	
王和才	郭庄农业服务中心	省先进工作者	1991	
靳夕明	市台办	省先进工作者	1991	
魏建荣	殡仪馆	省先进工作者	1995	
熊晓燕	金猴集团	省先进工作者	1995	
俞禄生	农校	省先进工作者	1995	
吴汉章	农科所	省先进工作者	1995	
杨桂萍	天爱集团	省先进工作者	1995	
张小马	大卓北相村	省先进工作者	1995	
贡承香	白兔上兰村	省先进工作者	1995	
李全松	春城农技术站	省先进工作者	1995	

续表 7-4-3

姓名	工作单位	授予称号	授予时间	备注
周　俊	后白中学	省先进工作者	2001	
周开贵	建委驻京办	省先进工作者	2001	
张德敏	张庙茶场	省先进工作者	2001	
杨修林	大卓桃园	省先进工作者	2001	
纪荣喜	白兔镇	省先进工作者	2001	
潘跃平	农科所	省先进工作者	2001	
杨　红	茅山纺织公司	省劳模	2005	
朱映华	吉利装饰公司	省劳模	2005	
刘云松	中医院	省先进工作者	2005	
孙荣华	方山茶场	省劳模	2005	
盛胜兰	农科所	省先进工作者	2005	
马宁一	句容市兴文包装有限公司	省劳模	2011	
王明华	后白郑延福果品专业合作社	省劳模	2011	
祝行礼	南唐行礼果园	省劳模	2011	
吴兴春	句容市国税局	省劳模	2011	
庄义庆	镇江农科所	省劳模	2011	
姚克兵	镇江农科所	省劳模	2011	
方嘉祥	句容市教育局			享受省劳模待遇
向丽芳	句容市教育局			享受省劳模待遇
吴才根	句容市人大常委会			享受省劳模待遇
张网春	句容市公安局			享受省劳模待遇
郭盛龙	句容市档案局			享受省劳模待遇
曹　慧	句容市崇明小学			享受省劳模待遇
穆开银	华阳镇政府			享受省劳模待遇
戴永兵	江苏兴文包装有限公司	省劳模	2016	
王柏生	白兔镇柏生草莓专业合作社	省劳模	2016	
徐怀兔	句容市自来水总公司	省劳模	2016	
杜盛刚	句容市盛业管件制品有限公司	省劳模	2016	
杨俊霞	句容市人民医院	省劳模	2016	
刘树安	天王镇唐陵村委会		2017	享受省劳模待遇
万里香	句容发电分公司	省劳模	2021	
王荣祥	江苏华阳管业股份有限公司	省劳模	2021	
曲秀鹏	句容市三岔蟹业专业合作社	省劳模	2021	
张奎峰	句容市白兔镇致富果业专业合作社	省劳模	2021	
易善智	句容市公安局交警大队	省劳模	2021	

句容市镇江市级劳动模范、先进生产（工作）者情况一览表

表 7-4-4

姓名	工作单位	授予称号	授予时间
李朝立	二十一车队	工业先进工作者	1978
葛文秀	教育局	工业先进工作者	1978
赵竞鸣	文体局	工业先进工作者	1978
吴建国	矿业公司	工业先进工作者	1978
邹国枫	盘龙岗铁矿	工业先进工作者	1978
沙明志	油米厂	工业先进工作者	1978
俞进宏	畜产品厂	工业先进工作者	1978
徐道法	畜产品厂	工业先进工作者	1980
徐锦宏	建筑公司	劳动模范	1980
葛朝权	盐务局	劳动模范	1980
张兴华	化肥厂	劳动模范	1980
戴炳坤	第二农机厂	劳动模范	1980
奚彩霞	邮电局	劳动模范	1980
周伯南	人民医院	劳动模范	1985
董玉良	金猴集团	劳动模范	1985
袁家栋	公路管理处	劳动模范	1985
施秀兰	环卫处	劳动模范	1985
祝开华	工程机械厂	劳动模范	1985
唐如松	进修学校	劳动模范	1985
谢保国	白蚁防治所	劳动模范	1985
朱明福	工商银行	劳动模范	1985
葛　蓉	白兔镇	劳动模范	1985
朱明福	工商银行	劳动模范	1988
董文佩	工程机械厂	劳动模范	1988
赵正喜	陈武供销社	劳动模范	1988
潘承志	茅西派出所	劳动模范	1988
严幼斋	机关	劳动模范	1988
王关远	下蜀卫生院	劳动模范	1988
刘学森	高级中学	劳动模范	1988
徐志义	交通局	劳动模范	1988
吴国平	燃料公司	劳动模范	1988
尹学山	下蜀水泥厂	劳动模范	1988
巫巧林	硫酸厂	劳动模范	1988
丁才元	春城城盖村	劳动模范	1988

续表 7-4-4

姓名	工作单位	授予称号	授予时间
张信才	三岔	劳动模范	1988
戴光耀	石狮农技站	劳动模范	1988
夏修礼	大卓下荫村	劳动模范	1988
潘贝生	白兔解塘村	劳动模范	1988
陈月海	葛村赤岗村	劳动模范	1988
胡聚祥	二圣兽医站	劳动模范	1988
张映芝	黄梅赤岗村	劳动模范	1988
杨克林	郭庄新安村	劳动模范	1988
赵发根	茅西王庄村	劳动模范	1988
胡旭东	下蜀多服公司	劳动模范	1988
林承杰	袁巷戴庄村	劳动模范	1988
徐玉良	高庙茶场	劳动模范	1988
阴腊根	春城茶场	劳动模范	1988
钱之华	仑山水库	劳动模范	1988
陈敦泽	石山头水库	劳动模范	1988
杨福林	水利建安公司	劳动模范	1988
王开喜	磨盘农技站	劳动模范	1988
张秀凤	宝华服装厂	劳动模范	1988
张敬才	郭庄制鞋厂	劳动模范	1988
糜森云	银鹏房地产公司	劳动模范	1988
赵熙虎	白兔制帽厂	劳动模范	1988
王纪炎	后白服装厂	劳动模范	1988
徐怀国	茅西王庄村	劳动模范	1988
洪正德	东昌经管站	劳动模范	1988
周信兰	下蜀亭子村	劳动模范	1988
谭仪玲	大卓北山村	劳动模范	1988
余志仁	天王粮管所	劳动模范	1988
戴启昌	葛村建筑站	劳动模范	1988
赵亚夫	农科所	劳动模范	1988
徐　勋	农校	劳动模范	1988
谌代锦	金猴集团	劳动模范	1991
秦菊生	服装厂	劳动模范	1991
顾章甫	纺织公司	劳动模范	1991
夏家云	公路管理处	劳动模范	1991
李仁康	建筑公司	劳动模范	1991

续表 7-4-4

姓名	工作单位	授予称号	授予时间
徐　平	人民医院	劳动模范	1991
戴治兰	食品厂	劳动模范	1991
雷廷新	农资公司	劳动模范	1991
吉虎林	工商银行	劳动模范	1991
张网春	公安局	劳动模范	1991
倪　侠	组织部	劳动模范	1991
沈宝来	机关	劳动模范	1991
冯启义	机关	劳动模范	1991
王绪红	石狮乡政府	劳动模范	1991
田小牛	春城人武部	劳动模范	1991
王和才	郭庄农机站	劳动模范	1991
陶廷忠	亭子经管站	劳动模范	1991
颜正兴	三岔水利站	劳动模范	1991
吕存明	葛村土管所	劳动模范	1991
袁常舜	磨盘粮管所	劳动模范	1991
步杏潮	行香供销社	劳动模范	1991
白怡华	天王信用社	劳动模范	1991
戴巧华	陈武财政所	劳动模范	1991
巫美银	下蜀税务所	劳动模范	1991
严书才	葛村工商所	劳动模范	1991
韩世富	第六建筑公司	劳动模范	1991
朱成荣	二圣鱼场	劳动模范	1991
路洪明	下蜀派出所	劳动模范	1991
王林和	后白良种场	劳动模范	1991
吴进喜	多管局	劳动模范	1991
李仁昌	多管局	劳动模范	1991
胡龙生	农工部	劳动模范	1991
许建东	水利局	劳动模范	1991
高海清	丝织地毯厂	劳动模范	1991
王纪炎	后白服装厂	劳动模范	1991
胡传胜	袁巷畜产品厂	劳动模范	1991
靳夕明	宝华镇	劳动模范	1991
张信才	三岔	劳动模范	1991
钱来舜	高庙中学	劳动模范	1991
吴形亮	茅西张盖村	劳动模范	1991

续表 7-4-4

姓名	工作单位	授予称号	授予时间
赵熙虎	白兔制帽厂	劳动模范	1991
吴汉章	农科所	劳动模范	1991
张白银	农校	劳动模范	1991
庞永玲	纺织公司	劳动模范	1995
徐国平	后白良种场	劳动模范	1995
陈左梁	金猴农用车厂	劳动模范	1995
魏建荣	殡仪馆	劳动模范	1995
陈英骏	高级中学	劳动模范	1995
鲁广元	东方商场	劳动模范	1995
周锦森	公路管理站	劳动模范	1995
余功才	天王农具厂	劳动模范	1995
杨桂萍	天爱集团	劳动模范	1995
尹学山	京桥水泥厂	劳动模范	1995
张敬才	高士达工艺品厂	劳动模范	1995
朱德志	纺织五金厂	劳动模范	1995
颜小林	下蜀法庭	劳动模范	1995
陈瑞清	东昌村	劳动模范	1995
周定芳	天王卫生院	劳动模范	1995
白怡华	天王信用社	劳动模范	1995
李全松	春城农技站	劳动模范	1995
贡承香	白兔上兰村	劳动模范	1995
张小马	大卓北相村	劳动模范	1995
黄晓鸿	大卓镇政府	劳动模范	1995
钱罗成	华阳农经站	劳动模范	1995
杨庆荣	市政府	劳动模范	1995
陈敦芳	三岔胜利村	劳动模范	1995
余禄生	农校	劳动模范	1995
鲁广元	东方商场	劳动模范	1999
凌继华	行香卫生院	劳动模范	1999
丁永茂	文体局	劳动模范	1999
孙家政	后白镇政府	劳动模范	1999
张万生	工商银行	劳动模范	1999
汤正银	桥头邮政支局	劳动模范	1999
王春英	纺织长青公司	劳动模范	1999
李福华	华通客运公司	劳动模范	1999

续表 7-4-4

姓名	工作单位	授予称号	授予时间
张秀凤	一马先集团	劳动模范	1999
王义英	方兴华利厂	劳动模范	1999
周开贵	建委驻京办	劳动模范	1999
周　俊	后白中学	劳动模范	1999
张亚夫	金猴研究所	劳动模范	1999
姜　芳	百货公司	劳动模范	1999
巫罗才	民政局	劳动模范	1999
刘扣根	华阳镇政府	劳动模范	1999
张代玉	下蜀水利站	劳动模范	1999
陈小月	东昌农技站	劳动模范	1999
张利民	黄梅多管站	劳动模范	1999
刘茂根	葛村经管站	劳动模范	1999
陈敦芳	三岔胜利村	劳动模范	1999
余功才	天王工具厂	劳动模范	1999
周　扬	后白联合钢材	劳动模范	1999
刘义福	茅迪实业公司	劳动模范	1999
方继生	春城葡萄协会	劳动模范	1999
张德敏	张庙茶场	劳动模范	1999
纪荣喜	白兔草莓协会	劳动模范	1999
杨修林	大卓桃园合作社	劳动模范	1999
王柏年	行香倪塘村	劳动模范	1999
周龙祥	二圣任家边	劳动模范	1999
王言模	农校	劳动模范	1999
潘跃平	农科所	劳动模范	1999
丁爱顺	建设局	劳动模范	2001
方庆生	广电局	劳动模范	2001
方寿根	第三中学	劳动模范	2001
孙宝忠	人民医院	劳动模范	2001
孙荣华	方山茶场	劳动模范	2001
许桂英	亚美制衣厂	劳动模范	2001
李忠玉	春城白马庄	劳动模范	2001
刘来群	地税局	劳动模范	2001
朱映华	吉利装饰工程公司	劳动模范	2001
陈雪峰	郭庄镇政府	劳动模范	2001
陈巧根	后白农技站	劳动模范	2001

续表 7-4-4

姓名	工作单位	授予称号	授予时间
杨红梅	红梅特种养殖场	劳动模范	2001
杨　红	茅山纺织品公司	劳动模范	2001
严永红	供电公司	劳动模范	2001
周解初	商业总公司	劳动模范	2001
周春芳	开发区	劳动模范	2001
周道春	下蜀交警大队	劳动模范	2001
金天培	镇江天力变压器公司	劳动模范	2001
段国平	三泰服装辅料公司	劳动模范	2001
郭志平	交通设施器材厂	劳动模范	2001
章壮均	边城镇政府	劳动模范	2001
徐　东	市政建设服务所	劳动模范	2007
杨俊霞	人民医院	劳动模范	2007
谭贝才	京阳水泥公司	劳动模范	2007
纪初梅	三中	劳动模范	2007
巫社荣	边城水利农机站	劳动模范	2007
陈巧云	舜云服饰公司	劳动模范	2007
马宁一	兴文包装公司	劳动模范	2007
杜盛刚	盛业管件制品公司	劳动模范	2007
朱金银	茅山派出所	劳动模范	2007
沈春雷	广兴集团	劳动模范	2007
张小虎	白兔张小虎葡萄合作社	劳动模范	2007
何顺林	绿洲园艺绿化公司	劳动模范	2007
王明华	后白双华农业园	劳动模范	2007
祝万虎	宝华镇和平村	劳动模范	2007
祝行礼	袁巷南塘行礼果园	劳动模范	2007
应　军	宁武化工公司	劳动模范	2007
陈　敏	公路管理处	劳动模范	2007
许国林	句容市广电信息网络有限公司	劳动模范	2015
王洪君	镇江天力变压器有限公司	劳动模范	2015
田玉伟	句容市交通工程公司工程队	劳动模范	2015
徐怀兔	句容市自来水总公司	劳动模范	2015
李　鸣	江苏华阳金属管件有限公司	劳动模范	2015
袁啟红	江苏唐邦机电有限公司	劳动模范	2015
李光辉	江苏建华管桩有限公司	劳动模范	2015
郭巧美	句容市环境卫生管理处	劳动模范	2015

续表 7-4-4

姓名	工作单位	授予称号	授予时间
方荣法	句容市茅山镇丁庄村	劳动模范	2015
范有根	句容市新坊村（老鹅协会）	劳动模范	2015
蒋士新	句容市兴华生态农业园	劳动模范	2015
张冬才	镇江万山红遍白兔农业园	劳动模范	2015
李治顺	后白镇西冯花草木专业合作社	劳动模范	2015
李家斌	句容市天王戴庄有机农业专业合作社	劳动模范	2015
窦鹏飞	句容市水利局农机监理所	劳动模范	2015
黄玉梅	句容市物价局价格认证中心	劳动模范	2015
程　莹	句容市枫林苗木专业合作社	劳动模范	2015
高发巧	句容市人社局	劳动模范	2015
郑先兵	句容市城管局环卫处垃圾处理场	劳动模范	2015
潘建强	句容发电厂	劳动模范	2015
王宏伟	句容市飞达出租有限公司	劳动模范	2015
冯正梅	句容农村商业银行	劳动模范	2015
戴永兵	江苏兴文包装有限公司	劳动模范	2015
蔡德胜	句容市供电公司	劳动模范	2015
任春香	句容市天一商城有限公司	劳动模范	2015
樊道平	句容市盛业管件制品有限公司	劳动模范	2015
朱长和	句容市恒达交通建设工程有限公司	劳动模范	2015
窦永敏	句容市二圣丰源果园	劳动模范	2015
任环虎	句容市赤山湖管委会胜利村	劳动模范	2015
胡天娣	句容市浮山畜牧养殖专业合作社	劳动模范	2015
谢　俊	江苏南瓷绝缘子股份有限公司	劳动模范	2015
孙建炜	句容市茅山风景区管委会夏林村	劳动模范	2015
唐万青	句容市茅山镇丁家边村	劳动模范	2015
周云霞	句容市弘景生态农业发展有限公司	劳动模范	2015
洪玉定	句容市农委水产技术指导站	劳动模范	2015
易善智	句容市公安局郭庄派出所	劳动模范	2015
张录平	句容市人民医院	劳动模范	2015
万里香	句容发电分公司	劳动模范	2020
王荣祥	江苏华阳金属管件有限公司	劳动模范	2020
苏青峰	江苏山水环境建设集团有限公司	劳动模范	2020
孙来红	江苏汤辰机械装备制造有限公司	劳动模范	2020
唐银萍	江苏智达高压电气有限公司	劳动模范	2020
王　青	句容市万顺轻工机械有限公司	劳动模范	2020

续表 7-4-4

姓名	工作单位	授予称号	授予时间
应　珏	句容市宁武新材料股份有限公司	劳动模范	2020
罗　明	句容市供电公司	劳动模范	2020
王世兵	句容市殡仪馆	劳动模范	2020
曲秀鹏	句容市三岔蟹业专业合作社	劳动模范	2020
吴其发	句容市郭庄镇南河农庄	劳动模范	2020
张奎峰	句容市白兔镇致富果业专业合作社	劳动模范	2020
刘　龙	句容市茅山风景区福地旅游交通有限公司	劳动模范	2020
吴大军	句容市茅山镇丁庄村委会	劳动模范	2020
方　静	句容市宝华仓头村强民稻米专业合作社	劳动模范	2020
赵贤才	句容市润民食用菌专业合作社	劳动模范	2020
郁宝峰	句容市下蜀中心幼儿园	劳动模范	2020
裔玉荣	句容市体育场	劳动模范	2020
杨华俊	句容市税务局	劳动模范	2020

句容市劳动模范情况一览表

表 7-4-5

姓名	工作单位	授予称号	授予时间
谌代锦	工程厂	劳动模范	1991
李仁康	建筑公司	劳动模范	1991
吉虎林	工商银行	劳动模范	1991
张网春	公安局	劳动模范	1991
倪　侠	县委组织部	劳动模范	1991
顾章甫	纺织公司	劳动模范	1991
秦菊生	服装厂	劳动模范	1991
徐　平	人民医院	劳动模范	1991
雷廷新	农资公司	劳动模范	1991
戴治兰	食品公司	劳动模范	1991
李　霖	酒厂	劳动模范	1992
杨桂萍	天爱集团	劳动模范	1992
朱晓华	茅山镇政府	劳动模范	1992
尹学山	京桥水泥厂	劳动模范	1992
王家训	天王镇赵巷村	劳动模范	1992
章成银	句容工程机械厂	劳动模范	1992
刘小宝	人民医院	劳动模范	1992
张兴才	三岔乡迎峰村	劳动模范	1992

续表 7-4-5

姓名	工作单位	授予称号	授予时间
李凉和	方兴集团	劳动模范	1992
王承祖	高级中学	劳动模范	1992
李凉和	方兴集团	劳动模范	1993
邵帮文	交通局	劳动模范	1993
李　霖	酒厂	劳动模范	1993
陈联桃	二圣	劳动模范	1993
李网成	计经委	劳动模范	1993
沈宝来	宝华镇政府	劳动模范	1993
祝开华	金猴集团	劳动模范	1993
洪建平	公安局	劳动模范	1993
张敬才	句容市工贸合营高士达工艺品厂	劳动模范	1993
赵建华	财政局	劳动模范	1994
张小马	大卓镇北相村	劳动模范	1994
郑凤鸣	无线电二厂	劳动模范	1994
周菊青	建委建华服装厂	劳动模范	1994
李高林	供销总社	劳动模范	1994
田保良	多管局	劳动模范	1994
周锦森	公路管理处	劳动模范	1994
周　熔	人民医院	劳动模范	1994
鲁广余	石化集团	劳动模范	1994
潘国军	矿机厂	劳动模范	1994
金兴来	下蜀镇亭子村	劳动模范	1995
谢有顺	开发区上路村	劳动模范	1995
周贝宝	远东水泥公司	劳动模范	1995
王志敏	公安局	劳动模范	1995
杨传英	妇幼保健站	劳动模范	1995
步虎生	白兔农技站	劳动模范	1995
吴进喜	茅西乡政府	劳动模范	1995
孔庆和	郭庄镇政府	劳动模范	1995
曲明生	太平洋化工集团	劳动模范	1995
夏荣才	矿业公司	劳动模范	1995
陈宝宝	东昌采石场	劳动模范	1995
张晓银	银鹏水泥厂	劳动模范	1995
夏启明	粮油机械厂	劳动模范	1995
余维龙	通信电缆厂	劳动模范	1995

续表 7-4-5

姓名	工作单位	授予称号	授予时间
祁宏夫	第一包装厂	劳动模范	1995
石继刚	黄梅镇政府	劳动模范	1995
徐国泰	金猴	劳动模范	1995
居永华	服装总厂	劳动模范	1995
吴维生	通信电缆厂	劳动模范	1995
胡传胜	袁巷畜产品厂	劳动模范	1995
徐之宝	建委	劳动模范	1996
李顺保	电信局	劳动模范	1996
骆守军	油脂化工厂	劳动模范	1996
王洪林	人事局	劳动模范	1996
顾立明	检察院	劳动模范	1996
杨福长	郭庄镇金星村	劳动模范	1996
张延安	中医院	劳动模范	1996
曹启荣	金猴集团	劳动模范	1996
吴锦芳	亚细亚商场	劳动模范	1996
王正英	棉纺厂	劳动模范	1996
郭盛利	水利局	劳动模范	1997
张秀凤	一马先集团	劳动模范	1997
刘守堂	保险公司	劳动模范	1997
孙保忠	人民医院	劳动模范	1997
张亚夫	金猴研究所	劳动模范	1997
方继生	春城葡萄协会	劳动模范	1997
解庆和	交通工程管理处	劳动模范	1997
孙家政	市委组织部	劳动模范	1997
王国熔	公安局	劳动模范	1997
姜　芳	百货公司	劳动模范	1997
王　林	财政局	劳动模范	1998
巫罗才	茅西乡政府	劳动模范	1998
丁昌金	开发区三台阁村	劳动模范	1998
朱辉明	东南工艺品公司	劳动模范	1998
刘义福	茅迪实业公司	劳动模范	1998
金天培	天力变压器公司	劳动模范	1998
汤正银	桥头邮政支局	劳动模范	1998
王隆英	妇幼保健站	劳动模范	1998
包俊生	公安局	劳动模范	1998

续表 7-4-5

姓名	工作单位	授予称号	授予时间
洪建明	实验小学	劳动模范	1998
方庆生	广电局	劳动模范	1999
许桂英	亚美制衣厂	劳动模范	1999
应　军	东昌化工厂	劳动模范	1999
陈福安	袁巷镇上杆村	劳动模范	1999
徐之保	建委	劳动模范	1999
吴志荣	黄梅镇	劳动模范	1999
周道钧	葛村中心校	劳动模范	1999
徐勤贵	亚龙宾馆	劳动模范	1999
周　华	人民医院	劳动模范	1999
陈国强	法院	劳动模范	1999
刘来群	地税局	劳动模范	2000
倪玉祥	春城镇	劳动模范	2000
刘云松	中医院	劳动模范	2000
金德贵	二圣中心校	劳动模范	2000
丁爱顺	规划办	劳动模范	2000
曹丽虹	下蜀镇	劳动模范	2000
郭志平	公路处标牌厂	劳动模范	2000
杜盛刚	盛刚旅游品公司	劳动模范	2000
巫贝才	远东水泥公司	劳动模范	2000
黄建清	方山茶场	劳动模范	2000
顾小俊	大卓镇	劳动模范	2001
朱映华	吉利装饰工程公司	劳动模范	2001
吴守安	句容林场	劳动模范	2001
陈洪峰	政府办	劳动模范	2001
谭贝才	京阳水泥公司	劳动模范	2001
周解初	商业总公司	劳动模范	2001
丁晓兵	省农林学院	劳动模范	2001
萱翊杉	看守所	劳动模范	2001
段国平	三泰服装辅料公司	劳动模范	2001
张传砥	陈武企管站	劳动模范	2001
马宁一	兴文包装公司	劳动模范	2002
王明华	后白双华农业园	劳动模范	2002
史广明	春发钢木公司	劳动模范	2002
张方祥	袁巷中心校	劳动模范	2002

续表 7-4-5

姓名	工作单位	授予称号	授予时间
严伯金	交通局	劳动模范	2002
吴　阳	后白镇	劳动模范	2002
姚　华	葛村镇	劳动模范	2002
章成虎	天王镇唐陵村	劳动模范	2002
蒋士浩	卫生局	劳动模范	2002
戴家杰	国税局	劳动模范	2002
罗晓君	镇江利生管业有限公司	荣誉劳模	2002
赵家平	句容市二圣水库管理所	荣誉劳模	2002
郭亚洪	郭庄工业区	荣誉劳模	2002
范美庆	市委党校	劳动模范	2003
华天波	财政局	劳动模范	2003
王荣佩	江苏省句容高级中学	劳动模范	2003
徐小平	第三人民医院	劳动模范	2003
赵　岷	农村信用社	劳动模范	2003
张金敏	拆迁办	劳动模范	2003
郜传芳	一马先集团	劳动模范	2003
程业农	下蜀镇西谢村	劳动模范	2003
何顺林	农业局	劳动模范	2003
李开忠	大卓镇	劳动模范	2004
展卫国	白兔镇	劳动模范	2004
徐　明	交通局	劳动模范	2004
毛明开	茅山纺织品公司	劳动模范	2004
徐　东	市政建设服务所	劳动模范	2004
朱金银	茅山派出所	劳动模范	2004
纪初梅	三中	劳动模范	2004
赵廷喜	地税二分局	劳动模范	2004
戴兆方	天王镇	劳动模范	2004
王可祥	宝华镇仓头村	劳动模范	2004
孙卫军	下蜀镇	劳动模范	2005
张小虎	白兔镇	劳动模范	2005
景安斌	城管环卫处	劳动模范	2005
凌根娣	市总工会	劳动模范	2005
巫礼荣	边城水利农机站	劳动模范	2005
邱建群	卫生局	劳动模范	2005
郭朝东	高级中学高教	劳动模范	2005

续表 7-4-5

姓名	工作单位	授予称号	授予时间
梅新贤	公安局刑警大队	劳动模范	2005
徐扣宏	华阳金属管件公司	劳动模范	2005
祝行礼	天王镇马埴果品协会	劳动模范	2005
许　娟	句容市盲人按摩中心	劳动模范	2008
李　军	开发区派出所	劳动模范	2008
窦永敏	句容市二圣丰园果业	劳动模范	2008
范　勇	茅山镇永兴村	劳动模范	2008
柳世香	句容市人民医院	劳动模范	2008
王　正	句容市二圣中心小学	劳动模范	2008
何　青	地税局第一税务分局	劳动模范	2008
祝满友	边城镇财政所	劳动模范	2008
窦鹏飞	农业机械安全监理所	劳动模范	2008
潘先富	下蜀水利站	劳动模范	2008
罗　荣	宝华镇	劳动模范	2008
陈建业	天王镇	劳动模范	2008
吴新梅	财政局	劳动模范	2008
邵泽梅	公交总公司	劳动模范	2008
经卫平	开发区规划建设部	劳动模范	2008
王　新	华阳镇建设管理所	劳动模范	2008
吴克兵	广播电视局	劳动模范	2008
吴　敏	句容市影剧公司	劳动模范	2008
李　龙	句容市特种垃圾处理中心	劳动模范	2008
陈　方	科达技术开发有限公司	劳动模范	2008
侯华锋	黄梅镇	劳动模范	2010
善健美	句容市地方税务局	劳动模范	2010
戴家俊	句容市发改经贸委	劳动模范	2010
徐晓飞	郭庄镇	劳动模范	2010
李学贵	天王镇	劳动模范	2010
陶正庚	开发区派出所	劳动模范	2010
陈俊源	边城镇农村经济服务中心	劳动模范	2010
彭长江	规划局	劳动模范	2010
萱双寿	教师进修学校	劳动模范	2010
孙雪芳	农业局生态科	劳动模范	2010
杨言宏	广播电视局	劳动模范	2010
李　鸣	华阳金属管件公司	劳动模范	2010

续表 7-4-5

姓名	工作单位	授予称号	授予时间
袁敢红	江苏唐邦机电有限公司	劳动模范	2010
何春荣	镇江大全铁路器材有限公司	劳动模范	2010
方荣法	茅山镇丁庄村	劳动模范	2010
顾三林	中凌实业总公司	劳动模范	2010
李治顺	后白镇西冯村	劳动模范	2010
黄玉梅	物价局	劳动模范	2010
史海金	宏安针织有限公司	劳动模范	2010
徐小明	拆迁安置办公室	劳动模范	2010
孙学文	昌达公路养护工程有限公司	劳动模范	2012
严龙海	园林管理处	劳动模范	2012
朱长和	恒达交通建设工程公司	劳动模范	2012
成庆尧	宝华镇和平村	劳动模范	2012
任春香	天一商城有限公司	劳动模范	2012
任玉军	劳动人事争议仲裁院	劳动模范	2012
孙建伟	句容市茅山风景区管委会	劳动模范	2012
张咸法	下蜀镇裕课村	劳动模范	2012
张　雯	句容市实验小学	劳动模范	2012
张录平	句容市人民法院	劳动模范	2012
张正杰	句容市水利农机局	劳动模范	2012
张梅华	句容经济开发区管委会	劳动模范	2012
张兆明	句容市地税局第四分局	劳动模范	2012
陈建兵	白兔镇	劳动模范	2012
陈高祥	句容市发改经信委	劳动模范	2012
沈　政	天王镇	劳动模范	2012
郑先兵	句容市特种垃圾处理中心	劳动模范	2012
郑来华	茅山镇	劳动模范	2012
郑小顺	句容市水务集团有限公司	劳动模范	2012
易善智	句容市公安局派出所	劳动模范	2012
周明华	句容市发电有限公司	劳动模范	2012
洪玉定	句容市水产技术指导站	劳动模范	2012
夏宏庙	边城镇	劳动模范	2012
高　祥	句容市规划局	劳动模范	2012
虞美林	后白镇水利农机服务站	劳动模范	2012
翟忠华	句容市博物馆	劳动模范	2012
蔡德胜	句容市供电公司	劳动模范	2012

续表 7-4-5

姓名	工作单位	授予称号	授予时间
潘建强	句容发电厂	劳动模范	2012
杨永安	江苏天晟药业股份有限公司	劳动模范	2014
谢　俊	江苏南瓷绝缘子股份有限公司	劳动模范	2014
王宏伟	句容市飞达出租有限公司	劳动模范	2014
李顺平	句容市环境卫生管理处	劳动模范	2014
李晓明	句容市供电公司	劳动模范	2014
葛龙兴	郭庄镇金星村	劳动模范	2014
周云霞	句容市弘景生态农业发展有限公司	劳动模范	2014
任环虎	句容市赤山湖管委会胜利村	劳动模范	2014
张洪生	白兔镇行乡村	劳动模范	2014
庄义新	绿盾机械植保合作社	劳动模范	2014
胡天娣	浮山畜禽养殖专业合作社	劳动模范	2014
王启明	宝华镇水利站	劳动模范	2014
张建华	华阳镇农业服务中心	劳动模范	2014
刘伟忠	镇江农业科学院	劳动模范	2014
倪蓓红	句容市药监局	劳动模范	2014
陈　松	句容市交通运输局	劳动模范	2014
杨永胜	句容市建设工程管理处	劳动模范	2014
聂　琳	句容市规划局	劳动模范	2014
殷文宏	句容市茅山风景区管委会	劳动模范	2014
巫雪琴	句容高级中学	劳动模范	2014
陆振华	下蜀中心卫生院	劳动模范	2014
周正斌	句容市委办公室	劳动模范	2014
邱泽兵	句容市公安局交巡警大队车辆管理所	劳动模范	2014
夏立红	句容市人民检察院	劳动模范	2014
高发巧	句容市人社局	劳动模范	2014
魏金河	经济开发区管委会	劳动模范	2014
郭　兵	句容市地税局	劳动模范	2014
宴云峰	江苏云峰制造有限公司	劳动模范	2014
段同华	边城镇东昌村	劳动模范	2014
朱兴智	句容市信访局	劳动模范	2014
郭爱丽	句容市社区办东风社区	劳动模范	2014
黄永庆	句容发电厂	劳动模范	2016
尹文鹤	句容毅马五金制品有限公司	劳动模范	2016
仇发祥	江苏兴文包装有限公司	劳动模范	2016

续表 7-4-5

姓名	工作单位	授予称号	授予时间
王　强	江苏新光环保工程有限公司	劳动模范	2016
张　玉	句容移动分公司	劳动模范	2016
王红琴	句容天一商城有限公司	劳动模范	2016
陆　清	建华建材（江苏）有限公司	劳动模范	2016
张昭军	江苏东昇光伏科技有限公司	劳动模范	2016
陈明贵	江苏海田技术有限公司	劳动模范	2016
王荣祥	江苏华阳金属管件有限公司	劳动模范	2016
鲁平才	江苏兆鋆新材料股份有限公司	劳动模范	2016
季　浩	江苏天晟药业股份有限公司	劳动模范	2016
王巧娣	句容市华阳街道姐妹桃园	劳动模范	2016
毕年胜	句容市茅山镇满园香家庭农场	劳动模范	2016
蒋家森	句容市浩源生态农业科技有限公司	劳动模范	2016
曲秀鹏	句容市三岔蟹业专业合作社	劳动模范	2016
郭　强	句容市虎耳山无花果专业合作社	劳动模范	2016
赵贤财	句容市仓头强民稻米合作社	劳动模范	2016
李高林	后白镇五星村	劳动模范	2016
蒋士顺	郭庄镇闸北村	劳动模范	2016
夏春来	江苏省句容高级中学	劳动模范	2016
赵林龙	句容市建设工程管理处	劳动模范	2016
孙利中	句容市宝华卫生院	劳动模范	2016
巫庭奇	句容市农业委员会	劳动模范	2016
戴立新	江市句容地方税务局	劳动模范	2016
杨正军	句容市交通运输局	劳动模范	2016
施育成	句容市纪委	劳动模范	2016
余大伟	句容市公安局下蜀派出所	劳动模范	2016
戴显根	句容市华阳街道司法所	劳动模范	2016
刘传国	句容市天王镇文体中心	劳动模范	2016
沈晓春	句容市茅山风景区茅山村	劳动模范	2016
姚　飞	句容市人社局	劳动模范	2016
吴名建	句容市广播电视台	劳动模范	2016
卢小琴	江苏电科电气设备有限公司	劳动模范	2018
万里香	句容发电厂	劳动模范	2018
张宗敏	句容毅马五金制品有限公司	劳动模范	2018
黄昌军	江苏菲尼迪金属制品有限公司	劳动模范	2018
邹宝顺	句容市万顺轻工机械有限公司	劳动模范	2018

续表 7-4-5

姓名	工作单位	授予称号	授予时间
陈继清	江苏南大显示技术有限公司	劳动模范	2018
李　俊	句容振尧包装容器有限责任公司	劳动模范	2018
张寒容	句容市水务集团有限公司	劳动模范	2018
汪新泉	江苏智达高压电气有限公司	劳动模范	2018
梁明华	句容市农业制作推广中心	劳动模范	2018
曹祥春	江苏赛达电子科技有限公司	劳动模范	2018
黄　涛	句容市供电公司	劳动模范	2018
杨观乐	句容市深水水务有限公司	劳动模范	2018
吴其发	句容市郭庄镇南河农庄	劳动模范	2018
王世君	句容市润花木园艺有限公司	劳动模范	2018
戴荣斌	句容市茅山风景区夏林村	劳动模范	2018
周　俊	句容市青蓝农产品专业合作社	劳动模范	2018
郁宝峰	句容市经济开发区润民食用菌专业合作社	劳动模范	2018
方　静	后白镇二圣村	劳动模范	2018
吴大军	江苏茅宝葛业有限公司	劳动模范	2018
夏荣光	江苏茅山人家生态农业有限公司	劳动模范	2018
吕素琴	句容市地方税务局第四税务分局	劳动模范	2018
朱　峰	句容市体育场	劳动模范	2018
刘宏伟	句容市赵文山公墓管理处	劳动模范	2018
王　伟	句容市人社局	劳动模范	2018
王中明	句容市北山水库管理所	劳动模范	2018
尚　进	句容市后白中学	劳动模范	2018
刘昌典	句容市司法局	劳动模范	2018
余慧珍	句容市园林管理中心	劳动模范	2018
杨云峰	宝华镇	劳动模范	2018
彭　文	句容市华阳街道农业服务中心	劳动模范	2018
王永明	句容市公安局交通警察大队郭庄中队	劳动模范	2018
裔玉荣	句容市经济开发区管委会	劳动模范	2018
武益琴	句容市崇明街道	劳动模范	2018
孙维群	句容市华阳街道	劳动模范	2018
王　军	句容市茅山风景区管理委员会	劳动模范	2018
丁邦元	句容市茅山风景区管理委员会	劳动模范	2018
李本春	句容市交通运输局	劳动模范	2018
张彦飞	句容市政协	劳动模范	2018
杨久伟	句容市下蜀中心卫生院	劳动模范	2018

续表 7-4-5

姓名	工作单位	授予称号	授予时间
陈卫连	江苏山水环境建设集团股份有限公司	劳动模范	2021
王爱云	句容市交通工程质量监督站	劳动模范	2021
简泽宇	句容市深水水务有限公司	劳动模范	2021
孙昌玲	江苏俊成电子科技股份有限公司	劳动模范	2021
周兵兵	句容市华阳消防救护站	劳动模范	2021
周　江	句容市邮政分公司	劳动模范	2021
马通瑞	建华物流有限公司	劳动模范	2021
窦长清	江苏天晟药业股份有限公司	劳动模范	2021
毕庆波	镇江市退役军人就业创业示范基地	劳动模范	2021
刘　敏	句容市疾病预防控制中心	劳动模范	2021
张　健	句容市供电分公司	劳动模范	2021
赵进岗	句容市协鑫光伏科技有限公司	劳动模范	2021
徐　旭	江苏华神特种橡胶制品股份有限公司	劳动模范	2021
尤晓峰	江苏电科电气设备有限公司	劳动模范	2021
杨中红	江苏台泥水泥有限公司	劳动模范	2021
葛　禹	句容市银鹏房弛产开发总公司	劳动模范	2021
马　羽	江苏兴文包装有限公司	劳动模范	2021
朱安顺	江苏句容农村商业银行股份有限公司	劳动模范	2021
何翠平	江苏五洲电磁线有限公司	劳动模范	2021
严道云	句容市苏南汽车配件有限公司	劳动模范	2021
方　进	句容市浮山果园	劳动模范	2021
王　君	句容市茅山镇满园香家庭农场	劳动模范	2021
王剑平	句容市边城镇东篱家庭农场	劳动模范	2021
徐本浩	下蜀镇亭子村	劳动模范	2021
童建荣	后白镇林梅村	劳动模范	2021
笆玉华	句容市华阳街道下甸村	劳动模范	2021
刘赛民	句容市图书馆	劳动模范	2021
张晓军	句容市人社局	劳动模范	2021
陈立新	崇明街道	劳动模范	2021
唐思根	句容市公安局	劳动模范	2021
许柏林	后白镇政法和社会事业局	劳动模范	2021
杜开连	句容市水利局	劳动模范	2021
徐　钧	句容市城市管理局	劳动模范	2021
宣　进	江苏省句容高级中学	劳动模范	2021
杨海蓉	天王镇	劳动模范	2021

续表 7-4-5

姓名	工作单位	授予称号	授予时间
王全智	江苏农林职业技术学院	劳动模范	2021
许明生	句容市财政局	劳动模范	2021
吴孝海	句容市编委办公室	劳动模范	2021
王 芸	句容市融媒体中心	劳动模范	2021
张世海	句容市纪委	劳动模范	2021

第八章　工会“争先创优”活动

1999年，句容市总工会开展争创“江苏省工会工作十强县（市）”活动，2001年5月获“2000年度江苏省工会工作十强县（市）”称号。2005年，市总工会开展争创“江苏省工会工作模范县（市）”活动，2007年4月获“2006年度江苏省工会工作模范县（市）”称号。2009年2月，市总工会首次开展评选市级“五一劳动奖状”先进集体活动，2021年达104个；另有江苏省“五一劳动奖状”先进集体3个，镇江市“五一劳动奖状”先进集体9个。2008年，市总工会开展创建“工人先锋号”活动，至2021年，获全国“工人先锋号”单位2个，获江苏省“工人先锋号”单位8个，获镇江市“工人先锋号”单位26个，获句容市“工人先锋号”“五一文明号”单位164个。20世纪80年代后，市（县）总工会表彰一批读书先进集体、文明幼儿园、“五好”食堂、女职工委员会先进集体、女职工“百日巧手”奉献竞赛活动先进集体、工会财务工作先进集体，江苏省、镇江市、句容市（县）政府表彰先进集体、先进班组共109个，江苏省、镇江市、句容市（县）总工会表彰先进工会小组、模范职工小家共64个，镇江市、句容市（县）总工会表彰模范职工之家、先进职工之家共476个，镇江市、句容市（县）总工会表彰“劳动关系和谐企业”140个。1990—2021年，句容市（县）总工会获荣誉69项，句容市（县）基层工会组织获荣誉206项。

第一节　争创“江苏省工会工作十强县（市）”

1999年起，江苏省总工会连续3年开展争创“江苏省工会工作十强县（市）”竞赛活动，考评指标为六大部分19大条80小条，满分为800分，每年评选、命名10个工作成绩突出的县（市）总工会。1999年4月9日，句容市总工会召开全市乡镇、局级（公司）系统工会主席会议，提出开展“争创省工会工作十强县（市）”（以下简称“争创十强”）活动的意见。1999年4月28日，市总工会召开九届三次全委（扩大）会议，对开展“争创十强”活动再次动员，进一步统一思想。

2000年3月8日，市总工会召开九届四次全委（扩大）会议，号召全市各级工会参加“争创十强”活动。市总工会制定“争创十强”实施方案，分期分批举办争创业务培训班。为推进“争创十强”活动，市总工会还开展了创“十佳工会”、当“十佳工会干部”的活动。

2000年7月，句容市委与各党委、党组建制单位签订《争创省工会工作十强县（市）目标责任状》。内容包括建立和完善职工民主管理、民主监督机制；建立和完善劳动关系协调机制；建立和完善职工生活补充保障机制；组织职工开展建功立业活动；加强职工思想道德和阵地建设；推进工会自身改革和建设；按规定计提、拨交、上解工会经费；及时做好工会工作情况、信息搜集反馈及突发性事件上报工作。争创工作中，将目标任务的完成情况作为市委、市政府考核和评价该单位（部门）整体工作、评先创优和主要领导干部政绩的重要依据，凡争创工作抓得不力，未能达到目标或因完不成任务在省考核组检查考核时失分的，该单位（部门）不能被市委、市政府年度评先、评优。

2000年8月，句容市委调整充实句容市“争创省工会工作十强县（市）”竞赛活动领导小组，并明确领导小组每个成员单位在“争创十强”过程中的主要职责。市委常委会形成在全市开展“争创省工会工作十强县（市）竞赛活动”的决定。市委常委会听取市总工会专题汇报，研究同意市总工会提出的6条意见，即：确定市委常委会每年至少一次听取市总工会的工作汇报，研究工会工作；建立市政府与市总工会联席会议制度，明确联系市总工会的政府领导；建立市领导与特困职工、各单位党政领导与特困职工结对帮扶制度；遵循工会法关于“工会经费独立的原则”，恢复行政事业单位的工会账户，将行政事业单位的工会经费直接划拨给市总工会；市总工会列入公务员序列参照管理的9名行政人员的工资，由财政拨款予以解决；市委召开工会工作会议，进行“争创省工会工作十强县（市）”动员。2000年9月11日，市委召开全市工会工作会议，对开展“争创十强”竞赛活动2000年度跻身“十强”进行动员和全面部署。

2001年2月上旬，江苏省总工会考评组到句容进行“争创十强”检查考评；5月22日，省总工会授予句容市总工会“2000年度江苏省工会工作十强县（市）”称号，句容市总工会是镇江市唯一“十强”单位；5月23日，省总工会在句容举行“江苏省工会工作十强县（市）”授牌仪式，省人大常委会副主任、省总工会主席张艳进行授牌。2001年6月14日，市总工会作出《关于表彰工会工作先进集体和先进个人的决定》，表彰市供电局工会等10个工会为“十佳工会”，表彰梁吉荣等10人为“十佳工会干部”。

第二节　争创“江苏省工会工作模范县（市）”

2005年，江苏省总工会决定用3年时间开展争创“江苏省工会工作模范县（市）”活动。该活动重点推动各地建立完善党委定期听取工会工作汇报、定期召开工会工作会议，工会主席按同级副职配备，工会与政府召开联席会议，工会参与劳动关系三方协调机制等制度，为使工会工作更好地融入大局、服务职工发挥作用，提供制度保障。

争创“江苏省工会工作模范县（市）”（以下简称“创模”）活动融入全市工作大局，形成党政工合力争创局面。2005年9月，句容市总工会成立“争创江苏省工会工作模范县（市）”活动领导小组。2006年3月，市总工会制定“创模”实施方案；5月，市委下发《关于开展争创省工会工作模范县（市）活动的意见》；9月，市总工会举办“创模”业务培训班，对全市各级工会干部进行“创模”工作业务培训、指导；10月，市委召开“创模”推进会。

2007年4月中旬，省总工会“创模”考评组到句容检查考评；6月20日，省总工会授予句容市总工会“2006年度江苏省工会工作模范县（市）”称号；8月2日，省总工会在句容市委党校举行“江苏省工会工作模范县（市）”授牌仪式，省总工会副主席张鸿生参加。

第三节　评选“五一劳动奖状”

2008年下半年，句容市总工会酝酿开展评选句容市级“五一劳动奖状”先进集体活动。2009年2月，市总工会在全市开展首次评选活动，评选出首批句容市级“五一劳动奖状”先进集体12个。该评选、表彰工作每两年进行一次。2011年，句容市国土资源局等12个先进集体获评句容市“五一劳动奖状”；2013年，句容市发展改革和经济信息化委员会等28个单位获评句容市“五一劳动奖状”。截至2021年4月，句容市有江苏省“五一劳动奖状”先进集体3个，镇江市“五一劳动奖状”先进集体9个，句容市“五一劳动奖状”先进集体107个。

图8-1　句容市“五一劳动奖状(奖章)”表彰暨创业事迹报告会

2009—2021 年句容市单位获“五一劳动奖状”情况一览表

表 8-3-1

单位名称	荣誉称号	表彰单位	表彰时间
句容市盛业管件制品有限公司	五一劳动奖状	句容市总工会	2009
句容市地方税务局	五一劳动奖状	句容市总工会	2009
句容市民政局婚姻登记处	五一劳动奖状	句容市总工会	2009
巨宝精密加工（江苏）有限公司	五一劳动奖状	句容市总工会	2009
句容市卫生监督所	五一劳动奖状	句容市总工会	2009
句容市规划局	五一劳动奖状	句容市总工会	2009
句容市边城镇财政所	五一劳动奖状	句容市总工会	2009
句容市茅山镇农业服务中心	五一劳动奖状	句容市总工会	2009
江苏建华管桩有限公司	五一劳动奖状	句容市总工会	2009
江苏省句容高级中学	五一劳动奖状	句容市总工会	2009
句容市邮政局速递公司	五一劳动奖状	句容市总工会	2009
句容市环境卫生管理处	五一劳动奖状	句容市总工会	2009
句容市国土资源局	五一劳动奖状	句容市总工会	2011
句容市市政公用事业服务中心	五一劳动奖状	句容市总工会	2011
句容市疾病预防控制中心	五一劳动奖状	句容市总工会	2011
句容市交通工程有限公司	五一劳动奖状	句容市总工会	2011
句容市地方税务局第一税务分局	五一劳动奖状	句容市总工会	2011
句容市郭庄粮食储备（省级）库	五一劳动奖状	句容市总工会	2011
句容市看守所	五一劳动奖状	句容市总工会	2011
句容市郭庄镇司法所	五一劳动奖状	句容市总工会	2011
江苏天晟药业股份有限公司	五一劳动奖状	句容市总工会	2011
镇江天力变压器有限公司	五一劳动奖状	句容市总工会	2011
江苏建华管桩有限公司	五一劳动奖状	句容市总工会	2011
句容市边城镇人力资源和社会保障服务所	五一劳动奖状	句容市总工会	2011
句容市发展改革和经济信息化委员会	五一劳动奖状	句容市总工会	2013
句容市人力资源和社会保障局	五一劳动奖状	句容市总工会	2013
句容市茅山旅游景区	五一劳动奖状	句容市总工会	2013
句容市广播电视台	五一劳动奖状	句容市总工会	2013
句容市国土资源局经济开发区国土资源所	五一劳动奖状	句容市总工会	2013
句容市规划局城市规划管理科	五一劳动奖状	句容市总工会	2013
句容市园林管理处	五一劳动奖状	句容市总工会	2013

续表 8-3-1

单位名称	荣誉称号	表彰单位	表彰时间
句容市下蜀交巡警中队	五一劳动奖状	句容市总工会	2013
句容市下蜀中心卫生院	五一劳动奖状	句容市总工会	2013
句容市崇明小学	五一劳动奖状	句容市总工会	2013
句容市工商局登记注册科	五一劳动奖状	句容市总工会	2013
句容市茅山茶场	五一劳动奖状	句容市总工会	2013
句容市北山水库管理所	五一劳动奖状	句容市总工会	2013
句容市昌达公路养护工程有限公司	五一劳动奖状	句容市总工会	2013
句容市农资连锁配送有限公司	五一劳动奖状	句容市总工会	2013
江苏华电句容发电有限公司基建管理部	五一劳动奖状	句容市总工会	2013
江苏句容农村商业银行营业部	五一劳动奖状	句容市总工会	2013
句容市邮政局函件业务局	五一劳动奖状	句容市总工会	2013
句容华正电气有限公司	五一劳动奖状	句容市总工会	2013
句容市郭庄镇中心小学	五一劳动奖状	句容市总工会	2013
句容市东方紫酒业有限公司	五一劳动奖状	句容市总工会	2013
句容市万顺轻工机械有限公司	五一劳动奖状	句容市总工会	2013
句容市边城镇农业服务中心	五一劳动奖状	句容市总工会	2013
江苏旭华圣络迪建材有限公司	五一劳动奖状	句容市总工会	2013
江苏兴文包装有限公司	五一劳动奖状	句容市总工会	2013
镇江大全铁路器材有限公司	五一劳动奖状	句容市总工会	2013
句容市后白镇五星村委会	五一劳动奖状	句容市总工会	2013
句容市白兔镇高庙村委会	五一劳动奖状	句容市总工会	2013
句容市茅山风景区管理委员会	五一劳动奖状	镇江市总工会	2014
江苏齐先玻璃科技有限公司	五一劳动奖状	镇江市总工会	2014
句容市城乡公交有限公司	五一劳动奖状	句容市总工会	2015
江苏金门能源装备有限公司	五一劳动奖状	句容市总工会	2015
江苏新光环保工程有限公司	五一劳动奖状	句容市总工会	2015
江苏句容农商行	五一劳动奖状	句容市总工会	2015
句容市深水水务有限公司	五一劳动奖状	句容市总工会	2015
江苏山水环境建设集团股份有限公司	五一劳动奖状	句容市总工会	2015
句容国税局第六税务分局	五一劳动奖状	句容市总工会	2015
句容市公安局刑警大队	五一劳动奖状	句容市总工会	2015
镇江市住房公积金管理中心句容分中心	五一劳动奖状	句容市总工会	2015

续表 8-3-1

单位名称	荣誉称号	表彰单位	表彰时间
句容市气象台	五一劳动奖状	句容市总工会	2015
江苏恒通环境科技有限公司	五一劳动奖状	句容市总工会	2015
中国电信句容分公司东门支局	五一劳动奖状	句容市总工会	2015
句容泰博尔机械制造有限公司	五一劳动奖状	句容市总工会	2015
江苏海田制作有限公司	五一劳动奖状	句容市总工会	2015
句容邮政局茅山支局	五一劳动奖状	句容市总工会	2015
句容市军粮供应站	五一劳动奖状	句容市总工会	2015
句容市中凌社区居民委员会	五一劳动奖状	句容市总工会	2015
句容市水库管理所	五一劳动奖状	句容市总工会	2015
句容市下蜀镇人社服务中心	五一劳动奖状	句容市总工会	2015
句容市规划局村镇规划管理科	五一劳动奖状	句容市总工会	2015
句容市边城卫生院	五一劳动奖状	句容市总工会	2015
句容市茅山管委会 12315 消费维权服务站	五一劳动奖状	句容市总工会	2015
句容市白兔镇民政办	五一劳动奖状	句容市总工会	2015
句容市河滨路小学	五一劳动奖状	句容市总工会	2015
句容市赤山湖管委会县桥村委会	五一劳动奖状	句容市总工会	2015
句容市城乡公交有限公司	五一劳动奖状	镇江市总工会	2017
句容市深水水务有限公司	五一劳动奖状	镇江市总工会	2017
句容市新源电业发展有限公司	五一劳动奖状	句容市总工会	2017
句容市新农人电子商务有限公司	五一劳动奖状	句容市总工会	2017
句容市白兔镇农业服务中心	五一劳动奖状	句容市总工会	2017
句容市毅马五金制品有限公司	五一劳动奖状	句容市总工会	2017
句容市财政投资评审中心	五一劳动奖状	句容市总工会	2017
句容市开发区招商二局	五一劳动奖状	句容市总工会	2017
句容市华阳街道人社服务中心	五一劳动奖状	句容市总工会	2017
句容市图书馆	五一劳动奖状	句容市总工会	2017
句容市水务集团有限公司	五一劳动奖状	句容市总工会	2017
句容市餐饮安全监督所	五一劳动奖状	句容市总工会	2017
江苏兆鋆新材料股份有限公司	五一劳动奖状	江苏省总工会	2018
句容市新农人电子商务有限公司	五一劳动奖状	镇江市总工会	2018
盛邦家俱制造有限公司	五一劳动奖状	镇江市总工会	2018
江苏山水环境建设集团股份有限公司	五一劳动奖状	江苏省总工会	2019

续表 8-3-1

单位名称	荣誉称号	表彰单位	表彰时间
句容农村商业银行	五一劳动奖状	镇江市总工会	2019
句容市毅马五金制品有限公司	五一劳动奖状	镇江市总工会	2019
建华建材（中国）有限公司	五一劳动奖状	句容市总工会	2019
句容协鑫集成科技有限公司	五一劳动奖状	句容市总工会	2019
句容新利源服装有限公司	五一劳动奖状	句容市总工会	2019
中国银行句容支行	五一劳动奖状	句容市总工会	2019
句容市方山茶场	五一劳动奖状	句容市总工会	2019
茅山风景区游客中心	五一劳动奖状	句容市总工会	2019
句容市人民医院	五一劳动奖状	句容市总工会	2019
句容市公安局巡特警大队	五一劳动奖状	句容市总工会	2019
句容市人社局劳动保障基金管理中心	五一劳动奖状	句容市总工会	2019
句容市白兔镇村镇建设环保服务所	五一劳动奖状	句容市总工会	2019
江苏威邦家具制造有限公司	五一劳动奖状	江苏省总工会	2020
江苏汉宁智慧家居有限公司	五一劳动奖状	句容市总工会	2021
镇江三新供电服务有限公司句容分公司	五一劳动奖状	句容市总工会	2021
建华物流有限公司	五一劳动奖状	句容市总工会	2021
华阳街道社会事务服务中心	五一劳动奖状	句容市总工会	2021
句容市长江提水站管理处	五一劳动奖状	句容市总工会	2021
句容市银鹏房地产开发总公司	五一劳动奖状	句容市总工会	2021
句容市文昌中学	五一劳动奖状	句容市总工会	2021
句容市公益林管理中心	五一劳动奖状	句容市总工会	2021
句容市行政审批局	五一劳动奖状	句容市总工会	2021
句容市后白商会	五一劳动奖状	句容市总工会	2021
建华物流有限公司	五一劳动奖状	镇江市总工会	2021

第四节　创建“工人先锋号”“五一文明号”

2008 年 2 月 21 日，句容市总工会制定下发《关于开展创建“工人先锋号”活动的实施意见》，规定活动开展的意义、对象、申报评比原则和方法、审定单位等。同年，句容市总工会评选命名句容市 11 个“工人先锋号”集体；句容市盛业管件制品有限公司在汶川抗震救灾中，按时完成省政府下达的 1.1 万顶帐篷生产任务，为抗震救灾做出突出贡献，被全国总工会授予“工人先锋号”称号；镇江市总工会授予江苏广兴集团有限公司南京分公司、句容市昌达公路养护工程有限公司天王养路工区、句容市供电公司生产技术部故障抢修班“工人先锋号”称号。

2008—2021 年句容市单位获“工人先锋号”“五一文明号”情况一览表

表 8-4-1

单位名称	荣誉称号	表彰单位	表彰时间
句容市盛业管件制品有限公司	工人先锋号	全国总工会	2008
江苏广兴集团有限公司南京分公司	工人先锋号	镇江市总工会	2008
句容市昌达公路养护工程有限公司天王养路工区	工人先锋号	镇江市总工会	2008
句容供电公司生产技术部故障抢修班	工人先锋号	镇江市总工会	2008
句容市供电公司生产技术部故障抢修班	工人先锋号	句容市总工会	2008
句容市自来水总公司安装公司安装班	工人先锋号	句容市总工会	2008
句容市文体局文化市场管理办公室	工人先锋号	句容市总工会	2008
句容水利管理所水产良种繁育场	工人先锋号	句容市总工会	2008
江苏华达食品工业有限公司速冻生产线	工人先锋号	句容市总工会	2008
句容市特殊教育学校艺术教研组	工人先锋号	句容市总工会	2008
句容市地税局第一税务分局	工人先锋号	句容市总工会	2008
句容市金鑫联合铜材换位车间	工人先锋号	句容市总工会	2008
句容市宝华镇村镇建设管理所	工人先锋号	句容市总工会	2008
句容市下蜀镇财政所	工人先锋号	句容市总工会	2008
句容市天王镇农村经济服务中心	工人先锋号	句容市总工会	2008
句容市公交总公司 10 路线班组	工人先锋号	句容市总工会	2010
句容市供电公司生产技术部故障抢修班	工人先锋号	句容市总工会	2010
句容市农村信用合作联社新世纪信用分社	工人先锋号	句容市总工会	2010
镇江开元钢架安装工程公司钢结构制作车间	工人先锋号	句容市总工会	2010
句容市天一商城有限公司男女皮鞋运动休闲部	工人先锋号	句容市总工会	2010
句容兴泰服饰衬布有限公司缝纫车间一组	工人先锋号	句容市总工会	2010
句容市地方税务局第六税务分局	五一文明号	句容市总工会	2010
句容市茅山风景区财政所财政集中支付中心	五一文明号	句容市总工会	2010
句容市农业机械安全监理所农机办证大厅	五一文明号	句容市总工会	2010
句容市妇幼保健院妇产科	五一文明号	句容市总工会	2010
句容市职教中心旅游专业组	五一文明号	句容市总工会	2010
句容市人民检察院控告申诉科	五一文明号	句容市总工会	2010
句容市建设局建筑工程质量检测中心	五一文明号	句容市总工会	2010
句容市农业局农经管理指导站	五一文明号	句容市总工会	2010
句容市交通运输局管理处客货科	工人先锋号	镇江市总工会	2010

续表 8-4-1

单位名称	荣誉称号	表彰单位	表彰时间
句容市建设工程管理处监管科	工人先锋号	镇江市总工会	2010
句容市建设局白蚁防治所房屋害虫防治中心	工人先锋号	镇江市总工会	2010
茅山新四军纪念馆社教部	五一文明号	镇江市总工会	2010
句容市供电公司配电运检工区配电抢修班	工人先锋号	镇江市总工会	2012
句容市公交总公司 10 路线班组	工人先锋号	镇江市总工会	2012
句容市建设工程质量监督站建筑工程质量检测中心	工人先锋号	镇江市总工会	2012
句容市城乡公交有限公司句茅线驾驶班	工人先锋号	句容市总工会	2012
江苏南瓷绝缘子股份有限公司绝缘子制造部	工人先锋号	句容市总工会	2012
句容市粮食收储中心军粮供应站	工人先锋号	句容市总工会	2012
句容市林场生产科	五一文明号	句容市总工会	2012
句容农村商业银行股份有限公司唐陵支行	工人先锋号	句容市总工会	2012
江苏容惠金属制品有限公司冲压车间	工人先锋号	句容市总工会	2012
江苏电科电气设备有限公司装配车间	工人先锋号	句容市总工会	2012
句容市邮政局发行投递局	工人先锋号	句容市总工会	2012
江苏中容电气有限公司挤压车间	工人先锋号	句容市总工会	2012
句容市供电公司客户服务中心营业（市场）班	工人先锋号	句容市总工会	2012
中国人民银行句容市支行货币金银股	工人先锋号	句容市总工会	2012
中国移动江苏有限公司句容分公司华阳西路营业厅	工人先锋号	句容市总工会	2012
镇江宝驹油品剂有限公司生产车间	工人先锋号	句容市总工会	2012
江苏建华管桩有限公司管桩制造某车间	工人先锋号	句容市总工会	2012
句容市人民政府办公室秘书科	五一文明号	句容市总工会	2012
句容市发展改革和经济信息化委员会行政服务中心发改经信委窗口	五一文明号	句容市总工会	2012
句容市国土资源局办证大厅	五一文明号	句容市总工会	2012
句容市后白镇人民政府财政所	五一文明号	句容市总工会	2012
句容市农业委员会农业资源开发科	五一文明号	句容市总工会	2012
句容市公安局交巡警大队车辆管理所业务大厅	五一文明号	句容市总工会	2012
镇江市句容地方税务局第一分局	五一文明号	句容市总工会	2012
句容市人力资源和社会保障局人力资源和社会保障培训中心	五一文明号	句容市总工会	2012
句容市供销合作总社为农服务科	五一文明号	句容市总工会	2012
句容市水利农机局北山水库管理所捕捞组	五一文明号	句容市总工会	2012
江苏农林职业技术学院后勤服务总公司生活服务中心	五一文明号	句容市总工会	2012
句容市春城中学剪纸工作室	五一文明号	句容市总工会	2012
句容市规划局勘探测绘院勘测组	五一文明号	句容市总工会	2012
句容市人民医院急诊科	五一文明号	句容市总工会	2012
江苏省句容高级中学语文教研组	五一文明号	句容市总工会	2012

续表 8-4-1

单位名称	荣誉称号	表彰单位	表彰时间
句容市环境卫生管理处三里井中转站	五一文明号	句容市总工会	2012
句容市宝华中学初三年级组	五一文明号	句容市总工会	2012
句容市茅山风景区管理委员会管理科	五一文明号	句容市总工会	2012
句容市华阳镇人民政府政法综治工作中心	五一文明号	句容市总工会	2012
句容市住房和城乡建设局路灯养护所	五一文明号	句容市总工会	2012
句容市水利农机局规划建设科	五一文明号	句容市总工会	2012
句容市下蜀中心卫生院公共卫生管理科	五一文明号	句容市总工会	2012
句容市郭庄中心卫生院护理部	五一文明号	句容市总工会	2012
江苏省句容中等专业学校电子信息部	五一文明号	句容市总工会	2012
镇江大全铁路器材有限公司能源设备铝边框车间	五一文明号	镇江市总工会	2014
华电江苏能源有限公司句容发电厂基建管理部	五一文明号	镇江市总工会	2014
句容市交通运输局综合计划科	五一文明号	镇江市总工会	2014
句容市宁武新材料发展有限公司研发中心	工人先锋号	句容市总工会	2014
句容市磨盘山林场牧羊场工区	工人先锋号	句容市总工会	2014
句容市供销合作总社为农服务科	五一文明号	句容市总工会	2014
句容市邮政局茅山支局	工人先锋号	句容市总工会	2014
中国农业银行句容天王支行	工人先锋号	句容市总工会	2014
句容市特种垃圾处理中心城北垃圾填埋场	工人先锋号	句容市总工会	2014
句容水务集团客服中心	工人先锋号	句容市总工会	2014
句容市殡仪馆业务组	工人先锋号	句容市总工会	2014
句容市水利农机局长江提水一站	工人先锋号	句容市总工会	2014
句容市供电公司仓储配送班	工人先锋号	句容市总工会	2014
江苏金陵奥普特高分子材料有限公司高端压塑车间	工人先锋号	句容市总工会	2014
江苏海田技术有限公司	工人先锋号	句容市总工会	2014
江苏省紫外光（UV）固化材料工程技术研究中心	工人先锋号	句容市总工会	2014
江苏华阳金属管件有限公司江苏省核电及船舶用管配件工程技术研究中心	工人先锋号	句容市总工会	2014
句容发电厂物料部采制化班	工人先锋号	句容市总工会	2014
句容市新基泰新型材料有限公司运输部	工人先锋号	句容市总工会	2014
江苏新光环保工程有限公司声屏障施工处	工人先锋号	句容市总工会	2014
句容市粮油购销总公司行香库点	工人先锋号	句容市总工会	2014
中国移动有限公司句容分公司集团客户部	工人先锋号	句容市总工会	2014
江苏金门能源装备有限公司金工车间容器班	工人先锋号	句容市总工会	2014
江苏唐邦机电有限公司技术研发中心	工人先锋号	句容市总工会	2014
句容市电信公司政企客户支撑中心	工人先锋号	句容市总工会	2014

续表 8-4-1

单位名称	荣誉称号	表彰单位	表彰时间
江苏华神特种橡胶制品股份有限公司炼胶车间	工人先锋号	句容市总工会	2014
句容市农村商业银行行香支行	工人先锋号	句容市总工会	2014
句容市公安局 110 指挥中心	五一文明号	句容市总工会	2014
华阳镇农业服务中心	五一文明号	句容市总工会	2014
下蜀镇村镇建设环保服务所	五一文明号	句容市总工会	2014
天王镇人力资源和社会保障服务所社会保障岗	五一文明号	句容市总工会	2014
后白镇人力资源和社会保障服务中心	五一文明号	句容市总工会	2014
宝华镇人力资源和社会保障服务中心	五一文明号	句容市总工会	2014
赤山湖管委会水利农机站	五一文明号	句容市总工会	2014
句容市体育场游泳馆管理科	五一文明号	句容市总工会	2014
句容市疾病预防控制中心慢性非传染性疾病防治科	五一文明号	句容市总工会	2014
句容市公共资源交易中心政府采购部	五一文明号	句容市总工会	2014
句容市政府办公室督查科	五一文明号	句容市总工会	2014
句容市环保局行政服务科	五一文明号	句容市总工会	2014
句容市财政局支付中心	五一文明号	句容市总工会	2014
句容市委党校教育科	五一文明号	句容市总工会	2014
句容市人民检察院反贪污贿赂局	五一文明号	句容市总工会	2014
句容市水利农机局水政水资源科	五一文明号	句容市总工会	2014
句容市交通运输局行政服务中心交通窗口	五一文明号	句容市总工会	2014
句容市发改经信委投资科	五一文明号	句容市总工会	2014
句容市华阳街道东门居委会	五一文明号	句容市总工会	2014
句容市审计局固定资产投资审计中心	五一文明号	句容市总工会	2014
句容市安全生产监督管理局工矿企业监督管理科	五一文明号	句容市总工会	2014
镇江市句容地方税务局第三税务分局	五一文明号	句容市总工会	2014
句容市广播电视台广电新闻中心	五一文明号	句容市总工会	2014
镇江市句容工商行政管理局华阳分局	五一文明号	句容市总工会	2014
江苏农林职业技术学院园林技术教学团队	五一文明号	句容市总工会	2014
句容市气象局气象台	五一文明号	句容市总工会	2014
江苏省句容中等专业学校机电工程部	五一文明号	江苏省总工会	2014
句容供电公司抢修班	五一文明号	江苏省总工会	2014
句容市公安局交巡警大队车辆管理所业务大厅	工人先锋号	镇江市总工会	2014
镇江大全铁路器材有限公司能源设备铝边框车间	工人先锋号	镇江市总工会	2014
江苏南瓷绝缘子股份有限公司工程技术中心	工人先锋号	镇江市总工会	2014
句容发电厂工程技术中心	工人先锋号	镇江市总工会	2014
句容市交通运输局综合计划科	五一文明号	镇江市总工会	2014

续表 8-4-1

单位名称	荣誉称号	表彰单位	表彰时间
句容市华通客运有限公司茅山线驾驶班	五一文明号	江苏省总工会	2015
江苏南瓷绝缘子股份有限公司工程技术中心	五一文明号	江苏省总工会	2015
句容市万顺轻工机械有限公司数控组	五一文明号	句容市总工会	2017
江苏长三角总部经济园发展有限公司园区服务部	五一文明号	句容市总工会	2017
江苏兆鋆新材料股份有限公司材料车间	五一文明号	句容市总工会	2017
句容市赤山湖水利枢纽管理处抢修组	五一文明号	句容市总工会	2017
句容市环境卫生管理处车队	五一文明号	句容市总工会	2017
句容市地税局税政法规科	五一文明号	句容市总工会	2017
句容市茅山镇政府团委农业旅游工作小组	五一文明号	句容市总工会	2017
句容市纪委信访室	五一文明号	句容市总工会	2017
句容市石狮中学数学教研组	五一文明号	句容市总工会	2017
句容市后白镇农业服务中心	五一文明号	句容市总工会	2017
句容市崇明街道办事处社区公共服务中心	五一文明号	句容市总工会	2017
句容市国税局第一分局	五一文明号	句容市总工会	2017
句容农商行营业部句容市商务局投资促进中心	五一文明号	句容市总工会	2017
句容市公安局消防中队	五一文明号	句容市总工会	2017
句容市人社局劳动就业管理中心	五一文明号	句容市总工会	2017
江苏农林职业技术学院畜牧兽医系	五一文明号	句容市总工会	2017
江苏宁沪高速公路宁镇管理处句容城区收费站	工人先锋号	句容市总工会	2017
句容移动公司技术业务支撑中心	工人先锋号	句容市总工会	2017
江苏广兴集团有限公司第一工程项目部	工人先锋号	江苏省总工会	2017
江苏金门能源装备有限公司金工车间容器班	工人先锋号	镇江市总工会	2017
句容市磨盘山林场牧羊场工区	工人先锋号	镇江市总工会	2017
句容市地税局第三税务分局	五一文明号	镇江市总工会	2017
镇江东丰制衣有限公司工会	工人先锋号	江苏省总工会	2018
句容市赤山湖水利枢纽管理处抢修队	工人先锋号	镇江市总工会	2018
江苏菲尼迪金属制品有限公司冲压车间	工人先锋号	镇江市总工会	2018
句容发电厂运行部集控第五个组	工人先锋号	镇江市总工会	2018
句容市交通工程有限公司沥青拌和场	工人先锋号	镇江市总工会	2018
江苏菲尼迪金属制品有限公司冲压车间	五一文明号	江苏省总工会	2019
江苏海田技术有限公司固化涂料生产车间	工人先锋号	镇江市总工会	2019
句容市供电分公司仓储配送班	工人先锋号	镇江市总工会	2019
句容发电分公司设备部锅炉维修二班	工人先锋号	句容市总工会	2019
江苏山水环境建设集团股份有限公司总承包事业部	工人先锋号	句容市总工会	2019
句容市供电分公司配电工程班	工人先锋号	句容市总工会	2019

续表 8-4-1

单位名称	荣誉称号	表彰单位	表彰时间
句容市万顺轻工机械有限公司冲压车间	五一文明号	句容市总工会	2019
句容市宝华自来水有限公司维修组	工人先锋号	句容市总工会	2019
句容投资集团有限公司工程部	工人先锋号	句容市总工会	2019
句容市深水水务有限公司化验班	工人先锋号	句容市总工会	2019
句容市环卫处城北转运中心	工人先锋号	句容市总工会	2019
句容市北山水库管理所水政监察中队	五一文明号	句容市总工会	2019
句容市经济开发区管委会人力资源局	五一文明号	句容市总工会	2019
句容市财政局工会	五一文明号	句容市总工会	2019
句容市税务局茅山分局	五一文明号	句容市总工会	2019
句容市民政局婚姻登记处	五一文明号	句容市总工会	2019
句容市房产业发展服务中心产权交易科	五一文明号	句容市总工会	2019
句容市边城镇财政所	五一文明号	句容市总工会	2019
句容市市场监管局特种设备安全监察科	五一文明号	句容市总工会	2019
句容市深水水务有限公司化验班	五一文明号	江苏省总工会	2020
句容市城乡公交有限公司天王线	工人先锋号	江苏省总工会	2020
句容市深水水务有限公司技术工程部	工人先锋号	镇江市总工会	2020
句容市天王汽车配件制造有限公司冲压二车间	工人先锋号	句容市总工会	2020
江苏派欧汽车零部件有限公司技术部	工人先锋号	句容市总工会	2020
苏州协鑫光伏科技有限公司句容分公司制造部	工人先锋号	句容市总工会	2020
句容发电分公司设备部热控维护一班	工人先锋号	句容市总工会	2020
句容城投集团句容市尚弘物业管理服务有限公司	工人先锋号	句容市总工会	2020
句容市建筑工程质量检测中心钢筋检测班组	工人先锋号	句容市总工会	2020
句容市农业农村局扶贫开发科	五一文明号	句容市总工会	2020
句容市机电排灌管理站周宜顺技能工作室	五一文明号	句容市总工会	2020
华阳中学化学组	五一文明号	句容市总工会	2020
句容市园林管理中心养护管理科	五一文明号	句容市总工会	2020
句容市卫健委急救站	五一文明号	句容市总工会	2020
句容市民政局养老服务科	五一文明号	句容市总工会	2020
句容市公安局巡特警大队	五一文明号	句容市总工会	2020
句容市人社局劳动监察大队	五一文明号	句容市总工会	2020
句容市医疗保障局医保中心异地就医科	五一文明号	句容市总工会	2020
句容市深水水务有限公司化验班	工人先锋号	全国总工会	2021
江苏协鑫光伏科技有限公司制造部	工人先锋号	镇江市总工会	2021
句容市建筑工程质量检测中心钢筋检测班组	工人先锋号	镇江市总工会	2021
句容市公安局消防中队	工人先锋号	镇江市总工会	2021

第五节　其他先进集体

1982 年、1985 年、1986 年句容县总工会表彰先进集体

1982 年

句容工程机械厂、句容酒厂、东进林场、句容邮电局、句容油米厂、天王中学、公路管理站、磨盘供销社、句容县中学、盘龙岗铁矿

1985 年

句容工程机械厂小件车间读书小组、句容县运输公司财务科读书小组

1986 年

江苏省句容工程机械厂、江苏省句容布厂、句容县化肥厂、句容县工艺绣花厂、句容县农业银行、句容县天王供销社食品厂、句容县棉麻公司絮棉厂、句容县矿机厂制桶车间、句容县航运公司修理车间、句容县公路管理站春城工区、句容县联社轧钢厂轧钢车间、句容县林场摇铃口工区、句容县城镇环境卫生管理所、句容县集体商业公司团结小吃店、句容县防疫站检验科、句容县对外贸易公司业务股、句容县高庙茶场三队、句容县钼铜矿厂采矿二区采矿班、镇江客运公司汽车修理厂铁工班、镇江农科所稻麦育种研究室、句容工程机械厂产品组

1986 年镇江市总工会表彰先进企业和先进集体

先进企业：句容县酒厂、句容县对外贸易公司

先进集体：句容工程机械厂电工工段、句容工程机械厂铸工车间大炉班、句容县化肥厂合成车间、句容县水泥厂调度室、句容县油米厂面粉车间

1987 年句容县总工会表彰文明幼儿园、托儿所

城镇幼儿园、商业局幼儿园、工业局幼儿园、城镇第一小学幼儿园、工程机械厂托儿所、织布厂托儿所、客运公司托儿所、建筑公司托儿所

1987 年句容县总工会表彰“五好”食堂

县级机关食堂、工程机械厂食堂、县水泥厂食堂、县铜山钼铜矿厂食堂、县织布厂食堂、县航运公司食堂、县酒厂食堂、县矿山机械厂食堂、县供销联社职校食堂、下蜀供销社食堂、天王供销社食堂、县水利工程队食堂

1991 年 3 月句容县总工会表彰先进女职工委员会

句容县纺织工业公司女职工委员会、句容工程机械厂女职工委员会、句容县地毯总厂女职工委员会、句容县水泥厂女职工委员会、句容县服装厂女职工委员会、句容县公路管理站女职工委员会、句容县制革厂女职工委员会、句容县实验小学女职工委员会、句容县丝绸厂女职工委员会、句容县东方商场女职工委员会

1991 年 3 月句容县总工会、县计经委、县工业局、县乡镇工业局联合表彰“百家企业”劳动竞赛先进单位

句容工程机械厂、句容县水泥厂、句容县化肥厂、句容县地毯总厂、铜山钼铜矿厂、句容酒厂、句

容县纺织工业公司、句容县油脂化工厂、句容县工艺丝毯厂、南京金陵复合肥厂句容联营厂

1991年8月句容县总工会表彰女职工“百日巧手”奉献竞赛活动先进集体

一等奖：句容县制革厂女职工委员会

二等奖：句容县纺织工业公司女职工委员会、华阳镇供销社女职工委员会

三等奖：句容酒厂女职工委员会、句容县丝绸厂女职工委员会

1991—2006年句容市（县）总工会表彰工会财务工作先进集体

1991年4月

一等奖：句容工程机械厂工会、句容县化肥厂工会、句容县纺织工业公司工会、句容县公路管理站工会、句容县教育工会、句容县下蜀医院工会、句容县粮食系统工会、句容县酒厂工会、句容县物资系统工会、句容市实验小学工会、句容县矿山机械厂工会、句容县煤球厂工会、句容县医药公司工会、句容县服装厂工会、句容农校工会、句容县制革厂工会、镇江农科所工会、华阳镇拉丝厂工会、句容县硫酸厂工会、句容县粮食加工厂工会、句容县商业公司工会、句容县天王供销社工会、句容县丝绸厂工会、句容县供销社轧钢厂工会、句容县地毯厂工会

二等奖：句容县外贸公司工会、句容县制药厂工会、句容县人民医院工会、句容县磨盘林场工会、句容县供电局工会、句容县五交化公司工会、句容县计生委工会、句容县陈武小教工会、句容县天王医院工会、句容县黄梅中学工会、句容县委党校工会、句容县春城中学工会、句容县公安局工会、句容县石狮小教工会、句容县百货公司工会、句容县中医院工会、句容县水泥厂工会、句容县广播电视局工会、句容县邮电局工会、句容县九华茶场工会、句容县机电排灌管理站工会、句容县工商行政管理局工会、句容工商银行工会、句容县航运公司工会、铜山钼铜矿厂工会、句容县下蜀供销社工会、句容县东昌油米厂工会、句容县行香供销社工会、句容县油脂化工厂工会

1993年4月

一等奖：句容县纺织工业公司工会、句容县工程机械厂工会、句容县化肥厂工会、句容县粮食系统工会、句容县教育系统工会、句容县物资局系统工会、句容县水利农机系统工会、句容酒厂工会、句容县油脂化工厂工会、句容县航运公司工会、句容长江化工实业公司工会、句容县公安局工会、句容县供电局工会、江苏省句容农校工会、镇江地区农科所工会、句容县人民医院工会、句容县华阳镇拉丝厂工会、句容县地毯总厂工会、句容县郭庄粮管所工会、句容县葛村小教工会、句容县轧花厂工会、句容县供销社轧钢厂工会、句容县公路管理站工会、句容县服装总厂工会

二等奖：句容县水泥厂工会、句容县卫生局工会、句容县矿山机械厂工会、句容县工商银行工会、句容县工商局工会、句容县外贸局工会、句容县邮电局工会、句容县五交化公司工会、句容县第二水泥厂工会、句容县农业机械公司工会、句容县防疫站工会、句容县计划生育委员会工会、句容县方山茶场工会、句容县广播电视局工会、句容县影剧公司工会、句容县下蜀医院工会、句容县二圣卫生院工会、句容县五金电器厂工会、句容县物资局资料公司工会、句容县制革厂工会、句容县自来水厂工会、句容县茅山粮管所工会、句容县郭庄油米厂工会、句容县陈武小教工会、句容县天王中学工会、句容县后白供销社工会、句容县亭子供销社工会、句容县下蜀农具厂工会

1996年4月

一等奖：江苏东华酒业饮料有限公司工会、江苏句容金猴机械（集团）公司工会、句容市华立粮油食品机械厂工会、句容市长江化学工业实业公司工会、句容农校工会、镇江农科所工会、句容市人民医院工会、句容市公安局工会、句容市邮电局工会、句容市粮食系统工会、镇江变压器厂工会、句容市服装总厂工会、句容市下蜀医院工会、句容市供销合作总社系统工会、句容市卫生局工会、句容市广播电

视局工会、江苏远东水泥有限公司工会、句容市新华书店工会、句容市教育系统工会、句容市烟草公司工会、句容市粮食加工厂工会、句容工程机械厂工会

二等奖：句容市纺织工业公司工会、镇江京桥水泥厂工会、句容市矿山机械厂工会、句容市医药公司工会、句容市外贸公司工会、句容市公路管理处工会、句容市计生委工会、句容市港务处工会、句容绣花总厂工会、句容市化肥厂工会、句容市油脂化工厂工会、句容市天王油米厂工会、句容市国土资源局工会、句容市水利农机局工会、巨星鞋业有限公司工会、镇江畜产品厂工会、句容市工商银行工会、句容市石油化工集团工会、句容市物资系统工会、句容市方山茶场工会、句容市赵庄林苗场工会、句容市自来水公司工会、句容市宝华供销社工会、句容市工业品总公司工会、句容高级中学工会、句容市春城中心工会、句容市拉丝厂工会、句容市航运公司工会

1998年4月

一等奖：江苏句容金猴机械（集团）公司工会、句容服装总厂工会、句容农校工会、江苏东华酒业饮料有限公司工会、镇江农科所工会、句容市供电局工会、句容市邮电局工会、句容石化总公司工会、江苏远东水泥有限公司工会、句容市供销合作总社系统工会、句容市粮食系统工会、句容市下蜀医院工会、句容市烟草公司工会、句容市卫生局工会、句容市教育系统工会、句容市粮食加工厂工会、句容市长江化学工业实业公司工会、句容市人民医院工会、句容市公安局工会、句容市公路管理处工会、句容市油脂化工厂工会、江苏方兴集团工会、句容市矿山机械厂工会、句容市新华书店工会、句容市交通局工会

二等奖：句容市华立粮油食品机械厂工会、句容建设银行工会、句容市外贸公司工会、句容市国土资源局工会、镇江电力变压器厂工会、句容市棉纺厂工会、句容市天王油米厂工会、句容市郭庄油米厂工会、句容工商银行工会、句容市计生委工会、句容市东昌粮管所工会、句容市下蜀粮管所工会、句容市宝华供销社工会、句容市供销社轧钢厂工会、句容市亚细亚总公司工会、句容市春城中学工会、句容市茅西教办工会、句容市矿山变电所工会、句容市水利农机局工会、句容市地方税务局工会、句容建筑设计研究院工会、句容市港务管理处工会、句容工程机械有限公司工会、句容市医药总公司工会、句容市赵庄林苗场工会、句容市茅山茶场工会、句容市国家税务局工会、句容市太平洋化工有限公司工会、句容市化肥厂工会

2002年6月

句容市供电公司工会、江苏农林职业技术学院工会、句容市电信局工会、句容市农村信用合作联社工会、句容市邮政局工会、句容市经济开发区工会、句容市地方税务局工会、句容市第三中学工会、句容市烟草公司工会、句容市计划生育局工会、句容市盐务管理局工会、句容市郭庄镇工会、句容市规划局工会、句容市亚美制衣有限公司工会

2005年6月

句容市供电公司工会、句容市农村信用合作联社工会、江苏农林职业技术学院工会、句容市人民医院工会、句容市第二人民医院工会、句容市电信公司工会、句容市国土局工会、句容市规划局工会、镇江农科所工会、中国银行句容支行工会、句容市质量技术监督局工会

2006年5月

江苏农林职业技术学院工会、句容市供电公司工会、句容市农村信用合作联社工会、句容市人民医院工会、句容市电信公司工会、句容市国土资源局工会、镇江农科所工会、句容市邮政局工会、句容市交通局工会、中国银行句容支行工会

1964—1984 年江苏省政府、句容县政府表彰先进集体、先进企业、标兵、先进班组情况一览表

表 8-5-1

单位名称	荣誉称号	表彰单位	表彰时间
句容县天王供销社	先进集体	江苏省政府	1964
赤山粮管所郭庄粮油供销站	先进集体	江苏省政府	1964
东昌煤矿机电工区机电大班	先进集体	江苏省政府	1964
句容糖烟酒商店仓储小组	先进集体	江苏省政府	1964
句容公路管理站天王养路道班	先进集体	江苏省政府	1964
句容县宝华山铜矿厂	先进企业	江苏省革委会	1977
句容天王运输公司	先进企业	江苏省革委会	1977
句容县邮电局桥头邮电所	先进集体	江苏省革委会	1977
句容县财政局公产组房产修建队	先进集体	江苏省革委会	1977
句容县县道修建工程队下蜀道班	先进集体	江苏省革委会	1977
句容县制革厂机修车间	先进集体	江苏省革委会	1977
句容酒厂青年组	先进集体	江苏省革委会	1977
句容县石灰石矿副业组	先进集体	江苏省革委会	1977
句容织布厂织布车间	先进集体	江苏省革委会	1977
句容县生产资料公司	先进集体	江苏省政府	1980
句容县农业银行春城营业厅	先进集体	江苏省政府	1980
句容县葛村中心小学	先进集体	江苏省政府	1980
江苏省铜山钼铜矿厂选矿车间二班	先进集体	江苏省政府	1980
句容县磷肥厂硫酸车间	先进集体	江苏省政府	1982
句容工程机械厂	先进集体	江苏省政府	1985
句容县天王供销社	先进集体	江苏省政府	1985
句容工程机械厂	先进集体	江苏省政府	1988
句容县天王供销社	先进集体	句容县政府	1964
赤山粮管所	先进集体	句容县政府	1964
郭庄粮管所	先进集体	句容县政府	1964
郭庄粮油供销站	先进集体	句容县政府	1964
东昌煤矿机电工区机电大班	先进集体	句容县政府	1964
句容糖烟酒商店仓储小组	先进集体	句容县政府	1964
句容公路管理站天王养路道班	先进集体	句容县政府	1964
赤山供销合作社	标兵	句容县政府	1964
行香供销社白兔供销站	标兵	句容县政府	1964
下蜀供销社桥头供销站	标兵	句容县政府	1964
上海铁路局石榴园采石场上岩二班	标兵	句容县政府	1964
东昌煤矿通修工区冷顺才班	标兵	句容县政府	1964
句容县天王供销社	先进集体	句容县政府	1965

续表 8-5-1

单位名称	荣誉称号	表彰单位	表彰时间
句容县供销社食堂	先进集体	句容县政府	1965
句容县邮电局机要小组	先进集体	句容县政府	1965
句容县仓头粮站	先进集体	句容县政府	1965
句容工程机械厂	先进企业	句容县政府	1984
句容县化肥厂	先进企业	句容县政府	1984
句容县制革厂	先进企业	句容县政府	1984
句容县客运公司	先进企业	句容县政府	1984
句容酒厂	先进企业	句容县政府	1984
句容布厂经营科	先进集体	句容县政府	1984
第二农机修造厂供销科	先进集体	句容县政府	1984
句容县检察院经济检查科	先进集体	句容县政府	1984
工艺绣花厂机工车间	先进集体	句容县政府	1984
句容县农业干部学校	先进集体	句容县政府	1984
句容县武装部后勤科	先进集体	句容县政府	1984
铜山钼铜矿厂采矿工区	先进集体	句容县政府	1984
句容县轧花厂	先进集体	句容县政府	1984
句容农行计划股	先进集体	句容县政府	1984
句容县塑料厂财务核算股	先进集体	句容县政府	1984
句容县农机公司	先进集体	句容县政府	1984
句容县农业生产资料公司	先进集体	句容县政府	1984
句容县公安局预算股	先进集体	句容县政府	1984
句容公路管理站天王工区	先进集体	句容县政府	1984
句容县航运公司二队	先进集体	句容县政府	1984
句容县五交化公司交化门市部	先进集体	句容县政府	1984
句容县团山硫铁矿五积坟工区	先进集体	句容县政府	1984
句容县磷肥厂硫酸车间	先进集体	句容县政府	1984
句容县金属设备公司机电科	先进集体	句容县政府	1984
句容县水泥建材厂水泥分厂	先进集体	句容县政府	1984
句容县邮电局话务班	先进集体	句容县政府	1984
句容县广播站	先进集体	句容县政府	1984
句容县影剧公司	先进集体	句容县政府	1984
句容县畜牧兽医站	先进集体	句容县政府	1984
句容县外贸公司业务股	先进集体	句容县政府	1984
句容县劳动服务公司	先进集体	句容县政府	1984
句容县环保局环保股	先进集体	句容县政府	1984

续表 8-5-1

单位名称	荣誉称号	表彰单位	表彰时间
句容县建筑工程公司综合厂	先进集体	句容县政府	1984
句容县工商银行计划信贷股	先进集体	句容县政府	1984
下蜀乡政府信访组	先进集体	句容县政府	1984
句容县建材物资服务公司业务科	先进集体	句容县政府	1984
句容县木材公司业务科	先进集体	句容县政府	1984
句容县煤球厂	先进集体	句容县政府	1984
句容县煤炭石油公司财务科	先进集体	句容县政府	1984
镇江畜产品厂	先进集体	句容县政府	1984
第二招待所食堂	先进班组	句容县政府	1984
广播站编播组	先进班组	句容县政府	1984
句容县电大二工局工业企业管理教学班	先进班组	句容县政府	1984
新华书店天王门市部	先进班组	句容县政府	1984
防疫站寄防科疟防组	先进班组	句容县政府	1984
武警部队县中队二班	先进班组	句容县政府	1984
公安局消防中队一班	先进班组	句容县政府	1984
集体商业公司车站旅社	先进班组	句容县政府	1984
商业储运公司汽车驾驶班	先进班组	句容县政府	1984
日杂果品公司陶器组	先进班组	句容县政府	1984
后白良种厂窑厂	先进班组	句容县政府	1984
北山提水站管理处水电安装队	先进班组	句容县政府	1984
工程机械厂齿热车间钳磨组	先进班组	句容县政府	1984
工程机械厂齿热车间车工一组	先进班组	句容县政府	1984
工程机械厂铸锻车间锻工一组	先进班组	句容县政府	1984
工程机械厂小件车间铣磨组	先进班组	句容县政府	1984
化肥厂机修车间钳焊一班	先进班组	句容县政府	1984
化肥厂合成车间甲班	先进班组	句容县政府	1984
第二农机修造厂内拖车间缸组	先进班组	句容县政府	1984
服装厂机工三组	先进班组	句容县政府	1984
化工厂钼铬红车间化合班	先进班组	句容县政府	1984
制革厂皮件车间试制组	先进班组	句容县政府	1984
地毯厂织造车间第一小组	先进班组	句容县政府	1984
房地产管理所水泥制品浇制组	先进班组	句容县政府	1984
建筑材料厂第三作业组	先进班组	句容县政府	1984
供电局线路检修班	先进班组	句容县政府	1984
水泥建材厂采石分厂二工段火工班	先进班组	句容县政府	1984

续表 8-5-1

单位名称	荣誉称号	表彰单位	表彰时间
交通局供销经理部地磅房	先进班组	句容县政府	1984
客运公司修理车间机工一组	先进班组	句容县政府	1984
铜山钼铜矿厂机修车间钳工组	先进班组	句容县政府	1984
盘龙岗铁矿采矿工区天井班	先进班组	句容县政府	1984
矿山机械厂修配厂制桶车间制桶组	先进班组	句容县政府	1984

1984—2016 年全国、江苏省、镇江市、句容市（县）总工会表彰先进工会小组、模范职工小家情况一览表

表 8-5-2

工会小组名称	荣誉称号	表彰单位	表彰时间
句容县邮电局话务班工会小组	先进工会小组	镇江市总工会	1984
句容工程机械厂齿热车间车工一组工会小组	先进工会小组	镇江市总工会	1984
句容工程机械厂小件车间车工二组工会小组	先进工会小组	句容县总工会	1986
句容邮电局话务班工会小组	先进工会小组	句容县总工会	1986
句容农机二厂仓库工会小组	先进工会小组	句容县总工会	1986
句容农机二厂仓库工会小组	先进工会小组	句容县总工会	1987
矿山机械厂制桶车间工会小组	先进工会小组	句容县总工会	1987
团山硫铁矿后勤工会小组	先进工会小组	句容县总工会	1987
水利工程处预制车间工会小组	先进工会小组	句容县总工会	1987
粮食加工厂大米车间工会小组	先进工会小组	句容县总工会	1987
陈武供销社农副产品工业公司工会小组	先进工会小组	句容县总工会	1987
茅山油米厂大米车间工会小组	先进工会小组	句容县总工会	1987
郭庄供销社食堂工会小组	先进工会小组	句容县总工会	1987
盘龙岗硫铁矿选矿车间机修工会小组	先进工会小组	句容县总工会	1987
客运公司装卸队综合工会小组	先进工会小组	句容县总工会	1987
运输公司机务工会小组	先进工会小组	句容县总工会	1987
港务管理处第二工会小组	先进工会小组	句容县总工会	1987
句容酒厂白酒车间工会小组	先进工会小组	句容县总工会	1987
百货公司一店工会小组	先进工会小组	句容县总工会	1987
城镇拉丝厂后勤工会小组	先进工会小组	句容县总工会	1987
县织布厂造二车间整理工段工会小组	先进工会小组	句容县总工会	1987
县针织厂针织工会小组	先进工会小组	句容县总工会	1987
句容邮电局下蜀邮电支局工会小组	先进工会小组	镇江市总工会	1994
句容县亚细亚总公司华阳商场工会小组	先进工会小组	镇江市总工会	1994
句容县公路管理站东昌工区工会小组	先进工会小组	镇江市总工会	1994
句容工程机械厂小件车间锐磨工会小组	先进工会小组	镇江市总工会	1994

续表 8-5-2

工会小组名称	荣誉称号	表彰单位	表彰时间
句容棉纺厂后纺车间运转甲班工会小组	先进工会小组	镇江市总工会	1994
句容华立粮机厂冷凝器车间工会小组	先进工会小组	镇江市总工会	1994
句容丝绸厂机修工会小组	先进工会小组	镇江市总工会	1994
句容工程机械厂齿轮车间锐磨工会小组	先进工会小组	镇江市总工会	1996
江苏远东水泥有限公司矿山破碎工会小组	先进工会小组	镇江市总工会	1996
句容高级中学语体组工会小组	先进工会小组	镇江市总工会	1996
下蜀供销社迎江商场工会小组	先进工会小组	镇江市总工会	1996
句容邮电局桥头支局工会小组	先进工会小组	镇江市总工会	1996
句容华立粮机厂供销科工会小组	先进工会小组	镇江市总工会	1996
句容棉纺厂后纺工会小组	先进工会小组	镇江市总工会	1996
句容矿业公司机关工会小组	先进工会小组	镇江市总工会	1996
句容电信局华阳营业班工会小组	模范职工小家	江苏省总工会	2003
句容邮政局桥头支局工会小组	模范职工小家	江苏省总工会	2003
句容电信局东昌支局工会小组	模范职工小家	句容市总工会	2003
句容市华通客运有限公司办公室工会小组	模范职工小家	句容市总工会	2003
句容供电公司广源分工会	模范职工小家	句容市总工会	2003
句容高级中学物理地理工会小组	模范职工小家	句容市总工会	2003
句容公安局交巡警大队工会小组	模范职工小家	句容市总工会	2003
句容金猴工程机械公司金工车间锐磨工会小组	模范职工小家	句容市总工会	2003
江苏天爱集团机工四车间分工会	模范职工小家	句容市总工会	2003
句容工商局工商事务所工会小组	模范职工小家	句容市总工会	2003
句容市兴春化工有限公司防老剂车间工会小组	模范职工小家	句容市总工会	2003
江苏远东水泥有限公司水泥车间分工会	模范职工小家	句容市总工会	2003
句容市宏泰医药公司行政工会小组	模范职工小家	镇江市总工会	2004
句容供电公司业务班工会小组	模范职工小家	镇江市总工会	2004
句容邮政局茅山中心支局工会小组	模范职工小家	镇江市总工会	2004
句容电信公司设备维护中心工会小组	模范职工小家	镇江市总工会	2004
句容工商银行营业部工会小组	模范职工小家	镇江市总工会	2004
句容公路管理处五里墩收费站工会小组	模范职工小家	镇江市总工会	2004
句容高级中学物理地理工会小组	模范职工小家	镇江市总工会	2004
句容市供电公司集体资产运营中心低压施工班工会小组	模范职工小家	江苏省总工会	2013
句容市人民医院急诊分工会	模范职工小家	江苏省总工会	2013
句容市华通客运有限公司村镇公交工会	模范职工小家	全国总工会	2013
建华建材（江苏）有限公司丁车间 16 班工会小组	模范职工小家	江苏省总工会	2015
句容发电厂设备部电气维护二班分工会	模范职工小家	镇江市总工会	2016

续表 8-5-2

工会小组名称	荣誉称号	表彰单位	表彰时间
江苏南瓷绝缘子股份有限公司生产上釉班组分工会	模范职工小家	镇江市总工会	2016
句容市华通客运有限公司镇村公交公司分工会	模范职工小家	镇江市总工会	2016
江苏省句容高级中学体艺信工会小组	模范职工小家	镇江市总工会	2016

1986—2021 年镇江市、句容市（县）总工会表彰先进职工之家、模范职工之家、先进工会组织等情况一览表

表 8-5-3

单位名称	荣誉称号	表彰单位	表彰时间
句容县农机二厂工会	先进职工之家	镇江市总工会	1986
句容县化肥厂女工委员会	先进工会集体	镇江市总工会	1986
句容布厂工会	先进职工之家	句容县总工会	1986
句容酒厂工会	先进职工之家	句容县总工会	1986
句容客运公司工会	先进职工之家	句容县总工会	1986
句容供电局工会	先进职工之家	句容县总工会	1986
句容棉麻公司工会	先进职工之家	句容县总工会	1986
句容天王供销社工会	先进职工之家	句容县总工会	1986
句容二圣水库工会	先进职工之家	句容县总工会	1986
句容天王粮管所工会	先进职工之家	句容县总工会	1986
句容燃料公司工会	先进职工之家	句容县总工会	1986
句容东昌油米厂工会	先进职工之家	句容县总工会	1986
句容亭子粮管所工会	先进职工之家	句容县总工会	1986
句容郭庄油米厂工会	先进职工之家	句容县总工会	1986
句容三岔粮管所工会	先进职工之家	句容县总工会	1986
句容东昌粮管所工会	先进职工之家	句容县总工会	1986
工程机械厂工会	先进职工之家	句容县总工会	1987
句容布厂工会	先进职工之家	句容县总工会	1987
句容酒厂工会	先进职工之家	句容县总工会	1987
句容县邮电局工会	先进职工之家	句容县总工会	1987
句容县硫酸厂工会	先进职工之家	句容县总工会	1987
句容公路管理站工会	先进职工之家	句容县总工会	1987
句容县水泥厂工会	先进职工之家	句容县总工会	1987
句容县航运公司工会	先进职工之家	句容县总工会	1987
天王中学工会	先进职工之家	句容县总工会	1987
高庙中学工会	先进职工之家	句容县总工会	1987
句容县棉麻公司工会	先进职工之家	句容县总工会	1987

续表 8-5-3

单位名称	荣誉称号	表彰单位	表彰时间
天王供销社工会	先进职工之家	句容县总工会	1987
下蜀油米厂工会	先进职工之家	句容县总工会	1987
东昌粮管所工会	先进职工之家	句容县总工会	1987
句容县农机公司工会	先进职工之家	句容县总工会	1987
句容县燃料公司工会	先进职工之家	句容县总工会	1987
句容工程机械厂工会	模范职工之家	镇江市总工会	1994
句容县纺织工业公司工会	模范职工之家	镇江市总工会	1994
句容公路管理站工会	模范职工之家	镇江市总工会	1994
句容酒厂工会	模范职工之家	镇江市总工会	1994
句容服装厂工会	模范职工之家	镇江市总工会	1994
句容县邮电局工会	模范职工之家	镇江市总工会	1994
句容县硫酸厂工会	先进职工之家	镇江市总工会	1994
句容县钼铜矿厂工会	先进职工之家	镇江市总工会	1994
句容县水泥厂工会	先进职工之家	镇江市总工会	1994
句容工商银行工会	先进职工之家	镇江市总工会	1994
句容县实验小学工会	先进职工之家	镇江市总工会	1994
句容地毯总厂工会	模范职工之家	镇江市总工会	1994
句容供电局工会	先进职工之家	镇江市总工会	1994
句容供电局工会	模范职工之家	镇江市总工会	1996
镇江京桥水泥厂工会	先进职工之家	镇江市总工会	1996
镇江电力变压器厂工会	先进职工之家	镇江市总工会	1996
句容市油脂化工厂工会	先进职工之家	镇江市总工会	1996
江苏东华酒业饮料有限公司工会	模范职工之家	镇江市总工会	1996
句容市纺织工业公司工会	模范职工之家	镇江市总工会	1996
句容市地毯总厂工会	模范职工之家	镇江市总工会	1996
句容市公路管理处工会	模范职工之家	镇江市总工会	1996
句容烟草局工会	先进工会组织	句容市总工会	1996
句容市纺织工业公司工会	先进工会组织	句容市总工会	1996
句容市党政机关工会	先进工会组织	句容市总工会	1996
句容市建设委员会工会	先进工会组织	句容市总工会	1996
句容市城乡规划建设管理处工会	先进工会组织	句容市总工会	1996
句容市环卫所工会	先进工会组织	句容市总工会	1996
句容工商银行工会	先进工会组织	句容市总工会	1996
句容农业银行工会	先进工会组织	句容市总工会	1996
句容市水利农机局工会	先进工会组织	句容市总工会	1996

续表 8-5-3

单位名称	荣誉称号	表彰单位	表彰时间
句容市公路管理处工会	先进工会组织	句容市总工会	1996
句容市卫生局工会	先进工会组织	句容市总工会	1996
句容市人民医院工会	先进工会组织	句容市总工会	1996
句容建设银行工会	先进工会组织	句容市总工会	1996
句容市林场工会	先进工会组织	句容市总工会	1996
句容市下蜀中心卫生院工会	先进工会组织	句容市总工会	1996
句容水库管理所工会	先进工会组织	句容市总工会	1996
句容市天王中学工会	先进工会组织	句容市总工会	1996
句容市供销合作总社工会	先进工会组织	句容市总工会	1996
句容农校工会	先进工会组织	句容市总工会	1996
镇江农科所工会	先进工会组织	句容市总工会	1996
句容服装厂工会	模范职工之家	镇江市总工会	1996
句容邮电局工会	模范职工之家	镇江市总工会	1996
句容工程机械厂工会	模范职工之家	镇江市总工会	1996
句容长江化工实业公司工会	模范职工之家	镇江市总工会	1996
句容工商银行工会	模范职工之家	镇江市总工会	1996
江苏远东水泥有限公司工会	模范职工之家	镇江市总工会	1996
句容市实验小学工会	模范职工之家	镇江市总工会	1996
江苏远东水泥有限公司工会	模范职工之家	镇江市总工会	1999
句容电信局工会	模范职工之家	镇江市总工会	1999
句容高级中学工会	模范职工之家	镇江市总工会	1999
句容农校工会	模范职工之家	镇江市总工会	1999
江苏东华酒业饮料有限公司工会	模范职工之家	镇江市总工会	1999
句容市纺织协会工会	模范职工之家	镇江市总工会	1999
句容市公路管理处工会	模范职工之家	镇江市总工会	1999
句容市服装厂工会	模范职工之家	镇江市总工会	1999
句容市供电局工会	模范职工之家	镇江市总工会	1999
句容市长江化工实业公司工会	先进职工之家	镇江市总工会	1999
句容邮政局工会	先进职工之家	镇江市总工会	1999
句容工商银行工会	先进职工之家	镇江市总工会	1999
句容市实验小学工会	先进职工之家	镇江市总工会	1999
镇江京桥水泥厂工会	先进职工之家	镇江市总工会	1999
镇江天力变压器有限公司工会	先进职工之家	镇江市总工会	1999
句容市油脂化工厂工会	先进职工之家	镇江市总工会	1999
句容高级中学工会	模范职工之家	江苏省总工会	2003

续表 8-5-3

单位名称	荣誉称号	表彰单位	表彰时间
句容供电公司工会	模范职工之家	江苏省总工会	2003
句容供电公司工会	模范职工之家	句容市总工会	2003
江苏农林职业技术学院工会	模范职工之家	句容市总工会	2003
句容电信公司工会	模范职工之家	句容市总工会	2003
句容邮政局工会	模范职工之家	句容市总工会	2003
镇江农科所工会	模范职工之家	句容市总工会	2003
句容金猴机械（集团）公司工会	模范职工之家	句容市总工会	2003
后白镇工会	模范职工之家	句容市总工会	2003
句容市公路管理处工会	模范职工之家	句容市总工会	2003
句容市第三中学工会	模范职工之家	句容市总工会	2003
句容市第一中学工会	模范职工之家	句容市总工会	2003
句容市地税局工会	先进职工之家	句容市总工会	2003
句容市公安局工会	先进职工之家	句容市总工会	2003
句容市人民医院工会	先进职工之家	句容市总工会	2003
一马先服装有限公司工会	先进职工之家	句容市总工会	2003
句容中行工会	先进职工之家	句容市总工会	2003
句容排印厂工会	先进职工之家	句容市总工会	2003
华阳金属管件有限公司工会	先进职工之家	句容市总工会	2003
句容市银鹏房地产开发总公司工会	先进职工之家	句容市总工会	2003
句容市郭庄镇工会	先进职工之家	句容市总工会	2003
句容市教育工会	工会工作先进单位	镇江市总工会	2004
句容市供电公司工会	工会工作先进单位	镇江市总工会	2004
句容电信公司工会	工会工作先进单位	镇江市总工会	2004
句容邮政局工会	工会工作先进单位	镇江市总工会	2004
句容市人民医院工会	工会工作先进单位	镇江市总工会	2004
句容市地税局工会	工会工作先进单位	镇江市总工会	2004
句容市电磁线公司工会	模范职工之家	镇江市总工会	2004
京阳水泥有限公司工会	模范职工之家	镇江市总工会	2004
句容市农村信用合作联社工会	模范职工之家	镇江市总工会	2004
句容中行工会	模范职工之家	镇江市总工会	2004
句容市农训信用联社工会	模范职工之家	句容市总工会	2006
句容市邮电局工会	模范职工之家	句容市总工会	2006
句容市华通客运有限公司工会	模范职工之家	句容市总工会	2006
句容市华龙交通产业有限公司工会	模范职工之家	句容市总工会	2006
句容市公路管理处工会	模范职工之家	句容市总工会	2006

续表 8-5-3

单位名称	荣誉称号	表彰单位	表彰时间
句容市锅炉容器厂工会	模范职工之家	句容市总工会	2006
句容市人民医院工会	模范职工之家	句容市总工会	2006
句容市三圆制桶有限公司工会	模范职工之家	句容市总工会	2006
句容市银鹏水泥厂工会	模范职工之家	句容市总工会	2006
句容市工艺品总厂工会	模范职工之家	句容市总工会	2006
句容市教师进修学校工会	模范职工之家	句容市总工会	2006
句容市大卓中学工会	模范职工之家	句容市总工会	2006
句容市高庙职业中学工会	模范职工之家	句容市总工会	2006
句容市华阳中心小学工会	模范职工之家	句容市总工会	2006
句容市宏达毛纺厂工会	模范职工之家	句容市总工会	2006
句容市银鹏房地产开发总公司工会	模范职工之家	句容市总工会	2008
句容市实验小学工会	模范职工之家	句容市总工会	2008
句容市国土资源局工会	模范职工之家	句容市总工会	2008
句容市舜云服饰有限公司工会	模范职工之家	句容市总工会	2008
江苏广兴集团有限公司工会	模范职工之家	句容市总工会	2008
句容市宏安针织有限公司工会	模范职工之家	句容市总工会	2008
句容市交通工程有限公司工会	模范职工之家	句容市总工会	2008
句容市兴春化工有限公司工会	模范职工之家	句容市总工会	2008
镇江大全铁路器材有限公司工会	模范职工之家	句容市总工会	2008
句容市妇幼保健院工会	模范职工之家	句容市总工会	2008
句容市第三中学工会	模范职工之家	江苏省总工会	2011
句容市发展改革和经济信息化委员会工会	模范职工之家	句容市总工会	2011
句容市茅山工具包装有限公司工会	模范职工之家	句容市总工会	2011
句容市疾病预防控制中心工会	模范职工之家	句容市总工会	2011
句容水库管理所工会	模范职工之家	句容市总工会	2011
句容市实验高级中学工会	模范职工之家	句容市总工会	2011
句容市邮政局工会	模范职工之家	句容市总工会	2011
江苏强兴机械有限公司工会	模范职工之家	句容市总工会	2011
句容市奥奇丽日化有限公司工会	模范职工之家	句容市总工会	2011
句容中行工会	模范职工之家	句容市总工会	2011
江苏金润粉体材料有限公司工会	模范职工之家	句容市总工会	2011
句容发电厂工会	模范职工之家	句容市总工会	2013
句容市水务集团工会	模范职工之家	句容市总工会	2013
句容恒达交通建设工程有限公司工会	模范职工之家	句容市总工会	2013
句容市北山水库管理所工会	模范职工之家	句容市总工会	2013

续表 8-5-3

单位名称	荣誉称号	表彰单位	表彰时间
句容市人民医院工会	模范职工之家	句容市总工会	2013
句容市石狮中学工会	模范职工之家	句容市总工会	2013
句容市林场工会	模范职工之家	句容市总工会	2013
华阳镇下甸村联合工会	模范职工之家	句容市总工会	2013
句容市环境卫生管理处工会	模范职工之家	句容市总工会	2013
句容移动公司工会	模范职工之家	句容市总工会	2013
江苏汤臣机械装备制造有限公司工会	模范职工之家	句容市总工会	2013
江苏天晟药业股份有限公司工会	模范职工之家	句容市总工会	2013
江苏港峰亚太科技有限公司工会	模范职工之家	句容市总工会	2013
江苏华神特种橡胶制品股份有限公司工会	模范职工之家	句容市总工会	2013
江苏电科电气设备有限公司工会	模范职工之家	句容市总工会	2013
江苏巨业电缆有限公司工会	模范职工之家	句容市总工会	2013
句容市万顺轻工机械有限公司工会	模范职工之家	句容市总工会	2013
句容市新基泰新型材料有限公司工会	模范职工之家	句容市总工会	2013
句容市三泰轻工科技有限公司工会	模范职工之家	句容市总工会	2013
句容市茅山创业旅游有限公司工会	模范职工之家	句容市总工会	2013
句容市下蜀镇总工会	模范职工之家	江苏省总工会	2013
句容发电厂工会	模范职工之家	江苏省总工会	2013
句容市华通客运有限公司工会	模范职工之家	江苏省总工会	2013
句容市总工会	工会工作先进单位	镇江市总工会	2014
句容市下蜀镇总工会	工会工作先进单位	镇江市总工会	2014
句容市华阳镇总工会	工会工作先进单位	镇江市总工会	2014
句容市地税局工会	工会工作先进单位	镇江市总工会	2014
句容市粮食收储中心工会	工会工作先进单位	镇江市总工会	2014
句容市农商行工会	工会工作先进单位	镇江市总工会	2014
句容发电厂工会	工会工作先进单位	镇江市总工会	2014
句容市邮政局工会	模范职工之家	镇江市总工会	2014
江苏华神特种橡胶制品股份有限公司工会	模范职工之家	镇江市总工会	2014
江苏乐智电子科技有限公司工会	模范职工之家	镇江市总工会	2014
江苏南瓷绝缘子股份有限公司工会	模范职工之家	江苏省总工会	2015
后白镇总工会	模范职工之家	镇江市总工会	2015
天王镇总工会	模范职工之家	镇江市总工会	2015
郭庄镇总工会	模范职工之家	镇江市总工会	2015
茅山管委会工会	模范职工之家	镇江市总工会	2015
句容市赵巷村工会	模范职工之家	镇江市总工会	2015

续表 8-5-3

单位名称	荣誉称号	表彰单位	表彰时间
江苏山水园林有限公司工会	模范职工之家	镇江市总工会	2015
句容立威尔电器有限公司工会	模范职工之家	镇江市总工会	2015
江苏金门能源装备有限公司工会	模范职工之家	镇江市总工会	2015
江苏建华管桩有限公司工会	模范职工之家	镇江市总工会	2015
江苏天晟药业股份有限公司工会	模范职工之家	镇江市总工会	2015
宝华投资控股集团工会	模范职工之家	镇江市总工会	2015
江苏南瓷绝缘子股份有限公司工会	模范职工之家	镇江市总工会	2015
江苏容惠金属制品有限公司工会	模范职工之家	镇江市总工会	2015
句容市宏安针织有限公司工会	模范职工之家	镇江市总工会	2015
句容市水务集团工会	模范职工之家	镇江市总工会	2015
句容移动公司工会	模范职工之家	镇江市总工会	2015
句容市华阳中心小学工会	模范职工之家	镇江市总工会	2015
句容市边城中心小学工会	模范职工之家	镇江市总工会	2015
江苏南瓷绝缘子股份有限公司工会	模范职工之家	江苏省总工会	2016
句容市边城镇光明村联合工会	模范职工之家	镇江市总工会	2016
句容市郭庄镇虬北村联合工会	模范职工之家	镇江市总工会	2016
句容市天王镇前进村联合工会	模范职工之家	镇江市总工会	2016
句容市天王镇天王村联合工会	模范职工之家	镇江市总工会	2016
句容市天王镇朱巷村联合工会	模范职工之家	镇江市总工会	2016
句容市茅山风景区马埂村联合工会	模范职工之家	镇江市总工会	2016
句容市茅山风景区天乐村联合工会	模范职工之家	镇江市总工会	2016
句容市河滨路小学工会	模范职工之家	镇江市总工会	2016
句容市大卓中学工会	模范职工之家	镇江市总工会	2016
句容市妇幼保健院工会	模范职工之家	镇江市总工会	2016
句容市总工会	模范职工之家	镇江市总工会	2016
句容市宝华镇总工会	模范职工之家	镇江市总工会	2016
句容市边城镇东昌村联合工会	模范职工之家	镇江市总工会	2016
句容市边城镇青山村联合工会	模范职工之家	镇江市总工会	2016
句容市天王镇浮山村联合工会	模范职工之家	镇江市总工会	2016
句容市宝华镇风坛村联合工会	模范职工之家	镇江市总工会	2016
句容茅山风景区夏林村联合工会	模范职工之家	镇江市总工会	2016
句容市华安彩叶苗木合作社联合工会	模范职工之家	镇江市总工会	2016
句容市郭庄镇甲山村私营企业联合工会	模范职工之家	镇江市总工会	2016
句容市华源电器设备有限公司工会	模范职工之家	镇江市总工会	2016
江苏东昇光伏科技有限公司工会	模范职工之家	镇江市总工会	2016

续表 8-5-3

单位名称	荣誉称号	表彰单位	表彰时间
江苏耀兴安全玻璃有限公司工会	模范职工之家	镇江市总工会	2016
句容市三圆制桶有限公司工会	模范职工之家	镇江市总工会	2016
江苏广兴集团有限公司工会	模范职工之家	镇江市总工会	2016
江苏句容联合铜材有限公司工会	模范职工之家	镇江市总工会	2016
句容市新基泰新型材料有限公司工会	模范职工之家	镇江市总工会	2016
江苏茗苑茶叶科技开发有限公司工会	模范职工之家	镇江市总工会	2016
句容市万顺轻工机械有限公司工会	模范职工之家	镇江市总工会	2016
句容市实验高级中学工会	模范职工之家	镇江市总工会	2016
句容市天王中心小学工会	模范职工之家	镇江市总工会	2016
句容市林场工会	模范职工之家	镇江市总工会	2016
句容市磨盘山林场工会	模范职工之家	镇江市总工会	2016
句容市东进林场工会	模范职工之家	镇江市总工会	2016
句容市康宁长毛绒玩具有限公司工会	模范职工之家	镇江市总工会	2016
江苏毅马铸锻有限公司工会	模范职工之家	镇江市总工会	2016
句容市下蜀镇自来水厂工会	模范职工之家	镇江市总工会	2016
句容市昌达公路养护工程有限公司工会	模范职工之家	镇江市总工会	2016
句容市深水水务有限公司联合工会	模范职工之家	镇江市总工会	2016
句容市人民医院工会	模范职工之家	镇江市总工会	2016
句容市疾病预防控制中心工会	模范职工之家	镇江市总工会	2016
句容市下蜀镇总工会	六型职工之家示范点	句容市总工会	2016
句容市供电公司工会	六型职工之家示范点	句容市总工会	2016
句容发电厂工会	六型职工之家示范点	句容市总工会	2016
句容市华通客运有限公司工会	六型职工之家示范点	句容市总工会	2016
江苏南瓷绝缘子股份有限公司工会	六型职工之家示范点	句容市总工会	2016
句容市华阳中心小学工会	六型职工之家示范点	句容市总工会	2016
句容市天王中心小学工会	六型职工之家示范点	句容市总工会	2016
句容市边城镇光明村联合工会	模范职工之家	镇江市总工会	2016
句容市郭庄镇虬北村联合工会	模范职工之家	镇江市总工会	2016
句容市天王镇前进村联合工会	模范职工之家	镇江市总工会	2016
句容市天王镇天王村联合工会	模范职工之家	镇江市总工会	2016
句容市天王镇朱巷村联合工会	模范职工之家	镇江市总工会	2016
句容市茅山风景区马埂村联合工会	模范职工之家	镇江市总工会	2016
句容市茅山风景区天乐村联合工会	模范职工之家	镇江市总工会	2016
句容市河滨路小学工会	模范职工之家	镇江市总工会	2016
句容市大卓中学工会	模范职工之家	镇江市总工会	2016

续表 8-5-3

单位名称	荣誉称号	表彰单位	表彰时间
句容市妇幼保健院工会	模范职工之家	镇江市总工会	2016
句容市建设路幼儿园工会	模范职工之家	镇江市总工会	2016
句容市崇明小学工会	模范职工之家	镇江市总工会	2016
句容市教育工会华阳中学委员会	模范职工之家	镇江市总工会	2016
句容市教育工会宝华中心小学委员会	模范职工之家	镇江市总工会	2016
句容市教育工会茅山中心小学委员会	模范职工之家	镇江市总工会	2016
句容市教育工会二圣中心小学委员会	模范职工之家	镇江市总工会	2016
句容市后白镇东关村联合工会	模范职工之家	镇江市总工会	2016
句容市后白镇林梅村联合工会	模范职工之家	江苏省总工会	2016
句容市茅山镇城盖村联合工会	模范职工之家	镇江市总工会	2016
句容市天王中心小学工会	六型职工之家示范点	镇江市总工会	2016
句容市茅山风景区潘冲村联合工会	模范职工之家	镇江市总工会	2017
句容市白兔镇解塘村联合工会	模范职工之家	镇江市总工会	2017
江苏中容电气有限公司工会	模范职工之家	镇江市总工会	2017
镇江北新建材有限公司工会	模范职工之家	镇江市总工会	2017
句容市茅山茶场工会	模范职工之家	镇江市总工会	2017
句容市城市管理监督指挥大队工会	模范职工之家	镇江市总工会	2017
句容市茅山镇春城中心幼儿园工会	模范职工之家	镇江市总工会	2017
句容市天王镇朱巷村联合工会	复验模范职工之家	镇江市总工会	2018
句容市天王镇浮山村联合工会	复验模范职工之家	镇江市总工会	2018
句容市华安彩叶苗木合作社联合工会	复验模范职工之家	镇江市总工会	2018
江苏东昇光伏科技有限公司工会	复验模范职工之家	镇江市总工会	2018
江苏耀兴安全玻璃有限公司工会	复验模范职工之家	镇江市总工会	2018
江苏山水园林有限公司工会	复验模范职工之家	镇江市总工会	2018
句容市郭庄镇虬北村联合工会	复验模范职工之家	镇江市总工会	2018
江苏电科电气设备有限公司工会	复验模范职工之家	镇江市总工会	2018
江苏容惠金属制品有限公司工会	复验模范职工之家	镇江市总工会	2018
句容市郭庄镇甲山村私营企业联合工会	复验模范职工之家	镇江市总工会	2018
江苏金门能源装备有限公司工会	复验模范职工之家	镇江市总工会	2018
句容市宏安针织有限公司工会	复验模范职工之家	镇江市总工会	2018
句容立威尔电器有限公司工会	复验模范职工之家	镇江市总工会	2018
句容市赵巷村工会	复验模范职工之家	镇江市总工会	2018
句容市茅山管委会工会	复验模范职工之家	镇江市总工会	2018
句容市郭庄镇总工会	复验模范职工之家	镇江市总工会	2018
句容市天王镇总工会	复验模范职工之家	镇江市总工会	2018

续表 8-5-3

单位名称	荣誉称号	表彰单位	表彰时间
句容市后白镇总工会	复验模范职工之家	镇江市总工会	2018
句容市东进林场工会	复验模范职工之家	镇江市总工会	2018
句容市三圆制桶有限公司工会	复验模范职工之家	镇江市总工会	2018
句容市宝华镇凤坛村联合工会	复验模范职工之家	镇江市总工会	2018
宝华投资控股集团工会	复验模范职工之家	镇江市总工会	2018
江苏天晟药业股份有限公司工会	复验模范职工之家	镇江市总工会	2018
句容市宝华镇总工会	复验模范职工之家	镇江市总工会	2018
镇江祥龙混凝土有限公司工会	复验模范职工之家	镇江市总工会	2018
句容市大卓中学工会	复验模范职工之家	镇江市总工会	2018
句容市河滨路小学工会	复验模范职工之家	镇江市总工会	2018
句容市妇幼保健院工会	复验模范职工之家	镇江市总工会	2018
句容市下蜀中心卫生院工会	复验模范职工之家	镇江市总工会	2018
句容市人民医院工会	复验模范职工之家	镇江市总工会	2018
句容市疾病预防控制中心工会	复验模范职工之家	镇江市总工会	2018
句容市磨盘山林场工会	复验模范职工之家	镇江市总工会	2018
句容市林场工会	复验模范职工之家	镇江市总工会	2018
句容市后白良种场工会	复验模范职工之家	镇江市总工会	2018
句容市方山茶场工会	复验模范职工之家	镇江市总工会	2018
句容市茗苑茶业科技开发有限公司工会	复验模范职工之家	镇江市总工会	2018
句容市新基泰新型材料有限公司工会	复验模范职工之家	镇江市总工会	2018
句容市交警大队车管所工会	复验模范职工之家	镇江市总工会	2018
句容市总工会	复验模范职工之家	镇江市总工会	2018
句容华源电气设备有限公司工会	复验模范职工之家	镇江市总工会	2018
句容市边城镇光明村联合工会	复验模范职工之家	镇江市总工会	2018
句容市边城镇青山村联合工会	复验模范职工之家	镇江市总工会	2018
句容市边城镇东昌村联合工会	复验模范职工之家	镇江市总工会	2018
江苏新光环保工程有限公司工会	复验模范职工之家	镇江市总工会	2018
江苏建华管桩有限公司工会	复验模范职工之家	镇江市总工会	2018
句容康宁长毛绒玩具有限公司工会	复验模范职工之家	镇江市总工会	2018
句容市下蜀镇自来水厂工会	复验模范职工之家	镇江市总工会	2018
江苏毅马铸锻有限公司工会	复验模范职工之家	镇江市总工会	2018
句容市天王镇天王村联合工会	复验模范职工之家	镇江市总工会	2018
句容市万顺轻工机械有限公司工会	复验模范职工之家	江苏省总工会	2018
句容市边城中心小学工会	复验模范职工之家	镇江市总工会	2018
句容市华阳中心小学工会	复验模范职工之家	镇江市总工会	2018

续表 8-5-3

单位名称	荣誉称号	表彰单位	表彰时间
句容市天王中心小学工会	复验模范职工之家	镇江市总工会	2018
句容市实验高级中学工会	复验模范职工之家	镇江市总工会	2018
句容移动公司工会	复验模范职工之家	镇江市总工会	2018
江苏北鋈新材料股份有限公司工会	复验模范职工之家	镇江市总工会	2018
江苏研昊科技发展有限公司工会	复验模范职工之家	镇江市总工会	2018
江苏句容联合铜材有限公司工会	复验模范职工之家	镇江市总工会	2018
立大自行车（句容）有限公司工会	复验模范职工之家	镇江市总工会	2018
句容建荣汽配有限公司工会	复验模范职工之家	镇江市总工会	2018
江苏广兴集团有限公司工会	复验模范职工之家	镇江市总工会	2018
句容市昌达公路养护工程有限公司工会	复验模范职工之家	镇江市总工会	2018
句容市深水水务有限公司联合工会	复验模范职工之家	镇江市总工会	2018
句容市茅山风景区夏林村联合工会	复验模范职工之家	镇江市总工会	2018
句容市茅山风景区马埂村联合工会	复验模范职工之家	江苏省总工会	2018
句容市水务集团工会	复验模范职工之家	镇江市总工会	2018
句容市茅山风景区天乐村联合工会	复验模范职工之家	镇江市总工会	2018
句容市天王镇前进村联合工会	复验模范职工之家	镇江市总工会	2018
句容市崇明小学工会	复验模范职工之家	镇江市总工会	2018
句容市行政审批局工会	模范职工之家	句容市总工会	2021
句容市审计局工会	模范职工之家	句容市总工会	2021
句容市人民检察院工会	模范职工之家	句容市总工会	2021
句容市人力资源和社会保障局工会	模范职工之家	句容市总工会	2021
句容生态环境局工会	模范职工之家	句容市总工会	2021
句容市客运总站有限公司工会	模范职工之家	句容市总工会	2021
句容春天日用品材料有限公司工会	模范职工之家	句容市总工会	2021
句容市长江提水站管理处工会	模范职工之家	句容市总工会	2021
句容市城市管理城区行政执法大队工会	模范职工之家	句容市总工会	2021
句容市第四人民医院工会	模范职工之家	句容市总工会	2021
镇江海天针织制品有限公司工会	模范职工之家	句容市总工会	2021
句容市建筑工程质量检测中心工会	模范职工之家	句容市总工会	2021
江苏华旺建设集团有限公司工会	模范职工之家	句容市总工会	2021
江苏三超金刚石工具有限公司工会	模范职工之家	句容市总工会	2021
句容协鑫光伏科技有限公司工会	模范职工之家	句容市总工会	2021
江苏苏美达创意家纺实业有限公司工会	模范职工之家	句容市总工会	2021
句容市宝华镇中心幼儿园工会	模范职工之家	句容市总工会	2021
江苏欢聚一堂旅游文化发展有限公司工会	模范职工之家	句容市总工会	2021

续表 8-5-3

单位名称	荣誉称号	表彰单位	表彰时间
句容宁武新材料股份有限公司工会	模范职工之家	句容市总工会	2021
镇江森豊新材料有限公司工会	模范职工之家	句容市总工会	2021

2006—2019 年镇江市总工会、句容市总工会表彰“劳动关系和谐企业”情况一览表

表 8-5-4

企业名称	表彰单位	表彰时间	备注
大全集团有限公司	镇江市总工会	2006	达标和谐企业
句容市自来水总公司	镇江市总工会	2006	达标和谐企业
句容市供电公司	镇江市总工会	2006	达标和谐企业
句容市邮政局	镇江市总工会	2006	达标和谐企业
句容市华通客运有限公司	镇江市总工会	2006	达标和谐企业
句容市供电公司	句容市总工会	2006	达标和谐企业
句容市华通客运有限公司	句容市总工会	2006	达标和谐企业
句容市邮政局	句容市总工会	2006	达标和谐企业
句容市自来水总公司	句容市总工会	2006	达标和谐企业
句容市电磁线公司	句容市总工会	2006	达标和谐企业
句容市方山茶场	句容市总工会	2006	达标和谐企业
句容三泰服装辅料有限公司	句容市总工会	2006	达标和谐企业
句容市吉利装饰工程公司	句容市总工会	2006	达标和谐企业
句容市兴文包装有限公司	句容市总工会	2006	达标和谐企业
镇江天力变压器有限公司	句容市总工会	2006	达标和谐企业
句容电信公司	镇江市总工会	2007	达标和谐企业
镇江一马先制衣有限公司	镇江市总工会	2007	达标和谐企业
句容市华通客运有限公司	镇江市总工会	2007	先进企业
句容供电公司	镇江市总工会	2007	先进企业
句容市邮政局	镇江市总工会	2007	先进企业
大全集团有限公司	镇江市总工会	2007	先进企业
镇江宝华物流有限公司	镇江市总工会	2008	达标企业
天宁香料（江苏）有限公司	镇江市总工会	2008	达标企业
句容市交通工程有限公司	镇江市总工会	2008	达标企业
句容市农村信用合作联社	镇江市总工会	2008	达标企业
句容市银鹏房地产开发总公司	镇江市总工会	2008	达标企业
镇江天力变压器有限公司	镇江市总工会	2008	达标企业
镇江佳峰儿童用品有限公司	镇江市总工会	2008	达标企业

续表 8-5-4

企业名称	表彰单位	表彰时间	备注
镇江力帆胶囊有限公司	镇江市总工会	2008	达标企业
句容市交通工程有限公司	镇江市总工会	2009	模范企业
天宁香料（江苏）有限公司	镇江市总工会	2009	模范企业
句容市银鹏房地产开发总公司	镇江市总工会	2009	模范企业
镇江天力变压器有限公司	镇江市总工会	2009	模范企业
句容市农村信用合作联社	镇江市总工会	2009	模范企业
句容市友诚服装有限公司	镇江市总工会	2009	达标企业
句容市兴文包装有限公司	镇江市总工会	2009	达标企业
江苏华阳金属管件制品有限公司	镇江市总工会	2009	达标企业
江苏广兴集团有限公司	镇江市总工会	2009	达标企业
句容盛业管件制品有限公司	镇江市总工会	2009	达标企业
镇江唐人制衣有限公司	句容市总工会	2010	达标企业
句容美日服装有限公司	句容市总工会	2010	达标企业
句容三泰服装有限公司	句容市总工会	2010	达标企业
江苏鸿宇鞋业有限公司	句容市总工会	2010	达标企业
句容舜云服饰有限公司	句容市总工会	2010	达标企业
句容创德服装有限公司	句容市总工会	2010	达标企业
镇江力奇日用品有限公司	句容市总工会	2010	达标企业
句容市宏达毛纺厂	句容市总工会	2010	达标企业
句容市兴春化工有限公司	句容市总工会	2010	达标企业
句容市阁莱雅服装厂	句容市总工会	2010	达标企业
句容市方正包装有限公司	句容市总工会	2010	达标企业
句容市三圆制桶有限公司	句容市总工会	2010	达标企业
下蜀自来水厂	句容市总工会	2010	达标企业
句容市万顺轻工机械有限公司	句容市总工会	2010	达标企业
凯美科瑞亚化工有限公司	句容市总工会	2010	达标企业
句容市森宝兰制衣有限公司	句容市总工会	2010	达标和谐企业
句容市联合铜材有限公司	句容市总工会	2010	达标和谐企业
江苏五洲电磁线有限公司	句容市总工会	2010	达标和谐企业
句容市宏业针织厂	句容市总工会	2010	达标和谐企业
句容市天王毛纺厂	镇江市总工会	2011	模范企业
句容市兴文包装有限公司	镇江市总工会	2011	模范企业
江苏华阳金属管件制品有限公司	镇江市总工会	2011	模范企业
江苏天晟药业股份有限公司	镇江市总工会	2012	达标企业
江苏华电句容发电有限公司	镇江市总工会	2012	达标企业

续表 8-5-4

企业名称	表彰单位	表彰时间	备注
句容移动公司	镇江市总工会	2012	达标企业
句容电信公司	镇江市总工会	2012	达标企业
句容供电公司	镇江市总工会	2012	达标企业
句容水务集团有限公司	镇江市总工会	2012	达标企业
句容市鼎盛纸箱包装有限公司	镇江市总工会	2012	达标企业
江苏巨业电缆有限公司	镇江市总工会	2012	达标企业
江苏怡源泰丰箱包有限公司	镇江市总工会	2012	达标企业
句容开发区房地产开发总公司	镇江市总工会	2012	达标企业
镇江东丰制衣有限公司	镇江市总工会	2012	达标企业
江苏强兴机械有限公司	镇江市总工会	2012	达标企业
江苏电科电气设备有限公司	镇江市总工会	2012	达标企业
句容市天一商城有限公司	镇江市总工会	2012	达标企业
句容市兴春化工有限公司	镇江市总工会	2012	达标企业
江苏建华管桩有限公司	镇江市总工会	2012	达标企业
句容毅马五金制品有限公司	镇江市总工会	2013	达标企业
江苏建华新型墙材有限公司	镇江市总工会	2013	达标企业
句容下蜀镇临港工业集中区	镇江市总工会	2013	和谐工业园区
江苏金门能源有限公司	镇江市总工会	2013	达标企业
江苏齐光玻璃科技有限公司	镇江市总工会	2013	达标企业
句容振尧包装容器有限责任公司	镇江市总工会	2013	达标企业
句容恒祥金属再生利用有限公司	镇江市总工会	2013	达标企业
句容玉联机械厂	镇江市总工会	2013	达标企业
江苏华神特种橡胶制品股份有限公司	镇江市总工会	2013	达标企业
句容市华正电气有限公司	镇江市总工会	2013	达标企业
江苏宸源实业有限公司	镇江市总工会	2013	达标企业
江苏三泰轻工科技有限公司	镇江市总工会	2013	达标企业
江苏中容电器有限公司	镇江市总工会	2013	达标企业
句容市明新日用化工有限公司	镇江市总工会	2013	达标企业
江苏乐智电子科技有限公司	镇江市总工会	2013	达标企业
句容康宁长毛绒玩具有限公司	镇江市总工会	2014	达标企业
江苏时瑞电子科技有限公司	镇江市总工会	2014	达标企业
江苏耀兴玻璃有限公司	镇江市总工会	2014	达标企业
镇江市金旭鞋业有限公司	镇江市总工会	2014	达标企业
句容东发生活用品有限公司	镇江市总工会	2014	达标企业
江苏宝华旅游开发有限公司	镇江市总工会	2014	达标企业

续表 8-5-4

企业名称	表彰单位	表彰时间	备注
句容排印厂	镇江市总工会	2014	达标企业
句容市新基泰新型材料有限公司	镇江市总工会	2014	达标企业
江苏拓科集团有限公司	镇江市总工会	2014	达标企业
江苏金陵奥普特高分子材料有限公司	镇江市总工会	2014	达标企业
江苏唐邦机电有限公司	镇江市总工会	2014	达标企业
镇江升月机械制程有限公司	镇江市总工会	2014	达标企业
句容市康宁长毛绒玩具有限公司	镇江市总工会	2015	达标企业
江苏时瑞电子科技有限公司	镇江市总工会	2015	达标企业
江苏耀兴玻璃有限公司	镇江市总工会	2015	达标企业
镇江市金旭鞋业有限公司	镇江市总工会	2015	达标企业
句容东发生活用品有限公司	镇江市总工会	2015	达标企业
江苏宝华旅游开发有限公司	镇江市总工会	2015	达标企业
句容排印厂	镇江市总工会	2015	达标企业
句容市新基泰新型材料有限公司	镇江市总工会	2015	达标企业
江苏拓科集团有限公司	镇江市总工会	2015	达标企业
江苏金陵奥普特高分子材料有限公司	镇江市总工会	2015	达标企业
江苏唐邦机电有限公司	镇江市总工会	2015	达标企业
镇江北新建材有限公司	镇江市总工会	2015	达标企业
句容市万顺轻工机械有限公司	镇江市总工会	2017	达标企业
江苏句容抽水蓄能有限公司	镇江市总工会	2017	达标企业
江苏绿叶锅炉配件有限公司	镇江市总工会	2017	达标企业
江苏天晟药业股份有限公司	镇江市总工会	2017	复查通过
江苏华椏融通智能科技有限公司	镇江市总工会	2017	复查通过
句容振尧包装容器有限公司	镇江市总工会	2017	复查通过
句容移动公司	镇江市总工会	2017	复查通过
句容水务集团有限公司	镇江市总工会	2017	复查通过
句容市恒祥金属再生利用有限公司	镇江市总工会	2017	复查通过
句容电信分公司	镇江市总工会	2017	复查通过
句容毅马五金制品有限公司	镇江市总工会	2017	复查通过
江苏汤辰机械装备制造有限公司	镇江市总工会	2017	复查通过
句容发电厂	镇江市总工会	2017	复查通过
句容毅马五金制品有限公司	镇江市总工会	2017	复查通过
镇江兆新建材有限公司	镇江市总工会	2019	优秀企业
江苏汤辰机械装备制造有限公司	镇江市总工会	2019	优秀企业
镇江东风制衣有限公司	镇江市总工会	2019	优秀企业

续表 8-5-4

企业名称	表彰单位	表彰时间	备注
江苏中容电器有限公司	镇江市总工会	2019	优秀企业
句容市新基泰新型材料有限公司	镇江市总工会	2019	优秀企业
江苏华旺建设集团有限公司	镇江市总工会	2019	优秀企业
江苏唐邦机电有限公司	镇江市总工会	2019	优秀企业
江苏拓科集团有限公司	镇江市总工会	2019	优秀企业
句容经济开发区管委会	镇江市总工会	2019	优秀企业

1993—2020 年句容市（县）总工会获得荣誉称号情况一览表

表 8-5-5

获奖项目/荣誉名称	表彰单位	表彰时间
镇江市职工代表培训先进单位	镇江市总工会	1993
1993—1994 年镇江市职工教育先进单位	镇江市政府	1994
县以上工会财务竞赛优胜单位	江苏省总工会	1995
江苏省工会职工互助补充保险工作先进单位	江苏省总工会	1996
句容市总抓乡镇建会做到三个争取优秀信息	镇江市总工会	1998
县以上工会财务竞赛一等奖	江苏省总工会	1998
“九五”跨世纪奉献杯立功竞赛活动先进单位	江苏省总工会	2000
“三比三赛一达标”竞赛先进集体	镇江市总工会	2001
2000 年度江苏省工会工作十强县	江苏省总工会	2001
工会干部教育培训工作先进集体	江苏省总工会	2002
县以上工会财务会计工作竞赛一等奖	江苏省总工会	2003
创建江苏省文明城市工作有功单位	句容市委	2003
借助“行政执法证”审查工会经费革新成果奖	江苏省总工会	2004
工会经费审查工作先进集体	镇江市总工会	2004
参加镇江市第十二届运动会优秀组织奖	句容市政府	2004
全省工会信访工作先进集体	江苏省总工会	2006
2006 年度“安康杯”竞赛优秀组织奖	镇江市总工会、镇江市安监局	2007
江苏省群众性经济技术创新工程优秀组织奖	江苏省总工会	2007
县以上工会财务会计工作竞赛一等奖	江苏省总工会	2007
2006 年度江苏省工会工作模范市	江苏省总工会	2007
2006 年度工会财务会计工作竞赛先进集体	全国总工会	2007
开发区村庄拆迁工作有功单位	句容市委	2007
推进工资集体协商工作先进集体	镇江市总工会	2008
江苏省工会财务工作先进集体	江苏省总工会	2008
2008 年度职工互助互济保障工作先进集体	镇江市总工会	2009

续表 8-5-5

获奖项目/荣誉名称	表彰单位	表彰时间
江苏省工会信息工作十强县	江苏省总工会	2011
“五五”普法工作先进集体	句容市委、市政府	2011
2012 年度全省工会新闻宣传工作先进单位	江苏省总工会	2012
2011 年度经费收缴工作优胜单位	江苏省总工会	2012
工会财务会计管理规范化达标考核规范单位	镇江市总工会	2012
2011 年度全市安全生产先进单位	句容市政府	2012
2011 年度全市综治和平安建设先进集体	句容市委	2012
镇江市劳动关系和谐企业创建工作先进集体	镇江市总工会	2012
定期举办“劳模沙龙”，引领示范新型农民共同致富创优工作项目	镇江市总工会	2013
2013 年度全省工会新闻宣传工作先进单位	江苏省总工会	2013
全省职工学习党的十八大精神知识竞赛通报表扬	江苏省总工会	2013
2013 年度县以上工会财务会计工作竞赛一等奖	江苏省总工会	2013
2012 年度法治建设先进集体	句容市委、市政府	2013
2013 年度县以上工会财务会计工作竞赛一等奖	江苏省总工会	2014
职工互助保障工作先进单位	全国总工会	2014
《中国工运》宣传通讯工作先进单位	全国总工会	2014
2014 年度县以上工会财务会计工作竞赛一等奖	江苏省总工会	2014
江苏省经费收缴工作优胜单位	江苏省总工会	2014
镇江市工会工作先进单位	镇江市总工会	2015
最美杜鹃花——“职场女神”随手拍活动优秀组织奖	镇江市总工会	2016
江苏省县以上工会财务工作竞赛一等奖	江苏省总工会	2016
“中华诗词之乡”创建工作先进集体	句容市委	2016
2011—2015 年全市普法工作先进集体	句容市委、市政府	2016
全市职工体育文化活动“追梦大工匠”篆刻大赛优秀组织奖	镇江市总工会	2016
“红五月”杯全市职工篮球联赛优秀组织奖	镇江市总工会	2016
全市职工主持人大赛优秀组织奖	镇江市总工会	2016
“同舟共济、共克时艰”全市职工大讨论优秀组织奖	镇江市总工会	2016
“借力社会工作者，激发基层新活力”创新三等奖	镇江市总工会	2017
江苏省县以上工会财务会计工作竞赛二等奖	江苏省总工会	2017
“中国梦　劳动美　幸福路”职工摄影大赛优秀组织奖	镇江市总工会	2017
职工职业技能竞赛优秀组织奖	镇江市总工会	2018
“礼赞祖国　劳动最美”征文活动优秀组织奖	镇江市总工会	2018
县以上工会财务工作竞赛二等奖	江苏省总工会	2018
纪念改革开放 40 周年图片展作品征案优秀组织奖	镇江市总工会等	2018

续表 8-5-5

获奖项目/荣誉名称	表彰单位	表彰时间
镇江工会“五一新闻奖”先进集体	镇江市总工会	2018
人力资源和社会保障工作先进集体	句容市政府	2019
全市女职工读书征文活动特别组织奖	镇江市总工会	2020
职工文化系列活动优秀组织奖	镇江市总工会	2020
“乡村振兴联万村·工会助力幸福路”先进单位	镇江市总工会	2020
江苏省县以上工会财务会计工作竞赛二等奖	江苏省总工会	2020
组建工会和发展会员“百日竞赛”活动先进单位	镇江市总工会	2020
工会新闻宣传工作先进集体	镇江市总工会	2020
镇江市工会劳动法律监督工作先进单位	镇江市总工会	2020

1993—2020 年句容市（县）基层工会、组织获得荣誉称号情况一览表

表 8-5-6

单位/组织	荣誉栏目/荣誉名称	表彰单位	表彰时间
句容工程机械厂	职工读书活动先进集体	镇江市总工会	1993
句容金猴机械（集团）公司工会	“两增强一奉献”活动先进集体	镇江市总工会	1993
江苏句容农校	群众体育工作先进集体	镇江市总工会	1995
句容市公路管理处	群众体育工作先进集体	镇江市总工会	1995
句容金猴机械（集团）公司	群众体育工作先进集体	镇江市总工会	1995
句容市供电局	群众体育工作先进集体	镇江市总工会	1995
句容市实验小学	群众体育工作先进集体	镇江市总工会	1995
句容市纺织工业公司	群众体育工作先进集体	镇江市总工会	1995
句容市供电局工会	职工读书自学活动先进集体	镇江市总工会	1995
句容市农业银行工会	职工读书自学活动先进集体	镇江市总工会	1998
句容市邮电局工会	民主管理先进单位	镇江市总工会	1998
句容市服装总厂工会经审会	工会经审工作先进集体	镇江市总工会	1998
句容市邮电局职工技术协会	职工技协工作先进集体	镇江市总工会	1998
句容市白兔镇工会	合格乡镇工会	江苏省总工会	2002
句容市后白镇工会	示范乡镇工会	镇江市总工会	2002
句容市春城镇工会	示范乡镇工会	镇江市总工会	2002
句容市白兔镇工会	合格乡镇工会	江苏省总工会	2002
句容市后白镇工会	合格乡镇工会	江苏省总工会	2002
句容市郭庄镇工会	合格乡镇工会	江苏省总工会	2002
句容市春城镇工会	合格乡镇工会	江苏省总工会	2002
句容市天王镇工会	合格乡镇工会	江苏省总工会	2002
句容市华阳镇工会	合格乡镇工会	江苏省总工会	2002

续表 8-5-6

单位	荣誉栏目/荣誉名称	表彰单位	表彰时间
句容市下蜀镇工会	合格乡镇工会	镇江市总工会等	2002
句容市供电公司	先进集体	镇江市总工会等	2003
句容市自来水公司	先进集体	镇江市总工会	2003
句容金猴机械（集团）公司	优胜单位	句容市总工会	2003
句容市农村信用联社商业街分社	五一文明班	句容市总工会	2003
句容市供电公司车队	五一文明班	句容市总工会	2003
句容市供电公司调度监控班	五一文明班	句容市总工会	2003
句容市广源电器城空调柜	五一文明班	句容市总工会	2003
句容高级中学物理教研组	五一文明班	句容市总工会	2003
句容市第三中学高三年级组	五一文明班	句容市总工会	2003
句容市电信局传输班	五一文明班	句容市总工会	2003
句容市电信局 112 障碍受理班	五一文明班	句容市总工会	2003
句容市电信局中街营业班	五一文明班	句容市总工会	2003
句容市自来水公司营业厅	五一文明班	句容市总工会	2003
句容市自来水公司机修班	五一文明班	句容市总工会	2003
句容市运输管理处办证大厅	五一文明班	句容市总工会	2003
句容市交通工程管理处机械班	五一文明班	句容市总工会	2003
句容市驾培 C 照培训班	五一文明班	句容市总工会	2003
句容市航运公司九队	五一文明班	句容市总工会	2003
句容市邮政局储汇分局	五一文明班	句容市总工会	2003
句容市邮政局速递公司	五一文明班	句容市总工会	2003
江苏远东水泥有限公司旋窑车间看火班	五一文明班	句容市总工会	2003
句容市兴春化工有限公司防老剂车间	五一文明班	镇江市总工会	2003
句容市华通客运有限公司车站	五一文明岗	镇江市总工会	2003
句容供电公司用电营业厅	五一文明岗	镇江市总工会	2003
句容电信局华阳营业班	五一文明岗	镇江市总工会	2003
句容市自来水公司机修班	五一文明岗	镇江市总工会	2003
郭庄镇工会	示范乡镇工会	镇江市总工会	2004
边城镇工会	示范乡镇工会	江苏省总工会	2004
华阳镇工会	示范乡镇工会	江苏省总工会	2004
宝华镇工会	合格乡镇工会	江苏省总工会	2004
葛村镇工会	合格乡镇工会	镇江市总工会	2004
句容市委组织部	厂务公开工作先进组织奖	江苏省总工会	2005
春城镇工会	示范乡镇工会	江苏省总工会	2005
句容市客运公司工会	工会劳动保护先进集体	句容市总工会	2005

续表 8-5-6

单位	荣誉栏目/荣誉名称	表彰单位	表彰时间
句容市实验小学四年级班	五一文明班	句容市总工会	2006
句容市电磁线公司纸包线班	五一文明班	句容市总工会	2006
一马先制衣公司机工一车间三组	五一文明班	句容市总工会	2006
句容市公安局林区派出所	五一文明班	句容市总工会	2006
句容市农村信用联社天王信用社内勤班	五一文明班	句容市总工会	2006
句容电信公司设备维护中心	五一文明班	句容市总工会	2006
句容市茅山纺织公司支部车间运转乙班	五一文明班	句容市总工会	2006
句容森宝兰制衣公司技术部	五一文明班	句容市总工会	2006
句容市气象局气象站	五一文明班	句容市总工会	2006
句容供电公司抄核收班	五一文明班	江苏省总工会	2006
句容供电公司电力调度班	群众性创新工程五一示范岗	句容市总工会	2007
句容市人民医院急诊科	五一文明班组	句容市总工会	2007
句容市职教中心语文教研组	五一文明班组	句容市总工会	2007
句容市银鹏房地产开发总公司预算科	五一文明班组	句容市总工会	2007
句容市邮政局春城邮政支局	五一文明班组	句容市总工会	2007
句容市便民超市计划销售科	五一文明班组	句容市总工会	2007
句容市金茂机械厂金工车间	五一文明班组	句容市总工会	2007
句容市吉利装饰工程公司财务科	五一文明班组	句容市总工会	2007
句容市粮食局中心化验室	五一文明班组	句容市总工会	2007
句容市欣典陶瓷公司颜彩组	五一文明班组	句容市总工会	2007
江苏远东水泥有限公司水泥车间行车组	五一文明班组	句容市总工会	2007
句容市供电公司继电维护岗	五一文明岗	句容市总工会	2007
句容经济开发区房地产开发总公司经营商	五一文明岗	句容市总工会	2007
句容市天王镇财政所	五一文明岗	句容市总工会	2007
句容市茅山卫生院护理岗	五一文明岗	句容市总工会	2007
句容市黄梅镇财政所	五一文明岗	句容市总工会	2007
句容市兴春化工有限公司硅烷车间压滤岗	五一文明岗	句容市总工会	2007
天宁香料（江苏）有限公司乳化岗	五一文明岗	句容市总工会	2007
句容公路管理处五里墩收费站月票办理岗	五一文明岗	句容市总工会	2007
句容市金鑫联合铜材厂无氧铜杆岗	五一文明岗	江苏省总工会	2007
句容市华通客运有限公司	厂务公开民主管理先进单位	镇江市总工会	2007
句容市自来水总公司	职工歌咏大赛优秀演出奖	镇江市总工会	2007
句容三泰服装辅料有限公司	工资协商推进工作先进单位	句容市总工会	2007
句容宾馆餐饮值台	五一文明班组	句容市总工会	2008
江苏建华管桩有限公司 CD 车间	五一文明班组	句容市总工会	2008

续表 8-5-6

单位	荣誉栏目/荣誉名称	表彰单位	表彰时间
镇江市九天化工有限公司生产部	五一文明班组	句容市总工会	2008
句容经济开发区管委会办公室	五一文明班组	句容市总工会	2008
句容工商局登记注册科	五一文明班组	句容市总工会	2008
句容市华阳镇财政所	五一文明班组	句容市总工会	2008
句容市文化体育局财务科	五一文明班组	句容市总工会	2008
句容农行宝华开发区分理处	五一文明班组	句容市总工会	2008
句容市宏业针织厂定型组	五一文明班组	句容市总工会	2008
句容市地税局第四税务分局	五一文明班组	镇江市总工会	2008
句容市华阳镇工会	互助互济保障先进集体	镇江市总工会	2008
句容市第三中学高三数学备课组	五一文明班组	镇江市总工会	2009
句容市地税局第四税务分局	五一文明班组	镇江市总工会	2009
句容市下蜀镇总工会	民主管理先进单位	镇江市总工会	2009
句容市第三中学工会	民主管理先进单位	镇江市总工会	2009
句容市邮政局	民主管理三星级职代会	镇江市总工会	2010
镇江天力变压器有限公司	民主管理三星级职代会	镇江市总工会	2010
句容市供电公司	民主管理三星级职代会	镇江市总工会	2010
句容市自来水总公司	民主管理三星级职代会	江苏省总工会	2010
句容市农村信用联社	民主管理三星级职代会	镇江市总工会	2010
句容市银鹏房地产开发总公司	民主管理三星级职代会	江苏省总工会	2010
句容市华阳镇总工会	模范乡镇职工之家	句容市总工会	2010
句容市人力资源和社会保障局	学习型单位	句容市总工会	2011
句容市袁巷中心小学	学习型单位	句容市总工会	2011
句容市昌达公路养护工程有限公司	学习型单位	句容市总工会	2011
句容市地税局第五税务分局	学习型单位	句容市总工会	2011
句容市恒达交通建设工程有限公司	学习型单位	句容市总工会	2011
句容市规划局	学习型单位	句容市总工会	2011
句容市农业技术推广中心	学习型单位	句容市总工会	2011
句容市兴春化工有限公司	学习型单位	句容市总工会	2011
句容市郭庄粮食储备（省级）库	学习型单位	句容市总工会	2011
句容市下蜀中心卫生院	学习型单位	句容市总工会	2011
江苏三泰轻工科技有限公司	学习型单位	句容市总工会	2011
句容市农业机械安全监理所	学习型单位	句容市总工会	2011
句容市建筑抗震技术服务站	学习型单位	句容市总工会	2011
江苏天晟药业股份有限公司	学习型单位	句容市总工会	2011

续表 8-5-6

单位	荣誉栏目/荣誉名称	表彰单位	表彰时间
句容市下蜀中心小学	学习型单位	镇江市委组织部 镇江市总工会	2011
江苏建华管桩有限公司	“双争四统筹”活动示范单位	镇江市委组织部 镇江市总工会	2012
江苏唐邦机电有限公司	“双争四统筹”活动示范单位	镇江市委组织部 镇江市总工会	2012
江苏华神特种橡胶制品股份有限公司	“双争四统筹”活动示范单位	镇江市委组织部 镇江市总工会	2012
句容市水务集团有限公司	“双争四统筹”活动示范单位	市委宣传部等	2012
句容市天王镇戴庄村委会	“双争四统筹”活动示范片区	市委宣传部等	2012
句容市华阳镇下甸村委会	“双争四统筹”活动示范片区	镇江市总工会	2012
江苏建华管桩有限公司	学习型企业	镇江市总工会	2012
句容发电厂	学习型企业	镇江市总工会	2012
江苏唐邦机电有限公司	学习型企业	市委宣传部等	2012
江苏兴文包装有限公司	学习型企业	市委宣传部等	2012
句容市供电公司	学习型企业	市委宣传部等	2012
句容市华阳镇	劳动关系和谐创建先进集体	市委宣传部等	2012
江苏华电句容发电有限公司	企业职工文化示范单位	镇江市总工会	2012
江苏建华管桩有限公司	企业职工文化示范单位	镇江市总工会	2012
句容市邮政局	企业职工文化示范单位	镇江市总工会	2012
句容农商行	企业职工文化示范单位	镇江市总工会	2012
句容市兴文包装有限公司	企业职工文化示范单位	镇江市总工会	2012
句容移动公司	企业职工文化示范单位	镇江市总工会	2012
句容电信公司	企业职工文化示范单位	镇江市总工会	2012
句容供电公司	企业职工文化示范单位	镇江市总工会	2012
江苏金门能源装备有限公司金工车间容器班	五一文明班组	市委宣传部等	2013
句容水库水产良种繁育场	五一文明班组	镇江市总工会	2013
句容发电厂集控一班	五一文明班组	镇江市总工会	2013
茅山新四军纪念馆办公室	五一文明班组	江苏省总工会	2013
句容市边城镇总工会	镇工会工作标兵单位	镇江市总工会	2013
句容市白兔镇总工会	镇工会工作标兵单位	镇江市总工会	2014
句容市宝华镇总工会	镇工会工作先进单位	镇江市总工会	2014
句容市后白镇总工会	镇工会工作先进单位	镇江市总工会	2014
句容市邮政局	学习型企业	镇江市总工会	2014
句容农商行	学习型企业	镇江市总工会	2014
江苏盛邦家俱制造有限公司	学习型企业	镇江市总工会	2014

续表 8-5-6

单位	荣誉栏目/荣誉名称	表彰单位	表彰时间
江苏港峰亚太投资管理有限公司	学习型企业	镇江市总工会	2014
江苏华神特种橡胶制品股份有限公司	学习型企业	镇江市总工会	2014
句容市白兔镇总工会	帮扶服务工作先进集体	镇江市总工会	2014
句容市边城镇总工会	帮扶服务工作先进集体	镇江市总工会	2014
句容市天王镇总工会	帮扶服务工作先进集体	镇江市总工会等	2014
句容市水务集团工会	帮扶服务工作先进集体	镇江市总工会等	2014
句容市国土局行政服务科	五一巾帼标兵岗	镇江市总工会等	2014
句容市下蜀镇总工会	工会工作先进单位	镇江市总工会等	2014
句容市华阳镇总工会	工会工作先进单位	镇江市总工会	2014
句容市地税局工会	工会工作先进单位	镇江市总工会	2014
句容市粮食收储中心工会	工会工作先进单位	镇江市总工会	2014
句容农商行工会	工会工作先进单位	镇江市总工会	2014
句容发电厂工会	工会工作先进单位	镇江市总工会等	2014
句容移动公司	企业职工文化示范单位	镇江市总工会	2014
江苏天晟药业股份有限公司	企业职工文化示范单位	镇江市总工会	2014
江苏汤臣机械装备制造公司	企业职工文化示范单位	江苏省总工会	2014
江苏南瓷绝缘子股份有限公司	企业职工文化示范单位	江苏省总工会	2014
句容利威尔电器有限公司	企业职工文化示范单位	镇江市总工会	2014
江苏山水环境建设集团公司	企业职工文化示范单位	镇江市总工会	2014
江苏金门能源装备有限公司	企业职工文化示范单位	镇江市总工会	2014
句容市华信工艺帽厂	企业职工文化示范单位	镇江市总工会	2014
句容市边城中心小学	企业职工文化示范单位	镇江市总工会	2014
句容移动公司	厂务公开民主管理先进单位	镇江市总工会	2014
句容市水务集团有限公司	厂务公开民主管理先进单位	镇江市总工会	2016
句容发电厂项目发展办公室	五一文明班组	镇江市总工会	2016
句容市银鹏房地产有限公司物业科维修部	五一文明班组	镇江市总工会	2016
句容市公安局车辆管理所	五一文明班组	镇江市总工会	2016
镇江血站句容采储血点	五一文明班组	镇江市总工会	2016
江苏建亚环保科技有限公司	厂务公开民主管理先进单位	镇江市总工会	2016
江苏绿叶锅炉有限公司	厂务公开民主管理先进单位	镇江市总工会	2016
句容供电公司	厂务公开民主管理先进单位	镇江市总工会	2016
江苏耀兴安全玻璃有限公司	厂务公开民主管理先进单位	镇江市总工会	2016
句容市自来水总公司水费营业厅	五一文明班组	镇江市总工会	2017
句容市建筑工程质量检测中心工会	企事业工会劳动保护合格工会	镇江市总工会	2020
句容市万顺轻工机械有限公司工会	企事业工会劳动保护合格工会	镇江市总工会	2020

续表 8-5-6

单位	荣誉栏目/荣誉名称	表彰单位	表彰时间
江苏德兴房车制造有限公司工会	企事业工会劳动保护合格工会	镇江市总工会	2020
句容新邦针织制品厂工会	企事业工会劳动保护合格工会	镇江市总工会	2020
江苏胜源纸品有限公司工会	企事业工会劳动保护合格工会	镇江市总工会	2020
句容市薄远电子有限公司工会	企事业工会劳动保护合格工会	镇江市总工会	2020
江苏汉宁智慧家居有限公司工会	企事业工会劳动保护合格工会	镇江市总工会	2020
江苏电科电气设备有限公司	企事业工会劳动保护合格工会	镇江市总工会	2020
华君电力科技（江苏）有限公司工会	企事业工会劳动保护合格工会	镇江市总工会	2020
句容协鑫光伏科技有限公司	企事业工会劳动保护合格工会	镇江市总工会	2020
句容市供电分公司	“书香企业建设”示范点	江苏省总工会	2020
句容投资集团有限公司	“职工书屋”示范点	江苏省总工会	2020

第九章　人　物

句容市（县）总工会团结带领全市（县）各级工会组织加强自身建设，提高工人素养，为句容经济社会发展讲奉献、做贡献，涌现出一批各级劳动模范、先进生产（工作）者、优秀工会干部。本章“人物传略”收录了已去世的省级以上劳动模范、国家级先进生产（工作）者、全国党代会代表和人大代表、市政协委员及市工会主要领导、工会工作杰出代表。“人物简介”收录同上标准的断限内健在人物 。“人物名录”收录了各级劳动模范、先进生产（工作）者等，有全国劳动模范、先进生产（工作）者、优秀党务工作者 11 个，国家部委先进生产（工作）者 20 个，省级劳动模范、省级先进生产（工作）者 151 个，市级劳动模范、市级先进生产（工作）者 145 个。20 世纪 80 年代后，市（县）总工会表彰了一批“优秀工会工作者”“优秀基层工会主席”“支持工会工作优秀领导干部”“优秀工会之友”“优秀工会积极分子”“荣誉工会积极分子”。同时，市（县）总工会加强劳动模范培养、管理，引导他们积极服务生产发展，服务社会进步，成立劳动模范协会、劳模农业科技服务团，搭建农业劳模沙龙，建设劳模创新工作室 64 个。

第一节　人物传略

郇祯祥

郇祯祥（1912—1986）　山东昌邑人，1944 年 10 月加入中国共产党。1943 年至 1949 年 4 月，历任昌邑县十字路村农会组织委员、村长，昌邑县逄翟区委组织干事，昌邑县委敌工干事、统战干事，昌邑县逄翟区区委副书记。1949 年 4 月渡江南下后，任句容县八区区委副书记。1950 年 4 月至 1951 年 7 月，任句容县总工会筹委会副主任。1951 年 7 月至 1952 年 8 月，任句容县总工会副主席。1952 年 8 月至 1958 年 9 月，任句容县工会联合会主席。1962 年 9 月，再次任句容县总工会主席，直至“文化大革命”中工会停止活动。1973 年 12 月离休。

王昌瑾

王昌瑾（1943—1994）　句容人，大学文化，中学高级教师，1984 年 4 月加入中国共产党。1969 年 7 月至 1972 年 4 月，在北京师范大学中文系工作。1972 年 5 月，在句容县教师进修学校任教；1982 年 3 月，任教务副主任；1986 年 8 月，任教务主任；1987 年 7 月任副校长（主持工作）。1989 年 9 月，调任句容县高级中学副校长。他是江苏省逻辑学会、镇江市语言学会、镇江市诗词学会会员。1980 年，增补为句容县政协委员。先后被南京师范大学、镇江教育学院、镇江电大分校聘为辅导教师。1974 年，参与编写《中师函授语文试用教材》。1975 年，参与执笔编写出版《中学语文教法初探》；1978 年，被省教育厅列为高师中文函授教材之一。《关于〈中学语文教学法初探〉的介绍和使用说明》一文在南京师范大学《函授通讯》上发表。1982 年，撰写出版《怎样纠正小学生的错别字》；1986 年，修订后再版，被江苏教育出版社列为八省一市小学教师丛书之一。还编写了《文章的逻辑分析》《句容县中学德育工作手册》《学子文萃》等。他平易近人，敢于直言，关心师生，被评为 1983 年度县先进工作者、县先进教育工作者、县优秀共产党员。1989 年获“全国优秀教师”称号。

杨图南

杨图南（1938—2005） 福建泉州人，1978年4月加入中国共产党。1961年7月，毕业于南京农学院农学系遗传育种专业，同年9月分配到镇江农科所工作，1979年晋升为助理研究员，1982年任镇江农科所副所长，1984年任镇江农科所党委委员，1987年破格晋升为研究员。1988年被评为国家级有突出贡献中青年专家，并当选为镇江市第九届人大常委会委员、第七届政协委员。1989年被评为全国先进工作者、全国侨界优秀知识分子。1991年享受国务院政府特殊津贴。1993年当选为镇江市第十届人大代表，1997年当选为中国共产党第十五次全国代表大会代表。1999年被评为全国归侨、侨眷先进个人。曾兼任镇江农学会副理事长，江苏省种子学会学术委员会主任委员，江苏省作物学会水稻专业委员会理事，江苏省农植物品种审定委员会委员，镇江市农业高级职称评审委员会主任委员，江苏省农业研究系列高级职称评审委员会委员，镇江市有突出贡献中青年专家评审委员会委员，江苏省有突出贡献中青年专家评审委员会委员，南京农业大学教授，南京农业大学水稻研究所顾问、研究员。一生致力水稻育种科研工作，50多次到海南、福建进行南繁加代育种，培育出早、中、晚、籼、粳、糯水稻新品种、新组合20多个，如高产糯稻“桂花糯”、中熟早稻“竹系26”、优质晚粳稻“青林9号”、镇稻2号和3号及镇籼232等，推广1亿多亩，增产3000万吨。获各项科技成果奖33项次（主持完成省部级科技进步奖21项），发表论文40余篇。1999年12月退休。

谢保国

谢保国（1934—2007） 天王镇人，高级工程师。1950年1月至1953年6月，在华东步兵某师司令部侦察连服役。1953年7月至1965年5月，在句容县茅山林场任治安员、会计、工区主任。1965年6月至1984年5月，在句容县林场工作。1976—1986年，任全国白蚁防治协作组副组长。1977—1990年，任江苏省林学会常务理事。1984年6月至2007年12月，任句容市森林白蚁防治研究所所长。1978年，获全国、江苏省科技大会奖。1982年3月，在农业科技工作防治林木白蚁压烟新技术项目中被国家科委、农委授予特别贡献奖。1985年2月，被评为镇江市劳动模范；3月，被江苏省政府授予劳动模范。1986年4月，被中华全国总工会授予全国优秀科技工作者和五一劳动奖章。1988年，被江苏省政府评为有突出贡献中青年专家。80年代，他与武汉大学生命科学院合作，共同承担国家“七五”“八五”计划重点项目《生物灭蚁制剂》研究，并获得成功。1990年8月，被中华全国总工会授予全国职工自学成才奖。1991年12月，享受国务院政府特殊津贴。90年代，开始对白蚁药用价值研究、开发，《包含白蚁种群及主巢菌圃的药用组合的利用》和保健药品“玉驹胶囊”于1995年、1996年被国家知识产权局授予发明专利，并填补两项国际空白；保健药品“玉驹胶囊”于2002年6月被国家药监局批准为准字号药品。先后当选句容县第七届、八届、九届、十届人大代表，第九届、十届人大常委会委员；被推荐为江苏省第六届、七届、八届政协委员。1999年12月退休。

王纪焱

王纪焱（1950—2008） 后白镇人，中共党员，高级经济师。1967年5月至1979年9月，任后白镇怀源村赤脚医生、革委会副主任。1979年9月，受组织委派到集镇创办后白服装厂（后改为后白工艺品总厂、江苏天爱集团），任厂长兼党总支书记，开发主导产品“集友”牌硬领衬衫，促使企业产销两旺，进而发展为句容县第一服装厂、镇江市第二服装厂，成为全县优秀乡镇企业。1987年，被评为镇江市优秀共产党员。1988年，被评为镇江市劳动模范。80年代后期，创办工贸合营工艺品玩具厂。1991年，玩具厂主产品“天爱”长毛绒玩具获对外经贸部优质产品奖；同年被评为江苏省劳动模范。1992年3月，任江苏天爱集团董事长、党委书记兼后白镇副镇长、党委副书记。1994年，被表彰为全国乡镇企业家。

1995 年，企业投入 1400 万元引进 PET 填充棉生产线，还创办了制线厂、纸箱厂及天爱玩具市场；投入 500 多万元引进陶瓷玩具生产线；同年，企业获得外贸产品进出口经营权。至 1999 年，天爱集团拥有固定资产 5000 万元，年销售额超 1 亿元、创利税 1000 多万元。1996 年 11 月，任后白镇镇长，利用天爱集团资金、人才、技术和管理条件，帮助有条件的村和厂兴办玩具生产加工企业，使全镇玩具加工生产厂家达 12 个。1998 年，再次被表彰为全国乡镇企业家；同年 11 月，任市委农工部副部长。2002 年 8 月至 2004 年 1 月，任市农业局副局长。

方继生

方继生（1948—2012） 茅山镇丁庄村人，中共党员。1991 年，带动丁庄村种植 2 亩葡萄。1997 年，成立丁庄老方葡萄合作社，会员 360 多户，其中农民 355 人。创建镇江市千亩早川葡萄科技示范园，推广日本早川葡萄栽培技术，种植面积 3500 多亩。2006 年后，葡萄园以早川巨峰葡萄为主产品，引进美人指、魏可、雨露等 10 多个优良品种。至 2008 年年底，葡萄种植规模达 7000 亩，销售收入 4000 余万元。2016 年发展到 8300 亩。2001 以后，丁庄老方葡萄合作社先后被评为“省级 50 家示范农村专业协会”“全省农产品营销大户 50 强”“全省农业产业化经营先进单位”“国家星火计划农村专业技术示范协会”“江苏省四有专业合作社”。丁庄葡萄注册了“老方牌”“继生牌”商标，并获得国家无公害农产品质量认定，获“江苏名牌产品”、江苏省农林厅第一、二、三届“神园杯”江苏优质水果金奖、2006 年江苏省十大水果品牌等称号。方继生被称为“葡萄大王”，获国家、省、市级农民标兵、全国劳模、句容市劳模、句容市政协委员“双尽职”积极分子、省市级优秀共产党员等多项称号。

徐　峰

徐　峰（1935—2013） 后白镇人，1955 年 12 月参加工作，1960 年 11 月加入中国共产党。1955 年 12 月至 1963 年 3 月，在部队服役。1963 年 4 月至 1964 年 7 月，在二圣粮站工作。1964 年 8 月至 1966 年 7 月，任二圣公社人武部副部长。1966 年 8 月至 1970 年 7 月，任宝华公社革委会主任、人武部部长。1970 年 8 月至 1971 年 2 月，任黄梅公社党委副书记。1971 年 3 月至 1973 年 4 月，任茅山公社党委副书记。1973 年 5 月至 1976 年 6 月，任常州市茅山区革委会副主任。1976 年 7 月至 1981 年 3 月，任郭庄公社党委副书记。1981 年 4 月至 1990 年 7 月，任句容县体委副主任。1990 年 8 月，任句容县总工会副主席。1995 年 12 月退休。

鲁　光

鲁　光（1920—2014） 山东掖县人，1939 年 1 月加入中国共产党。1937 年 9 月，参加民众抗敌自卫队干部训练班学习。1938 年 3 月，参加中华民族解放先锋队（简称“民先”）。1939 年 4 月，领导掖县锄奸团。1940 年 11 月，在山东分局第三区党委党校学习。1941 年 2 月，任胶东区党委党校二队指导员、支部书记、校党委委员。1943 年 4 月，调西海地委途中被捕。1944 年 7 月出狱，先后任西海地区民运干部训练班主任、党支部书记，掖南县副县长、代理县长等职。1947 年 6 月，任华野二纵队后勤部辎重团政委、团党委书记。1949 年 2 月，任华东南下干部纵队二大队二中队指导员、党支部书记。1949 年 4 月，任镇江市政府秘书主任、镇江市委委员。1950 年 7 月，任句容县县长。1951 年 9 月，任句容县委书记。1951 年 7 月至 1952 年 8 月，兼任句容县总工会主席。1952 年 11 月，历任上海市委办公厅第五、第二办公室主任。1956 年 9 月，任中央防治血吸虫病 9 人小组办公室副主任、主任。1958 年，为全国农业社会主义建设先进单位代表大会代表。“文化大革命 ”期间，下放“五七”干校劳动。1973 年 8 月，任中国医学科学院寄生虫病研究报革委会副主任。1978 年，复任中央防治血吸虫病领导小组办公室副主任。1986 年 3 月，任上海市顾问委员会委员。1992 年 12 月离休。1994 年 1 月，任中国地方病协会名誉顾问。

余锁根

余锁根（1946—2015） 天王镇戴庄村人，中共党员。历任生产队长、村民组长、村林业主任、村委会委员。1985年，余锁根带领全家人对承包的625亩山林（其中有200亩为砂石荒山）进行养护，并在200亩砂石荒山上植树造林。原先400亩低产林被国外松等良种替代，200亩荒山岗满目皆绿，国外松、板栗、甜柿等点缀其中。至1995年，植树10万多株，荒山全部披上绿装，集体所有山林覆盖率达到99%，林木蓄积量约3000立方米。1995年5月，被评为全国劳动模范。

邵邦凤

邵邦凤（1939—2015） 女，下蜀镇桥头村人，中共党员。1953年高小毕业，曾任生产队记工员。1956年，任桥头幼儿园教养员、幼教辅导员，被称为“孩子的第二个妈妈”。她不畏艰苦，克服困难，发动群众，建成当时全县规模最大、设施最好的幼儿园，幼儿入园率100%。1958年4月，被选为省妇代会代表，《新华日报》刊登她的事迹；同年，被团中央评为全国青年建设社会主义积极分子。1960年，被省人民委员会授予省先进工作者称号；同年，在全国文教群英会上，被国务院授予全国教育先进工作者称号。1980年4月，省政府颁发荣誉证书。她撰写的《我愿当一辈子的人民公社幼儿教养员》在《中国妇女》《中国青年》等杂志上发表，《我甘愿做一辈子娃娃头》在《江苏教育》杂志上发表。1982年1月，被批准转为民办教师。1982年12月，出席省劳模大会。

包锦富

包锦富（1941—2015） 句容人，1963年9月参加工作，1966年11月加入中国共产党。1963年9月至1964年11月，任新疆农六师马桥农场学校教师。1964年11月至1968年12月，任新疆农六师马桥农场政治宣传处助理员。1968年12月至1972年8月，任新疆农六师106团政治宣传组组长。1972年9月至1974年12月，任新疆农六师106团学校校长。1975年1—11月，任新疆农六师106团政治处副主任。1975年12月至1982年11月，任新疆呼图壁县委常委、组织部部长。1982年12月至1983年6月，任句容县农干校副校长。1983年7月至1984年4月，任句容县东昌乡党委书记。1984年5月至1985年11月，任句容县体委副主任。1985年11月至1993年5月，任句容县布厂、句容县纺织工业公司党委书记、经理。1993年5月至1998年2月，任句容市总工会副主席。1998年2月至2001年3月，任句容市总工会主任科员。2001年3月退休。2007年10月，任句容市总工会离退休干部党支部书记。

毕可增

毕可增（1930—2015） 山东荣成人，1947年7月参加工作，1947年2月加入中国共产党。1947年6月至1949年3月，任山东胶东军区新6师警卫连战士。1949年3月至1951年1月，任32军94师警卫连战士。1951年1月至1955年10月，历任0101部队副排长、防化连排长、高炮营防化指导员。1955年10月至1958年12月，任0101部队防化连副连长。1958年12月至1968年8月，历任6328部队防化兵主任、参谋。1968年8月至1979年6月，历任83444部队营长、副参谋长、参谋长、副团长。1979年11月至1981年8月，任句容县经委工交办副主任。1981年8月至1985年3月，任句容县总工会主席。1985年3月至1990年7月，任句容县总工会调研员。1990年7月离休。

周绪超

周绪超（1926—2021） 1945年11月加入中国共产党。1941年，参加新四军，历任班长、副排长、连副政治指导员、政治指导员、营政治教导员、高射炮兵学校政治协理员等职。1963年4月，转业到句容县供销社任副主任。1964 年至 1966 年 12 月，任句容县委财贸政治部副主任。1967 年 1 月至 1969 年 11 月，历任句容县“五七”干校二大队指导员、句容县农机修造厂革命委员会主任。1969 年 12 月至 1970 年 12 月，在句容县人民防空办公室工作。1971 年 1 月至 1973 年 6 月，任句容县交通局副局长。1973 年 8 月至 1981 年 3 月，任句容县总工会主任（1978 年后改称主席）。1981 年 3 月调任句容县级机关党委书记。1986 年 5 月离休。

第二节　人物简介

赵亚夫

赵亚夫，宜兴人，1941 年 4 月出生，中共党员，镇江市人大常委会原副主任、农技专家、句容戴庄有机农业合作社顾问，中共十四大代表。1961 年 9 月参加工作。先后引进推广种植 180 万亩应时果品，给农民带来 25.5 亿多元收益；创新产销模式，帮助农民建立专业协会和合作社 50 多家；免费为农民上辅导课 100 多场，培训农民达 30 万人次；引进消化 170 多次项日本新技术，出版《草莓的种栽培技术》《无花果栽培新技术》等专著；创导建设全省最大的“茅山有机农业圈”，在全国率先编制《江苏句容农业和农村发展总体规划》。获 2007 年度全国十大“三农”人物、江苏省劳动模范、全国优秀科技特派员、全国农村科普工作先进个人等称号，享受国务院特殊津贴。2014 年 5 月，被中宣部授予“时代楷模”称号。2015 年 10 月 13 日，获“全国敬业奉献模范”称号。2018 年 12 月 7 日，入选江苏改革开放 40 周年先进个人名单。2019 年 9 月 25 日，被评选为新中国“最美奋斗者”。2021 年 2 月 25 日，被授予“全国脱贫攻坚楷模”称号。2021 年 7 月，被中国老科协评选为百名优秀老科技工作者。

张网春

张网春，丹徒人，1945 年 9 月出生，毕业于江苏省公安专科学校，1965 年 8 月参加工作，1970 年 9 月加入中国共产党。历任天王镇、郭庄镇副镇长、派出所所长，下蜀镇、宝华镇派出所所长，县刑警队队长，市公安局指挥中心副主任，二级警督。张网春先后于 1986 年 4 月、1990 年 9 月，因追截逃犯、侦破重大流窜盗窃案，荣立三等功两次。1991 年，获“镇江市劳动模范”称号。1993 年 10 月，被评为“镇江十佳民警”。1994 年 3 月，被公安部授予“全国优秀人民警察”称号。1995 年 2 月，被公安部授予“全国公安战线二级英雄模范”称号，享受全国劳模待遇。

陆宏生

陆宏生，句容人，1946 年 3 月出生，高中文化，1966 年 7 月加入中国共产党。1965 年 9 月至 1985 年 4 月，在人民解放军中服役，历任班长、排长、连副政治指导员、政治指导员、师政治部秘书、组织科副科长、团政治处主任、团副政治委员等职。1985 年 3 月至 1985 年 4 月，任句容县总工会副主席。1985 年 4 月至 1998 年 2 月，任句容县（市）总工会主席。1998 年 3 月，调句容市工商行政管理局工作。2002 年 8 月退岗。2006 年 4 月退休。

简恩承

简恩承，句容人，1947 年 8 月出生，大专学历，中共党员。1966 年参加工作。1966—1980 年，历任葛村中学校长、句容县委组织部组织委员、县纪律检查委员会秘书。1981—1987 年，历任句容县委农工部部长、郭庄党委书记、句容县副县长。1987—1998 年，历任镇江农业科学研究所党委副书记、句容市委农工部部长、句容市农业局局长。1998 年 3 月，任句容市总工会主席。2001 年 3 月，调任句容市政协提案委副主任。2002 年 10 月，任句容市民政局主任科员。2007 年 8 月退休。

孙大才

孙大才，句容人，1953 年 12 月出生，大专学历，1973 年 10 月加入中国共产党，1975 年 4 月参加工作。1975—1979 年，历任后白乡东湾大队党支部书记、后白乡农科站党支部书记和站长。1979—1991 年，历任后白乡塑料厂厂长、工业公司副经理、经理、电磁线厂厂长。1991—1995 年，任后白乡实业总公司副总经理兼电磁线厂董事长。1995—2001 年，历任茅西乡党委委员、副乡长、镇长、党委书记。2001 年 3 月，任句容市总工会主席。2006 年 3 月，任句容市住建局主任科员。2013 年 12 月退休。

王　平

王　平，句容人，1957 年 8 月出生，大专学历，中共党员。1972 年 3 月参加工作。1972 年 3 月至 1978 年 5 月，在天王农机具修造厂工作。1978 年 5 月至 1979 年 3 月，在市二工局供销经理部工作。1979 年 3 月至 1985 年 9 月，任建材工业公司经理。1985 年 9 月至 1987 年 7 月，在丹阳党校读书。1987 年 8 月至 1990 年 1 月，任茅山镇党委副书记、镇长。1990 年 1—8 月，任环城乡党委副书记。1990 年 8 月至 1992 年 2 月，任句容县水利农机局副局长。1992 年 2 月至 1994 年 3 月，任句容县乡镇工业局副局长、副书记。1994 年 3 月至 1997 年 1 月，任句容县（市）盐务局局长。1997 年 1 月至 1998 年 5 月，任句容市政府办公室副主任。1998 年 5 月至 2001 年 3 月，任下蜀镇党委书记。1998 年，获“全国抗洪英模”称号。2001 年 3 月至 2006 年 3 月，任句容市水利农机局党委书记、局长。2006 年 3 月，任句容市总工会主席、党组书记。2009 年 8 月，调任句容市环保局党组书记。2012 年 3 月至 2015 年 9 月，调任句容市政协社会事业委员会主任。2017 年 9 月退休。

杨修林

杨修林，华阳街道（原大卓镇）人，1957 年 10 月出生，高中文化，中共党员。1972 年 7 月至 1975 年 7 月，在华阳中学读书。1975 年 7 月至 1996 年 3 月，务农，任村主任。1996 年 3 月至 1999 年 12 月，任大卓桃园合作社社长。2000 年至今，任杨修林果园园长。1984 年，开始栽植桃树。1985 年，从省农科院引种水蜜桃栽培技术，种植规模达 150 亩，受益面积 70 亩。2021 年，桃园面积近 300 亩，成为种植大户。向大卓镇农民推广栽培技术，全镇 5 个行政村种植 3450 亩。种植的“新百花”水蜜桃在省农林厅举办的优质水果评比中获中晚熟桃第一名。任大卓镇桃园合作社社长，为实现镇“万亩桃园”计划做出努力。与上海一大型企业达成协议，将水蜜桃包装后投入上海华联超市及其 300 余家连锁店销售。获句容县“十佳”农民、句容市农村青年致富工程带头人、镇江市劳动模范等称号。2005 年 5 月，被评为全国劳动模范。

严伯金

严伯金，句容人，1959 年 10 月出生，大学学历，1982 年 9 月加入中国共产党，1978 年 2 月参加工作。1978 年 2 月至 1978 年 12 月，84521 部队战士。1979 年 1 月至 1980 年 12 月，解放军测绘学院学员。1981 年 1 月至 1986 年 12 月，任 84521 部队技术员。1987 年 1 月至 1990 年 1 月，任句容县公路管理处副股长、副站长。1990 年 2 月至 1991 年 5 月，任句容县华阳镇副镇长。1991 年 6 月至 1998 年 1 月，任句容市公路管理处副处长、处长。1998 年 2 月至 1999 年 4 月，任句容市交通局副局长兼公路管理处处长。1999 年 5 月至 2001 年 3 月，任句容市交通局党委副书记、副局长兼公路管理处处长。2001 年 3 月至 2009 年 8 月，任句容市交通运输局局长兼党委书记。2009 年 8 月至 2012 年 2 月，任句容市交通运输局党委书记。2012 年 2 月，任句容市总工会主席、党组书记。2013 年 6 月，调任市人大环境资源城乡建设委员会主任。2019 年 11 月退休。

刘树安

刘树安，天王镇人，1961 年 10 月生，中共党员，唐陵村党委书记、村委会主任。2007 年，刘树安放弃经营多年的企业回村担任书记，带领村民种树摘掉“穷帽子”，村集体年收入 725 万元，人均年收入 5.5 万元，带动周边发展苗木 20 万亩。他制定产业、人才、文化、生态、组织五大振兴目标，带领村两委班子真抓实干，将村花木交易市场创成国家级农业产业化龙头企业，与高校、科研机构、企业合作创建唐陵新优苗木研究院。先后兴建花木市场，成立花木研究所，打造创业孵化基地。2015 年 9 月，被推选为“江苏省吴仁宝式优秀村书记”。2016 年 6 月，被评为“江苏省优秀共产党员”，11 月当选省党代表。2017 年 6 月，被授予“江苏省农村基层党建工作突出贡献奖”，12 月被评为“江苏省乡土人才三带新秀”。2018 年 12 月，被授予“国家光彩事业国土绿化贡献奖”。2019 年 3 月，被评为“江苏好人”。2019 年 11 月，被评为“江苏省百名示范村书记”。2021 年 6 月，被评为“全国优秀党务工作者”，7 月被评为“江苏省最美基层共产党员”，11 月荣登“中国好人榜”。

阮祥忠

阮祥忠，句容人，1962 年 6 月生，1984 年 2 月参加工作，中共党员，大学文化，句容市农业农村局农业技术推广研究员，援陕挂职蒲城农业技术推广中心副主任。句容市“313 人才培养二期工程科技骨干”，江苏省草莓协会首届会员。先后主持草莓新品种“红颊”引种繁育及促成栽培技术研究等句容市科技创新项目实施，获国家知识产权局发明专利 3 项。2018 年 11 月，被选派到陕西蒲城开展对口协作支农工作，帮助蒲城种好草莓，发展大棚草莓套种甜西瓜。句容草莓蒲城示范区嘟嘟农场草莓在第 19 届中国（句容）草莓文化节上获银奖。先后获江苏省、镇江市、句容市表彰 20 余次。2021 年 2 月，获“全国脱贫攻坚先进个人”称号。

陈明春

陈明春，句容人，1962 年 9 月出生，中共党员，大学学历，1986 年 7 月参加工作。1986 年 7 月至 1992 年 3 月，历任句容县委办公室秘书、科长。1992 年 3 月至 1992 年 11 日，任句容县政府办公室副主任。1992 年 11 月至 1998 年 2 月，任句容市宝华镇党委副书记。1998 年 2 月至 2005 年 8 月，历任句容市宝华镇镇长、党委书记、管委会主任。2005 年 8 月至 2013 年 7 月，任句容市政府办公室主任。2013 年 7 月，任句容市总工会主席、党组书记。2014 年 8 月，调往镇江农业科学研究所工作，任党委副书记。

颜利平

颜利平，句容人，1962 年 10 月出生，大学学历，1992 年 3 月加入中国共产党，1980 年 4 月参加工作。1980 年 4 日至 1983 年 3 月，在陈武供销社担任统计、物价、文书工作。1983 年 5 月至 1986 年 6 月，在江苏广播电视大学读书。1986 年 7 月至 1987 年 10 月，在陈武供销社工作。1987 年 10 月至 1992 年 3 月，任句容县供销总社办公室副主任。1992 年 4 月至 1999 年 3 月，任句容县（市）委办公室副主任、研究室主任。1999 年 4 月至 2001 年 11 月，任句容市袁巷乡党委书记。2001 年 11 月至 2002 年 10 月，任句容市委宣传部副部长。2002 年 11 月至 2007 年 10 月，任句容市政协办公室主任。2007 年 11 月至 2010 年 4 月，任句容市民族宗教局局长、党组书记。2010 年 4 月至 2013 年 3 月，任句容市民族宗教旅游局局长、党组书记。2013 年 3 月至 2014 年 12 日，任句容市审计局党组书记。2014 年 12 月，任句容市总工会主席、党组书记。2016 年 12 月，调任句容市人大环境资源城乡建设委员会副主任。

沈春雷

沈春雷，茅山风景区管委会人，1965 年 3 月出生，中共党员，大学文化，江苏广兴集团有限公司首席技师，总工程师，高级工程师，享受国务院政府特殊津贴。2021 年 12 月，当选句容市总工会副主席（挂职）。他从事建筑行业 30 多年，奋战在工程建设一线。通过自考获得同济大学工程管理本科学历，先后取得砌筑工技师（职业最高级）职业资格、装饰镶贴工高级技师职业资格、一级建造师资质。通过勤学苦练，努力提高专业技术水平，练就一手过硬的基本功。由他开创的斜坡屋面防水技术成为行业标杆，所负责工程屋面渗漏返修率为零。在担任班组长后，重视团队建设，通过“快乐工作法”凝聚职工合力，开设“业余建筑工培训学校”为职工提供培训，传授技能，所带班组被全国总工会评为“安康杯”优胜班组。先后获得江苏省有突出贡献中青年专家、江苏省技术能手、江苏省企业首席技师、全国优秀农民工称号。2018 年 4 月，获“全国五一劳动奖章”称号。2020 年 1 月，江苏省人民政府授予其“江苏工匠”称号。2007 年 4 月，被评为镇江市劳动模范。2020 年 11 月，被评为全国劳动模范。2021 年 12 月，被授予“江苏大工匠”称号。

胡　清

胡　清，女，句容人，1965 年 10 月生，大学学历，中共党员，句容市民族宗教旅游局民族科科长。反对民族分裂主义及非法宗教活动，自觉维护祖国统一和民族团结，帮助少数民族困难户解决生活困难。积极动脑筋、想办法，主动争取上级部门支持。2012 年，争取资金 700 多万元，为边城镇少数民族村佴池村建设民族综合服务中心。2000—2012 年，争取资金 150 多万元，为佴池村引进项目、聘请专家指导，为农民增收。2013 年，通过努力，由政府出资 500 万元征地 17 亩，新建句容回民公墓，为少数民族同胞解决后顾之忧。2014 年 9 月 28 日，被国务院授予“全国第六届民族团结进步模范个人”称号。2015 年 9 月，随全国少数民族参观团赴北京参加纪念中国人民抗日战争暨世界反法西斯战争胜利 70 周年阅兵等观礼活动。

纪荣喜

纪荣喜，白兔镇解塘村人，1965 年 10 月出生，1993 年 12 月加入中国共产党，高中文化。1984 年 6 月至 1999 年 8 月，任白兔镇白兔村委会农业技术员。2008 年 6 月，任白兔镇云兔草莓合作社理事长。重视科技带动作用，发展大棚草莓，实现反季节生产销售。培训、指导农民种植草莓，带动当地农民共同致富。1998 年，与南京药科大学合作开发“草莓脱病毒苗工厂化育苗”科技项目，获省科技厅项目立项。1999 年，牵头成立镇江市草莓协会并任会长，解决草莓产销过程中的一系列难题。2002 年，与镇江四通公司承担“草莓温室保鲜剂的研制及示范应用”项目，获省科技厅立项并通过专家组评审，被句容市人民政府评为 2003 年科技进步三等奖。2003 年，新品种草莓“枥木少女高产栽培示范”获评句容科技项目。发展农业观光旅游，开辟新致富通道。先后获镇江市新世纪新农村青年科技致富工程优秀产业带头人、镇江市农村青年科技兴农带头人、镇江市劳动模范、镇江市十佳农民经纪人、江苏省第六届杰出青年农民、江苏省劳动模范、全国农村青年创业致富带头人等称号。2015 年 4 月，被评为全国劳动模范。

陈建业

陈建业，武进人，1965 年 12 月出生，大学学历，中共党员，1982 年 10 月参加工作。1982 年 10 月至 1991 年 1 月，任句容县税务局专管员、股长。1988 年 9 月至 1990 年 7 月，在镇江市委党校大专班脱产学习。1991 年 1 月至 1992 年 10 月，任句容县计经委科长。1992 年 10 月至 1998 年 1 月，任华阳镇副镇长。1998 年 1 月至 2001 年 11 月，任葛村镇镇长。2001 年 1 月至 2005 年 8 月，任袁巷镇党委书记。2005 年 8

月至2009年7月，任天王镇党委书记。2009年7月，任句容市总工会主席、党组书记。2012年2月，调任句容市规划局局长。

陈一江

陈一江，句容人，1967年7月出生，研究生学历，1994年7月加入中国共产党，1987年7月参加工作。1987年1月至1991年3月，任江苏省南京市环卫处科员。1991年4月至1998年1月，历任句容团（市）委科员、副部长、部长、副书记。1998年2月至2001年10月，任句容市黄梅镇党委副书记、镇长。2001年11月至2002年7月，任句容市台办副主任。2002年8月至2005年8月，任句容市科协主席。2005年9月至2009年6月，任句容市人大常委会办公室主任。2009年7月至2010年5月，任句容市农业局局长。2010年6月至2012年1月，任句容市民政局党组书记、副局长。2012年2月至2013年1月，任句容市民政局党组副书记、局长。2013年2月至2016年12月，任句容市民族宗教旅游局、民族宗教事务局（旅游局）党组书记、局长。2016年12月，任句容市总工会主席、党组书记。2019年9月，任句容市总工会副主席、党组书记。

徐胜宝

徐胜宝，句容人，1972年2月出生，大学学历，中共党员，1992年11月参加工作。1995年9月至1998年7月，在南京理工大学函授文秘及公共关系专业大专班学习。1999年8月至2001年12月，在中央党校函授学院经济管理专业本科班学习。1992年11月至1995年7月，在句容县（市）政府办公室工作。1995年7月至1998年11月，任句容市政府办公室新闻科副科长、综合科副科长。1998年11月至2001年11月，任句容市政府办公室副主任。2001年11月至2004年12月，任句容市袁巷镇党委副书记、镇长兼袁巷经济实业总公司副董事长、总经理。2004年12月至2005年12月，任句容市崇明街道党工委副书记、人大工委主任。2005年12月至2006年4月，任江苏句容经济开发区党工委副书记、管委会副主任（正局级）。2006年4月至2010年2月，任句容市郭庄镇党委书记、郭庄经济实业总公司董事长。2008年11月，兼任空港新区管委会主任。2010年2月至2011年6月，任下蜀镇党委书记、临港工业集中区管委会主任、下蜀农工贸总公司董事长。2010年7月，兼任下蜀镇人大主席。2011年6月至2013年2月，任句容市委常委、下蜀镇党委书记、人大主席。2013年2月至2017年6月，任镇江市商务局副局长、党委副书记。2017年6月至2019年9月，任句容市人大常委会党组成员。2019年9月，任句容市人大常委会党组成员、句容市总工会主席。2021年12月，当选句容市总工会主席。2022年1月，当选句容市人大常委会副主任。

第三节　人物名录

句容市各单位获得“五一劳动奖章”情况一览表

表9-3-1

姓名	工作单位	荣誉名称	表彰时间
谢保国	白蚁防治所	全国五一劳动奖章	1986
李仁康	建筑工程公司	江苏省五一劳动奖章	1993
庞永玲	阔幅布厂	江苏省五一劳动奖章	1995
谢保国	白蚁防治所	全国五一劳动奖章	1995

续表 9-3-1

姓名	工作单位	荣誉名称	表彰时间
熊晓燕	科技局	全国五一劳动奖章	1997
吴汉章	镇江农科所	全国五一劳动奖章	1998
郭志平	公路管理处	镇江市五一劳动奖章	2002
刘云松	第二人民医院	江苏省五一劳动奖章	2003
江嘉喜	职教中心	镇江市五一劳动奖章	2004
王建国	京阳水泥公司	江苏省五一劳动奖章	2004
杨富全	京阳水泥公司	江苏省五一劳动奖章	2005
丁国祥	建设工程管理处	镇江市五一劳动奖章	2005
丁国祥	建设工程管理处	镇江市五一劳动奖章	2006
吴兴春	国税局	句容市五一劳动奖章	2009
吕照根	水利农机局	句容市五一劳动奖章	2009
朱伟勇	国土局	句容市五一劳动奖章	2009
田玉伟	交通工程公司	句容市五一劳动奖章	2009
陈宗荣	宝华鲍亭社区	句容市五一劳动奖章	2009
胡勤华	白兔宏安针织公司	句容市五一劳动奖章	2009
王　政	城投公司	句容市五一劳动奖章	2009
徐胜宝	郭庄镇政府	句容市五一劳动奖章	2009
郜贤禄	华阳镇北阳门社区	句容市五一劳动奖章	2009
王开奇	天王镇人武部	句容市五一劳动奖章	2009
滕真玉	开元钢架安装公司	句容市五一劳动奖章	2009
王友成	农业局	句容市五一劳动奖章	2009
刘志鹏	教育局	句容市五一劳动奖章	2011
王素俊	华阳镇政府	句容市五一劳动奖章	2011
徐龙喜	天王镇政府	句容市五一劳动奖章	2011
吴行国	农业技术推广中心	句容市五一劳动奖章	2011
张正杰	水利农机局	句容市五一劳动奖章	2011
徐　晖	邮政局	句容市五一劳动奖章	2011
许能平	园林管理处	句容市五一劳动奖章	2011
步　俊	供电公司	句容市五一劳动奖章	2011
冯正梅	信用联社	句容市五一劳动奖章	2011
顾炳朝	镇江农科所	句容市五一劳动奖章	2011
樊道龙	盛业管件制品公司	句容市五一劳动奖章	2011
杨金龙	郭庄镇朝阳村	句容市五一劳动奖章	2011
杨金国	后白镇政府	句容市五一劳动奖章	2011
吉冬根	茅山管委会三产公司	句容市五一劳动奖章	2011
唐万青	茅山镇丁家边村	句容市五一劳动奖章	2011
洪晓雨	边城卫生院	句容市五一劳动奖章	2011
赵文超	白兔镇政府	句容市五一劳动奖章	2013

续表 9-3-1

姓名	工作单位	荣誉名称	表彰时间
高　昕	边城镇政府	句容市五一劳动奖章	2013
刘吉花	天王镇政府	句容市五一劳动奖章	2013
李安林	开发区拆迁办	句容市五一劳动奖章	2013
庄佩发	宝华镇凤坛村	句容市五一劳动奖章	2013
张贵华	后白水利农机站	句容市五一劳动奖章	2013
周阳海	供电公司	句容市五一劳动奖章	2013
杨荷花	华通客运公司	句容市五一劳动奖章	2013
王　坤	移动公司	句容市五一劳动奖章	2013
李永宁	盛帮家具制造公司	句容市五一劳动奖章	2013
李　阳	江苏毅马铸锻公司.	句容市五一劳动奖章	2013
田礼双	茅山旭阳苗木专业合作社	句容市五一劳动奖章	2013
朱奇俊	发改和经信委	句容市五一劳动奖章	2013
尚　进	句容水库管理所	句容市五一劳动奖章	2013
朱玉林	郭庄粮食储备库	句容市五一劳动奖章	2013
张忠治	地税局	句容市五一劳动奖章	2013
倪　儒	公安局刑侦大队	句容市五一劳动奖章	2013
郭　旋	路灯养护所	句容市五一劳动奖章	2013
沈军伟	规划局	句容市五一劳动奖章	2013
潘良栋	环卫处	句容市五一劳动奖章	2013
吴晓玲	城投公司	句容市五一劳动奖章	2013
王海明	文广体育局	句容市五一劳动奖章	2013
李　勇	郭庄中心卫生院	句容市五一劳动奖章	2013
方应霞	特殊教育学校	句容市五一劳动奖章	2013
胥文雯	下蜀镇政府	句容市五一劳动奖章	2013
王永刚	郭庄镇政府	句容市五一劳动奖章	2013
居　斌	句容发电厂	句容市五一劳动奖章	2015
郑　强	供电公司天王供电所	句容市五一劳动奖章	2015
张小会	自来水总公司	句容市五一劳动奖章	2015
戴修海	飞达出租公司	句容市五一劳动奖章	2015
姚　飞	人社局劳动监察大队	句容市五一劳动奖章	2015
江大兵	环卫处	句容市五一劳动奖章	2015
王全智	江苏农林职业技术学校	句容市五一劳动奖章	2015
杜　鹃	政府办公室	句容市五一劳动奖章	2015
许德银	机关工委	句容市五一劳动奖章	2015
戴立新	地税局	句容市五一劳动奖章	2015
王德根	长江池水站管理处	句容市五一劳动奖章	2015
熊开玉	实验小学	句容市五一劳动奖章	2015
何　伟	文化馆	句容市五一劳动奖章	2015

续表 9-3-1

姓名	工作单位	荣誉名称	表彰时间
方应明	句容市茅山镇丁庄村	句容市五一劳动奖章	2015
吕素琴	江苏茅山人家生态农业有限公司	句容市五一劳动奖章	2015
汤春龙	句容市边城镇青山村	句容市五一劳动奖章	2015
夏荣光	句容市茅宝葛业有限公司	句容市五一劳动奖章	2015
任青香	句容市红星社区居委会	句容市五一劳动奖章	2015
沈　敏	句容市东昇光伏科技有限公司	句容市五一劳动奖章	2015
吴其发	句容市郭庄镇南河农庄	句容市五一劳动奖章	2015
解白银	句容市巨龙东方生态农业专业合作社	句容市五一劳动奖章	2015
魏宏辉	句容利威尔电器有限公司	句容市五一劳动奖章	2015
邓　俊	句容经济开发区管委会	句容市五一劳动奖章	2015
杨　玲	镇江东丰制衣有限公司	句容市五一劳动奖章	2015
季　浩	江苏天晟药业股份有限公司	句容市五一劳动奖章	2015
鲁　泽	江苏唐邦机电有限公司	句容市五一劳动奖章	2015
张　弦	句容市白兔农产品展示中心	句容市五一劳动奖章	2015
徐　华	句容市白兔镇倪塘村	句容市五一劳动奖章	2015
袁　健	句容市天王镇政府	句容市五一劳动奖章	2015
杜付海	句容市天王镇戴庄村	句容市五一劳动奖章	2015
王年根	句容市蓝天茶叶专业合作社	句容市五一劳动奖章	2015
庄广云	句容市下蜀镇桥头村	句容市五一劳动奖章	2015
杨　玲	镇江东丰制衣有限公司	镇江市五一劳动奖章	2015
李晓明	句容市供电公司	镇江市五一劳动奖章	2017
沈春雷	江苏广兴集团有限公司	句容市五一劳动奖章	2017
居　斌	句容发电厂	江苏省五一劳动奖章	2017
张志刚	江苏南瓷绝缘子股份有限公司	江苏省五一劳动奖章	2017
熊　涛	江苏东昇光伏科技有限公司	句容市五一劳动奖章	2017
王俊杰	句容发电厂	句容市五一劳动奖章	2017
吴宜芳	句容市粮食收储中心	句容市五一劳动奖章	2017
包贻婷	句容市公安局信访科	句容市五一劳动奖章	2017
凌　凯	句容市茅山风景区社区卫生服务中心	句容市五一劳动奖章	2017
王宏华	句容市天王中心卫生院	句容市五一劳动奖章	2017
朱　峰	句容市地税局第四分局	句容市五一劳动奖章	2017
王　伟	句容市赵文山公墓管理处	句容市五一劳动奖章	2017
王玉蓉	句容市公路管理处	句容市五一劳动奖章	2017
张　宁	句容市安监局	句容市五一劳动平章	2017
肖　花	句容市后白镇政府	句容市五一劳动奖章	2017
朱庆安	句容市深水水务有限公司	句容市五一劳动奖章	2017
刘　勇	句容市总工会	句容市五一劳动奖章	2017
沈春雷	江苏广兴集团有限公司	全国五一劳动奖章	2017

续表 9-3-1

姓名	工作单位	荣誉名称	表彰时间
仇发祥	江苏兴文包装有限公司	镇江市五一劳动奖章	2017
刘　龙	句容市茅山风景区福地旅游交通有限公司	镇江市五一劳动奖章	2018
应　珏	句容宁武新材料股份有限公司	镇江市五一劳动奖章	2018
仇发祥	江苏兴文包装有限公司	江苏省五一劳动奖章	2018
贺明华	句容市税务局	镇江市五一劳动奖章	2019
王俊杰	句容市发电分公司	镇江市五一劳动奖章	2019
张廷松	江苏广信集团建筑装配科技有限公司	镇江市五一劳动奖章	2019
翟洪军	句容宁武新材料股份有限公司	镇江市五一劳动奖章	2019
王　红	句容市发电分公司	句容市五一劳动奖章	2019
鲁小伟	华君电力科技（江苏）有限公司	句容市五一劳动奖章	2019
包锁容	句容市供电分公司	句容市五一劳动奖章	2019
杜轩宇	江苏盛邦家具制造有限公司	句容市五一劳动奖章	2019
王诚琛	雨润中央购物广场有限公司	句容市五一劳动奖章	2019
徐祥勇	句容市赤山湖水利枢纽管理处	句容市五一劳动奖章	2019
杨志国	句容市广播电视台	句容市五一劳动奖章	2019
王伟民	句容市昌达公路养护工程有限公司	句容市五一劳动奖章	2019
秦　斌	句容市文体广电和旅游局	句容市五一劳动奖章	2019
张晓军	句容市人社局仲裁院	句容市五一劳动奖章	2019
董发前	句容市建设工程管理处	句容市五一劳动奖章	2019
吴彦斌	句容市税务局	句容市五一劳动奖章	2019
裔胜东	句容高级中学	句容市五一劳动奖章	2019
王小军	句容市茅山镇农业服务中心	句容市五一劳动奖章	2019
张　健	句容市审计局	句容市五一劳动奖章	2019
王世兵	句容市民政局	句容市五一劳动奖章	2019
杨　杨	句容市农业农村局	句容市五一劳动奖章	2019
胡继翠	句容市商务局	句容市五一劳动奖章	2019
吴松青	江苏句容农商行	句容市五一劳动奖章	2019
陶惜春	句容市总工会	句容市五一劳动奖章	2019
石长恩	句容市深水水务有限公司	镇江市五一劳动奖章	2020
朱国海	江苏广兴集团有限公司	镇江市五一劳动奖章	2020
芮东明	镇江农业科学院	全国五一劳动奖章	2020
王晓斌	句容发电分公司	镇江市五一劳动奖章	2020
车　成	建华建材（中国）有限公司	镇江市五一劳动奖章	2020
陈卫连	江苏山水环境建设集团股份有限公司	句容市五一劳动奖章	2020
孔　军	中国银行句容支行	句容市五一劳动奖章	2020
周　江	句容邮政分公司	句容市五一劳动奖章	2020
童建国	句容市深水环境技术有限公司	句容市五一劳动奖章	2020
毕庆波	句容联盛网络信息服务有限公司	句容市五一劳动奖章	2020

续表 9-3-1

姓名	工作单位	荣誉名称	表彰时间
马　明	江苏兴文包装有限公司	句容市五一劳动奖章	2020
严　正	句容市郭庄镇政府	句容市五一劳动奖章	2020
戴显斌	句容市茅山镇政府	句容市五一劳动奖章	2020
陈　华	句容市黄梅街道办事处	句容市五一劳动奖章	2020
许柏林	句容市后白镇政府	句容市五一劳动奖章	2020
王爱云	句容市交通运输局	句容市五一劳动奖章	2020
徐　钧	句容市城管局	句容市五一劳动奖章	2020
蔺锡栋	句容市发改委	句容市五一劳动奖章	2020
胡　俊	句容市商务局	句容市五一劳动奖章	2020
刘赛民	句容市图书馆	句容市五一劳动奖章	2020
滕振林	句容市纪委	句容市五一劳动奖章	2020
张　涛	句容市总工会	句容市五一劳动奖章	2020
尚通平	江苏兴文包装有限公司	镇江市五一劳动奖章	2021
赵林龙	句容市建设工程管理处	镇江市五一劳动奖章	2021

1993—2019 年句容市（县）总工会机关工作人员荣誉称号情况一览表

表 9-3-2

姓名	工作单位	授予称号	授予单位	授予时间
王玉硼	句容县总工会	一九九一年度工会工作先进工作者	句容县总工会	1992
陈宏生	句容县总工会	一九九一年度工会工作先进工作者	句容县总工会	1992
马风青	句容县总工会	一九九一年度工会工作先进工作者	句容县总工会	1992
周宝华	句容县总工会	“两增强一奉献”立功竞赛优秀组织者	镇江市总工会	1993
马风青	句容县总工会	一九九二年度工会工作先进工作者	句容县总工会	1993
凌根娣	句容县总工会	一九九二年度工会工作先进工作者	句容县总工会	1993
蒋建林	句容县总工会	一九九二年度工会工作先进工作者	句容县总工会	1993
张　涛	句容县总工会	一九九二年度工会工作先进工作者	句容县总工会	1993
胡德照	句容市总工会	全国民主管理优秀工作者	中华全国总工会办公厅	1995
凌根娣	句容市总工会	“二五”普法先进个人	句容市委、句容市政府	1996
王玉硼	句容市总工会	全省电大系统优秀教育工作者	江苏广电大学	1998
简恩承	句容市总工会	工会促进再就业工作先进个人	江苏省总工会	1998
凌根娣	句容市总工会	“三比三赛一达标”竞赛先进个人	镇江市总工会	2001
李　红	句容市总工会	“三比三赛一达标”竞赛先进个人	镇江市总工会	2001
张金虎	句容市总工会	创建江苏省文明城市工作先进个人	句容市委	2003
张金虎	句容市总工会	重视工会经审工作优秀领导	镇江市总工会	2004
张　涛	句容市总工会	工会劳动保护工作先进个人	江苏省总工会	2005
凌根娣	句容市总工会	工会促进再就业工作先进个人	江苏省总工会	2005

续表 9-3-2

姓名	工作单位	授予称号	授予单位	授予时间
张　涛	句容市总工会	安全生产工作先进个人	句容市政府	2005
夏道富	句容市总工会	民主管理工作先进个人	镇江市总工会	2006
夏道富	句容市总工会	《镇江工运》优秀通讯员	镇江市总工会	2006
贡宪章	句容市总工会	开发区村庄拆迁工作先进个人	句容市委	2007
夏道富	句容市总工会	全省工会信息工作先进个人	江苏省总工会	2007
夏道富	句容市总工会	全省工会信息工作先进个人	镇江市总工会	2007
张　涛	句容市总工会	安全生产工作先进个人	句容市政府	2007
张　涛	句容市总工会	安全生产工作先进个人	句容市总工会	2008
夏道富	句容市总工会	全省工会信息工作先进个人	江苏省总工会	2008
夏道富	句容市总工会	《镇江工运》优秀通讯员	镇江市总工会	2008
张　涛	句容市总工会	安全生产工作先进个人	句容市政府	2009
王　平	句容市总工会	职工互助互济保障工作先进个人	镇江市总工会	2009
程　萍	句容市总工会	职工互助互济保障工作先进个人	镇江市总工会	2009
夏道富	句容市总工会	《镇江工运》优秀通讯员	镇江市总工会	2009
贡宪章	句容市总工会	综治和平安建设先进个人	句容市委	2009
夏道富	句容市总工会	全省工会信息工作先进个人	江苏省总工会	2010
张　涛	句容市总工会	安全生产工作先进个人	句容市政府	2010
管春平	句容市总工会	劳动关系和谐企业创建工作先进个人	镇江市总工会	2012
刘向荣	句容市总工会	法治建设先进个人	句容市委	2012
吴法宝	句容市总工会	工会新闻宣传工作先进工作者	江苏省总工会	2012
陶惜春	句容市总工会	信访工作先进个人	句容市委	2012
刘向荣	句容市总工会	信访工作先进个人	句容市委	2013
范文明	句容市总工会	“三走进三服务”活动先进个人	句容市纪委等部门	2013
		江苏省工会新闻宣传先进工作者	江苏省总工会	2013
陶惜春	句容市总工会	职工帮扶服务工作先进个人	镇江市总工会	2014
刘向荣	句容市总工会	全市政法工作先进个人	句容市委	2015
彭良杰	句容市总工会	党建工作优秀共产党员	市级机关工委	2015
管春平	句容市总工会	信访工作先进个人	句容市委	2015
刘　勇	句容市总工会	职工互助保障工作优秀个人	中国职工互助会	2015
		江苏省工会新闻宣传先进工作者	江苏省总工会	2015
刘向荣	句容市总工会	2015 年度信访工作先进个人	句容市委	2016
王先锋	句容市总工会	2015 年度综治和平安建设先进个人	句容市委	2016
张金虎	句容市总工会	镇江市工会干部铜制荣誉奖章	镇江市总工会	2017
张　健	句容市总工会	三等功	市委组织部、人社局	2017
王先锋	句容市总工会	2015 年全市普法工作先进个人	句容市委	2017

续表 9-3-2

姓名	工作单位	授予称号	授予单位	授予时间
张　健	句容市总工会	2016—2017 年全市农业农村工作和“百村万户”达新标行动十佳第一书记	句容市委、句容市政府	2018
张　健	句容市总工会	社会治安综合治理优秀第一书记	镇江市委组织部等	2018
范文明	句容市总工会	优秀工会积极分子	全国总工会	2018
范文明	句容市总工会	优秀工会工作者	江苏省总工会	2018
张　涛	句容市总工会	优秀工会工作者	江苏省总工会	2018
王先锋	句容市总工会	先进个人	句容市委、句容市政府	2019
范文明	句容市总工会	优秀工会主席	句容市总工会	2019

1983—2021 年句容市（县）“优秀工会工作者”“优秀基层工会主席”“支持工会工作优秀领导干部”“优秀工会之友”情况一览

江苏省总工会表彰

1983 年 3 月

原　丁

2003 年 4 月

凌根娣　方金霖

2013 年 3 月

张金虎　王自福

2018 年（“优秀工会之友”）

臧　红　范文明　张　涛

镇江市总工会表彰

1984 年 4 月

贾顺根　吴恒志　郭圣怀　华天安

1986 年

唐明生　华天安　薛如静　陆建萍　万克森　徐玉珍　谢德金　张荣根　何　俊　成金根　薛基祥

1987 年 12 月

贾顺根　华天安　骆守军　贾良才　梅相华　吕富强

1988 年

唐明生　张克兰　侯永余　王建平　黄文荣　赵赶超　秦小红　赵建根　成金根　孙开胜　徐顺宏

1994 年 5 月

张克兰　徐国良　王志荣　陈兆源　陆宏生　徐玉珍　戎有海　马风青　凌永昌　江维华　王国虎　毛存恩　周宜昌

1996 年 9 月（镇江市人事局联合表彰）

王志荣　许　亮　董业茂　江维华　林德荣　殷春生　徐国良　张世茂　凌根娣　方金霖　吴双庆　徐玉珍　王国虎　郭长平

1999 年 5 月（镇江市人事局联合表彰）

简恩承　翟根水　林德荣　陈学林　夏道富　吴双庆　郭长平　刘苏平　徐国良　王国虎　陈兆源

江维华　陶正红　朱建华

2004 年 7 月

尹小计　施寿余　王继伟　王志荣　梁吉荣　程　敏　张建萍　张罗庆　沈明亚　张正杰

2011 年 12 月（“优秀基层工会主席”）

沈明亚

2014 年 3 月

管春平　王永刚　梅月红　薛宣明　华国民　李　进　鲍春进

2014 年 3 月（“支持工会工作优秀领导干部”）

商　震　孙卫军　吴新梅

2019 年（“优秀工会之友”）

许明生　李云鹏

2019 年

叶　强　张　楠

句容市总工会表彰

2003 年

方金霖　严永红　程　敏　冯恒贵　王继伟　刘永良　沈明亚　周国庆　万其林　张建萍

2008 年 12 月

耿玉龙　王建明　唐明茂　梁吉荣　薛宣明　沈客戈　庞　勇　王继伟　孙宗平　陈伯胜

2011 年 12 月（“优秀基层工会主席”）

王　瑜　吴　勇　朱孝成　洪　浩　胥文雯　熊金霞　戴　君　谭本华　施义江　赵　霞　王援青
余小平　于　忠　王　云　陈太中

2013 年 12 月

沈春生　解晓梅　翟金祥　高　辉　梅月红　张春华　王家琪　高万平　杨先富　巫忠旺　杨　玲
纵菊瑾　林　松　吴伏龙　徐建红　张咏梅　徐　倩　鲍春进　华国民　李家云　董明文　曹恩友
张云云　成桂平　盛国华　杨　静　杨　丽　侯红卫　戴立新　刘　评　高浩明　赵扣龙　张春蓉
孔雀雯　丁贤春　任金萍　戴　君　王荣华　王发顺　蔡家玉　刘　青　环佳燕　郭永彬　李　江
陈邦庆　陈爱民　焦澄洁　吴华蕾　江德明

2015 年

王永刚

2018 年

戴向前　吴青松　范文明

2021 年

王永刚　张金芬　周　佳　肖　华　武益琴　王　琪　盛继荣　张　群　严慧英　吕　露　谢立顺
吉田根　顾丽军　史安妮　虞腊青　罗连喜　张　丹　杨　丽　陈海燕　朱和平　杨秋红　任金萍
殷　文　孙国年　刘士弘　朱晓和　童海英　王　宁　王雪琴　钱兴霞

1983—2021 年句容市（县）“优秀工会积极分子”“荣誉工会积极分子”情况一览

全国总工会表彰

1983 年 3 月

徐玉珍
2018 年
范文明

江苏省总工会表彰

1983 年 3 月
李顺保　孔祥鹏　姚祖英　徐玉珍
1987 年 12 月
周笃松
2003 年 4 月
朱安顺
2013 年 3 月
王　燕　张咏梅
荣誉工会积极分子：
姜建美
2018 年
张　涛　陈实宝

镇江市总工会（镇江地区工会）表彰

1980 年（镇江地区工会）
方均贵　高启录　钱　鑫　汤道华　徐季亚　王明坤　王锁祥　孙　青　严炳云　朱明福　江　浩
张　明　王庭荣　刘　其　孟玉山　孔祥鹏　包廷根　沈　林　康玉英
1984 年 4 月
任保本　宋贞兰　孙齐全　季承恩　陶智义　钱　鑫　谢永贵　王有松　雍广祥　王经婚　金永林
高国庆　王天宝　张连生　李素秋　毕志珍　江玉华　苏洪胜
1986 年
丁秀娟　笪有贵　陶聚华　谷进生　于元才　赵国玉　戴立忠　闫丽萍　施梅燕　黄　瑾　巫成森
葛文霞　王建平　李星奎
1988 年
夏新柏　戴康顺　翁德贵　唐发荣　岳贵红　魏荣珍　文雁才　季天生　史建国　刘学军　范德根
郝　明　周笃松
1994 年 5 月
石学富　米德仁　李秋香　陈　荣　孙和根　杜自华　张卫东　赵兴宝　王梅香　董安海　吴健生
丁通达　郭长平　李美芳
1996 年 9 月（镇江市人事局联合表彰）
王继发　徐光华　刘厚瑞　杨安宁　潘建华　徐翼飞　骆志江　时传贤　陈锡禄　邹正富　朱网桥
张卫东　张美华
1999 年 5 月（镇江市人事局联合表彰）
周以珉　刘　宇　徐翼飞　阙开玉　何白英　樊焕英　闫方平　方晓英　张庆华　陈晓玲　包圣春
管小明　张忠贵　陈民华　赵佳清　陈宽根
荣誉工会积极分子：
李仁海　吴宝林

2004年7月
陶红珍　徐光华　朱晓和
荣誉工会积极分子：
叶向荣　孙爱国
2019年
陈爱民　张　巍　胡　亮

句容市总工会表彰
2003年12月
周国正　张兴中　孙守太　朱晓和　尤晓梅　徐翼飞　成　辉　韩有祥　王达根　滕树林
荣誉工会积极分子：
董石澜　李顺保　张秀凤　张新民　丁爱顺　纪先荣　裔玉诚　赵贞兰　郭志平　许桂英
2008年12月
纵菊瑾　张乐清　胥文雯　谭　骥　赵　雨　刘吉花　孔瑞祥　王家琪　余　兵　许业友　王援青
巫建华　阙庆平　王祖平　沈春生　蒋纯闽　王海明　陈　涛　王义香　葛　娅
2013年12月
王　丽　黄建民　钱　勇　柯　霞　胡勤华　侯　俊　董献良　李德福　张　慧　刘建平　骆名蓉
赵　霞　胡翠华　于　忠　经秋红　李树琼　赵世宁　刘　鹏　姜　玲　顾丽军　张广茜　章青靖
苏　红　张　丹　刘　健　王成军　王　玲　王　琛　成冬才　王　蓓　殷　文　姜　芳　刘长贵
陈　静　乐万龙　陈素文　张筱丽　尹祥祚　蔡　昊　管小明
2021年
王秋瑾　端木传喜　杨唐惠子　张　露　张元珍　黄　芳　巫海燕　苏　锦　章严文　胡明根
吴　凡　王　培　罗燕敏　潘　凤　周　莹　施　奎　葛　建　李福英　余代宝　葛荣荣
赵文琦　张春峰　王敬根　陈　进　毛　燕　邵萍萍　周　平　彭璐璐　曹永胜　程　勇

附　录

一、重要文件

关于进一步加强和改进新时期工会工作的意见

句委发〔2005〕23号　2005年2月18日

各镇党委，开发区、街道，市各部委办局，市各金融单位，市属公司、协会、医院、学校党委（总支、支部）：

为深入贯彻“三个代表”重要思想和科学发展观，认真落实党的十六大和十六届三中、四中全会以及全省工会工作会议精神，充分发挥全市广大职工和工会组织在推进“两个率先”历史进程中的重要作用，根据中共镇江市委（镇发〔2004〕62号）意见精神，结合我市实际，现就进一步加强和改进新时期工会工作，提出以下意见：

一、充分认识加强和改进新时期工会工作的重要意义

1. 加强和改进新时期工会工作是加强党的执政能力建设的根本要求。工人阶级是先进生产力的代表，是推动改革和发展最基本的力量，工会作为党领导下的工人阶级群众组织，是党联系职工群众的桥梁和纽带，是国家政权的重要社会支柱。加强和改进党对工会工作的领导，支持工会依照法律和章程独立自主地开展工作，充分发挥各级工会组织的作用，对于不断扩大党的工作覆盖面和影响力，巩固党的阶级基础和党的执政地位具有重要意义。

2. 加强和改进新时期工会工作是完善社会主义市场经济体制的重要内容。随着社会主义市场经济体制的日益完善，社会经济成分、组织形式、利益主体和就业方式日益多元化，劳动关系也发生了深刻的变化，工会工作既面临着难得的机遇，也面临着更加严峻的挑战。工会组织作为职工权益的代表者，维护职工合法权益的职责更加突出，协调劳动关系的任务更加繁重，责任更加重大。切实加强工会工作，依靠工会组织的力量维护职工的合法权益，对于完善社会主义市场经济体制具有积极的促进作用。

3. 加强和改进新时期工会工作是加快实现我市“两个率先”的迫切需要。实现我市“两个率先”战略目标，必须坚持以人为本的科学发展观，贯彻和落实全心全意依靠工人阶级的方针，重视和发挥好广大职工群众的主力军作用。各级党委要通过加强和改进工会工作，使其更好地履行各项职能，切实维护好广大职工群众的合法权益，最大限度地调动他们的积极性、主动性和创造性，在推进全市三个文明建设中不断做出新的更大的贡献。

二、最大限度地把广大职工群众组织到工会中来

4. 各类经济组织均应按照《工会法》和《中国工会章程》的规定建立工会组织。各级党组织要积极推进“党工共建”，把基层党组织建设与基层工会建设有机地结合起来，统一部署，整体推进。要继续加大非公企业建会的力度，探索和实践非公企业建会的有效途径和方式，政府有关部门要督促引导非公企业依法建立工会，扩大组建工会组织的覆盖面。努力做到企业筹建的同时筹建工会组织，企业开业的同时工会开展工作，职工入厂的同时加入工会组织。

5. 切实加强改制企业的工会建设。企业在转改制过程中，任何单位和个人不得借企业改革之名随意撤销工会或把工会与其他组织、机构合并。企业实施资产重组、实行公司化改造等多种形式的改革改制，

必须对工会组织同步进行相应的重组和新建，确保工会组织的正常运行。

6. 全力做好进城务工人员的入会工作。当前，要把非公有制经济单位从业人员和进城务工人员加入工会作为工会组织建设的重点来抓，特别是要加强建筑、服务行业及服装加工行业等经济组织的工会组建设，最大限度地把各类从业人员包括进城务工人员组织起来。已建立工会组织的党政机关、企事业单位及各类经济单位，要把进城务工人员、临时工等吸收到工会组织中来。

三、依法维护好广大职工群众的合法权益

7. 健全和完善贯彻实施《劳动法》《工会法》的保障机制。深入贯彻实施《劳动法》《工会法》是保护职工合法权益，调整劳动关系，促进经济、社会和人的全面发展的客观需要。各级党委、政府要从贯彻“三个代表”重要思想和坚持全心全意依靠工人阶级指导方针的高度，充分认识实施“两法”的重要性和迫切性，着力推进“两法”实施规划的有效落实；各级人大要进一步加大实施“两法”的监督力度；政府各职能部门要紧密配合，形成合力，着力解决在实施过程中出现的问题，切实把各项举措落到实处。

8. 坚持和完善以职代会为基本形式的民主管理制度。企事业单位不论何种形式、何种经济成分，都必须坚持职代会为基本形式的民主管理制度，切实保障职工的民主权利。企事业单位的发展规划、改革改制、生产经营等重大事项要提交职工代表大会审议，对涉及职工切身利益的有关方案以及重要规章制度的制定必须提交职代会审议通过，并通过一定形式向职工群众公开，依法落实职工的知情权、参与权和监督权。

9. 依法建立健全平等协商、签订集体合同的制度。各级党委、政府要充分认识平等协商、集体合同在构建和谐社会、稳定劳动关系中的重要作用，积极支持工会代表职工，就职工劳动就业、休息休假、劳动报酬、劳动安全、职业卫生、生活福利等内容，与企业依法进行平等协商、签订集体合同。当前，要以工资集体协商工作为切入点，把建立和完善工资集体协商制度作为推进我市“富民工程”的一项重要工作来抓，制定目标，明确职责，加强考核，促使企业建立与经济效益提高相适应的职工工资增长机制。

10. 建立和完善劳动关系的协调机制。进一步健全劳动保障部门、同级工会、企业代表三方劳动关系协商制度，及时解决劳动关系中存在的矛盾和问题。工会要协助政府有关部门监督用工单位与职工签订劳动合同，规范用工制度。要建立健全镇、街道劳动争议调解制度，不断完善劳动关系预警机制，及时调处劳动争议，化解劳资矛盾，切实维护职工权益。

11. 健全和完善困难职工帮困的救助机制。各级党委、政府及有关部门要大力支持工会“送温暖”工程，健全和完善扶贫帮困机制，提高“送温暖”活动的社会化程度；工会要充分发挥再就业援助、职业培训、职业介绍、创业指导和困难职工援助中心的作用，努力为下岗职工提供更多的受训和择业机会。各级财政每年都要安排一定的资金支持工会开展各种帮困扶贫工作。

四、切实加强党对新时期工会工作的领导

12. 确保工会工作始终服从和服务于改革发展大局。党对工会工作的领导主要是政治思想和组织原则的领导。各级党组织要在工会工作的政治方向和原则问题上把好关、引好路，引导工会认真贯彻“三个代表”重要思想和科学发展观，使工会工作不断适应时代发展的新要求；引导工会增强党的观念，把广大职工紧密团结在党的周围，自觉接受党的领导，保证党委的决策部署在工会工作中得到贯彻落实；引导工会围绕中心、服务大局，积极开展有特色、有实效的活动，为改革开放和现代化建设服务。

13. 建立健全工会工作的领导机制。各级党委要把工会工作摆上重要议事日程，纳入党建目标责任制进行管理，不断创新和完善加强党对工会工作的领导，支持工会组织独立自主、创造性地开展工作。要坚持和完善党委定期研究工会工作的制度，市委、镇党委至少每两年召开一次工会工作会议，党委会每年要听取工会一至两次的工作汇报，研究解决重大问题和部署重要工作；各级人大、政府在审议制定有关经济社会发展规划和涉及职工切身利益的劳动、工资、物价、社会保障等方面的文件，在召开相关会议时，均要吸收工会参加，认真听取工会意见；各镇（开发区、街道）、各部门、各单位要有副书记分管工会工作，政府要明确一名副职联系工会工作。

14. 选优配强工会领导班子。加强工会建设，关键是加强领导班子建设。各级党委要按照干部队伍“四化”要求和德才兼备原则，合理配备各级工会的领导班子，把政治上可靠、思想上解放、敢于和善于为职工说话办事、职工群众拥护和信赖的优秀干部，选配和充实到工会领导岗位上来。要从实际出发，根据干部条件，落实中央有关工会主要领导职务高配的要求，选优配强工会主席。各镇（开发区、街道）、部门、社区、村、基层企事业单位的工会主要负责人应逐步按照同级党政副职配备；各镇、开发区要配备专职主席或副主席；在外资企业比较集中的工业园区应由分管副书记兼任工会主席，同时配备专职副主席；二百人以上的企事业单位配备专职主席。

15. 认真落实工会协管干部的有关规定。党委在选配工会领导干部时，要邀请上一级工会参与考察，充分听取上一级工会的意见，确因工作需要调整任期内的工会负责人，必须征得上一级工会组织的同意。对工会机关干部要与党政机关干部一视同仁，通盘考虑他们的教育、培训和使用。要通过选调、培训、挂职、交流等途径加强对工会干部的培养和锻炼，优秀干部应大胆提拔使用。

16. 建立健全工会组织领导体制。在巩固现有工会基层组织和完善社区工会组织的同时，要根据经济发展的实际，及时调整组织设置和理顺工会组织体制。对经济发展较快，企业较为集中，职工较多的镇，可推行建立镇总工会。

17. 支持工会依法独立自主地开展工作。各级政府要为工会开展活动提供必要的物质条件。地方总工会所属的文体、教育设施应列入当地的社会发展规划，按照有关规定享受同类社会公益设施建设的优惠政策，在城市规划和建设中不得任意侵占，确需易地重建的，政府和有关部门应当按规定给予补偿。要积极支持工会依法收缴工会经费，各类机关、企事业单位要通过地税代征、财政代扣等途径，按时足额交纳工会经费；基层工会应严格工会经费的管理，科学合理地使用，更好地为广大职工群众服务。

18. 切实加强工会自身建设。各级工会要进一步树立政治意识、大局意识、服务意识，切实改进工作作风，坚持求真务实，把握群众脉搏，倾听职工呼声，察实情、讲实话、办实事、求实效。要牢固树立群众观念，时刻牢记“两个务必”，大力发扬党的优良传统和作风，与时俱进，开拓进取，踏实苦干，奋力争先。要不断研究新情况，探索新路子，创造新经验，卓有成效地开展工作，最大限度地把工会活力激发出来，切实把各级工会组织建设成为广大职工依赖的“职工之家”。

关于加强外商投资企业工会组织建设的意见

句工发〔2006〕37 号　2006 年 6 月 2 日

各镇、开发区党委：

为认真贯彻近期中央和省委及上级工会关于外商投资企业和台、港、澳投资企业（以下简称“外商投资企业”）稳定问题的指示精神，促进外商投资企业劳动关系和社会的稳定，保障全市经济持续快速健康发展，现就加强外商投资企业工会组织建设提出如下意见：

一、认清形势，提高认识，切实增强做好外商投资企业工会组织建设的紧迫感和使命感

我市处于发达的苏南经济板块，外商投资企业比较集中，外商投资企业在促进产业结构优化升级、区域经济增长、人才培养和扩大就业等方面发挥着重要的作用。我市外商投资企业中小型企业多、劳动密集型企业多、吸纳进城务工人员多。企业中有时出现一些不和谐因素，部分企业职工劳动强度过大，随意加班加点，不能按时足额发放职工工资和不按规定缴纳社会保险等等，这在一定程度上影响了企业和社会的稳定。应该引起重视的是，我市外商投资企业中工会组织建设相对滞后，工会组建率仅达 40%，部分基层党政领导对在外商投资企业建立党工组织的认识不到位，有的甚至把建立党工组织同招商引资

对立起来。最近，中央和省委领导相继作出重要批示，要求从完善法律法规、健全劳资关系协调机制、加强外商投资企业党建和工会建设等方面入手做好工作，及时化解矛盾，确保企业和社会的稳定。

外商投资企业是工会组织建设的一个重要领域，在外商投资企业中建立工会组织是我国政策和法律的明确规定。要深刻认识加强外商投资企业工会组织建设，是确保党和国家的方针政策、法律法规贯彻实施，保证外商投资企业健康发展，实现“两个率先”的重要保证；是密切党与职工群众血肉联系，维护职工合法权益和职工队伍团结统一，巩固党的阶级基础和扩大党的群众基础，完成党的执政使命的迫切需要；是新时期加强党对工会的领导，充分发挥工人阶级的主力军作用，促进社会稳定、构建和谐社会的必然要求。各级党组织和工会组织要从贯彻“三个代表”重要思想，坚持科学发展观，保证党的基本路线在外商投资企业全面贯彻执行的高度，充分认识加强外商投资企业工会组织建设的重要性和紧迫性，增强政治责任感和历史使命感，采取有力措施，切实加强外商投资企业工会组织建设。

二、明确目标，把握要求，切实加强外商投资企业工会组织的组建工作

各级党组织要高度重视在外商投资企业建立工会组织的工作。要按照《工会法》和《公司法》的要求，通过两年的努力，做到凡是职工人数达25人以上的企业都独立建立工会组织；不足25人的，可单独建立基层工会组织，也可由两个以上企业联合建立基层工会；25人以下的企业也可以选举组织员一人，组织会员开展活动。按上级工会的要求，确保2006年底外商投资企业工会组建率达60%以上，2007年底达80%以上，建会外商投资企业职工入会率达90%以上。

要建立健全“党建带工建”长效机制。党组织要加强对外商投资企业工会工作的领导，切实做到制度上保证、组织上落实、工作上支持，确保工会组织依法组建和开展活动。已建党组织而尚未建立工会组织的，企业党组织和上级党组织应采取切实有力措施，带动企业尽快建立工会，力争做到有党组织的企业全部建立工会组织。对那些开业多年拒不建立工会组织的外商投资企业，党组织及有关部门要纳入工作目标，落实工作责任，加大组织协调力度，依法按章、耐心细致地做好工作，力争取得实质性突破。已建工会组织而尚未建党组织的，应以工会组织为基础，积极在会员中推荐、培养和发展入党积极分子，为建立党组织创造条件。

要加强外商投资企业工会组织的干部队伍建设，选好、配强工会组织主要负责人，并积极推广党、工组织负责人交叉任职，以整合党工干部队伍力量。要适应外商投资企业党、工组织的特点，加强党务干部和工会干部的培训，努力提高企业党、工干部队伍整体素质。

三、开拓创新，扎实工作，充分发挥外商投资企业工会组织的作用

外商投资企业工会要主动接受党组织的领导，协助党组织做好工作。要积极向投资经营者和广大职工宣传党的方针政策和国家法律法规，监督企业依法经营；要发展基层民主，积极推进职工代表大会制度，促进企业民主管理；要围绕企业发展经营，积极参与企业文化建设，引导职工形成对企业的认同感和归属感，激发职工群众的主动性、积极性、创造性，提高职工的综合素质；要代表职工与企业建立平等协商机制和签订集体合同，推动建立正常的工资增长和调整机制、工资支付保障机制，保障和维护职工群众的合法权益。

当企业经营发生困难时，党、工组织要及时组织职工，献计献策，帮助企业渡过难关；当企业安全生产、劳动保护达不到行业标准时，党、工组织要认真履行监督职能，及时向企业和有关部门反映情况，保护职工生命安全和健康；当企业发生克扣、拖欠工资等侵害职工合法权益时，党、工组织要及时与经营方沟通、协调，必要时要向有关部门报告；当发生劳资纠纷或群体性事件时，党、工组织要迅速了解、掌握情况，稳定职工情绪，引导和代表职工采取合法手段，有效化解矛盾，维护企业和社会稳定。

四、加强领导，落实责任，务求外商投资企业工会组织建设取得实效

各级党组织要把加强外商投资企业工会组织建设作为巩固党的执政基础和阶级基础，推进强基工程和维护社会稳定的重要措施，列入重要议事日程。要建立健全有效的领导机制，各镇和开发区党委主要

负责人要切实担负起第一责任人的责任。要加强和改进协调劳动关系三方协商机制，增强三方机制协调劳动关系的实效性，促进企业建立和谐的劳动关系，维护社会稳定。要加强乡镇（开发区）工会组织建设，选优配强乡镇（开发区）工会主席和专职副主席。要切实解决工会干部配备和活动经费问题，做到有人办事、有钱办事。

各级党组织要对外商投资企业党建和工会建设定期督促检查，不断健全外商投资企业“党建带工建”工作的长效机制，做到统一规划、统一部署、统一检查、统一考核。各级工会要建立职工队伍稳定的预警、预报机制，定期向党委汇报外商投资企业稳定工作情况，为党委的决策和部署建言献策，积极预防和化解群体性事件。

（中共句容市委组织部 句容市总工会）

中共句容市委关于加强和创新新时期工会工作的若干意见

句委发〔2010〕50号　2010年4月26日

各镇党委，各党工委，市各部委办局，市各金融单位，市各直属单位党委（总支、支部）：

为深入贯彻落实党的十七大、十七届四中全会和省委、镇江市委工会工作会议精神，用科学发展观加强和创新工会工作，充分发挥工会组织在推动发展、维护稳定、促进和谐中的重要作用，现就进一步加强和创新新时期工会工作提出如下意见。

一、深刻认识加强和创新新时期工会工作的重要意义，明确新时期工会工作的重点

1. 进一步认识加强新时期工会工作的重要性和紧迫性。工会是党领导的工人阶级群众组织，党联系群众的桥梁和纽带，职工利益的代表者和维护者，在推动科学发展、促进社会和谐稳定中具有重要作用。当前，句容已迈入宁句一体化发展、奋力实现跨越赶超的新阶段。新形势新任务，既给工会工作带来新的机遇，又提出了新的挑战。加快转变经济发展方式，增强自主创新能力，对工会最大限度地激发广大职工的创造活力和劳动热情，动员职工群众立足本职、建功立业提出新的更高要求；社会结构深刻变动和职工队伍结构、思想观念、就业方式、利益诉求出现的新变化，对工会组织扩大覆盖面、提高职工素质、维护职工群众合法权益的任务更加繁重；在经济全球化大背景下，劳动关系更加复杂多样，工会维护职工队伍和工会组织的团结统一，巩固党的阶级基础和群众基础的责任更加重大。因此，新时期工会工作必须主动适应时代发展的新形势、经济社会结构的新变化，尊重基层和职工群众的首创精神，在围绕中心、服务大局的实践中不断求创新、破难题、谋发展、显作为。

2. 明确加强和创新新时期工会工作的重点。新时期加强工会工作的指导思想是：围绕中心，服务大局；与时俱进，共建和谐；维权维稳，激发活力；创业创新，合力作为。新时期工会工作的重点是：坚定不移地走中国特色社会主义工会发展道路，坚持“维权维稳，和谐双赢”的服务理念，以创建和谐劳动关系为主线，深入推进劳动关系和谐企业创建，开展群众性经济技术创新活动，用社会主义核心价值观教育引领职工，努力提高职工科学文化素养和技能素质，充分发挥组织、引导、服务职工和维护职工合法权益的重要作用，团结动员全市职工为实现“推进同城同建，打造南京副城”发展目标建功立业。

二、找准新时期工会工作的切入点，充分发挥工会组织在经济社会发展中的作用

3. 围绕“同城同建”，服务发展大局。紧紧围绕市委、市政府确定的“推进同城同建，打造南京副城”这一发展战略，根据我市建设创新型城市、优化经济结构需求，充分发挥工会“大学校”的作用，大力实施职工素质工程。通过加强职工技能培训，积极开展技术革新、技术攻关、技术协作等活动，促进企业科技进步，提高企业自主创新能力；教育引导职工坚持节约优先、环境优先，推动集约经济和循环经济加快发展，建设资源节约型、环境友好型社会。针对因职工缺乏职业技能、不适应就业形势带来的就业难和企业招工难的问题，加强工会与职业技校、劳动保障部门和劳动力市场的沟通联系，通过整合资源，加强培训，保障业务精、技能强的新生代人力资源的持续供给，为落户句容的企业提供优质技

工队伍。要切实发挥工会组织在推进“同城同建”建设中的积极作用，研究建立与现代企业管理制度相适应的工会工作新机制，服务于区域内的企业发展。同时，工会系统要加强与南京周边区县总工会的对接，寻求“同城同建”的工会服务合作平台。

4. 突出维权维稳，充分发挥作用。充分发挥工会牵头促进劳动关系和谐的作用。牵头协调劳动关系三方、创建劳动关系和谐企业活动，切实维护职工在劳动就业、收入分配、社会保障和劳动安全卫生等方面的合法权益。在企业评先评优时，把劳动关系是否和谐作为重要条件，并征求工会意见。

组织全市各类企业踊跃参与创建活动，以企业劳动关系和谐促进区域和谐、社会和谐。充分发挥工会维护职工合法权益的作用。维护和实现好职工的劳动经济权益，指导、督促劳动者与用人单位签订和履行《共建和谐劳动关系集体合同》。

积极推行平等协商集体合同的工资集体协商制度，不断提高劳动报酬在初次分配中的比重，促进工资协商内部分配向一线技术工种和关键岗位倾斜。认真实施《江苏省企业民主管理条例》，维护和实现职工的民主政治权益，大力推进厂务公开和职工代表大会制度建设。注重维护外来职工的合法权益。充分发挥工会教育引导职工的作用。继续开展“企业爱职工，职工爱企业”活动，用社会主义核心价值观教育和引领职工爱岗敬业，尊重劳动。发展和繁荣职工文化、企业文化，组织职工开展寓教于乐、丰富多彩、健康向上的文体活动。把职工文化阵地建设好、运营好、作用发挥好，促进全市职工文化事业发展。

5. 积极服务职工，营造和谐氛围。帮扶困难职工。各镇、管委会及有关部门要大力支持工会开展“送温暖”工作，实现工会帮扶工作的经常化、制度化。根据有关规定，市本级财政要设立工会困难职工帮扶专项资金，与中央和省财政拨付的专项资金按 1∶1 配套，列入财政预算。提升互助保险参与率。大力发展职工互助互济事业，加强保险服务，增强职工抵御意外风险的能力。开展职工创业就业生活扶助工作。积极向包括农民工在内的困难职工群体提供权益维护、就业服务和应急生活救助。切实加强对职工群众的法制教育。通过理性合法的方式和途径表达利益诉求，把各种利益矛盾和不稳定因素化解在基层。改进劳模评选方式、落实劳模待遇。根据全市经济发展特点，在劳模、奖章（状）的评选上实现“四个倾斜”：即劳动模范和五一劳动奖章评选，由传统的重农显农向制造业、现代服务业的一线工人倾斜；由注重国有大企业职工和企事业单位职工向全民创业、本土创业的精英倾斜；由过去仅限于本地人向来句容投资兴业和外来务工的“新句容人”倾斜；五一劳动奖状和工人先锋号向“同城同建”的先进集体倾斜。同时，切实帮助劳模解决好工作和生活难题，大力营造全社会关心和尊重劳模的良好氛围。

三、进一步加强对工会工作的领导，确保工会工作始终服从服务于跨越发展大局

6. 坚持把工会工作摆在党委工作的重要位置。工会工作是党的群众工作的重要组成部分，各基层党委要把工会工作纳入党委工作的重要议事日程，认真研究新时期工会工作的新情况，解决工会工作带有方向性、原则性和全局性的重大问题，支持工会依照法律和章程独立自主创造性地开展工作。完善党委定期研究工会工作制度，各基层党委每年必须听取工会工作汇报。要认真贯彻落实党中央的重要指示精神，把更多的资源和手段赋予工会组织，把党政所需、职工所急、工会所能的事更多地交给工会组织去办。要把工运基本理论、劳动保障法律法规纳入党委（党组）理论中心组学习的重要内容，大力宣传工人阶级和工会工作，宣传中国特色社会主义工会发展道路。

7. 健全完善人大、政协支持工会参与执法检查和民主监督的制度。市人大、政协要充分发挥工会在执法检查、政治协商和民主监督等方面的积极作用，建立工会与人大、政协联系制度，进一步畅通工会反映职工诉求的渠道。在开展相关法律法规执法检查或专项视察活动时，要吸纳同级工会参加。在人大代表、政协委员中，工会代表和包括农民工在内的一线职工、劳动模范要占一定比例。

8. 政府要大力支持工会工作。完善政府与工会的联席会议制度，每年召开联席会议，研究解决涉及职工切身利益和工会工作的重要问题。市、镇两级政府在制定国民经济和社会发展计划以及有关政策时，对涉及职工利益的重大问题，应听取同级工会意见。在遇涉及职工的突发事件时，要及时加强与工会组

织的沟通与联系，听取并尊重工会方面的意见，妥善化解矛盾。要把职工文化纳入社会大文化建设之中，推进建设综合型、区域性的职工文化阵地，对工会兴办的职工文化阵地在政策、资金、税收等方面予以扶持。各有关部门要支持工会依法收缴工会经费，积极推行按职工工资总额2%全额征收工会经费的工作机制。

9. 重视加强工会组织建设。建立和完善“党建带工建”的工作机制，把工会组建和会员发展纳入党建工作目标考核。切实加强非公有制经济组织和新社会组织的工会组建工作和会员发展工作，把包括农民工、劳务派遣工在内的广大职工组织到工会中来，不断扩大工会组织的覆盖面。非公有制经济组织和新社会组织所在地的党（工）委、总工会负责工会组建工作，力争实现全覆盖。

10. 切实发挥基层总工会“服务大局、服务职工”的作用。要紧紧围绕市委中心工作，加大基层总工会服务大局、服务职工的“双服务”考核。市总工会每年要对考核情况进行通报，采取以奖代补的形式，进一步调动基层工会创新工作的积极性。各镇、管委会和相关部门要加大对基层总工会的支持力度，在人员配备和资金安排上实行倾斜，真正使基层总工会建起来，转起来，活起来。

11. 加强工会领导班子和干部队伍建设。镇总工会主席按同级党政副职配备；按照“三定”方案的规定配备专职工会干部，其中专职工会副主席按同级中层正职配备。党委组织部门要把工会干部纳入党政干部培训、交流、使用和管理的统筹规划之中，重视工会干部的培养，选拔优秀工会干部充实到各级领导岗位。要支持工会贯彻落实《企业工会工作条例》，选优配强工会干部。

中共句容市委办公室
关于印发《句容市总工会机关主要职责、内设机构和人员编制规定》的通知

句委办〔2019〕83号　2019年7月29日

各镇（街道、园区）党（工）委、市委各部委办局，市各委办局党组（党委），市各人民团体、各直属单位、有关企事业单位党组（党委、总支、支部）：

《句容市总工会机关主要职责、内设机构和人员编制规定》经市委批准，现予印发，请认真组织实施。

句容市总工会机关主要职责、内设机构和人员编制规定

根据《中共句容市委办公室关于印发〈句容市总工会改革实施方案〉的通知》（句委办〔2017〕116号）精神，句容市总工会机关主要职责、内设机构和人员编制确定如下：

一、主要职责

句容市总工会是句容各级工会的领导机关，受中共句容市委和镇江市总工会领导。其机关主要职责是：

（一）根据党的基本理论、基本路线、基本纲领和工运方针，围绕党和国家工作大局，贯彻执行市委、上级工会的工作方针，指导全市工会工作。

（二）贯彻执行句容市工会代表大会确定的方针、任务，依照法律和《中国工会章程》，组织和指导各级工会坚定不移地贯彻落实党的全心全意依靠工人阶级的根本指导方针，切实履行维护职工合法权益的基本职责，组织开展工会各项工作。

（三）对有关职工合法权益的重大问题进行调查研究，向市委、市政府以及上级工会反映职工的思想、愿望和要求，提出意见和建议；参与涉及职工切身利益的政策、措施、制度和有关法规、规章草案的拟订；参与职工重大伤亡事故和严重职业危害的调查处理；维护女职工的特殊权益。

（四）负责工会理论政策研究；制定工会的组织制度和民主制度，研究指导工会的自身建设和改革；指导开展以职工代表大会为基本形式的民主选举、民主决策、民主管理和民主监督工作。推动建立集体协商、集体合同制度和监督保证机制。完善劳动关系协调机制；提高职工的思想道德和科学文化技术素质。

（五）协助市有关部门管理工会干部；监督、检查市总工会机关和直属单位党员干部党风廉政建设情况；研究制定工会干部的管理制度和培训规划，负责全市工会干部培训工作。

（六）协助政府有关部门监督检查企事业单位的安全生产，以及指导职工生活、社会保障等方面的工作；组织和指导职工开展劳动和技能竞赛以及合理化建议、技术创新、技术协作活动。

（七）会同市有关部门共同做好劳动模范和先进工作者的推荐、评选、表彰、培养工作，并负责日常管理；负责五一劳动奖章、奖状、工人先锋号获得者的推荐、评选、表彰和管理工作。

（八）负责工会经费和工会资产的管理、审查、审计工作；研究制定工会组织兴办的职工劳动福利事业的有关制度和规定，并进行指导、协调。

（九）负责全市工会系统的对外交流，发展同港、澳、台工会的联系。

（十）承担市委、市政府以及上级工会交办的其他事项。

二、市总工会机关内设机构

根据上述职责，市总工会机关内设6个职能部（室）：

（一）办公室

负责机关文秘、档案、机要、保密、接待、督办、政务公开、信息统计、会议组织、综合协调和重要文稿的起草与审核；协助市总工会领导处理机关日常工作，督查工作任务完成情况；负责与市人大代表中职工、工会工作者以及市政协工会界别委员的联络工作；负责人大代表建议和政协委员提案的办理工作；综合反映全市工会工作和职工队伍的重要情况及动态，提出意见和建议；负责工会对外交流、港速台工作：负责机关和直属单位的人事及专业技术职务评聘工作；指导和检查直属单位的行政管理工作；负责市总工会机关信访工作；负责市总工会机关离退休干部管理工作。

（二）组织和基层工作部

负责全市工会组织建设工作；协助市有关部门管理工会千部；研究拟订组织建设制度和工会干部管理办法；指导基层工会的换届、调整工作；指导基层工会队伍建设以及会员会籍管理工作；指导基层工会规范化建设，推动开展“职工之家”活动；负责与市工会代表大会代表、全委会委员、常委的联络以及有关人事问题的组织工作；指导和推动企事业单位开展民主管理工作，健全以职工代表大会为基本形式的民主管理制度，推进厂务公开制度化、规范化；推动公司制企业建立职工董事、职工监事制度：指导基层工会与同级政府及其有关部门建立联席会议制度。

（三）宣传教育和网络工作部

负责全市工会的宣传教育工作；负责工会干部教育培训工作的规划、指导和综合管理；调查、研究和反映职工的思想状况，参与拟订有关职工思想、教育、文体工作等政策；负责研究拟订全市工会宣传教育和网上工作规划；负责工会的精神文明创建活动；负责劳动模范典型事迹的宣传；组织协调工会各项重点工作的宣传，负责工会系统新闻舆论的管理和工会新闻发布工作；承担市总工会并指导基层工会门户网站和网络平台建设工作，做好网上引导、动员和服务职工群众工作；培训管理工会网上工作队伍；研究制定、监督落实工会网络信息安全保密相关制度；指导职工教育、文化和体育工作。

（四）权益保障部（市女职工委员会办公室、市总工会经费审查委员会办公室）

参与研究拟订有关职工劳动就业、收入分配、社会保障政策和法规规章草案；指导和组织实施帮扶服务工作，维护广大职工特别是困难职工群体的合法权益；做好工会有关农民工的服务协调工作，维护农民工合法权益；组织指导开展群众性的互助互济工作；指导职工疗休养工作；开展劳动关系和谐企业、镇、街道区域建设，做好劳动关系领域社会组织的政治引领、示范带动和联系服务工作；指导企事业单位建立集体协商、集体合同制度和监督保证机制；推动地方和行业建立健全劳动关系三方协调机制，参与市协调劳动关系三方委员会的日常工作。

负责工会劳动法律监督工作，协同有关部门贯彻实施并监督检查《工会法》《劳动法》和有关法律法规的实施；参与重大劳动争议案件的调查处理；参与研究拟订有关劳动争议处理政策和法规规章草案；指导和承担工会法律援助、法律服务和信访工作；配合有关部门开展普法宣传教育工作；负责维护职工队伍稳定工作的协调、督查和落实；负责基层工会法人资格登记、管理工作。

参与研究拟订有关女职工合法权益特别是特殊权益的政策和法规规章草案；负责维护女职工合法权益工作；指导推动女职工素质提升、建功立业工作；负责女职工组织建设的研究和指导；参与侵害女职工合法权益重大事件的调查处理；承担市女职工委员会的日常工作。

负责工会经费审查审计监督工作，制定有关工会经费审查审计监督的规章制度；负责市总工会机关、直属单位、协会财务的监督和审计；负责对本级工会经费预决算、资产管理和各项基金使用情况的监督检查；负责对基层工会经费收支和资产管理情况的监督；承担市总工会经费审查委员会的日常工作。

（五）劳动和经济工作部

负责参与有关职工安全生产、劳动保护工作；参与研究拟订有关劳动安全卫生、经济、科技政策和法规规章草案；参加职工重大伤亡事故和严重职业危害的调查处理；参加市级新改扩建生产性工程项目的劳动安全卫生设施的审查验收；依法监督检查安全生产、职工劳动保护措施的执行情况；参与职工劳动保护、安全卫生等方面的培训工作；指导开展群众性劳动和技能竞赛活动；会同市有关部门共同做好劳动模范和先进工作者的推荐、评选、表彰、培养工作，并负责日常管理；负责五一劳动奖章、奖状、工人先锋号获得者的推荐、评选、表彰和管理工作；承担市劳动模范协会和市职工技术协会的日常工作。

（六）财务资产管理部

负责研究制定全市工会的财务管理体制和财务制度；负责市总工会本级经费的收缴、管理工作，编制本级工会经费收支预决算；负责全市工会资产的宏观管理，按权限审批或审核工会资产处置事项；对市总工会本级事业单位财务、资产进行监督和管理负责指导和监督市总工会管理的协会财务工作；负责职工劳动福利事业财务管理体制的制定和全市工会财务工作的指导、监督。

三、人员编制和领导职数

市总工会机关行政编制6名。

领导职数为：主席1名，专职副主席3名，兼职副主席2名，挂职副主席1名。

机关股级职数6名、其中正科长（部长、主任）6名。

四、附则

本规定由市委负责解释，其调整由市委机构编制委员会办公室按规定程序办理。本规定自印发之日起施行。

二、规章制度

句容市总工会服务承诺制度

1. 服务至上。牢固树立全心全意为人民服务的宗旨，增强公仆意识，积极主动服务职工服务基层，做到文明办公、秉公办事，不利用职权谋取私利。

2. 忠于职守。认真学习工会方针政策和工会有关法律法规，兢兢业业，扎实工作，努力为职工群众服务，出色完成工会各项工作。

3. 讲求实效。对职工群众来访诉求，及时准确地给予答复和解决，做到件件有交代，事事有落实，确保工作质量和工作效率。

4. 热情接待。对基层和职工来访办事，要做到热情、礼貌、谦和、诚恳、周到，与人交谈、接电话做到语言文明。

5. 耐心解答。解答问题说明情况要证据充分，条理清晰，做到问多不厌、事多不烦、事琐不躁，严于律己，恭敬谦让，冷静对待。

句容市总工会信访接待制度

1. 接待来访群众不得推卸责任。

2. 对待来访群众要热情服务，耐心细致做好接待工作。

3. 仔细询问来访人员有关情况，并按信访规定做好详情记录。

4. 根据信访事由，依据信访要求，当面或限时办结。

5. 对信访件先送交主席批示，然后交相关领导和部室处理，并严格督促落实。

句容市总工会财务资产工作管理制度

根据《会计法》《会计基础工作规范》《工会预算管理办法》和《工会会计制度》等相关规定，结合工会财务实际工作，制定本制度。

第一章　会计机构及会计人员岗位责任制度

第一条　市总工会设立财务资产管理部，作为工会资产财务管理的职能部门，根据工作需要和编制配备专职财会人员。

第二条　会计机构岗位设置：财务负责人、会计、出纳。

第三条　财务负责人岗位职责：在单位负责人的领导下，负有组织、管理本级及所属事业单位财务工作和监督、检查基层工会财务工作的责任；负责工会经费的收缴工作，完成上级工会下达的经费收缴任务；积极宣传并贯彻执行《会计法》《工会法》和其他相关法律法规，根据工会具体情况制定各项财务规章制度，并监督贯彻执行；有权参与工会经费收支相关的会议，参与拟定经济合同、协议及其他经济文件；编制本级工会财务收支的预、决算，积极组织经费收入，合理安排和节约使用经费，以满足工会事业发展的需要；负责工会资产的管理工作，建立健全市总机关固定资产账簿，保证工会资产的安全和完整；主持草拟工会财务工作报告和文件，组织、协调会计人员积极开展工作，按时保质保量完成各项财务工作任务；负责加强工会财务干部队伍建设，帮助提高基层工会财务人员素质。

第四条　会计岗位职责：认真贯彻执行国家的财经法规、工会会计制度及内部会计管理制度；按照要求设置会计科目和账簿，并做好记账、结账、对账和编制会计报表的工作；在财务负责人的领导下，负责日常会计核算工作；编制本级预、决算草案和汇总所属事业单位和基层工会报表，并上报上级工会财务部门；负责对资产的管理、使用情况进行监督和检查；负责会计档案和会计资料的收集、保管、整理和移交；对会计数据进行财务分析，提供有关信息资料；完成财务负责人交办的其他任务。

第五条　出纳岗位职责：办理现金收付和银行结算业务；严格执行现金管理制度，不“坐支”现金，不得在保险箱内存放私人现金、账外现金，不得以白条抵充现金；严格执行银行对使用支票结算的各项规定，不得签发空头支票和远期支票；不将空白支票转借给其他单位和个人；不出借银行账户；根据手续齐备的原始凭证收入或支付现金，并在收付后的记账附件上加盖“收讫”和“付讫”戳记；核对现金和银行存款日记账；根据收付款凭证，逐笔顺序核对现金、银行存款日记账，并核对余额；现金账的账面余额要同实际库存现金相符；银行存款要按时与银行对账单核对，不符的要及时查明原因；对存在的未达账款，月末要编制银行存款余额调节表，调整后使账面余额和对账余额相符；出纳员保管的库存现金，要确保其安全和完整；对于空白的支票和票据，必须严格管理，专设登记簿登记，认真办理领用注销手续；完成财务负责人交办的其他任务。

第二章　账务处理制度

第六条　会计科目的设置和使用，必须符合全总制定的《工会会计制度》。

第七条　原始凭证的内容必须具备：凭证名称；填制凭证的日期；填制凭证的单位名称或填制人姓名；经办人员的签名或盖章；接受凭证单位名称；经济业务内容、数量、单价和金额。

外来原始凭证必须盖有填制单位的公章；从个人取得的原始凭证，必须有填制人员的签名或盖章。

自制原始凭证必须有单位领导人或指定人员的签名或盖章。

购买实物的原始凭证，必须有领用人签名。

记账凭证的内容必须具备：填制凭证的日期，凭证编号，经济业务摘要，会计科目，金额，所附原始凭证张数，填制凭证人员、审核人员、记账人员、会计机构负责人或会计主管人员签名或盖章。

第八条 根据《工会会计制度》规定和会计业务的需要设置会计账簿，包括：总账、明细账、银行日记账、现金日记账和其他辅助性账簿。总账、现金日记账和银行存款日记账必须采用订本式账簿，不得用银行对账单或其他方法代替日记账。

用计算机打印的会计账簿必须连续编号，经审核无误后装订成册，并由记账人员和会计机构负责人、会计主管人员签字或盖章。

第九条　市总工会会计报表包括：工会经费收支预算表、工会经费收支决算表、资产负债表、往来款项明细表、报表分析说明书等。会计报表要根据登记准确、核对无误的账簿记录和其他有关资料编制，做到数字准确、内容完整、报送及时。会计报表必须经财务负责人和单位负责人审阅签章并加盖公章后上报。

第三章　内部牵制制度

第十条　按照审批与经办分开的原则，每一项付款业务，必须要有领导、经办人和证明人签字后方可办理。缺少任何一方签字，财务人员不得予以办理。

第十一条　按照会计与出纳分管牵制的原则，出纳负责存款和现金的收付业务，登记银行存款日记账和现金日记账，不得兼管收入费用债权债务账簿的登记工作以及审核和会计档案的保管工作；支票、汇票等银行付款凭证由出纳员保管，印鉴由会计保管，发生款项支付时，出纳员根据经领导签字批准的付款通知单或其他原始凭证，填写制票或其他付款单据，经会计审核无误后，加盖印鉴，交付银行办理。

第十二条　财务负责人、会计、出纳所使用的网银 U 盾应视作财务印章进行管理，并将其密码与网银密钥分开保管。出纳配备具有基本权限的制单网银 U 盾（设置密码），可随时上网查询账户状况，并且可以提交办理收付款项的指令。财务负责人或会计配备复核权限的网银 U 盾（设置密码），必须对网上银行收支结算指令进行复核方可完成款项收付。

第十三条 会计人员的工作岗位应当有计划地定期进行轮换。

第十四条　会计人员在会计工作中应当遵守职业道德，相关部门应当定期检查会计人员遵守职业道德的情况，并作为会计人员晋升、晋级、聘任专业职务、表彰奖励等考核的重要凭据。

第四章　工会资产管理制度

第十五条　建立健全工会资产管理登记制度。所有工会资产、物品都要登记入账，并将实物造册登记，做到账账相符、账实相符。

第十六条　资产、物品要有相应的保管人员；在用的资产、物品，管理部门要建立管理卡片，做好登记标明其名称、编号、使用部门及保管人；重要设备要有专人管理，定期检查、维护，提高设备利用率。

第十七条　对因管理、使用不善造成损坏、损失的，要追究管理和使用人员的责任，视情况作出处理，由过失人予以部分或全部赔偿。

第十八条　工会资产每年必须全面清查盘点一次，如有盈亏应查明原因，说明情况，妥善处理，并报市总主席办公会（党组会）审批处理，以保持账物相符。

第十九条　工会资产清查工作应在工会经审部门监督下，由办公室、财务资产管理部和使用部门共同配合进行。清查时要以账查物、以物对账，并填写“工会资产清查表”和“工会资产清查结果报告表”作为原始凭证，调整有关账目，保证账账、账物相符。

第五章　会计档案管理制度

第二十条　会计档案的范围包括会计凭证、会计账簿、会计报表以及其他会计核算资料等；会计电算化存贮在其他介质上的会计数据、程序文件及其他会计核算资料均应视同会计档案一并管理。

第二十一条　会计档案应当有财务部门按照归档要求，负责整理立卷，装订成册，编制会计档案保管清册。当年的会计档案在会计年度终了后，可暂由本单位财务部门保管一年，期满之后应由财务部门编制清册移交单位档案部门保管。未设立档案机构的，应当在财务部门指定专人保管，出纳不得监管会计档案。

第二十二条　移交单位档案部门保管的会计档案，原则上应当保持原卷册的封装。个别需要拆封重新整理的，档案部门应当会同财务部门和经办人员共同拆封整理，以分清责任。

第二十三条　会计档案的借阅。会计档案为本单位提供利用，原则上不得借出，如有特殊需要须经本单位负责人批准，可以提供借阅或复制，并办理登记手续。查阅或复制会计档案的人员，严禁在会计档案上涂画、拆封和抽换。

第二十四条 会计档案的保管期限按照国家有关部门最新发布的《会计档案管理办法》执行。

第二十五条　采用电子计算机进行会计核算的应当保存电子资料，并打印出纸质会计档案存档。

第六章　工会本级经费预算、决算管理制度

第二十六条　预算应该遵循统筹兼顾、勤俭节约、量力而行、讲求绩效和收支平衡的原则。

第二十七条　市总工会本级经费预算由预算收入与预算支出组成：

（一）预算收入，包括：会费收入、拨缴经费收入、上级补助收入、政府补助收入、事业收入、投资收益、其他收入。

（二）预算支出，包括：职工活动支出、维权支出、业务支出、行政支出、资本性支出、补助下级支出、事业支出、其他支出。

第二十八条　预算编制的程序

（一）预算编制：根据年初市总工会全年工作安排，机关各部室依据工作职能，负责编制本部室工作经费预算。

（二）预算预审：由财务资产管理部、经审办牵头，会同机关各部室对经费预算进行预审。

（三）预算决议：市总工会本级经费预算提交市总工会党组集体研究和审议决定。经费审查委员会对市总工会本级经费预算履行相应审查职责。

（四）预算报批：市总工会本级经费预算报上级总工会批准。

第二十九条　预算执行与调整

（一）市总工会本级经费预算与预算执行相统一，预算项目与工作目标相统一，支出额度与预算额度相统一。

（二）在预算执行中，遵循“无预算不开支，有预算不超支”的原则。预算支出应当按照预算科目执行，严格控制不同预算科目、预算级次或项目间的预算资金调剂。确需调剂使用的，按照有关规定办理。

（三）预算一经批准，原则上不作调整。在预算执行中，因遇有特殊情况，预算经费收支总额需要增减变动时，可在年中可作一次调整，预算调整的程序和预算编制的审批程序相同。

第三十条　定期（每季度或半年）将预算目标与预算执行、预算完成情况进行对比，对差异进行分析，做到预算与决算相互反映、相互促进，确保预算编制有目标、预算执行有监控、预算完成有评价、评价结果有反馈、反馈结果有应用，实现全过程预算绩效管理。

第三十一条　在每一预算年度终了后，按照上级工会的要求编制本级工会收支决算草案。编制决算必须做到符合法律法规，做到收支数额准确，内容完整，报送及时。工会决算草案由本级经审委审查后报上级工会。

第七章 经费报销、审批制度

第三十二条 市总工会本级经费开支严格实行“一支笔”审批制度。审批流程：每笔支出需由经办人填写《句容市总工会经费报销审批单》（或其他专用报销单）、证明人签字，分管领导审核签字、财务部门根据财务管理规定把关、主席审批。

第三十三条 报销票据必须真实、合法，原始票据要做到“八有”，即：有付款人名称，有付款日期，有购货内容或服务项目名称，有单价，有数量，有金额，有收款人名称，有收款人开户银行和账号。原始票据遗失一般不补，如火车、轮船、飞机票等确实遗失的，由当事人写出情况说明，同路人或知情人签字证明，由财务机构负责人和分管领导批准后，代作原始凭证。

第三十四条 票据发生之后应及时办理报账手续，不得无故拖延，原则上当年费用当年结清，不得跨年度报销。

第三十五条 市总工会办公经费，由办公室归口管理，按照年初批准的预算统筹安排。日常维修、广告制作、资料文印、办公用品采购等金额500元以上的支出，相关部室须事先填写《市总工会后勤维修（物料）审批表》和《市总工会广告制作、资料文印、办公用品采购审批表》，由申请部室的分管领导审核，并按流程审批报销。一次性报销10000元以上的费用，须提交主席办公会（党组会）集体研究决定。

第三十六条 市总工会人员经费，由财务资产管理部根据组织和基层工作部所提供的人事资料进行统筹安排和管理，按年初批准的预算执行。市总工会人员（含退休、社会化用工、临时人员等）经费，包括工资、补助、福利、奖金等，按照相关规定造册，报分管领导审核，主席审批。如有新的调资或相关政策，对需新增的相关费用，由组织和基层工作部和财务资产管理部的分管领导提交市总主席办公会（党组会）研究审定，并按流程审批报销。

第三十七条 市总工会机关各部室工作经费，由各部室负责统筹安排和管理，按照年初批准的预算执行。对市总工会年初安排的重点项目、重点工作及重大活动的经费，在执行时由财务资产管理部与相关部室严格把关，需要再做专项研究的事项，应提交市总主席办公会（党组会）研究审定。对超预算或调整预算项目结构的，须事先提交市总主席办公会（党组会）研究审定。

第三十八条 公务接待费用，由办公室统筹安排和管理。严格按照《句容市委关于贯彻落实中央八项规定〈实施细则〉的具体办法》和《句容市党政机关公务接待管理规定》执行，履行公务接待手续，须事先填写《市总工会公务接待审批单》，由申请部室的分管领导审核，按流程审批报销。

第三十九条 公务交通费用，严格按照《句容市公务交通补贴发放办法》执行。到句容市以外的因公使用自备车辆出行，报销时填写《句容市总工会因公使用自备车辆报销单》，有书面通知的，须同时提供书面通知和领导批示作为附件；没有书面通知的，须提供《句容市总工会因公使用自备车辆外出批准单》作为附件。多人参加的同一个会议或活动，原则上拼车出行，由组织实施部室统一安排。报销审批流程同上。

第四十条 差旅费报销，要严格执行《句容市市级机关差旅费管理办法》，报销时须填写《句容市总工会差旅费报销单》，有书面通知的，须同时提供书面通知和领导批示作为报销附件；没有书面通知的，须提供《句容市总工会出差批准单》作为报销附件。报销审批流程同上。

第四十一条 工程（维修）项目、货物和服务项目等，属于政府采购项目，须严格执行市财政部门最新下发的“政府集中采购目录及标准”等相关规定，由具体实施部室按年初批准的预算执行，并按流程审批。对可不执行政府采购规定的方式和程序的采购项目，须按照以下规定：

（一）工程（维修）类

1. 1万元（含）以上、5万元以下的零星维修项目，须经主席办公会（党组会）审定后实施，审批时须提供相关合同、清单等；

2. 5万元（含）以上、20万元以下的工程（维修）项目方案须经主席办公会（党组会）审定后方可实施。项目完工，须提供施工合同、项目预决算表、监理合同及至少3家有资质单位的报价单、审计报告等相关材料；

3. 20万元（含）以上、分散采购限额标准以下的工程（维修）项目，经主席办公会（党组会）研究审定后，须委托专业工程代理机构进行招投标，项目如果需监理，应安排监理公司监管。项目结束，提供完整的招投标资料及项目审计报告。

（二）货物和服务类

1. 1万元（含）以上、2万元以下的货物和服务项目须经主席办公会（党组会）审定后实施，审批时须提供相关合同、清单等；

2. 2万元（含）以上、10万元以下的货物和服务项目，需要提供至少3家单位报价单，由主席办公会（党组会）审定后实施。审批时须提供相关合同、清单，服务项目须提供受委托方相关支出凭据等；

3. 10万元（含）以上、分散采购限额标准以下的货物和服务项目，经主席办公会（党组会）研究审定后，委托具备相应专业能力的政府采购社会代理机构代理采购。

第四十二条　专项资金、社团资金审批，根据相关文件规定编制预算，并由市总主席办公会（党组会）专题研究审定执行。对上级部门或政府下拨的各项经费，按年初预算执行。对预算外的新增支出，须提交市总工会主席办公会（党组会）研究审定，审批流程同上。

第八章　工会经费监管制度

第四十三条　市总工会经费审查委员会负责本级工会经费收

支年度审计。

第四十四条　自觉接受政府审计部门和上级工会经费审查委员会的审计监督。

第九章　附　则

第四十五条　本制度由句容市总工会财务资产部负责解释。

第四十六条　本制度自2021年1月1日起施行。今后如上级部门有新的要求或相关规定，则按相关新规定执行。

三、工会代表大会报告

充分发挥工人阶级主力军作用为全面建设更高水平小康社会而努力奋斗

——在句容市工会第十一次代表大会上的工作报告

王　平

（2008年12月11日）

各位代表、同志们：

句容市工会第十一次代表大会，是在全市上下深入贯彻党的十七大精神，全面建设小康社会的历史时刻召开的，在句容工运发展史上具有继往开来的重要意义。

这次大会的主要任务是：高举中国特色社会主义伟大旗帜，深入学习贯彻党的十七大和中国工会十五大精神，牢固树立科学发展观，认真总结我市工会十大以来的工作，研究确定今后五年工会工作的任务，团结动员全市职工为全面建成更高水平小康社会建功立业。现在，我代表句容市总工会第十届委员会向大会报告工作，请予审议。

五年来的主要工作和基本经验

市工会第十次代表大会以来的五年，我市各项改革向纵深推进，社会事业发展全面加快，是句容发展史上又一个综合实力提升最快、城乡面貌变化最大、社会建设成效最好、人民群众得益最多的时期，也是全市职工队伍发展壮大，为经济建设做出重大贡献的五年。五年来，全市职工以高度的主人翁责任感，识大体，顾大局，支持改革，投身改革，为推进句容经济体制改革做出贡献；全市职工弘扬“创业、创新、创优”精神，立足岗位、争创一流，为句容加速发展、科学发展、和谐发展建立新的功绩；全市职工不断提升自身素质，发展工人阶级先进性，以时代精神引领社会风尚，有力地促进了和谐社会建设。

过去的五年，句容工会组织同样走过了不平凡的发展历程。社会转型中经济体制发生深刻变革，企业改制、职工分流，在推进改革中维护职工权益的任务空前繁重；非公企业迅速发展，社会结构深刻变动，协调不同利益群体的矛盾迫在眉睫；职工队伍结构变化，组织、引导、服务职工面临许多全新课题。在挑战和考验面前，各级工会组织在市委、上级工会和各级党组织的领导下，紧紧围绕句容改革发展的大局，坚持“组织起来、切实维权”的工作方针，大胆探索，勇于创新，破解难题，开拓进取，服务全局，做出新贡献，工会工作再创新业绩，成为句容改革开放以来工运事业发展最好的时期之一。

一、争取党政及社会各界的重视支持，工会工作外部环境优化

五年来，市委先后三次召开全市工会工作会议，制定《关于进一步加强新时期工会工作的意见》；各镇党委建立定期研究工会工作、定期召开工会工作会议、把工会工作列入党委工作目标统筹安排同步考核、上级工会协管工会干部等多项制度；镇、开发区、产业工会领导班子建设取得突破，下蜀镇率先成立总工会，推动了全市各镇全部建立总工会，10个镇、17个产业局（公司）系统工会主席按同级副职配备，设立专职工会副主席。全市工会发展有了坚定的政治、组织、制度保障。

市总工会与市政府建立联席会议制度、劳动关系三方协调制度，研究解决了许多涉及工会和职工利益的重大问题，形成源头维护职工合法权益的有效工作机制。市总工会配合市人大、政府、政协开展执法检查、专题视察，逐步形成党政主导、工会主动参与、社会协同配合的维权格局。五年来，市总与市政府联席会议先后就建立困难职工救助机制、推进企业工资协商、创建劳动关系和谐企业、促进职工技能提升等涉及全市职工利益的重要问题，研究制定一系列政策文件。

二、全市工会广泛开展建功立业活动，组织引导职工弘扬劳模精神，提升自身素质，促进经济发展

全市工会组织职工投身“全面达小康、建设新句容”系列劳动竞赛，广泛开展岗位练兵、技术比武和合理化建议活动，开展243省道句容段工程改造等多个“重点工程竞赛”，在建设、交通、卫生、金融、水利等行业开展“职业技能竞赛”，推进争创“工人先锋号”活动，在我市经济发展和建设公路、电网、桥梁等基础设施重点工程中发挥了重要作用。为汶川抗震救灾生产帐篷做出突出贡献的句容盛业管件制品有限公司被全国总工会授予“工人先锋号”称号，在全市产生重大影响。

全市工会大力培养选树时代典型，弘扬劳模精神。五年来，我市评选全国劳模1人、省劳模5人、镇江市劳模18人，评选句容市劳模50人，有4人分别被授予省五一劳动奖章、省五一劳动奖章和镇江市五一劳动奖章。五年来，市总工会评选“五一文明班组（科室）”45个，“文明职工”43人，“五一巾帼标兵岗”51个，“五一巾帼标兵”109人，大力宣传新时代的劳模和先进人物精神，在全社会倡导劳动光荣、知识崇高、人才宝贵、创造伟大的新风尚。

全市工会连续五年组织职工开展“争创学习型组织、争当知识型职工、树新时期职工形象”主题教育活动，成为建设职工队伍的有效载体。“全员学习、终身学习、团队学习”在企事业单位职工中蔚然成风。各级工会在职工中开展中国特色社会主义理论体系的宣传教育，培育社会主义、爱国主义、集体主义精神，增强主人翁责任感，坚定中国特色社会主义发展道路的信念，引导职工自觉投身“决胜小康、加速赶超”的伟大事业。

市总工会自觉服务于市委、市政府中心工作，在开发区村庄拆迁中成绩显著，被市委、市政府授予“有功单位”；在市委开展的“脱贫攻坚、决胜小康”活动中，市总工会为白兔镇高庙村解决帮扶资金16万元，赠送办公用品价值3万余元，帮助困难群众9户，加快高庙村老百姓脱贫致富步伐。

三、全市工会大力推进工资协商，健全困难职工帮扶机制，维护职工生命健康，切实为职工群众服务

全市工会上下联动，在企业普遍推行工资协商制度，促进企业建立共建共享机制，在落实党的惠民政策、促进政府富民工程中发挥了积极作用。市委成立工资协商推进工作领导小组，召开全市工资协商工作推进会，市委办印发《关于全面达小康进一步推进企业工资协商工作的意见》，市政府每年与各镇政府、开发区管委会签订年度工资协商目标责任书；各级工会开展“要约行动”，培育典型，实施“515”工程，建立工资协商指导员队伍，“工资协商二次签约”的做法得到省、镇江市总充分肯定。目前，全市480家企业实行工资协商制度。在综合措施的推动下，2004年以来95%的企业职工年均增加工资7-14%。企业职工工资增长机制和支付保障机制正在逐步形成。

全市工会积极协助政府制定完善对特困职工、困难职工的各项帮扶政策。市总工会投入资金，设立场所，配置设施，加强了困难职工帮扶中心建设，实施常年帮扶。市、镇、开发区、产业局工会成立困难职工帮扶中心（站），建立“特困职工证”发放制度，连续发放四轮“特困职工证”，累计对259户特困职工户发放水电补贴27.5万元。建立困难职工就业、生活、医疗、住房和子女就学五大救助机制。今年，市总工会与社会力量联办“爱心超市”“爱心药店”“爱心医院”和“爱心粮店”，发放“爱心卡”1000多张，供电、卫生、教育、粮食、自来水公司和便民超市等单位为此做出了较大的贡献。五年来，为困难职工春节慰问送温暖3600多人次，发放补助金178万余元，对56名求助的临时困难职工进行救助；与市委组织部联手组织574名党员干部结对帮扶567户困难职工家庭，脱贫率为55.7%；金秋助学45人次，1461名女职工免费得到妇女病检查，发放劳模补助金15.7万元，为全国劳模余锁根、省劳模杨红等困难劳模解决生活困难。五年来，为15961名职工参加互助保险，市总工会还为67名特困职工、89名工会干部实行了大病补充保险，有12名患病职工得到救助，赔付金额9.6万元。创办了职业介绍所，职业培训18场次，实现再就业2132人。扶持创办“双华农业示范园”“创新果品市场”等20多个再就业基地，为下岗失业人员实现再就业提供了平台。

全市工会围绕安全生产大局，认真履行监督职能。在全市企业开展“安康杯”竞赛，普遍推行“事故隐患和危险源点监控法”，开展争创劳动保护合格、示范工会活动，供电公司工会获江苏省“劳动保护示范工会”称号。参与安全生产检查、“三同时”竣工验收和伤亡事故的调查处理，298家25名女职工以上企业签订了女职工特殊权益保护专项集体合同，在高危行业、企业推行劳动安全卫生专项集体合同，为稳定我市安全生产形势发挥了作用。

四、全市工会积极推进职工民主管理，加强劳动争议调解，创建和谐企业，推动和谐社会建设

全市工会以法律法规为依据，以维护职工权益的高度责任感为动力，积极探索把职代会、厂务公开、集体协商和职工董监事四项制度有机整合，推进职工民主管理制度体系建设，拓展职工利益诉求渠道，保障职工知情参与、协商共决、评议监督等权利，促进了基层民主建设。全市530家企事业单位建立职代会制度，实行事务公开，425家企业建立集体合同制度。

全市工会依法推进镇（开发区）、局（公司）、企业建立劳动争议调解组织，由工会主持调解劳动争议。五年来，市总工会共受理职工信访案件、“12351”热线电话218件，处理结案率为100%。市总工会妥善处理了建国矿业、台泥水泥劳资纠纷，恢复企业正常生产秩序，维护职工合法权益，有效避免了群体性越级上访事件。市总工会分别于2006年4月24日、2008年1月21日两次走进市广播电台演播室，就职工关注的扶贫帮困、《劳动合同法》的贯彻实施等热点问题，当场答复职工听众的咨询。

市委、市政府成立了创建劳动关系和谐企业领导小组，制定了创建劳动关系和谐企业三年行动计划，有力地推动了创建工作的深入开展，创建工作越来越被企业经营管理者所认同、所接受。市总工会联合市劳保局、发改委、安监局、工商局、地税局、工商联开展创建劳动关系和谐企业活动，推动企业营造和谐发展的人文管理环境，建立稳定协调的新型劳动关系，有力地促进了企业与职工协商共谋、机制共建、效益共创、利益共享的良好局面。目前我市累计有2家企业被评为省劳动关系和谐企业，11家企业被评为镇江市劳动关系和谐企业，30家企业被评为句容市劳动关系和谐企业。

五、创建“党工共建”机制，增强基层工会活力，工会自身建设迈上新台阶

在市委和各级党组织的领导和支持下，创建“党工共建”机制，从组织领导、目标责任、工作联动、资源共享等方面制定配套制度，形成党建带动工建、工建服务党建的局面。在这一机制推动下，各级工会创造多种组建形式，举办非公企业党组织书记和工会主席培训班，集中力量攻克较大规模外资、私营企业建会难点，推动非公企业工会组建取得突破，全市外资、私营企业工会组建率达86%以上。各级工会认真贯彻全国总工会制定的《企业工会工作条例》，组织开展“企业工会建设年”活动，广泛开展建设“职工之家”活动，五年来，评选全国模范职工小家1家，省模范职工之家4家，镇江市模范职工之家6家，句容市模范职工之家25家。进行了非公企业工会主席直选的探索，加强了工会干部的培训。全市有110个基层工会取得工会社团法人资格，推进基层工会规范化建设。到2008年11月底，全市共建工会组织630个，会员总数8.1万人，与五年前相比，工会组织、工会会员分别增长65.8%、58.6 %。

全市工会积极开展职工文化体育活动，丰富职工精神文化生活。市总工会强化文化宫建设，成功举办了首届非公企业职工运动会，先后举办了“劳动者之歌”“仲夏之夜”和“咱们工人有力量”职工广场文艺演出，2008年在镇江市第十三届运动会，市总工会以卓有成效的工作被授予“镇江市群众体育先进单位”称号，在镇江市辖市区工会范围内，获此殊荣仅此一家，并且，我市男子篮球队力战诸雄，捧回冠军杯。工会报刊征订几年来逐年递增，工会宣传阵地得到加强。在省总工会组织开展的“争创工会工作模范市、县（市）、区”活动中，我市举全市之力，继获得省工会工作“十强市”称号以来，一举创成省工会工作模范市，对于加强工会基础建设，推动工会工作创新，营造党政重视工会工作的氛围发挥了积极的作用，促进了全市工会整体水平的提升。今年，在全市开展争创省、镇江市工会工作模范镇活动，下蜀镇、白兔镇分别成为首批申报单位。

全市工会锐意进取，统筹兼顾，整体推动工会事业健康发展。工会经费税务代收、财政代扣工作取得积极进展，加大了依法收缴力度，2006年以来，工会经费持续大幅增长，工会经费收缴创历史最好水平，保障了为职工维权和工会工作的物质基础。工会经审工作规范化建设成效明显，以审计为基础的审查监督力度加大，为促进收管用好工会经费和推进工会廉政建设发挥了积极作用。工会资产基础管理得到加强。今年8月8日，市总工会办公迁址，工会办公条件得到改善，工会形象得到提升。工会干部队伍建设得到加强，一个学习型、服务型、创新型的工会机关正在形成。

同志们，回顾过去的五年，我们可以自豪地说，句容工人阶级不愧是社会先进生产力和生产关系的代表，不愧是党最坚实、可靠的执政基础，不愧是推动改革发展、促进社会全面进步的根本力量。在此，我代表句容市总工会，向奋战在全市各行各业的职工群众和先进模范人物致以崇高的敬意！

回顾过去的五年，我们可以无愧地说，句容工会组织没有辜负市委的期望和职工的重托，胸怀全局、心系职工、挑战困难、负重奋进。在此，我代表句容市总工会，向长期以来努力工作、甘于奉献的全市各级工会干部和全体工会积极分子致以亲切的慰问！

回顾过去的五年，我们深切感到，句容工会工作取得的成绩，归功于市委、上级工会和各级党委的正确领导，得益于市人大、市政府、市政协和社会各界的大力支持与合作。在此，我代表句容市总工会，向长期以来重视、关心、支持工会工作的各级党政领导和社会各界表示衷心的感谢！

回顾五年来的奋斗历程，展望在新的历史起点上加强新时期工会建设，我们深深地体会到：

必须始终坚持党的领导、把政治优势转化为工作优势，这是推动工运事业发展的政治保证。自觉坚持党的领导，体现在思想上、行动上始终与市委保持一致；体现在紧紧围绕市委的中心任务展开工作；体现在积极争取各级党组织对工会工作的重视支持，落实加强工会工作的各项制度。

必须始终坚持解放思想，勇于实践，与时俱进，开拓创新，这是做好工会工作的先决条件。社会转型时期开拓工会工作，只有敢于直面新情况、解决新问题，才能抓住创新的机遇；只有勇于迎接新挑战、攻克新难关，才能迈上发展的新平台；只有注重从基层的创造中汲取动力，才能永葆工会发展的活力。

必须始终坚持融入经济社会发展全局，充分发挥职工主体作用，这是工会组织肩负的神圣职责。工人阶级是推动经济发展和社会建设的主力军。尊重职工群众的首创精神，落实党的全心全意依靠工人阶级的指导方针，把职工群众的积极性充分调动起来，工会组织才能融入大局、服务改革开放和经济社会发展；尊重职工群众的主体地位，努力维护他们的合法权益，切实保障职工群众共享改革发展的成果，工会工作才能在句容发展的历史新进程中发挥作用。

必须始终坚持主动依法科学维权、竭诚服务职工群众，这是工会开展一切工作的根本宗旨。以职工为本，真心实意为职工服务，是所有工会工作的出发点和落脚点。以主动的意识、超前的预见、积极的作为，主动为职工维权；必须增强法制意识、运用法律手段、健全维权机制，依法为职工维权；必须用科学的理论为指导、用科学的态度协调、用科学的方法推进，切实为职工科学维权，从而赢得广大职工群众的信赖，增强工会组织的凝聚力。

必须始终坚持维权机制建设、发展和谐劳动关系，这是工会推动和谐社会建设的工作主线。维权机制的建设是发展和谐劳动关系的关键，是建设和谐社会的基础。建立以劳动合同集体合同为载体的协调劳动关系机制、保障困难职工生活为目标的帮扶救助机制、职代会制度为基本形式的职工民主管理机制、群防群控群治为特色的职工劳动安全卫生保障机制、预警调解监督为重点的劳动争议预防调处机制，只有抓住机制建设，才能发展和谐劳动关系推动和谐社会建设。

必须始终增强基层工会活力、全面提升工会干部素质，这是加强新时期工会建设的重要基础。基层活力决定整体的实力；干部队伍素质制约工会组织在全局中的作为。只有切实贯彻“组织起来、切实维权”的方针，才能把基层工会建成“组织健全、维权到位、工作活跃、作用显著、职工信赖”的职工之家；只有始终坚持“服务大局、服务职工”的宗旨，在实践中提升素质，才能建设一支熟悉政策法规、精通工会业务、善于协调矛盾、热忱服务职工的高素质工会干部队伍，推动新时期工会工作更好地体现时代性、富于创造性。

回顾过去的五年，我们也清醒地看到工会工作还存在许多差距和不足：服务发展的思想理念、工作内容与句容经济社会发展的要求还有不适应的地方；维权能力和工作水平与职工的维权需求还有差距；非公企业工会组建还有待进一步加强；工会机制、工作创新还跟不上形势发展的需求；工会干部整体素质有待进一步提升等等。对此，我们必须下大力气在今后的工作中着力加以解决。

今后五年工作的指导思想和主要任务

党的十七大高举中国特色社会主义伟大旗帜，为工会组织团结动员职工群众夺取全面建设小康社会的新胜利赋予了神圣的历史使命。胡锦涛在同全国总工会新一届领导班子成员和中国工会十五大部分代表座谈时发表的重要讲话，强调实现党的十七大提出的各项目标任务，工人阶级要进一步发挥主力军作用，成为继续解放思想、锐意改革创新的时代先锋，成为推动科学发展、促进社会和谐的行动楷模，并强调要加强和改善对工会工作的领导，支持工会创造性开展工作，认真研究和及时解决工会工作中的重大问题，把更多资源和手段赋予工会组织。这些重要指示是新形势下工会工作的行动指南。经济发展呈现新的格局，对组织全市职工建功立业，提出了更高的要求。社会经济关系发展不平衡带来劳动关系矛盾比较突出，工会维护职工群众合法权益、协调劳动关系的任务更加艰巨而繁重。职工民主参与意识不断增强，畅通职工诉求渠道，建设理性表达诉求机制，提高职工队伍素质的任务更加紧迫。全球金融危机的扩散和蔓延，企业将面临困难和压力，引导职工同舟共济、克难攻坚的任务十分突出。

在新的形势下，今后一个时期全市工会工作的指导思想是：以党的十七大精神为统领，高举中国特色社会主义伟大旗帜，坚持邓小平理论和“三个代表”重要思想为指导，深入贯彻科学发展观，认真贯彻中国工会十五大精神，坚持走中国特色社会主义工会发展道路，落实“组织起来、切实维权”的方针，努力扩大工会覆盖面、提高工会凝聚力，构建和谐劳动关系，企业爱职工，职工爱企业，坚定信心，共渡难关，共谋发展，共创辉煌，团结和动员全市职工为推进句容跨越发展、科学发展、和谐发展，全面建成更高水平小康社会充分发挥工人阶级主力军作用。按照这一指导思想，今后五年全市工会工作的主要任务是：

一、推动经济可持续发展，组织职工群众为促进经济又好又快发展建功立业

各级工会要紧紧围绕句容经济发展的新要求，引导和组织广大职工建新功、创新业，为我市经济又好又快发展做出更大贡献。

开展建功立业竞赛活动，充分调动职工群众积极性。在全市广泛开展创建“工人先锋号”活动，以创一流素质、一流工作、一流服务、一流业绩、一流团队为内容，动员职工群众投身劳动竞赛；继续深化重点工程劳动竞赛活动，推动全市重点工程建设；开展争创服务明星活动，促进我市发展现代服务业；开展争创“五一巾帼标兵岗”、争当“五一巾帼标兵”活动，组织女职工为经济发展贡献力量。要不断丰富竞赛内容，创新竞赛形式，让竞赛与改善企业管理方式、保障职工合法权益相结合，促进企业增强核心竞争力；要从行业、企业实际出发制定可行的激励措施，把竞赛激励机制与实行利益原则有机结合，让企业增效、职工增收，更好地保护、调动和发挥职工群众的积极性。

开展群众性技术创新活动，提高职工自主创新能力。组织职工开展群众性的技术创新、技术改造、技术攻关、节能减排和合理化建议活动；开展职业技能比赛，引导职工立足岗位实际，做到“精一、会二、学三”。

集聚职工智慧力量，应对金融危机影响。企业生产经营越是面临困难和压力，越需要引导职工同舟共济，激发职工的聪明才智和调动职工的积极性、创造性。需要充分发挥压力传导和分解的作用，树立起职工与企业共同应对挑战、共度时艰的信心和决心；要充分发挥集中群众智慧的作用，引导职工为企业出主意、想办法、献计策、提建议。

二、推动改善民生，保障职工群众共享经济社会发展的成果

市委、市政府高度重视改善民生，制定一系列政策措施推动社会就业、完善社会保障体系，让改革发展成果更多地普惠于民。工会组织要积极推动落实改善民生的政策，协助政府办好惠民实事，让包括农民工在内的职工群众共享经济社会发展的成果。

深化工资协商制度，促进企业建立工资正常增长机制和支付保障机制。推动各类企业全面建立工资协商机制，是落实“劳有所得”，提高普通劳动者收入水平，实施富民工程的重要举措。大力推行行业、区域和企业工资协商，依法规范工资协商运作程序，重点协商工资标准、增长水平、劳动定额、计件单价等内容，探索劳动作为重要生产要素按贡献参与分配，努力提高劳动报酬在初次分配中的比重，推动企业逐步建立职工工资的共决机制、正常增长机制和支付保障机制。通过工资协商，对尚能继续维系比较正常生产经营的企业，要争取职工的经济利益基本不受影响；对经营滑坡、效益下降的企业，要争取将职工经济利益的影响程度降到最小、最低；对迫不得已需要采取裁员、放长假、解除或中止部分职工劳动合同等非常措施的企业，以及可能关、停、并、转的企业，其各项应对措施及依法对职工利益的补偿办法、补偿标准等，经集体协商确定，向职工公开。

推动社会保障体系建设，保障困难职工基本生活。督促用人单位为职工缴纳养老、医疗、失业、工伤、生育等社会保险。健全困难职工帮扶机制建设，加强群众监督，积极建言献策，协助政府加大对困难职工家庭的就业、生活、医疗、住房和子女就学等方面的帮扶力度。做好各轮次的“特困职工证”发放工作。推进困难职工帮扶中心规范化、制度化、社会化建设，拓展帮扶范围，完善帮扶方式，提高帮扶水平，使帮扶中心成为充满爱心、充满阳光的困难职工之家。广泛开展职工互助互济活动，做好“送温暖”“送清凉”“金秋助学”“女职工健康行”等帮扶困难职工的实事。

推动扩大就业发展战略，促进以创业带动就业再就业。以实施《劳动合同法》为契机，推动企业与职工签订劳动合同，协助政府依法规范企业用工行为，采取切实有效的措施减少就业岗位的流失，稳定就业。培育再就业示范基地，开辟新的就业岗位，以创业带动就业 。加强工会职业培训机构建设，把职

业介绍所建设好，进一步扩大培训数量，注重培训效果，全面完成促进就业再就业工作目标。

加强工会劳动保护机制建设，保障职工生命安全健康。健全职工安全健康保障机制，以推行“事故隐患和职业危害监控法”为主要抓手，切实做好劳动保护工作；坚持依法推行劳动安全卫生专项合同和女职工特殊保护专项集体合同制度，深入开展“创建劳动保护合格、示范工会”活动，努力遏制生产安全事故的发生。

三、推动扩大人民民主，完善职工民主管理的体系和协调劳动关系的机制

积极发展社会主义民主政治，是党的十七大提出的重要政治任务。完善基层民主制度，提高法治建设水平，保障社会公平正义，也是广大职工的热切期盼。各级工会要代表和组织职工参加国家和社会事务管理，完善企事业民主管理制度，发展和谐劳动关系，努力保障职工民主政治权利。

加强基层民主管理制度建设，畅通职工参与管理表达诉求的渠道。各级工会要认真实施《江苏省企业民主管理条例》，积极推进以职代会为基本形式的民主管理制度体系建设，全面落实职工群众的知情权、参与权、表达权、监督权。扩大非公企业职代会制度建制面，完善区域、行业职代会，提高职代会运行质量和效果；深化厂务公开，健全厂务公开民主管理运行机制、工作责任制和责任考核机制；调整完善集体协商机制，规范集体合同签订程序。

积极参与政策制定，从源头维护职工权益。积极参与我市涉及职工利益政策的制定；健全与同级政府联席会议制度、密切与人大、政府、政协及有关部门的联系，加强劳动关系三方合作，加强群众性劳动法律法规监督机制建设；畅通工会信息、信访、“12351”维权热线等多种联系职工的沟通渠道，引导职工增强法治观念，理性表达利益诉求，依法维护自身利益。

深入创建劳动关系和谐企业活动，动员职工共建共享和谐企业。切实加强领导，努力实施《深入推进劳动关系和谐企业创建工作三年行动计划》，依托协调劳动关系三方机制、创建工作领导小组成员单位整合力量，建立健全基层单位自主创建、持续创建和全员创建的机制，推动创建和谐劳动关系企业活动深入发展，使之成为依法规范劳动关系双方主体行为、建立新型劳动关系、保障职工劳动经济和民主权利的有效载体。广泛开展创建活动评估改进行动，本着互利共赢的原则，调动职工和企业两个方面积极性，推动企业履行社会责任，职工实现体面劳动。要引入社会客观评价体系，以企业效益增长率、职工合法权益实现率、劳动争议降低率作为衡量创建活动成效的重要标准，以企业和谐促进区域和社会和谐。

完善劳动争议调处机制，及时协调企业劳动关系。深入开展《劳动法》《工会法》《劳动合同法》和江苏省“一办法六条例”等法律法规的宣传教育，引导企业经营者和职工群众努力学法、懂法、守法、用法，依法行使权利、履行义务，切实承担社会责任，维护劳动关系和谐。建立健全劳动争议预警机制，对容易积聚矛盾、引发群体性事件的苗头，早介入、早协调、早解决，把矛盾化解在基层萌芽状态。积极构建多层次、广覆盖的劳动争议调解网络，依法推进企业普遍建立劳动关系调解委员会，加强区域劳调组织建设，努力做到制度健全、程序规范、作用到位。

四、加快文化建设，努力建设有理想、有道德、有文化、有技术的职工队伍

深化职工思想政治教育，筑牢团结奋斗的思想基础。坚持用中国特色社会主义理论体系武装职工头脑，引导职工发扬社会主义、爱国主义、集体主义精神，坚定信念走中国特色社会主义发展道路。深入开展共同理想、形势政策和国情教育，引导职工弘扬民族精神、时代精神，把个人理想抱负化作励志图强、建功立业的实际行动。深入开展社会主义荣辱观主题教育活动，引导职工带头倡导爱国、敬业、诚信、友善的道德规范，带头树立良好的职业道德、社会公德、家庭美德和个人品德，形成知荣辱、讲正气、促和谐的良好社会风尚。

深化“两争一树”活动，提高职工科学文化技术素质。坚持以职工全面发展的需求为导向，以提高职工学习能力和创新能力为目标，深入开展“争创学习型组织、争当知识型职工、树新时期职工形象”活动。组织好职工读书活动，办好职工读书屋，创建学习型班组，建设职工理论队伍、通讯信息员队伍、

文体骨干队伍和业余文艺创作队伍。加强职工职业教育和技能培训，促进职工立足岗位学习专业知识和操作技能，不断提高自身的职业技能素质。加大对工人阶级的宣传，弘扬新时代劳模精神，推广“劳模创新工作室”经验，评选句容市“五一劳动奖章”，发挥劳模先进的示范带头作用，营造劳动光荣、工人伟大的社会氛围。

加强企业文化建设，培育共建共享的和谐理念。以增强企业竞争力为核心，建设以人为本、共建共享、管理创新为特征的企业文化。要从企业实际出发，发扬本企业优秀传统，塑造符合企业发展和时代潮流的企业精神，不断提高企业凝聚力；加强对职工的人文关怀和心理疏导，搭建职工自我展示和实现价值的舞台，充分挖掘职工潜能，激发职工把实现自身价值与促进企业发展紧密相连，达到人的全面发展与企业持续发展的共赢。

加强职工文化建设，丰富职工精神文化生活。积极整合社会资源，推动职工文化阵地建设，积极做好文化宫建设。健全职工文化组织网络，活跃基层职工文化生活，采取群众喜闻乐见的形式，开展寓思想性、趣味性、娱乐性于一体的职工文体活动，吸引广大职工在活动中愉悦身心、锻炼体魄、陶冶情操、提升精神境界。

五、加强工会自身建设，增强工会组织凝聚力

工会是党领导下的工人阶级群众组织，必须在全面推进党的建设新的伟大工程中不断推进工会自身建设，把党的建设的新要求贯彻落实到工会建设中去。各级工会要以增强基层工会活力为重点，以提高组织、引导、服务职工和维护职工权益的能力建设为主线，努力创建学习型、创新型、服务型工会组织。

抓紧工会组建工作，进一步夯实工会组织基础。持之以恒地推进“党工共建”机制建设，按照“哪里有职工、哪里必须建工会”的要求，加快非公企业工会组建。创新工会组建形式和会员入会模式，完善会员会籍管理办法，把包括农民工、劳务派遣工和非正规就业人员在内的职工最大限度地组织到工会中来。

完善工会组织体制，强化镇总工会建设。切实加强镇总工会建设，进一步完善组织网络、规范工作制度、探索经费保障，用三年时间在全市组织开展争创省工会工作模范镇活动。加强行业工会组织建设。推进会员评家和民主评议工会主席工作，认真组织学习《企业工会主席产生办法》，积极稳妥开展企业工会主席直选，推进工会群众化、民主化建设。

深入贯彻《企业工会工作条例》，不断增强基层工会活力。推进企业工会规范化建设，符合条件的企业工会要依法取得法人资格，工会经费要依法独立建账，逐步提高规范化的标准。加强对基层的指导服务，帮助基层工会履行职责。

加强工会领导班子建设，全面提升工会干部队伍素质。各级工会领导班子要加强思想建设和能力建设，用科学发展观武装头脑、统领工作全局，做到政治坚定、旗帜鲜明、作风务实，进一步解放思想，与时俱进。要提高工会干部的业务素质和组织协调能力，善于运筹整合社会资源，提升工会工作社会化水平。要密切与职工群众的联系，大兴调查研究、求真务实之风，探索实现工会新的资源和手段的途径，健全工会领导干部联系基层的制度，在思想感情上更加贴近职工，真诚关爱职工，真情服务职工、真心维护职工利益，为职工群众排忧解难办实事，把各级工会建成广大职工群众信赖的职工之家。

统筹做好各项工作，提高工会整体工作水平。加大依法收缴工会经费的力度，夯实工会活动和职工维权的物质基础。扎实推进经费审查工作规范化建设，提高工会经费审查工作水平。严格工会资产管理。

各位代表、同志们，工运事业是推动社会先进生产力发展，代表和维护职工合法权益，促进和谐社会建设的事业，与国家的命运紧密相连，与句容的发展融为一体。让我们在市委的正确领导下，解放思想、开拓创新，同心同德、扎实工作，为全面建成更高水平小康句容而努力奋斗！

立足新起点　肩负新使命
团结带领广大职工为实现句容发展新跨越而努力奋斗

——在句容市工会第十二次代表大会上的工作报告

陈明春

（2013 年 12 月 12 日）

各位代表、同志们：

现在，我受句容市总工会第十一届委员会委托，向大会作工作报告，请予审议。

一、过去五年的主要工作和基本经验

市工会十一次代表大会以来的五年，是句容经济社会发展、综合实力大幅提升的五年，是全面建成小康社会、人民群众得到更多实惠的五年，也是全市各级工会组织围绕中心、服务大局，各项工作取得重大成就的五年。五年来，在市委和镇江市总的领导下，各级工会紧紧围绕全市改革、发展、稳定大局，大胆探索、勇于创新，全力构建和谐劳动关系、努力提高职工素质、积极推进民主管理、注重职工精神家园建设，工会组织的凝聚力、影响力、战斗力不断增强，多项工作得到省总和镇江市总的肯定，形成了具有句容特色的工会工作品牌，展现了句容开拓创新、与时俱进的新形象，是句容工会工作发展历史上最好的时期之一。

（一）服务大局成效显著

建功立业活动迈上新台阶。全市各级工会以重点工程、重点行业、重点企业为主阵地，引领广大职工积极投身以优质、高效、节能为主要内容的职业技能竞赛，全市共组织动员各类劳动竞赛 30 余项，参与企业达 300 家，参赛职工 3 万余人，百人以上企业开展劳动竞赛面达 85%。先后命名表彰了 52 个“工人先锋号（五一文明号）”，形成了创一流工作、一流服务、一流业绩、一流团队的良好氛围。全市职工围绕“节能减排、科技创新”主题，提出合理化建议 2 万余条，其中 1.7 万条被采纳并取得经济效益。面对国际国内经济形势的复杂多变，市总自 2009 年连续三年开展“互爱互维”和谐主题系列活动，有效减少劳资矛盾，为实现我市经济平稳持续健康的发展做出了积极贡献。

职业技能大练兵呈现新气象。各级工会以培养知识型、技术型、创新型职工为己任，发挥工会“大学校”作用，积极实施技能培训、岗位练兵、技能比武、技能晋级“四位一体”的职工素质提升活动。五年中，共开展 70 场职业技能培训、练兵和比武活动，近万名职工通过活动实现技能晋级，数十人荣获“镇江技术能手”称号。深入开展“名师带高徒”活动，发挥名师的示范引领作用，已有 280 对师徒成功结对，为企业培养出大量高素质专业技能人才。

创先争优活动取得新成果。在建设小康社会的进程中，全市各条战线涌现出一批为经济建设和社会事业做出突出贡献的先进工作者。全市共有 71 名同志荣获市级以上劳动模范称号，其中，镇江市劳动模范 16 人，江苏省劳动模范 4 人，赵亚夫同志荣获全国劳动模范称号。评选表彰了 54 个“五一劳动奖状”先进集体，52 名同志获得“五一劳动奖章”称号。首创“劳模沙龙”工作机制，为劳模交流搭建平台，发挥区域“劳模合作经济”模式作用，带领群众共同致富。劳模沙龙每半年举行一次，“定期举行劳模沙龙”荣获镇江市总 2012 年度工会创优工作奖。共建 30 家“劳模创新工作室”，广泛开展“农业劳模沙龙金字塔”活动，在电视台设立“劳模风采”专栏，大力弘扬劳模精神，展现工会创先争优成果。

（二）维权能力明显提升

工资协商稳步推进。全市各级工会围绕落实民生政策和推进“民生工程”，以“春季要约”行动为抓手，在各类企业大力推进工资集体协商制度。在不断扩大覆盖面的同时，在白兔针织、新型建材、郭庄基础导管和边城镇商会签订了行业工资集体协议；联合人社部门在全市建立集体合同草案预审指导制度，开展工资协商监督检查工作；规范工资协商指导员队伍，全市 21 名工资集体协商指导员活跃在基层一线；

全面深化区域工资二次签约机制，借助人社部门的行政资源，由镇总工会代行签约，促使全市 260 家 25 人以下微小企业进入工资协商行列，开辟了工资集体协商工作的新领域。目前，共签订 10 份区域工资集体协商协议，独立建会企业签订工资集体合同达 434 家。

企业职工文化健康发展。广泛开展“争创学习型组织、争当知识型职工，树新时期职工形象”主题教育活动，创建市级以上学习型班组 20 个；组织开展“文明职工”“文明班组”“五一巾帼岗”等创建活动，全市企业参与创建面达 85%；成功举办四届职工读书节活动，加大“职工书屋”建设，2011 年，市总依托社区平台，建立了“职工图书馆”。开展企业文化“六个一”活动，涌现出建华管桩、兴文包装、台泥水泥等一批先进典型，共培树镇江市企业（职工）文化建设示范单位 8 家。开展职工喜闻乐见丰富多彩的文体活动，精心组织职工“和谐杯”篮球赛、建党 90 周年系列文艺汇演、“十八大”知识竞赛和职工运动会等活动，不断满足职工群众的精神文化生活需求。镇江市第十四届运动会，句容市总工会代表团获得职工部优秀组织奖。

职工安全健康权益得到保障。各级工会积极参与生产建设项目“三同时”审查验收，参与事故调查，促进企业安全生产，开展安全生产检查近百次，提出整改意见 70 余条；坚持开展“安康杯”竞赛活动，参赛职工 5 万人次，句容恒达交通建设工程有限公司工程科荣获“2011 年度全国‘安康杯’竞赛优胜班组”称号；配合安监部门，全力推进“职业卫生合格企业”创建活动，在全市 100 多家企业推行“1+3”安全体系的建立；不断加强包括农民工在内的职工劳动保护培训工作，举办了多层次的培训班，增强职工群众的安全意识和自我保护能力。

（三）劳动关系日趋和谐

和谐创建取得新突破。劳动关系和谐企业创建工作得到各级党政支持，市政府转发《镇江市政府〈关于推进劳动关系和谐企业创建标准化的实施意见〉的通知》，又将全市各镇、管委会党委领导充实进入劳动关系和谐企业创建领导小组，形成了由党委领导、政府主导、工会推进、企业参与的工作格局。全市参与创建企业达 413 家，获市以上劳动关系和谐企业称号的达 112 家，企业参与创建面达 90%，30 家企业被表彰为“镇江市和谐劳动关系达标企业”，下蜀镇临港工业园区被表彰为“镇江市和谐工业园区”，广兴集团荣获江苏省和谐劳动关系企业。各级工会充分发挥劳动关系三方协商机制的作用，最大限度地维护职工合法权益，联合人社局等部门开展农民工工资专项检查，切实解决农民工工资拖欠问题。职工信访、劳动争议调解工作进一步加强，全市企业劳调委 430 个，区域劳调组织 11 个，受理案件 18 起，结案率达 100%。

帮扶工作推进有力。全市各级工会协助政府推进“富民工程”，不断丰富帮扶内容，创新帮扶方式，完善帮扶机制，做到日常帮扶和动态帮扶相结合，一般帮扶和重点帮扶相结合，工会帮扶与社会救助相结合。2011 年，市总对职工援助中心转型升级，建成融法律援助、信访接待、特困救助、职业培训（介绍）、互助互济“五位一体”的职工服务中心。五年来，各级工会累计筹措送温暖帮扶资金 618 万余元，帮扶救助困难职工 4000 多人；协助政府发放“特困职工证”183 户，资金达 60 万元；持续开展“金秋助学”活动，为 270 名困难职工子女上大学提供助学金 62 万元；培树 12 个“上新岗、创新业”示范基地，开展创业意识培训 30 多场，帮助 3000 人实现就业和再就业。职工互助互济保障强势推进，截至目前，全市参加职工互助互济保障的职工共有 28152 人，得到赔付的职工达 228 人，赔付金额 120 余万元，真正为广大职工搭建了抵御风险的屏障。

民主管理不断完善。全面贯彻落实《江苏省企业民主管理条例》，建立健全以职代会为基本形式的民主管理制度，不断扩大建制面、增强实效性，较好地保障了职工的知情权、参与权和监督权。全市共有 650 家企事业单位坚持职代会制度，百人以上企业、规模企业职代会建制率达 98%，文教卫生系统职代会建制率达 100%，江苏三泰轻工科技有限公司、华电江苏能源有限公司句容发电厂被评为“江苏省厂务公开民主管理先进单位”。开展星级职代会创建活动，积极推进职代会“共决劳动规章”，共创建 2 家镇江市职代会规范先进单位，全市 80 家百人以上企业积极开展共决企业规章制度活动。

（四）自身建设不断加强

着力破解工会组建难题，工会组建率得到明显提升。通过开展“党工共建”活动，把面广量大的各类非公企业纳入工会组织网络，积极探索区域性、行业性联合工会与独立工会相结合的组建模式，创新发展农庄观光园、“农家乐”等旅游企业为工会组建对象，积极推广“两新”企业组建覆盖面。五年来，全市新建基层工会 307 个，发展会员 1.7 万人，153 个村成立了工会联合会，进一步夯实了工会工作的组织基础。

提升基层工会组建质量，有效激发基层活力。镇级工会基础工作得到加强，阵地建设呈现良好势头。2010 年，实行“镇工会工作以奖代补”制度，有效缓解镇级工会工作经费的不足；2012 年以来，开展镇级工会规范化升级竞赛活动，共 6 个镇工作达标，下蜀、华阳镇总工会荣获镇江市标兵镇，郭庄镇总工会荣获镇江市先进镇称号。全面贯彻落实《企业工会工作条例》，深入开展“建家评家”活动，全市建成市级以上模范职工之家 35 家，其中 6 家省模范职工之家。2013 年，开展基层工会“显实”行动，华阳镇下甸村工会、白兔镇行香村工会获得工会“显实”行动示范村称号，边城镇港峰科技集团工会、白兔镇华神特种橡胶制品股份有限公司工会获得工会“显实”行动示范企业称号。目前，我市所有行政村已全部成立联合工会，50 人以上的基层工会普遍建立工会办公室，达到有牌子、有场所、有人员、有经费“四有”标准。

加强统筹协调，工会各项工作持续发展。加强税务代征、财政划拨机制建设，工会经费收缴取得突破性进展，工会工作的物质基础进一步增强。加强经费审查和财务规范化管理，工会经费收、管、用更加合理。加强工会女职工工作，深入开展“双争”活动、关爱行动和“五一”巾帼提升行动，女职工工作成效显著。工会理论研究和信息工作多次受到上级工会的表彰，2010 年获得“全省工会信息工作十强县”称号，2012 年、2013 年连续获得全省工会新闻宣传工作先进单位。加强工会制度建设和作风建设，完善工作目标考核办法，强化岗位职责，工作效能得到有效提升。

回顾过去的五年，在全市各级工会的共同努力下，许多工作得到了上级工会的肯定，这些成绩的取得，归功于市委、上级工会和各级党委的正确领导，得益于市人大、市政府、市政协和社会各界的大力支持与合作，也是各级工会干部和广大职工团结奋斗、辛勤工作的结果。借此机会，我代表市总工会第十一届委员会，向全市各级党政领导、广大工会工作者和职工群众表示崇高的敬意和衷心的感谢！

各位代表，同志们，过去的五年，全市各级工会创造和积累了许多宝贵的经验，也为做好未来五年工作提供了有益的启示：

——必须自觉接受党的领导。只有自觉把党的方针政策转化为工会的实际行动，把工会的政治优势转化为工作优势，落实到组织、领导、发动广大职工群众之中，才能保证正确的工作方向。

——必须服从服务于发展大局。只有紧紧围绕党政所需、职工所求、工会所能，才能有效激发广大职工的劳动热情、凝聚才智，彰显工会的地位和作为。

——必须坚持以职工为本。只有坚持以职工群众的需求作为工会工作的出发点和落脚点，真心实意为职工群众办实事好事，工会才能得到群众的信任和拥护，才会有凝聚力和号召力。

——必须坚持解放思想，开拓创新。只有思想上有新解放，措施上有新改进，实践上有新作为，工会工作才能更好地创新发展，体现时代性、富于创造性。

五年来，我们既有成功的经验，也有差距和不足，主要是：面对经济社会发展的新形势和转型升级的新要求，工会组织体制机制和活动方式有待进一步优化；面对经济关系、劳动关系日益复杂，工会服务职工的能力和手段有待进一步加强；面对工会组织迅速发展，工作任务更加繁重的新特点，工会组织的运行质态和效率有待进一步提升；部分工会干部的创新意识、群众观念和促进科学发展的能力不足，影响了工会作用的发挥等。对这些问题，我们一定高度重视，切实加以解决。

二、今后五年工作的指导思想和主要任务

党的十八大指出：全心全意依靠工人阶级，健全以职工代表大会为基本形式的企事业单位民主管理制度，保障职工参与管理和监督的民主权利；健全劳动关系标准体系和劳动关系协调机制，构建和谐劳动关系；推行企业工资集体协商制度，保护劳动所得，千方百计增加居民收入；强化企事业单位人民团体在社会管理和服务中的职责；支持工会、共青团、妇联等人民团体充分发挥桥梁纽带作用，维护群众合法权益。这些具体要求，把握了发展的新要求和群众的新期待，符合工人阶级和广大劳动群众的根本利益和长远利益，必将激发广大职工为实现“中国梦”建功立业。

《苏南现代化建设示范区规划》（简称《苏南规划》）今年4月正式印发。它的实施，为工会融入和服务大局赋予新的内涵，它不只是生产力的更新升级，更是社会层面的转型塑造，企业转型升级和城镇化推进带来的利益关系、劳动关系的深刻变革，企业优胜劣汰带来的职工就业稳岗、职工权益保障、劳资矛盾的协调，都会面临越来越大的压力。随着信息化、网络化社会的发展，工会组织活动方式的转变，职工表达诉求的疏导，增进职工的共同价值认同，增强工会组织的社会公信力，也面临着更为复杂的现实情况，新时期的工会工作机遇和挑战并存。我们要在市委和镇江市总的领导下，顺应新时代的要求、适应社会变化，善于创造科学有效的工作方法，团结引领职工焕发劳动热情、释放创造潜能，通过劳动创造更加美好的明天。

为适应新形势的要求，今后五年工会工作的指导思想是：高举中国特色社会主义伟大旗帜，以邓小平理论、“三个代表”重要思想、科学发展观为指导，全面贯彻党的十八大、十八届三中全会、中国工会十六大精神，围绕苏南现代化示范区建设，落实市委全会提出的任务，发展和谐劳动关系，健全职工民主管理，建设企业职工文化，强化工会社会服务，建设为民务实清廉工会，充分发挥工会组织的桥梁和纽带作用，团结和动员广大职工为实现句容发展新跨越而努力奋斗！

今后五年全市工会的主要任务是：

（一）以建设“苏南现代化建设示范区”为主题，在基本实现现代化进程中彰显作为

建设更高水平小康社会，基本实现现代化是当前和今后一个时期的工作大局。在服务大局中发挥主力军作用是工会组织的重要职责。全市各级工会要继续以创建“工人先锋号”活动为载体，广泛开展立功竞赛、劳动竞赛活动，动员和组织广大职工在企业转型升级、促进经济社会又好又快发展中做出新的贡献。

深化新形势下社会主义劳动竞赛。在全市普遍开展“建链”“补链”“强链”内容的建功立业劳动竞赛活动，大力弘扬“创业创新创优、争先领先率先”的新时期江苏精神，引导职工通过勤奋劳动、诚实劳动、创新劳动来推动发展、创造未来。深化“工人先锋号”创建活动，发挥“工人先锋号”的示范激励作用，不断拓宽活动外延，丰富活动内涵，努力实现创建活动向自主创新型、深化提高型转变，重点放在市重点工程、重点项目、窗口行业和现代服务业上，打造长期坚持、职工认可、影响广泛的竞赛活动品牌。组织开展“节能减排”竞赛活动，积极倡导资源节约型、环境友好型生活方式和消费模式，动员职工为推动科学发展、和谐发展再立新功。

大力提升职工技能整体素质。全市各级工会要进一步完善职工技能培训、技能竞赛互为补充的技能素质提升机制，今后培训的重点要向产业结构调整的领域，向新型产业一线工人以及农民工转移，培训的范围要向新知识、新技术的应用方面延伸，帮助广大职工进一步提高劳动技能、增强创新能力，造就一批具有较强实践能力和创新能力的复合型人才。深化“名师带高徒”技能传帮带活动，每年要组建“50对100人”的师徒骨干，组织职工参与“镇江市职工网上大学”，为职工岗位成才搭建服务平台。深入开展群众性技术练兵活动，不仅在企业，还要在事业单位完善职业技能培训、比武、晋级的发展机制，引导职工通过勤奋劳动、诚实劳动、创新劳动实现人生价值。

进一步弘扬新时代劳模精神。紧扣科学发展、跨越发展的新任务、新要求，注重在立功竞赛、科技

创新、素质提升等实践活动中培育选树更多具有时代特征的先进典型。认真组织实施各级劳动模范的推荐评选工作，大力宣传劳模勇于创业、敢于创新、甘于奉献的时代精神，用劳模的先进事迹感召广大职工，引领职工崇尚劳模、学赶先进、争创一流。继续深化“劳模沙龙”、创建“劳模创新工作室”活动，在“做实”上下功夫，放大“劳模沙龙金字塔行动”的效应，更好地发挥劳模在科技创新、转变经济发展方式中的引领作用。充分发挥劳模协会的作用，加强劳模的动态管理和跟踪服务，开展对外交流，及时、主动帮助困难劳模解决生产生活中的实际困难。

（二）以发展和谐劳动关系为主线，在维护职工合法权益上彰显作为

加强工会维权机制建设，是促进社会和谐、实现社会公平公正的需要。各级工会要以创建“和谐劳动关系企业”为载体，围绕劳动关系的建立、监督、调处等环节，大力推进工会维权机制建设，切实履行表达和维护职工合法权益的基本职能。

进一步推进“和谐企业、和谐园区”创建。全面贯彻落实省《劳动关系和谐企业评价规范》，深入开展“和谐劳动关系达标”创建活动，继续完善规范化创建活动的工作机制，激励企业踊跃参与创建活动；突出创建活动的重点，推动非公有制企业开展创建活动；突出创建活动的难点，努力解决职工最关心、最直接、最现实的利益问题，更好地为职工服务；拓展创建活动的内涵，一方面组织职工为企业经济又好又快地发展献计献策贡献力量，另一方面推动企业履行社会责任，把是不是和谐企业作为衡量企业社会责任履行的重要绩效进行考核，努力实现企业与职工的双赢。延伸和谐企业创建向园区创建，加大深度与广度，重点放在全市企业集中、产业集聚的先进制造业特色园区、现代服务业集聚区和现代农业产业园区。为提升创建水平，适时推出部门工会、企业工会联手创建的格局。进一步完善劳动关系预警机制，完善矛盾纠纷排查和人民调解工作制度，增强调处的及时性和有效性，把劳动争议化解在企业内部，消除在萌芽状态，努力维护劳动关系的和谐稳定。

进一步健全职工利益协调机制。加强源头参与力度，完善定期向党委汇报制度、工会与政府联席会议制度、劳动关系三方协议机制。全面贯彻落实《江苏省工会劳动法律监督条例》，切实履行监督职能，保障职工合法权益。继续推行集体合同制度，着力抓好以收入倍增计划为主要内容的集体协商工作，开展工资集体协商“要约行动”，力争五年内全市已建工会组织的企业工资协商建制率在95%以上。认真贯彻落实国家六部门联合出台的《企业民主管理规定》，以规范企业民主程序、完善企业规章制度为抓手，推动企业强化民主管理规范化建设。加大厂务公开力度，创新厂务公开机制，使厂务公开工作不断向非公企业延伸。

（三）以企业职工文化建设为抓手，在提高职工队伍综合素质上彰显作为

工会文化、企业文化、职工文化是社会主义文化的重要组成部分，是促进社会和谐，建设更高水平小康的重要思想道德基础。各级工会要以提高职工整体素质为目标，以文化建设为抓手，大力推进工会文化、企业文化、职工文化建设的新发展，为构建和谐社会提供强大的精神动力。

大力弘扬社会主义核心价值观。要深入学习、广泛宣传、积极实践中国特色社会主义工会发展道路，探索用社会主义核心价值体系引领职工群众的有效途径，在全市职工中深入开展以“三创三先”为主题的教育实践活动，用时代精神激励职工立足岗位、创先争优，提振推进科学发展、跨越发展的精气神。进一步整合工会新闻宣传资源，建立健全工会新闻“大宣传”格局，加强与新闻单位的协作，继续办好“工会之声”栏目、“句容工会”网站和“句容总工会”微博，弘扬主旋律，传递正能量，使中国特色工运理论，更好地引领企业发展、服务广大职工。

积极构建和谐共赢的企业职工文化。要积极倡导“人为本、和为贵”的和谐文化理念，引导广大企业按照《企业职工文化建设示范单位评价体系》江苏省地方标准的要求，加大企业职工文化示范单位的创建力度，努力营造以人为本、尊重劳动、崇尚创造的文化氛围，形成争相达标的良好势态。加强企业职工文化阵地建设，全面推进职工文体活动阵地达标升级，按照显实达标的刚性要求，建成区域性职工

文体活动阵地。广泛开展丰富多彩的职工文体活动，组织职工文化进企业、进工地、进社区，不断满足职工群众日益增长的精神文化生活需求。各级工会要适时举办具有一定规模和影响的职工文体活动，充分发挥工会“吹拉弹唱”的长处，让更多的职工走上舞台、走进球场，丰富、充实、活跃职工群众的业余文化生活。今后五年，在继续保留职工篮球等传统项目优势的基础上，向更多项目扩进，从整体上保持镇江体育大市的地位。

（四）以职工服务中心为载体，在健全职工权益保障机制上彰显作为

各级工会要从改善民生、创新社会管理的高度，积极推动党和政府惠民政策的落实，着力解决职工群众最关心、最直接、最现实的利益问题，充分发挥职工服务中心的作用，逐步实现由帮扶困难职工到全面服务职工的转变。

进一步加强职工帮扶工作。在规范职工服务中心窗口建设的基础上，着力推动各镇（开发区）总工会、管委会工会建立职工服务中心（站点），努力形成上下联动、分级管理、全面覆盖的职工服务网络。打造帮扶品牌，深入开展“两节”慰问、“金秋助学”、大病救助、困难劳模、特困职工帮扶活动，使之成为替党政分忧、受职工欢迎、具有社会影响的帮扶工作品牌。创新帮扶方式，把帮扶和脱贫相结合，坚持标本兼治，把促进就业再就业作为帮助困难职工脱贫解困的根本手段，与政府部门配合，积极开展创业培训，就业指导等工作，为有创业愿望的下岗失业职工和农民工实现自主创业提供必要的扶持和帮助。推行职工互助互济保障工作，努力做到机关、企业、农村全覆盖，切实帮助职工减轻医疗负担，提高抗风险能力。

进一步加强工会劳动保护机制建设。实行安全生产一票否决制度，从源头抓起，切实做好企业安全管理“三同时”。深化“1+3”监控体系的推广力度，加大安全生产知识和职业危害防治知识普及力度，深入开展职业卫生合格企业创建活动；要拓展“安康杯”竞赛的内涵和外延，创新开展职工群众劳动保护活动；要借助社会资源，联合相关部门，持续开展劳动保护和安全生产监督检查活动，努力遏止生产安全事故的发生，推动更多企业工会成为“劳动保护合格、示范工会”。

（五）以基层组织建设为重点，在增强工会组织活力上彰显作为

工会组织建设是做好一切工会工作的基础，各级工会要按照“扩大覆盖面、增强凝聚力”的总体要求，遵循“组织起来，切实维权”的方针，坚持抓组建与抓规范相结合、发展会员与发挥作用相结合，充分激发基层工会的生机与活力。

加快工会组建步伐。充分发挥党建带工建、党工共建机制的主导作用，优化建会环境，努力破解建会难题，消除建会盲点。深入开展“广普查、深组建、全覆盖”集中行动，进一步加大区域性、行业性工会联合会组建力度，突出抓好非公企业工会组建工作。进一步创新工会组建的途径和方法，适应企业用工方式的变化，最大限度地把包括农民工、劳务派遣人员在内的广大职工组织到工会中来，实现工会组建从量的扩张向质的提高转变。

高度重视企业工会工作。继续深入贯彻落实《企业工会工作条例》，进一步加强企业工会规范化建设，推进企业工会工作典型培树工作。深入开展“四统筹一创争”活动，以党组织的创先争优带动工会“模范职工之家”建设，努力把基层工会建设成为组织健全、维权到位、工作活跃、作用明显的“职工之家”。积极探索建立企业工会干部权益保障机制，努力解除企业工会干部维护职工权益的后顾之忧。

全面加强镇级工会建设。加强镇级工会规范化建设，五年内所有镇总工会均达到镇江市达标单位。进一步完善镇级工会组织体制，优化镇级工会组织结构，强化镇、管委会和产业局工会领导班子建设，切实解决部分镇工会干部兼职多、精力不到位的问题。继续深入开展以党委政府重视好、组织网络健全好、履行基本职能好、指导帮助基层好、服务职工群众好、围绕中心开展工作好为主要内容的“六好”镇级工会创建活动，努力提升镇级工会工作的整体水平。

（六）以改革创新为动力，在全面加强自身建设上彰显作为

工会肩负着组织和带领职工群众“推进科学发展、促进社会和谐”的重大责任。各级工会组织要适应新形势下工作对象、领域、内容、方式和环境的新变化，以改革的精神、创新的思维、科学的态度，切实加强工会自身建设。

加强工会干部队伍建设。大力推进工会干部队伍能力建设，着力提高工会干部思想政治水平，着力提高工会干部推动科学发展、促进社会和谐、走群众路线的能力，着力提高工会干部协商能力、调解能力、疏导能力、应急处置能力和信息统计调研工作水平，适应新形势、新要求。培树一批服务大局、心系职工的工会干部典型；关心和爱护工会干部，帮助工会干部解决工作生活中的实际问题，为工会干部开展工作积极创造条件。

努力推动工会创新和作风转变。深入开展党的群众路线教育实践活动，认真执行上级党委的十项规定，改进工会领导机关工作作风。市总工会机关要进一步重心下移，深入开展“面对面、心贴心、实打实服务企业职工”活动，使“下基层、转作风、办实事”联系点制度成为工会组织的常态化工作。组织“工会干部大走访”活动，努力实现职工队伍状况在一线掌握、工会维权帮扶在一线实施、构建和谐劳动关系在一线推进、工会重点工作在一线落实、创先争优活动在一线开展的良好态势。

统筹推进工会其他各项工作。进一步加大工会经费收缴力度，确保经费收入持续稳定增长。进一步完善工会财务管理制度，深入开展“四有五好”财务竞赛，提高经费的使用绩效。强化经审工作，加大对基层工会经费收支情况的监管力度，促进工会系统党风廉政建设。推进工会女职工组织建设，充分发挥女职工组织在开展创新创业、维护女职工合法权益和特殊利益中的积极作用。继续实施“女职工素质提升工程”，将“女职工素质工程”和“创先争优”活动紧密结合起来，为提高女职工技术业务能力搭建平台；同时，鼓励和支持女职工参加各类学习，不断增强广大女职工的学习能力、创新能力和创业能力，鼓励女职工岗位自学成才，不断提升女职工的素质，让女职工学历、技术等级上升率逐年提高。

各位代表，同志们，新的起点赋予工运事业新的希望，新的使命召唤全市广大职工创造新的辉煌。让我们在市委和上级工会的正确领导下，高举中国特色社会主义伟大旗帜，矢志不渝地走中国特色社会主义工会发展道路，团结带领广大职工，为建设更高水平小康社会，实现句容发展新跨越而努力奋斗！

领跑新征程　建功新时代
团结和动员全市职工群众为纵深推进“一福地四名城”建设而努力奋斗

——在句容市工会第十三次代表大会上的报告

徐胜宝

（2021 年 12 月 2 日）

各位代表、同志们：

本次大会，是在中国共产党成立 100 周年之际，我国乘势而上开启全面建设社会主义现代化国家新征程、向第二个百年奋斗目标进军的关键时刻召开的一次重要会议。大会的主题是：以习近平新时代中国特色社会主义思想为指导，贯彻落实党的十九大精神和习近平总书记关于工人阶级和工会工作的重要论述，坚定不移走中国特色社会主义发展道路，团结动员广大职工群众主动服务大局、强化责任担当，凝心聚力把“一福地四名城”美好愿景向纵深推进，奋力谱写句容高质量发展新篇章！

现在，我代表句容市总工会第十二届委员会向大会作报告，请予审议。

过去七年多的工作回顾

市工会第十二次代表大会以来的七年多，是句容发展砥砺奋进、成果丰硕的七年，是全市职工适应新常态、践行新理念、应对新挑战，为建设“一福地四名城”新句容做出重要贡献的七年，也是全市工会在市委和上级工会的坚强领导下，不断增强政治性、先进性、群众性，去除机关化、行政化、贵族化、

娱乐化，锐意进取、改革创新，各项工作取得新成绩的七年。

这7年多来，全市工会始终坚持正确政治方向，思想引领坚定有力

政治方向更加坚定。全市各级工会组织和工会干部自觉接受党的领导，在思想上和行动上与党中央保持高度一致，始终把工会工作放在全市大局中谋划部署，大力宣传新时代党的路线方针政策，坚持把学习贯彻党的十八大、十九大精神，习近平新时代中国特色社会主义思想作为首要政治任务，以“中国梦·劳动美·幸福路”为主题，广泛开展宣讲、主题征文、知识竞赛等系列教育，推动党的理论、方针、政策入脑入心、落地生根，自觉增强“四个意识”，坚定“四个自信”，做到“两个维护”。

系列活动凝心聚力。开展送文化进企业15场，组织劳模工匠进校园、进企业、进社区。开展“文化普惠”活动，开设瑜伽班、太极拳普惠培训班。举办了“工会杯”足球赛、象棋赛、冬泳赛等系列活动，开展了职工主题征文比赛、诗词朗诵比赛、摄影比赛等，坚持寓教于乐，推动新时代职工文化建设，在广大职工中积极培树社会主义核心价值观。加强职工文化阵地建设，创成省级及以上职工书屋8家，国网句容供电公司获“全国工会品牌职工书屋示范点”。

从严治党纵深推进。扎实开展党的群众路线教育实践活动、“三严三实”专题教育、“不忘初心、牢记使命”主题教育、党史学习教育，推进“两学一做”学习教育常态化制度化。深入推进党风廉政建设和反腐败工作，积极支持派驻纪检监察组工作。锲而不舍落实中央八项规定及省、市十项规定精神，坚决纠治新“四风”。健全完善联系服务基层各项制度，开展“三走进三服务”活动，组织工会干部进企业、当工人、同劳动，满腔热情地帮助基层企业和职工群众排忧解难，以解放思想改进作风推动工会工作创新发展。

这7年多来，全市工会始终坚持服务中心大局，工人阶级主力军作用更加突出

劳动竞赛蓬勃开展。先后以“当好主力军·建功十二五”和“建功十三五·建设新句容”为主题，组织职工在城建交通、生态农业、全域旅游、民生实事等重点工程项目中开展劳动竞赛40项（次），参赛单位150个（次）。“五小”活动彰显新活力，全市职工取得技术攻关、科技创新、发明创造等成果100项，提出合理化建议1万多条。充分发挥工会“大学校”作用，组织开展“名师带高徒”传帮带活动，组织“十大工种”和产业、行业职工职业技能竞赛，累计举办35场职业技能培训、岗位练兵和技能比武活动，近3000名职工通过活动实现技能晋级，我市知识型、技能型、创新型职工队伍不断壮大。

劳模示范引领作用充分发挥。共推荐评选句容市级及以上劳动模范155人，“五一劳动奖章”100名，“五一劳动奖状”67个，“工人先锋号”97个，全市现有全国劳动模范3人，省级劳动模范156人，评定首届“句容工匠”8人。延续“劳模沙龙”服务品牌，开展“农业劳模沙龙金字塔”传帮带行动、组建劳模农业科技服务团、设立劳模专柜，建成劳模创新工作室38家、劳模创新工作室联盟3家，通过劳模群体传递新技术，扩大新市场，受益人数达3000余人次，受益农户达万余户，直接或间接为群众创造经济效益数亿元。联手主流媒体设立专栏，让劳模精神、劳动精神、工匠精神激励职工，影响带动全社会。

助力全市重大决策部署落实。贯彻市委坚决打赢脱贫攻坚战的部署要求，把工会工作主动融入脱贫攻坚中，争取各级资金400多万元用于农村基础设施建设，投入自有资金160万元，确保村级经营性收入提档升级，实现城盖、林梅两个帮扶村全面脱贫。乡村振兴彰显新担当，将工会活动与乡村游相结合，开辟六条乡村游专线，同时开展消费助农活动，组织农业劳模参加镇江农副产品销售，实现销售额200万余元。与陕西省蒲城县总工会签订全面合作框架协议、劳模（职工）疗休养合作协议，加强两地交流合作，贯彻落实习近平总书记以及省、市委关于加强东西部协作的要求。建立句容市总工会首家职工（劳模）疗休养基地，打造全新平台助推句容经济社会发展。组织职工积极投身全国文明城市创建工作，组建“容城有爱·工会暖心”志愿服务队，为我市获得“全国文明城市”荣誉称号贡献了工会力量。助力新冠肺炎疫情防控和企业复工复产工作，疫情初期第一时间发出倡议书，引导职工积极做好疫情防控，组织工会干部下沉社区，助力疫情防控工作。去年，发动各级工会组织和社会各界帮助“莓农”解决滞

销，共计助销地产草莓 80 万余元。今年，立足“劳模+葡农”的模式，主动助力地产葡萄销售，共计助销葡萄 91.3 万余元。实施小微企业工会经费全额返还工作，为全市小微企业累计返还工会经费 619.2 万元。

这 7 年多来，全市工会始终聚焦维权主责主业，职工群众幸福感获得感大幅提升

劳动关系和谐稳定。深入开展劳动关系和谐创建活动，全市生产经营正常建会企业创建参与率达 90%以上，54 家企业（园区）获评各级劳动关系和谐企业（园区）称号。深化企事业单位民主管理、推动职代会、厂务公开等民主管理制度在基层落实。推进集体协商扩面提质增效，集中培训集体协商指导员，全市签订工资集体协商协议 526 份，覆盖企业 838 家。开展“安康杯”竞赛，150 家单位、5 万余人次参加了竞赛，保障了职工生命健康安全。

依法维权成效明显。进一步做实工会劳动法律监督机制，全市现成立工会劳动法律监督委员会 45 个，拥有监督员 130 人。开展“遵法守法・携手筑梦”服务农民工公益法律服务行动，组织送法进企业15 场，工会普法宣传、法律监督、法律援助工作不断加强。开展共决企业规章制度活动，组织专业评估队走进近百家企业开展现场评估会，帮助企业和职工实现源头维权。成立了句容市职工法律服务律师团，聘请专业资深律师为企业和职工免费提供法律咨询、法律援助，累计服务受理 1200 余次。

服务职工体系不断完善。深入开展“春送岗位、夏送清凉、金秋助学、冬送温暖”四季服务活动，市第十二次工代会以来，累计发放帮扶救助金 1035 万余元，救助职工 2236 人（次）。夏季“三送”投入资金 50 万元，慰问高温一线职工 1 万余人次。为 322 名考入高校困难职工子女发放助学金 100 万余元。开展“同心助保、同力助创”活动，为 1800 人次赠送互助保障，为 48 户困难职工、农民工提供创业帮扶资金 50 万元。建立关爱环卫工人“安康驿站”21 个，建立“母婴小屋”10 家，举办单身青年职工相亲会 6 场，组织 484 名劳模和 114 名优秀职工参加了疗休养。工会互助互济工作扩面提质，现覆盖 5 万余人，累计为 911 名患病职工送出理赔慰问金 617 万余元。

这 7 年，全市工会始终坚持深化改革创新，工会组织吸引力凝聚力持续增强

深化工会改革激发活力。深入贯彻落实习近平总书记“群团改革是全面深化改革的重要任务”的重要指示精神，认真落实中央和省委、市委群团工作会议精神，认真落实市委审批的《句容市总工会改革实施方案》，研究制定 5 大类 16 项具体改革措施，切实增“三性”去“四化”，优化领导班子人员构成，建立专兼挂领导班子队伍，调整市总工会机构职能，大幅提升劳模、先进和一线职工在工会领导机构中占比，工会组织的广泛性代表性不断增强。推动落实句容市新时期产业工人队伍建设改革任务，提请市委、市政府印发《新时期句容产业工人队伍建设改革实施方案》，协调建立产业工人队伍建设改革联席会议制度，构建起党委统一领导、党政共同负责、工会主动推进、各方积极配合的产业工人队伍建设改革工作格局。全市现有镇江市级产改试点单位 4 家，本级产改试点单位 4 家，各项产改措施积极推进，进一步调动了产业工人的积极性、创造性。

基层活力明显增强。坚持党建带工建，积极探索推进行业工会和“两新”组织建会，集中开展“强基层、补短板、增活力”行动，“八大群体”建会入会工作，截至目前，全市基层工会组织达 860 个，会员发展到 9 万余人，其中农民工会员 3 万余人。加强基层工会规范化建设，开展模范职工之家评选活动，选树句容市级以上模范职工之家 189 个，合格职工之家 120 个。开展购买社会组织服务工作，公开招聘社会化工会工作者 7 人充实到基层工会，推动基层工会有人办事。加大工会干部培训力度，依托“工会大讲堂”开展各类培训 30 期，参训专兼职工会干部近 2000 人次。

工会其他工作有序推进。税务代收工会经费稳步推进，基层工会经费收支管理日益规范，经审制度体系不断完善，经审监督更加严格规范。女职工关爱行动广泛开展，完成首部《句容工会志》编纂，信息调查、年报统计、老干部等工作也取得了新成绩。

各位代表、同志们，成绩来之不易，经验弥足珍贵，回顾七年多来的奋斗历程，我们积累了许多宝

贵的经验和有益的启示，主要是：

只有坚持党的领导、紧跟核心，工会工作才能方向明确、勇往直前。旗帜引领方向，思想指引行动。我们始终高举中国特色社会主义伟大旗帜，坚持用习近平新时代中国特色社会主义思想武装头脑、指导实践，把广大职工群众紧密团结在党的周围，坚持党建引领、党工共建，让工会工作充分体现鲜明的政治性，努力开拓中国特色社会主义工会发展道路新境界，开创了句容工会工作新局面。

只有坚持围绕中心、服务职工，工会工作才能展现价值、彰显作为。自觉服从服务于党政工作大局，是工会的使命担当。我们认真落实中央、省委、市委重要决策部署，始终坚守服务职工工作生命线，把两者有机统一起来，紧盯大局选准切入点，紧贴服务职工选准着力点，最大限度发挥组织优势，调动职工投身发展的积极性、主动性、创造性，工人阶级主力军作用更加突出。

只有坚持问题导向、深化改革，工会工作才能增强动力、创新发展。改革创新是推动事业发展的不竭动力。我们坚持把准时代脉搏，始终以新的视野、新的思维、新的勇气发展工会事业，主动顺应职工群众新的期待、新的要求，突破阻碍工会发展的体制机制障碍，推动工会工作体现时代性、富有创造性，始终呈现新鲜活力和持久动力，走在前列。

只有坚持素质过硬、务实担当，工会工作才能赢得信赖、永葆生机。工会干部的能力素质直接关系工会工作质量。我们坚持把干部的能力建设放在首位，始终加强对干部的思想淬炼、政治历练、实践锻炼、专业训练，鼓励干部勤奋学习、爱岗敬业，以过硬的本领务实担当、积极作为，推动工会工作永葆生机活力。

只有坚持大抓基层、夯实基础，工会工作才能扎根群众、充满活力。基层工会是工会组织的力量之源，也是工会工作的重心所在。我们牢固树立“工作落实到基层、工作落实靠基层”的理念，做到“问题在一线解决，成效在一线检验”，围绕联系服务职工“最后一公里”发挥作用，基层工会组织更加富有活力、更加坚强有力。

各位代表！七年多来取得的成就，是全市各级党委正确领导、各级政府高度重视、社会各界大力支持、广大职工积极参与、工会干部辛勤努力的结果。在此，我代表市总工会第十二届委员会，向长期以来关心、支持工会工作的党政领导和社会各界表示衷心的感谢！向全市广大职工、工会干部、工会积极分子和长期从事工会工作的老领导、老同志致以亲切的问候和崇高的敬意！

同时，我们也要清醒地看到，对标新时代新任务、党委政府新要求和职工群众新期盼，工会工作的针对性、实效性还需要进一步增强，思想政治引领的形式内容与紧跟时代步伐、紧贴职工需求还有差距，服务职工的受益面还不够宽、服务内容还需要进一步创新。基层基础工作还比较薄弱，新型业态建会和发展会员还有较大提升空间，基层工会的工作力量、规范运行、作用发挥与形势任务还不相适应。工会干部工作理念方法有待进一步改进，深入基层联系职工、服务职工需要进一步加强，干部综合素质还存在短板弱项。我们必须高度重视这些问题，在今后的工作中采取有效措施，切实加以解决。

今后五年的工作任务

党的十九大确立了习近平新时代中国特色社会主义思想的历史地位，对推进中国特色社会主义伟大事业作出了全新部署，赋予了工人阶级和工会工作新的历史使命。刚刚召开的党的十九届六中全会，全面总结了党的百年奋斗重大成就和历史经验，明确提出了“两个确立”要求，向我们发出了为实现第二个百年奋斗目标、实现中华民族伟大复兴的中国梦而不懈奋斗的号召。未来五年，是我国开启现代化建设新征程、向第二个百年目标进军的第一个五年，是我市全面争先进位、奋力追赶超越，全面推进“一福地四名城”建设的关键时期，也是我市工运事业跨越发展的重要时期。同时，我们也要清醒地看到，当前，全球百年未有之大变局加速演进、全球百年未遇之大疫情持续影响。面对新形势、新任务，全市工会要注重系统化思维和规律性把握，以高度的政治责任感和强烈的担当精神，推动工会工作开启新征程、开创新局面。

今后5年全市工会工作的总体要求：以习近平新时代中国特色社会主义思想为指导，全面贯彻落实党的十九大、十九届二中、三中、四中、五中、六中全会精神，学习贯彻习近平总书记在庆祝中国共产党成立100周年大会上的重要讲话精神，贯彻落实习近平总书记关于工人阶级和工会工作的重要论述，紧紧围绕市委、市政府中心工作及我市“十四五”规划，立足新发展阶段，贯彻新发展理念，融入新发展格局，坚持以职工为中心的工作导向，以保持和增强政治性、先进性、群众性为根本标尺，团结动员广大职工为把“一福地四名城”美好愿景向纵深推进而努力奋斗。

按照这一总体要求，今后五年的重点任务是：

（一）奋进新征程，推进思想政治建设，坚定不移走中国特色社会主义工会发展道路

做好职工群众工作，保持党同人民群众的血肉联系是工会工作的神圣职责。我们要主动肩负起引领职工群众听党话、跟党走的政治责任，不断增强职工群众对党的思想认同、政治认同、理论认同、情感认同，持续巩固党执政的阶级基础和群众基础。

1. 坚定正确政治方向。始终把政治建设摆在首位，坚持党对工会的绝对领导，坚决执行向同级党委和上级工会请示报告制度，不折不扣贯彻落实市委和上级工会决策部署，切实把党的方针政策转化为工会的自觉行动。把坚定理想信念作为根本任务，加强工会党员干部党性锻炼，增强“四个意识”，坚定“四个自信”，坚决做到“两个维护”，在政治立场、政治方向、政治原则、政治道路上始终同以习近平同志为核心的党中央保持高度一致。坚持用习近平新时代中国特色社会主义思想武装职工，突出抓好习近平总书记关于工人阶级和工会工作重要论述的宣传，做好“十四五”规划和2035年远景目标纲要的宣传以及“十三五”时期的辉煌成就和疫情防控重大战略成果的宣传，引导职工更加坚定中国特色社会主义道路自信、理论自信、制度自信、文化自信，引领职工群众坚定不移听党话、矢志不渝跟党走。

2. 加强思想政治引领。坚持用社会主义核心价值培育、塑造职工，广泛开展“中国梦·劳动美·幸福路”主题活动，坚持不懈用中国梦凝聚人心、激发斗志、鼓舞干劲。常态化开展精神文明建设活动，把社会主义核心价值观融入广大职工生产生活全过程，深入推进社会公德、职业道德、家庭美德、个人品德建设。建立健全常态化职工思想调查研究工作机制，定期开展职工思想状况调查，掌握职工思想动态、意见诉求，加强对职工思想问题、行为趋向的分析研判。切实强化工会意识形态工作，落实好意识形态工作责任制，健全完善意识形态领域风险的苗头性、倾向性问题。针对职工关心的难点热点问题，做好宣传引导、释疑解惑工作，旗帜鲜明反对和抵制各种错误认识和言论。

3. 打造精神文化家园。探索引入专业资源，为职工提供菜单化、个性化的文化普惠服务，开发具有工会特色、符合职工需求的活动品牌。注重活跃基层职工文化生活，选树基层优秀职工文化阵地，持续开展送文化、送培训下基层进企业活动，满足职工的多样化需求。推动市工人文化宫纳入市政府公共文化服务体系，回归公益，做强服务，营造职工精神文化新家园。深入开展“书香企业”创建和“职工读书月”活动，营造书香氛围、学习氛围、文化氛围。建好、管好、用好职工书屋，推动职工书屋升级提档，提供更多优秀的电子阅读资源，打造健康文明、昂扬向上、全员参与的职工文化。

（二）彰显新作为，推进产业工人队伍建设，激发职工投身加快现代化建设的磅礴力量

各级工会组织要牢牢把握为实现中国梦而奋斗的工运时代主题，围绕句容高质量发展新目标，充分激发全市职工群众的劳动积极性和创造潜能，做美丽句容建设的主力军。

1. 大力组织开展劳动和技能竞赛。聚焦重大战略、重大项目、重大工程、重点产业，联合有关部门和行业协会，共同开展有更高科技含量的系列劳动和技能竞赛活动，形成千帆竞发、争先创优的生动局面。优化劳动技能竞赛管理机制，完善竞赛申报、奖励激励等方法手段，引导各行各业职工踊跃参与。充分发挥职工创新创造实践的主体作用，组织引领广大职工积极投身创新实践，激发人才创新活力。广泛开展创造创新普及活动，提升职工创新意识，营造创新创造良好氛围。扎实开展技术攻关、发明创造、“五小”活动、合理化建议等群众性经济技术创新创造。认真推进职工素质工程建设，完善技能培训、技

能竞赛、技能晋级、技能激励工作机制，创造条件实施农民工和一线职工提升学历等级行动。

2. 大力弘扬劳模精神、劳动精神、工匠精神。严格标准、规范程序，切实做好劳动模范、句容工匠、五一劳动奖、工人先锋号的评选表彰工作，评选出职工群众身边立得住、走得远、叫得响的先进典型。深入开展“劳模工匠进校园 思政教师进企业”活动，组织丰富多彩、线上线下相结合的劳模宣讲，讲好劳模故事、劳动故事、工匠故事，鼓励引导全体劳动者崇尚先进、争当先进，做新时代的见证者、开创者、建设者。以党建为引领，深入推进劳模创新工作室“双创双提升”工程，切实发挥好示范引领、集智创新、协同攻关、传承创新、培育精神等方面作用。完善劳模生活保障机制，创新劳模管理服务方式，落实劳模待遇及帮扶政策，加大对特困劳模的帮扶力度，组织开展劳模疗休养活动。

3. 稳步推进产业工人队伍建设改革。聚焦产业工人思想引领、建功立业、素质提升、地位提高、队伍壮大等重点任务，全面落实《句容市新时期产业工人队伍建设改革实施方案》。积极履行工会牵头职责，定期召开全市产业工人队伍建设改革联席会议，加强协调联动，压紧压实改革责任，确保现有政策措施落地见效。选取具有基础性领域性战略性的，涉及全市产改大局的课题，选取可以解决现实问题、具有推广价值的课题，确定为新的试点范围。强化试点地区、试点行业、试点单位示范效应，努力让“盆景”连成“风景”，“风景”变成“全景”。

4. 积极助力乡村振兴工程。继续发挥好农业劳模的示范引领作用，组织开展农民劳模高效农业传帮带活动，对更多的农户进行技术指导、技术示范、技术培训，带动他们提高种植、养殖技术。继续深化消费助农活动，发挥工会资源优势，为农产品产、销、购开辟路径，拓展渠道。支持先进典型企业与农民合作社开展村企工会联建，建立基地共建、资源共享的利益联结机制。推进落实职工助力乡村活动，一方面要督促纳入职工乡村游的点，加强吃、喝、游、购、行等方面的软硬件建设，让职工有良好的旅游体验；另一方面更要督促基层工会严格按照要求，积极落实职工乡村游政策，促进消费助农，带动农村经济发展。

（三）顺应新期盼，做深做实联系服务职工群众工作，切实满足职工群众日益增长的美好生活需要

牢固树立法治思维、法治观念，推动依法解决职工群众最关心最直接最现实的利益问题，不断满足他们对美好生活的向往，努力维护职工队伍团结统一与社会和谐稳定。

1. 积极推动和谐劳动关系建设。建立健全以职代会为基本形式的企事业单位民主管理制度，积极探索和发展基层民主管理工作新路径，推动小型分散企业实现区域性、行业性建制，切实保证职代会依法行使各项职权，落实职工的知情权、参与权、表达权和监督权，助推企业高质量发展。推动开展和谐劳动关系创建活动，落实正向激励政策，激发各方参与和谐创建活动的积极性，推动涉及职工切身利益的问题得到有效解决。深入研究新时代、新形势下各类职工群体在劳动就业、社会保障、福利待遇、安全生产等方面的需求变化，抓好集体协商提质增效，以稳就业为重点，对企业特别是受外部环境影响较大的企业，加强集体协商分类指导。积极推进行业（产业）集体协商试点工作，探索新经济组织、新业态模式下的集体协商新路子，引导企业、职工共创和谐。

2. 竭诚服务常态化帮扶。推进形成工会梯度帮扶格局，由集中性解困脱困向常态化帮扶转变，探索建立解困脱困职工返困返贫常态化帮扶工作机制。创新深化春送岗位、夏送清凉、金秋助学、冬送温暖等品牌活动，建立健全常态化工作机制。立足群众性、普惠性、互助性、自愿性和公益性，大力开展职工医疗互助保障活动，扩大参保面，进一步提高资助标准，倡导互帮互助的良好风气。根据职工的不同需求，开发新资源，做好职工劳模疗休养工作，争取将茅山的康养项目打造成省级职工疗休养基地。深化职工就业创业服务，以城镇失业人员、农民工、灵活就业人员、困难职工家庭子女等群体为重点，以培训促就业、活动介绍就业、资金援助就业、创业带动就业。提升为农民工服务的工作水平，把农民工群体作为工会推动共同富裕重点关注群体，积极探索推进农民工服务工作的新思路新方法，提高服务农民工工作针对性和实效性，让他们劳有所得乃至劳有厚得。

3. 全程参与维权服务工作。加大源头参与力度，聚焦职工关注的热点问题，积极参与涉及职工权益的法规政策的制定修改，积极打造工会为职工依法维权的服务品牌。大力开展“八五”普法宣传，重点宣传习近平法治思想、中国特色社会主义法律体系、宪法和劳动法等法律法规。举办“五一劳动法治宣传服务月”“尊法守法·携手筑梦”服务农民工等系列活动，开展送法进企业活动，形成广大职工学法、知法、守法、用法的良好氛围。充分发挥职工法律服务律师团队伍作用，主动介入有社会影响的劳动争议案件的处理工作。加强与应急管理等部门的协作，前移安全生产的关口，深化“安康杯”竞赛活动，不断提升职工安全意识与安全技能，建立健全基层工会劳动保护组织网络，加强劳动保护监督检查工作。健全完善工会农民工维权服务体系，推动解决拖欠薪酬等问题。切实加强女职工维权服务工作，组织开展特别关爱活动，全力推进女职工康乃馨服务站建立。

（四）激发新动能，扛起强基固本的发展责任，把工会组织建设得更加坚定有力、充满活力

牢固树立大抓基层的鲜明导向，发挥党建带工建机制作用，以全面提高工会服务创新发展、服务职工群众的本领为目标，切实抓好政治、组织、队伍、能力、阵地等建设，提高基层工会参与社会治理的能力水平，增强工会组织的整体实力。

1. 持续深化工会改革创新。紧紧围绕增“三性”，去“四化”的总体要求，聚焦主责主业，坚持问题导向，敢于啃硬骨头、敢于涉险艰难，抓好工会改革的总体谋划、政策制定、支持保障等工作，推动思想再解放，改革再深入、工作再抓实，在强弱项、补短板上持续发力，以解决短板、破解难题“倒逼”工会运行机制、管理模式、活动方式、工作方法的改革创新，切实解决“最后一公里”问题，让工会改革部署落到实处。加强阵地建设，进一步健全镇（街道）总工会、村（社区）工联会、基层企业工会三级工会组织体系，实现更大范围的组织覆盖与工作覆盖，推动工会改革向基层下沉、向纵深发展。

2. 坚持不懈大抓基层。深化党建带工建“三创争两提升”活动，在组织覆盖、队伍优化、阵地建设、活动开展中互为依托、多重结合、资源共享。服务新产业、新业态、新模式经济发展，创新楼宇工会、商圈工会、项目工会等组建方式。将“两新组织”、新成立企业作为建会增长点，百人以上企业建会作为建会重点，“八大员”、农民工群体作为入会关注对象，构建“入会与服务”一体化推进格局，维护好快递员、网约工等就业群体合法权益。实行基层工会工作项目化管理，做实做强镇级总工会，逐步推行机关事业单位工会会费的依法征收，引导基层工会为职工办实事、解难事，努力建设职工群众信赖的“幸福职工之家”。大力开展“三联三促”活动，积极参与企业联村共建，全面提升基层工会组织规范化建设水平。按照新时代职工之家建设标准，深化会员评家工作，完善职工之家功能，建立“职工之家示范单位”选树机制，通过典型引领进一步增强建家实效。

3. 加强网上工会建设。强化互联网思维，补齐新媒体短板，建设工会网上大数据中心和网上工作平台，促进互联网和工会工作融合发展，建设“智慧工会”。加强句容工会网站、微信公众号等的资源整合、数据融合，推动与上级工会以及各市、区工会网络的通连对接，构建横向到边、纵向到底，与线下业务相互支撑的工会服务网络。持续加强数据安全管理，开发应用程序，逐步实现网上申请入会、网上管理服务、网上监测分析，提高工会组织、工会会员信息化管理水平。进一步完善平台服务功能，提高普惠服务的频度和受益面，探索开通“网上课堂”学习平台功能，满足职工群众对“零距离、扁平化、广覆盖、全天候”工会服务的需要。

（五）落实新要求，加强工会系统党的建设，推动密切联系职工群众的制度落实更加到位

打铁还须自身硬。要认真贯彻新时代党的建设总要求，以党的政治建设为统领，以高度的政治自觉抓好工会系统党建工作，纵深推进全面从严治党，把工会组织建设得更加充满活力、更加坚强有力。

1. 从严从实抓党建。以党的政治建设为统领，加强工会系统党的建设，深化模范机关创建，推动党建与工会业务工作深度融合，把全面从严治党落实到每个支部、每名党员。紧紧抓住主体责任这个“牛鼻子”，落实“一岗双责”，推动工会系统管党治党工作力度，充分运用好监督执纪“四种形态”，加强工

会干部日常教育监督管理。积极支持派驻纪检监察组工作，加强廉政风险防控，突出抓早抓小，对苗头性问题早发现、早提醒、早纠正。扎实推进党支部规范化建设和党建品牌工作，全面提升党建工作质量。规范工会资产和经费的管理使用。加强工会经费审计监督体系建设。

2. 驰而不息转作风。巩固落实中央八项规定精神成果，持续开展形式主义、官僚主义整治行动，整治脱离职工群众的“四化”问题。把“不忘初心、牢记使命”、党史学习教育作为工会组织加强党的建设的永恒课题和工会系统党员、干部的终身课题，坚持不懈锤炼忠诚干净担当的政治品格。健全完善工会基层联系点制度，建立职工需求调查和效果评价等机制，坚持党的群众路线，深入基层一线，广泛听取基层一线的意见建议，使工会决策和工作更符合职工群众意愿。以钉钉子精神强化执行力，大兴调查研究之风，找准短板弱项，解决实际问题。

3. 加强工会干部队伍建设。着眼建设高素质专业化工会干部队伍，切实提高工会干部的综合素质。选优配强各级工会领导班子，规范工会领导干部的选配调任程序，加大干部交流力度，促进人才流动，增强干部队伍活力。建立健全职业化工会工作者职业发展长效机制，激发他们热爱岗位，积极工作。积极组织志愿者活动，充实服务职工的公益力量。因地制宜推行和完善基层工会主席合法权益保障机制，实施“两新”组织工会干部资质认证，建立健全考核评价、荣誉奖励、岗位发展等机制，为他们依法履职撑腰鼓劲。关爱各级工会老干部，积极为他们办实事做好事。加强干部教育培训，从理论、政策、法律、实务等方面完善工会干部知识结构，提高他们做群众工作的能力水平，加快建设一支政治过硬、业务过硬、作风过硬的工会干部队伍。

各位代表、同志们，新时代开启新征程，新使命呼唤新作为。面对新形势、新任务，工会组织的使命更加光荣、任务更加艰巨、责任更加重大。让我们在市委和上级工会的领导下，高举习近平新时代中国特色社会主义思想伟大旗帜，坚定不移走中国特色社会主义工会发展道路，以时不我待、只争朝夕的奋斗精神，共同谱写新时代句容工会工作新篇章，为实现第二个百年奋斗目标贡献工会智慧和力量！

四、工会工作经验交流

依靠职工　推动发展

——江苏省句容市工会工作实录

宋敬伟

近年来，我市在全省的位次继续前移，在海内外的知名度不断提高，一个很重要的原因就是我们能够认真贯彻落实党的全心全意依靠工人阶级的根本指导方针，切实加强和改善对工会工作的领导，大力开展工会工作。

我们的主要做法是：从维护职工合法权益入手，充分调动职工积极性，把上上下下、方方面面的力量汇集到建设社会主义现代化新句容上来。具体抓了以下几个方面的工作：

一是加强工会基础建设，增强基层工会活力，从组织上保证维护职能的切实履行。几年来，我们在全市基层工会中深入开展了以增强基层工会活力为中心内容的建设“职工之家”活动。全市基层工会按照“建家”的基本要求，定目标、找差距、抓整改，使“建家”活动开展得既扎扎实实，又富有成效，经过几年的努力，全市基层工会已建成合格职工之家 261 个，先进职工之家 53 个，还有 7 个基层工会被评为镇江市“先进职工之家”、8 个基层工会被镇江市总工会表彰为“模范职工之家”。邮电局工会被省局评为“模范职工之家”，工程机械厂工会被江苏省总工会授予“先进职工之家”称号，为加强机关事业单位工会组织建设，1995 年底，又 在全市机关事业单位中开展了优胜杯竞赛活动，有 21 个工会被表彰为先进工会。通过加强工会基础建设，工会组织的整体素质明显提高，基层工会的活力也进一步增强，从而为履行工会维护职能，提供了强有力的组织保证。

二是加快新经济组织工会组建步伐，不断拓宽工会工作领域。改革开放以来，外商投资企业、乡镇企业、私营企业等新经济组织迅速发展。依法管理外商投资企业等新经济组织，保护投资者和职工的正当权益，就成为工会工作的一大新课题、新内容。句容市委、市政府对加强新经济组织工会建设见势早、行动快，早在1993年8月，就制定并下发了《关于在乡镇、乡镇企业和外商投资企业组建工会的意见》，对加强新经济组织工会组建工作作了具体部署。经过各级工会的积极努力，已经取得一定成效，1994年，我市总工会被江苏省总工会表彰为外商投资企业工会工作先进单位，目前，我市符合组建工会条件的68家外商投资企业，都已组建了工会组织。为保障员工的主人翁地位，维护其合法权益，市总工会还精心指导并及时总结推广了江苏远东水泥有限公司等外商投资企业工会适应企业结构调整，积极探索发挥工会代表参与，协调作用的有效途径，依法独立自主地开展工作的经验，从而使新经济组织中的工会依法参与“公司章程”“规章制度”等重要制度的研究和制定，从源头维护员工的合法权益；并通过依法调处劳动争议，正确协调员工与企业之间的劳动关系，维护了员工的利益。去年以来，我市又在外商投资企业中开展了“双爱双评”活动，即：企业爱职工，职工爱企业；评爱企业的优秀职工，评爱职工的优秀经理（厂长），对落实依靠职工办企业的方针起到了积极的推动作用。

三是贯彻实施《劳动法》《工会法》，运用法律武器维护职工的合法权益。依靠职工群众办好企业，就必须依法维护职工群众的合法权益。《工会法》《劳动法》《企业法》和《公司法》都对维护职工群众的合法权益做了明确规定，为我们各级工会维护职工合法权益提供了法律依据。近年来，我们突出抓了集体协商和签订集体合同制度的推行工作，自1995年9月市总工会与劳动局共同研究，联合发了《关于在企业建立集体合同制度有关问题的通知》以后，我市多次举办由基层工会主席参加的集体合同培训班。目前全市已有25家企业（包括国有、集体企业、外商投资企业、乡镇企业）由工会代表职工与企业行政部门就职工劳动报酬、工作时间、休息休假、保险福利和劳动安全与卫生等内容，经过集体协商，签订了集体合同，从面有效保障了工会参与企业管理，保障了职工群众利益不受损害，极大地调动了职工群众的劳动积极性和创造性。

四是大力开展“送温暖、办实事”活动，保证广大职工和离退休人员的基本生活需要。在加快以建立健全职工最低生活保障线，失业救济金、最低工资保障制度为主要内容的社会保障制度的改革步伐的同时，我市广泛开展了“送温暖、献爱心、办实事”活动。每年元旦、春节，市委、市政府都要组织对困难企业、困难职工，对离退职工和生病职工开展走访慰问活动，充分体现党和政府对职工群众的关怀。市委，市政府领导和总工会的同志还经常深入困难企业，听取职工意见，并与基层领导一道研究解决热点和难点问题的办法，做好疏导思想和化解矛盾工作，共商渡过难关，走出困境大计。粮食局工会干部经常下到基层单位，妥善处理多起较为复杂的劳动纠纷。纺织工业公司工会根据职工反映，仅去年上半年就召开三次职工座谈会，请公司总经理解答职工提出的问题和想法，解决职工的实际困难，增强了职工克服困难的信心和决心。与此同时，我们在依靠社会力量帮助职工解决特殊困难方面也做了成功的探索。1994年5月，我市在镇江市范围内率先建立了“职工特殊疾病互济会”。两年来，先后对60多名患特殊疾病的职工经济上给予补偿，精神上送一份温暖，受到广大 职工的欢迎。1996年5月，我市总工会获江苏省总工会授予的职工互助补充保险工作先进单位称号。近年来，由工会组织的职工互助互济活动普遍开展，各级工会怀着强烈的政治责任感和深厚的阶级感情，对患大病和发生天灾人祸的职工，动员广大职工招物捐款，扶贫济困，仅去年以来就捐献衣物9800多套，捐款近20万元。这样的活动触及了职工的脉搏，具有促进发展，维护稳定的作用，产生了良好的社会效果。

五是加强工会干部队伍建设，提高工会干部素质，增强维护的力度。能否切实履行维护职能，工会干部的素质至关重要。在改革不断深化，劳动关系日益复杂的形势下，强化维护职能，必然要求工会干部具有较高的政策和法律水平，较好的政治素质和业务能力，在建设一支敢于和善于“维护”的工会干部队伍工作方面，我们着重从加强培训工会干部入手，提高工会干部素质。近几年，先后举办多期外商投资企业、乡镇企业工会主席以及新任工会主席培训班，培训内容突出以维护为中心，做到“三学三掌握”：一是学政治，掌握马克思主义的基本原理，把履行维护职能提高到讲政治的高度来认识；二加强是学法律，系统学习《劳动法》《工会法》等法律法规，掌握工会参与各项社会事务以及企业管理的法律依据，增强依法维护的力度；三是学工会业务知识，掌握各项民主管理工作的法定程序和操作办法，提高实际工作能力。通过培训，提高了工会干部的政治素质和业务工作水平。

（作者系句容市委副书记；刊于《中国劳动关系学院学报》，1997 年第 1 期）

打造“劳模汇+劳模+农户+店铺”模式
江苏句容工会放大劳模“领头羊”品牌效应
劳模和工会有了口碑，农户鼓了口袋，消费者有了口福

王伟　管春平　张涛

眼下正值草莓销售季节，《工人日报》记者在江苏句容市白兔镇柏生草莓合作社的大棚里看到，大批新鲜的草莓正在被打包贴标签发售。镇江市劳模、合作社负责人王柏生告诉记者，“市总工会帮我们设立劳模农产品专柜后，我们的销量同比增长了 20%。”

据句容市总工会主席颜利平介绍，2015 年，句容市总工会针对当地农产品资源丰富、农业劳模集聚的特点，探索服务劳模、通过劳模引领经济发展的新路子，首次在江苏茅山人家生态农业有限公司、江苏茅宝葛业有限公司投入资金开设了劳模专柜——“劳模汇”，让劳模们生产的农产品免费进场销售，用劳模品牌打造诚信市场。

这两年，作为镇江市总创优创新成果——句容“劳模沙龙”及“劳模沙龙金字塔行动”——的升级版，句容市劳模农业科技服务团先是提出了开设“劳模网店”的“互联网+”形式，后经不断完善，一手抓“实体店劳模专柜”，一手抓“劳模网店”，把“劳模汇”作为网店的有效补充，让消费者从不同层面增强对劳模的尊敬与信任，也让农户们有了生产、技术和销售一条龙的“领头羊”，提高了引领示范的有效性。

新的服务模式实现多项对接，带来多赢：劳模和工会有了口碑，周边农户鼓了口袋，消费者有了口福。劳模团队成了农户致富路上的“领头羊”。

劳模创新工作室和合作社直接带动周边农户，通过“劳模汇”销售平台的品牌效应，迅速扩大农副产品的销售，从而形成“劳模汇+劳模+农户+店铺”的发展新格局，初步实现商户与劳模、劳模与客户的对接：客户根据自身需要提要求，商户通过劳模满足客户需求；商户通过帮助劳模销售优质农产品，提高销售率；劳模通过农产品销售，带动周边农户一起销售。

王柏生的合作社有 108 户社员，通过“劳模汇+劳模+农户+店铺”的对接，在得到工会服务的同时，也带动周边农户走上致富路。在市中心的茅山人家旗舰店里，摆放着全国劳模赵亚夫越光米、纪荣喜草莓、杨修林水蜜桃等 20 多名劳模生产的 30 多种优质农产品。“‘劳模汇’成了舌尖上的安全最好广告词!”茅山人家董事长吕素琴说，消费者一看到“劳模汇”的产品就说，这里的产品让人放心，值得购买。

据悉，2015 年 10 月开业一个季度，仅“劳模汇”就增加了 50 万元的销售额，它已成为句容农业观光旅游和农副产品旺销的一个新亮点。

（《工人日报》2016 年 4 月 12 日）

示范引领走在前　扩面增效建联盟
全力打造劳模助力乡村振兴的3.0升级版

江苏省句容市总工会　张健

前　言

实施乡村振兴，是党的十九大作出的重大决策部署，也是新时代“三农”工作的总抓手。在融入乡村振兴战略中，工会作为党联系职工群众的桥梁和纽带，有责任有义务参与乡村振兴，也有能力有条件服务乡村振兴。近年来，句容市各级工会坚持以工促农、以城带乡，将工会组织覆盖到乡村，把工会服务延伸到乡村，把落脚点放在推动乡村经济发展、促进社会和谐稳定上。2020年4月7日，镇江市委副书记、组织部长李健到句容市白兔镇调研群团组织助力乡村振兴工作，在现场参观了白兔农业劳模创新工作室联盟，得知工作室联盟每年组织10余次学习，参加学习的果农超过1000人次，以及疫情防控期间句容市总工会、白兔镇总工会和工作室联盟三方联手，助力莓农销售滞销草莓达80余万元时，对句容各级工会组织助力乡村振兴所做工作给予了充分肯定。如何融入乡村振兴工作大局，充分发挥“群团生力军”作用，不仅仅是上级领导对工会提出的工作要求，也是句容市各级工会组织思考和追求的目标。在乡村振兴的大舞台上，长期以来活跃着一批各级农业劳模的身影，他们在句容市总工会的组织支持下，围绕发展现代高效农业这个主题，开拓进取，无私奉献，用自己的实际行动示范引领带动广大农户，在农业增效农民增收中迸发出亮丽的“工会元素”和“劳模风采”。

“论文写在大地上”的亚夫精神1.0个人版

81岁的赵亚夫是全国劳模，同时也是时代楷模、全国道德模范、全国人大代表、全国扶贫先进人物、全国老区工作先进工作者。他数十年如一日，“做给农民看、带着农民干、帮助农民销、实现农民富”，探索普通农户参与现代农业发展的新路子，实现了农民增收入、农业增效益、集体增实力、基层增活力四者的协调统一，形成的“戴庄经验”被广泛推广，取得了良好的经济社会效益。

在他的无私培养和带动下，以句容市白兔镇葡萄种植专业户纪荣喜为代表的一大批农户，通过赵亚夫开办的田间课堂的学习，草莓种植由过去单纯的增产向提质转变，进一步提高了白兔草莓的品牌效应。纪荣喜也成长为远近闻名的草莓大王、全国劳动模范。效仿老劳模赵亚夫，纪荣喜也将“农课堂”搬进草莓田，每年组织十余次学习，参加学习的莓农超过1000人次。

同样，在赵亚夫另一处重点帮扶的茅山镇丁庄村，成长了一个以方应明、方荣法、方静、毕年胜等人为代表的劳模群体，担负起全村1000多户葡萄种植户的技术指导、新品培育、产品外销职责，带动了全村共同致富。在赵亚夫带动影响下成长起来的农业劳模多达30多人，其中承包600亩荒山植树造林的“当代愚公”1995年全国劳模余锁根、原老方葡萄合作社社长2000年全国劳模方继生、大卓杨修林果园创始人2005年全国劳模杨修林都是杰出代表，从赵亚夫一面旗子发展到余锁根、方继生、杨修林等多面旗子，真正形成了从亮一点到亮一片的可喜局面。

句容市总工会紧紧抓住句容丘陵农业造就的一批全国、省、市、县一级的农业劳模群体，顺时应势，持续推动劳模示范、放大辐射效应，通过开展“劳模沙龙”活动，建立劳模带劳模、劳模带徒弟、高徒带农户的“劳模+农户”的金字塔帮带架构，既服务了地方经济又改善了社会民生。截至目前，劳模沙龙系列活动通过传递新技术，扩大新市场，受益人数达3000余人次，受益农户达万余户，直接或间接为百姓创造经济效益数亿元。

由“劳模创新工作室”到“劳模支部创新工作室”
党建带工建引领下的2.0团队版

句容市总工会在参与助力乡村振兴中，注重发挥农业劳模团队的带头示范作用，引领他们为乡村振兴战略注入劳模元素。句容市总工会紧紧抓住党工组织“政治方向更加坚定、组织覆盖更加有效、队伍活力更加彰显、阵地建设更加规范、服务质量更加高效、表率作用更加突出”的总体目标，深入实施党建带工建“八项升级行动”，全面落实以“创争先进党支部、创争模范职工之家、创争工人先锋号，提升政治引领力、提升群众组织力”为主要内容的“三创两提升”活动。为进一步巩固党建带工建成果，句容市总工会在全市范围内培树出33家以种植、养殖为主的农村劳模创新工作室，在此基础上优选6家劳模支部创新工作室，并创造性地整合成立了三家劳模创新工作室联盟，实现强强联合。句容市总工会为8家农村劳模创新工作室发放专项工作经费补贴10万元，在田间地头为农业劳模搭建乡村振兴的舞台。

劳模创新工作室的引领和示范作用十分明显，往往一个劳模工作室能带动一大片农户甚至一个地域的相关产业迅猛发展。

钟爱“中国红”草莓大王纪荣喜的劳模支部创新工作室

全国劳模纪荣喜在草莓种植上走过了30多个年头，深感品种优势已经难以扩大，要想有更大的发展，只有走科技创新的路子。2019年6月开始，他大胆投入20万元试验引进草莓苗低温处理技术，经过一个周期的劳作获得了成功，草莓新年上市时间比往年提早了一个月，填补了江苏草莓上市时间的空白，每亩提高经济效益6000元。这项技术的创新灵感来自他三次到日本考察学习的启发，动力则来自市场竞争的压力。这一试验成功可以让草莓种植向早熟化、高效化发展。作为一种尝试，投资和技术试验、市场接受程度都是未知数，有可能成功，也可能失败。纪荣喜独自承担投资和市场风险，而闯出的经验和成果毫无保留推广给工作室成员及农户分享。这种劳模的担当精神和无私风范，受到镇江市委市政府主要领导的高度赞扬。纪荣喜被江苏省农科院、江苏省草莓协会评为早熟草莓种植能手。凭借他的影响力，中国草莓大会明年将在句容召开，从而进一步扩大句容草莓业的影响力。

“唐陵路径”首创者刘树安的劳模支部创新工作室

全省优秀共产党员、江苏省吴仁宝式优秀村书记、省劳模刘树安曾是一个资产过千万、年入百万的企业老板，事业正在稳步上升。2007年，在天王镇党委的邀请下，刘树安回乡到唐陵村当了村书记，此时的唐陵村，是一个远近闻名的贫困村、上访村，全村3418人，人均纯收入不足3000元，村级集体经济负债100多万元，村组织几近瘫痪。

在刘树安的带领下，短短几年时间，唐陵村一改贫困落后面貌。现在，唐陵村拥有2个苗木专业合作社、1个华东森林产品电商城、1个花木交易市场、2个园林上市公司和200多家苗木注册公司，市场带动周边发展苗木30万亩，从事苗木经营5万余人，成为名副其实的“绿色银行”。

“丁庄样本”葡萄小镇方静的劳模支部创新工作室

镇江市劳模、茅山镇丁庄村总支书记方静，依据丁庄村葡萄产业发展特色，结合当下葡萄产业面临的销售、新技术、深加工等方面的问题，组织成立了万亩葡萄专业合作联社。自运作以来，联社的组织化程度和规模水平迅速提升，并涌现出了全国最先进的葡萄分拣中心、优质优价的生产销售等新模式，为丁庄村经济发展做出了突出贡献。

在基础设施建设方面，丁庄村进行整体规划，采取先急后缓、重点推进原则，结合农业开发及库区项目，完成了道路建设、村庄改造、亮化、绿化、河塘清淤、污水管网、管线下地、墙面出新等工作，打造出优美的特色田园乡村。

在产业延展升级方面，于丁庄葡萄致力产业深化改革，培养新型种植技术人才，以点带面推动产业提档升级；同时引进清境农场猕猴桃项目，弥补了本地高效农业产业单一化缺陷。并积极促进丁庄葡萄三产融合发展，打造“互联网+”农业，促进葡萄深加工项目和乡村旅游项目落户丁庄。

村社合一赵贤财的劳模支部创新工作室

镇江市劳模、宝华镇仓头村总支书记赵贤财采用股份合作的方式，创建仓头村强民稻米专业合作社，服务农田面积3000多亩。为了不让群众承担风险，合作社的股份由村干部来出，群众以农田入股，并在合作社上班多拿一份工资。合作社逐步发展壮大，建起了粮食烘干中心、国家级精米加工生产线、30亩高标准农田育秧基地和150亩葡萄园，领办了“宝华山”，“五谷青”大米商标和生产许可证，拿到“三品”认证，从种到收实现了全程机械化，产品质量向绿色有机发展，2019年度被评为国家级示范合作社。

赵贤财还积极与南农大农学系和镇江市农机推广站合作，利用他们的技术与资源，优势互补，结对共建，强化科技引领，打造“结对共建+产业+新型农业经营主体+农户”的创业体系，培育“三农”工作职业化队伍，以农业机械化奠定现代农业发展基础。

“西冯模式”江苏最美乡村领航人李志顺的劳模支部创新工作室

二十年前，句容市后白镇西冯村是茅山革命老区远近闻名的贫困村，全村5000多亩土地皆为丘陵岗坡地，村里种粮需要七级翻水，收成尚不够支付水电成本。农业低产低效令土地抛荒现象日益严重，村集体负债高达38万元。由于缺乏增收渠道，村级发展矛盾交织，梗阻频出，以致村“两委”干部干不完一届便纷纷请辞，当时的西冯村被人们笑称为句容的“北大荒”。群雁高飞靠头雁，为了改变西冯一穷二白的窘境，1998年李治顺毅然放弃自己效益良好的炼油厂，勇挑村支书重担，无怨无悔地将自己全部精力投入村级发展和村民富裕的事业中来。

李治顺积极和江苏省农林职业技术学院等专家学者对接，请他们来作实地调研，确定大力发展以花木草坪为主导的高效农业。为进一步增强产品的科技含量和品牌附加值，李治顺近年来结合本地草坪产业发展现状，围绕市场行情作了大量前瞻性调研分析，带领村民大踏步走上由“土坪”向“沙坪”转型的技术升级之路。

如今的西冯村，已是远近闻名的“全国一村一品”示范村，荣获“国家农民合作社示范社”，目前全村90%以上土地都种植草坪苗木，其中草坪种植3000余亩，苗木种植1200余亩，生态茶园300余亩，应时鲜果200余亩等，形成58支专业铲草坪队伍，120多人的农民经纪人队伍，拥有200多台割草机。同时带动周边延福、天乐、王庄等八个村庄农户种植草坪苗木40000余亩，解决数千人的就业，有力地带动了村民致富奔小康，2019年村花草木销售2.1亿元。在绿色发展理念的引领下，西冯村天蓝水清、绿树成荫，曲廊亭台、波光树影，用创新实干不断描绘着“村民富裕、环境优美”的美好愿景。

从“小工到总工”新时代农民工代表沈春雷的劳模支部创新工作室

江苏广兴集团的沈春雷从1981年参加工作，在建筑行业工作38年，凭着执着、专一和精益求精的“工匠精神”“从普通瓦工到省企业首席技师”“省级技能大师”，从自己精湛的技艺到技艺传承。自工作以来共取得“国务院特殊津贴”“全国五一劳动奖章”“全国优秀农民工”等国家级荣誉8项（今年被江苏省推荐为“全国劳模”候选人），江苏省“技能大师工作室领办人”“江苏省有突出贡献中青年专家”“江苏工匠”等省级荣誉15项，“首届镇江十大工匠”“镇江市劳模”等市级荣誉15项，走出了一条干、管、教、研的工匠传承之路。

沈春雷劳模支部创新工作室在企业内部会同公司技术、质检部门积极组织开展形式多样的劳动竞赛和培训活动，使得刚进企业的职工和初、中级技能工人都能从中使自己的技能得到锻炼和提高，提升了企业竞争力，为企业做出了突出的贡献，营造了企业内部“比、学、赶、帮、超”的良好氛围，并努力坚持在本职岗位起到“传帮带”作用。其工作室成员在2017句容市市级建筑业职业技能大赛中获得砌筑工两个二等奖，钢筋工一个一等奖、一个二等奖、两个三等奖的优异成绩；2018年镇江市“砌筑工职业技能竞赛”获第一名，并代表镇江市参加省状元大赛获第五名佳绩；2019年在镇江市“钢筋工职业技能大赛”中包揽前三名。

在建筑业从粗放式发展向高质量发展转变的新形势下，沈春雷敏锐地捕捉到“建筑信息化”和“建筑工业化”会给我国建筑业带来颠覆性的变革。他向集团公司领导建议在集团公司范围内全面推行建筑信息化和建筑工业化“两化建设”，探索互联网+和跨工种协作培训模式，在保持传统建筑技术基础上，积极探索旅游建筑、旅游装备工艺技术和技能，目前他正在带领他的劳模支部创新工作室成员，为适应建筑高质量发展，在提升个人素质的同时积极推广建筑工业化的新技术、新技能，组织技术技能培训，在为把建筑农民工转变为真正意义上的建筑产业工人而不断努力。

点线面结合，“劳模创新工作室联盟”应运而生的3.0升级版

虽然句容市总工会在劳模创新工作室工作方面进行了一些有益的探索，但随着时间推移，劳模反映，现有的农村劳模创新工作室，多的吸引农户几十人，少的只有十几人，总体看实力还偏弱，示范带动、市场拓展以及抗击风险能力都有待进一步加强。如何将这一个个“小舢板”打造成“航母舰队”？劳模创新工作室联盟应运而生。这种联盟，结合了地域、行业，以及上下游产业链的元素考量，取长补短，强强联合，优势互补，力图在劳模创新工作室单个作用的基础上发挥出集团化的优势，实现优势叠加，产生1+1>2的裂变效应，从而能够更好地为广大农民服务，进一步发挥劳模团队在全市“三农”工作中的作用，为推动高质量发展添砖加瓦。劳模们高兴地说，一个劳模好比一只小船，劳模联盟就变成了一艘航母，抗御风险的能力强、成就多。

镇江市总工会、句容市总工会和乡镇总工会三级工会携手联动，主动创新和积极尝试，新成立三家联盟，分别是区域性的句容市白兔劳模创新工作室联盟，行业性的句容市渔业劳模创新工作室联盟，以及综合性的后白悠品创新工作室联盟。白兔农业劳模创新工作室联盟是由全国劳模纪荣喜等5家劳模创新工作室组成，主要通过草莓、蓝莓等种植帮助困难群众脱贫致富；镇江、句容两级市总工会安排专项资金，组织了数场“农民劳模高效农业传帮带”培训活动，活动地点就在“盟主”——全国劳模、白兔草莓劳模创新工作室领头人纪荣喜的草莓基地，远近数百名草莓种植户慕名而来，学习纪劳模传授的草莓育苗技术。上午课堂理论，下午大棚实操，参训的种植户受益匪浅，直呼“取到真经了”。

渔业劳模创新工作室联盟则是围绕渔业生产经营活动以及建设高素质渔业队伍开展技术创新，充分发挥渔业劳模在渔业生产、技术指导和产品销售中的表率作用，为劳模和渔业生产者开展管理创新、技术攻关和技术改造搭建平台，培育一批爱岗敬业、业务精通、创新钻研的管理型、知识型、技术型人才，为提升渔业管理水平和自主创新能力，促进科学技术向现实生产力转化，不断提高渔业产业化生产水平，为实现渔业增效、渔民增收，推动渔业快速健康和可持续发展做出积极贡献。

后白悠品劳模创新工作室联盟有省、镇江市、句容市三级劳模8人，产品涵盖茶叶、花卉、草坪、畜禽、水果等，对外统一打造政府注册的“后白悠品”品牌，实现一、二、三产业深度融合，拉长产品的供应链，凸显统一的品牌效应。

为进一步促进劳模联合机制的形成，句容市总工会还指导成立了“劳模农业科技服务团”，由劳模联合组成志愿团队，同时聘请镇江农业科学院、江苏农林学院的专家，走进乡村，围绕现代农业创新，为劳模及农户开展创新、技术攻关、技术发明等活动搭建服务平台，进一步壮大知识型、技术型、复合型的劳模人才队伍，推动农业经济不断攀上新台阶。

结束语

劳动模范是中国工人阶级的优秀代表，是建设新时代中国特色社会主义的宝贵财富。他们在不同的发展阶段，始终走在改革开放和社会主义现代化建设的最前线；他们是推进我国先进生产力发展和先进文化发展的代表，是当之无愧的时代领跑者。句容市各级工会创新工作思路，按照镇江市领导提出的“充分发挥农村劳模在产业发展中的带头引领作用，更好地帮助群众增收致富；各级工会组织要加强与农业合作社、种植户的沟通与交流，帮助农民打开销售渠道，助力农产品销售”的工作要求，通过政策引导、资金扶持、平台构建、宣传推广、资源整合等一系列得力举措，教育和引导各级劳模群体牢记初心使命，弘扬奋斗精神，最大限度地挖掘劳模资源，强化劳模带动引领作用，不断开创富有“句容特色”的农业劳模工作新局面，在乡村振兴的大舞台上，在“一福地四名城”战略实施的主战场上，到处绽放出工会的风采。

（本文系《长三角15城市工会工作联盟“工会助推乡村振兴”材料汇编》，镇江市总工会，2021年9月）

编后记

1990年9月，江苏省总工会召开第五次工运史志工作会议，部署省、市、县（市）三级工会编纂地方工会志；11月，句容县总工会成立工运史志编纂领导小组，聘请老工会工作者陈齐江、蒲怀琛参与修志工作，初步拟定县工会志篇目。此后，由于领导小组成员人事调动，并鉴于原组成人员不够广泛，难以适应编纂工作需要，因而于1993年8月成立《句容县工会志》编纂委员会，并确定主修、协修、主编、副主编人选。

修志工作从征集资料入手，先后查阅县档案馆保存的县总工会案卷，句容县委、县政府案卷和县总工会自存案卷共120多卷，走访老工会工作者10多人，得到摘抄、记录、复印文字资料50多万字。

1992年年初着手编纂，在编纂过程中调整篇目2次，同年6月完成初稿，印发县总工会及各部门征求意见，并报送镇江市总工会审阅。在镇江市工会志编纂委员会的具体指导和帮助下，志稿连续修改2次形成送审稿。经县工会志编纂委员会自审后，于1996年4月报送镇江市总工会、句容市史志办公室审稿。镇江市总工会参加审稿的有顾鹤良、陈坤、郑飞星。根据联审意见，又做进一步修改，形成《句容县工会志》定稿，当时未付印。

2015年4月，句容市总工会成立《句容市工会志》编纂委员会，决定在原《句容县工会志》的基础上进行续修，志书下限延伸至2014年，大事记延伸至2015年，聘请老工会工作者夏道富参加续修编纂工作。2017年2月，志书续修编纂工作完成。2021年3月，句容市总工会决定再次续修《句容市工会志》。2022年1月，志书续修基本结束，形成送审稿送句容市史志办公室审查；4月，句容市史志办公室牵头召开审稿会议；6月，句容市总工会根据审查修改意见，进一步进行修改、充实、完善；11月，定稿付印。

在编纂《句容市工会志》的过程中，我们得到句容市史志办公室的指导和帮助，特别是句容市政协副主席倪定胜、句容市史志办公室主任张俊、原主任朱延生的细致甄别和严格把关。在此，句容市总工会表示衷心的感谢！由于时间跨度大、史料缺失等原因，部分资料难以辑全，加之我们水平有限，疏漏和不当之处在所难免，敬请广大读者朋友批评指正、不吝赐教，以期再版时日臻完善。

编　者

2022年11月